Kapstadt & die Garden Route

„Hat man sich erst einmal zum Reisen entschlossen, ist das Wichtigste auch schon geschafft.

Also, los geht's!"

TONY WHEELER, GRÜNDER VON LONELY PLANET

Simon Richmond
Lucy Corne

Inhalt

Reiseplanung 4

Willkommen in Kapstadt & auf der Garden Route...4

Kapstadts Top 10 6

Was gibt's Neues........... 13

Gut zu wissen..................14

Kapstadt erleben 16

Wie wär's mit 18

Monat für Monat 20

Reisen mit Kindern........ 23

Wie die Einheimischen... 24

Geführte Touren 25

Table Mountain National Park 28

Essen 32

Ausgehen & Nachtleben 35

Unterhaltung 37

Shoppen.......................39

Sport & Aktivitäten 41

Schwule & Lesben 43

Wein.............................. 45

Kapstadt entdecken 48

Stadtviertel im Überblick 50

City Bowl, Foreshore, Bo-Kaap & De Waterkant.................52

Östlicher Stadtbezirk ... 77

Gardens & Umgebung...89

Green Point & Waterfront 101

Von Sea Point bis Hout Bay..................112

Südliche Vororte 120

Simon's Town & südliche Halbinsel 134

Cape Flats & nördliche Vororte 148

Ausflüge & Weingüter 155

Die Garden Route 178

Schlafen......................194

Kapstadt verstehen 208

Kapstadt aktuell..........210

Geschichte...................212

Menschen & Kulturen... 214

Architektur...................228

Kunst & Kultur............................232

Natur & Umwelt 236

Wein 239

Praktische Informationen 243

Verkehrsmittel & -wege........................244

Allgemeine Informationen..............248

Sprache........................253

Register 265

Cityatlas 274

Links: District Six Museum (S. 79)

Oben: V&A Waterfront (S. 103)

Rechts: Abseilen vom Tafelberg (S. 28 & S. 91)

Green Point & Waterfront S. 101

City Bowl, Foreshore, Bo-Kaap & De Waterkant S. 52

Gardens & Umgebung S. 89

Östlicher Stadtbezirk S. 77

Cape Flats & nördliche Vororte S. 148

Südliche Vororte S. 120

Von Seapoint bis Hout Bay S. 112

Simon's Town & südliche Halbinsel S. 134

Willkommen in Kapstadt & auf der Garden Route

Die „Mother City" Südafrikas mit dem Tafelberg, goldenen Stränden und üppigen Weinbergen ist eine alte Herzensbrecherin.

Naturwunder

Der weitläufige Table Mountain National Park, der die Stadt im Süden begrenzt, umschließt nicht nur den Tafelberg, sondern wartet noch mit weiteren tollen Landschaften auf. Grünflächen wie die historischen Company's Gardens, die Kirstenbosch Botanical Gardens und der Green Point Park setzen weitere natürliche Akzente. Am besten kostet man die Natur voll aus und lernt surfen, wandert, fährt Mountainbike, unternimmt Tandem-Gleitschirmflüge vom Lion's Head oder seilt sich vom Gipfel des Tafelbergs ab – und das sind nur einige der unzähligen Möglichkeiten.

Designfreuden

Die Weltdesignhauptstadt 2014 ist dabei, sich mit innovativen Entwürfen umzugestalten. Kapstadt sieht aber auch so schon nicht schlecht aus mit seinen bunten Häuschen in Bo-Kaap, den Badehütten in Muizenberg, den Restaurants und Bars im Afro-Schick und der auffallenden Streetart und kreativen Szene von The Fringe und Woodstock. Einen ernüchternden Gegensatz dazu bilden die Hüttendörfer der Cape Flats, aber selbst in diesen armen Vororten gibt es z. B. Gemüsegärtnereien, die Biolebensmittel erzeugen, oder Projekte, die schöne Souvenirs anfertigen.

Ethnische Vielfalt

In dieser multikulturellen Stadt treffen christliche, islamische, jüdische, hinduistische und traditionelle afrikanische Glaubensvorstellungen aufeinander. Angesichts der schwierigen Geschichte des Landes ist die Harmonie hart erkämpft und bleibt anfällig; fast jeder hat eine fesselnde, mitunter erschütternde Geschichte zu erzählen. Es ist eine Stadt beherzter Pioniere – von den holländischen Kolonisten und der farbigen Bevölkerungsmehrheit bis zu den jüdischen Einwanderern aus Europa und den Xhosa-Zuwanderern vom Ostkap in jüngerer Zeit. Sie alle liefern einzigartige Zutaten für den bunten Kapstädter Schmelztiegel.

Außerhalb der Stadt

Wer sich von Stadt, Tafelberg und Kaphalbinsel losreißen kann: Innerhalb von nur einer Autostunde von Kapstadt erreicht man die reizenden Städte, Dörfer und Güter des Weinlands, beispielsweise Stellenbosch und Franschhoek. Hermanus ist für seine phantastischen Möglichkeiten der Walbeobachtung und des Haitauchens bekannt. Weiter entfernt entfaltet sich die Schönheit der Garden Route auf spannenden Autofahrten entlang der Küste und über Bergpässe.

Warum ich Kapstadt so liebe

Von Simon Richmond, Autor

Als sie die „Mother City" schuf, übertraf Mutter Natur sich selbst. Wenn ich die Sea Point Promenade entlangjogge, im Morgenlicht den Lion's Head erklimme, an der Sandy Bay über riesige Felsbrocken klettere oder auf den tollen Küstenstraßen zum Cape Point fahre und dabei die grandiosen Ausblicke genieße, spüre ich in mir immer eine tiefe Freude aufsteigen. Aber man muss sich gar nicht groß anstrengen: Bei einem Glas Wein auf einem alten Gut in Constantia oder einem Picknick auf einem Freiluftkonzert in den Kirstenbosch Botanical Gardens kann man genauso gut mit Mutter Natur kommunizieren.

Mehr über unsere Autoren siehe S. 259.

Die V&A Waterfront (S. 103) mit dem Tafelberg (S. 28 & S. 91) im Hintergrund

Kapstadts
Top 10

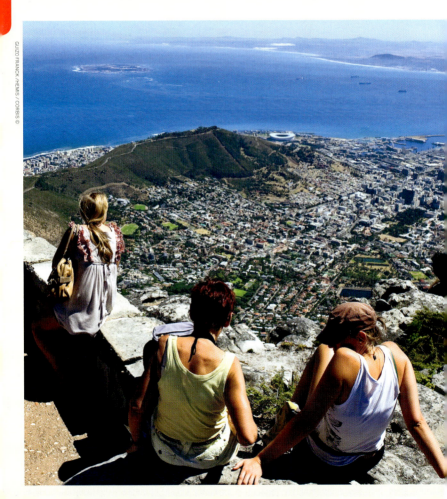

Tafelberg (S. 28)

1 Eine gemütliche Seilbahnfahrt oder eine anstrengendere Wanderung auf den Tafelberg ist ein echtes Kapstadt-Ritual. Bei schönem Wetter bietet sich von oben ein toller Panoramablick auf die Kaphalbinsel und man erhält einen Eindruck von der unglaublichen Artenvielfalt im Nationalpark. Auf jeden Fall sollte man sich Zeit für eine Wanderung im Park nehmen – das 24 000 Hektar große Schutzgebiet ist von unterschiedlichsten Wegen für alle Fitnessstufen durchzogen, von leichten Spaziergängen durch Fynbos mit Proteen und Heidekräutern bis zum fünftägigen Hoerikwaggo Trail.

◉ *Table Mountain National Park*

Robben Island (S. 106)

2 Das ehemalige Gefängnis auf Robben Island, heute ein Weltkulturerbe, ist von großer Bedeutung für das lange Ringen des Landes um Freiheit. Hier war u. a. Nelson Mandela eingesperrt, genauso wie vor ihm Leute, die sich gegen die Kolonialherrschaft am Kap aufgelehnt hatten. Wer mit dem Boot hier hinausfährt und an einer von einem ehemaligen Häftling geleiteten Führung teilnimmt, erhält einen lebendigen Einblick in die schwierige Geschichte des Landes und erfährt, wie weit Südafrika auf dem Pfad der Versöhnung schon vorangeschritten ist. KIRCHE AUF ROBBEN ISLAND

◉ *Green Point & Waterfront*

3

5

REISEPLANUNG KAPSTADTS TOP 10

Kirstenbosch Botanical Gardens
(S. 122)

3 Schon seit Jan van Riebeecks Zeit im 17. Jh. wird an den malerischen Osthängen des Tafelbergs Gartenbau nach europäischem Vorbild betrieben. Richtig bekannt wurden die Gärten jedoch erst durch den britischen Politiker und Imperialisten Cecil Rhodes, dem die Kirstenbosch Farm und das umliegende Land gehörten: Er vermachte seine gesamten Ländereien den Kapstädtern. Heute sind hier die Tausenden von Arten der Kapflora zu bewundern, die ebenfalls zum Welterbe gehört, und es finden in wunderbarer Umgebung Freiluftkonzerte statt.

◉ *Südliche Vororte*

District Six Museum *(S. 79)*

4 Das verfallene Innenstadtviertel District Six – jahrzehntelang unbebaut, nachdem die Häuser zu Zeiten der Apartheid abgerissen worden waren – erwacht langsam wieder zum Leben: In den nächsten drei bis fünf Jahren sollen hier Tausende neue Wohnhäuser entstehen. Wer etwas über die Geschichte der Zerstörung und deren Auswirkungen auf die ehemaligen Bewohner des Gebiets wie auch auf die ganze Stadt erfahren möchte, sollte sich das informative und bewegende Museum anschauen. In einem Nebengebäude widmet sich eine weitere Dauerausstellung der ebenfalls interessanten Geschichte des Fußballs am Kap.

◉ *Östlicher Stadtbezirk*

V&A Waterfront
(S. 103)

5 Die quirlige V&A Waterfront, die beliebteste Sehenswürdigkeit der Stadt, genießt eine wunderbare Lage vor der Kulisse des Tafelbergs. Hier locken jede Menge Shoppingmöglichkeiten, von schicken Boutiquen bis zu großen Kaufhäusern, sowie ein großes Kultur- und Bildungsangebot, darunter Führungen zu den gut erhaltenen alten Gebäuden und Denkmälern. Dazu kommt noch das tolle Two Oceans Aquarium, das besonders bei Kindern beliebt ist. Auch eine Hafenrundfahrt, am besten zum Sonnenuntergang, sollte man sich nicht entgehen lassen.

◉ *Green Point & Waterfront*

Kap der Guten Hoffnung
(S. 137)

6 Die spektakuläre Fahrt hinaus zum Cape Point an der Spitze der Kaphalbinsel ist unvergesslich: Am Treffpunkt von Atlantischem und Indischem Ozean stürzen zerklüftete Klippen hinab in tosende Gewässer, am südwestlichsten Punkt Afrikas krachen gewaltige Wellen über riesige Felsblöcke und die Flying Dutchman Funicular fährt hinauf zum alten Leuchtturm mit toller Aussicht. Danach kann man an schönen Stränden, z. B. in der Buffels Bay, entspannen.

◉ ***Simon's Town & südliche Halbinsel***

Franschhoek *(S. 162)*

7 Das in einem spektakulären Tal gelegene Franschhoek ist der kleinste, aber für viele der hübscheste Ort im Weinland. Es preist sich selbst als gastronomische Hauptstadt des Landes. Auf jeden Fall haben Besucher hier die Qual der Wahl: Die Hauptstraße ist mit erstklassigen Restaurants gesäumt, von denen einige zu den besten des Landes zählen. Auch auf den umliegenden Weingütern wird ausgezeichnetes Essen serviert und dazu natürlich toller Wein. Und mit einigen Galerien und stilvollen Gästehäusern ist der Ort wirklich einer der reizendsten am Kap. BOSCHENDAL WINERY (S. 162)

◉ ***Ausflüge & Weingüter***

Bo-Kaap *(S. 57)*

8 Die Ansammlung bunter alter Häuser und Moscheen in den Kopfsteinpflasterstraßen von Bo-Kaap sind nicht nur eine Augenweide, sondern auch ein gutes Beispiel für die Wiederbelebung der Innenstadt. Das Bo-Kaap Museum erzählt die Geschichte dieses ehemaligen Sklavenviertels. Außerdem sollte man in einem der Restaurants des Viertels kapmalaiische Küche probieren oder in einem der zu Pensionen und Hotels umgebauten Häuser übernachten, z. B. im hübschen Dutch Manor mit seinen vielen Antiquitäten.

City Bowl, Foreshore, Bo-Kaap & De Waterkant

Surfen an der Garden Route (S. 178)

9 Die Garden Route ist besonders für ihr Angebot an Outdooraktivitäten bekannt, sowohl auf dem Land als auch auf dem Wasser. Die Küste zwischen Mossel Bay und Plettenberg Bay bietet Surfern mit die beste Brandung in der Provinz Westkap, egal ob für Profis oder Anfänger. Besonders hübsch sind Herold's Bay und Victoria Bay bei George, die auch für nicht surfende Mitreisende ausgezeichnete Strände bereithalten. In der Victoria Bay können Anfänger Unterricht nehmen, Fortgeschrittene können Bretter mieten und sich zu den Experten gesellen.

Die Garden Route

Kalk Bay (S. 134)

10 Das reizende Fischerdorf in der False Bay – benannt nach den Öfen zur Gewinnung von Muschelkalk, mit dem im 17. Jh. Häuser getüncht wurden – wartet mit zahlreichen Antiquitäten-, Kunst- und Kunstgewerbeläden sowie tollen Cafés und Restaurants auf. Außerdem findet am Hafen jeden Tag ein munterer Fischmarkt statt. Wundervolle Pubs wie das Brass Bell oder Restaurants wie das Live Bait laden hier zu einem Drink oder einer Mahlzeit direkt in der Bucht ein – eine wunderbare Art, den Tag zu verbringen!

Simon's Town & südliche Halbinsel

Was gibt's Neues?

Feinkost- & Kunstgewerbemärkte

Der große Erfolg des Neighbourgoods Market hat am Kap ein wahres Feinkost- und Kunstgewerbemarktfieber ausgelöst. Am Wochenende kann man eine tolle Markttour unternehmen: angefangen mit der angesagten Blue Bird Garage (S. 146) in Muizenberg am Freitagabend, über den lockeren City Bowl Market (S. 98) in Gardens am Samstagvormittag, bis zum quirligen Bay Harbour Market (S. 118) in Hout Bay am Sonntag.

Babylonstoren

Elegantes Weingut und Obstplantage mit wunderbarem Garten voller Heilkräuter und essbarer Pflanzen, tollem Restaurant, hübschem Hotel, unwiderstehlichem Verkostungsraum, Feinkostladen, Bäckerei und interessanter Kellerführung. (S. 168)

Green Point Urban Park

Zu dem phantasievoll angelegten Park, der auch die Artenvielfalt der Gegend und die ursprünglich hier existierenden Feuchtgebiete zur Schau stellt, gehören zwei tolle Spielplätze, einer für Kleinkinder, ein anderer für größere Kinder. (S. 107)

The Kitchen

Karen Dudleys schicker Cateringbetrieb, nicht zu verwechseln mit The Test Kitchen, einem weiteren tollen Neuling in der Gourmetszene der Stadt, ist der ganze Stolz von Woodstock. (S. 82)

Studio 7

Auf dieser sehr intimen Kleinbühne in Sea Point bieten erstklassige Talente akustische Musik dar. (S. 118)

Casa Labia Cultural Centre

Die wunderschön restaurierte Villa in Muizenberg, einst Residenz eines italienischen Grafs und seiner Familie, beherbergt ein Kulturzentrum, ein Restaurant und eine Filiale des Kunstgewerbegeschäfts Africa Nova. (S. 138)

Tintswalo Atlantic

Die wunderschöne Luxuslodge, die einzige im Table Mountain National Park, liegt abgeschieden am Fuß des Chapman's Peak am Rand der Hout Bay. (S. 203)

Weltdesignhauptstadt 2014

The Fringe ist eines der Stadterneuerungsgebiete, in denen der Alltag der Bewohner mit Hilfe von gutem Design verschönert werden soll. (S. 81)

Bier aus Mikrobrauereien

Jack Black, Darling Brew und Triggerfish gehören zu den örtlichen Kleinbrauereien, die die Kapstädter Bierfreunde begeistern. Probieren kann man einige der Biere z. B. im Banana Jam. (S. 130)

Art in the Forest

Die tolle Galerie oberhalb von Constantia bietet Keramikarbeiten, die alle zugunsten der wohltätigen Light from Africa Foundation verkauft werden. (S. 131)

Weitere Tipps und Empfehlungen siehe **lonelyplanet.com/south-africa/cape-town**

Gut zu wissen

Währung
Südafrikanischer Rand (R)

Sprache
Englisch, Afrikaans, Xhosa

Einreise
Deutsche, Österreicher und Schweizer erhalten bei der Ankunft eine 90 Tage gültige Einreiseerlaubnis; s. S. 252.

Geld
Geldautomaten sind weit verbreitet; die meisten Geschäfte nehmen Kreditkarten, einige kleinere Lokale sowie Marktstände jedoch nur Bargeld.

Handy
Der Mobilfunk basiert auf dem digitalen GSM-Standard. Südafrikanische SIM-Karten sind überall erhältlich.

Zeit
South Africa Standard Time (MEZ plus eine Stunde)

Touristeninformation
Das Hauptbüro von Cape Town Tourism (☎021-426 4260; www. capetown.travel; Ecke Castle St/ Burg St, City Bowl; ⏰Okt.–März tgl. 8–18 Uhr, April–Sept. Mo–Fr 9–17, Sa & So 9–13 Uhr) ist zentral gelegen. Es gibt zahlreiche Filialen in der Stadt, u. a. am Flughafen.

Tagesbudget

Budget unter 500 R
➡ Dorm-Bett: 150 R
➡ Gourmetburger: 50 R
➡ Einheimisches Bier: 15 R
➡ Wandern im Table Mountain National Park: gratis
➡ Fahrt im Sammeltaxi von der City Bowl nach Camps Bay: 10 R

Mittelklasse 500–2000 R
➡ Hotel: 800–1200 R
➡ Township-/Kulturführung: 350–650 R
➡ Ticket für ein Kirstenbosch Summer Sunset Concert: 100 R
➡ Essen inkl. Wein in Restaurant an der Waterfront: 200–400 R

Teuer über 2000 R
➡ Hotel: 3000–5000 R
➡ Essen im Aubergine: 500–1000 R
➡ Ganztägige Gourmet-Weintour: 1700 R
➡ Halbstündiger Hubschrauberrundflug: 2500 R
➡ Dreistündiger Törn auf Luxusjacht: 28 500 R

Vor der Reise

Zwei Monate Robben-Island-Tour buchen, Tisch im The Test Kitchen reservieren und für die Wanderung im Table Mountain National Park trainieren.

Drei Wochen Township-/Kulturführung buchen und Veranstaltungskalender durchschauen, besonders nach Kirstenbosch Summer Sunset Concerts.

Eine Woche Nach Konzerten und Clubevents Ausschau halten und online Tickets für die Tafelberg-Seilbahn kaufen.

Websites

➡ **Webtickets** (www.webtickets.co.za) Für Robben Island, die Tafelberg-Seilbahn sowie für Konzerte und andere Veranstaltungen.

➡ **Cape Town Magazine** (www.capetownmagazine.com) Online-Magazin mit dem Finger am Puls der Stadt.

➡ **Lonely Planet** (www.lonelyplanet.com) Infos, Hotelbuchung, Travellerforum und mehr.

REISEZEIT

Die Zeit von Dezember bis Februar bringt warmes, trockenes Wetter. Der Winter (Juni–Aug.) ist nass, kühl und windig. Zu beiden Zeiten keine extremen Temperaturen.

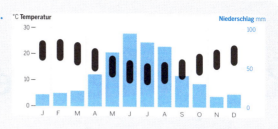

Ankunft in Kapstadt

➡ **Cape Town International Airport** Der MyCiTi-Bus zum Bahnhof kostet 53 R (nur bar); der Backpacker Bus (Minibus-Sammeltaxi) verlangt 180 R zu Hotels und Hostels im Zentrum, ein Taxi ca. 200 R.

➡ **Cape Town Train Station** Zentral gelegener Bahnhof für Fernzüge und Überlandbusse; ein Taxi zu den meisten Zielen im Zentrum kostet unter 50 R.

➡ **V&A Waterfront Jetty 2 oder Duncan Dock** Hier legen die Kreuzfahrtschiffe an.

Mehr zum Thema Anreise S. 244.

Unterwegs vor Ort

Über Fahrpläne informiert das Transport Information Centre (☏0800 656 463).

➡ **Mietwagen** Kleinwagen ca. 300 R pro Tag Leihgebühr und 300 R für eine Tankfüllung.

➡ **City Sightseeing Cape Town** Zwei Hop-on-hop-off-Routen, gut für die erste Orientierung; s. S. 25.

➡ **Stadtbusse** Günstig fürs Stadtzentrum und die Atlantikküste.

➡ **Cape Metro Rail** Für Trips in die südlichen Vororte, zur False Bay und nach Stellenbosch.

➡ **Sammeltaxis** Gut für die Fahrt von der City Bowl am Atlantik entlang nach Sea Point.

➡ **Private Taxis** Viele Anbieter, mit Preisen ab 10 R pro Kilometer. Zur Sicherheit reservieren!

Mehr zum Thema Unterwegs vor Ort S. 244.

Schlafen

Es gibt jede Menge günstige Hostels, nette Gästehäuser und Fünf-Sterne-Verwöhnpaläste, jedoch sollte man weit im Voraus reservieren, besonders für die Schulferien von Mitte Dezember bis Ende Januar. Von Mai bis Oktober ist es überall billiger. In den Preisen sind gewöhnlich 14 % MWSt und oft 1 % Tourismusförderungssteuer inbegriffen. Man sollte auch schauen, ob ein sicherer Parkplatz im Preis inbegriffen ist, ansonsten zahlt man bis zu 50 R pro Tag für einen Parkplatz.

Nützliche Websites

SA Venues (www.sa-venues.com) Online-Buchungsagentur mit einem umfassenden Angebot am Kap.

Cape Town Tourism (www.capetown.travel) Buchung von Unterkünften und manchmal Sonderangebote, empfiehlt aber nur seine Mitglieder.

Lonely Planet (www.lonelyplanet.com) Besprechungen durch unsere Autoren, Nutzer-Feedbacks und Buchung.

Mehr zum Thema Schlafen S. 194.

WETTERWENDISCHES KAPSTADT

Mit Regenjacke und Regenschirm ist man gut gewappnet für die „vier Jahreszeiten an einem Tag". Dank ihrer Geografie umfasst die Kaphalbinsel verschiedene Mikroklimata, sodass auf einer Seite des Bergs vielleicht die Sonne scheint, während es auf der anderen regnet und stürmt. Es ist kein Zufall, dass Newlands im Vergleich zum Cape Point so üppig erscheint: Hier regnet es viermal so viel.

Kapstadt erleben

1. Tag

Gardens & Umgebung (S. 89)

 Die Ticketschlange für die **Tafelberg-Seilbahn** erspart man sich, indem man sein Ticket online kauft; das ist außerdem etwas billiger. Bei der Fahrt auf den faszinierenden, 60 Mio. Jahre alten Berg hat man von den rotierenden Gondeln grandiose Ausblicke. Von der Bergstation der Bahn ist es hin und zurück eine einstündige Wanderung zum 1088 m hohen Gipfel am Maclear's Beacon.

> **Mittagessen** In der Jason Bakery (S. 64) oder im Lola's (S. 65).

City Bowl, Foreshore, Bo-Kaap & De Waterkant (S. 52)

 Nach einem Bummel durch die **Company's Gardens** und die Kunstgewerbestände auf dem **Greenmarket Square** geht's bergan zum alten Kapmalaienviertel **Bo-Kaap**, dessen Kopfsteinpflasterstraßen von bunten Häuschen gesäumt sind. Auch hier kann man gut einkaufen, etwa in Geschäften wie **Haas**, **Monkeybiz** und **Streetwires**. Dann geht's hinüber ins schwulenfreundliche **De Waterkant** mit weiteren hübsch restaurierten Cottages und den quirligen Einkaufszentren des Cape Quarter.

> **Abendessen** Kulinarische Genüsse im abgeschiedenen Roundhouse (S. 115).

Sea Point bis Hout Bay (S. 112)

 Bei einem Cocktail den Sonnenuntergang zu erleben ist ein Muss, entweder von der **Promenade von Sea Point** oder von einem der Touristenrestaurants und Cafés in der malerischen **Camps Bay**.

2. Tag

Östlicher Stadtbezirk (S. 77) & City Bowl, Foreshore, Bo-Kaap & De Waterkant (S. 52)

 Das **District Six Museum** erzählt von der schwierigen Vergangenheit der Stadt. Um 11 Uhr bietet sich eine Führung durchs 350 Jahre alte **Castle of Good Hope** an mit anschließender Schlüsselzeremonie. Gegenüber ist die hübsche Old Town Hall.

> **Mittagessen** The Kitchen (S. 82) bietet superleckere Speisen.

Östlicher Stadtbezirk (S. 77)

 Hier lohnen Galerien für moderne Kunst wie **Stevenson** einen Besuch, außerdem gibt's jede Menge Streetart. Im nahen Salt River bietet **What If the World** in einer umgebauten alten Synagoge noch mehr Kunst, dazu kommt eine tolle Ansammlung von Läden in der **Old Biscuit Mill**: Samstags findet hier der **Neighbourgoods Market** mit lokalen Leckereien und spannenden Designerartikeln statt.

> **Abendessen** Das Wakame (S. 107) serviert zum Meerblick gutes Seafood.

Green Point & Waterfront (S. 101)

 Die **V&A Waterfront** ist mehr als ein riesiges Einkaufszentrum: Hier herrscht inmitten schöner viktorianischer Architektur eine Art Karnevalsstimmung. Außerdem kann man von hier Hafenrundfahrten unternehmen und auch zum Weltkulturerbe **Robben Island** fahren (reservieren!).

3. Tag

Südliche Vororte (S. 120)

 In den schönen, 500 ha großen **Kirstenbosch Botanical Gardens** an den Osthängen des Tafelbergs erfährt man etwas über die überaus reiche Kapflora. Schön ist auch ein Bummel durch das reizende **Wynberg Village** mit seinen alten reetgedeckten Cottages. Oder man bewundert die Gemälde im **Irma Stern Museum**.

> **Mittagessen** Picknick auf dem Rasen von **Buitenverwachting** (S. 124).

Südliche Vororte (S. 120)

Den Nachmittag verbringt man mit einer Erkundung der Weingüter an der Constantia Valley Wine Route. Am besten widmet man sich den alten Anwesen wie **Groot Constantia** mit seinem schön restaurierten Haupthaus und Weinkeller sowie **Klein Constantia**, wo Napoleons Lieblingswein gekeltert wurde. Die **Steenberg Vineyards** verfügen über eine ausgezeichnete moderne Verkostungsstube und ein Tapas-Restaurant.

> **Abendessen** Erstklassige Pizza serviert **Massimo's** (S. 116).

Sea Point bis Hout Bay (S. 112)

 Danach fährt man über das Constantia Neck und schaut eventuell in der versteckten Keramikgalerie **Art in the Forest** vorbei. Bei einem Bierchen genießt man den Ausblick von der Terrasse des **Chapman's Peak Hotel** oder des Strandpubs **Dunes** auf die Hout Bay. Freitagabends gibt's auf dem **Bay Harbour Market** Livemusik und köstliches Essen.

4. Tag

Simon's Town & südliche Halbinsel (S. 134)

 Am vierten Tag ist es Zeit für die Erkundung des Südens der Kaphalbinsel über den spektakulären Chapman's Peak Drive an der Atlantikküste, vorbei am Strand von Noordhoek und den Surfer-Hotspots Kommetjie und Scarborough, bis zum **Cape Point** im Table Mountain National Park die Südwestspitze Afrikas.

> **Mittagessen** Gutes Essen hat der Meeting Place (S. 144) in Simon's Town.

Simon's Town & südliche Halbinsel (S. 134)

Zum Park gehört auch **Boulders** mit einer Kolonie niedlicher Brillenpinguine, die über die großen Felsbrocken watscheln, denen dieser abgeschiedene Strand an der False Bay seinen Namen verdankt. Nicht weit entfernt ist der historische Marinestützpunkt **Simon's Town**; hier bietet sich eine Hafenrundfahrt oder ein Bummel durch die Antiquitäten- und Souvenirgeschäfte an.

> **Abendessen** Kalk Bay (S. 143) hat zahlreiche schöne Fischrestaurants.

Simon's Town & südliche Halbinsel (S. 134)

 An der False Bay entlang geht's nach **Kalk Bay**, einem hübsches Fischerdorf mit Kunstgewerbeläden und Lokalen. Abkühlen kann man sich in einem der hiesigen Meeresbecken oder im nahen **St. James**. Das gemütliche **Melting Pot** in Muizenberg wartet mit Livemusik auf, genauso wie freitagabends der **Blue Bird Garage Food & Goods Market**.

Wie wär's mit …

Strände

Muizenberg Bunte viktorianische Häuschen, relativ warmes Wasser und gute Brandung (S. 138).

Clifton No. 3 Erst kamen die Schwulen, dann folgte der Rest (S. 114).

Buffels Bay Ruhig, mit weiter Aussicht über die False Bay und einem Meeresbecken zum Baden (S. 136).

Sandy Bay An dem Nacktbadestrand kann man tolle große Felsformationen erkunden (S. 115).

Noordhoek Ein schöner breiter Strand unterhalb des Chapman's Peak mit Schiffswrack (S. 141).

Long Surfer lieben die Brandung an diesem idyllischen und treffend benannten Strand (S. 142).

Aussichtspunkte

Tafelberg Weite Ausblicke über Stadt und Halbinsel (S. 91).

Bloubergstrand Malerischer Blick auf den Tafelberg von nördlich der Stadt (S. 150).

Kap der Guten Hoffnung Spaziergang bis etwas oberhalb des alten Kapleuchtturms (S. 132).

Chapman's Peak Drive Mit Aussichten auf die elegante Hufeisenform der Hout Bay (S. 115).

Signal Hill Kanonenfeuer und Ausblick auf die Waterfront (S. 62).

Mouille Point Spaziergang bei Sonnenuntergang über die Promenade zum Sea Point (S. 107).

Badehäuschen am Muizenberg Beach (S. 139)

Alles gratis

V&A Waterfront Straßenkünstler, Outdoorevents, Robben, historische Gebäude, Kunst im öffentlichen Raum und buntes Treiben am Hafen (S. 104).

Table Mountain National Park Wanderungen auf den vielen Wegen am Hauptberg, am Lion's Head oder Signal Hill (S. 91).

Company's Gardens Entspannung in Gartenanlagen mit uralten Bäumen und hübschen Blumenbeeten (S. 55).

Graffiti-Kunst District Six und Woodstock warten mit eindrucksvollen Arbeiten auf (S. 81).

Green Point Park Hübscher Nachlass der Fußball-WM mit großer Artenvielfalt (S. 107).

Nelson Mandela Gateway Vor der Überfahrt nach Robben Island kann man hier etwas über den Freiheitskampf und den Gefängnisalltag erfahren (S. 106).

Kunst

South African National Gallery In dem eleganten Gebäude mit tollem Andenkenladen finden faszinierende Ausstellungen statt (S. 94).

Michaelis Collection Alte Meister und neue Werke im Old Town House am Greenmarket Square (S. 58).

Stevenson Wichtige Verkaufsgalerie für moderne Kunst mit interessanten Themenausstellungen (S. 86).

Irma Stern Museum Ehemaliges Zuhause der expressionistischen Künstlerin mit hübschem Garten (S. 127).

Casa Labia Die schön restaurierte Villa in Muizenberg dient als Kunst- und Kulturzentrum (S. 138).

Ellerman House Wunderbare Sammlung alter und neuer südafrikanischer Werke in exklusivem Hotel (S. 203).

Geschichte

District Six Museum Beleuchtet die Geschichte des zerstörten multikulturellen Innenstadtviertels (S. 81).

Bo-Kaap Museum Erzählt vom Leben der Kapmalaien im gleichnamigen bunten Viertel (S. 57).

Slave Lodge Ausstellungen zur Geschichte der Sklaven und ihrer Nachkommen (S. 59).

South African Museum Jede Menge Naturkunde, schöne Beispiele für die Felskunst der San und ein African Cultures Museum (S. 94).

South African Jewish Museum Spürt der Geschichte der jüdischen Einwanderung nach (S. 93).

Prestwich Memorial Beinhaus und Informationen zu den hier entdeckten Massengräbern von Sklaven und Armen (S. 62).

Versteckte Juwele

6 Spin Street Von Herbert Baker entworfenes Gebäude mit eindrucksvoller moderner Kunst (S. 61).

Rust en Vreugd Elegantes Herrenhaus aus dem 18. Jh. mit Garten mitten in der Stadt (S. 94).

Art in the Forest Keramikgalerie und Kunstkomplex oberhalb des Constantia-Tals (S. 131).

Roundhouse Mittagspicknick auf dem Rasen mit Blick auf die Camps Bay (S. 115).

Tintswalo Atlantic Auch wer nicht in dieser Luxuslodge

Weitere Highlights:
- ➡ Essen (S. 32)
- ➡ Ausgehen & Nachtleben (S. 35)
- ➡ Unterhaltung (S. 37)
- ➡ Shoppen (S. 39)
- ➡ Sport & Aktivitäten (S. 41)
- ➡ Schwule & Lesben (S. 43)
- ➡ Wein (S. 45)

nächtigt, kann hier vielleicht zumindest zu Abend essen (S. 203).

Enmasse Thai-Massage auf moderne Art in einem historischen Gebäude in Gardens (S. 100).

Luxus

Status Luxury Vehicles Kapstadttouren im schicken Cabriolet, am besten mit Chauffeur (S. 246).

Eine private Jacht chartern Große Auswahl an der V&A Waterfront, darunter die *Spirit of the Cape* (S. 202).

Cape Town Diamond Museum Erzählt die Geschichte des teuersten Edelsteins der Welt; danach geht man Klunker einkaufen (S. 105).

Stefania Morland Die Designerin, deren Atelier sich hinter den Ständern mit Seidenkleidern befindet, entwirft elegante Mode (S. 98).

Mount Nelson Hotel Vielleicht kann man sich einen Nachmittagstee genehmigen, das Librisa Spa oder das Planet, ein Restaurant mit Bar, besuchen (S. 200).

Delaire Graff Estate Das ultraluxuriöse Anwesen ist eine tolle Basis für die Erkundung des Weinlands (S. 157).

Monat für Monat

TOP-EVENTS

Cape Town Minstrel Carnival, Januar

Infecting the City, März

Design Indaba, Februar

Cape Town International Jazz Festival, März

Adderley Street Christmas Lights, Dezember

Januar

Die Hotels, Restaurants und Strände sind voll und auf den Küstenstraßen herrscht viel Verkehr. Einige Restaurants, Cafés und Geschäfte schließen in der ersten Januarwoche.

Cape Town Minstrel Carnival

Am Tweede Nuwe Jaar, dem 2. Januar, marschieren beim traditionellen Kaapse Klopse (Cape Town Minstrel Carnival) bunt gekleidete Spielmannszüge von der Keizersgracht über die Adderley und Wale Street nach Bo-Kaap. Im gesamten Januar und Anfang Februar finden samstags im Athlone Stadium Wettbewerbe zwischen den Gruppen statt. (www.capetown-minstrels.co.za)

J&B Met

Beim mit 1,5 Mio. R höchstdotierten Pferderennen Südafrikas auf dem Kenilworth Race Course sind lediglich die Hüte noch größer als die Wetteinsätze. Findet gewöhnlich am letzten Samstag im Januar statt. (www.jbmet.co.za)

Februar

Das Cape Town International Summer Music Festival bietet klassische Musik. Zur Eröffnung der Sitzungsperiode des Parlaments kommt die Stadt in der ersten Februarwoche zum Stillstand – an diesem Tag sollte man unnötige Fahrten vermeiden!

Design Indaba

Bei dem Treffen, das Ende Februar und Anfang März gewöhnlich im Cape Town International Convention Centre stattfindet, kommen kreative Köpfe aus den Bereichen Mode, Architektur, bildende Kunst, Handwerk und Medien zusammen. Vorher findet im Labia ein zweiwöchiges Filmfestival statt. (www.designindaba.com)

März

Der Kulturkalender füllt sich mit einer Reihe von Festivals. Zur Pick 'n' Pay Cycle Tour übernehmen die Radler die Straßen (und viele der Hotels); an diesem Tag sollte man das Auto stehen lassen.

Infecting the City

Die Plätze, Brunnen, Museen und Theater der Stadt bilden den Schauplatz dieses innovativen Festivals, zu dem sich darstellende Künstler des ganzen Kontinents einfinden. (http://infectingthecity.com/2012)

Cape Argus Pick n Pay Cycle Tour

Dieser an einem Samstag Mitte März ausgetragene Wettbewerb zieht alljährlich über 30 000 Teilnehmer an und ist damit das größte Radrennen der Welt. Die Strecke führt um den Tafelberg herum, die Atlantikküste runter und den Chapman's Peak Drive entlang. (www.cycletour.co.za)

Cape Town International Jazz Festival

Das größte Jazzfest der Stadt, zu dem sich große

Namen aus aller Welt einfinden, wird meist Ende März im Cape Town International Convention Centre veranstaltet. Auf dem Programm steht u. a. ein Gratiskonzert auf dem Greenmarket Square. (www.capetownjazzfest.com)

⭐ Toffie Pop Cultural Conference & Festival

Diese dreitägige Veranstaltung dreht sich um alle Aspekte der modernen Popkultur. Dieselben Veranstalter riefen 2011 das im September stattfindende Toffie Food Festival ins Leben. (www.toffie.co.za)

April

Von jetzt bis Anfang Oktober herrscht kühleres Wetter, also wärmere Kleidung und Regensachen mitbringen.

⭐ Just Nuisance Great Dane Parade

Kein Scherz: An jedem 1. April findet in Simon's Town eine Hundeparade statt, mit der Able Seaman Just Nuisance gedacht wird: Die Dogge diente während des Zweiten Weltkriegs der Royal Navy als Maskottchen. (www.simonstown.com/tourism/nuisance/nuisance.htm)

🏃 Old Mutual Two Oceans Marathon

Rund 9000 Teilnehmer machen sich Anfang April auf die Strecke des 56 km langen Marathons, der an der Main Road in Newlands startet und von dort aus ähnlich wie die Pick 'n' Pay Cycle Tour rund um den Tafelberg verläuft. (www.twooceansmarathon.org.za)

Mai

Im Silver Tree Restaurant in den Kirstenbosch Botanical Gardens finden von Mitte Mai bis Ende Oktober jeden Sonntag Konzerte statt (Näheres auf www.sanbi.org.za).

⭐ Franschhoek Literary Festival

Das renommierte Literaturfest ist nur einer von vielen guten Gründen, das Örtchen im Weinland aufzusuchen. (www.flf.co.za)

🍴 Good Food & Wine Show

Bei dieser viertägigen Veranstaltung präsentiert sich Kapstadt als Zentrum für Gourmets. (www.goodfoodandwineshow.co.za)

Juli

Im Winter kann es sehr windig und nass sein – nicht die beste Zeit für Outdooraktivitäten.

🔲 Cape Town Fashion Week

An den Laufstegen drängen sich die Modejunkies, um sich über die neuesten Arbeiten südafrikanischer Designer und die aktuellen Trends zu informieren. (www.afisa.co.za)

September

Südafrikas kreative Szene versammelt sich zur Creative Week (www.creativeweekct.co.za) in der Stadt. Ungefähr zur selben Zeit wird bei den Loerie Awards herausragendes kreatives Schaffen ausgezeichnet.

⭐ Nando's Comedy Festival

Bei dem Festival, das über mehrere Wochen an verschiedenen Orten in der ganzen Stadt stattfindet, treten einige der besten Comedians des Landes auf. (www.comedyfestival.co.za/main_arena.php)

⭐ Out of the Box

Zu dem von der International Association of Puppetry South Africa organisierten neuntägigen Festival finden sich Anfang September Puppenspieler aus der ganzen Welt ein. Außerdem stehen Dokumentarfilme und Workshops auf dem Programm. (www.unima.za.org)

⭐ Cape Town International Kite Festival

Mitte September steigt in Zandvlei ein großes Drachenfest, das die Cape Mental Health Society unterstützt und somit nicht nur farbenfroh und unterhaltsam ist, sondern auch einer guten Sache dient. (www.capementalhealth.co.za/kite.index.htm)

Oktober

🏃 Outsurance Gun Run

Einmal im Jahr kommt die Noon Gun auf dem Signal Hill auch sonntags zum Einsatz, und zwar anlässlich dieses beliebten Halbmarathons, der in der Beach Road in Mouille Point startet. Dabei versuchen die Teilnehmer, das Rennen zu beenden, bevor die Kanone abgefeuert wird. (www.outsurance.co.za/gunrun)

November

Kapstadt im Frühjahr kann wunderbar sein – und man vermeidet den weihnachtlichen Ansturm.

☆ Old Mutual Summer Sunset Concerts

Jetzt beginnen die Sonntagnachmittagskonzerte in den Kirstenbosch Botanical Gardens, die bis April andauern und alles von Klassik bis Jazz bieten. Zudem findet jedes Jahr ein Silvesterkonzert statt. (www.oldmutual.co.za/music)

Dezember

In der Hauptreisezeit müssen Karten für beliebte Attraktionen weit im Voraus gebucht werden. Viel los ist zu Silvester; an der Waterfront gibt's ein Feuerwerk.

Obs Arts Festival

Am ersten Dezemberwochenende findet im Vorort Observatory das größte Straßenfest Südafrikas statt. (http://obsarts.org.za)

☆ Adderley Street Christmas Lights

Tausende lauschen vor der Cape Town Railway Station einem Konzert, danach findet in der festlich beleuchteten Adderley Street ein Umzug statt. Vom etwa 17. bis zum 30. Dezember gibt's einen Abendmarkt.

☆ Mother City Queer Project

Die riesige Schwulen-Tanzparty wartet immer mit einem verrückten Verkleidungsmotto auf. (www.mcqp.co.za)

(Oben) Beim J&B Met auf dem Kenilworth Race Course, dem höchstdotierten Pferderennen Südafrikas

(Unten) Teilnehmer des Karnevalsumzugs

Reisen mit Kindern

Schöne Sandstrände, der Tafelberg mit seinem großen Freizeitangebot, jede Menge Tiere, die quirlige Waterfront und vieles mehr: Kapstadt ist ein wunderbares Reiseziel für Familien mit Kindern jeden Alters.

Strände & Boote

Es herrscht kein Mangel an Stränden, wobei das Wasser in der False Bay etwas wärmer ist als an der Atlantikküste. Gut sind Muizenberg, St. James und die hübsche Buffels Bay am Cape Point.

Bootstouren (S. 105) werden überall angeboten, z. B. mit *Tommy the Tugboat* und dem *Jolly Roger Pirate Boat* an der V&A Waterfront oder in den Häfen von Simon's Town und Hout Bay.

Spielplätze & Parks

Im Green Point Park gibt's zwei tolle Spielplätze. Der Mouille Point (S. 107) wartet neben einem Spielplatz auch mit Minizug, Labyrinth und Golf-Übungsgrün auf. Die Sea Point Promenade (S. 114) verfügt über ein Freibad am Ufer. In Vredehoek gibt's vor dem Deer Park Café (S. 96) einen guten Spielplatz. Der Freizeitpark Ratanga Junction (S. 151) bietet spannende Fahrten für Teenager, aber auch einiges für kleinere Kinder. Außerdem gibt's mehrere Indoorspielplätze wie Roly Polyz (S. 76).

Land- und Meerestiere

Meerestiere gibt's im tollen Two Oceans Aquarium (S. 111), Vögel und Affen in der World of Birds (S. 115) in Hout Bay oder im Feuchtgebiet Intaka Island (S. 150), Brillenpinguine in Boulders, wilde Strauße, Paviane und Klippschliefer am Cape Point und scheue Flusspferde in der Rondevlei Nature Reserve (S. 139). Bauernhoftiere sind im Oude Molen Eco Village (S. 150) und auf der Imhoff Farm (S. 142) zu Hause, wo man auch auf Kamelen reiten kann.

Interessante Museen

Wissenschaft und Technik werden Kindern im Cape Town Science Centre (S. 82) nahegebracht, wo gewöhnlich auch spezielle Aktivitäten auf dem Programm stehen. Das South African Museum (S. 94) verfügt über ein riesiges Walskelett und ein Planetarium. Das Castle of Good Hope (S. 54) bietet mit seinen Museen und Kutschfahrten anschaulichen Geschichtsunterricht.

Shoppen & Essen

Alle großen Einkaufszentren beherbergen Spielwarenläden. Tolle gebrauchte Sachen, einen Spielbereich und Kinderyoga bietet Merry Pop Ins (S. 74). Die Book Lounge (S. 86) hat eine sehr gute Kinderbuchabteilung und veranstaltet Vorlesestunden.

Die Märkte wie Neighbourgoods (S. 86), City Bowl (S. 98) und Blue Bird Garage (S. 146) haben Spielbereiche und Essen für Kinder. Fish 'n' Chips gibt's an der Waterfront, in Hout Bay und in Simon's Town.

Gut zu wissen

Informationen

➡ **Cape Town Kids** (www.capetownkids.co.za)
➡ **Child Mag** (www.childmag.co.za)

Babysitter

➡ **Childminders** (☎083-254 4683; www.childminders.co.za)
➡ **Super Sitters** (☎021-552 1220; www.supersitters.net)

Wie die Einheimischen

*Wegen der krassen Einkommens-
unterschiede in Kapstadt sieht
der Alltag in Crossroads anders
aus als etwa in Clifton. Besuchern
bieten sich jedoch Möglichkeiten,
das Leben in der Stadt in all
seinen Facetten zu erleben und
Einblicke in den Alltag der verschiedenen Gruppen zu erhalten.*

Einkaufen

Die Kapstädter lieben ihre Märkte. Zu
dem jahrhundertealten Blumenmarkt auf
dem Trafalgar Sq und zu den Trödel- und
Antiquitätenhändlern auf dem Milnerton
Flea Market gesellen sich heute angesagte
Feinkost- und Kunstgewerbemärkte. Am
besten von diesen ist immer noch Neighbourgoods – das Original; allerdings ist
hier jeden Samstag so viel los, dass manch
einer den weniger überlaufenen City Bowl
Market vorzieht. Die Bewohner von Muizenberg treffen sich freitagabends in der
Blue Bird Garage (u. a. zu tollem Jazz), die
Einwohner von Hout Bay auf dem Bay Harbour Market, der samstags und sonntags
auch tagsüber sehr beliebt ist.

Outdooraktivitäten

Die Kapstädter machen ausgiebig Gebrauch von dem grandiosen Nationalpark
in ihrer Stadt. Die Leute treffen sich zu
wöchentlichen Wanderungen (z. B. geht's

mittwochs um 6 Uhr auf den Lion's Head),
zum Sonnenbaden an den Stränden oder
zu Picknicks in den Parks. In den Kirstenbosch Botanical Gardens und im De Waal
Park finden im Sommer sonntags stimmungsvolle Konzerte statt.

Eine beliebte Sportart ist hier natürlich das Surfen. Erlernen kann man es in
Muizenberg. Fortgeschrittene können sich
z. B. in der Table Bay im Kiteboarden versuchen. Und Segler sind eingeladen, sich
mittwochnachmittags an den Rennen des
Royal Cape Yacht Club zu beteiligen.

Das Leben in den Townships

Etwas über das Leben in den Townships
und in den Armensiedlungen der Cape
Flats zu erfahren ist einfacher, als man
denkt. Es gibt jede Menge Township-
und Kulturtouren, näheren Kontakt hat
jedoch, wer in einem der Gästehäuser in
den Townships übernachtet (die alle von
wundervollen Frauen betrieben werden),
in einem Restaurant wie dem munteren
Grilllokal Mzoli's isst oder eine Kneipe wie
Kefu's ansteuert. Ein Tanzabend im Galaxy
oder ein Jazzkonzert im Swingers verrät
einem, wie Farbige in Kapstadt gerne ihre
Abende verbringen.

Partys & anderes

Alle Kapstädter lieben eine *jol* (Party), vor
allem eine, für die man sich verkleiden
muss! Das Mother City Queer Project
(MCQP) im Dezember, der Cape Minstrel
Carnival und anschließende Wettbewerbe
im Januar und Februar sind die größten
Veranstaltungen dieser Art. Andere
regelmäßig stattfindende Themenpartys
und Events sind z. B. das wilde **Renegade
Bingo** (www.facebook.com/rbingo) und die
Krimi-Dinner von **Unsolved Mystery**
(bepartofthemystery.yolasite.com).

Unter die Einheimischen mischen kann
man sich auch bei einer Buchvorstellung
in der Book Lounge oder einem Konzert
in kleinen Veranstaltungsorten wie dem
Studio 7, der Mahogany Lounge oder dem
Alma Café.

Geführte Touren

Wer nicht viel Zeit hat oder sich Kapstadt von Experten zeigen lassen möchte, dem stehen unzählige Führer und Reiseveranstalter zur Verfügung. Geboten werden alle möglichen Themen, von Sex und Sklaverei über Flora und Fauna bis zu Essen und Wein.

Frisiersalon in Khayelitsha, Cape Flats

Top-Tipps

City Sightseeing Cape Town (021-511 6000; www.citysightseeing.co.za; Erw./Kind ein Tag 140/70 R, zwei Tage 250/150 R) Die offenen Doppeldeckerbusse, bei denen man beliebig aus- und wieder zusteigen kann, befahren zwei Strecken und sind ideal für eine erste Orientierung; sie bieten Kommentare in 16 Sprachen. Die Busse fahren zwischen 9 und 16.30 Uhr ungefähr halbstündlich, in der Hauptsaison häufiger. Außerdem gibt's eine **Canal Cruise** (20 R) mit fünf Stopps zwischen der Waterfront und dem Cape Town International Convention Centre.

Coffeebeans Routes (Karte S. 276-279; 021-424 3572; www.coffeebeansroutes.com; Touren 650 R) Die Idee, Besucher mit interessanten Bewohnern der Stadt wie Musikern, Künstlern und Gärtnern zusammenzubringen, ist phantastisch. Zum faszinierenden Angebot zählt z. B. am Freitagabend die Reggaesafari nach Marcus Garvey, einer Rastafari-Siedlung in Philippi.

Awol Tours (021-418 3803; www.awoltours.co.za) Tolle geführte Radtour (3 Std., 300 R, tgl.) von der Waterfront durch die Stadt. Andere Ziele sind z. B. das Weinland, Cape Point und die Township Masiphumelele – eine tolle Alternative zu traditionellen Township-Touren. Außerdem gibt's geführte Wanderungen auf den Tafelberg (950 R).

Sex and Slaves in the City (021-785 2264; www.capetownwalks.com; Tour 150 R) Auf diesem vergnüglichen, von Schauspielern geleiteten zweistündigen Rundgang durchs Zentrum erfährt man einiges über den Beitrag der Sklaven zur Geschichte der Stadt. Derselbe Anbieter veranstaltet mit einem ortsansässigen Schriftsteller außerdem literarische Spaziergänge über die Long Street sowie Tafelberg-Wanderungen.

Uthando (021-683 8523; www.uthandosa.org; 650 R) Diese Township-Touren sind etwas teurer, weil die Hälfte des Geldes an die Hilfsprojekte geht, die auf der Tour besucht werden – und genau dafür wurde die Tour auch entwickelt. Gewöhnlich werden etwa vier Projekte besucht, von Biofarmen bis zu Seniorenzentren.

Stadttouren

Näheres zu einem Rundgang entlang der Waterfront siehe S. 105.

Good Hope Adventures (021-510 7517; goodhopeadventures.com; 3- bis 5-stündige Touren 250–500 R) Auf diesen spannenden

REISEPLANUNG GEFÜHRTE TOUREN

GUT ZU WISSEN

Vorausbuchung

Bei den meisten Touren erforderlich; manchmal kommen Touren nur bei einer Mindestteilnehmerzahl (z. B. vier Personen) zustande.

Abholung

Holt der Anbieter von der Unterkunft ab und ist das im Preis inbegriffen?

Wem kommt das Geld zugute?

Welcher Anteil des Preises von Township-Touren kommt den Menschen in den Townships zugute? Nicht alle Touren werden von Township-Bewohnern organisiert oder unterstützen diese.

Rundgängen erkundet man die alten Tunnel und Kanäle unterhalb der Stadt – nichts für Leute mit Klaustrophobie! Man sollte alte Kleidung und Schuhe tragen und benötigt eine Taschenlampe.

Cape Town on Foot (☑021-462 2252; www. wanderlust.co.za; Tour 150 R) Stadtrundgänge ab dem Büro von Cape Town Tourism in der Burg Street, Montag bis Freitag um 11 Uhr, Samstag um 10 Uhr.

Day Trippers (☑021-511 4766; www.daytrip pers.co.za) Alteingesessener Anbieter von Touren, u. a. per Rad.

Township- & Kulturtouren

Viele Besucher haben vielleicht Bedenken, die bitterarmen Townships und Vororte als Touristen zu besuchen. Jedoch vermitteln die guten unter den Touren ein besseres Verständnis von der sozialen Zweiteilung der Stadt und den Herausforderungen, denen sich die große Mehrheit der Kapstädter jeden Tag gegenübersieht. Auch wird deutlich, dass ein Leben in Armut nicht von purer Verzweiflung geprägt sein muss, sondern dass es hier jede Menge tolle Dinge zu erleben gibt.

Gewöhnlich reichen halbtägige Touren; bei Ganztagestouren schließt sich in der Regel ein Trip nach Robben Island an, wofür man aber keinen Guide braucht (falls keine Tickets mehr für die Insel zu haben sind, ist dies eine Möglichkeit, doch noch

hinzuzugelangen). Bei den Township-Touren kommen gewöhnlich Pkws oder Minibusse zum Einsatz, aber es gibt auch Spaziergänge und Radtouren. Neben den folgenden empfehlen sich auch die Baumpflanztouren von Greenpop (s. S. 151).

Andulela (☑021-790 2592; www.andulela.com) Kreativer, verantwortungsvoller Anbieter verschiedener Kultur-, Kulinarik- und Safaritouren.

Cape Capers Tours (☑083 358 0193, 021-448 3117; www.tourcapers.co.za) Der preisgekrönte Guide Faizel Gangat leitet eine Gruppe von kenntnisreichen Township-Führern, vor allem in Langa (390 R) und an der Cape Care Route (690 R), wobei einige der besten Community- und Umweltprojekte der Stadt vorgestellt werden.

Vamos (☑072 499 7866; www.vamos.co.za; Rundgänge/Radtouren 200/250 R) Der junge, in Langa ansässige Guide Siwiwe Mbinda (www. townshiptourscapetown.co.za) ist einer der Mitbegründer dieses Unternehmens, das zwei- bis dreistündige Rundgänge und Radtouren durch Langa anbietet. Oft gibt's unterwegs eine Darbietung der von Siviwe gegründeten Gummistiefeltanztruppe Happy Feet.

Dinner@Mandela's (☑021-790 5817, 083 471 2523; www.dinneratmandelas.co.za; Tour 225 R) Eine sehr empfehlenswerte Alternative zu Tagestouren ist diese Abendtour mit Essen in Imizamo Yethu (Mo & Do ab 19 Uhr, Abholung im Stadtzentrum). Das vegetarierfreundliche Essen mit traditionellen afrikanischen Gerichten findet in Tamfanfa's Tavern statt. Davor stehen afrikanischer Tanz und Chorgesang auf dem Programm.

Township Tours South Africa (☑083 719 4870; www.suedafrika.net/imizamoyethu; Tour 85 R) Afrika Moni bietet zweistündige Rundgänge durch Imizamo Yethu (es liegt an der blauen Linie der Busse von City Sightseeing Cape Town), mit Besuch bei einem *sangoma* (traditionellen Heiler, gewöhnlich einer Frau), einem hausgebrauten Getränk in einer *shebeen* (einer illegalen Kneipe) und einem Besuch bei mehreren Kunstprojekten und im Township-Museum. Buchung erforderlich.

Imivuyo Touring (☑072-624 4211; www. imivuyo.co.za) Neben Township-Touren bietet Imivuyo auch Weinland- und Stadttouren.

Transcending History Tours (☑084 883 2514; http://sites.google.com/site/capeslaver outetours) Lucy Campbell ist die Expertin für diese Touren, die einen tieferen Einblick in die reiche und faszinierende Geschichte der Ureinwohner und Sklaven am Kap bieten.

Mountainbiker in Kapstadt

Naturkundliche Touren

Wandertouren im Table Mountain National Park siehe S. 28. Auch für das Rondevlei Nature Reserve (S. 139) können Wandertouren organisiert werden.

Apex Shark Expeditions (☏021-786 5717; www.apexpredators.com) Haibeobachtungstrips ab Simon's Town – man muss also nicht bis nach Gansbaai fahren. Hier gibt's keine Käfige; wer möchte, kann mit den großen Fischen schnorcheln. Außerdem spezialisiert auf Trips zu Meeresvögeln, darunter bis zu sieben Arten von Albatrossen. Die gewaltigen Meeresvogelkolonien mit teils Tausenden von Tieren sind ein imposanter Anblick.

Birdwatch Cape (☏072-635 1501; www.birdwatch.co.za) Informative Touren zur Beobachtung der vielen einzigartigen Vogelarten am Kap.

Weintouren

African Story (☏073-755 0444; www.africanstorytours.com; 545 R) Ganztagestouren mit Wein-, Käse- und Schokoladenkostung auf vier Gütern in den Regionen Stellenbosch, Franschhoek und Paarl.

Bikes 'n Wines (☏074-186 0418; http://bikesnwines.com; 495 R) Der Preis für die 9 km lange Radtour zu Weingütern um Stellenbosch schließt die Zugfahrt von Kapstadt mit ein.

Easy Rider Wine Tours (☏021-886 4651; www.stumbleinnstellenbosch.hostel.com; 400 R) Zuverlässiger Anbieter in Stellenbosch. Zunächst gibt's eine Kellerführung, dann geht's gewöhnlich zu den Gütern Boschendal und Fairview sowie zu einigen anderen Kellereien.

Gourmet Wine Tours (☏021-705 4317, 083 229 3581; www.gourmetwinetours.co.za; Halb-/Ganztagestouren ab 1100/1700 R) Stephen Flesch, ehemaliger Vorsitzender der Wine Tasters Guild of South Africa, verfügt über 35 Jahre Erfahrung als Weinprüfer und bietet Touren zu vom Kunden ausgewählten Weingütern.

Vine Hopper (☏021-882 8112; 170 R) Der Hopper ist ein Hop-on-hop-off-Bus mit zwei Routen, an denen sechs Weingüter liegen. Er fährt stündlich bei Stellenbosch Tourism ab, wo man auch Fahrkarten kaufen kann.

Vineyard Ventures (☏021-434 8888; www.vineyardventures.co.za; 500 R) Dieser etablierte Anbieter von Weintouren bietet maßgeschneiderte Touren oder schlägt Weingüter vor, die etwas abseits liegen.

Wine Desk at the Waterfront (☏021-418 0108; www.winedesk.co.za; 395–850 R) Maßgeschneiderte oder Standardtouren zu täglich wechselnden Weingütern ab dem V&A Waterfront Information Centre.

Wine Flies (☏021-423 2444; www.wineflies.co.za; 545 R) Vergnügliche Touren zu vier oder fünf Weingütern mit Keller- und Weinbergführungen sowie Käse-, Oliven- und Schokoladenverkostung.

Table Mountain National Park

Der Table Mountain National Park umfasst etwa 73 % der Kaphalbinsel und erstreckt sich vom Signal Hill bis zum Cape Point. Neben wandern kann man sich hier abseilen, Mountainbike fahren, klettern, Gleitschirm fliegen, Vögel und andere Tiere beobachten, schnorcheln und tauchen.

Pinguine am Boulders Beach (S. 142)

Highlights

➡ Eine Nacht in einem der **Zeltcamps** (S. 30) und eine Wanderung auf dem Hoerikwaggo Trail.

➡ Nach der geruhsamen Fahrt mit der **Seilbahn** (S. 91) die tolle Aussicht von oben genießen.

➡ In **Boulders** (S. 142) mit den Brillenpinguinen paddeln.

➡ Eine Fahrt zur Südwestspitze Afrikas, dem **Cape Point** (S. 136).

➡ Den **Lion's Head** (S. 99) erklimmen und umwerfende Ausblicke auf die Table Bay und die Twelve Apostles genießen.

➡ Im **Tokai Forest** (S. 127) oder in **Silvermine** (S. 138) Mountainbike fahren.

Wanderwege ohne Ende

Allein der Tafelberg wartet mit jeder Menge Routen auf, von leichten Spazierwegen bis zu extremen Klettersteigen. Für die Parkabschnitte Boulders, Cape of Good Hope, Ouderkraal, Silvermine und Tokai muss man Eintritt zahlen, ansonsten sind die Wege aber frei zugänglich. Die Ausschilderung wird langsam besser, ist jedoch keineswegs allumfassend, und selbst mit einer Karte kann man sich leicht verirren. Bevor man aufbricht, sollte man die unten stehenden Sicherheitshinweise lesen und vielleicht einen Guide anheuern.

Beliebte Routen

Die direkteste Route auf den Berg führt durch die Platteklip Gorge (S. 91). Weniger anstrengend ist der Pipe Track, für den man allerdings doppelt so lange braucht. Leichte Routen führen außerdem auf den Lion's Head und von der Bergstation der Seilbahn zu Maclear's Beacon, dem höchsten Punkt des Berges.

Längere Wanderrouten sind z. B. der zweitägige, 33,8 km lange Cape of Good Hope Trail (S. 136) und der fünftägige, 80 km lange Hoerikwaggo Trail, der über die gesamte Länge der Halbinsel vom Cape Point bis zur Bergstation der Seilbahn führt.

Sicherheitshinweise

Nur weil der Table Mountain National Park vor den Toren der Stadt liegt, ist dieses Wildnisgebiet oberhalb von 1000 m

Höhe nicht weniger gefährlich. Kaum eine Woche vergeht ohne einen – manchmal gar tödlichen – Unfall am Berg, zumeist bei Kletterexpeditionen. Am Tafelberg sind schon mehr Menschen ums Leben gekommen als auf dem Mount Everest. Auch Brände haben Opfer gefordert, und an den Hängen des Tafelbergs und des Lion's Head sind Überfälle leider keine Seltenheit.

Im Park patrouillieren 50 Bedienstete, aber er ist so groß, dass sie natürlich nicht überall sein können – man sollte also gut für die Bergtour gerüstet sein. Selbst wer mit der Seilbahn hinauffährt, sollte sich im Klaren sein, dass das Wetter oben schnell umschlagen kann. Die wichtigsten Notfallnummern sind ☏086 110 6417 für Feuer, Wilderei, Unfälle und Verbrechen sowie ☏021-948 9900 für die Bergrettung.

Tipps für Wanderungen

➡ Lange Hosen tragen. Ein großer Teil des Fynbos (wörtlich „dünner Busch", vorwiegend Proteen und Erika) ist rau und kratzig. Dazu kommt der üble *blister bush,* dessen Blätter aussehen wie Petersilie; wer diese Pflanze berührt hat, sollte die betreffende Stelle umgehend abdecken – Sonnenlicht aktiviert die Giftstoffe der Pflanze, sodass auf der Haut Blasen entstehen, die u. U. jahrelang nicht abheilen.

➡ Jemanden von der geplanten Route unterrichten und eine Karte (oder noch besser: einen Führer) mitnehmen.

➡ Auf ausgetretenen Pfaden bleiben und keine Abkürzungen nehmen.

➡ Viel Wasser und etwas Proviant einpacken.

➡ An wetterfeste Kleidung denken – das Wetter kann in Sekundenschnelle umschlagen.

➡ Wanderstiefel oder -schuhe sowie einen Sonnenhut tragen.

➡ Ein voll aufgeladenes Handy dabeihaben.

➡ Nicht allein klettern – die offizielle Empfehlung ist, zu viert zu gehen.

➡ Am Berg keinen Abfall zurücklassen.

➡ Am Berg kein Feuer entzünden – das ist verboten.

Die Abschnitte des Table Mountain National Park

Tafelberg (S. 94) Die Hauptattraktion des Parks kann man ersteigen oder man fährt mit der Seilbahn und geht nur den Rest zu Fuß.

Lion's Head (S. 99) Einfacher zu erklimmen als der Tafelberg, mit Rundumblick auf Tafelberg, Küste und Stadt.

Signal Hill (S. 62) Mit der Noon Gun; zu erreichen mit dem Auto von der Kloof Nek Road oder zu Fuß von Bo-Kaap oder Sea Point.

Ouderkraal (S. 115) Picknickplatz und beliebter Tauchspot am Atlantik.

Back Table (S. 128) Ein alter Saumpfad führt vom Constantia Nek die Rückseite des Tafelbergs hinauf zu einer Reihe von Stauseen.

Kirstenbosch (S. 122) Die Gärten gehören nicht zum Park, grenzen aber an ihn: Man kann durch die Skeleton Gorge oder Nursery Ravine den Berg hinaufwandern oder den Panoramaweg nehmen, der durch die Cecilia Plantation hinüber zum Constantia Nek führt.

Tokai Forest (S. 127) Beliebter schattiger Picknickbereich mit Arboretum und Wander-, Mountainbike- und Reitwegen.

Silvermine (S. 138) Dieser Parkabschnitt in der Mitte der südlichen Halbinsel bietet Plankenwege an einem Fluss und Stausee entlang sowie Pfade zu Höhlen und tollen Aussichtspunkten.

Boulders (S. 142) Geschützte sandige Buchten in der False Bay und ein Schutzgebiet für eine Kolonie von 2800 Brillenpinguinen.

Cape of Good Hope (S. 136) Das Kap im Süden der Halbinsel ist die Südwestspitze Afrikas und Teil eines 7750 ha großen Schutzgebiets.

Geführte Wanderungen

Mehrere private Unternehmen bieten geführte Wanderungen im Park. Außer den folgenden haben **Abseil Africa** (Karte S. 276; ☏021-424 4760; www.abseilafrica.co.za; 595 R), **Awol Tours** (☏021-418 3803; www.awoltours.co.za) und **Downhill Adventures** (S. 99) Wanderungen am und auf dem Berg sowie im Park im Programm.

Venture Forth (☏021-554 3225, 086 110 6548; www.ventureforth.co.za) Ausgezeichnete geführte Wanderungen und Klettertouren mit engagierten,

Abseilen vom Tafelberg

kenntnisreichen Guides. Die Ausflüge (ca. 500 R p. P.) sind auf die individuellen Bedürfnisse zugeschnitten und führen gern zu Orten abseits der ausgetretenen Pfade.

Walk in Africa (021-785 2264; http://walkinafrica.com) Steve Bolnick, ein erfahrener und passionierter Safari- und Bergführer, leitet das Unternehmen. Die Vorzeigewanderung geht fünf Tage lang über den Mountain in the Sea Trail (14 000 R p. P.), der von der Plattekliip Gorge zum Cape Point führt. Die Übernachtung erfolgt in Viersternehotels am Weg. Transfers, Frühstück und Mittagessen sind im Preis inbegriffen.

South African Slackpacking (082 882 4388; www.slackpackersa.co.za) Das Unternehmen wird von dem lizenzierten Naturführer Frank Dwyer geleitet und bietet Ein- und Mehrtageswanderungen im Nationalpark.

Table Mountain Walks (021-715 6136; www.tablemountainwalks.co.za) Geführte Tageswanderungen in verschiedenen Teilen des Parks, von Aufstiegen auf den Tafelberg bis zu Wanderungen im Abschnitt Silvermine (ab 450 R).

Christopher Smith (071-270 6081; fauna.flora7@gmail.com) Der im Nationalpark ausgebildete freiberufliche Guide ist ein umgänglicher, kenntnisreicher Mensch mit jeder Menge Erfahrung als Führer auf dem Hoerikwaggo Trail und auf anderen Routen.

Unterkünfte im Park

Privates Zelten ist im Park verboten; wer also möglichst naturnah nächtigen möchte, dem bieten sich die phantasievoll angelegten Zeltcamps und die Selbstversorgerhütten des Parks an. Reservieren kann man online (http://sanparks.org.za/parks/table_mountain/tourism/accommodation.php/tented) oder per Telefon (021-422 2816; Mo–Fr 7.30–16 Uhr).

Zeltcamps

Um in diesen naturfreundlichen Camps zu übernachten, muss man nicht den Hoerikwaggo Trail entlangwandern. Sie sind mit Materialien aus dem Park so gestaltet, dass sie sich perfekt in die Umgebung einpassen. Die Zelte bestehen nach Armeeart aus Segeltuch, sind durch Holzkonstruktionen geschützt und beherbergen bequeme Betten. Die Sanitäreinrichtungen sind in allen Camps hervorragend, genauso wie die komplett ausgestatteten Küchen- und Grillbereiche. An jedes Camp gelangt man relativ nah mit dem Auto heran und braucht dann nur noch ein bisschen zu wandern. Ein Zelt mit zwei Einzelbetten kostet 440 R, Bettzeug gibt's für 80 R pro Person.

Orange Kloof Vielleicht das beste Zeltcamp, versteckt in einer schönen Ecke beim Constantia Nek mit direktem Zugang zum letzten afromontanen Wald (immergrüner feuchter Bergwald) im Park.

Silvermine In luftiger Lage beim Stausee im Parkabschnitt Silvermine.

Slangkop Beim Leuchtturm von Kommetjie, unterhalb eines Waldes mit seltenen heimischen Milchholzbäumen und verziert mit den Knochen eines 2006 in der Nähe gestrandeten Wals.

Smitswinkel Das einzige Camp mit eigenem Bad in den Zelten, nur Schritte entfernt vom Eingang des Parkabschnitts Cape of Good Hope. Hier kann es ziemlich windig werden.

Cottages

Die Selbstversorger-Cottages des Parks sind speziell errichtete oder renovierte Gebäude, alle in hübscher Lage und zumeist mit dem Auto zu erreichen. Bettzeug wird gestellt. Buchungen für die Cottages im Cape of Good Hope Nature Reserve können auch unter 021-780 9240 getätigt werden.

Platteklip Wash House (Deer Park, Vredehoek; 1–4 Pers. 800 R, zusätzl. Erw./Kind 400/200 R; P) Das alte Waschhaus am Rand des Parks ist in eine sehr stilvolle Unterkunft verwandelt worden. Im Wohnzimmer finden sich z. T. Arbeiten der besten Kunsthandwerker Kapstadts; draußen gibt's einen *bomah* (vertieften Lagerfeuerkreis) sowie Hängematten.

Overseers Cottage (De Villiers Reservoir, Back Table; 1–6 Pers. 1980 R, zusätzl. Erw./Kind 330/165 R). Die einzige Unterkunft auf dem Tafelberg ist nur zu Fuß zu erreichen. In den zwei schick eingerichteten Cottages haben bis zu 16 Personen Platz; im gemütlichen Wohnzimmer gibt's einen offenen Kamin – sehr angenehm in der abendlichen Kühle. In den Zimmern stehen Einzel- oder Etagenbetten.

Wood Owl Cottage (Tokai Plantation; 1–3 Pers. 740 R, zusätzl. Erw./Kind 290/145 R) Elegant restauriertes, komplett eingerichtetes ehemaliges Försterhaus mit drei Schlafzimmern für bis zu sechs Personen im Herzen des Abschnitts Tokai. Der Koch-Wohn-Bereich verfügt über einen Kamin und es gibt ein separates Fernsehzimmer. Ideal für eine Familie.

Eland & Duiker Cottage (Cape of Good Hope; 1–4 Pers. 805 R, zusätzl. Erw./Kind 172/86 R) In den beiden Cottages im nördlichen Abschnitt des Naturschutzgebiets haben jeweils sechs Personen Platz. Nett sind die Freiluftduschen.

Olifantsbos (Cape of Good Hope; 1–6 Pers. 2640 R, zusätzl. Erw./Kind 290/145 R) Hübsches weiß getünchtes Cottage in abgeschiedener Lage einen Katzensprung vom Strand und den tosenden Wellen des Atlantiks. Zusammen mit dem Nebengebäude bietet es Platz für zwölf Personen.

Wild Cards

Unbegrenzten Zugang zu den südafrikanischen Nationalparks für ein Jahr bieten die verschiedenen Arten der Wild Card (www. wildcard.co.za). Für ausländische Besucher gibt es die „All Parks Cluster"-Karte (Einzelperson/Paar/Familie 340/560/700 R). Die Karte ist in den Informationszentren des Parks erhältlich.

Bücher

Wer mehr über den Park und alle dort möglichen Aktivitäten erfahren möchte,

GUT ZU WISSEN

Informationszentren
➡ **Table Mountain National Park Head Office** (☎021-701 8692; Shop A1, Westlake Square, Ecke Westlake Dr/Steenberg Rd, Westlake; ⊙Mo–Fr 8–15 Uhr)

➡ **Boulders Visitor Centre** (☎021-786 5787; 1 Kleintuin Rd, Seaforth, Simon's Town; ⊙8–16 Uhr)

➡ **Buffelsfontein Visitor Centre** (☎021-780 9204; Cape of Good Hope; ⊙8–16 Uhr)

➡ **Tokai Forest Office** (☎021-712 7471; Tokai Rd, Tokai; ⊙Mo–Fr 8–13 & 14–16 Uhr)

Karten
➡ **Slingsby Maps** (www.slingsby maps.com)

Wandervereine
➡ **Cape Union Mart Hiking Club** (www.cumhike.co.za)

➡ **Trails Club of South Africa** (www. trailsclub.co.za)

➡ **Mountain Club of South Africa** (http://cen.mcsa.org.za)

sollte nach den folgenden Büchern Ausschau halten:

➡ *Mountains in the Sea: Table Mountain to Cape Point* (John Yeld)

➡ *Best Walks in the Cape Peninsula* (Mike Lundy; www.hikecapetown.co.za)

➡ *A Walking Guide for Table Mountain* (Shirley Brossy)

➡ *Table Mountain Classics* (Tony Lourens)

➡ *Table Mountain Activity Guide* (Fiona McIntosh)

Essen

Es ist schon ein Wunder, dass die Kapstädter am Strand alle so eine gute Figur machen, denn in dieser Stadt kann man hervorragend essen. Die besten Restaurants und Cafés der Stadt brauchen sich hinter denen in weitaus größeren Metropolen nicht zu verstecken und es wird eine wunderbare Vielfalt geboten, darunter regionale afrikanische und kapmalaiische Gerichte sowie Fisch und Meeresfrüchte direkt vom Boot.

Aus dem Meer

Hier wird jede Menge Fisch aufgetischt, den man zu Hause nicht findet, wie Kingklip oder Snoek, eine sehr fleischige große Makrelenart, die vor allem gegrillt köstlich schmeckt. Vorsicht jedoch vor den kleinen Gräten! Bei *line fish* handelt es sich um tagesfrischen Fang. Außerdem gibt's köstlich frische Langusten und *perlemoen* (Abalone).

Vor dem Bestellen vergewissert man sich am besten, dass der gewünschte Fisch nicht auf der Roten Liste steht. Die **Southern African Sustainable Seafood Initiative** (SASSI; www.wwfsassi.co.za) klärt Konsumenten über verantwortungsbewussten Fischkonsum auf. Von der Website kann man ein praktisches Kärtchen und eine Broschüre herunterladen, die über den Erhaltungsstatus der Fische der Region informiert. Oder man schickt im Restaurant den Namen des Fisches per SMS an 079 499 8795 und erhält sofort eine Statusinformation.

Die Küche der Kapmalaien

Diese spannende Mischung aus malaiischen und holländischen Kochtraditionen entstand in der Frühzeit der europäischen Besiedlung und zeichnet sich durch den Einsatz aromatischer Gewürze aus. Manche Leute finden die Küche eher schwer und süß, aber probieren sollte man sie auf jeden Fall.

Das am weitesten verbreitete kapmalaiische Gericht ist *bobotie*, gewöhnlich zubereitet aus Rinder- oder Lammhack mit herzhafter Kruste aus geschlagenem Ei, leicht mit Curry gewürzt und serviert auf Kurkumareis mit ein wenig Chutney. Es gibt auch Varianten mit anderen Fleischsorten oder gar Fisch.

Es gibt unterschiedliche *bredies* – Eintöpfe mit Fleisch oder Fisch und Gemüse. *Dhaltjies* sind köstliche frittierte Kichererbsenbällchen mit Kartoffeln, Koriander und Spinat. Beliebt sind auch milde Currys, oft serviert mit *rootis*, die dem gleichnamigen indischen Brot ähneln. Vom indischen Einfluss zeugen auch Samosas mit scharfer Gemüsefüllung. Fleischfreunde sollten *sosaties* probieren, kapmalaiische Fleischspieße.

Traditionelle Desserts sind der köstliche *malva*-Pudding mit Aprikosenmarmelade und Essig und der vorzügliche Brandy-Pudding (wobei die echte kapmalaiische Küche, die stark muslimisch beeinflusst ist, natürlich auf Alkohol verzichtet). Sehr zu empfehlen sind außerdem *koeksusters*, mit Sirup überzogene frittierte Teigzöpfe.

Afrikanische & Afrikaander-Küche

Zum Standardangebot der Restaurants in den Townships gehören Reis und *mealie pap* (Maisbrei), zu dem oft ein fettiger Eintopf gereicht wird. Nicht besonders appetitlich, dafür aber preiswert. Das Gleiche gilt für die *smilies* (Schafsköpfe), die auf der Straße zubereitet werden. Weitere typische Gerichte sind *samp* (eine Mischung aus Mais und Bohnen), *imifino* (Maismehl und Gemüse) und *chakalaka* (eine leckere Würzsauce aus Tomaten, Zwiebeln, Pfeffer, Knoblauch, Ingwer, süßer Chilisauce und Currypulver).

Gewürztes Fleisch vom *braai* (Grill), das Standardgericht der traditionellen Burenküche, ist bei Südafrikanern aller Hautfarben beliebt. Das Erbe der Voortrekker macht sich in alten Spezialitäten wie z. B. *biltong* (luftgetrocknetes Rind- oder Wildfleisch) und *rusk* (Zwieback) bemerkbar, die sich perfekt für die langen Trecks der Pioniere durchs Hinterland eigneten. Eine typische Wurst ist die *boerewors* und auch Wildbret wird für viele Rezepte verwendet.

Wohin zum Essen?

Dank der Nähe zum Meer und den fruchtbaren Böden des Umlands kommen überall frische und hochwertige Produkte zum Einsatz. Es gibt Lokale für jeden Geschmack und Geldbeutel, von tollen Imbissläden bis zu erstklassigen Gourmettempeln. Zu den vielen Fastfoodlokalen zählen **Nandos** (www.nandos.co.za) mit pikanten Peri-Peri-Hähnchen im portugiesischen Stil und die Kaffeekette **Vida e Caffé** (www.vidacaffe.com). Viele Bars servieren ausgezeichnetes Essen. Manche Weingüter unterhalten ebenfalls z. T. exzellente Restaurants oder bieten fertige Picknickspeisen an. Außerdem gibt's Halal- und koschere Restaurants sowie mehrere gute vegetarische und vegane Cafés.

Essen nach Stadtvierteln

➡ **City Bowl, Foreshore, Bo-Kaap & De Waterkant** Das größte Angebot haben die City Bowl und De Waterkant; in Bo-Kaap gibt's einige kapmalaiische Cafés.

➡ **Östlicher Stadtbezirk** Künstlertypen und Studenten treffen sich in der Lower Main Road in Observatory oder man schaut sich in all den neuen Cafés in Woodstock und Salt River um.

➡ **Gardens & Umgebung** In der Kloof Street gibt's viele gute Lokale, mehrere davon mit tollem Ausblick auf den Tafelberg.

➡ **Green Point & Waterfront** Toll zum Speisen am Wasser. An der Waterfront sollte man Restaurants jedoch sorgfältig aussuchen, da die Preise hoch sind, die Qualität aber oft nicht mithalten kann.

➡ **Sea Point bis Hout Bay** Die Gastroszene von Sea Point wird immer besser. In Camps Bay am Strand zu essen ist gewöhnlich sehr teuer.

➡ **Südliche Vororte** Am besten ist ein Picknick in Kirstenbosch oder auf den Weingütern von Constantia, wo außerdem ein paar sehr edle Restaurants angesiedelt sind.

➡ **Simon's Town & südliche Halbinsel** Kalk Bay ist toll für superfrische Meeresfrüchte.

➡ **Cape Flats & nördliche Vororte** Traditionelles afrikanisches Essen in Township-Restaurants und vom Grill an der Straße.

GUT ZU WISSEN

Preise

Die Preissymbole gelten jeweils für eine Mahlzeit ohne Getränke:

€	unter 100 R
€€	100–250 R
€€€	über 250 R

Öffnungszeiten

Viele Restaurants und Cafés sind sonntags geschlossen.

➡ **Cafés** Mo–Fr 7.30–17, Sa 8–15 Uhr

➡ **Restaurants** Mo–Sa 11.30–15, 18–22 Uhr

Tischreservierungen

Wenn wir eine Telefonnummer angegeben haben, ist eine Reservierung zu empfehlen, besonders für einen Freitag- oder Samstagabend. Die Top-Restaurants muss man mindestens einen Monat im Voraus reservieren.

Restaurantführer & Blogs

➡ **Rossou Restaurants** (www.ros souwsrestaurants.com) Unabhängige Besprechungen von Restaurants in Kapstadt.

➡ **Eat Out** (www.eatout.co.za) Online-Kritiken und gedruckte Restaurantführer für Kapstadt und das Westkap.

➡ **Eat Cape Town** (www.eatcapetown. co.za)

➡ **Once Bitten** (oncebitten.co.za)

➡ **Relax With Dax** (www.relax-with -dax.co.za)

BYO

Die meisten Restaurants haben eine Schanklizenz, einige gestatten es aber, den eigenen Wein mitzubringen (keine oder geringe Korkgebühr). Wer's genau wissen möchte, ruft vorher an!

Rauchen

Rauchen ist in Restaurants nur dann erlaubt, wenn es einen abgetrennten Raucherbereich gibt.

Trinkgeld

10 % sind Standard, mehr gibt's bei gutem Service.

Top-Tipps

Bombay Brasserie (S. 64) Superedler Inder im Taj-Hotel.

Bizerca Bistro (S. 64) Moderne französische Bistrospeisen, ausgezeichneter Service.

Dear Me (S. 64) Tolles Restaurant für frischeste Erzeugnisse aus der Region.

Roundhouse (S. 115) Abends köstliches Essen, tagsüber umwerfende Ausblicke auf die Camps Bay.

The Kitchen (S. 82) Fabelhaftes Café, in dem schon die amerikanische First Lady zu Gast war.

Pot Luck Club & The Test Kitchen (S. 83) Zwei gastronomische Sensationen von Spitzenkoch Luke Dale-Roberts und seinem talentierten Team.

Preiskategorien

€

Casa Labia (S. 143)

Charly's Bakery (S. 83)

The Dog's Bollocks (S. 95)

Maria's (S. 95)

€€

Olympia Café & Deli (S. 143)

La Boheme (S. 116)

Wakame (S. 107)

Hemelhuijs (S. 66)

€€€

Aubergine (S. 95)

La Colombe (S. 128)

Savoy Cabbage (S. 64)

Foodbarn (S. 144)

Restaurants

Afrikanisch

Africa Café (S. 64)

Addis in Cape (S. 65)

Mzoli's (S. 152)

Lelapa (S. 152)

Kapmalaiisch

Biesmiellah (S. 67)

Noon Gun Tearoom & Restaurant (S. 67)

Gold (S. 65)

Jonkershuis (S. 129)

Italienisch

La Perla (S. 116)

95 Keerom (S. 65)

Massimo's (S. 116)

A Tavola (S. 129)

Asiatisch & Indisch

Masala Dosa (S. 65)

Kyoto Sushi Garden (S. 95)

Chandani (S. 83)

Willoughby & Co (S. 108)

Vegetarisch & Vegan

Closer (S. 144)

Deer Park Café (S. 96)

O'ways Teacafe (S. 129)

Sophea Gallery & Tibetan Teahouse (S. 144)

Delis

Giovanni's Deli World (S. 108)

Melissa's (S. 108)

Newport Market & Deli (S. 108)

Bread, Milk & Honey (S. 66)

Gourmetcafés

Café Neo (S. 108)

Manna Epicure (S. 95)

Lazari (S. 96)

River Café (S. 129)

Meeresfrüchte

Fish on the Rocks (S. 116)

Willoughby & Co (S. 108)

Live Bait (S. 143)

Fisherman's Choice (S. 108)

Ausgehen & Nachtleben

Nicht umsonst war Kapstadt früher als die „Taverne der Sieben Meere" bekannt. In unzähligen Bars und Kneipen, teils mit atemberaubender Aussicht auf den Strand oder die Berge, kann man Cocktails, edle Weine oder hausgebraute Biere schlürfen. Und wer sich auf der Tanzfläche austoben möchte, findet problemlos einen geeigneten Club.

Feiern in Kapstadt

Am meisten los ist mittwochs, freitags und samstags: Dann kann man die Einheimischen beim Feiern erleben. Aber Kapstadt bietet mehr als nur Gelegenheiten zum Trinken und Tanzen. Auch Kabarett und Comedy gehören zum Nachtleben, daneben ist Livemusik mit allem von Jazz bis Rap sehr populär. Siehe auch „Unterhaltung" S. 37.

Was trinken?

Es bieten sich unzählige Gelegenheiten, die Weine vom Kap zu probieren, u. a. auf den Gütern selbst: Mehr zum Wein s. S. 45 und S. 239. Auch Cocktails sind beliebt; die besten Mixer bereichern ihre Kreationen um regionale Aromen und verwenden Spirituosen aus kleinen Destillen.

Pieter Visagle soll 1658 am Ufer des Liesbeek das erste Bier am Kap gebraut haben. Bekannte Biermarken wie Castle und Black Label werden in der Newlands Brewery u. a. in Flaschen zu 750 *(quart)* und 330 ml *(dumpy)* abgefüllt. Ein weiteres beliebtes Massenbier ist Windhoek aus Namibia.

Einen Boom erleben derzeit Klein- und Kleinstbrauereien. Neben älteren Brauern wie **Mitchells** (www.mitchellsbrewery.com) und **Birkenhead** (www.birkenhead.co.za) gibt's Neulinge wie **Jack Black** (www.jackblackbeer.com), **Old Everson Cider** (www.eversonwine.co.za), **Darling Brew** (www.darlingbrew.co.za), **Triggerfish** (www.facebook.com/triggerfishbrewer?sk=info) und **Camelthorn** (camelthornbrewing.wordpress.com). Bierfreunde sollten sich den Termin des **Cape Town Festival of Beer** (capetownfestivalofbeer.co.za) Ende November im Kalender notieren.

Clubbing

Kapstadts Clubszene ist fest im globalen Dancefloor-Netzwerk verankert, weshalb durchaus mit Auftritten internationaler Star-DJs zu rechnen ist. Im Sommer finden etwa eine Stunde vom Stadtzentrum entfernt Open-Air-Trancepartys wie Vortex (www.intothevortex.co.za) und Alien Safari (http://aliensafari.net) statt; genauere Informationen dazu auf den jeweiligen Websites und in den Backpacker-Hostels.

Ausgehen & Nachtleben nach Stadtvierteln

➡ **City Bowl & De Waterkant** (S. 52) Pulsierendes Nachtleben in der oberen Long Street, Bree Street und in De Waterkant.

➡ **Östlicher Stadtbezirk** (S. 77) Clubs im Fringe und an den Rändern des District Six; Studenten-/Künstlerkneipen in Observatory.

➡ **Gardens & Umgebung** (S. 89) Kloof Street und Kloof Nek Road sind angesagte Treffs.

➡ **Green Point & Waterfront** (S. 101) Drinks mit Hafen-, Bucht- oder Stadionblick.

➡ **Sea Point bis Hout Bay** (S. 112) Sehen und gesehen werden im trendigen Camps Bay; relaxen im lockereren Sea Point und Hout Bay.

➡ **Südliche Vororte** (S. 120) Alte Pubs in Newlands und Weingüter in Constantia.

➡ **Südliche Halbinsel** (S. 134) Im Brass Bell und Polana kann man seinen Drink ganz nah am Wasser genießen.

➡ **Cape Flats & nördliche Vororte** (S. 148) Jazz- und Tanzclubs in Athlone oder Bier und Pizza mit Tafelbergblick in Bloubergstrand.

GUT ZU WISSEN

Öffnungszeiten

➤ **Bars** 12–24 Uhr, einige haben jedoch viel länger geöffnet.

➤ **Clubs** 20–4 Uhr, in den meisten Läden ist aber erst weit nach Mitternacht was los.

Eintritt

Clubeintritt je nach Veranstaltung 20–100 R.

Trinkgeld

Barkeeper bekommen gewöhnlich 10 %.

Tickets

➤ **Computicket** (www. computicket.com)

➤ **Webtickets** (www. webtickets.co.za)

Fakten

➤ Der Alkoholgehalt von Bier liegt bei etwa 5 %.

➤ Leitungswasser kann problemlos getrunken werden.

Informationen

➤ **Mail & Guardian** (www.theguide.co.za)

➤ **Tonight** (www.iol. co.za/tonight)

➤ **Cape Town Magazine** (www.capetownmaga zine.co.za)

➤ **The Next 48 Hours** (www.48hours.co.za)

➤ **Playground.sa.co. za** (www.playgroundsa. co.za)

➤ **Thunda.com** (www. thunda.com)

Top-Tipps

&Union (S. 68) Leckere Biere, Bio-Fleisch, Tischtennis, Kaffee und Cupcakes.

Waiting Room (S. 68) Luftige, entspannte Dachgeschoss- und Dachbar mit Blick auf die Long Street.

Amadoda (S. 84) Kneipe im Township-Stil mit *braai* in Woodstock.

Banana Jam (S. 130) Angesagte Kneipe für heimische Biere aus Kleinproduktion; dazu gibt's köstliches karibisches Essen.

Brass Bell (S. 144) Klassischer Pub in Kalk Bay – so nah am Wasser, dass man von seinem Platz ins Wasser springen könnte.

Espressolab Microroasters (S. 84) In dieser engagierten Rösterei in der Old Biscuit Mill wird Kaffee aus aller Welt mit demselben Respekt behandelt wie edle Weine.

Mit Meerblick

Polana (S. 145)

Dunes (S. 117)

Tobago's (S. 109)

Grand Café & Beach (S. 109)

Skebanga's Bar (S. 145)

Blue Peter (S. 152)

Hotelbars

Planet (S. 96)

Twankey Bar (S. 69)

Bascule (S. 109)

Vista Bar (S. 109)

Salt (S. 117)

Leopard Bar (S. 117)

Weinlokale

French Toast (S. 68)

Caveau (S. 69)

Fork (S. 69)

W Tapas Bar (S. 109)

Cape Point Vineyards (S. 145)

Mit Stil

Tjing Tjing (S. 68)

Don Pedro (S. 84)

Harbour House (S. 109)

Martini Bar (S. 130)

The Bungalow (S. 117)

Julep Bar (S. 69)

Für Bierfreunde

The Power & The Glory/Black Ram (S. 96)

Saints (S. 97)

Mitchell's Scottish Ale House & Brewery (S. 109)

Forrester's Arms (S. 130)

Perseverance Tavern (S. 97)

Fireman's Arms (S. 71)

Für Kaffeejunkies

Escape Caffe (S. 68)

Bean There (S. 69)

Haas (S. 71)

Truth (S. 84)

Yours Truly (S. 69)

Clubs

Trinity (S. 70)

Assembly (S. 85)

Vinyl Digz (S. 69)

Crew Bar (S. 70)

Decodance (S. 117)

St. Yves (S. 117)

Unterhaltung

Rapper und Comedians, die eine Mischung aus Afrikaans und Englisch sprechen, A-cappella-Chöre aus den Townships und Straßenmusiker an der Waterfront, Theater auf der Straße und in alten Kirchen sowie Aufführungen in Vorortwohnzimmern – Kapstadt beeindruckt mit einem umwerfend vielfältigen Unterhaltungsangebot, wobei Livemusik das Highlight ist.

Jazz und mehr
Es ist kein Zufall, dass viele berühmte Jazzkünstler ihre Karriere in Kapstadt begannen. Der leichtfüßige Charakter des Jazz scheint sehr gut zur entspannten, kosmopolitischen Atmosphäre der Stadt zu passen. Obwohl es nur wenige dauerhafte Jazztreffpunkte gibt, ist ein Abend ohne Jazzsession eine Seltenheit; Näheres auf www.capetownjazz.com.

Auch andere Musikrichtungen kommen in Kapstadt zu ihrem Recht. Das Programm für die tollen Sonntagnachmittagskonzerte in Kirstenbosch liest sich wie ein genreübergreifendes Who's Who der südafrikanischen Musikszene. Zu den großen Rockfestivals zählt das dreitägige **Rocking the Daisies** (www.rockingthedaisies.com) im Oktober.

Tanz & Theater
Auch Tanz ist sehr angesagt. Neben dem **City Ballet** (www.capetowncityballet.org.za) gibt es noch das **Jazzart Dance Theatre** (www.jazzart.co.za), das älteste Ensemble für modernen Tanz in Südafrika, und die **Cape Dance Company** (www.capedancecompany.co.za) mit der angeschlossenen Cape Youth Dance Company, die aus talentierten Jugendlichen im Alter von 13 bis 23 Jahren besteht. Die Darbietungen finden in Artscape und im Baxter Theatre statt, die zusammen mit dem Fugard die wichtigsten Bühnen der Stadt sind.

Kleinere Theater wie das Kalk Bay Theatre, das Theatre on the Bay und die verschiedenen kleinen Bühnen auf dem Hiddingh Campus der University of Cape Town in Gardens sind ebenfalls sehr erfolgreich.

Comedy & Kino
Zu Kapstadts guten und sehenswerten Comedians gehören Fernsehstar **Marc Lottering** (www.marclottering.com), **Mark Sampson** (www.samp.co.za), der beim Edinburgh Fringe Festival aufgetreten ist, und **Kurt Schoonraad** (www.kurt.co.za), Hauptact des Jou Ma Se Comedy Club.

In den großen Multiplexkinos, betrieben von **Ster Kinekor** (www.sterkinekor.com) und **Nu Metro** (www.numetro.co.za; verschiedene Häuser), laufen die aktuellen internationalen Filmhits sowie eine gute Auswahl an anspruchsvolleren Filmen. Das Bioscope im Fugard zeigt Übertragungen von Vorführungen des Bolschoi-Theaters, des Royal Opera House und des Royal Ballet London.

Unterhaltung nach Stadtvierteln

➡ **City Bowl, Foreshore, Bo-Kaap & De Waterkant** Artscape, klassische Konzerte in der Old Town Hall sowie Events in den Bars und Clubs in der Long Street.

➡ **Green Point & Waterfront** Cape Town Stadium für Konzerte internationaler Stars; die Waterfront für kostenlose Musik und andere Unterhaltung.

➡ **Östlicher Stadtbezirk** Fugard Theatre und Konzerte im Assembly und Mercury Live.

➡ **Südliche Vororte** Veranstaltungen im Baxter Theatre und Freiluftkonzerte in den Kirstenbosch Botanical Gardens.

GUT ZU WISSEN

Tickets
➡ **Computicket** (online. computicket.com/web)
➡ **Webtickets** (www. webtickets.co.za)

Informationen
➡ **What's On!** (www.whatson.co.za)
➡ **The Next 48 Hours** (www.48hours.co.za)
➡ **Mail & Guardian** (www.theguide.co.za)
➡ **Tonight** (www.iol. co.za/tonight)
➡ **Cape Town Magazine** (www.capetownmagazine.co.za)

Kostenlose Tickets
Kostenlose Tickets sind jeden Freitag über Webtickets (www.webtickets.co.za) erhältlich.

Lesungen
Buchvorstellungen und Lesungen in der Book Lounge und bei Kalk Bay Books. Dichterlesungen montags bei A Touch of Madness, dienstags im Melting Pot und am letzten Mittwoch des Monats bei Verses im iBuyambo Music & Art Exhibition Centre.

Filmfestivals
➡ **Encounters** (www. encounters.co.za) Internationales Dokumentarfilmfestival im Juni.
➡ **Out in Africa: South African International Gay & Lesbian Film Festival** (www.oia.co.za) Schwullesbische Filme im März, Juli & Oktober.
➡ **Winter Classic Film Festival** (www.thefugard.com) Klassisches Weltkino im Juli.

Top-Tipps

Baxter Theatre (S. 131) Der wichtigste Theater- und Kulturkomplex der Stadt in einem Gebäude aus den 1970er-Jahren.

The Fugard (S. 84) Spannende Spielstätte für Theater, Filme und anderes in einer umgebauten Kirche.

Labia (S. 97) Ein Mekka für globales Kino mit mehreren Sälen an zwei Spielstätten.

Assembly (S. 85) Livemusik und DJs, populäre und avantgardistische Musik.

Old Mutual Summer Sunset Concerts in Kirstenbosch (S. 22) Die besten südafrikanischen Musiker gastieren unter freiem Himmel in wunderschöner Umgebung.

Theater

Artscape (S. 71)

Kalk Bay Theatre (S. 145)

Theatre in the District (S. 85)

Maynardville Open-Air Theatre (S. 131)

Theatre on the Bay (S. 118)

Intimate Theatre (S. 98)

Musik

Bands & bekannte Namen
Cape Town International Convention Centre (S. 71)

Cape Town Stadium (S. 107)

Zula Sound Bar (S. 71)

Mercury Live & Lounge (S. 85)

Akustische Musik
Studio 7 (S. 118)

Alma Café (S. 131)

Tagore (S. 85)

Waiting Room (S. 68)

Melting Pot (S. 145)

Jazz & Afrikanisches
Mahogany Lounge (S. 97)

Swingers (S. 153)

Harvey's (S. 117)

Asoka (S. 97)

iBuyambo Music & Art Exhibition Centre (S. 153)

Mama Africa (S. 72)

Klassik
Cape Town City Hall (S. 71)

Artscape (S. 71)

St. George's Cathedral (S. 59)

Casa Labia (S. 113)

Kino

Cavendish Nouveau (S. 131)

Cinema Nouveau (S. 110)

Pink Flamingo (S. 72)

Cine 12 (S. 118)

Lesungen

Book Lounge (S. 86)

A Touch of Madness (S. 85)

Kalk Bay Books (S. 146)

iBuyambo Music & Art Exhibition Centre (S. 153)

House of Joy (S. 85)

Kabarett & Comedy

Jou Ma Se Comedy Club (S. 85)

Stardust (S. 131)

Obz Café (S. 85)

Zula Sound Bar (S. 71)

Evita se Perron (S. 174)

Shoppen

Am besten bringt man einen leeren Koffer mit, denn wahrscheinlich wird man die Stadt voll beladen wieder verlassen. Die Weltdesignhauptstadt 2014 bietet eine unwiderstehliche Vielfalt an Produkten, darunter traditionelles afrikanisches Kunsthandwerk, Mode, edle Weine und moderne Kunst. Außerdem gibt's Souvenirs und Antiquitäten aus ganz Afrika – allerdings befinden sich unter den Originalen auch zahlreiche Fälschungen.

Weltdesignhauptstadt

Wenn Kapstadt 2014 Weltdesignhauptstadt ist, stehen die Designer der Stadt im internationalen Rampenlicht. Designerartikel kann man beim jährlichen Design Indaba und bei Events wie **The Fringe Handmade** (http://thefringe.org.za) sowie auf den Märkten und in den Designkollektiven bewundern.

Auch die Kapstädter Künstler haben einiges zu bieten. Sie arbeiten in den unterschiedlichsten Bereichen, darunter Keramik. Spannend sind etwa die Arbeiten von **Barbara Jackson** (www.barbarajackson.co.za) und **Clementina van der Walt** (www.clementina.co.za), deren Keramik von den geometrischen Mustern der Perlenkunst der Zulu und Ndebele sowie der traditionellen afrikanischen Korbflechterei und Töpferei beeinflusst wird.

Ethisch unbedenklich & Essbar

Kunsthandwerk aus den Townships ist z. B. aus recycelten Materialien wie Blechdosen und Plastikflaschen gefertigt. Die Gewinne kommen oft Armen oder Gesundheits- und Bildungsprojekten zugute. Etabliert sind z. B. **Wola Nani** (www.wolanani.co.za) mit Bilderrahmen und Pappmascheeschüsseln, **KEAG** (www.keag.org.za) mit bunten Dekoartikeln aus recyceltem Plastik sowie **Umlungu** (www.umlungu.co.za) mit Kunst aus bemaltem Blech.

Lebensmittel kann man in Feinkostläden wie Melissa's oder auf den beliebten Feinkostmärkten kaufen. Wein ist direkt bei Hunderten von Winzern erhältlich.

Mode

Aufstrebende Modeschöpfer/-innen sind in den Boutiquen in der Long und Kloof Street vertreten. Interessante Kapstädter Modedesignerinnen sind **Maya Prass** (www.mayaprass.com), die mit ihrer Farb-, Muster- und Stoffauswahl das Weibliche herausstreicht, Amanda Laird Cherry, deren Designs in den Big-Blue-Boutiquen zu finden sind, Themba Mngomezulu vom Streetwearlabel **Darkie** (www.darkieclothing.com) und Stefania Morland samt Tochter Sasha. Siehe auch S. 73.

Shoppen nach Stadtvierteln

➡ **City Bowl** Bunte Mischung von Geschäften in der Long Street; auf dem Greenmarket Square findet ein guter Kunsthandwerksmarkt statt.

➡ **Gardens & Umgebung** Modeboutiquen, Galerien und Andenkenläden in der Kloof Street.

➡ **Waterfront** Das wichtigste Einkaufsviertel der Stadt mit dem Einkaufszentrum Victoria Wharf.

➡ **Sea Point** Die Main Road ist eine gute Adresse für Alltagsbedarf.

➡ **Südliche Halbinsel** Kunsthandwerk, Antiquitäten und Boutiquen in Kalk Bay.

Top-Tipps

Old Biscuit Mill (S. 85) Tolle Läden sowie samstags der Neighbourgoods Market.

The Fringe Arts (S. 98) Fast 100 südafrikanische Künstler und Designer sind hier vertreten.

Kalk Bay Modern (S. 135) Das Beste aus der Kapstädter kreativen Szene, von Kunst bis Schmuck und Textilien.

African Music Store (S. 72) CDs und DVDs – tolle Andenken aus einer echten Musikstadt.

Sobeit (S. 135) Mit den Ateliers von Wachskünstlern sowie Grafik-, Möbel- und Schmuckdesignern.

REISEPLANUNG SHOPPEN

GUT ZU WISSEN

Öffnungszeiten
➡ Geschäfte Mo–Fr
8.30–17, Sa 8.30–13 Uhr
➡ Malls tgl. 9–21 Uhr

Feilschen
Beim Kauf von Kunsthandwerk bei Straßenhändlern und an Marktständen ist Handeln zwar üblich, aber nicht besonders ausgeprägt – also nicht übertreiben.

Steuern & Erstattung
In den Preisen ist 14 % MWSt enthalten, die sich ausländische Besucher bei der Ausreise zum Teil erstatten lassen können.

Events
➡ **Design Indaba** (www. designindaba.com) Südafrikanische und ausländische Designer aller Genres tauschen Ideen aus und präsentieren ihr Schaffen (März).
➡ **Fashion Week** (www.afisa.co.za) Die Topdesigner Südafrikas stellen ihre neuen Kollektionen vor (Juli).
➡ **Rondebosch Potters Market** (www.ceramics-sa-cape.co.za) Am vorletzten Samstag im März und November.

Mode

Stefania Morland (S. 98)
Merchants on Long (S. 72)
Solveig (S. 110)
Habits (S. 132)
Bluecollarwhitecollar (S. 98)
Grant Mason Originals (S. 98)

Keramik

Africa Nova (S. 75)
Art in the Forest (S. 131)
Clementina Ceramics (S. 86)
Imiso Ceramics (S. 86)
Pottershop (S. 146)

Moderne Kunst

Stevenson (S. 86)
What If the World (S. 86)
Goodman Gallery Cape (S. 87)
AVA Gallery (S. 75)
Erdmann Contemporary & Photographers Gallery (S. 75)
South African Print Gallery (S. 86)

Kunsthandwerk

Design Afrika (S. 86)
Red Rock Tribal (S. 146)
Mogalakwena (S. 72)
African Image (S. 72)
Pan African Market (S. 73)
Kirstenbosch Craft Market (S. 132)

Wochenmärkte

Neighbourgoods Market (S. 86)
Hout Bay Craft Market (S. 118)
Blue Bird Garage (S. 146)
City Bowl Market (S. 98)
Bay Harbour Market (S. 118)
Milnerton Flea Market (S. 154)

Bücher

Book Lounge (S. 86)
Clarke's Bookshop (S. 73)

Kalk Bay Books (S. 146)
Quagga Art & Books (S. 146)

Recycelt & sozialverträglich

Heath Nash (S. 87)
Montebello (S. 131)
Streetwires (S. 75)
Monkeybiz (S. 75)
Umlungu (S. 87)
Philani Nutrition Centre (S. 154)

Essen & Wein

Vaughan Johnson's Wine & Cigar Shop (S. 110)
Honest (S. 74)
Porter Estate Produce Market (S. 121)
Melissa's (S. 96)
Wine Concepts (S. 99)

Design

Church (S. 72)
Ashanti (S. 86)
LIM (S. 98)
Tribal Trends (S. 73)
Recreate (S. 87)
Field Office (S. 88)

Einkaufszentren

Victoria Wharf (S. 110)
Cape Quarter (S. 75)
Cavendish Square (S. 132)
Canal Walk (S. 154)
Gardens Centre (S. 99)

Sport & Aktivitäten

Aktivurlauber sind in Kapstadt bestens aufgehoben. Abenteuerlustige Reisende finden ein umfangreiches Angebot an sportlichen Aktivitäten, die garantieren, dass niemand auf einen ordentlichen Adrenalinschub verzichten muss. Die Kapstädter sind außerdem begeisterte Sportfans; der Besuch eines Fußball-, Rugby- oder Cricketspiels ist ein tolles Erlebnis!

Aktivurlaub

Hohe Wellen vor der Küste und der Tafelberg machen Kapstadt zum Paradies für Surfer, Wanderer und Kletterer. Wer den noch stärkeren Kick sucht und auf Paragliding oder einen aufregenden Tauchgang im Haikäfig aus ist, muss sein Glück ein wenig außerhalb der Stadt versuchen.

Wer dagegen kein Adrenalinjunkie ist, kommt beim Golfen, Radeln oder Reiten auf seine Kosten. Viele der Tophotels der Stadt warten mit Luxusspas auf und Fitnessstudios gibt's wie Sand am Meer.

Zuschauersport

FUSSBALL

Gemessen an den Zuschauerzahlen ist Fußball der angesagteste Sport am Kap. Die Stadt ist mit zwei Vereinen in der Premier Soccer League (www.psl.co.za) vertreten: Santos (www.santosfc.co.za) und Ajax Cape Town (www.ajaxct.com). Heiß begehrt sind die Karten (ab 40 R) für Spiele gegen die besten Mannschaften des Landes, die Kaizer Chiefs und die Orlando Pirates aus Johannesburg. Die Saison dauert von August bis Mai; gespielt wird im Cape Town oder Athlone Stadium.

CRICKET

Die Kapstädter haben eine Schwäche für Cricket. Das ist angesichts des reizvollen Sahara Park Newlands, wo sämtliche Spitzenspiele ausgetragen werden, auch nicht weiter verwunderlich. Cricket war die erste der den Weißen vorbehaltenen Sportarten, die sich ernsthaft für eine Aufweichung der Rassenschranken öffnete. In den Townships wurden Entwicklungsprogramme ins Leben gerufen, die sich inzwischen ausgezahlt haben: Thami Tsolekile aus Langa beispielsweise schaffte es als Wicket-Keeper bis in die Nationalmannschaft und absolvierte Länderspiele. Die Cape Cobras (www.cape cobras.co.za) sind das Kapstädter Team.

RUGBY

Rugby Union ist der traditionelle Sport der Afrikaander. Spiele finden im Newlands Rugby Stadium statt; die wichtigsten davon sind die Begegnungen des Super-14-Turniers, bei dem von Ende Februar bis Ende Mai Teams aus Südafrika, Australien und Neuseeland gegeneinander antreten.

PFERDERENNEN

Kapstadt hat zwei Pferderennbahnen: Kenilworth mit zwei Bahnen und **Durbanville** (✆ 021- 700 1600) nordöstlich der Stadt. Rennen finden mittwochs und samstags statt.

Sport & Aktivitäten nach Stadtvierteln

➡ **Gardens & Umgebung** (S. 99) Wandern, Klettern, Abseilen im Table Mountain National Park.

➡ **Sea Point bis Hout Bay** (S. 119) Schwimmen in Sea Point oder an den Stränden von Clifton, Tauchen in Ouderkraal oder Kajaken in der Hout Bay.

➡ **Südliche Vororte** (S. 132) Cricket und Rugby in Newlands und Wanderungen auf dem Tafelberg von Kirstenbosch.

➡ **Südliche Halbinsel** (S. 147) Surfen in Muizenberg und Kommetjie, Reiten in Noordhoek, Kajaken in Simon's Town und Radfahren in Cape Point.

➡ **Nördliche Vororte** (S. 154) Windsurfen und Kitesurfen, Sandboarden und Fallschirmspringen.

GUT ZU WISSEN

Kontakte & Informationen

➡ **Pedal Power Association** (www.pedalpower.org.za)

➡ **South African Rugby Union** (www.sarugby.net)

➡ **TASKS: The African Sea Kayak Society** (www.tasks.co.za)

➡ **The Soccer Pages** (www.thesoccerpages.com)

➡ **Wavescape Surfing South Africa** (www.wavescape.co.za)

➡ **Western Province Cricket** (www.wpca.org.za)

➡ **Western Province Golf Union** (www.wpgu.co.za)

Rad-Events

➡ **Cape Argus Pick 'n' Pay Cape Cycle Tour** (www.cycletour.co.za) An einem Samstag Anfang März; mit über 30 000 Teilnehmern das größte Radrennen der Welt.

➡ **The Absa Cape Epic** (www.cape-epic.com) Achttägige Veranstaltung mit jährlich wechselnder Westkap-Route.

Tickets

➡ **Computicket** (http://online.computicket.com/web)

➡ **Webtickets** (www.webtickets.co.za)

Top-Tipps

Wandern im Table Mountain National Park (S. 29) Wer einen Führer anheuert, verläuft sich nicht und lernt etwas über die fabelhafte Kapflora.

Abseil Africa (S. 92) Grandiose Ausblicke beim Abseilen vom Rand des Tafelbergs.

Downhill Adventures (S. 99) Verschiedene Abenteueraktivitäten von Mountainbikefahren bis zu Surfsafaris.

Cape Town Stadium (S. 107) Wer es nicht zu einem Fußballspiel oder Konzert schafft, kann sich die riesige Arena bei einer Führung anschauen.

Sea Kayak Simon's Town (S. 147) Auf der Paddeltour von Simon's Town durch die False Bay hält man Ausschau nach Brillenpinguinen.

Haitauchen (S. 176) Mehrere Anbieter in Kapstadt bringen Interessierte nach Gansbaai zum spannenden Haitauchen.

Sportanlagen

Sahara Park Newlands (S. 132)

Kenilworth Race Course (S. 133)

Newlands Rugby Stadium (S. 132)

Athlone Stadium (S. 154)

Schwimmen

Sea Point Pavilion (S. 119)

Long Street Baths (S. 76)

Meeresbecken in Kalk Bay (S. 139)

Meeresbecken in Buffels Bay (S. 136)

Wellness

Enmasse (S. 100)

Librisa Spa (S. 100)

Angsana Spa (S. 204)

Arabella Spa (S. 197)

Fliegen

Cape Town Tandem Paragliding (S. 100)

Hopper (S. 105)

Huey Helicopter Co (S. 105)

Skydive Cape Town (S. 154)

Segeln

Royal Cape Yacht Club (S. 76)

Waterfront Boat Company (S. 105)

Yacoob Tourism (S. 105)

Ocean Sailing Academy (S. 111)

Simon's Town Boat Company (S. 141)

Duiker Island Cruises (S. 115)

Tauchen

Two Oceans Aquarium (S. 104)

In the Blue (S. 119)

Pisces Divers (S. 147)

Table Bay Diving (S. 111)

Golf

Mowbray Golf Club (S. 154)

Metropolitan Golf Club (S. 111)

Milnerton Golf Club (S. 154)

Logical Golf Academy (S. 88)

Surfen & Windsurfen

Gary's Surf School (S. 147)

Roxy Surf Club (S. 146)

Sunscene Outdoor Adventures (S. 147)

Windswept (S. 154)

Schwule & Lesben

Die schwulenfreundlichste Stadt Afrikas ist ein echtes Topziel für alle schwulen, lesbischen, bi- und transsexuellen Reisenden. Offizielles Schwulenmekka der Stadt ist De Waterkant; das Viertel ist zwar klein, aber dafür offen für alle – von schicken Transen bis zu muskulösen Lederkerlen.

Rechte der Schwulen & Lesben

Während der Apartheid war nicht nur die Hautfarbe ein Problem in Südafrika, sondern auch die sexuelle Orientierung. Geschlechtsverkehr unter Männern war verboten; lesbische Kontakte waren dagegen nie illegal: Wie in anderen ehemaligen britischen Kolonien waren solche Aktivitäten einfach unvorstellbar!

Dies alles änderte sich mit der Wende zur Demokratie. Südafrika war das erste Land der Welt, das die Rechte von Schwulen und Lesben in die Verfassung aufnahm. Das Mindestalter für einvernehmlichen Sex ist für Schwule und Nichtschwule gleich und Schwule und Lesben dürfen heiraten.

Von der traditionellen schwarzen Kultur wird Homosexualität jedoch nicht gebilligt. 2011 veröffentlichte Human Rights Watch (www.hrw.org) einen besorgniserregenden Bericht über die fortdauernde Diskriminierung und Gewalt, denen schwarze Lesben und transsexuelle Männer in den Townships und auf dem Land ausgesetzt sind.

Sprache der Schwulen

Moffie, der örtliche Ausdruck für einen Homosexuellen, stammt vom Afrikaans-Wort für Handschuh. Er bezeichnet außerdem den Anführer einer Truppe beim Cape Minstrel Carnival. Diese auffällig gekleideten und agierenden Männer tragen Handschuhe und sind oft schwul. Unter Schwulen wird das negativ besetzte *moffie* inzwischen ganz stolz und selbstbewusst gebraucht.

Während der Apartheid entwickelten die Schwulen eine Art Geheimsprache, das „Gayle", in der Frauennamen für bestimmte Dinge stehen. „Cilla" ist z. B. eine Zigarette, „Priscilla" die Polizei, „Beaulah" schön, „Hilda" hässlich und „Griselda" grausam. Wenn jemand in einem Pub über „Dora" spricht, will er einen Drink (oder nennt jemanden einen Säufer). *Gayle – The Language of Kinks and Queens* von Ken Cage beinhaltet ein Wörterbuch mit den gängigsten Begriffen.

Festivals & Events

Cape Town Pride (http://capetownpride.org) Ende Februar und Anfang März; in De Waterkant.

Out in Africa: South African International Gay & Lesbian Film Festival (www.oia.co.za) März, Juli und Oktober; in Kapstadt.

Pink Loerie Mardis Gras & Arts Festival (www.pinkloerie.co.za) April; in Knysna.

Miss Gay Western Cape (www.missgay.co.za) November; Schönheitswettbewerb in Kapstadt.

MCQP (www.mcqp.co.za) Dezember; Tanzparty mit Verkleidung in Kapstadt.

Schwule & Lesben nach Stadtvierteln

➡ **De Waterkant** (S. 52) Kleines Schwulenviertel mit allem von Disko und Transen bis zu Leder und fast nackten Barkeepern. Am meisten ist freitags und samstags los.

➡ **Sea Point bis Hout Bay** (S. 112) In Sea Point gibt es seit Langem eine schwule Szene; Clifton No. 3 ist der Strand der Schönen, Sandy Bay ist für Nackte.

➡ **Gardens & Umgebung** (S. 89) Innenstadtviertel mit einigen schwulenfreundlichen Gästehäusern, Cafés und Restaurants.

GUT ZU WISSEN

Informationen

➡ *The Pink Map* (www.mapsinfo.co.za)

➡ *Pink South Africa* (www.pinksa.co.za)

➡ Gaynet Cape Town (www.gaynetcapetown. co.za)

➡ Mamba (www.mam baonline.com)

➡ Girl Ports (www. girlports.com/lesbian travel/destinations/ cape_town)

➡ Cape Town.tv (www. capetown.tv)

Zeitschriften & Zeitungen

➡ *Alice* (www.alice magazine.co.za)

➡ *Pink Tongue* (www. pinktongue.co.za)

➡ *Out Africa Magazine*

Unterstützung

Triangle Project (☏021-448 3812; www.triangle. org.za)

Filme

➡ *Skoonheid* (Schönheit) Oliver Hermanus' Afrikaans-sprachiges Drama gewann 2011 in Cannes die Gay Palm.

➡ *Darling! The Pieter-Dirky Uys Story* (http:// pdudarlingmovie.word press.com) Dokumentarfilm über den südafrikanischen Schauspielstar und AIDS-Aktivisten.

➡ *The World Unseen* Lesbische Liebe im Kapstadt der 1950er-Jahre.

➡ *Glitterboys & Ganglands* Dokumentarfilm über den Schönheitswettbewerb Miss Gay Western Cape.

Top-Tipps

Glen Boutique Hotel (S. 204) Schicke Unterkunft in Sea Point mit monatlichen „Shame"-Poolpartys.

Crew Bar (S. 70) Der angesagteste der lange geöffneten Clubs in De Waterkant, mit muskelbepackten Barkeepern.

Beaulah Bar (S. 70) Toller Club für Mädels – aber auch Jungs sind willkommen.

Deon Nagel's Gat Party (S. 153) Schwules Tanzvergnügen im traditionellen Buren-Stil.

Clifton No. 3 (S. 152) Sehen und gesehen werden am für Kontakte vielversprechendsten der vier Strände von Clifton.

Beefcakes (S. 67) Burgerbar mit Bingo, Transvestitenshows und muskulösen Kellnern mit freiem Oberkörper.

Schwulenfreundliche Unterkünfte

De Waterkant House (S. 198)

Amsterdam Guest House (S. 201)

Colette's (S. 206)

Huijs Haerlem (S. 204)

Schwulenfreundliche Kneipen

Alexander Bar & Café (S. 68)

Amsterdam Action Bar (S. 70)

Bubbles (S. 70)

Bar Code (S. 70)

Schwulenfreundliche Lokale

Savoy Cabbage (S. 64)

Lazari (S. 96)

Cafe Manhattan (S. 70)

La Petite Tarte (S. 68)

Wein

Mit über 200 Weingütern im Umkreis von einer Tagesfahrt ist Kapstadt die ideale Basis für Touren durch die Weinregion des Westkaps. Hier nahm die Weinindustrie Südafrikas – 2010 die achtproduktivste der Welt – im 17. Jh. ihren Anfang. Mehr zur Geschichte des Weinbaus am Kap s. S. 239.

Eine blühende Industrie

Jedes Jahr kommen unzählige neue Erzeuger hinzu. Während viele sich damit zufriedengeben, in bescheidener Produktion herausragende Weine zu kultivieren, versuchen andere, sich den Boom der Branche zunutze zu machen, und erweitern ihre Betriebe um Museen, Restaurants, Unterkünfte, Wanderwege und andere Attraktionen. Ein paar dieser Unternehmen werden hier ebenso vorgestellt wie Weingüter, die sich mit ihren edlen Tropfen einen Namen gemacht haben.

Weinsorten

Rotwein Die charakteristische Traube des Kaps ist die rote Rebsorte Pinotage, die aus einer Kreuzung aus Pinot Noir und Cinsault entstand und einen schweren Wein hervorbringt. Andere verbreitete, ebenfalls kräftige Weine sind Shiraz (Syrah) und Cabernet Sauvignon. Konkurrenz bekommen sie durch leichtere Varianten des Cabernet Sauvignon, Merlot, Shiraz und Cabernet Franc, die eher den Bordeauxweinen ähneln.

Weißwein Die am stärksten vertretene Weißweinsorte ist der Chenin Blanc. In den letzten Jahren werden aber auch elegantere Sorten wie der Chardonnay und Sauvignon Blanc angebaut. Verbreitet sind außerdem Colombard, Sémillon und Moscatel. Weiße Tafelweine, vor allem Chardonnay, zeichneten sich früher durch starke Eichenholzaromen und hohen Alkoholgehalt aus, inzwischen sind aber leichtere, fruchtigere Weiße im Kommen. Gute Sauvignon Blancs finden sich in den kühleren Regionen von Constantia, Elgin und Hermanus.

Schaumweine Méthode Cap Classique (MCC) lautet die Bezeichnung, die sich Südafrikas Weinindustrie für seine champagnerartigen Schaumweine ausgedacht hat. Viele brauchen sich vor dem Original keineswegs zu verstecken.

Likörweine Die Region um Worcester ist Südafrikas Hauptproduzent aufgespriteter Weine wie Port, Brandy oder des landestypischen Hanepoot. Dieser süße, hochprozentige Dessertwein wird aus der Traube Muscat of Alexandria gekeltert und ist hauptsächlich für den heimischen Markt bestimmt.

Weingüter nach Regionen

➡ **Constantia** (www.constantiavalley.com; S. 125) Das älteste Weinanbaugebiet Südafrikas mit neun Weingütern, alle nur eine halbstündige Autofahrt vom Stadtzentrum entfernt.

➡ **Durbanville** (www.durbanvillewine.co.za; S. 153) Küstenregion mit zwölf Weingütern rund 20 Autominuten nördlich der Innenstadt.

➡ **Stellenbosch** (www.wineroute.co.za; S. 156) Das erste Anbaugebiet mit einer „Weinstraße" und nach wie vor das größte Südafrikas, mit über 200 Weingütern und fünf Nebenstrecken.

➡ **Franschhoek** (www.franschhoekwines.co.za; S. 162) Ideal für Leute, die lieber trinken als nur verkosten: Mehrere Weingüter sind vom Stadtzentrum zu Fuß oder mit dem Rad erreichbar.

➡ **Paarl** (www.paarlwine.co.za; S. 165) Ein weiteres jahrhundertealtes Anbaugebiet, vor allem bekannt für Shiraz und Viognier.

Planung einer Weintour

Ein hilfreicher Leitfaden für alle, die bei der Weinprobe zumindest den Anschein erwecken wollen, Pinot von Pernod unterscheiden zu können.

GUT ZU WISSEN

Literatur

Platter's South African Wine Guide
(www.wineonaplatter.com) Der ultimative Weinführer stellt Tausende einheimische Tropfen vor und bewertet sie.

Top 100 South African Wines (www.top100sawines.com) Jährlich erscheinendes Buch und ständig aktualisierte Website.

Kurse

The Cape Wine Academy (📞021-889 8844; www.capewineacademy.co.za) Weinseminare in Stellenbosch, Kapstadt und anderen Orten im Westkap.

Fynbos Estate (www.fynbosestate. co.za) Einführung in die Weinherstellung (ein Tag 450 R p. P.) in den Paardebergen, 15 km von Malmesbury, eine Autostunde von Kapstadt.

Shoppen

Es gibt mehrere Weinhandlungen in Kapstadt mit exzellentem Angebot, darunter Vaughan Johnson's Wine & Cigar Shop und Wine Concepts.

Andere Weinregionen

Wer mehr Zeit hat: Folgende Weinregionen liegen eine Tagesfahrt von Kapstadt entfernt:

➡ **Robertson** (www.robertsonwine valley.com)
➡ **Tulbagh** (www.route62.co.za)
➡ **Darling** (www.darlingtourism.co.za/wineartdetail.htm)
➡ **Hemel en Aarde** (http://hermanus. com/winetasting.mv)
➡ **Elgin** (www.elginvalley.co.za)

Brandy

An der Western Cape Brandy Route liegen 14 Weingüter mit Brennereien; nähere Informationen gibt's bei der South African Brandy Foundation (📞021-882 8954; www.sabrandy.co.za).

Bevor's losgeht Am besten ruft man bei den Weingütern, die man besuchen möchte, vorher an und fragt nach, ob sie überhaupt geöffnet und nicht hoffnungslos überlaufen sind (von Dezember bis Februar kann es hier und da ziemlich voll werden). Für die Verkostung selbst plant man etwa eine Stunde pro Weingut ein. Auf dem Programm sollte auch wenigstens eine Kellereibesichtigung stehen – und ein armer Teufel muss als Fahrer herhalten. Wer kein eigenes Fahrzeug hat, kann sich einer der vielen Touren durch die Weinregion anschließen (S. 25).

Weinprobe In vielen (aber nicht allen) Kellereien kosten Weinproben Geld. Meistens nicht viel, und oft wird der Betrag mit einem Einkauf verrechnet. Nicht selten dürfen die Besucher das mit dem Unternehmenslogo verzierte Glas, mit dem verkostet wurde, anschließend behalten – das spart der Kellerei das Abspülen und ist ein hübsches Souvenir. Die Weinproben, die in kleinen Familienunternehmen häufig der Winzer selbst durchführt, beginnen mit Weißweinen (erst die trockenen, dann die weniger trockenen), gehen dann zu den Roten über und schließen mit süßen und Likörweinen ab. Am besten ist es, zunächst einmal am Wein zu riechen und ihn dann ein wenig im Mund herumzurollen. Anschließend wird er in das bereitstehende Gefäß gespuckt (wer nicht gleich nach den ersten Geschmacksproben neben der Spur stehen will, sollte sich das Herunterschlucken für die richtig guten Weine aufsparen). Vor der nächsten Probe das Glas ausschütten, aber nicht ausspülen, um den Wein nicht zu verwässern.

Lagerung Die Hersteller verkaufen ihre Weine normalerweise direkt nach der Abfüllung und die meisten sind dann auch bereits trinkbar. Selbst edlere Rotweine werden heutzutage vorwiegend jung genossen, wenngleich manche Erzeuger ihren Käufern empfehlen, sie ein Jahr oder länger zu lagern und reifen zu lassen. In guten Restaurants werden bestimmte Rot- und Weißweine serviert, die eine Weile in der Flasche gereift sind.

Kaufen Lieferungen ins Ausland können kostspielig sein, also informiert man sich besser, bevor man eine Kiste Wein kauft. Die Preise sind natürlich von Wein zu Wein verschieden. Gute Rot- und Weißweine kosten zwischen 50 und 150 R die Flasche. Wer einen absoluten Spitzenwein haben möchte, muss noch einiges mehr hinblättern.

47

Top-Tipps

Babylonstoren (S. 168) Neue
Weine und sehr gutes Essen
auf einem großartigen Weingut
mit eindrucksvollem Obst- und
Gemüsegarten.

Solms-Delta (S. 162) Ausgezeichnetes Museum, phantasievolle Weine, Musik der Gegend,
Garten mit heimischen Pflanzen
und schöner Picknickbereich
am Fluss.

Boschendal (S. 162) Historisches Gut, atemberaubende
Lage, edles Essen und Picknicks.

Buitenverwachting (S. 124) Zu
den himmlischen Picknicks auf
diesem alten Weingut in Constantia gibt's üppige Weine.

Vergelegen (S. 160) Hübsches
altes Gebäude, Rosengärten und
ein edles Restaurant.

Fairview (S. 166) Preisgünstige
Wein- und Käseverkostung
sowie Ziegen, die auf einen Turm
klettern!

Weinproben

Klein Constantia (S. 124)

L'Avenir (S. 157)

Meerlust Estate (S. 158)

Steenberg Vineyards (S. 124)

La Motte (S. 163)

Schaumweine

Steenberg Vineyards (S. 124)

Villiera (S. 156)

Haute Cabrière (S. 164)

Laborie Cellar (S. 166)

Essen

Constantia Uitsig (S. 124)

Steenberg Vineyards (S. 124)

La Motte (S. 163)

Tokara (S. 157)

Waterkloof (S. 160)

Für Familien

Groot Constantia (S. 123)

Blaauwklippen (S. 157)

Spier (S. 157)

Villiera (S. 156)

Backsberg (S. 166)

Ausblicke

Durbanville Hills (S. 153)

Delaire Graff Estate (S. 157)

Mont Rochelle (S. 164)

Landskroon (S. 167)

Warwick Estate (S. 156)

Waterkloof (S. 160)

Unterkünfte

Delaire Graff Estate (S. 157)

Grande Provence (S. 164)

Chamonix (S. 163)

Spier (S. 157)

L'Avenir (S. 157)

Abseits der
ausgetretenen Pfade

Ntida (S. 153)

Groote Poste (S. 174)

Bouchard Finlayson (S. 175)

Elgin Wine Route (S. 173)

Eagle's Nest (S. 124)

Kunst

Glen Carlou (S. 166)

Grande Provence (S. 164)

Tokara (S. 157)

La Motte (S. 163)

REISEPLANUNG WEIN

Kapstadt & die Garden Route erkunden

Stadtviertel im Überblick **50**

City Bowl, Foreshore, Bo-Kaap & De Waterkant **52**
Highlights...........................54
Sehenswertes 58
Essen.................................64
Ausgehen & Nachtleben.... 68
Unterhaltung 71
Shoppen............................72
Sport & Aktivitäten.............76

Östlicher Stadtbezirk **77**
Highlights...........................79
Sehenswertes 81
Essen.................................82
Ausgehen & Nachtleben.....84
Unterhaltung 84
Shoppen............................85
Sport & Aktivitäten............ 88

Gardens & Umgebung **89**
Highlights........................... 91
Sehenswertes 94
Essen.................................95
Ausgehen & Nachtleben.... 96
Unterhaltung 97
Shoppen............................ 98
Sport & Aktivitäten............ 99

Green Point & Waterfront **101**
Highlights...........................103
Sehenswertes 107
Essen.................................107
Ausgehen & Nachtleben...109
Shoppen............................ 110
Sport & Aktivitäten............ 111

Sea Point bis Hout Bay **112**
Sehenswertes 114
Essen.................................115
Ausgehen & Nachtleben....117
Unterhaltung 118
Shoppen............................ 118
Sport & Aktivitäten............ 119

Südliche Vororte **120**
Highlights...........................122
Sehenswertes 125
Essen.................................128
Ausgehen & Nachtleben....130
Unterhaltung 131
Shoppen............................131
Sport & Aktivitäten............132

Simon's Town & südliche Halbinsel.....**134**
Highlights...........................136
Sehenswertes 138
Essen.................................143

Ausgehen & Nachtleben... 144
Unterhaltung 145
Shoppen............................ 145
Sport & Aktivitäten........... 147

Cape Flats & nördliche Vororte **148**
Sehenswertes 150
Essen.................................151
Ausgehen & Nachtleben...152
Unterhaltung 153
Shoppen............................ 154
Sport & Aktivitäten........... 154

Ausflüge & Weingüter **155**
Stellenbosch.....................156
Franschhoek 162
Paarl.................................165
Hermanus 169
Stanford 171
Darling.............................. 173
Langebaan 175

Die Garden Route **178**
Mossel Bay........................179
George...............................182
Wilderness 184
Knysna 185
Plettenberg Bay................190

Schlafen **194**

49

KAPSTADTS HIGHLIGHTS

Castle of Good Hope 54

Company's Gardens 55

Bo-Kaap 57

District Six Museum 79

Tafelberg 91

South African Jewish
Museum 93

V&A Waterfront 103

Robben Island................ 106

Kirstenbosch
Botanical Gardens 122

Constantia Valley
Wine Route 123

Kap der Guten
Hoffnung 136

Stadtviertel im Überblick

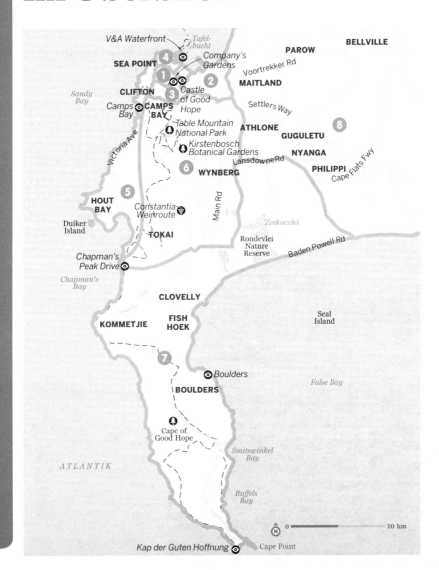

❶ City Bowl, Foreshore, Bo-Kaap & De Waterkant

Die City Bowl, die Stelle, wo die Holländer sich bei ihrer Ankunft niederließen, bietet zahlreiche historische Sehenswürdigkeiten und Geschäfte. Der Bezirk Foreshore entstand in den 1940er- und 1950er-Jahren durch Landaufschüttungund wird heute vom Duncan Dock und dem Convention Centre dominiert. Über die Hänge des Signal Hill verstreut liegen die farbenfrohen Behausungen des Bo-Kaap und nach Nordosten hin Kapstadts pinkfarbene Fußgängerzone De Waterkant, eine Einkaufs- und Partymeile. **S. 52**

❷ Östlicher Stadtbezirk

Nicht weit von der City Bowl entfernt befindet sich die Enklave der Gestaltungsindustrie: The Fringe. Gleich daneben warten die kahlen Flächen des District Six darauf, in den nächsten Jahren erschlossen zu werden. Woodstock und Salt River sind immer noch begehrte Anlaufstellen sowohl von Immobilienhaien als auch von Künstlern, aber noch nicht komplett gentrifiziert. Im unweit der Cape Town University gelegenen Observatory ist die Bohème zu Hause. **S. 77**

❸ Gardens & Umgebung

Die Gegend, die von den Museen am Südende der Company's Gardens bis zu den Ausläufern des Tafelbergs hinaufreicht, wird Gardens genannt. Die kleinen Siedlungen in dieser Ecke, z. B. Tamboerskloof, Oranjezicht, Higgovale und Vredehoek, sind allesamt heiß begehrte Vorort-Wohngegenden mit Blick auf die Tafelbucht und direktem Zugang zum Tafelberg. Die wichtigsten Geschäftsstraßen sind die Kloof Street und die Kloof Nek Roadd. **S. 89**

❹ Green Point & Waterfront

Zum Bezirk Green Point gehören ein neuer Park und das anlässlich der Fußballweltmeisterschaft 2010 erbaute Cape Town Stadium. Direkt an der Tafelbucht liegen das Einkaufs-, Unterhaltungs- und Wohnviertel V&A Waterfront, kurz Waterfront genannt, sowie die reine Wohngegend Mouille Point. **S. 101**

❺ Von Sea Point bis Hout Bay

Sea Point geht in die nobleren Viertel Bantry Bay und Clifton über und mündet schließlich in der sündhaft teuren Villengegend Camps Bay. Ab hier verhindert der Nationalpark größtenteils eine Bebauung bis an den Rand des reizenden Ortes Hout Bay mit guter Anbindung sowohl in die City als auch zu den Weingütern von Constantia. **S. 112**

❻ Südliche Vororte

Das Gebiet am vegetationsreichen Osthang des Tafelbergs wird in Kapstadt unter dem Sammelbegriff Southern Suburbs zusammengefasst. Hier befinden sich der Botanische Garten Kirstenbosch, die Rugby- und Cricketplätze von Newlands, die jahrhundertealten Weingärten von Constantia und der schattige Tokai-Baumgarten. **S. 120**

❼ Simon's Town & südliche Halbinsel

An der zur False Bay hin gelegenen Seite der Halbinsel liegen die charmanten Gemeinden Muizenberg, Kalk Bay und Simon's Town, außerdem Boulders, wo die Pinguine leben. Noch mehr wilde Tiere und atemberaubende Landschaften stehen unter dem Schutz des Nationalparks am Cape Point. Kommetjie an der Atlantikküste ist bei Surfern beliebt und der breite Strand in Noordhoek bei Reitern. **S. 134**

❽ Cape Flats & nördliche Vororte

Die riesigen schwarzen Townships und die armen farbigen Vororte südöstlich des Tafelbergs werden gemeinsam als die Cape Flats bezeichnet. Seite an Seite mit Langa, aber Lichtjahre davon entfernt, liegt die ehemals Weißen vorbehaltene grüne Vorortoase Pinelands. An der Tafelbucht nach Norden hin schließen sich Milnerton und Bloubergstrand an. **S. 148**

STADTVIERTEL IM ÜBERBLICK

City Bowl, Foreshore, Bo-Kaap & De Waterkant

CITY BOWL | FORESHORE | BO-KAAP | DE WATERKANT

Highlights

❶ Im **Castle of Good Hope** (S. 54), der im 17. Jh. von den Holländern erbauten fünfeckigen Steinfestung, die früher einmal die Tafelbucht bewachte, etwas über die Geschichte Kapstadts erfahren.

❷ Durch die Pflasterstraßen des in Regenbogenfarben angemalten **Bo-Kaap** (S. 57) streifen.

❸ Durch die üppig grünen, altehrwürdigen **Company's Gardens** (S. 55) lustwandeln.

❹ In der von eleganten viktorianischen Gebäuden gesäumten **Long Street** (S. 58) shoppen und feiern.

❺ Auf dem gepflasterten **Greenmarket Square** (S. 58) die Auslgen des täglichen Kunsthandwerksmarktes durchforsten.

Details s. Karte S. 276 und 280

City Bowl, Foreshore, Bo-Kaap & De Waterkant entdecken

Die City Bowl, durch die Buitenkant Street, die Buitengracht Street sowie die Orange Street und die Annandale Road begrenzt, ist das historische und ökonomische Herz der „Mutterstadt". Hier befinden sich Schloss und Park, beide von den ersten holländischen Siedlern errichtet, sowie das Parlament und die modernsten Wolkenkratzer. Tagsüber herrscht buntes Treiben in den Straßen, von den Kunsthandwerk- und Souvenirständen an der St. George's Mall bis zu den Blumenhändlern des Trafalgar Place an der Adderley Street. Besucher verbringen hier meist mindestens zwei Tage mit Besichtigungen und eine oder zwei Nächte in einer Unterkunft an der Long Street.

In anderen Ecken der City Bowl werden bei Anbruch der Dämmerung die Bürgersteige hochgeklappt. Doch das ändert sich allmählich, da immer mehr alte Büro- und Geschäftsgebäude in schicke Apartments umgewandelt werden. Neue Gebäude sind auch für Foreshore geplant, dem Landgewinnungsstreifen zwischen City Bowl und Tafelbucht, darunter eine Erweiterung des Cape Town Convention Centre und der 150 m hohe Portside, Kapstadts erster Post-Apartheid-Wolkenkratzer.

Weiter westlich, an den Hängen des Signal Hill, liegt das Bo-Kaap. In dem überwiegend muslimischen Viertel mit bunten Häusern misst sich die Zeit nach den Gebetsrufen aus den vielen Moscheen des Vororts. Nordöstlich schließt sich De Waterkant an, ein hipper Partybezirk und die Lieblingsgegend der Kapstädter Gay-Community.

Lokalkolorit

➡ **Märkte** An den Blumenständen auf dem Trafalgar Place (S. 60) einen Strauß Rosen oder Proteen kaufen.
➡ **Party** Donnerstagabends auf der Bree Street Barhopping zwischen &Union, Clarke's und der Jason Bakery betreiben (S. 64).
➡ **Paraden** An Silvester den Teilnehmern der Cape Town Minstrel Carnival-Umzüge applaudieren (S. 20).

Anfahrt

➡ **Zu Fuß & per Rad** Kein Problem, die Straßen sind gut bewacht. Die ausgewiesenen Radwege sind manchmal von motorisierten Verkehrsteilnehmern blockiert.
➡ **Bus** Der Golden Acre Bus Terminal liegt direkt neben der Grand Parade. MyCiTi-Busse verbinden die Drehscheibe Civic Centre mit Gardens, De Waterkant und der Waterfront.
➡ **Sammeltaxis** Viele dieser Taxis halten an der Strand Street und Long Street.
➡ **Bahn** Die Züge der Cape Metro Rail und Fernbusse enden an der Cape Town Train Station.

Top-Tipp

Der **EarthFair Food Market** (www.earthfairmarket.co.za; ⊙Do 11–16 Uhr) neben einem Stück der Berliner Mauer am Südrand der St. George's Mall eignet sich hervorragend, um selbst gemachte Lebensmittel einzukaufen oder ein gesundes Mittagessen zu verspeisen. Bei Regen zieht der Markt in den Mandela Rhodes Place um.

Gut essen

➡ Bombay Brasserie (S. 64)
➡ Bizerca Bistro (S. 64)
➡ Dear Me (S. 64)
➡ Africa Café (S. 64)
➡ Savoy Cabbage (S. 64)

Mehr dazu S. 64 ➡

Schön ausgehen

➡ French Toast (S. 68)
➡ Waiting Room (S. 68)
➡ Alexander Bar & Café (S. 68)
➡ &Union (S. 68)
➡ Tjing Tjing (S. 68)

Mehr dazu S. 68 ➡

Schön shoppen

➡ Africa Nova (S. 75)
➡ Streetwires (S. 75)
➡ Church (S. 72)
➡ African Music Store (S. 72)
➡ Monkeybiz (S. 75)
➡ Merchants on Long (S. 72)

Mehr dazu S. 72 ➡

HIGHLIGHTS
CASTLE OF GOOD HOPE

Das fünfeckige Kastell mit seinen blauen Steinmauern ist das älteste Kolonialgebäude Südafrikas und wurde zwischen 1666 und 1679 erbaut. Es ersetzte die Originalfestung aus Lehmziegeln und Holz, die der Befehlshaber der VOC (Vereenigde Oost-Indische Compagnie; Vereinigte Ostindische Kompanie) Jan van Riebeeck 1652 errichten ließ. Bevor in den 1940er-Jahren das Viertel Foreshore geschaffen wurde, schlugen die Meereswellen bis an die Festungsmauern.

Die Anlage

Das Schloss ist gut geschützt: An allen fünf Ecken erhebt sich ein Wehrturm. Wer zu den Bastionen hochsteigt, kann die ganze Anlage des Forts überschauen und die Aussicht über die Grand Parade genießen. Auf der Leerdam Bastion und am Weg zum Haupteingangstor über dem Wehrgraben flattern die sechs Landesflaggen und erinnern daran, wer im Laufe der Schlossgeschichte alles an der Macht war.

In der Mitte der Festung und rings um die Mauern stehen verschiedene Gebäude, die teils immer noch von der Armee genutzt werden. Die Besucher können einen Blick in die Folterkammer werfen, eine Nachbildung der Schmiede sowie eine rekonstruierte Bäckerei aus dem 18. Jh. (Het Bakhuys) und den Dolphin Pool mit einem Delphin-Wasserspeier in der Brunnenmitte besichtigen.

Die Museen

Das interessante **Castle Military Museum** (Karte S. 276) ist im zur Bucht hin gelegenen Eingang untergebracht. Hier sind echte und lebensnah gemalte Exemplare sämtlicher Militäruniformen zu sehen, die im Laufe der Jahrhunderte getragen wurden, sowie eine sehr gute Ausstellung zum Zweiten Burenkrieg.

Im Schloss ist ein Großteil der **William Fehr Collection** (www.iziko.org.za/static/page/william-fehr-collection) ausgestellt, bestehend aus Ölgemälden, Möbeln, Keramik-, Metall- und Glasgegenständen. Auch Wanderausstellungen zu verschiedenen moderneren Themen finden statt. Die Vorderfront des Gebäudes ziert ein restaurierter Balkon aus dem 18. Jh. mit einem Flachrelief – ein Werk des deutschen Bildhauers Anton Anreith.

Eine Tür weiter befindet sich das **Secunde's House** (Karte S. 267). Es war die Residenz des Kap-Vizegouverneurs und während der VOC-Herrschaft das Verwaltungszentrum Kapstadts. Originalmöbel sind nicht mehr erhalten, aber die Zimmer sind so gestaltet, wie sie wohl im 17., 18. und 19. Jh. ausgesehen haben. Im Zuge der Restaurierung wurden einige der ursprünglichen Wandgemälde im Haus wieder zutage gefördert.

Zeremonien, Führungen & Events

Montag bis Freitag um 10 und 12 Uhr wird eine traditionsgemäße Schlüsselzeremonie abgehalten, gefolgt von Salutschüssen aus einer Kanone. An Feiertagen führen Freiwillige der Canon Association of South Africa öffentlich vor, wie man eine Kanone bedient.

Im Eintrittspreis enthalten sind **Führungen** (Mo–Sa 11, 12 & 14 Uhr); nicht jedoch die einstündigen **Pferdekutschfahrten** (021-704 6908; www.ctcco.co.za; Erw./Kind 150/50 R; 10.30, 12.45 & 14.45 Uhr), die reserviert werden müssen.

Manchmal finden im Schloss oder auf dem Schlossgelände Events statt, darunter das Cape Town Military Tattoo (www.capetattoo.co.za) an einem Wochenende im November.

NICHT VERSÄUMEN

➡ Spaziergang durch die Befestigungsanlage
➡ Castle Military Museum
➡ William Fehr Collection
➡ Traditionelle Militärzeremonien

PRAKTISCH & KONKRET

➡ Karte S. 276
➡ 021-787 1249
➡ www.castleofgood hope.co.za
➡ Haupteingang in der Buitenkant St, City Bowl
➡ Erw./Kind 28/12 R, So Erw./Kind 20/5 R
➡ 9–16 Uhr
➡ Darling St-Seite des Castle
➡ Golden Acre Bus Terminal

HIGHLIGHTS
COMPANY'S GARDENS

Der ehemalige Gemüsegarten der Vereinigten Ostindischen Kompanie ist heute eine grüne Oase im Herzen der Stadt, auf deren Rasenflächen sich die Kapstädter gern im Schatten jahrhundertealter Bäume ein Päuschen gönnen. Hauptattraktion ist der Public Garden, aber an der Government Avenue, dem Fußgängern vorbehaltenen Hauptweg durch die Gardens, gibt es zahlreiche interessante Sehenswürdigkeiten und Gebäude.

Die Geschichte des Gartens

Mit der Kultivierung des Kompanie-Gartens wurde 1652 begonnen, als die ersten Vertreter der VOC am Kap ankamen. Man hob Grachten aus, um das Wasser der Flüsse des Tafelbergs umzuleiten. Bald bestimmten diese Grachten nicht nur die Gestalt des Gartens, sondern auch die ersten Straßen und Grenzen der Stadt. Gegen Ende des 17. Jhs. waren auf dem Gelände Pfade, Brunnen und eine Menagerie entstanden.

Im 19. Jh. erhielten die Gärten ihre heutige Form. Große Teile des Terrains wurden zur Bebauungs freigegeben, es entstanden die St. Georges Cathedral, die Houses of Parliament und das South African Museum. 1848 wurde der tiefer gelegene Teil des Gebietes in einen öffentlichen Botanischen Garten verwandelt und in den 1920ern erfuhr der obere Teil des Gartens beim South Africa Museum durch die Errichtung des Delville Wood Memorial eine radikale Veränderung.

Public Garden

Das Highlight des Geländes ist der **Public Garden** mit einer Sammlung botanischer Arten, darunter Frangipani, afrikanischen Flammenbäumen, Aloen und Rosen. Das älteste verzeichnete Gewächs ist die *Scolopia mundii*, ein südafrikanisches Weidengewächs, das um die 300 Jahre alt ist und immer noch Früchte trägt.

NICHT VERSÄUMEN
➡ Public Garden
➡ De Tuynhuis
➡ Delville Wood Memorial
➡ National Library of South Africa
➡ Centre for the Book

PRAKTISCH & KONKRET
➡ Karte S. 276
➡ Government Avenue, City Bowl
➡ Eintritt frei
➡ ⊙Public Garden 7–19 Uhr
➡ 🚌Government Avenue oder Dorp

BESUCHER-INFORMATION

Das **Visitor Information Centre** (☺8–17 Uhr) an der zur Queen Victoria Street hin gelegenen Seite des Public Garden zeigt eine Ausstellung zur Entwicklung des Gartens über die Jahrhunderte hinweg. Dort gibt es auch eine gute Broschüre für eine Besichtigung des Geländes auf eigene Faust.

Das Delville Wood Memorial ehrt die über 2000 südafrikanischen Soldaten, die in einer fünftägigen Schlacht im Ersten Weltkrieg fielen. Unter den Elementen des Denkmals sind Alfred Turners Skulpturen von Castor und Pollux als Symbol für den Zusammenhalt britischer und Burensoldaten, Anton van Wouws Statue von General Henry Lukin (der den Befehl zum Vormarsch auf den Wald von Delville in Frankreich gegeben hatte) und ein Artilleriegeschütz aus dem Ersten Weltkrieg.

ESSEN

Der **Garden Tea Room** (Public Garden; Hauptgerichte 40–100 R; ☺8–17 Uhr) im Schatten riesiger alter Eucalyptusbäume und zahlreicher roter Sonnenschirme ist ein herrliches Plätzchen für eine Erfrischung.

Die Vorfahren der herumhuschenden Eichhörnchen hat Politiker und Bergbaumagnat Cecil Rhodes aus Nordamerika importiert. 1908 wurde eine bronzene **Statue** von Rhodes aufgestellt. Sie steht auf einem Sockel mit dem Satz: „Dort ist dein Hinterland" – die ausgestreckte Hand des Imperialisten zeigt Richtung Kontinent. Zu entdecken sind zudem eine kleine Voliere, eine nachgemachte „Sklavenglocke" von 1911, ein Kräuter- und Sukkulentengarten, ein 1929 entworfener Rosengarten und das Chalet, eine öffentliche Toilette von 1895.

An der Government Avenue

Die eichengesäumte Government Avenue mit Zugängen von der Wale Street und Orange Street teilte den ursprünglichen Company's Garden in zwei Teile. Von der Straße aus lässt sich durchs Ziergitter ein Blick aufs **De Tuynhuis** (Das Gartenhaus) erhaschen, 1700 als Unterkunft für Staatsbesucher erbaut. Vom vorderen Tor aus ist das VOC-Monogramm am Giebel zu erkennen. Näher kommt man nicht heran, denn De Tuynhuis dient jetzt als Büro des südafrikanischen Präsidenten. Der 1788 angelegte Garten wurde in den 1960er-Jahren wieder hergerichtet.

Weiter südlich führt die Government Avenue an der South African National Gallery und der Great Synagogue vorbei, und an den Rasenflächen der Paddocks, wo früher wilde Tiere gehalten wurden. Heute gibt es nur noch Tiere aus Gips: die 1805 von Anton Anreith geschaffenen Löwen am Lioness Gateway hinter dem South African Museum.

Bauten & Statuen in der Umgebung

Die **National Library of South Africa** (☺Mo–Fr 9–17 Uhr) mit Blick auf den Nordrand des Gartens ist ein klassizistisches Gebäude nach dem Vorbild des Fitzwilliam Museum in Cambridge und enthält eine Kopie von fast jedem in Südafrika publizierten Dokument. Im Gebäude werden Ausstellungen gezeigt.

Die erweiterten Räumlichkeiten der Bibliothek, das **Centre for the Book** (62 Queen Victoria St; ☺Mo–Fr 8–16 Uhr), sind in einem eleganten Kuppelgebäude im Osten des Parks von 1913 untergebracht. Es besitzt auch einen wunderschönen zentralen Lesesaal und dient manchmal als Konzertveranstaltungsort.

Je eine **Statue von Jan Smuts**, dem ehemaligen General und Premierminister (1870–1950), steht an beiden Enden der Government Avenue. Die schönere und abstraktere vor der South African National Gallery, ein Werk von Sydney Harpley, löste bei ihrer Enthüllung 1964 einen Sturm der Entrüstung aus, deshalb wurde die zweite Statue in traditionellerer Weise ausgeführt. Sie stammt von Ivan Mitford-Barberton und steht neben der Slave Lodge.

HIGHLIGHTS
BO-KAAP

Das Bo-Kaap, wörtlich: „Oberes Kap", mit seinen bunten kleinen Häusern an schmalen Kopfsteinpflastergassen zählt zu den meistfotografierten Ecken der Stadt. Das Viertel wurde ursprünglich in der Mitte des 18. Jhs. als Kasernengelände für Soldaten angelegt. In den 1830er-Jahren, nach Aufhebung der Sklaverei, ließen sich dann immer mehr freigelassene Sklaven hier nieder.

Zentrum muslimischen Lebens
Die Kapmalaien errichteten im Bo-Kaap zahlreiche Moscheen, darunter 1789 die **Auwal-Moschee** (34 Dorp St). Die älteste islamische Glaubensstätte Südafrikas wurde von Iman Abdullah Kadi Salaam erbaut, einem indonesischen Prinzen, der auf Robben Island eine Gefängnisstrafe absaß und dort aus dem Kopf eine Kopie des Korans niederschrieb.

Bo-Kaap Museum
Das kleine **Bo-Kaap Museum** (www.iziko.org.za/museums/bo-kaap-museum; 71 Wale St; Erw./Kind 10 R/frei; ⊙Mo–Sa 10–17 Uhr) gewährt einen Einblick ins Leben einer wohlhabenden muslimischen Familie aus dem 19. Jh. Interessant ist, trotz fehlender Beschriftung, eine Sammlung von Schwarz-Weiß-Fotos über das Leben im Viertel. Das Gebäude, zwischen 1763 und 1768 errichtet, ist das älteste Gebäude in der Gegend.

Malerische Straßen
In manchen Teilen des Bo-Kaap herrscht immer noch Armut und nach Einbruch der Dunkelheit ist es nicht ratsam, abseits der Hauptstraßen herumzuspazieren. Tagsüber eignet sich das Viertel aber wunderbar für Streifzüge – die bezauberndsten Straßen sind Chiappini, Rose und Wale. Lohnenswert ist auch ein Abstecher in die stimmungsvolle **Atlas Trading Company** (94 Wale St), wo der Duft von über 100 verschiedenen Kräutern, Gewürzen und Räucherstäbchen die Luft schwängert.

NICHT VERSÄUMEN
➡ Chiappini Street
➡ Rose Street
➡ Bo-Kaap Museum
➡ Atlas Trading Company
➡ Auwal-Moschee

PRAKTISCH & KONKRET
➡ Karte S. 276
➡ 🚌Dorp

👁 SEHENSWERTES

City Bowl & Foreshore

CASTLE OF GOOD HOPE   SCHLOSS
Siehe S. 54

GRATIS COMPANY'S GARDENS   PARK
Siehe S. 55

LONG STREET   SHOPPEN, ARCHITEKTUR
Karte S. 276 (Long St, City Bowl; 🚇Dorp) Die
pulsierende Einkaufs- und Ausgehmeile,
teilweise von Gebäuden aus der viktorianischen Ära mit kunstvoll geschmiedeten
Eisenbalkonen gesäumt, bildete früher die
Grenze des muslimischen Bo-Kaap. An
der Long Street stehen mehrere alte Moscheen, darunter die **Palm Tree Mosque**
(185 Long St) von 1780, aber auch das **SA
Mission Museum** (40 Long St; Eintritt frei;
⊙Mo–Fr 9–18 Uhr), die älteste Missionskirche Südafrikas.

Um 1960 war die Straße dem Verfall
preisgegeben und blieb auch so, bis
Ende der 1990er-Jahre clevere Stadtent-
wickler das Potenzial dieser Straße entdeckten. Der interessanteste Abschnitt
verläuft nördlich von der Kreuzung Buiten-
single Street bis etwa zur Höhe der Strand
Street. Ob man bei den Antiquitätenhändlern, in den Secondhand-Buchläden oder
den Streetwear-Boutiquen stöbern will
oder lieber zum Feiern in die vielen Bars
und Clubs geht, die nachts so richtig auf-
drehen – ein Spaziergang entlang der Long
Street ist ein Muss für jeden Kapstadt-Auf-
enthalt.

**MICHAELIS COLLECTION
AT THE OLD TOWN HOUSE**   MUSEUM
Karte S. 276 (www.iziko.org.za/museums/mi
chaelis-collection-at-the-old-town-house; Green-
market Sq, City Bowl; Eintritt 10 R; ⊙Mo–Sa 10–
17 Uhr; 🚇Longmarket) An der Südseite des
Greenmarket Square befindet sich das
schön restaurierte Old Town House, das
1755 im Kap-Rokoko-Stil erbaut wurde.
Heute befindet sich dort die eindrucksvolle
Kunstsammlung von Sir Max Michaelis.
Holländische und flämische Gemälde und
Stiche aus dem 16. und 17. Jh. (darunter
sind Werke von Rembrandt, Frans Hals
und Anthonis van Dyck) hängen Seite an
Seite mit zeitgenössischen Arbeiten. Der
Kontrast zwischen Alt und Neu ist wirklich
faszinierend. Das coole Interieur ist eine
Wohltat nach dem Getöse draußen und
das **Scotch Coffee House** (⊙Mo–Fr 7–16.30,
Sa 8–15 Uhr) im schattigen Hinterhof ist eine
mögliche Anlaufstelle, wenn man Lust auf
einen Drink oder ein leichtes Mittagessen
hat.

GREENMARKET SQUARE   ARCHITEKTUR, MARKT
Karte S. 276 (Greenmarket Sq, City Bowl; 🚇Long-
market) Dieser gepflasterte Platz ist nach
der Grand Parade der zweitälteste öffentliche Platz Kapstadts und beherbergt täglich einen gut besuchten, bunten Hand-
werks- und Souvenirmarkt. Neben dem
Old Town House säumen auch einige Bil-
derbuchbeispiele für Art-déco-Architektur
den Platz. An der Ecke Shortmarket Street
befindet sich das **Namaqua House** und
darin das Cafe Baran's, von dessen Pan-
orama-Balkon sich eine geniale Aussicht
auf den Platz bietet. Das **Kimberley House**
(34 Shortmarket St) aus Sandstein ist mit
einem attraktiven Diamantendekor verziert. Das zum Platz hin ausgerichtete
Market House ist das am aufwendigsten
gestaltete Gebäude mit majestätischen,
in Stein gemeißelten Adlern und Blumen in der Fassade und seinen Balkonen.
Das strahlend weiße Haus der **Protea
Versicherung** daneben wurde 1928 erbaut
und 1990 renoviert. Gegenüber steht das
Shell House, einst Sitz von Shell Südafrika
und nun ein Hotel mit Restaurant.

**GOLD OF AFRICA
BARBIER-MUELLER MUSEUM**   MUSEUM
Karte S. 276 (📞021-405 1540; www.goldofafri
ca.com; 96 Strand St, City Bowl; Erw./Kind 35/
25 R; ⊙Mo–Sa 9.30–17 Uhr; 🚇Castle) Ein Drittel des auf der Welt geförderten Goldes
kommt aus Südafrika. In dem funkelnden
Museum im historischen Martin Melck
House aus dem Jahr 1783 ist prachtvoller
Goldschmuck vom gesamten afrikanischen
Kontinent ausgestellt. Die Sammlung beinhaltet einige atemberaubende Stücke, zumeist aus Westafrika, und dazu gibt's viele
Hintergrundinformationen. Im Shop lohnt
es sich, nach interessanten Goldsouvenirs,
z. B. Kopien einiger Ausstellungsstücke, zu
stöbern. Abends lockt das Restaurant Gold
oder die Teilnahme an einer Spätführung
durchs Museum (Erw./Kind 60/40 R). Für
Letztere ist eine Reservierung erforderlich,
aber dafür ist auch ein Glas Wein mit Gold-
blättchen inklusive.

CHURCH STREET
MARKT, SEHENSWERTES

Karte S. 276 (Church St, City Bowl; ⊡Longmarket) Auf dem als Fußgängerzone gestalteten Teil der Straße zwischen Burg und Long Street findet ein **Flohmarkt** (☉ Mo–Sa 8–15 Uhr) statt, außerdem befinden sich hier mehrere Galerien. An der Kreuzung mit der Burg Street erinnert *The Purple Shall Govern*, eine Grafik von Conrad Botes, an die Anti-Apartheid-Demonstration von 1989. Vor der AVA Gallery steht das *Arm Wrestling Podium* von Johann van der Schijff.

GRATIS HOUSES OF PARLIAMENT
PARLAMENT

Karte S. 276 (☏021-403 2266; www.parliament. gov.za; Parliament St, City Bowl; ☉Führungen Mo–Do 9–12, Fr 9–12 & 14–16 Uhr; ⊡Dorp) Eine Führung durch das Parlament ist eine faszinierende Sache, vor allem für Leute, die an der jüngeren Geschichte Südafrikas interessiert sind. Diese heiligen Hallen, die 1885 eröffneten, haben einige bedeutsame Ereignisse gesehen. 1960 hielt der britische Premier Harold Macmillan hier seine „Wind of Change"-Rede und 1966 wurde der Architekt der Apartheidpolitik, Ministerpräsident Hendrik Verwoerd, hier erstochen. Telefonische Anmeldung erforderlich; Einlass nur mit Pass.

SLAVE LODGE
MUSEUM

Karte S. 276 (www.iziko.org.za/museums/slave-lodge; 49 Adderley St, City Bowl; Erw./Kind 20/10 R; ☉Mo–Sa 10–17 Uhr; ⊡Dorp) Dieses Museum legt seinen Schwerpunkt auf die Geschichte der Sklaven und ihrer Nachfahren am Kap. Im Obergeschoss gibt es aber auch Ausstellungsstücke aus dem alten Ägypten, Griechenland, Rom und Fernost.

Das 1660 erbaute Gebäude ist eines der ältesten Südafrikas und hat seine eigene faszinierende Geschichte. Bis 1811 beherbergte es, wenn man das so nennen kann, bis zu 1000 Sklaven, die in feuchten, unhygienischen und beengten Verhältnissen leben mussten. Bis zu 20 % starben pro Jahr. Gleich um die Ecke in der Spin Street wurden die Sklaven ver- bzw. gekauft.

Seit dem späten 18. Jh. wurde die Lodge nacheinander als Bordell, Gefängnis, Nervenheilanstalt, Postamt und Bücherei genutzt. Anschließend war bis 1914 das Oberste Gericht hier untergebracht. Die Mauern der ursprünglichen Slave Lodge flankieren den Innenhof. Dort findet man die Grabsteine von Kapstadts Gründer Jan van Riebeeck und seiner Frau Maria de la Queillerie. Die Grabsteine stammen aus Jakarta, wo van Riebeeck begraben ist.

MUTUAL HEIGHTS
ARCHITEKTUR

Karte S. 276 (Parliament St Ecke Darling St, City Bowl; ⊡St. George's) Mutual Heights ist das beeindruckendste einer ganzen Reihe von Art-Déco-Häusern in der City Bowl. Verkleidet mit rosa- und golddurchwirktem schwarzen Marmor wird es geschmückt von einem der längsten durchgehenden Steinfriese der Welt (entworfen von Ivan Mitford-Barberton und gemeißelt von den Bildhauermeistern Gebr. Lorenzi). Mal abgesehen von den Pyramiden war dies von der alten Finanzgesellschaft Old Mutual in Auftrag gegebene Bauwerk damals nicht nur das höchste in ganz Afrika, sondern auch mit Abstand das teuerste.

Unglücklicherweise musste die Eröffnung 1939 wegen des ausbrechenden Zweiten Weltkriegs ausfallen. Hinzu kam, dass seine exponierte Lage in Foreshore mit einem Mal beschnitten wurde, als die Stadt beschloss, durch Landgewinnung das Gebiet 2 km in die Bucht hinein auszudehnen. In den 1950er-Jahren begann Old Mutual seine Geschäftsräume nach Pinelands zu verlagern. Man wandelte die Immobilie erfolgreich in ein Apartmenthaus um und gab ihm 2002 den neuen Namen Mutual Heights. Das löste eine regelrechte Manie bei Architekten aus, andere lange vernachlässigte Büroblocks umzugestalten. Viele der Originaldetails des Gebäudes sind erhalten geblieben, darunter die beeindruckende zentrale Bankhalle (leider nicht geöffnet für allgemeine Besichtigungen).

ST. GEORGE'S CATHEDRAL
KIRCHE

Karte S. 276 (www.stgeorgescathedral.com; 1 Wale St, City Bowl; ⊡Dorp) In Kapstadt ist der offizielle Name der von Sir Herbert Baker um die Wende des 19. Jhs. entworfenen Kirche Cathedral Church of St. George the Martyr. Allgemein ist sie aber als St. George's Cathedral oder als People's Cathedral bekannt, da sie während der Apartheid einer der wenigen Orte war, die Menschen aller Rassen offenstanden. Erzbischof Desmond Tutu hatte hier den Vorsitz und machte die Kathedrale zum Zentrum der Opposition gegen das Afrikaander-Regime. Nähere Aufschlüsse dazu bietet die Ausstellung im Memory & Witness Centre in der Krypta, wo sich auch das einladende Café St. George befindet. Auch heute bleibt die Kirche durch ihr Hilfsprogramm für HIV/AIDS-Betrof-

START **CAPE TOWN TOURISM, CASTLE STREET ECKE BURG STREET, CITY BOWL**
ZIEL **CHURCH SQARE**
LÄNGE **1,5 KM**
DAUER **1 STD.**

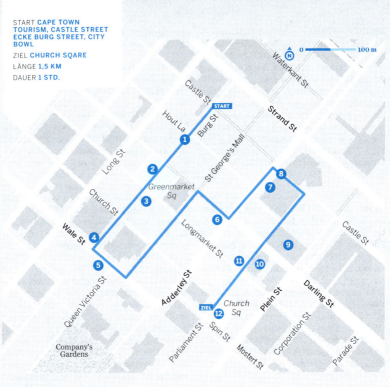

Spaziergang
Kunst- & Architektur

Dank eines Baubooms im Kapstadt der 1930er-Jahre erfreut sich die Innenstadt einer beachtlichen Zahl eleganter Artdéco-Bauten. Der Spaziergang führt an einigen der wichtigsten Gebäuden vorbei. In der Burg Street Nr. 24 steht das ❶ **New Zealand House** von W. H. Grant, dessen Stil als „Cape Mediterranean" bezeichnet wird. Geradeaus liegt der ❷ **Greenmarket Square**, wo täglich ein Kunstgewerbe- und Souvenirmarkt stattfindet. Drei Viertel der Bauten rings um den Platz stammen aus den 1930er-Jahren; Ausnahme ist das 1761 fertiggestellte ❸ **Old Town House**.

Auf der Burg Street verlässt man den Platz und geht bis zur Kreuzung Wale Street. Die Fassade des ❹ **Waalburg Building** zieren Plaketten aus Bronze und Tafelbergstein, die südafrikanische Alltagsszenen zeigen. Gegenüber befindet sich das ❺ **Parlamentsgebäude des Westkap**, dessen wuchtige graue Mauern in Stein gemeißelte Tierköpfe aufheitern.

Jetzt geht's in die St. George's Mall und Richtung Shortmarket Street, wo ein Schlenker nach rechts zur Kreuzung Adderley Street führt. Hier steht die 1913 fertiggestellte ❻ **First National Bank**, eines der letzten Bauprojekte von Sir Herbert Baker. Der Spazierweg führt weiter die Adderley Street entlang und an der noblen edwardianischen ❼ **Standard Bank** vorbei, dann biegt man rechts auf den ❽ **Trafalgar Place** ab, den angestammten Platz der Kapstädter Blumenverkäufer.

Am Ende der Allee steht das ❾ **General Post Office**. Einen Großteil seines Erdgeschosses nehmen Marktstände ein, doch bei einem Blick über die Buden hinweg sind farbenfrohe, mit Kapstädter Szenen bemalte Elemente zu entdecken.

Biegt man nun in die Darling Street ein, steht man direkt vor ❿ **Mutual Heights**. An der Kreuzung von Parliament und Longmarket Street wartet ⓫ **Mullers Opticians**, eine der bezauberndsten noch erhaltenen Art-déco-Ladenfronten der Stadt. Ein paar Schritte weiter auf der Parliament Street und der ⓬ **Church Square** ist erreicht, wo die Groote Kerk thront, die Mutterkirche der Niederländischen Reformierten Kirche, die auf das alte National Building blickt.

INSIDERWISSEN

KUNST IN DER SPIN STREET NR. 6

Abgesehen vom Restaurant 6 Spin Street und dem Cape Town Democracy Centre beherbergt das Gebäude mit dieser Adresse auch zwei Kunstinstallationen, die sich auf den Ort beziehen. Unter der Kuppel in der Haupthalle des Bauwerks, das 1902 nach einem Entwurf von Sir Herbert Baker erstellt wurde, hängt die in Form eines Mobiles gestaltete Bronze- und Edelstahl-Skulptur *In The Balance*, ein Gemeinschaftswerk von Brendhan Dickerson und Petra Keinhorts. Das elegante Teil beleuchtet viele Aspekte der Demokratie, z. B. die Herausforderung, eine Balance zwischen gegensätzlichen Interessen zu finden.

Den hinteren Seminarraum dominiert Ed Youngs *Arch,* ein aufsehenerregendes Kunstwerk. Es besteht aus einem lebensgroßen Modell von Erzbischof Desmond Tutu, das an einem Kronleuchter schwebt, und einem Wandtext, dessen Wörter je nach Belieben des Künstlers und entsprechend der Versprechen, Slogans und „heißen Eisen" südafrikanischer Politik ausgetauscht werden. Ein lustiger und gleichzeitig zum Nachdenken anregender Tribut an den heißgeliebten Tutu.

fene ein Symbol der Hoffnung – beachtenswert ist auch der „Cape Town AIDS Quilt" über der Nordtür. Ab und zu werden in der Kirche klassische Konzerte aufgeführt; Ausführlicheres dazu sowie die genauen Messezeiten stehen auf der Website.

CHURCH SQUARE   KIRCHE, GEDENKSTÄTTEN
Karte S. 276 (Church Sq; 🚇Dorp) Der Platz ist nach der **Groote Kerk** (www.grootekerk.org. za; Church Sq, City Bowl; Eintritt frei; ⊙Mo–Fr 10– 14 Uhr, Messe So 10 & 19 Uhr; 🚇Dorp) benannt, der Mutterkirche der niederländisch-reformierten Kirche (Nederduitse Gereformeerde Kerk; NG Kerk). Ihre Highlights sind ihre gigantische Orgel und die mit Schnitzereien verzierte Kanzel aus burmesischem Teakholz, geschnitzt von Anton Anreith und Jan Graaff. Ansonsten ist das Gebäude ein architektonischer Mischmasch – einige Fragmente stammen noch von der ersten Kirche aus dem Jahr 1704, andere Teile aus dem Jahr 1841. Gegenüber der Kirche, auf der anderen Seite des Platzes, steht das schöne alte National Mutual Building, das teilweise noch von 1905 stammt. Heute ist in dem Gebäude das Iziko Social History Centre untergebracht.

Den Platz ziert eine **Statue von Jan Hendrik**, dem ehemaligen Herausgeber der Zeitung *Zuid Afrikaan* und eine Schlüsselfigur bei der Niederschrift der südafrikanischen Verfassung von 1909. Auf dem Church Square steht außerdem das **Slavery Memorial** – elf flache schwarze Granitblöcke, in die die Namen von Sklaven oder Begriffe eingemeißelt sind, die sich auf Sklaverei, Widerstand und Rebellion beziehen. Das Denkmal ist ziemlich abstrakt gehalten, fällt aber zumindest mehr ins Auge

als die runde Gedenkplakette auf der Verkehrsinsel in der benachbarten Spin Street, wo der **Sklavenbaum** stand, unter dem bis zum Ende der Sklaverei 1834 Sklaven verkauft wurden.

GRAND PARADE & UMGEBUNG   PLATZ
Karte S. 276 (Darling St, City Bowl; 🚇Golden Acre Bus Terminal) An dieser Stelle errichteten die holländischen Kolonialherren ihr erstes Fort (1652), hier wurden die Sklaven verkauft und bestraft und hier versammelten sich die Massen, um den ersten Worten Nelson Mandelas nach seiner 27-jährigen Haft zu lauschen; seine Rede hielt er vom Balkon der Old Town Hall. Und auf der Grand Parade wurde auch die offizielle FIFA-Fan-Meile anlässlich der Fußballweltmeisterschaft 2010 eingerichtet. Ein Abschnitt des Platzes dient abwechselnd als Markt- und Parkplatz.

Für die Renovierung der **Cape Town City Hall** (Karte S. 276), in der hin und wieder Konzerte und Kulturveranstaltungen stattfinden, hat die Stadtverwaltung 7 Millionen Rand bewilligt. Gleich nebenan steht die 1889 erbaute Drill Hall, wo übrigens Königin Elisabeth II. ihren 21. Geburtstag feierte. Sie wurde einfühlsam restauriert und zur städtischen **Central Library** (Darling St, City Bowl; ⊙Mo 9–20, Di–Do 9–18, Fr 8.30–17.30, Sa 9–14 Uhr) umgebaut.

KOOPMANS-DE WET HOUSE   MUSEUM
Karte S. 276 (www.iziko.org.za/museums/koop mans-de-wet-house; 35 Strand St, City Bowl; Erw./ Kind 10 R/frei; ⊙Mo–Fr 10–17 Uhr; 🚇St. George's) Wer dieses typische Beispiel eines kapholländischen Stadthauses betritt, macht eine Zeitreise ins 18. Jh. Das Mobiliar stammt

aus dem 18. und frühen 19. Jh. Ein atmosphärischer Ort mit alten Weinranken im Innenhof und Dielen, die noch genauso knarren wie damals, als Marie Koopmans-de Wet – Dame der feinen Gesellschaft und Eigentümerin des Hauses – hier lebte.

LUTHERAN CHURCH KIRCHE

Karte S. 276 (98 Strand St, City Bowl; ⊘Mo–Fr 10–14 Uhr; ⊡Castle) Die 1780 aus einer Scheune entstandene erste lutherische Kirche am Kap hat eine bemerkenswerte Kanzel. Vielleicht die beste, die der deutsche Bildhauer Anton Anreith jemals geschaffen hat. Weitere Werke können in der Groote Kerk und auf dem Landgut Groot Constantia bewundert werden. In einem Raum hinter der Kanzel befindet sich eine Sammlung historischer Bibeln.

HERITAGE SQUARE ARCHITEKTUR

Karte S. 276 (www.heritage.org.za/heritage_square_project.htm; 90 Bree St, City Bowl; ℗; ⊡Longmarket) Die wunderschöne Ansammlung von Gebäuden im kap-georgianischen und viktorianischen Stil wurde 1996 vor der Abrissbirne gerettet. Hier stehen u. a. das Cape Heritage Hotel und das Caveau, das Weinbar, Feinkostladen und Restaurant zugleich ist. In einem Hinterhof wächst eine Weinrebe, die bereits in den 1770er-Jahren gepflanzt wurde und damit die älteste ihrer Art in Südafrika ist. Sie produziert noch immer Trauben, aus denen Wein gekeltert wird. Passend dazu dient der Platz auch als Verkostungsraum von **Signal Hill Wines** (http://winery.syn thasite.com; ⊘Mo–Fr 11–18, Sa 12–16 Uhr), der einzigen innerstädtischen Winzerei des Landes.

Bo-Kaap & De Waterkant

BO-KAAP STADTTEIL

Siehe S. 57.

GRATIS SIGNAL HILL & NOON GUN HÜGEL

Außerhalb Karte S. 276 (Military Rd, Bo-Kaap; ℗) Der 350 m hohe Signal Hill trennt Sea Point von der City Bowl und bietet von seinem Gipfel einen großartigen Ausblick, besonders nachts. Der Berg wurde früher auch Lion's Rump („Löwenrumpf") genannt, weil er mit dem Lion's Head durch eine Art „Rückgrat" aus Hügeln verbunden ist. Signal Hill ist offizieller Teil des Table Mountain National Park. Von der Stadt aus geht

es über die Kloof Nek Road bergan, dann die erste Abzweigung rechts zum Gipfel nehmen.

Signal Hill war der Aussichtsposten der ersten Siedler. Hier wurden Flaggen gehisst, sobald ein Schiff gesichtet wurde, was den Bewohnern die Gelegenheit gab, ihre Waren zum Verkauf vorzubereiten und die Bierkrüge abzustauben.

Von Montag bis Samstag wird zur Mittagszeit am Ausläufer des Signal Hill die als **Noon Gun** bekannte Kanone abgefeuert. Den Schuss hört man in der ganzen Stadt. Ursprünglich diente er den Bürgern der Stadt dazu, ihre Uhren zu stellen. Der Aufstieg von Bo-Kaap aus hat es in sich – am besten die Longmarket Street bis zum Ende gehen. Das **Noon Gun Tearoom & Restaurant** (außerhalb Karte S. 276) ist ein guter Ort, um wieder zu Atem zu kommen. Ein Tor hinter dem Restaurant wird normalerweise gegen 11.30 Uhr aufgeschlossen. Von dort ist es noch eine Minute zu Fuß bis zu der Stelle, wo der Kanonenschuss abgefeuert wird.

GRATIS PRESTWICH MEMORIAL & PRESTWICH MEMORIAL GARDEN GEDENKSTÄTTE

Karte S. 280 (Somerset St Ecke Buitengracht St, De Waterkant; ⊘Mo–Fr 8–18, Sa & So 8–14 Uhr; ⊡Prestwich) Als man 2003 mit dem Neubau von Wohnungen begann, wurden entlang der nahe gelegenen Prestwich Street viele Skelette freigelegt. Dies waren die namenlosen Gräber der unglücklichen Sklaven und anderer, die von den Holländern im 17. und 18 Jh. hingerichtet worden waren; dieser Ort hieß damals Gallows Hill. Die Knochen wurden exhumiert und dieses Bauwerk mit einer attraktiven Fassade aus Schiefer von Robben Island wurde zum Gedenken errichtet. Es umfasst ein Beinhaus, hervorragendes Anschauungsmaterial (darunter eine Replik des sensationellen Gemäldes mit Rundumblick auf die Tafelbucht, das Robert Gordon 1778 schuf) und eine Filiale des Coffeeshops Truth.

Draußen im Garten der Gedenkstätte sieht man noch die Spuren von Schienengleisen – von Pferden gezogene Straßenbahnwagen fuhren einst entlang der Somerset Street und durch Sea Point bis zur Endstation in Camps Bay. Außerdem steht dort eine Reihe faszinierender Statuen von Kapstädter Künstlern, darunter der Regenbogen *It's Beautiful Here* von Heath Nash und der *Full Cycle Tree* von KEAG.

START ST. GEORGE'S MALL
ECKE STRAND STREET,
FORESHORE
ZIEL CAPE TOWN STATION
LÄNGE 1 KM
DAUER 1 STD.

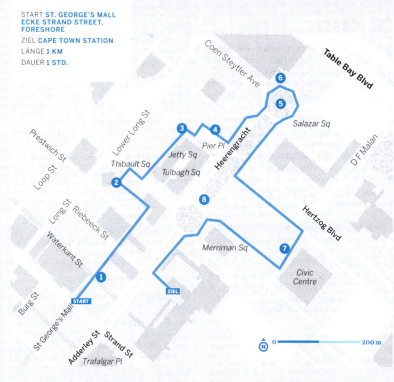

Spaziergang
Foreshore: Kunst im öffentlichen Raum

Sehenswürdigkeiten sind nicht gerade die Stärke von Foreshore, aber diese Tour führt um die Betonhochhäuser und Plazas herum zu alten und neuen Skulpturen.

In der Fußgängerzone St. George's Mall, gegenüber der Waterkant Street, steht ❶ **Africa** von Brett Murray. Diese kuriose Bronzestatue, aus der leuchtend gelbe Bart-Simpson-Köpfe wachsen, ist typisch für Murrays satirischen Stil und provoziert seit ihrer Enthüllung 2000 heftige öffentliche Auseinandersetzungen.

Am Ende der St. George's Mall biegt man links auf den Thibault Square ab mit einigen der ältesten Wolkenkratzer von Foreshore, darunter das ABSA Centre. Den Platz ziert ❷ **Mythological Landscape**: Das Kunstwerk aus Stahl und Bronze von John Skotnes ist ein Loblied auf die Artenvielfalt.

Nach dem Überqueren der Mechau Street geht's weiter Richtung ❸ **Jetty Square**, wo sich ein Schwarm stählerner Haie aus dem Atelier des Künstlers Ralph Borland auf Sockeln dreht und vorbeigehende Passanten „verfolgt".

Den ❹ **Pier Place** um die Ecke bevölkern zahlreiche verstreut stehende, lebensgroße menschliche Figuren von Egon Tania.

Inmitten des Kreisverkehrs an der Heerengracht Richtung Foreshore steht die Statue des portugiesischen Seefahrers ❺ **Bartholomeu Dias**, der als erster Europäer 1488 das Kap der Guten Hoffnung umrundete. Auf der anderen Straßenseite, neben dem Cape Town International Convention Centre, erhebt sich der 8 m hohe, rot bemalte Mann ❻ **Olduvai**, eine Hommage von Gavin Younge an das Rift Valley und die majestätischen Seen Ostafrikas.

Auf der Heerengracht geht's zurück in die Innenstadt, mit einem Abstecher nach links auf den Hertzog Boulevard. Beim Civic Centre wartet Edoardo Villas ❼ **The Knot**, der wie eine riesige rote, verbogene Heftklammer aussieht. Zurück an der Heerengracht, gegenüber dem Bahnhof, stehen Statuen von ❽ **Jan van Riebeeck** und **Maria de la Queillerie**, dem ersten holländischen Kommandeur Kapstadts und seiner Frau. Hier sollen sie 1652 an Land gegangen sein.

ESSEN

Esslokale sind alles andere als Mangelware in der Innenstadt und sowohl am Greenmarket Square als auch an der St. George's Mall wimmelt es von Cafés. Am Sonntag haben allerdings viele Lokale geschlossen. Im Mittelpunkt der kulinarischen Szene von De Waterkant steht das Cape Quarter. Auch das Bo-Kaap hat in Sachen Essen ein paar Asse im Ärmel; die Kapstädter schwören beispielsweise auf die Grillhähnchen und andere Fleischgerichte zum Mitnehmen, die der Typ in der Nähe der Kreuzung Rose und Wale Street fabriziert.

City Bowl & Foreshore

LP TIPP BOMBAY BRASSERIE INDISCH €€
Karte S. 276 (☏021-819 2000; www.tajhotels.com; Wale St, City Bowl; Hauptgerichte 150 R, 4-Gänge-Menü 395 R; ⏰Mo-Sa 6–22.30 Uhr; 🅿; 🚌Dorp) Das Hauptrestaurant des Taj ist Lichtjahre von einer herkömmlichen Currybude entfernt. Mit seinen funkelnden Kronleuchtern und Spiegeln verströmt es düsterluxuriösen Charme. Die Kreationen von Küchenchef Harpreet Kaur sind innovativ und köstlich und die Präsentation ist ebenso makellos wie der Service. Das 4-Gänge-Probiermenü lädt zu einer Reise durch die Welt der Gewürze ein.

LP TIPP BIZERCA BISTRO FRANZÖSISCH, MODERN €€
Karte S. 280 (☏021-418 0001; www.bizerca.com; 15 Anton Anreith Arcade, Jetty St, Foreshore; Hauptgerichte 110–150 R; 🚌Convention Centre) Der französische Koch Laurent Deslandes und seine südafrikanische Frau Cyrillia betreiben dieses tolle Bistro, in dem eine zeitgenössische und freundliche Atmosphäre herrscht und die fachmännisch zubereiteten Speisen wahre Geschmacksexplosionen entfalten. Die fachkundigen Kellner erklären den Gästen am Tisch gern Näheres zu den Gerichten auf der Kreidetafel.

LP TIPP DEAR ME ZEITGENÖSSISCH, FEINKOSTLADEN €€
Karte S. 276 (☏021-422 4920; www.dearme.co.za; 165 Longmarket St, City Bowl; Hauptgerichte 100 R; ⏰Mo-Fr 7–16, Do 7–22 Uhr; 📶; 🚌Longmarket) Erstklassige Zutaten, kreativ kombiniert und von charmanten Mitarbeitern in gemütlichem Ambiente serviert, dazu Topfpflanzen, die von der Decke baumeln – was will man mehr? Obendrein gibt's sogar noch eine Feinkost- und Backwarenabteilung. Für das absolut hervorragende Donnerstagabend-Gourmetdinner (3/5 Gänge 210/310 R) ist eine Tischreservierung erforderlich.

LP TIPP AFRICA CAFÉ AFRIKANISCH €€
Karte S. 276 (☏021-422 0221; www.africacafe.co.za; 108 Shortmarket St, City Bowl; Schlemmerbüfett pro Pers. 245 R; ⏰Café Mo-Fr 8–16, Sa 10–14 Uhr; Restaurant Mo-Sa 18.30–23 Uhr; 🚌Longmarket) Zwar touristisch, aber immer noch eine der besten Adressen für afrikanisches Essen. Ordentlich Hunger mitbringen, denn das Fest-Schlemmermahl besteht aus rund 15 panafrikanischen Gerichten, von denen man so viel verdrücken darf, wie man möchte. Eine wunderbare neue Errungenschaft ist das Tagescafé mit glutenfreien Backwaren und leckerer Rohkost, darunter Salate und Maniok.

LP TIPP SAVOY CABBAGE SÜDAFRIKANISCH-MODERN €€
Karte S. 276 (☏021-424 2626; www.savoycabbage.co.za; 101 Hout Lane, City Bowl; Hauptgerichte 110–165 R; ⏰Mo-Fr 12–14.30, Mo-Sa auch 19–22.30 Uhr; 🚌Longmarket) Das alteingesessene Savoy Cabbage ist bekannt für seine innovative Küche und bietet seinen Gästen die Möglichkeit, einheimisches Wild wie Elandantilope und Springbock zu probieren. Der Tomatenkuchen ist legendär.

6 SPIN STREET RESTAURANT INTERNATIONAL €€
Karte S. 276 (☏021-461 0666; www.6spinstreet.co.za; 6 Spin St, City Bowl; Hauptgerichte 75–160 R; ⏰Mo-Fr 8.30–22, Sa 18–22 Uhr; 🚌Dorp) Das Restaurant von Robert Mulders ist durchaus auf der Höhe der eleganten Hallen des von Sir Herbert Baker entworfenen Gebäudes. Das liegt z. B. an dem individuellen Service und dem berühmten zweimal gebackenen Käsesoufflé. Weitere Köstlichkeiten sind marokkanisches Lamm an Couscous oder mit der Angel gefangener gebratener Fisch mit Knoblauchkruste.

JASON BAKERY BÄCKEREI, CAFÉ €
Karte S. 276 (www.jasonbakery.com; 185 Bree St, City Bowl; Hauptgerichte 50 R; ⏰Mo-Sa 7–15.30 Uhr; 🚌Bloem) Wer einen Sitzplatz in diesem wahnsinnig angesagten Eckcafé ergattert, kann echt von Glück sagen. Hier gibt's sensationelles Frühstück und Sandwiches sowie ordentlichen Kaffee, &Union-

Biere und MCC-Sekt glas- oder flaschenweise. Zum Glück verfügt der Laden über einen Take-away-Schalter. Es lohnt sich, am Donnerstag- und Freitagabend herzukommen, denn dann werden oft bis spät nachts Pizza und Getränke serviert.

GOLD
KAPMALAIISCH, AFRIKANISCH €€

Karte S. 276 (☏021-421 4653; www.goldrestaurant.co.za; 96 Strand St, City Bowl; Festmenü 250 R; ⊙Café 9–16, Restaurant 18.30–23 Uhr; ▣Castle) Die Markenzeichen dieses im Gold of Africa Barbier-Mueller Museum untergebrachten Lokals sind das Abendmenü und die Shows. Wer mag, kann z. B. um 18.30 Uhr für einen Aufpreis von 85 R eine *djembe*-Trommelsession erleben. Zum gut zubereiteten und reichlichen Buffet mit kapmalaiischen und afrikanischen Spezialitäten gibt's außerdem eine Aufführung mit lebensgroßen Puppen aus Mali.

95 KEEROM
ITALIENISCH €€

Karte S. 276 (☏021-422 0765; www.95keerom.com; 95 Keerom St, City Bowl; Hauptgerichte 60–120 R; ⊙Mo–Fr 12.30–14, Mo–Sa 19–22.30 Uhr; ▣Bloem) Ohne Reservierung läuft in diesem schicken Restaurant gar nichts. Chefkoch Giorgio Nava ist ein Italiener, wie er im Buche steht, und stellt das auch gerne zur Schau, aber gegen seine ausgezeichnete Pasta ist nichts einzuwenden. Wenn es (wie oft der Fall) voll ist, können Fleischliebhaber gegenüber in Navas preisgekröntes Steakrestaurant **Carne SA** (Karte S. 276; www.carne-sa.com) ausweichen.

ADDIS IN CAPE
ÄTHIOPISCH €

Karte S. 276 (☏021-424 5722; www.addisincape.co.za; 41 Church St, City Bowl; Hauptgerichte 75–90 R; ⊙Mo–Sa 12–14.30 & 18.30–22.30 Uhr; ☎; ▣Longmarket) Addis in Cape bietet an niedrigen Korbtischen köstliche äthiopische Küche, die traditionell auf tellergroßen *injeras* (Sauerteigbrotfladen), die man in Stücke reißt und anstelle von Besteck zum Essen benutzt, serviert wird. Ausgesprochen lecker sind auch der hausgemachte *tej* (Honigwein) und der echt äthiopische Kaffee.

ROYALE EATERY
GOURMETBURGER €

Karte S. 276 (☏021-422 4536; www.royaleeatery.com; 279 Long St, City Bowl; Hauptgerichte 60–70 R; ⊙Mo–Sa 12–23.30 Uhr; ▣Bloem) Hier gibt's Burger in Vollendung. Im Erdgeschoss geht es locker und laut zu, eine Etage höher befindet sich der ruhigere Restaurantbereich. Abenteuerlustige sollten einmal den Straußenburger „Big Bird" probieren.

MASALA DOSA
INDISCH €

Karte S. 276 (☏021-424 6772; www.masaladosa.co.za; 167 Long St, City Bowl; Hauptgerichte 40–85 R; ⊙Mo–Sa 12–16.30 & 18–22.30 Uhr; ▣Dorp) Im Masala Dosa treffen Bollywood-Charme und traditionelle südindische Küche aufeinander. Im Angebot sind u. a. ziemlich gute *dosas* (Fladen aus Linsenmehl) und *thalis* (komplette Mahlzeiten mit verschiedenen Curry-Varianten). Wenn eine Gruppe von acht Interessenten zusammenkommt, veranstaltet der Besitzer am Wochenende einen Kochkurs (350 R pro Person).

CLARKE'S
AMERIKANISCH €

Karte S. 276 (☏021-422 7648; 133 Bree St, City Bowl; Hauptgerichte 30–50 R; ⊙Mo–Di 8–18, Mi–Do 8–14, Sa 8–15 Uhr; ▣Dorp) Ein Lieblingstreff der Bree-Street-Hipster-Szene ist dieses einladende Lokal mit Essnischen in der Tradition eines US-amerikanischen Diner. Frühstücksgerichte wie gegrillte Käse-Sandwiches und *huevos rancheros*, gibt's den ganzen Tag und ab mittags auch Reubens- und Schweinebauch-Sandwiches sowie Burger und Käse-Makkaroni.

BIRDS CAFÉ
INTERNATIONAL €

Karte S. 276 (127 Bree St, City Bowl; Hauptgerichte 40–70 R; ⊙Mo–Fr 7–17, Sa 8–15 Uhr; ▣Longmarket) Ein bezauberndes Café, das mit seiner raffinierten rustikalen Einrichtung ebenso punktet wie mit den hausgemachten Köstlichkeiten, darunter Kuchen, Strudel und fluffige Scones.

LOLA'S
INTERNATIONAL €

Karte S. 276 (www.lolas.co.za; 228 Long St, City Bowl; Hauptgerichte 30–40 R; ⊙Mo–Sa 7–21, So 7.30–16 Uhr; ☎; ▣Bloem) Die alte Lola hat ihre vegetarische Hippie-Vergangenheit gegen einen trendigeren Look und ein fleischlastigeres Speiseangebot eingetauscht. Das Ambiente ist aber nach wie vor locker und das Frühstück, inklusive der Zuckermais-Pfannkuchen und Eggs Benedict, immer noch gut. Toll, um etwas zu trinken und dabei das Treiben auf der Long Street zu beobachten.

FRIEDA'S ON BREE
INTERNATIONAL €

Karte S. 280 (www.friedasonbree.co.za; 15 Bree St, Foreshore; Hauptgerichte 30–40 R; ⊙Mo–Fr 6.30–15.30 Uhr; ☎; ▣Prestwich) Ein geselliges Café, das mit seiner aus Lampions, grellen indischen Filmpostern und allerlei Krimskrams zusammengewürfelten Einrichtung eine Menge Charme versprüht. Auf der Karte stehen Sandwiches, Salate und einfache Gerichte wie Lasagne. Näheres zu regelmäßig stattfindenden Abendveranstaltungen wie **Tangotanzen** (30 R; Di 18–20.30 Uhr) oder der Cub night **Svetbox** (40 R; ⊙Fr 21–3 Uhr) auf der Website.

HEMELHUIJS
INTERNATIONAL €€

Karte S. 280 (☏021-418 2042; www.hemelhuijs. co.za; 71 Waterkant St, Foreshore; Hauptgerichte 60–120 R; ☎; ▣Prestwich) Das „Himmelhaus" gehört zum **Freeworld Design Centre** (www.freeworlddesigncentre.com; Ausstellungsraum einer Innenarchitekturfirma, die manchmal interessante Veranstaltungen bietet, z. B. Filmabende mit Streifen, die irgendwas mit dem Thema Essen zu tun haben, oder einen Markt für Designerprodukten) und ist eine sehr originell gestaltete Räumlichkeit – es gibt z. B. einen mit zerbrochenem Geschirr „verzierten" Rehkopf und ein Mosaik aus Toastbrot. Hier finden die künstlerischen und kulinarischen Kreationen von Jacques Erasmus einen würdigen Rahmen. Das innovative Essen ist köstlich und es gibt leckere frische Säfte und täglich frische Backwaren.

KEENWÄ
PERUANISCH €

Karte S. 280 (☏021-419 2633; www.keenwa. co.za; 50 Waterkant St, Foreshore; Hauptgerichte 50–100 R; ☎; ▣Prestwich) Ganz ohne Panflöten und Ponchos präsentiert Besitzer German de la Melena in diesem stylischen Restaurant mit Bar die sensationelle, erfrischende Küche und die Getränke seines Heimatlandes. Das Ceviche (in Limonensaft mit Chili marinierter Fisch) kommt in drei Variationen daher. Der Barbalkon ist ein herrliches Plätzchen, um einen Pisco Sour zu schlürfen.

BREAD, MILK & HONEY
SANDWICHES, SALATE €

Karte S. 276 (10 Spin St, City Bowl; Hauptgerichte 30–50 R; ⊙Mo–Fr 6.30–16 Uhr; ▣Dorp) Die Mitglieder des nahe gelegenen Parlaments kehren gerne in diesem schicken, familiengeführten Café ein, um – natürlich – über Politik zu diskutieren. Die Speisen sind hervorragend, allen voran die Kuchen und Desserts. Mittags wird ein Tagesgericht (Preis nach Gewicht) serviert, außerdem gibt's jede Menge Sachen zum Mitnehmen.

SABABA
NAHÖSTLICH, MEDITERRAN €

Karte S. 276 (www.sababa.co.za; 231 Bree St, City Bowl; Hauptgerichte 30–50 R; ⊙Mo–Mi & Fr 7–11, Do 7–21, Sa 9–14 Uhr, ▣Buitensingel) In dem makellos weißen Lokal kommen köstliche Falafel-Sandwiches, Salate, Süßspeisen und Getränke auf den Tisch. Es handelt sich um die geräumigere, neuere Filiale eines Betriebs, der schon seit Jahren an der Piazza St. John in Sea Point ein gutes Geschäft macht. Donnerstags ist spät geöffnet und dann kann es ziemlich partymäßig zugehen.

SOUTH CHINA DIM SUM BAR
CHINESISCH €

Karte S. 276 (289 Long St, City Bowl; Hauptgerichte 30–50 R; ⊙Di–Fr 12–15, Di–So 18–23 Uhr; ▣Buitensingel) Null Chichi und eine manchmal recht langsame Bedienung, aber dafür ist das Essen – saftige Knödel, köstliche Nudeln, Frühlingsrollen und hausgemachte Eistees – authentisch und das Warten wert. Die Einrichtung, d. h. Sitzgelegenheiten aus Obstkisten und abgegriffene Bruce-Lee-Poster, verströmt den rustikalen Charme eines asiatischen Cafés.

SKINNY LEGS & ALL
GOURMETCAFÉ €

Karte S. 276 (www.skinnylegsandall.co.za; 70 Loop St, City Bowl; Hauptgerichte 50–60 R; ⊙Mo–Fr 7–16, Sa 8.30–14 Uhr; ▣Castle) Im hinteren Teil dieses eleganten Cafés, wo sehr gute Standardgerichte aus hochwertigen Zutaten aufgetischt werden, baumeln Doreen Southwoods bemalte bronzene *Dancers* von der Decke. Der Bestseller ist das Sandwich mit Hähnchen- und Putenfleisch.

CAFÉ ST. GEORGE
SANDWICHES, SALATE €

Karte S. 276 (St. George's Cathedral, Wale St, City Bowl; Hauptgerichte 35–45 R; ⊙Mo–Fr 9–17, Sa 9–15, So 10–14 Uhr; ▣Dorp) Auf der Speisekarte dieses ruhigen Cafés in einer Ecke der steinernen, gewölbten Krypta der Kathedrale steht mindestens ein warmes Tagesgericht, meistens eine kapmalaiische Gaumenfreude. Frühstück gibt's den ganzen Tag über, außerdem gute Sandwiches und verführerische selbst gebackene Kuchen.

CAFÉ MOZART
INTERNATIONAL €

Karte S. 276 (www.themozart.co.za; 37 Church St, City Bowl; Hauptgerichte 35–50 R; ⊙Mo–Fr 7–17, Sa 8–15 Uhr; ☎; ▣Longmarket) In diesem hübschen Café mit Tischen auf dem Bürgersteig kann man sich mitten im täglich abgehaltenen Flohmarkt mit Essen vom „table of love" bedienen und nach Gewicht bezahlen oder einen Kaffee und ein Sandwich bestellen. Drinnen im ersten Stock befindet sich ein angenehm stilles Plätzchen, wo man auf seinem Laptop im Netz surfen und E-Mails checken kann.

CRUSH
SANDWICHES €

Karte S. 276 (www.crush.co.za; 100 St. George's Mall, City Bowl; Hauptgerichte 20–30 R; ☉Mo–Fr 7–17, Sa 9–15 Uhr; ☐Longmarket) Bietet frisch gepresste Säfte, Smoothies und leckere Wraps, die beweisen, dass gesundes Essen kein bisschen langweilig sein muss.

Bo-Kaap & De Waterkant

BEEFCAKES
BURGER €

Karte S. 280 (☏021-425 9019; www.beefcakes. co.za; 40 Somerset Rd, De Waterkant; Burger 55–85 R; ☉Mo–Sa 11–22, So 18–22 Uhr; 🛜; ☐Buitengratch) Rosarote Flamingos, Federboas, Lichterketten, Oben-ohne-Barkeeper – in dieser Burgerbar wird ordentlich was geboten. Sie ist ein heiß begehrter *jol* (Party)-Treff von Gruppen, die dienstags zum Bitchy-Bingospielen herkommen oder mittwochs und donnerstags die professionell aufgezogenen Dragshows goutieren. (Keinesfalls entgehen lassen sollte man sich Odidiva, die konkurrenzlose First Lady der Dragszene am Kap; sie tritt normalerweise am Mittwoch auf.) Die Freitag- und Samstagabende sind den Jungs vorbehalten. Und

die Burger? Nichts dran auszusetzen, aber kein Mensch kommt wegen der Bulettenbrötchen her.

NOON GUN TEAROOM & RESTAURANT
KAPMALAIISCH €

Außerhalb der Karte S. 276 (273 Longmarket St, Bo-Kaap; Hauptgerichte 70–100 R; ☉Mo–Sa 10–16, 19–22 Uhr; P) Dieses hoch oben auf dem Signal Hill gelegene Lokal bietet nicht nur einen herrlichen Ausblick über die Bucht, sondern auch exzellente Beispiele der traditionellen kapmalaiischen Küche wie z. B. *bobotie* (gewürzte, mit Eiercreme überzogene Hackfleischpastete), *bredies* (Eintopf mit Fleisch oder Fisch und Gemüse), Currys und *dhaltjies* (frittierte Kichererbsenbällchen mit Kartoffeln, Koriander und Spinat).

BIESMIELLAH
KAPMALAIISCH, INDISCH €

Karte S. 276 (www.biesmiellah.co.za; Wale St Ecke Pentz St, Bo-Kaap; Hauptgerichte 66–76 R; ☉ Mo–Sa 12–22 Uhr) Was dem Biesmiellah an Atmosphäre und Ambiente fehlt, macht es mit den authentischen und pikanten kapmalaiischen und indischen Gerichten wieder wett. In dem Raum voller Teppiche mit Mekka-Motiv ist alles halal und Alkohol wird nicht ausgeschenkt.

ANATOLI
TÜRKISCH €€

Karte S. 280 (☏021-419 2501; www.anatoli. co.za; 24 Napier St, De Waterkant; Meze 35–40 R; Hauptgerichte 75–120 R; ☉ Mo–Sa 19–22.30 Uhr; ☐Buitengracht) Dieses stimmungsvolle tür-

---

INSIDERWISSEN

EINE LIEBESERKLÄRUNG AN KAPSTADTS KAFFEEKULTUR

Kapstadt erlebt gerade einen Kaffeehype. Davon zeugen digitale Lobeshymnen an die Röstbohne, wie z. B. **I Love Coffee** (ilovecoffee.co.za) und **From Coffee With Love** (fromcoffeewithlove.wordpress.com), ein Blog von Lameen Abdul-Malik, dem englisch-nigerianischen Besitzer von **Escape Caffe**. Lameen gehörte zum Team der Internationalen Atomenergie-Organisation, das 2005 den Friedensnobelpreis erhielt, und ist höchstwahrscheinlich der einzige Nobelpreisträger, der ein Café betreibt. Während seiner Tätigkeit für die Atomenergie-Organisation half Lameen gleichzeitig beim Aufbau des ersten Krebskrankenhauses in Lusaka, Sambia. Damals verbrachte er viel Zeit auf der Durchreise in Kapstadt, wo er sich 2009 mit seiner Familie niederließ und aus seiner Passion für Kaffee seinen neuen Beruf machte. Wenn er sich vom Escape mal frei machen kann, bevorzugt dieser „pingelige" Kaffeetrinker die Kaffeespezialitäten von **Espressolab Microroasters** (S. 84). „Sie nehmen nur die besten Bohnen der Welt", sagt Lameen. „Sie verwenden sehr viel Sorgfalt und Gründlichkeit auf den Kaffee; ihr größter Laden in der Old Biscuit Mill ist zwar kein Café zum Rumsitzen, aber man bekommt dort eine gute Tasse Kaffee, ebenso im **Loading Bay** (S. 68) und **Dear Me** (S. 64), wo auch Espressolab-Kaffee serviert wird." Lameen empfiehlt aufgrund der fair gehandelte Kaffeesorten auch **Bean There** (S. 69) und das **Tashas** (S. 129) wegen der Desserts und riesigen Essensportionen.

kische Restaurant bringt ein kleines Stückchen Istanbul ans Kap. Besonders lecker sind die warmen und kalten Meze, aber auch die Kebabs sind prima.

LOADING BAY LIBANESISCH €
Karte S. 280 (021-425 6320; 30 Hudson St, De Waterkant; Hauptgerichte 50 R; Mo 7–17, Di-Fr 7–21, Sa 8–16 Uhr; Buitengratch) In diesem ebenso stilvollen wie unaufdringlichen „Luxuscafé" gibt's kleine libanesische Leckereien wie *manoushe* (Fladenbrot) und *spedini* (Kebab). Dazu gehört außerdem eine Boutique für Männermode von Überseelabels. Für die donnerstags stattfindenden Burger-Abende ist eine Reservierung erforderlich – die Klopse, sowohl die aus erstklassigem Rindfleisch als auch die vegetarischen, sind exzellent.

LA PETITE TARTE CAFÉ €
Karte S. 280 (021-425 9077; Shop A11, Cape Quarter, 72 Waterkant St, De Waterkant; Hauptrichte 30–50 R; Mo-Fr 8.30–16.30, Sa 8.30–14.30 Uhr; P; Buitengracht) Ein hinreißendes, der Dixon Street zugewandtes Café, in dem ausgefallene Teesorten und, wie der Name schon sagt, hausgemachte französische Törtchen serviert werden.

AUSGEHEN & NACHTLEBEN

City Bowl & Foreshore

 &UNION BIER, CAFÉ
Karte S. 276 (www.andunion.com; 110 Bree St, City Bowl; 12–24 Uhr; P; Longmarket) Die Spezialität der coolen Kneipe im rückwärtigen Teil der St. Stephen's Church sind sieben verschiedene abgefüllte, importierte Craft-Biere. Im Sommer werden Gäste von der Tischtennisplatte angelockt und das ganze Jahr über von den Live-Gigs, die ab und zu veranstaltet werden. Die Betreiber sind stolz darauf, dass das Fleisch für die schmackhaften Sandwiches, Hot dogs und *braais* (Fleisch vom Grill) von „glücklichen" Tieren stammt. Auch die Muffins sind verflixt gut.

 WAITING ROOM DJ, BAR
Karte S. 276 (273 Long St, City Bowl; Fr & Sa Eintritt 20 R; Mo-Sa 18–2 Uhr; Bloem) Diese total angesagte Bar mit Retroeinrichtung und funky DJs ist über eine schmale Treppe neben der Royale Eatery zu erreichen. Noch ein Stück weiter oben befindet sich die Dachterrasse: ein perfekter Platz, um die nächtlichen Glitzerlichter der Stadt zu bewundern.

FRENCH TOAST WEIN, TAPAS
Karte S. 276 (021-422 4084; www.frenchtoastwine.com; 199 Bree St, City Bowl; Mo-Sa 12–23 Uhr; Bloem) Bietet mehr als 80 südafrikanische und internationale offene Weine, darunter auch *flights* (drei Gläser mit je 50 ml): eine gute Gelegenheit, drei Variationen einer bestimmten Rebsorte zu kosten. Das Lokal mit sowohl kleinen als auch langen Tischen auf zwei Stockwerken ist geschmackvoll eingerichtet. Die Tapas sind superlecker und umfassen sogar Süßes wie *churros con chocolate*.

ALEXANDER BAR & CAFÉ SCHWULENKNEIPE, COCKTAILBAR
Karte S. 276 (http://alexanderbar.co.za; 76 Strand St, City Bowl; Mo-Sa 11–1 Uhr; Castle) Stückeschreiber Nicholas Spagnoletti und Software-Entwickler Edward van Kuik bilden das geniale Duo hinter diesem witzigen, exzentrischen Lokal in einem herrlichen, denkmalgeschützten Gebäude. Die antiken Tischtelefone dienen dazu, mit anderen Gästen zu plaudern, an der Bartheke eine Bestellung aufzugeben oder einem Besucher, der besonders sympathisch aussieht, ein Telegramm zu schicken.

TJING TJING BAR
Karte S. 276 (www.dearme.co.za; 165 Longmarket St, City Bowl; Di-Fr 16 Uhr–spät, Sa 18.30 Uhr–spät; Longmarket) Die edle Dachgartenbar über dem Restaurant Dear Me ist eine stilvolle Location zum Cocktail- und Weintrinken. Das Innenleben gleicht dem einer aufgemöbelten Scheune: freiliegende Holzbalken, eine Tokio-Fotowand und eine knallrot gestrichene Bar. Details zu speziellen Events wie Together, einem monatlichen Treffen kreativer Kapstädter, und **Weinproben** (Mi 17–19 Uhr) sind der Website zu entnehmen.

ESCAPE CAFFE KAFFEE
Karte S. 276 (http://escapecaffe.wordpress.com; Manhattan Place, 130 Bree St, City Bowl; Mo-Fr 7–16 Uhr; Dorp) Kaffeekenner Lameen Abdul-Malik serviert alle seine Kaffees im Doppelpack. Für echte Koffeinjunkies hat

er den Sleep Suicide erfunden: ein doppelter Espresso plus Kaffee aus dem Kaffeebereiter. Vom Wachmachertrunk abgesehen gibt's auch leckere, frisch zubereitete Sandwiches und himmlische Käsekuchen.

FORK
TAPAS, WEIN

Karte S. 276 (☎021-424 6334; www.fork-restaurants.co.za; 84 Long St, City Bowl; Tapas 25–55 R; ⏰Mo–Sa 12–23 Uhr; 🚇Longmarket) Dieses superentspannte Lokal ist sowohl für den kleinen Hunger als auch den großen Appetit genau der richtige Laden. Zu den einfallsreichen und nicht nur spanischen Spezialitäten werden exzellente Weine (viele auch offen) serviert.

BEAN THERE
KAFFEE

Karte S. 276 (www.beanthere.co.za; 58 Wale St, City Bowl; 🚇Dorp) Das Angebot dieses megaschicken Cafés beschränkt sich auf Fair-Trade-Kaffees aus allen Teilen Afrikas sowie ein paar süße Snacks. Es ist aber sehr geräumig und das Ambiente ist trotz des hohen Koffeinpegels total entspannt.

YOURS TRULY
CAFÉ

Karte S. 276 (www.yourstrulycafe.co.za; 175 Long St, City Bowl; 🚇Dorp) Inspirierende Sprüche in unterschiedlich großen Schwarz-Weiß-Lettern bedecken die Wände dieses hübschen Cafés mit Galerie. Man muss nicht reingehen, sondern kann auch etwas am Straßenschalter holen. Aber drinnen ist es nett; die Sandwiches sind lecker und außerdem steht eine Schuhputzmaschine zur Verfügung.

DELUXE COFFEEWORKS
KAFFEE

Karte S. 276 (25 Church St, City Bowl; 🚇Longmarket) In dem winzigen Café, wo etwas an der Wand hängt, das wie ein Riesenflugdrachen für eine Vespa aussieht, holen sich die Groovster der Innenstadt ihre tägliche Koffeeindosis. Wer möchte, kann die Baristas um einen leeren Kaffeebohnensack aus Rupfen als Andenken bitten.

TWANKEY BAR
COCKTAILBAR

Karte S. 276 (www.tajhotels.com; Taj Hotel, Adderley St Ecke Wale St, City Bowl; ⏰Mo–Do 15–23, Fr & Sa 15–2.30 Uhr; 🚇Dorp) Zur Erklärung für diejenigen, die sich in der britischen Theaterlandschaft nicht so gut auskennen: Die elegante und kein bisschen schräge Bar ist nach Widow Twankey benannt, einer berühmten Figur des britischen Theaters. Die Bar bietet göttlich gemixte Cocktails sowie

superfrische Austern und andere leckere Kneipenhäppchen. Eine gepflegte Option für ein paar ruhige Drinks im Herzen der Stadt.

JULEP BAR
COCKTAILBAR

Karte S. 276 (Vredenburg Lane, City Bowl; ⏰Di–Sa 17–2 Uhr; 🚇Bloem) Im Erdgeschoss eines ehemaligen Bordells gelegen, zieht diese Bar vor allem die heimische Hipsterszene an. Das versteckte Schmuckstück ist ein wahrer Zufluchtsort vor dem hektischen Gewusel der nahe gelegenen Long Street.

MARVEL
DJ BAR

Karte S. 276 (236 Long St, City Bowl; ⏰13–4 Uhr; 🚇Bloem) Voll wie eine Sardinenbüchse präsentiert sich das Marvel als phantastische Bar, in der coole Kids aller Couleur die Schultern aneinanderreiben (vom Rest ganz zu schweigen). In den gemütlichen Nischen im vorderen Bereich oder einfach beim Verweilen auf dem Gehweg bringen die Rhythmen des DJs im Handumdrehen den ganzen Körper zum Wippen.

NEIGBOURHOOD
RESTAURANT, BAR

Karte S. 276 (www.goodinthehood.co.za; 163 Long St, City Bowl; 🚇Dorp) In dieser entspannten Bar und dem legeren Restaurant nach dem Vorbild eines britischen Gastropubs verschwimmen die Kapstädter Farbgrenzen. Der große Balkon ist ideal zum Relaxen oder zum Beobachten der Long Street.

CAVEAU
RESTAURANT, WEINBAR

Karte S. 276 (☎021-422 1367; Heritage Sq, 92 Bree St, City Bowl; ⏰Mo–Sa 7–23.30 Uhr; 🚇Longmarket) In Kapstadt dürfte es ruhig mehr Weinlokale wie dieses ganz hervorragende am Heritage Square geben. Es hat eine gute Auswahl an heimischen Weinen und eine sehr gute Küche sowohl im Restaurant als auch im Feinkostladen. Von der Qualität können sich Jäger des guten Geschmacks entweder draußen im Innenhof oder auf einer erhöhten Terrasse an der Bree Street überzeugen.

VINYL DIGZ
CLUB

Karte S. 276 (www.facebook.com/VinylDIGZ; 113 Loop St, City Bowl; Eintritt 20 R; ⏰13–1 Uhr; 🚇Dorp) Die Dachgarten-Danceparty, die jeden zweiten Samstag stattfindet, ist nachmittags eine relaxte Langspielplatten-Kauf-und-Tauschbörse mit *braai*. Bei Sonnenuntergang beginnt die Musik: grooviger bis klassischer Soul und R&B von den

60er-Jahren aufwärts. Das ausgesprochen chillige, gemischte Publikum sorgt dafür, dass dies eins der besten Tanzevents von Kapstadt ist.

THE LOOP
CLUB

Karte S. 276 (www.theloopnightclub.co.za; 161 Loop St, City Bowl; Eintritt 50 R; VIP-Area 80 R; ☐Bloem) Der Newcomer der hippen Kapstädter Clubszene ist außen bunt und innen geräumig. Sein Spaßfaktor hängt vor allem davon ab, welcher DJ gerade auflegt. Der Club verspricht, dass sämtliche tanzbaren Musikstile bedient werden.

Bo-Kaap & De Waterkant

CREW BAR
SCHWULENCLUB

Karte S. 280 (30 Napier St, De Waterkant; Fr & Sa Eintritt 20 R; ☐Buitengracht) Der beste Club für Schwule und Schwulenfreundliche, um die Nacht durchzutanzen. Dem dafür erforderlichen Durchhaltevermögen zuträglich sind sicher die flotten Bartänzer, die nichts weiter tragen als winzige Höschen und Glitzerzeug. Im Erdgeschoss wird mit erhobenen Armen zu den aktuellsten Pop- und Tanztiteln gehottet; ein Stockwerk höher (normalerweise nur am Wochenende geöffnet) sind die Beats härter und weniger Mainstream.

TRINITY
CLUB, RESTAURANT

Außerhalb Karte S. 280 (www.trinitycapetown. co.za; 15 Bennett St, De Waterkant; Eintritt 50–150 R; ☐Buitengracht) Das Trinity ist in einer riesigen Fabriketage untergebracht, die zum Teil von einer Orgel eingenommen wird, die aus einer alten Kirche stammt. Der schicke Tanzclub besitzt eines der ausgeklügeltsten Soundsystems von ganz Südafrika, mehrere Bars sowie ein ganztags geöffnetes Restaurant für Sushi, Pizza und Burger. Hier legen natürlich namhafte DJs auf, aber es gibt auch spannende Events wie jeden Dienstag Live-Jazz und einmal im Monat spielt in der Haupthalle ein Jazzorchester.

BEAULAH BAR
LESBENBAR

Karte S. 280 (www.beaulahbar.co.za; 30 Somerset Rd, De Waterkant; Eintritt 20 R; ☐Buitengracht) Das amüsante, im ersten Stock gelegene Tanzlokal mit Bar weiß eine ergebene Gemeinde junger Frauen und Männer hinter sich, die zu den poppigen DJ-Klängen abtanzen. Es gehört im rosa Bezirk zu den wenigen Orten mit Lesbenschwerpunkt, steht aber aller Welt offen.

BUBBLES BAR
DRAGSHOW

Karte auf S. 280 (www.facebook.com/pages/ Bubbles-Bar/170161596362850; 125A Waterkant St, De Waterkant; ☐Buitengracht) In dieser schnuckligen, spritzigen Bar treffen sich die Diven der florierenden Kapstädter Dragszene und ihre Bewunderer (zu denen offenbar auch zahlreiche ausgemachte Lesben zählen), um sich in Szene zu setzen, zu kokettieren und so zu tun, als ob sie singen – und manchmal tun sie das sogar wirklich! Je nach Publikum kann es dabei sehr geräuschvoll zugehen. Das ist aber nichts gegen das Open-Mike-Karaoke, bei dem man sich einen schweren Gehörschaden holen kann.

AMSTERDAM ACTION BAR
SCHWULENBAR

Karte S. 280 (www.amsterdambar.co.za; 10–12 Cobern St, De Waterkant) Die Post geht überwiegend im Obergeschoss ab, wo sich die Darkrooms und Kabinen befinden. Hier können sich Freier nach Belieben vergnügen – womit und mit wem sie wollen. Im Erdgeschoss sind in der Regel ältere Schwule anzutreffen. Der Balkon zur Straße hin ist ein beliebtes Plätzchen zum Rauchen und Leutebeobachten. In der Nichtraucherabteilung steht ein Billardtisch.

BAR CODE
SCHWULENBAR

Karte S. 280 (www.leatherbar.co.za; 18 Cobern St, De Waterkant; ⊗So–Do 22–3, Fr & Sa 22–4 Uhr; ☐Buitengracht) Leder- und Latexkerle treffen sich mit ihrem Gefolge in dieser kleinen Bar mit gleichermaßen einladendem Darkroom eine Treppe höher. Vor dem Besuch die Website checken, um dem jeweiligen Abendthema entsprechend an- oder ausgezogen zu sein. Sonst kann es passieren, dass der Einlass verwehrt wird.

CAFE MANHATTAN
SCHWULENBAR, RESTAURANT

Karte S. 280 (☏021-421 6666; www.manhattan. co.za; 74 Waterkant St, De Waterkant; ⊗9.30–2 Uhr; ☎; ☐Buitengracht) Dem vorausschauenden Besitzer des Cafe Manhattan gebührt der Dank für die Eröffnung seiner populären Bar mit Restaurant, die vor gut einer Dekade eine Initialzündung für das Schwulenviertel darstellte. Von der Galerie aus lässt sich das Treiben im Laden gut beobachten. Aufführungen mit Livemusik locken donnerstags und sonntags die Massen an.

FIREMAN'S ARMS
PUB

Karte S. 280 (📞021-419 1513; 25 Mechau St, De Waterkant; 🚉Buitengracht) Das Fireman's gibt's schon seit 1906 und es ist anzunehmen, dass es sich noch eine gute Weile länger halten wird. Drinnen hängen Flaggen aus Südafrika und Rhodesien neben einer Sammlung aus Feuerwehrhelmen und alten Krawatten. Rugbyspiele werden auf einem Großbildfernseher übertragen, die Pizza ist wirklich lecker und ein, zwei Bier gehen immer.

HAAS
KAFFEE

Karte S. 276 (www.haascollective.com; 67 Rose St, Bo-Kaap; ⏰ Mo–Fr 7–17, Sa & So 8–15 Uhr; 📶; 🚉Longmarket) Das Haas, seines Zeichens Café und entzückender, künstlerisch angehauchter Geschenke- und Accessoireshop, verkörpert das stilvolle, moderne Bo-Kaap. Hier sind hausgeröstete Single Origin- und blended Kaffeesorten sowie schmackhafte Backwaren und Speisen zu haben. Am besten lässt man sich auf eines der bequemen Sofas draußen fallen und überlegt, ob es sich lohnt, Geld für den sündhaft teuren „Katzenkaffee" hinzulegen, der aus sehr speziell gewonnenen Bohnen gebrüht wird.

ORIGIN & NIGIRO
KAFFEE, TEE

Karte S. 280 (www.originroasting.co.za; 📞021-421 1000; 28 Hudson St, De Waterkant; ⏰Mo–Fr 7–17, Sa & So 9–14 Uhr; 📶; 🚉Buitengracht) Der Kaffee ist köstlich und die nach traditionellem Rezept hergestellten Bagels sind ein Gaumenschmaus. Für die Kaffee- und Tee-Verkostungskurse (200 R) ist eine Reservierung erforderlich. Im Unterschied zum lautstarken Koffeingetriebe vorn herrscht hinten Zenruhe im Nigiros Teesalon, wo die Gäste verschiedene Sorten probieren oder einer traditionellen taiwanischen Teezeremonie (125 R) beiwohnen können.

⭐ # UNTERHALTUNG

ARTSCAPE
THEATER

Karte S. 280 (📞021-410 9800; www.artscape.co.za; 1–10 DF Malan St, Foreshore; 🅿; 🚉Foreshore) Der aus drei Sälen unterschiedlicher Größe (zusammen mit der Studiobühne On The Side) bestehende Komplex ist das wichtigste Kulturzentrum der Stadt – egal ob es um Theater, klassische Musik, Ballett, Oper oder Kabarett geht. Das Viertel ist abends für Fußgänger nicht besonders sicher. Es gibt aber eine Menge bewachte Parkplätze.

CAPE TOWN CITY HALL
MUSIK, EVENTS

Karte S. 276 (www.creativecapetown.net/cape-town-city-hall; Darling St, City Bowl; 🅿; 🚉Golden Acre Bus Terminal) Eine von mehreren Konzertbühnen des **Cape Philharmonic Orchestra** (www.cpo.org.za), Südafrikas „Orchester für alle Gelegenheiten". Das CPO hat sich sehr bemüht, etwas dafür zu tun, dass es die ethnische Zusammensetzung am Kap besser repräsentiert. Zu diesem Zweck wurden das Cape Philharmonic Youth Orchestra und das Cape Philharmonic Youth Wind Ensemble gegründet. Etwa 80 % der Mitglieder kommen aus benachteiligten Bevölkerungsgruppen. Der Konzertsaal besitzt eine sehr gute Akustik und wird deshalb auch gern von einheimischen Chören genutzt.

CAPE TOWN INTERNATIONAL CONVENTION CENTRE
KONZERTE, EVENTS

Karte S. 280 (CTICC; 📞021-410 5000; www.cticc.co.za; 1 Lower Long St, Foreshore; 🅿; 🚉Convention Centre) Seit seiner Eröffnung 2003 hatte das 582 Mio. R teure CTICC noch so gut wie keine Verschnaufpause. Sein jährlicher Veranstaltungskalender ist gespickt mit Musicals, Ausstellungen, Konferenzen und anderen Events wie dem Cape Town International Jazz Festival und Design Indaba. Das CTICC soll bis zum Artscape hin erweitert werden und dann fast doppelt so groß und zudem ein umweltfreundliches Gebäude sein. In der Haupthalle hinter dem Haupteingang lässt sich die riesige Flachreliefsculptur *Baobabs, Stormclouds, Animals and People* bewundern, ein Gemeinschaftswerk von Brett Murray und dem verstorbenen San-Künstler Tuoi Steffaans Samcuia vom !Xun and Khwe San Art and Cultural Project.

ZULA SOUND BAR
MUSIK, COMEDY

Karte S. 276 (📞021-424 2442; www.zulabar.co.za; 98 Long St, City Bowl; Eintritt ab 30 R; 🚉Longmarket) Hinter dem zur Straße hin gelegenen Café und der Bar befinden sich die Veranstaltungsräume. Hier präsentieren sich u. a. trendige lokale Bands sowie DJs und jeden Montagabend ist Comedy angesagt.

IBUYAMBO MUSIC & ART EXHIBITION CENTRE
MUSIK

Karte S. 280 (📞082 569 9316; 11 Bree St, Foreshore; ⏰tgl. 12–24 Uhr; 🚉Prestwich) Diese „Galerie der besonderen Art" lohnt einen Besuch wegen ihrer erlesenen Abendveranstaltungen und Performances. Das Programm reicht vom monatlichen Abend des gesprochenen Wortes, Verses, bis zu regelmäßigen Samstagabendgigs von Dizu Plaatjies und Auftritten des iBuyambo Ensembles, das traditionelle afrikanische Musik spielt. Sonntags ist Jazznacht.

PINK FLAMINGO KINO
Karte S. 276 (021-423 7247; www.granddaddy.co.za; 38 Long St, City Bowl; Tickets 60 oder 120 R Castle) Von August bis April hinein wird der Dachgarten des Grand Daddy Hotels für Airstream-Caravans zur Kulisse dieses Freiluftkinos, das normalerweise montagabends Kinoklassiker zeigt. Das normale „Old school"-Ticket besteht aus der Eintrittskarte plus einer Tüte Popcorn und einem Willkommensgetränk; für 120 R gibt's noch ein Gourmetpicknick obendrauf. Der Platz ist klein, deshalb kommt man nur mit Reservierung rein.

MAMA AFRICA LIVEMUSIK
Karte S. 276 (021-426 1017; www.mamaafrica restaurant.co.za; 178 Long St, City Bowl; mit/ohne Essen 10/15 R; Mo–Sa 18.30–2 Uhr; Bloem) Live-Marimba- und andere mitreißende afrikanische Klänge sorgen für gute Stimmung in diesem altbewährten Lieblingslokal für Touristen, wo verschiedene Wildgerichte aufgetischt werden (Hauptgerichte 100 R). Am Wochenende ist Reservierung erforderlich, ansonsten lässt sich meistens noch ein Plätzchen an der Bar ergattern.

MARIMBA JAZZ
Karte S. 280 (021-418 3366; www.marimbasa.com; Cape Town International Convention Centre Coen Steytler Ave Ecke Heerengracht Blvd, Foreshore; mit/ohne Essen 20/30 R; Convention Centre) In diesem noblen, im Afrika-Chic gehaltenen Lokal spielt tatsächlich ab und zu eine Marimbaband. Das Essen ist gut und die Musik beginnt donnerstags bis samstags meistens gegen 20 Uhr. Es ist allerdings ratsam, vorher anzurufen, denn es finden oft Sonderveranstaltungen statt.

City Bowl & Foreshore

 AFRICAN MUSIC STORE MUSIK
Karte S. 276 (www.africanmusicstore.co.za; 134 Long St, City Bowl; Dorp) Die hier vorrätige Auswahl an regionaler Musik – von Jazz über *kwaito* (Musikstil aus den Townships), Dance und Trance – ist unübertroffen und die Mitarbeiter kennen sich in der Musikszene aus. DVDs und Souvenirs sind auch im Angebot.

 CHURCH DESIGN, GESCHENKARTIKEL
Karte S. 276 (http://churchgifts.blogspot.com; 12 Spin St, City Bowl; Dorp) „Wer sucht, der findet" ist das Motto dieses Geschenkeshops, der schon wegen seiner unglaublichen Schaufensterdekoration und Anordnung der Ausstellungsstücke drinnen einen Abstecher lohnt. Verantwortlich dafür zeichnet das Designerkollektiv The President, das auch das Popkultur- und Gastronomiefestival Toffie organisiert. Zu kaufen gibt es Designerparfüme, Sonnenbrillen mit Holzfassung, Poster, Zeitschriften sowie südafrikanische Textilien und Lebensmittel.

MERCHANTS ON LONG BEKLEIDUNG, GESCHENKE
Karte S. 276 (www.merchantsonlong.com; 34 Long St, City Bowl; Castle) Dieser „afrikanische Salon-Laden" in einem der ansehnlicheren Gebäude der Long Street mit einer Art-nouveau-Fassade aus Terrakotta ist eine wahre Galerie mit topmodischem Design (von Bekleidung bis Schreibwaren) aus allen Teilen des Kontinents. Zu den auserlesenen Ausstellungsstücken zählen die chemikalienfreien Parfüme, die aus reinen Ölen und Essenzen des in Kapstadt beheimateten **Frazer Parfum Gallery & Laboratory** (www.frazerparfum.com) hergestellt werden. Zum Geschäft gehört auch ein Café.

AFRICAN IMAGE KUNST & KUNSTHANDWERK
Karte S. 276 (www.african-image.co.za; Church St Ecke Burg St, City Bowl; Longmarket) Hat eine fabelhafte Auswahl an neuem und altem Kunsthandwerk zu angemessenen Preisen, darunter die tollen, farbenfrohen Kissenbezüge und Küchenschürzen von Shine Shine. Außerdem gibt's viel Kunstgewerbe aus den Townships und wild gemusterte Hemden.

MOGALAKWENA KUNST & KUNSTHANDWERK
Karte S. 276 (www.mogalakwena.com; 3 Church St, City Bowl; Longmarket) Die attraktive Galerie präsentiert bunt bestickte Wandbilder, die Szenen aus dem Landleben zeigen, und andere kunstgewerbliche Erzeugnisse der Pedi aus der Provinz Limpopo. Diese Stücke sind tolle Mitbringsel.

PAN AFRICAN
MARKET
KUNST & KUNSTHANDWERK

Karte S. 276 (76 Long St, City Bowl; 🚇Longmarket) Ein Mikrokosmos des Kontinents mit einer überwältigenden Masse von Kunst und Kunsthandwerk. Hier befindet sich auch das günstige Café Timbuktu, von dessen Balkontischen man Aussicht auf die Long Street hat. Außerdem sind in dem dreistöckigen Gebäude auch eine Schneiderei und ein Musikladen vertreten.

TRIBAL TRENDS
KUNST & KUNSTHANDWERK

Karte S. 276 (Winchester House, 72–74 Long St, City Bowl; 🚇Longmarket) Schön gestaltetes Kaufhaus, das sich um alles Afrikanische dreht, sei es Stammeskunst oder Kunsthandwerk. Das Geld geht an regionale Künstler, die hier ihre Perlenarbeiten und Schmuck verkaufen.

CLARKE'S BOOKSHOP
BÜCHER

Karte S. 276 (www.clarkesbooks.co.za; 199 Long St, City Bowl; 🚇Dorp) Clarke's ist vor Kurzem in kleinere Räumlichkeiten umgezogen, hat aber nach wie vor die beste Bücherauswahl in Südafrika und auf dem gesamten Kontinent. Ein großes Antiquariat ist inbegriffen. Und was es hier nicht gibt, ist sehr wahrscheinlich auch nirgendwo sonst in den vielen Buchläden an der Long Street zu finden (wobei Stöbern natürlich nicht schadet).

IMAGENIUS
KUNST & KUNSTHANDWERK

Karte S. 276 (www.imagenius.co.za; 117 Long St, City Bowl; 🚇Longmarket) Auf drei Stockwerken bietet dieses Geschäft eine eklektische Auswahl von modernem afrikanischem Design. Keramik, Strandmode, Schmuck und superniedliche Kinderstiefel aus Wildleder befinden sich darunter. Außerdem gibt's auch noch stylische Karten, Schachteln und Geschenkpapier.

LUCKY FRIDAY
T-SHIRTS, KUNSTHANDWERK

Karte S. 276 (www.luckyfriday.co.za; 43 Long St, City Bowl; 🚇Castle) Ein faszinierender kleiner Laden mit einem tollen Angebot ausgefallener südafrikanischer Souvenirs, das von T-Shirts mit Electric-Zulu-Aufdruck und kessen Bokkie-Schuhen bis zu CDs mit afrikanischer Musik reicht.

COMMUNE.1
GALERIE

Karte S. 276 (www.commune1.com; 64 Wale St, City Bowl; 🚇Dorp) Die in einem ehemaligen Leichenschauhaus untergebrachte Galerie

---

INSIDERWISSEN

URBAN STREET FASHION

Sam Walker, Mode-Einkäufer von Woolworths, ist der Herausgeber von **Pop Ya Collar** (www.popyacollar.co.za), einem Blog mit Schwerpunkt auf südafrikanischer Mode. „Der Look ist zurückhaltend, jeder kann tragen, was er mag" sagt Walker über den Capetonian-Style. „Im Sommer dreht sich alles um abgeschnittene Jeansshorts, fließende Gewänder und Espadrilles – perfekt für den Strand. Falls der Trend gerade Tiermuster verlangt, trägt man am Kap nur eine diskrete Andeutung davon, um zu zeigen, dass man in ist." In Walkers schwarzem Büchlein stehen folgende Adressen:

Beste Kapstädter Modeschöpfer
Malcolm Klûk (S. 75) für Frauen, die ein Brautkleid oder ein Kleid für eine Hochzeitsfeier suchen. Ich liebe alles von Jenny le Roux (S. 132), die wunderschöne Damenmode in verschiedenen Schnitten und Farben herstellt – ihre Entwürfe sind der Wahnsinn!

Beste Shoppingspots
Die **Old Biscuit Mill** (S. 85) am Samstag, denn dann findet man dort Designer wie Christopher Strong. Stücke aus seiner Kollektion werden in Boutiquen an der Long Street verkauft, z. B. bei **Merchants on Long** (S. 72), wo auch afrikanische Kleidung und Schmuck vertrieben werden.

Beste Boutiquen
Einfach zu **Mungo & Jemima** (S. 74): dort findet man immer etwas Passendes. Die Auswahl bei **Peach** (S. 119) ist absolut umwerfend und das **House of Fashion** (S. 74) mit seinen endlosen Kleiderständern mit Bekleidung in allen Farben ist der Traum jeder Frau.

von Greg Dales hat sich Skulpturen und Installationen verschrieben. Des Weiteren findet man hier Möbel und Wohnaccessoires von **Liam Mooney** (www.liammooney.co.za) sowie die köstlichen, handgemachten Schokoladen von **Honest** (www.honestchocolate.co.za), die ohne Milch und Zuckerzusatz hergestellt werden und in Papiere eingewickelt sind, deren Muster von südafrikanischen Künstlern gestaltet wurden.

MEMEME
BEKLEIDUNG

Karte S. 276 (www.mememe.co.za; 121 Long St, City Bowl; ⊘Mo–Sa 9.30–18 Uhr; ⌂Longmarket) Mememe ist ein Pionier unter den hippen Boutiquen, die an der Long Street wie Pilze aus dem Boden schießen. Der Laden wurde 2001 von der preisgekrönten Bildhauerin und Modeschöpferin Doreen Southwood eröffnet und dient als Plattform für junge Kapstädter Designer und Labels wie Cherry Clair, Pink Ant und Adam & Eve.

MUNGO & JEMIMA
BEKLEIDUNG

Karte S. 276 (www.mungoandjemima.com; 108 Long St, City Bowl; ⌂Longmarket) Hört sich vielleicht an wie Puppentheater für Kinder, ist aber eine süße Boutique mit hübschen Klamotten für Erwachsene von heimischen Labels wie Holiday und Coppelia.

OLIVE GREEN CAT
SCHMUCK

Karte S. 276 (www.olivegreencat.com; 77 Church St, City Bowl; ⊘Mo–Fr 9.30–17 Uhr; ⌂Longmarket) Im Atelier von Philippa Green und Ida-Elsje sind die Arbeiten zweier talentierter junger Schmuckdesignerinnen zu bewundern, die bereits international Aufmerksamkeit erregt haben. Typisch für Green sind klobige Acryl-Armreife mit von Hand aufgebrachten Mustern und Schriftzügen. Elsje ist spezialisiert auf feine Ohrringe und Halsketten. Zusammen entwerfen sie die bemerkenswerte Diamantschmuck-Kollektion Situ.

PRINS & PINS JEWELLERS
SCHMUCK

Karte S. 276 (www.prinsandprins.com; 66 Loop St, City Bowl; ⌂Castle) Das alte kapholländische Haus hat genau das richtige Flair für einen Laden, der Südafrikas mineralischen Reichtum in tragbarer Form präsentiert.

SKINZ
ACCESSIORES

Karte S. 276 (www.skinzleather.co.za; 86 Long St, City Bowl; ⌂Longmarket) Wenn's denn unbedingt exotische Tierhaut oder Leder sein soll – Zebra, Springbock, Krokodil oder auch Strauß – dann nichts wie hin. Ordinä-res Kuhleder gibt's auch, ist aber natürlich langweilig verglichen mit lila gefärbtem Kroko.

SKINNY LA MINX
KUNSTHANDWERK

Karte S. 276 (www.skinnylaminx.com; 201 Bree St, City Bowl; ⌂Bloem) Die Printdesigns von Heather Moore auf Baumwolle oder einer Mischung aus Baumwolle und Leinen findet man auch in mehreren anderen Geschäften. Aber hier ist die gesamte Auswahl vertreten und zudem werden die Stoffe auch als Meterware verkauft.

MERRY POP INS
KINDERKLEIDUNG, SPIELWAREN

Karte S. 276 (www.merrypopins.co.za; 201 Bree St, City Bowl; ⌂Bloem) Führt ein Sortiment hochwertiger Babybekleidung, Spielzeug und Kindermöbel. Die Auswahl an Kindersachen, von Neugeborenen bis zu Zehnjährigen, ist eindrucksvoll. Zum Laden gehört auch ein kleines Café und im Untergeschoss befindet sich ein Raum, in dem Yogakurse für Kinder stattfinden.

DOKTER & MISSES/
DAVID WEST
BEKLEIDUNG, MÖBEL

Karte S. 276 (www.dokterandmisses.com; 113 Long St, City Bowl; ⌂Longmarket) Eine megacoole Kombination aus Unisex-Mode, die in Kapstadt von David West aus angenehmen Naturfasern wie Leinen und Organdy hergestellt wird, und den funktionalen, stylischen Möbeln und Dekoartikeln von Dokter & Misses.

HOUSE OF FASHION
BEKLEIDUNG

Karte S. 276 (www.houseoffashion.co.za; 153 Loop St, City Bowl; ⌂Dorp) Eigentlich ein Club nur für Mitglieder, aber Interessierte dürfen sich kurz umschauen – wer erst mal gesehen hat, was das für ein toller Laden ist, mit sagenhaften Einzelstücken von Topdesignern aus aller Welt, gerät leicht in Versuchung, sich für eine Mitgliedschaft zu entscheiden. Eine Modeexpertin ist zur Stelle, die der Kundschaft mit Rat und Tat beisteht.

AVOOVA
KUNSTHANDWERK

Karte S. 276 (www.avoova.com; 97 Bree St, City Bowl; ⌂Longmarket) In diesem Laden gibt es die wunderschönen Accessoires von Avoova – jedes mit Straußeneischale verzierten Stücke ist ein Unikat. Außerdem gibt's hier Massai-Perlenschmuck aus Kenia und weitere sorgfältig ausgewählte kunsthandwerkliche Artikel.

LONG STREET ANTIQUE ARCADE
ANTIQUITÄTEN

Karte S. 276 (127 Long St, City Bowl; ⌂Dorp)
Ständestöbern bis zum Abwinken durch
eine riesige Auswahl an Antiquitäten und
Krimskrams. Alles untergebracht in einer
kompakten Arkade, in der es von staubigen
alten Büchern über Silbergeschirr bis zu
Kunst und Möbeln alles gibt. Wer hier nicht
fündig wird, kann sich in den zahlreichen
anderen Antiquitätenläden der Long Street
umsehen.

KLÛK & CGDT
BEKLEIDUNG

Karte S. 280 (kluk.co.za; 47 Bree St, Foreshore;
⌂Prestwich) Dies ist sowohl der Showroom
als auch das Atelier von Malcolm Klûk (der
bei John Galliano in die Lehre ging) und
Christiaan Gabriel Du Toit. Es darf mit
Haute Couture zu ebensolchen Preisen,
aber auch mit ein paar erschwinglicheren
prêt-à-porter-Stücken gerechnet werden.

ERDMANN CONTEMPORARY &
PHOTOGRAPHERS GALLERY
GALERIE

Karte S. 276 (www.erdmanncontemporary.co.za;
63 Shortmarket St, City Bowl; ☺Di–Fr 10–17,
Sa 10–13 Uhr; ⌂Longmarket) Neben den Arbeiten einiger Topfotografen Südafrikas zeigt
die Galerie auch Gemälde der Künstler Lien
Botha und Conrad Botes.

AVA GALLERY
GALERIE

Karte S. 276 (www.ava.co.za; 35 Church St, City
Bowl; ⌂Longmarket) Im Ausstellungsraum
der gemeinnützigen Association for Visual
Arts (AVA) sind sehr interessante Arbeiten
südafrikanischer Künstler zu sehen.

Bo-Kaap & De Waterkant

LP TIPP ⟩ AFRICA NOVA
KUNST & KUNSTHANDWERK

Karte S. 280 (www.africanova.co.za; Cape Quarter, 72 Waterkant St, De Waterkant; ☺Mo–Fr 9–17,
Sa 10–17, So 10–14 Uhr) Schicke und begehrte
afrikanische Textilien sowie schönes Kunsthandwerk gibt es bei Africa Nova: Stoffe mit
Kartoffeldruck von Frauen aus Hout Bay,
Mosaikköpfe von Karin Dando und hand-
gemachte Filzkissen von Jordaan, die wie
Riesenkieselsteine aussehen. Ergänzt wird
das Ganze durch eine wunderbare Auswahl
an Keramik und Schmuck. Kleinere Filiale
in der Casa Labia in Muizenberg.

LP TIPP ⟩ STREETWIRES
KUNST & KUNSTHANDWERK

Karte S. 280 (www.streetwires.co.za; 77 Shortmarket St, Bo-Kaap; ⌂Longmarket) Hier gilt

das Motto: „Alles, was Sie sich aus Draht
vorstellen können, bauen wir!" Besucher
dieses sozialen Projektes zur Bereitstel-
lung umweltverträglicher Arbeitsplätze
können zuschauen, wie die Drahtbildner
ans Werk gehen. Die Auswahl ist riesig. Es
gibt (funktionierende) Radios oder Kerzenhalter, lebensgroße Tierfiguren, aber auch
kunstsinnigere Objekte wie die Kuhskulp-
turen der Kollektion Nguni Cow, die auch
in gehobeneren Kunsthandwerkläden wie
Africa Nova verkauft werden.

MONKEYBIZ
KUNST & KUNSTHANDWERK

Karte S. 276 (www.monkeybiz.co.za; 43 Rose St,
Bo-Kaap; ☺Mo–Fr 9–17, Sa 9–13 Uhr; ⌂Longmar-
ket) Verkaufsschlager des ungemein erfolg-
reichen Handelsunternehmens Monkeybiz
sind farbenfrohe, von Township-Frauen
hergestellte Perlenarbeiten. Im Laden
werden auch modischer Schmuck und Geschenkartikel anderer innovativer Kap-De-
signer verkauft. Der Gewinn fließt zurück
in Gemeindeprojekte wie Suppenküchen
und einen Begräbnisfond für Künstler und
deren Familien.

BARAKA
GESCHENKE

Karte S. 280 (Shop 13A, Cape Quarter, Dixon St,
De Waterkant; ☺Mo–Fr, 10–17.30, Sa 10–15.30,
So 11–15.30 Uhr) Baraka bedeutet „Segen"
auf Arabisch und Mitbesitzer Gavin Ter-
blanche hat ein besonderes Auge dafür, was
als Geschenk oder Eyecatcher funktioniert.
Angeboten werden beispielsweise handge-
machte ledergebundene Notizbücher und
Fotoalben seiner eigenen Firma Worlds of
Wonder (www.worldsofwonder.co.za).

CAPE QUARTER

Karte S. 280 (www.capequarter.co.za;27 Somerset Rd, De Waterkant; ☺Mo–Fr 9–18, Sa 9–16,
So 10–14 Uhr; ⓟ; ⌂Buitengracht) Der neuere,
größere Häuserblock des Cape Quarter teilt
sich jetzt in zwei benachbarte Locations,
die von einer schicken Filiale des Super-
markts **Spar** (☺Mo–Sa 7–21, So 8–21 Uhr)
zusammengehalten werden. Der Laden
ist äußerst praktisch für Selbstversorger,
die sich in einem der Feriencottages oder
-apartments der Gegend eingemietet haben. Auf den darüber liegenden Etagen
wird zudem sonntags von 10 bis 15 Uhr ein
gut sortierter und besuchter Wochenmarkt
abgehalten. Ansonsten sind noch viele interessante Geschäfte vertreten, darunter **Lou
at the Quarter** (www.louharvey.co.za), das die
laminierten und waschbaren Textilien aus

CITY BOWL, FORESHORE, BO-KAAP & DE WATERKANT SHOPPEN

Lou Harveys in Durban ansässiger Fabrik verkauft. Außerdem findet man hier die geschmackvollen, einfarbigen Textilien und Einrichtungsgegenstände von **Nap Living** (www.napliving.co.za) und **Boutique Township** (www.township.co.za) mit fair gehandelter Bekleidung, die komplett in Afrika hergestellt wird und in deren Mustern sich die Farben der Townships spiegeln.

SPORT & AKTIVITÄTEN

LONG ST BATHS SCHWIMMEN

Karte S. 276 (Long St Ecke Buitensingel St, City Bowl; Erw./Kind 13/7,50 R; 7–19 Uhr ; Buitensingel) Schon seit 1906 erfreuen sich die beheizten, liebevoll restaurierten Bäder mit Wandgemälden, die Kapstädter-Innenstadtszenen zeigen, großer Beliebtheit bei den Einheimischen. Im separaten türkischen Bad (42 R) lässt es sich insbesondere in den kühleren Monaten prima aushalten. Einlass für Frauen ist montags, donnerstags und samstags von 9 bis 18 und dienstags von 9 bis 13 Uhr, für Männer dienstags 13 bis 19, mittwochs und freitags 8 bis 19 und sonntags von 8 bis 12 Uhr.

ROYAL CAPE YACHT CLUB SEGELN

Außerhalb Karte S. 280 (021-421 1354; www.rcyc.co.za; Duncan Rd, Foreshore) Der Club hält jeden Mittwochnachmittag Regatten ab, sogenannte „Wags". Wer teilnehmen möchte, sollte sich um 16.30 Uhr einfinden, der Start erfolgt um 18 Uhr. Mitmachen kann jeder, der über Segelerfahrung verfügt. Die Teilnehmer bekommen Boote zugewiesen.

ROLY POLYZ INDOORSPIELPLATZ

Karte S. 280 (www.rolypolyz.co.za; 8 Bree St, Foreshore; Erw./Kind frei/40 R; tgl. 10–17 Uhr) Riesiges Indoor-Klettergerüst und Kinderspielparadies mit einem Café, in dem gesunde Kinderkost produziert wird.

Östlicher Sta...

DISTRICT SIX | THE FRINGE | WOODSTOCK | SALT RIVER | OBSERVATORY

Highlights

❶ Im **District Six Museum** (S. 78), einem Museum sowohl *für* als auch über die Menschen des ausradierten Innenstadtbezirks Näheres über Kapstadts bewegte Vergangenheit erfahren.

❷ In der **Old Biscuit Mill** (S. 85) nach Naturprodukten und Feinkost stöbern.

❸ In Galerien wie **Stevenson** (S. 86) und **What If The World** (S. 86) südafrikanische Kunst entdecken.

❹ Erstklassiges Theater und Digitalkino im **Fugard** (S. 84) erleben.

❺ Die geniale **Graffitikunst** (S. 81) bewundern, die The Fringe, District Six und Woodstock einen besonderen Anstrich gibt.

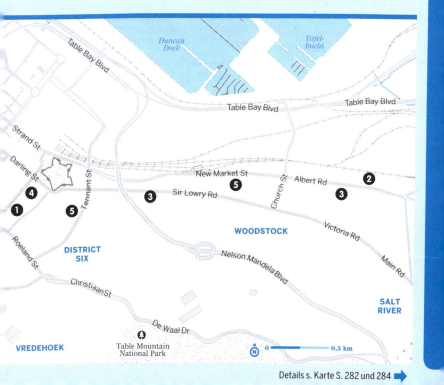

Details s. Karte S. 282 und 284

Östlichen Stadtbezirk entdecken

Im Osten der City Bowl erstreckt sich eine Reihe Arbeiter- und Industrieviertel, die gerade wiederbelebt werden. Der Prozess ist holprig und umstritten und das schon seit langem – hier befindet sich auch das Brachland des District Six, einer multikulturellen Gegend, die während der Apartheid dem Erdboden gleichgemacht wurde.

Der Innenstadt am nächsten liegt das Gebiet namens „The Fringe", das die Showmeile von Kapstadts erfolgreichem Bemühen um den Titel World Design Capital 2014 werden soll. Die östlichen Viertel Woodstock und Salt River setzen die Entwicklung fort, die mit der phänomenalen Old Biscuit Mill begann: mit dem Woodstock Industrial Centre, der Woodstock Foundry und Salt Circle Arcade, um nur einige der jüngsten großen Sanierungsprojekte zu nennen. Dank der Eröffnung diverser Galerien, die sich zu Pionieren wie Greatmore Studios gesellen, hat die Region sich einen Namen unter Kunstliebhabern gemacht.

Noch weiter östlich liegt Observatory. Dieser Vorort ist nach dem Royal Observatory benannt, dem ersten Observatorium, das 1820 in der Nähe erbaut wurde; hier befindet sich heute der Hauptsitz des South African Astronomical Observatory. Der kurz Obs genannte Vorort war lange ein Künstlerviertel mit Einwohnern verschiedener Ethnien, selbst während der Apartheid. Er ist beliebt bei Studenten der nahen University of Cape Town und der Medical School des Groote Schuur Hospital. Dank mehrerer guter Backpackerhostels und preiswerter Restaurants eignet sich das Viertel prima für Budgetreisende.

...det an ...ten Sonntag im Monat die **Holistic Lifestyle Fair** (Karte S. 284; http://holisticlifestylefair. yolasite.com; Observatory Community Centre, Station Rd Ecke Lower Main Rd; ⊙10– 16 Uhr) statt.

Gut essen

➡ The Kitchen (S. 82)
➡ Pot Luck Club & The Test Kitchen (S. 83)
➡ Chandani (S. 83)
➡ Hello Sailor (S. 83)
➡ Charly's Bakery (S. 83)

Mehr dazu S. 82 ➡

 Schön ausgehen

➡ Espressolab Microroasters (S. 84)
➡ Amadoda (S. 84)
➡ Don Pedro (S. 84)
➡ Truth (S. 84)

Mehr dazu S. 84 ➡

Schön shoppen

➡ Old Biscuit Mill (S. 85)
➡ Neighbourgoods Market (S. 86)
➡ Book Lounge (S. 86)
➡ Ashanti (S. 86)
➡ Design Afrika (S. 86)

Mehr dazu S. 85 ➡

Lokalkolorit

➡ **Märkte** Der größte ist der samstägliche Neighbourgoods (S. 86), hin und wieder finden auch Designer-Märkte in The Fringe statt.

➡ **Cafés** Sich einen Weg ins The Kitchen (S. 82) oder in Charly's Bakery (S. 83) bahnen oder in weniger hektischen Locations wie dem Field Office (S. 88) chillen.

➡ **Bücher** Bei einer der vielen faszinierenden Lesungen und Buchpremieren in der Book Lounge (S. 88) auf unterhaltsame Art den geistigen Horizont erweitern.

Anfahrt

➡ **Zu Fuß** Gut von der City Bowl nach The Fringe und bei Tag in der Nähe der Hauptstraßen von Woodstock und Salt River. Bei Dunkelheit ist Vorsicht geboten.

➡ **Bus & Sammeltaxis** Stadtbusse und Sammeltaxis verkehren auf der Sir Lowry Road und Victoria Road zwischen der Innenstadt und Observatory.

➡ **Bahn** Die Züge von Cape Metro halten in Woodstock, Salt River und Observatory.

HIGHLIGHTS
DISTRICT SIX MUSEUM

Auch wer nur wenig Zeit in Kapstadt hat, sollte das District Six Museum besuchen. Es ist ein Denkmal für das einst pulsierende, multikulturelle Viertel, das in den 1960er-Jahren zur Zone nur für Weiße erklärt und nach der gewaltsamen Umsiedlung der 60 000 Bewohner dem Erdboden gleichgemacht wurde. Die Ausstellung *Digging Deeper* im Hauptgebäude, der ehemaligen methodistischen Missionskirche zeigt anhand nachgebauter Wohnungen, Fotos, Tonträger und Zeitzeugenberichten das facettenreiche Bild einer zersplitterten, aber nicht gänzlich zerstörten Gemeinde.

Die Geschichte von Noor Ebrahim

Wer verstehen möchte, was dem District Six widerfahren ist, sollte sich mit den Mitarbeitern unterhalten, von denen jeder bewegende Geschichten erlebt hat. „Ich wohnte mal in der Caledon Street 247", so beginnt Museumsführer Noor Ebrahim, und zeigt auf die Straßenkarte, die den Fußboden des District Six Museum bedeckt.

Noors Großvater kam 1890 aus Surat in Indien nach Kapstadt und war mit der Herstellung von Ingwerbier geschäftlich erfolgreich. Noors Vater war ein Sohn der ersten Frau des Großvaters, einer Schottin namens Fanny Grainger, und Noor wuchs im Herzen des District Six auf. „Es war eine sehr kosmopolitische Gegend. Viele Weiße lebten dort – ihnen gehörten die Läden. Die Schwarzen, Portugiesen, Chinesen und Hindus lebten zusammen wie eine große Familie."

„Wir wussten nicht, was geschehen würde", erinnert sich Noor an das Jahr 1966, als der District Six zum Bezirk für Weiße erklärt wurde. „Wir sahen die Schlagzeilen in der Zeitung und die Leute waren zornig und traurig, aber eine Weile passierte kaum etwas." 1970 begann der Abriss und die Anwohner zogen nach und nach fort.

NICHT VERSÄUMEN

➡ Fußboden-Stadtplan des District Six

➡ Ausstellung *Digging Deeper*

➡ Ausstellung *Fields of Play*

PRAKTISCH & KONKRET

➡ Karte S. 282

➡ 021-466 7200

➡ www.districtsix.co.za

➡ 25A Buitenkant St, District Six

➡ Erw./Kind 20/5 R, inkl. Sacks Futeran Building 25/10 R

➡ Mo 9–14, Di–Sa 9–16 Uhr

➡ Golden Acre Bus Terminal

ZUM WEITERLESEN

Recalling Community in Cape Town (Hrsg. Ciraj Rassool & Sundra Posalendis) Illustrierter Bericht zum zerstörten District Six mit Erinnerungen ehemaliger Bewohner.

Die Bezeichnung rührt daher, dass es sich um den sechsten, 1867 geschaffenen Bezirk Kapstadts handelte. In den 1960er-Jahren wurde er in Zonnebloem („Sonnenblume" auf Afrikaans) umgetauft.

STADT-SPAZIERGÄNGE

Mit den Angestellten des Museums kann man einen Stadtspaziergang in Begleitung eines ehemaligen Bewohners durch den alten District Six vereinbaren (90 R pro Pers., mind. 10 Teilnehmer). Auch viele Townshiptouren beginnen beim Museum. Dort wird die Geschichte der Apartheid-Passgesetze erklärt, die je nach Rassenzugehörigkeit bestimmten, wo die Menschen wohnen durften und wo nicht.

„Buckingham Palace", District Six (Richard Rive) Wortgewaltige Geschichten über die Bewohner aus fünf verschiedenen Häusern im Herzen des District Six.

Noors Familie hielt bis 1976 aus, als man ihnen zwei Wochen gab, das Haus zu räumen, das der Großvater 70 Jahre zuvor gekauft hatte. Zu diesem Zeitpunkt hatten sie schon gesehen, wie Familien, Nachbarn und Freunde auseinandergerissen und aufgrund ihrer ethnischen Herkunft in verschiedene Townships geschickt worden waren. Noors Familie hatte sich vorbereitet und ein neues Haus in Athlone, einer Township für Farbige, gekauft.

Noor wird nie den Tag vergessen, an dem er dem District Six den Rücken kehrte. „Ich stieg mit Frau und Kindern ins Auto und fuhr weg, kam aber nur bis zur nächsten Ecke, wo ich noch einmal anhalten musste. Ich stieg aus dem Auto und fing an zu weinen, als ich sah, wie sofort die Bulldozer anrückten."

Sacks Futeran Building

Eine Querstraße nördlich des Hauptmuseumsgebäudes befindet sich in einem Teil des **Sacks Futeran Building** (15 Buitenkant St, District Six; Eintritt Erw./Kind 25/10 R inkl. District Six Museum; ⊘Mo 9–14, Di–Sa 9–16 Uhr) sein Erweiterungsbau. Viele Generationen lang war dies das Handelshaus der Familie Futeran, die mit Stoffen und Textilien handelte. Davor war in einem Teil des Gebäudes die Buitenkant Congregational Church untergebracht. Heute sind hier zwei faszinierende feste Ausstellungen zu sehen: *Fields of Play* zur Fußballgeschichte und -entwicklung am Kap und *Offside* über die Fußballbeziehung zwischen Südafrika und Großbritannien im Verlauf des letzten Jahrhunderts; der Schwerpunkt liegt auf rassistischen Begebenheiten in beiden Ländern.

Die Zukunft des District Six

Seit Beginn der Demokratie soll das 42 ha große Gelände wieder bebaut werden, aber die Umsetzung verläuft schleppend. Der District Six Beneficiary Trust (www.districtsix.za.org) wurde eingerichtet, um sich um Grundstücksansprüche und Einzelheiten der Rückbesiedlung zu kümmern. Doch erst im Dezember 2011 bewilligte die Lokalregierung 7 Milliarden Rand für den Wiederaufbau von 1500 Wohnungen bis Februar 2015 und insgesamt 5000 bis 2019. Dann soll das Viertel rund 20 000 Einwohner zählen. Es gibt auch Pläne zur Wiederbelebung der Hanover Street, der ehemaligen Hauptgeschäftsstraße des District Six. Jedoch werden nicht alle Menschen wieder dahin zurückkehren können, wo sie früher wohnten, denn große Teile des Geländes nehmen jetzt Bauten wie die Cape Peninsula University of Technology in Beschlag. Um eine Vorstellung davon zu kriegen, wie sich der District Six früher anfühlte, kann man (bei Tageslicht und vorzugsweise in Begleitung) die Gegend rund um die Chapel Street nördlich des erhöht gebauten Nelson Mandela Boulevard erkunden.

HIGHLIGHTS
DISTRICT SIX MUSEUM

⊙ SEHENSWERTES

Selbst wenn man nicht vorhat, eins der ausgestellten Kunstwerke käuflich zu erwerben, lohnt sich ein Besuch in den Galerien von Woodstock, die im Abschnitt „Shoppen" in diesem Kapitel näher beschrieben sind.

DISTRICT SIX MUSEUM
MUSEUM
Siehe S. 79.

GRATIS SUBSTATION 13
GRAFFITIKUNST
Karte S. 282 (Canterbury St, District Six; 🚌 Golden Acre Bus Terminal) Die Verschönerung dieses Umspannwerks ist nur der Anfang zahlreicher geplanter Verbesserungsaktionen, die für den pulsierenden Bezirk mit dem Beinamen The Fringe geplant sind. Die bunten Wandgemälde wurden teilweise von Maklone (alias Maxwell Southgate) entworfen und ausgeführt, der auch die Fassade von Charly's Bakery gegenüber gestaltet hat. Seine unverkennbare Graffiti-Handschrift tritt noch an mehreren anderen Locations der Stadt zutage, darunter im District Six und in der Long Street. Die Transformatorenstation befindet sich auf der Seite von The Fringe in Richtung District Six, weswegen die Wandgemälde den 6. Bezirk thematisieren. Zur Zeit der Recherche waren die Arbeiten noch nicht abgeschlossen. Laut Planung soll es ein Gesamtkunstwerk unter möglichst großer Beteiligung der Bewohner werden. Vorgesehen sind eine „Bevor ich sterbe"-Mauer, auf der die Menschen ihre Träume und Wünsche niederschreiben können, und eine Abteilung, wo Rezepte für traditionelle Kapspeisen gesammelt werden.

GRATIS I ART WOODSTOCK
GRAFFITIKUNST
Karte S. 282 (zw. Gympie St & Hercules St, Woodstock, 🚆 Woodstock) Ein Großteil der phantastischen Graffitikunst in diesem Straßengewirr unweit der Albert Road entstand 2011 im Zuge eines Gemeinschaftsprojekts von **a word of art** (www.a-word-of-art.co.za) und Adidas Originals. Führungen organisierte Ricky Lee Gordon: der Wandgemäldemaler mit dem Künstlernamen Freddy Sam (www.freddysam.com), dessen „a word of art"-Studio im nahegelegenen **Woodstock Industrial Centre** untergebracht ist. Von Freddy Sam stammt zum Beispiel das wunderschöne Wandbild an der Albert Road, das die aus Simbabwe stammenden Einwanderer Juma und Willard zeigt.

INSIDERWISSEN

DISTRICT-SIX-GRAFFITIKUNST

Wer auf dem Nelson Mandela Boulevard oder dem De Waal Drive stadtauswärts Richtung Osten fährt, kommt an mehreren Häuserfassaden mit Riesengraffiti vorbei. Es lohnt sich anzuhalten, um folgende Werke einmal aus der Nähe anzuschauen:

Land & Liberty (Karte S.282; Keizersgracht, District Six) Eines der jüngsten Werke der ausgesprochen produktiven Spraykünstlerin Faith47 (www.faith47.com) ist diese acht Stockwerke hohe Mutter mit einem Baby auf dem Rücken, die beide Arme zum Lion's Head hochreckt.

African Woman With TV (Karte S. 282; Picket Post 59-63 block, Cauvin Rd Ecke Christiaan St, District Six) Das Kunstwerk, ebenfalls von Faith47, zeigt eine flotte Mama, die in der einen Hand ein paar Kinder balanciert und auf ihrem Kopf – wie einen Krug Wasser – einen tragbaren Fernseher. Im Hintergrund eine Straßenszene aus dem alten District Six.

Refugee Rights (Karte S. 282; Keizersgracht, District Six) Wer mit dem Auto unterwegs ist, kann an der Holy Cross Church parken und zu Fuß übers Brachland gehen, um sich dieses beeindruckende Gemeinschaftswerk anzuschauen, das vom Human Rights Media Centre in Auftrag gegeben wurde.

Freedom Struggle Heroes (Karte S. 282; Darling St, District Six) Die Hauswand zieren Porträts von Nelson Mandela, Steve Biko, Cissie Gool und Imam Haron, die so gemalt sind, dass sie aussehen, als wären sie in den Tafelberg gehauen. Ganz in der Nähe an der Ecke Tennant Street gibt es noch mehr Graffitikunst, darunter die Darstellung einer stolzen Massai-Frau.

CAPE TOWN SCIENCE CENTRE   MUSEUM

Karte S. 284 (☎021-300 3200; www.ctsc.org.za; 370B Main Rd, Observatory; Eintritt 40 R; ⊙tgl. 9–16.30 Uhr; ℗; ℝObservatory) Die Eröffnung dieses genialen interaktiven Wissenschaftszentrums verzögerte sich 2011 ein wenig. Damals stellte sich nämlich heraus, dass es sich bei dem Gebäude, in dem es untergebracht ist, um eines der in Kapstadt seltenen Bauwerke des Avantgarde-Architekten Max Policansky handelt. Die Originalstruktur des Gebäudes blieb weitgehend erhalten und die Museumsräume sind ein tolles Ziel für Eltern mit Kindern. Die Besucher erwartet beispielsweise der Riesenkreisel (5 R extra), ein Raum voller Legosteine und eine Nachbildung der Raumkapsel Sojus, die den südafrikanischen Milliardär Mark Shuttleworth nach seiner Reise zur Internationalen Raumstation wieder auf die Erde zurückbrachte.

HEART OF CAPE TOWN MUSEUM   MUSEUM

Karte S. 284 (☎021-404 1967; www.heartof capetown.co.za; Old Main Bldg, Groote Schuur Hospital, Main Rd, Observatory; ausländische 176 R, südafrikanische Erw./Schüler 88/44 R; ⊙Führungen 9, 11, 13 & 15 Uhr; ℗; ℝObservatory) Die Kapstädter sind sehr stolz darauf, dass in ihrer Stadt die erste erfolgreiche Herztransplantation durchgeführt wurde – auch wenn der Empfänger ein paar Tage später gestorben ist. In diesem Museum im Groote Schuur Hospital kann das bahnbrechende Ereignis nachvollzogen werden, das 1967 Geschichte schrieb. Die Vitrinen erinnern irgendwie an frühe Arztserien, besonders wenn man daran denkt, was für ein Frauenschwarm Dr. Christiaan Barnard seinerzeit war. Das Museum kann nur im Rahmen einer gebuchten Führung besucht werden. Wer noch 50 R drauflegt, wird vom Hotel abgeholt und wieder zurückgebracht. Von der Haltestelle Observatory aus sind es rund 10 Minuten Fußweg auf der Station Road nach Westen.

GRATIS GREATMORE STUDIOS   KÜNSTLER-ATELIERS

Karte S. 282 (☎021-447 9699; www.great moreart.org; 47-49 Greatmore St, Woodstock; ⊙Mo–Fr 9–17 Uhr) Die Greatmore Studios, Vorreiter der Kunstszene in Woodstock, wurden 1998 gegründet, um Atelierräume für einheimische Künstler zu schaffen. Einige der 12 Ateliers sind für internationale Gastkünstler reserviert. Die Idee dahinter ist, den Austausch von Techniken und eine kulturübergreifende Kreativität zu fördern. Besucher dürfen die Ateliers besichtigen und manchmal finden hier Gemeinschaftsausstellungen mehrerer Künstler statt.

THE BIJOU   KÜNSTLER-ATELIERS

Karte S. 284 (178 Lower Main Rd, Observatory; ℝObservatory) Manchmal öffnen die Künstler, die jetzt in diesem phantastischen Art-deco Gebäude (ehemals ein Kino) arbeiten, ihre Studios für Besucher. Früher fiel das mit dem **Observatory Art Walk** (www.face book.com/events/153184148113303) Anfang Dezember zusammen. Für Jugendstilfans lohnt sich der Abstecher jedoch schon des Gebäudes wegen, selbst wenn die Ateliers geschlossen haben.

GRATIS THE BANK   DESIGNSTUDIOS

Karte S. 282 (71 Harrington St, The Fringe; ℝGolden Acre Bus Terminal) Falls jemand einen Blick in das dicke, illustrierte Bewerbungsbuch werfen möchte, das Kapstadt den Titel World Design Capital 2014 zu sichern half: Es liegt in der Eingangshalle dieses Gebäudes zur öffentlichen Einsicht aus. Früher war hier eine Filiale der Barclays Bank (daher der Name) untergebracht, heute beherbergt es mehrere Ateliers von Modeschöpfern und freiberuflichen Designern.

✖ ESSEN

Die drei wichtigen Essmeilen zum Vormerken sind: in Woodstock die Roodebloem Road, in Salt River die Albert Road und in Observatory die Lower Main Road. Ein großes rotes Kreuz im Terminkalender verdient auch der sagenhafte Sonntagsbrunch des Neighbourgoods Market.

LP TIPP THE KITCHEN   SALATE, SANDWICHES €

Karte S. 282 (www.karendudley.co.za; 111 Sir Lowry Rd, Woodstock; Sandwiches & Salate 50–60 R; ⊙Mo–Fr 8.30–16 Uhr; ℝWoodstock; ✎) Unter all den schicken Restaurants der Stadt entschied sich Michelle Obama ausgerechnet für diesen kleinen Charmebolzen, um dort zu Mittag zu essen. Was beweist, dass die First Lady einen ausgezeichneten Geschmack hat. Die Gäste erwarten himmlische Salate, herzhafte, mit Liebe gemachte Sandwiches und süße Verführungen zum Tee, der aus chinesischen Teekannen ausgeschenkt wird.

LP TIPP POT LUCK CLUB & TEST KITCHEN
ZEITGENÖSSISCH €€

Karte S. 282 (☏021-447 0804; www.thetest kitchen.co.za; Shop 104 A, Old Biscuit Mill, 375 Albert Rd, Salt River; Pot Luck Club Hauptgerichte 55–140 R; Test Kitchen 3/5 Gänge 375/470 R; ☺Pot Luck Club Di–Sa 18–22; Test Kitchen Di–Sa 12.30–14.30, 19–22 Uhr; Ⓟ; ⓇWoodstock) Eine frühe Reservierung ist für jedes der beiden Tür an Tür gelegenen Lokale unter dem Zepter von Küchenchef Luke Dale-Roberts unbedingt notwendig. Mit ihnen hat die gehobene, innovative Kochkunst im „wilden" Salt River Einzug gehalten. Das erschwinglichere der beiden ist Pot Luck, wo Platten für mehrere Leute mit köstlichen Häppchen à la Tapas aufgetischt werden. Man kann es aber keinem Gast verdenken, wenn er noch eine zweite Portion geräuchertes Rindfleisch mit Trüffel-Café-au-lait-Sauce bestellt.

CHANDANI
INDISCH, VEGETARISCH €

Karte S. 282 (☏021-447 7887; www.chandani. co.za; 85 Roodebloem Rd, Woodstock; Hauptgerichte 55–70 R; ☺Mo–Sa 11.30–15 & 18.30–22.30 Uhr; 🚃) Das einladende indische Restaurant bietet eines der besten Geschmackserlebnisse in der Roodebloem Road. Es hat ein ausgezeichnetes Angebot an vegetarischen Gerichten, darunter Küchenschlager wie *aloo gobi* (Kartoffeln und Blumenkohl) und *dal makani* (schwarze Linsen in Tomatencremesauce).

HELLO SAILOR
BISTRO €

Karte S. 284 (☏021-448 2420; www.hellosailor bistro.co.za; 86 Lower Main Rd, Observatory; Hauptgerichte 50 R; ☺Mo–Fr 8.30–23, Sa & So 9–23 Uhr; ⓇObservatory) Von der Wand schaut eine tätowierte Nixe aus einem runden Rahmen auf die tätowierten Mitarbeiter dieses schicken neuen Bistros herab, das sich auf Comfort Food verlegt hat, sprich: Burger, Salate, Pasta – alles gut zubereitet und erschwinglich. Die Öffnungszeiten richten sich nach den üblichen Essenszeiten; in der Bar kann am Wochenende bis 2 Uhr ordentlich was los sein.

CHARLY'S BAKERY
BÄCKEREI, CAFÉ €

Karte S. 282 (www.charlysbakery.co.za; 38 Canterbury St, The Fringe; Backwaren 12,50–20 R; ☺Di–Fr 8–17, Sa 8.30–14 Uhr; Ⓟ, 🚃Golden Acre Bus Terminal) Das unschlagbare Frauenteam, die Stars der Reality-TV-Serie *Charly's Cake Angels,* produziert – nach Eigenaussage – „mucking afazing" Muffins und andere Backwaren. In dem denkmalgeschützten Haus, das so farbenfroh gestaltet ist wie die hier hergestellten Kuchen, haben die Frauen vor Kurzem ein Stockwerk höher auch einen Laden eingerichtet, wo von Muffins inspirierte T-Shirts, Kissen, Kuscheltiere, Schürzen usw. verkauft werden.

QUEEN OF TARTS
CAFÉ €

Karte S. 284 (☏021-448 2420; 213 Lower Main Rd, Observatory; Hauptgerichte 45–70 R; ☺Mo–Fr 8–16, Sa 8–14.30 Uhr; ⓇObservatory) Ein Bild der jungen Königin Elisabeth II. grüßt von einer Keksdose die Gäste dieses reizenden Cafés, das wie Großmutters Küche eingerichtet ist. Sowohl die süßen als auch die pikanten Torten und anderen Konditoreiwaren sind ein Gedicht und werden ebenfalls auf dem Neighbourgoods Market verkauft.

THE DELI
SALATE, SANDWICHES €

Karte S. 282 (190 Sir Lowry Rd, Woodstock; Hauptgerichte 40 R; ☺Mo–Fr 8–16, Sa 8–13 Uhr; ⓇWoodstock; 🚃) The Kitchen ist ausgebucht? Macht nichts – direkt auf der anderen Straßenseite befindet sich ein gleichermaßen einladendes Lokal mit frischer, herzhaft-gesunder Kost. Das Deli hat im Unterschied zum Kitchen auch am Samstagmorgen geöffnet und wird von Nicky und Carlos geführt, die beide aus England stammen.

SUPERETTE
CAFÉ, FEINKOSTLADEN €

Karte S. 282 (www.superette.co.za; 218 Albert Rd, Woodstock; Hauptgerichte 50 R; ☺Mo–Fr 9–16, Sa 9–14 Uhr; ⓇWoodstock) Dieses schlichte, geschmackvoll gestaltete und ungemein trendige Nachbarschaftscafé ist ein Barometer für die Gentrifizierung Woodstocks. Eingerichtet haben es die Leute, die auch hinter der Galerie What if the World stecken und den Neighbourgoods Market organisieren. Tipp: das Ganztagsfrühstück oder das mit natürlichen Süßstoffen zubereitete Gebäck.

CAFÉ GANESH
AFRO-INDISCH €

Karte S. 284 (38B Trill Rd, Observatory; Hauptgerichte 40–70 R; ☺Mo–Sa 18–23.30 Uhr; ⓇObservatory) Ein abgefahrener Laden, der in eine Gasse zwischen zwei Gebäude gequetscht ist und mit seiner bunten, aus allerlei Krempel zusammengewürfelten Einrichtung einen ganz eigenen Charme versprüht. Zu futtern gibt's z. B. *pap* (Maisbrei) und Gemüse, gegrillten Springbock oder Lammcurry.

ARTISAN BAKER
BÄCKEREI, CAFÉ €

Karte S. 282 (www.artisanbaker.co.za; 399 Albert Rd, Salt River; Hauptgerichte 50 R; ◉Mo-Fr 7.30–16, Sa 8–15 Uhr; ◉Salt River) Auch wer alles andere verschmäht: die himmlischen hausgemachten Pies der Artisan Baker darf man sich nicht entgehen lassen. Die superknusprigen Pasteten sind großzügig gefüllt, z. B. mit lemon chicken, Rindfleisch in Schoko- und Chilisoße oder mit Schweinefleisch in Cidre. Daneben werden aber auch hausgemachte Burger, Eintöpfe, Brote und Marmeladen fabriziert.

AUSGEHEN & NACHTLEBEN

 AMADODA
BAR, BRAAI

Karte S. 282 (www.amadoda.co.za; 1-4 Strand St, Woodstock; ◉Di-Do 17–24, Fr & Sa 12–2, So 13–24 Uhr) Das in einer Nebenstraße an den Bahngleisen versteckte Amadoda bietet so etwas wie die *Braai-* (Barbecue; Menüs ab 30 R) und *Shebeen-*Atmosphäre der Townships und das zieht eine ethnisch bunt gemischte Menschenmenge an. Die Jukebox ist mit afrikanischer Musik, Jazz und House bestückt. Ein später Besuch am Wochenende, wenn der Bär steppt, lohnt sich in jedem Fall.

ESPRESSOLAB MIRCROROASTERS
KAFFEE

Karte S. 282 70 (espressolabmicroroasters.com; Old Biscuit Mill, 375 Albert Rd, Woodstock; ◉Mo-Fr 8–16, Sa 8–14 Uhr; P, ◉Woodstock) Über den Rand einer Tasse Kaffee kann man hier echt passionierten Kaffeeröstern und Baristas bei der Arbeit zusehen. Die Bohnen, die aus Einzelanbaufarmen, -plantagen und -kooperativen aus der ganzen Welt stammen, bekommen beim Verpacken Gütepunkte verpasst, genau wie edle Weine.

DON PEDRO
RESTAURANT-BAR

Karte S. 282 (☎021-447 6125; http://donpedros.co.za; 113 Roodebloem Rd, Woodstock; ◉Di-Sa 16–24 Uhr) Madame Zingara hat in diesem alten Gemäuer ihre Magie walten lassen und ein romantisches Boudoir geschaffen, das sämtlichen „schönen Ehefrauen" von Don Pedro zur Ehre gereicht. Am Pianola werden sehnsüchtige Liebeslieder vorgetragen und auch das Speisenangebot ist ganz und gar retro. Natürlich stehen auch immer noch jede Menge Don Pedros zur Auswahl – das sind Kaffeeliköre mit Eiscreme.

TRUTH
KAFFEE

Karte S. 282 (www.truthcoffee.com; 36 Buitenkant St, The Fringe; ◉6–24 Uhr) Auf einer 16 000 m² großen Räumlichkeit hat sich diese „Steampunk-Rösterei und Kaffeebar", wie sie sich selbst beschreibt, niedergelassen. Es ist das neue Hauptquartier der Kaffeecompany, die auch eine Filiale im Prestwich Memorial betreibt.

WOODSTOCK LOUNGE
CAFÉ, BAR

Karte S. 282 (www.woodstocklounge.co.za; 70 Roodebloem Rd, Woodstock; ◉Mo-Sa 12–24 Uhr) Wandgroße Schwarz-Weiß-Fotos des alten Woodstock verschaffen dem Auge ein wenig Entspannung in dieser knallweißen Café-Bar, die Teil des Wiederbelebungsprogramms der Gegend ist. Sie bietet tadellose Pizza zum Jack Black vom Fass und Fernsehbildschirme sowie bequeme Sofas zum Sportgucken.

QUE PASA
TANZCLUB

Karte S. 282 (www.quepasa.co.za; 15A Caledon St, The Fringe; Eintritt ab 30 R; ◉Golden Acre Bus Terminal) In diesem altbewährten Latin- und Salsa-Tanzstudio werden Tanzstunden und Tanzpartys (meistens samstags) veranstaltet. Am Sonntagabend steht ein Tangosalon auf dem Programm.

UNTERHALTUNG

THE FUGARD
THEATER

Karte S. 282 (☎021-461 4554; www.thefugard.com; Caledon St, The Fringe; ◉Golden Acre Bus Terminal) Das äußerst eindrucksvolle Kunstzentrum trägt seinen Namen zu Ehren von Athol Fugard, dem berühmtesten lebenden Dramatiker Südafrikas. Hier sind schon Schauspielgrößen wie Ian McKellan und Anthony Sher aufgetreten und weitere werden folgen. Die ehemalige Congregational Church Hall wurde geschickt so umgebaut, dass hier jetzt zwei Bühnen untergebracht sind. Die größte dient auch als *bioscope* (Modewort für ein digitales Kino, wo erstklassige Tanz- und Opernperformances gezeigt werden); zur Eintrittskarte gibt's gratis ein Glas Sekt.

85

LP TIPP **ASSEMBLY** LIVEMUSIK
Karte S. 282 (www.theassembly.co.za; 61 Harrington St, The Fringe; Eintritt 30–50 R; Golden Acre Bus Terminal) In einer alten Möbelfabrik befindet sich dieser Spielort für Livemusik und DJ-Auftritte. Seine Beliebtheit verdankt er einer aufregenden, bunten Mischung lokaler und internationaler Künstler.

JOU MA SE COMEDY CLUB COMEDY CLUB
Karte S. 284 (www.kurt.co.za/jmscc; River Club, Liesbeek Parkway, Observatory; Tickets 80 R; Do 20.30 Uhr; Observatory) Der Name dieser Lach-mal-wieder-Lokalität bedeutet „Der … deiner Mutter", aber die Gags von Scherzbold Kurt Schoonraad und seinen Kollegen sind auch ohne Grundkenntnisse im Afrikaans-Slang verständlich.

MERCURY LIVE & LOUNGE LIVEMUSIK
Karte S. 282 (www.mercuryl.co.za; 43 De Villiers St, District Six; Eintritt 20–40 R) Kapstadts führender Rockschuppen ist Gastgeber für die besten südafrikanischen Bands und Besucher aus Übersee. Die Soundqualität ist gut und falls die Band nicht gefällt, bieten sich unten die DJ Bar Mercury Lounge und nebenan die Shack Bar als Alternativen an.

TAGORE LIVEMUSIK
Karte S. 284 (021-447 8717; 42 Trill Rd, Observatory; 17–24 Uhr; Observatory) Kerzen, lauschige Ecken und Nischen, dazu Avantgardemusik bestimmen die Szenerie in dieser winzigen Lokalität, die sehr beliebt in der alternativen Obs-Szene ist. Die Veranstaltungen beginnen normalerweise mittwochs, freitags und samstags um 21.30 Uhr und kosten keinen Eintritt. Unbedingt das Essen probieren, das von der reizenden Tobekele nach traditionellen Zulu-Rezepten zubereitet wird.

TOUCH OF MADNESS LESUNGEN
Karte S. 284 (021-448 2266; www.touchofmadness.co.za; 12 Nuttall Rd, Observatory; Mo–Sa 12 Uhr–spät, So 19 Uhr–spät; P; Observatory) Die Dauerbrennerkombi aus Bar und Restaurant nennt sich selbst „Victorian Quaffery". Sie präsentiert sich in einer zusammengewürfelten Programmkino-Atmosphäre, purpurrot mit Spitzenbesatz. Für Möchtegerndichter sind die montags um 20 Uhr beginnenden, offenen Poetry Fests ein Muss.

OBZ CAFÉ LIVEMUSIK
Karte S. 284 (021-448 5555; www.obzcafe.co.za; 115 Lower Main Rd, Observatory; Eintritt 20–50 R; Observatory) Als würde das Human Theatre in der Lower Main Road noch nicht ausreichen, befindet sich in dieser geräumigen Café-Bar ein eigenständiger Auftrittsraum für alle Arten von Musik- und Comedyshows.

THEATRE IN THE DISTRICT THEATER
Karte S. 282 (079 770 4686; www.theatreinthedistrict.co.za; Chapel St, District Six) Die ursprüngliche St. Philip's Church, erbaut 1885, ist eines der wenigen Überbleibsel des District Six. Sie dient heute als kommunales Theater- und Kulturzentrum. Von Oktober bis April ist jeden Montagabend *Woza Cape Town* zu sehen, eine hoch dynamische Performance von jungen Künstlern, die Tanz, Lieder, Poesie und Schauspiel auf wunderbare Weise verbinden. Die Aufführungen beginnen jeweils um 19.15 Uhr. Wer vor der Show das kapmalaiische Abendessen genießen möchte, sollte eine Stunde eher kommen.

MAGNET THEATRE THEATER
Karte S. 284 (021-448 3436; www.magnettheatre.co.za; Unit 1, The Old Match Factory, Michaels St, Ecke Lower Main Rd, Observatory; Tickets 50 R; Observatory) Im Rahmen dieses von der National Lottery gesponserten Projekts wird mit jungen Leuten eine Vielzahl von Performances und Theaterstücken erarbeitet. Einige ihrer Shows haben schon bei Festivals in Südafrika und Übersee Preise errungen.

HOUSE OF JOY LESUNGEN, MUSIK
Karte S. 284 (021-447 9844; emmanence@gmail.com; 6 Lower Trill Rd, Observatory; Tickets 30 R; Observatory) Für gewöhnlich am letzten Sonntag im Monat verwandeln Emma und Kolade ihre westlich der Bahnschienen versteckt gelegene Wohnung in eine Kulisse für diese Nachmittagsveranstaltung – vielleicht eine Dichterlesung oder Folkmusik. Es gibt Essen und Getränke und die Atmosphäre ist künstlermäßig-relaxt.

SHOPPEN

LP TIPP **OLD BISCUIT MILL** EINKAUFSZENTRUM
Karte S. 282 (www.theoldbiscuitmill.co.za; 373–375 Albert Rd, Salt River; P; Salt River) Die ehemalige Keksfabrik beherbergt eine sehr ansprechende Reihe von Kunst-, Kunst-

gewerbe-, Mode- und Designgeschäften sowie Lokale, in denen man etwas essen und trinken kann. Hier eine Auswahl toller Läden: Schöne Keramik haben **Clementina Ceramics** (http://clementina.co.za) und **Imiso Ceramics** (http://imisoceramics.co.za/); bei **Heartworks** (www.heartworks.co.za) gibt's farbenfrohes Kunsthandwerk, ebenso im rustikalen Kaufhaus **Karoo Moon Country Store** und beim genialen Innenausstatter **Abode** (www.abode.co.za). **Cocofair** (www.cocoafair.com) ist die einzige Fabrik Afrikas, wo von der Kakaobohne bis zur fertigen Schokolade alles nachhaltig ist; **Kat Van Duinen** (http://katvanduinen.com) verkauft hübsche Kleidung und ausgefallene Handtaschen und das phantastische **Mü & Me** (www.muandme.net) ist das Atelier und Geschäft von Daley Muller, die ganz entzückende Motive für Grußkarten, Geschenkpapier, Schreibwaren und Kinder-T-Shirts entwirft.

LP TIPP **NEIGHBOURGOODS MARKET** MARKT

Karte S. 282 (www.neighbourgoodsmarket.co.za; 373-375 Albert Rd, Salt River; ☉Sa 9–14 Uhr; P; ⓇSalt River) Unter der Woche dient das Areal der Old Biscuit Mill als Parkplatz, aber samstags verwandelt es sich in diesen sensationellen Wochenmarkt. Es handelt sich um den ersten und nach wie vor besten der Kunstgewerbemärkte, die inzwischen überall am Kap Mode geworden sind. Essen und Getränke gibt's auf dem Hauptgelände, wo man Lebensmittel und Feinkost kaufen oder einfach nur bestaunen kann. Und in der separaten Ecke mit Designerwaren lockt ein verführerisches Angebot an lokalen Textilien und Accessoires.

LP TIPP **BOOK LOUNGE** BÜCHER

Karte S. 282 (☎021-462 2425; www.book lounge.co.za; 71 Roeland St, The Fringe; ☉Mo–Fr 9.30–19.30, Sa 8.30–18, So 10–16 Uhr) Mervyn Sloman ist mit seinem himmlischen Buchladen eine Art Halbgott für Bücherfans. Bei ihm trifft sich Kapstadts Literatenszene wegen der großartigen Titelauswahl, der gemütlichen Sessel, eines einfachen Cafés und des Veranstaltungsprogramms. Pro Woche gibt es hier bis zu drei Lesungen oder Buchvorstellungen, zu denen meist Gratisgetränke und Knabbereien angeboten werden. Lesungen speziell für Kinder gibt es an den Wochenenden. Einen näheren Blick lohnen auch die handgefertigten elisabethanischen Taschen und Spangen,

die aus alten Stoffen und anderen recycelten Fundstücken hergestellt wurden.

ASHANTI TEXTILIEN, KUNSTHANDWERK

Karte S. 282 (www.ashantidesign.com; 133–135 Sir Lowry Rd, Woodstock; ⓇWoodstock) Körbe, Matten, Lampenschirme, kleine und große Kissen und Taschen sind nur einige der zahlreichen, aus ganz Afrika zusammengetragenen, regenbogenfarbigen Produkte, die in diesem sensationellen Kunstgewerbeshop zum Verkauf stehen. Hier ist praktisch jedes Stück ein Unikat. Die Stoffe sind auch als Meterware erhältlich.

DESIGN AFRIKA KUNST & KUNSTHANDWERK

Karte S. 282 (www.designafrika.co.za; 42 Hares Ave, Woodstock; ☉Mo–Fr 9–17 Uhr) Webkunst aus ganz Afrika ist Binky Newmans Motto für diesen wunderbaren, etwas versteckten Laden mit Kunsthandwerk aus den entferntesten Ecken des Kontinents. Wer traditionelle Stoffe, Metallwaren, Schnitzkunst und Stammesgegenstände sucht, der ist hier richtig.

SOUTH AFRICAN PRINT GALLERY GALERIE

Karte S. 282 (www.printgallery.co.za; 109 Sir Lowry Rd, Woodstock; ☉Di–Fr 9.30–16, Sa 10–13 Uhr; ⓇWoodstock) An diesem Abschnitt der Sir Lowry Road wimmelt es von Galerien. Aber in der South African Print Gallery, die auf Drucke lokaler Künstler (sowohl etablierter als auch aufstrebender) spezialisiert ist, besteht die größte Chance, etwas zu erwerben, das nicht nur erschwinglich, sondern auch handlich genug ist, um auf der Heimreise in den Koffer zu passen.

STEVENSON GALERIE

Karte S. 282 (www.stevenson.info; 160 Sir Lowry Rd, Woodstock; ☉Mo–Fr 9–17, Sa 10–13 Uhr; ⓇWoodstock) In dieser renommierten Galerie waren u. a. schon die witzigen, subversiven Arbeiten von Anton Kannemeyer, alias Joe Dog, ausgestellt. Dieser hat zusammen mit Conrad Botes, der hier ebenfalls vertreten ist, den bitterbösen, satirischen Comic Bitterkomix erfunden. Bei Stevenson werden auch die hübschen, eigenwilligen Stücke des Keramikers Hylton Nel verkauft.

WHAT IF THE WORLD GALERIE

Karte S. 282 (www.whatiftheworld.com; 1 Argyle St, Woodstock; ☉Di–Fr 10–16.30, Sa 10–15 Uhr; ⓇWoodstock) Diese Galerie hat die kreative Szene Kapstadts ordentlich angeschoben und ist jetzt in die größeren Räumlichkeiten einer alten Synagoge und deren Nebengebäude umgezogen. Hier sind die Arbeiten der jungen Wilden der südafrikanischen Kunstszene zu sehen. Auf dem Gelände befindet sich auch der Möbel- und Wohnaccessoires-Shop von **Gregor Jenkins** (www.gregorjenkin.com) und (noch im Aufbau) eine Bäckerei.

GOODMAN GALLERY CAPE GALERIE
Karte S. 282 (www.goodman-gallery.com; 3. OG, Fairweather House, 176 Sir Lowry Rd, Woodstock; Di–Fr 9.30–17.30, Sa 10–16 Uhr; Woodstock) Die Goodman Gallery, ein Renner der Jo'burger Kunstszene, war eine der wenigen Galerien, die schon zu Apartheidzeiten Werke von Künstlern aller Ethnien ausstellte. Sie steht für Lichtgestalten wie William Kentridge und Willie Bester, aber auch Newcomer. Der Eingang befindet sich an der Rückseite des Gebäudes.

BLANK PROJECTS GALERIE
Karte S. 282 (www.blankprojects.com; 113–115 Sir Lowry Rd, Woodstock; Di–Fr 10.30–16, Sa 10.30–13 Uhr; Woodstock) Wie die Betreiber bekennen, handelt es sich hier um „keine normale Galerie". Der Laden ist eher so was wie ein Projektraum für hochgradig konzeptionelle und avantgardistische Shows.

RECREATE WOHNDESIGN, MÖBEL
Karte S. 282 (www.recreate.za.net; 368 Albert Rd, Salt River; Salt River) Verkauft die phantasievollen Kreationen von Katie Thompson, die aus artfremden Sachen Möbel und Leuchten herstellt (etwa Stühle aus Koffern, Stehlampen aus Geschirr und Kühlschrankmagneten aus Computertastatur-Tasten). Hinten bei **Vamp** (http://vampfurniture.blogspot.de/), wo sich vielleicht sogar Trechtikoff-Kunstdrucke in Originalrahmen auftreiben lassen, geht das Wohndesign-Abenteuer weiter.

UMLUNGU KUNSTHANDWERK
Karte S. 284 (www.umlungu.co.za; 4 Bowden Rd, Observatory; Mo–Fr 8–16 Uhr; Observatory) Einfallsreiche bunte, handbemalte Kühlschrankmagneten und andere Dekostücke machen den größten Teil des Sortiments dieses Kunstgewerbe-Großhändlers aus. Die Waren werden in zahlreichen Kunstgewerbeläden und Märkten der Stadt verkauft, aber hier befindet sich die Hauptfiliale. Auch andere Geschenkartikel wie Radios aus Draht und Plastikhühner sind aus recycelten Materialien hergestellt.

MNANDI TEXTILES & DESIGN BEKLEIDUNG, TEXTILIEN
Karte S. 284 (90 Station Rd, Observatory; Observatory) Mnandi verkauft Stoffe aus ganz Afrika. Daneben gibt es hier bedruckte Kleidung mit Motiven vom ANC-Wahlplakat über Tiere bis hin zu traditionellen afrikanischen Mustern. Kleidung nach Maßanfertigung ist auch im Angebot. Ganz entzückend sind auch die Xhosa-Frauen und Desmond Tutu (290 R) als Stoffpuppen.

HEATH NASH WOHNDESIGN
Karte S. 282 (021-447 5757; www.heathnash.com; 2 Mountain Rd, Woodstock; Mo–Do 8.30–17, Fr 8.30–16 Uhr) Wer dem Atelier des internationalen Stars der Designszene Kapstadts einen Besuch abstatten will, sollte vorher anrufen. Sein Atelier in Woodstock befindet sich in einem nicht beschilderten Gebäude in der Nähe der Victoria Road. Hier findet man das komplette Sortiment seiner Flowerball-Lampenschirme aus Recycling-Plastik, Obstschalen aus Draht, Kerzenhalter und Kleiderhaken. Und es ist sogar erlaubt zuzusehen, wie neue Produkte entstehen.

WOODHEAD'S LEDERWAREN
Karte S. 282 (www.woodheads.co.za; 29 Caledon St, The Fringe; Golden Acre Bus Terminal) Diese kompetenten Fachhändler, die das Ledergewerbe seit 1867 betreiben, verkaufen Tierhäute, und zwar alles von Kuh über Büffel und Antilope bis hin zu Zebra. Sie haben auch in der Region gefertigte Flipflops, Lederboots, Taschen und Gürtel auf Lager.

AFRICAN HOME KUNSTHANDWERK
Karte S. 282 (www.africanhome.co.za; 41 Caledon St, The Fringe; Mo–Fr 8.30–17 Uhr) Der Laden hat ein ausgezeichnetes Sortiment an Fairtrade-Kunstgewerbe, nicht zuletzt wunderbare Spiegel- und Bilderrahmen aus weißen Perlen.

BLANK {SPACE} SCHREIBWAREN, DRUCKE
Karte S. 282 (http://blog.blankspace.co.za/; 71 Roeland St, The Fringe; Di–Fr 13–18, Sa 10–13 Uhr) Dieser entzückende Shop ist keineswegs „blank", sondern führt limitierte Kunstdrucke, Schreibwaren und Geschenkpapier – perfekt, um ein gleich nebenan in der Book Lounge gekauftes Geschenk einzupacken.

BROMWELL
BOUTIQUE MALL

Karte S. 282 (www.thebromwell.co.za; 250 Albert Rd, Woodstock; ⊙tgl. 9–17 Uhr; ◉Woodstock) Diese stylische Ansammlung von Boutiquen mit exotischen Gegenständen, schicken Klamotten, Accessoires, Kunst und Dekoartikeln drängt sich im aufgepeppten alten Bromwell Hotel aus den 1930er-Jahren. Getreu dem bewährten Woodstock-Aufmöbelungskonzept gibt es auch hier ein Café, eine Bäckerei und ein Feinkostgeschäft im Erdgeschoss.

WOODSTOCK FOUNDRY
EINKAUFSZENTRUM

Karte S. 282 (160 Albert Rd, Woodstock; ◉Woodstock) Nach der Renovierung eines Baudenkmals ist rund um die Metallgießerei Bronze Age (www.bronzeageart.com) ein ansprechender Komplex von Designerstudios und Geschäften entstanden. Zu den Pächtern zählen z. B.: das ausgefallene Lifestylgeschäft O.live, John Vogel (www.vogeldesign.co.za) mit selbst entworfenen Möbeln; das Messing-, Silber- und Goldschmuckgeschäft Dear Rae, der Verkaufs- und Buchungsraum der Graffitiplattform Selah und das West Street Café, wo den ganzen Tag Frühstück und am Samstagabend Live-Folkmusik, Blues und Jazz geboten wird.

SALT CIRCLE ARCADE
EINKAUFSZENTRUM

Karte S. 282 (19 Kent Rd, Salt River; ◉Salt River) Diese neue Einkaufsarkade verspricht eine ernsthafte Konkurrenz für die Old Biscuit Mill auf der gegenüberliegenden Straßenseite zu werden. Hier eingemietet haben sich bislang u. a. **Karizma Décor & Design** (www.karizmadecor.co.za), **Henry Garment Archaeology** (garmentarchaeology.blog.com), wo es hauptsächlich Secondhand-Kleidung von namhaften Labels gibt, **Cloth** (www.louisdesigns.com), das Designerhemden verkauft, und die Konditorei und Bäckerei **Ma Mère Maison**. Ein samstäglicher Markt im Innenhof ist in Planung.

FIELD OFFICE
WOHNDESIGN

Karte S. 282 (www.fieldoffice.co.za; 37 Barrack St, The Fringe; ◉Golden Acre Bus Terminal) Dieses geräumige „Coffice" (ein Café mit WLAN, wo Leute oft den ganzen Tag an ihrem mitgebrachten Laptop arbeiten) dient gleichzeitig auch als Showroom der Möbel- und Leuchtendesigner **Pedersen & Lennard** (www.pedersenlennard.co.za) sowie Ausstellungsfläche für die Leinen- und Ledertaschen von **Chapel** (http://chapelgoods.co.za), die es auf dem Samstagsmarkt der Old Biscuit Mill zu kaufen gibt.

INTSANGU
BEKLEIDUNG

Karte S. 284 (intsangu.com; 111 Lower Main Rd, Observatory; ◉Observatory) Der dreadgelockte Charmeur Sizwe Shangase aus Durban stellt in diesem schmalbrüstigen Geschäft, eher eine Gasse als eine Boutique, seine Unisex-Streetwear-Kollektion aus. Der Firmenname bedeutet „Marihuana" auf Nguni.

🏃 SPORT & AKTIVITÄTEN

CITY ROCK
KLETTERN

Karte S. 284 (☎021-447 1326; www.cityrock.co.za; Collingwood, Ecke Anson Rd, Observatory; ⊙Mo–Do 9–21, Fr 9–18, Sa & So 10–18 Uhr; ◉Observatory) Beliebte Kletterhalle mit Kletterkursen (ab 190 R). Ausrüstung kann geliehen oder gekauft werden. Eine Tageskarte für die Kletterwand kostet 85 R.

LOGICAL GOLF ACADEMY
GOLF

Karte S. 284 (☎021-448 6358; www.logicalgolf.co.za; River Club, Liesbeek Parkway, Observatory; ◉Observatory) Gleich hinter dem River Club befindet sich die Driving Range und die Golfschule der Logical Golf Academy. Eine 90-minütige Unterrichtseinheit kostet 550 R.

Gardens & Umgebung

Highlights

❶ In einer sich um die eigene Achse drehenden Seilbahngondel den **Tafelberg** hochfahren und dann über das Plateau zum höchsten Punkt, dem Maclear's Beacon, wandern oder sich über den Rand abseilen (S. 91).

❷ In der **South African National Gallery** (S. 94) die hochkarätigsten Exemplare bildender Kunst in Südafrika betrachten.

❸ Sich im **South African Jewish Museum** (S. 93) umfassend über die jüdischen Einwanderer Südafrikas informieren.

❹ Am Samstag gemütlich über den entspannten **City Bowl Market** (S. 98) schlendern.

❺ Auf den **Lion's Head** (S. 99) steigen und den Panoramablick über die Stadt und die Küste genießen.

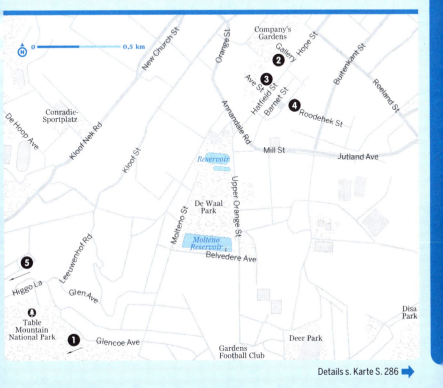

Details s. Karte S. 286

Top-Tipp

Bertram House und Rust en Vreugd sind zwei kleine Museen in Gardens, die nur selten einen Besucher sehen. Bei Ersterem handelt es sich um das letzte noch erhaltene rote Backsteinhaus im georgianischen Stil in der Stadt; Letzteres besitzt einen liebevoll angelegten Garten und eine Ausstellung, die einige herrliche Aquarelle und Kunstdrucke zeigt.

 Gut essen

→ Maria's (S. 95)
→ Manna Epicure (S. 95)
→ Woodlands Eatery (S. 95)
→ Aubergine (S. 95)
→ The Dog's Bollocks (S. 95)

Mehr dazu S. 95 →

 Schön ausgehen

→ Planet (S. 96)
→ The Power & The Glory/ Black Ram (S. 96)
→ Saints (S. 97)
→ Perseverance Tavern (S. 97)

Mehr dazu S. 96 →

 Schön shoppen

→ City Bowl Market (S. 98)
→ The Fringe Arts (S. 98)
→ Grant Mason Originals (S. 98)
→ Stefania Morland (S. 98)
→ Bluecollarwhitecollar (S. 98)
→ LIM (S. 98)

Mehr dazu S. 98 →

Gardens & Umgebung entdecken

In diesem Ende der City Bowl, das am Berg gelegen und nach den Company's Gardens benannt ist, stehen einige der erstklassigsten Museen Kapstadts. Weiter oben schmiegen sich begehrte Wohngebiete an die Hänge mit traumhaften Unterkünften wie der üppig grünen Anlage des berühmten Mount Nelson Hotel.

Das alles beherrschende Element der Gegend ist natürlich der wuchtige Tafelberg mit seinen benachbarten felsigen Erhebungen Lion's Head und Devil's Peak. Es ist schier unmöglich, den Blick vom Berg abzuwenden, besonders wenn sich das berühmte Nebel-Tischtuch über dem Gipfel hebt, was meistens am späten Nachmittag der Fall ist. Die Besteigung, so anstrengend sie ist, lohnt jeden vergossenen Schweißtropfen. Falls Zufußgehen jedoch nicht infrage kommt, bleibt immer noch die Seilbahn.

Die Kloof Street, die Hauptgeschäftsader mit ihren ausgefallenen Boutiquen, Restaurants und pulsierenden Bars eignet sich perfekt zum gemächlichen Herumschlendern. Nach Westen und über den Signal Hill erstreckt sich der Vorort Tamboerskloof, im Osten dagegen, hinter dem De Waal Park, liegt Oranjezicht. Das windgepeitschte Vredehoek befindet sich weiter östlich, Richtung Devil's Peak (sein Merkmal, das Wohnblocktrio mit offiziellem Namen Disa Park, ist im Volksmund besser als die „Tampon Towers" bekannt) und auf der windgeschützten Seite im Westen liegt Higgovale.

Lokalkolorit

→ **Konzerte** Die Friends of De Waal Park organisieren im Sommer kostenlose Sonntagnachmittagskonzerte auf der Musiktribüne des De Waal Parks (S. 94).

→ **Entschleunigen** Im modern-zeitgemäß gestylten Enmasse (S. 100) voll bekleidet eine ölfreie Massage genießen.

→ **Kino** Sich im Labia, dem alten Independent-Kino des Viertels (S. 97) die aktuellsten Streifen und Arthouse-Juwelen zu Gemüte führen.

Anfahrt

→ **Bus** MyCiTi-Busse fahren vom Foreshore und der City Bowl zum Gardens Centre; eine Verlängerung der Busstrecken die Kloof Nek Road hoch ist geplant.

→ **Sammeltaxi** Sie fahren die Kloof Street entlang bis zur Kloof Nek Road und hinüber nach Camps Bay, anschließend wieder zurück zur City Bowl.

→ **Zu Fuß** Zwischen den wichtigsten Sehenswürdigkeiten im unteren Teil von Gardens kann man gut zu Fuß hin und her spazieren, aber wer nach oben zur Talstation der Seilbahn marschieren möchte, muss sich auf eine schweißtreibende Angelegenheit gefasst machen.

HIGHLIGHTS
TAFELBERG

Seit rund 600 Millionen Jahren ist der Tafelberg von Wind und Wetter geschliffen; er ist ein Habitat der artenreichen Kapflora und hat Symbolcharakter. Sein Plateau, flankiert von den Erhebungen Devil's Peak im Osten und Lion's Head im Westen, ist so unverkennbar, dass Astronomen nach ihm das Sternbild Mensa (lat. „Tisch") benannten. Der Berg, 2011 zu einem der Sieben Neuen Naturwunder (www.new7wonders.com) der Welt gewählt, lässt sich von jeder Ecke der Stadt aus bewundern. Doch erst wer selbst oben gestanden hat, darf von sich behaupten, in Kapstadt gewesen zu sein.

Tafelberg-Seilbahn

Der Tafelberg ist mit der **Seilbahn** (☏021-424 8181; www.tablemountain.net; Tafelberg Rd.; Erw. einfach/hin & zurück 100/195 R, Kind 50/95 R; ☉Febr.–Nov. 8.30–19, Dez. & Jan. 8–22 Uhr) einfach erreichbar. Der Ausblick von den sich drehenden Gondeln und vom Gipfel ist phänomenal. Oben warten Souvenirshops, ein gutes Café und ein paar leichte Wanderwege.

Die Bahn fährt in der Hochsaison (Dez.–Febr.) alle 10 Minuten, sonst alle 15 bis 20 Minuten. Sie verkehrt nicht, wenn es zu windig ist, daher besser telefonisch nachfragen. Wenig Sinn macht eine Fahrt, wenn oben alles wolkenverhangen ist – die berühmte „Tischdecke" des Tafelbergs. Die besten Sichtbedingungen herrschen oft morgens oder abends.

Den Berg erklimmen

1503 durfte sich der portugiesische Seefahrer-Admiral Antonio de Saldanha rühmen, als erster Weißer den Tafelberg erklommen zu haben. Er taufte ihn „Taboa do Cabo" (Tisch des Kaps); bei den Khoisan, den Ureinwohnern des Kaps, hieß er allerdings „Hoerikwaggo", was so viel bedeutet wie „Berg des Meeres". Seither sind immer wieder Besucher auf den Berg geklettert und von Gardens aus führen mehrere Wege nach oben.

NICHT VERSÄUMEN

➡ Seilbahn
➡ Maclear's Beacon
➡ Abseil Africa
➡ Klippschliefer

PRAKTISCH & KONKRET

Seilbahn-Talstation außerhalb Karte S. 286

➡ www.sanparks.org/parks/table_mountain
➡ Klettern & wandern kostenlos; Seilbahn kostenpflichtig

ERMÄSSIGUNGEN

Auf online gebuchte Seilbahntickets gibt's 10 % Rabatt. Mit dem 14-Tage-Ticket, gültig ab dem angegebenen Benutzungsdatum, kann man elegant an der Warteschlange vor dem Fahrkartenschalter vorbeischlüpfen.

Beim 112 m langen Abstieg vom Tafelberg mit Abseil Africa (Karte S. 276; ☎ 021-424 4760; www.abseilafrica.co.za; 595 R) ist der Nervenkitzel garantiert. Wer nicht schwindelfrei ist, verzichtet besser. Auf jeden Fall sollte man sich Zeit lassen, um die atemberaubende Aussicht auch genießen zu können. Eine lohnenswerte Alternative ist eine geführte Wanderung die Platteklip Gorge hoch für 250 R.

ESSEN & SCHLAFEN

Das Selbstbedienungslokal **Table Mountain Café** bei der oberen Seilbahnstation hat leckere Happen und Gerichte, kompostierbare Verpackungen und guten Kaffee. Es gibt auch Wein und Bier, um auf die Aussicht anzustoßen. Campen ist verboten. Hier oben übernachten kann man in der Selbstverpfleger-Unterkunft Overseers Cottage (S. 31).

Keine dieser Wanderstrecken ist mühelos zu bewältigen, doch die 3 km lange Platteklip-Gorge-Route mit Zugang von der Tafelberg Road führt zumindest stetig bergan. Der Weg ist sehr steil und selbst bei flotter Gangart ist mit ungefähr 2½ Stunden bis zur oberen Seilbahnstation zu rechnen. Vorsicht: Unterwegs gibt es keinerlei Schatten, deshalb morgens so früh wie möglich aufbrechen und viel Trinkwasser und Sonnenschutz mitbringen.

Eine weitere Möglichkeit, die aber nur sehr erfahrenen Bergsteigern anzuraten ist, ist die India-Fenster-Route. Sie beginnt gleich hinter der unteren Seilbahnstation und geht geradewegs nach oben. Die Bergsteiger, die von der Seilbahn aus zu sehen sind und wie Bergziegen an vermeintlich senkrecht abfallenden Hängen zu kleben scheinen, sind auf dieser Route unterwegs.

Um den Berg herumklettern

Es ist gar nicht notwendig, bis zum Gipfel hinaufzusteigen, um unvergessliche Ausblicke zu erleben. Ein kurzer Anstieg hinter der unteren Seilbahnstation hoch und schon ist man auf dem Contour Path, der einigermaßen eben nach Osten um den Devil's Peak herum zum King's Blockhouse und schließlich zum Constantia Nek führt.

Der Pipe Track verläuft auf der Westseite des Bergs in Richtung der Felsformation der Twelve Apostles und ist mit sensationellen Ausblicken auf die Küste gespickt. Der Pfad wurde einst angelegt, um Wasser entlang einer Pipeline von der Disa Gorge in der Back Table genannten Gegend des Tafelbergs zum Molteno Reservoir in Oranjezicht zu leiten. Diese Strecke sollte am besten frühmorgens in Angriff genommen werden, bevor die Sonne auf die Bergflanke herunterbrennt. Eine Alternativroute zum Gipfel ist der vom Pipe Track abgehende Kasteelspoort Path.

Oben auf dem Berg

Von der Seilbahn-Bergstation führen asphaltierte Pfade zum Restaurant, zum Shop und zu mehreren Terrassen. Auf diesen Wegen kann man leicht herumspazieren und vielleicht sogar Klippschliefer entdecken. Diese Tierchen haben Ähnlichkeit mit einem großen Hamster, sind aber – ob man's glaubt oder nicht – mit dem Elefanten verwandt. Neben der oberen Bahnstation beginnen täglich um 10 und 12 Uhr kostenlose Führungen über das Tafelbergplateau.

Wer den 1088 m hohen höchsten Punkt des Bergs erklimmen möchte, folgt dem Pfad noch ein Stück weiter bis zum Maclear's Beacon. Für die rund 5 km sollte hin und zurück etwa eine Stunde eingeplant werden. Wenn der Berg in Nebel gehüllt ist, verbietet sich diese Strecke, denn die Gefahr, vom Weg abzukommen, ist groß.

HIGHLIGHTS
SOUTH AFRICAN JEWISH MUSEUM

Zu diesem phantasievoll gestalteten Museum gehört auch die sehr schön restaurierte Old Synagogue von 1863. Im Untergeschoss steht eine Teilrekonstruktion eines litauischen Schtetls; viele, der in Südafrika ansässigen Juden flohen während der Pogrome des späten 19. und frühen 20. Jhs. aus Osteuropa. Die Dauerausstellung *Hidden Treasures of Japanese Art* zeigt eine Sammlung exquisiter *netsuke*, Schnitzwerk aus Elfenbein und Holz. Außerdem finden interessante Wechselausstellungen statt.

Die Eintrittskarte berechtigt zum Anschauen des faszinierenden, 25-minütigen Dokumentarfilms *Nelson Mandela: A Righteous Man,* der in dem Gebäude gegenüber vom Museumsausgang, auf der anderen Seite des Hofs, gezeigt wird. Das **Cape Town Holocaust Centre** (www.holocaust.org.za; Eintritt frei; So–Do 10–17, Fr 10–14 Uhr) eine Treppe höher ist so informativ wie ergreifend. Die Geschichte des Antisemitismus wird in einen südafrikanischen Kontext gesetzt, indem Parallelen zum hiesigen Freiheitskampf gezogen werden.

Auf dem Museumsgelände befinden sich zudem die wunderschön verzierte **Great Synagogue** (kostenlose Führungen; So–Do 10–16 Uhr), die 1905 im neoägyptischen Stil erbaut wurde und immer noch als Gotteshaus dient, ein netter Geschenkartikelladen und das koschere **Café Riteve**, ein angenehmes Plätzchen für einen Imbiss. Zugang zum Museumskomplex nur mit Lichtbildausweis.

NICHT VERSÄUMEN

➡ Old Synagogue
➡ Great Synagogue
➡ Cape Town Holocaust Centre
➡ *Nelson Mandela: A Righteous Man*-Video

PRAKTISCH & KONKRET

➡ Karte S. 286
➡ 021-465 1546
➡ www.sajewishmuseum.co.za
➡ 88 Hatfield St, Gardens
➡ Erw./Kind 40 R/frei
➡ So–Do 10–17, Fr 10–14 Uhr
➡ Government Avenue

SEHENSWERTES

TABFELBERG
BERG

Siehe S.91.

SOUTH AFRICAN JEWISH MUSEUM
MUSEUM

Siehe S. 93

SOUTH AFRICAN NATIONAL GALLERY
GALERIE

Karte S. 286 (www.iziko.org.za/museums/south-african-national-gallery; Government Ave, Gardens; Erw./Kind 20 R/frei; ⊙Di–So 10–17 Uhr; 🚋Government Avenue) Die beeindruckende Dauerausstellung von Südafrikas wichtigstem Kunstmuseum reicht zurück bis in die Ära der Holländer. Neben einigen bedeutenden Klassikern sind es aber die zeitgenössischen Arbeiten, die besonders hervorstechen. Zu nennen wäre hier etwa die Skulptur *Butcher Boys* von Jane Alexander, die aussieht, als wäre ein Trio von Orks aus der *Herr der Ringe* in die Galerie gestolpert. Erwähnenswert ist auch die von Herbert Vladimir Meyerowitz geschnitzte Teakholztür im Hof, die Szenen vom Auszug der Juden aus Ägypten zeigt. Seine Schnitzereien zieren auch die gesamten oberen Türrahmen der Galerie. Zudem gibt es einen guten Shop mit interessanten Büchern und Geschenkartikeln.

SOUTH AFRICAN MUSEUM
MUSEUM

Karte S. 286 (📞021-481 3330; www.iziko.org.za/museums/south-african-museum; 25 Queen Victoria St, Gardens; Erw./Kind 20/10 R, Sa Spende erwünscht; ⊙10–17 Uhr; 🚋Michaelis) Das älteste Museum Südafrikas zeigt vielleicht ein paar Ermüdungserscheinungen, beherbergt aber eine Reihe von umfangreichen und interessanten Ausstellungen, vor allem zur Naturgeschichte. Die neuesten Ausstellungsräume sind am besten, sie zeigen die Kunst und Kultur der ersten Völker des Landes, der Khoikhoi und der San; darunter auch das berühmte Linton Panel, ein beeindruckendes Beispiel für die Felsbildkunst der San. Die Zeichnungen sind außergewöhnlich fein, besonders die Darstellung grazieler Elenantilopen. Es lohnt sich auch, einen Blick auf die verblüffend lebensechten Darstellungen afrikanischer Völker (nach Abgüssen lebender Menschen gefertigt) in der African Cultures Gallery of African people zu werfen. Weiterhin interessant: die Lydenburg Heads aus Terrakotta – die frühesten bekannten Beispiele für afrikanische Bildhauerei (500–700 n. Chr.);

das 2 m breite Nest des geselligen Webervogels – ein veritabler Vogel-Wohnblock in der Wonders of Nature Gallery, und der atmosphärische Whale Well, in dem gigantische Walskelette und Modelle hängen, beschallt mit Walgesängen vom Band.

PLANETARIUM
PLANETARIUM

Karte S. 286 (📞021-481 3900; www.iziko.org.za/museums/planetarium; 25 Queen Victoria St, Gardens; Erw./Kind 25/10 R; ⊙10–17 Uhr; 🚋Michaelis) Das an das South African Museum angeschlossene Planetarium enthüllt durch seine Exponate und Sternenshows die Geheimnisse des Nachthimmels über der südlichen Hemisphäre. Auf der Website oder telefonisch erfahren Sternengucker die Zeiten der täglichen Vorführungen. Dafür werden Aufnahmen genutzt, die mit dem südafrikanischen Großteleskop (dem Teleskop mit der weltweit größten Brennweite) in der Karoo gemacht werden. Täglich um 12 Uhr gibt's eine Vorführung speziell für Kinder.

RUST EN VREUGD
GALERIE, PARK

Karte S. 286 (www.iziko.org.za/museums/rust-en-vreugd; 78 Buitenkant St, Gardens; Spende erwünscht; ⊙Mo–Fr 9–17 Uhr; 🚋Gardens) Die schmucke Villa, erbaut 1777–78, hat einen schönen Vorgarten im Stil dieser Zeit, der 1986 nach Originalentwürfen rekonstruiert wurde. Wo einst der Oberstaatsanwalt residierte, befindet sich nun ein Teil der Möbel und Kunstwerke aus der Iziko William Fehr Collection (der Großteil ist allerdings im Castle of Good Hope zu bewundern). Hier sind zum Beispiel gestochen scharfe Zulu-Lithographien von George Angus und ein kunstvolles Aquarellgemälde mit dem Panorama des Tafelbergs zu sehen, das Lady Eyre 1850 gemalt hat.

BERTRAM HOUSE
MUSEUM

Karte S. 286 (www.iziko.org.za/museums/bertram-house; Orange St, Ecke Government Ave, Gardens; Erw./Kind rund 5/2 R; ⊙Mo–Sa 10–17 Uhr; 🚋Government Avenue) An diesem Ende der Company's Gardens wartet das letzte georgianische Backsteinhaus Kapstadts auf einen Besuch. Das um 1840 erbaute Haus ist im Innern mit Möbeln im Regency-Stil und mit Porzellan aus dem 19. Jh. ausgestattet.

DE WAAL PARK
PARK

Karte S. 286 (Camp St, Gardens; 🚋Government Avenue) In dem 1895 eröffneten und nach Christiaan de Waal, einem ehemaligen Bürgermeister von Kapstadt, benannten Park stehen mehrere Spezies exotischer Bäume und Ziergewächse. Die Musiktribüne in der Mitte der Anlage wurde in Glasgow angefertigt und kam anlässlich der Cape Town Exhibition von 1904–05 in Green Point nach Kapstadt. Der öffentliche De Waal Park ist sehr beliebt bei den Hundebesitzern und Familien der Nachbarschaft. Zwischen Ende November und Anfang April finden auf der Tribüne kostenlose Sonntagnachmittagskonzerte statt; Beginn ist normalerweise gegen 15 Uhr.

ESSEN

LP TIPP MARIA'S GRIECHISCH €
Karte S. 286 (021-461 3333; Dunkley Sq, Barnet St, Gardens; Hauptgerichte 50–90 R; Mo-Fr 11–22.30, Sa 17.30–22.30 Uhr; P; Government Avenue) An einem warmen Abend gibt's kaum ein romantischeres oder gemütlicheres Fleckchen zum Essen als Maria's. An rustikalen Tischen unter den Bäumen im Hof werden klassische griechische Meze und Gerichte wie Moussaka aufgetragen.

MANNA EPICURE ZEITGENÖSSISCH, BÄCKEREI €
Karte S. 286 (021-426 2413; 151 Kloof St, Gardens; Hauptgerichte 40–110 R; Di-Sa 9–18, So 9–16 Uhr) Das in Weiß gehaltene Café lädt zu einem köstlich schlichten Frühstück oder Mittagessen und später am Tag zu Cocktails und Tapas auf der Veranda ein. Der Fußmarsch den Hügel hinauf lohnt sich allein schon wegen des frisch gebackenen Brots mit Kokosnuss, Pekannuss oder Rosinen.

WOODLANDS EATERY PIZZA, BURGER €
Karte S. 286 (021-801 5799; 2 Deer Park Dr West, Vredehoek; Hauptgerichte 60–70 R; Di-Do 17–22.30, Fr-So 12–24 Uhr) Das Woodlands, perfekt gestylt im angesagten, gekonnt schäbigen Sperrmülllook aus scheinbar wahllos zusammengewürfeltem Mobiliar und abgefahrener Kunst, verwendet dieselbe Sorgfalt auf sein Comfortfood-Angebot aus Gourmetpizza, Burgern usw. Hinuntergespült wird das Wohlfühl-Essen mit Craft-Bieren und Apfelwein.

AUBERGINE ZEITGENÖSSISCH €€€
Karte S. 286 (021-465 4909; www.aubergine.co.za; 39 Barnet St, Gardens; Hauptgerichte 200 R, 3/4/5 Gänge 375/455/565 R; Mi-Fr 12–14, Mo-Sa 17–22 Uhr; Government Avenue) Harald Bresselschmidt zählt seit Langem zu den besten Köchen der Stadt und kreiert einfallsreiche Gerichte, die dabei auf jeglichen Schnickschnack verzichten. Auch Service und Ambiente sind makellos. Das Restaurant eignet sich prima als Anlaufstelle vor dem Theaterbesuch, denn von 17 bis 19 Uhr gibt's Getränke und eine Auswahl kleinerer Gerichte vom Mittagsmenü. Besondere Beachtung verdienen die Wein-Events, die in der neuen Filiale **Auslese** (Karte S. 286; www.auslese.co.za; 115 Hope St, Gardens) veranstaltet werden.

THE DOG'S BOLLOCKS BURGER €
Karte S. 286 (6 Roodehek St, Gardens; Burger 50 R; Mo-Sa 17–22 Uhr; Gardens) Oneman-Band Nigel Wood haut in dieser Garagenkneipe pro Abend nur 30 Firstclass-Bouletten raus. Das heißt, wer einen der leckersten Burger von Kapstadt ergattern will, muss früh herkommen. Dazu gibt's mehrere verschiedene Saucen – und wer Glück hat, bekommt noch eine Portion der hauseigenen Nachos und Nigels Wein aus dem Weinschlauch. Es ist unmöglich, die fleischigen Blockbuster auf elegante Art zu verspeisen, aber es lohnt unbedingt, sich die Finger dafür „schmutzig" zu machen.

SOCIETI BISTRO FRANZÖSISCH, ZEITGENÖSSISCH €
Karte S. 286 (021-424 2100; http://societi.co.za; 50 Orange St, Gardens; Hauptgerichte 90–100 R; Mo-Sa 12–23 Uhr; Michaelis) Im begrünten Patio mit Aussicht auf den Tafelberg sowie im stilvollen Lokal mit Backsteinwänden und Weinregalen werden fachmännisch zubereitete Bistrogerichte ohne überflüssiges Brimborium gekonnt serviert. Das Societi hat eine ansehnliche Auswahl an offenen Weinen sowie hausgebraute Biere und Höherprozentiges. Näheres zu den hier veranstalteten Kochkursen und dem verwandten Bistro in Tokai ist der Website zu entnehmen.

KYOTO SUSHI GARDEN JAPANISCH €€
Karte S. 286 (021-422 2001; 11 Lower Kloofnek Rd, Tamboerskloof; Hauptgerichte 80–130 R; Mo-Sa 18–23 Uhr) Buchenholzmöbel und gedämpftes Licht verleihen diesem hervorragenden japanischen Restaurant eine entspannte, fast zenartige Atmosphäre. Es gehört zwar einem Amerikaner aus LA, aber der Chefkoch ist ein Meister seines Fachs und bereitet fantastisches Sushi und Sashimi zu. Besonders empfehlenswert sind außerdem der Garnelen-Nudel-Salat und der Asian-Mary-Cocktail.

LAZARI
INTERNATIONAL, GRIECHISCH €

Karte S. 286 (☎021-461 9895; Upper Maynard St, Ecke Vredehoek Ave, Vredehoek; Hauptgerichte 30–50 R; ⏱Mo–Fr 7.30–16, Sa & So 8–14.30 Uhr; 🛜; 🖥Gardens) Wenige Restaurantbesitzer legen sich so intensiv dafür ins Zeug, dass ihre Gäste sich wohlfühlen, wie Chris Lazari. Entsprechend loyal ist seine Kundschaft. Das Lokal ist quirlig, gay-freundlich und toll zum Brunchen oder für ein Schlemmerpäuschen bei Kaffee und Kuchen. Das ausgestellte südafrikanische Kunsthandwerk steht zum Verkauf.

DEER PARK CAFÉ
INTERNATIONAL, VEGETARISCH €

Karte S. 286 (☎462 6311; 2 Deer Park Dr West, Vredehoek; Hauptgerichte 50–70 R; ⏱8–21 Uhr; 🛜; 🅿) Das ungezwungene Café vor einem Kinderspielplatz stellt noch einen weiteren guten Grund dafür dar, sich den Berg hochzuschleppen. Mit den klobigen Holzmöbeln hat es ein bisschen was von einem großen Kindergarten, aber die Karte ist keineswegs zu verachten und bietet u. a. einige tolle vegetarische Gerichte und spezielle Angebote für Kinder. Jeden letzten Mittwoch im Monat steht ab 18 Uhr ein veganes Menü auf dem Programm.

MELISSA'S
INTERNATIONAL, FEINKOSTLADEN €

Karte S. 286 (www.melissas.co.za; 94 Kloof St, Gardens; Hauptgerichte 50–70 R; ⏱Mo–Fr 7.30–19, Sa & So 8–19 Uhr) Am köstlichen Frühstücks- und Mittagsbuffet wird nach Gewicht (17,50 R pro 100 g) bezahlt und die Verkaufsregale sind mit ausgezeichneten Picknickzutaten und Gourmet-Mitbringsel gefüllt. Weitere Filialen in Newlands (Kildare Lane Ecke Main Street) und an der Victoria Wharf von Waterfront.

FAT CACTUS
MEXIKANISCH €

Karte S. 286 (☎021-422 5022; www.fatcactus.co.za; 5 Park Rd, Gardens; Hauptgerichte 70–100 R; ⏱11–23 Uhr; 🖥Michaelis) Das beliebte mexikanische Lokal (dessen Originalrestaurant in Mowbray immer noch brummt) hat Kapstadt leckere Fajitas und Margaritas beschert und hält sich treu an sein Motto: „immer offen, immer am Kochen".

LIQUORICE & LIME
INTERNATIONAL, FEINKOSTLADEN €

Karte S. 286 (☎021-423 6921; 162 Kloof St, Gardens; Sandwiches 38–50 R; ⏱Mo–Fr 7–16, Sa & So 7–17 Uhr) Beim Ab- oder Aufstieg am Tafelberg oder Lion's Head lädt dieses gesellige Feinkostgeschäft zum Päuschen ein. Die armen Ritter mit gegrillter Banane sind extrem lecker, außerdem gibt's Backwaren und Sandwiches.

DAILY DELI
INTERNATIONAL, FEINKOST €

Karte S. 286 (☎021-426 0250; 13 Brownlow Rd, Tamboerskloof; Hauptgerichte 25–55 R; ⏱8–22 Uhr; 🛜) Die Einheimischen schwören auf das gute Frühstück und den leckeren Kaffee in dieser putzigen, weiß getünchten Hütte mit eisengitterbewehrter Veranda und Tischen auf dem Bürgersteig. Am Delikatessentresen werden Feinschmecker-Grundnahrungsmittel verkauft. Unbedingt probieren: das hausgemachte Ingwerbier und Gerichte wie *bobotie* (köstlich gewürztes Curry mit einer Knusperbackkruste aus geschlagenem Ei) oder Lasagne.

SAIGON
VIETNAMESISCH €

Karte S. 286 (☎021-424 7669; Kloof Rd Ecke Camp St, Gardens; Hauptgerichte 65–110 R; ⏱So–Fr 12-14.30, tgl. 17–22.30 Uhr) Das noble Restaurant mit Blick auf den Tafelberg hat auch eine Sushi Bar, doch gekocht wird überwiegend vietnamesisch. Die Reispapierrollen sind tadellos und mit einer dampfenden Schüssel Rindfleisch-Nudel-Pho liegt man immer richtig. Eine beliebte Showeinlage ist die gemischte Meeresfrüchteplatte, die am Tisch flambiert wird.

AUSGEHEN & NACHTLEBEN

PLANET
COCKTAILBAR

Karte S. 286 (☎; 021-483 1864; Mount Nelson Hotel, 76 Orange St, Gardens; 🅿; 🖥Government Avenue) Sitzt da etwa Rod Stewart auf dem Sofa? Ein paar Drinks beim alten Nellie in der coolen, silber angehauchten Champagner- und Cocktailbar können zu einer starbesetzten Angelegenheit werden. Einfach mal in die Schickeria eintauchen und aus 250 verschiedenen Schampussorten und ungefähr 50 alkoholischen Mischgetränken auswählen. Das Restaurant eignet sich auch gut für einen speziellen Anlass – beispielsweise den, mal ein veganes Gourmet-Probiermenü zu testen.

THE POWER & THE GLORY/BLACK RAM
CAFÉ, BAR

Karte S. 286 (13B Kloof Nek Rd, Tamboerskloof; ⏱Mo–Sa Café 8–22, Bar 17 Uhr–spät) Der Kaffee und das Essen (Hotdogs im Laugenbrötchen, knusprige Pasteten und andere selbst gemachte Sachen) sind einwandfrei, aber dass die Trendster abends in Scharen herbeilaufen, besonders von Donnerstag bis Samstag, liegt an der rauchigen, gemütlichen Bar.

SAINTS MIKROBIERE

Karte S. 286 (www.saintsburgerjoint.co.za; 84 Kloof St, Gardens) Zu essen gibt's Gourmetburger (existiert heutzutage eigentlich noch ein Lokal in Kapstadt, wo es das nicht gibt?), aber was uns überzeugt hat, ist die Auswahl an Camelthorn-Craft-Bieren. Wer noch nicht weiß, welches ihm am besten schmeckt, kann erst mal verschiedene Sorten im 100-ml-Probierglas (6 R oder vier für 22 R) kosten und danach vom besten einen Humpen bestellen. Ein weiteres sympathisches Detail ist der auf die Treppenstufen gemalte Text von „Stairway to Heaven".

PERSEVERANCE TAVERN PUB

Karte S. 286 (www.perseverancetavern.co.za; 83 Buitenkant St, Gardens; Mo 16–2, Di–Sa 12–2, So 11–20 Uhr) Dieser gastliche, als Kulturerbe gelistete Pub, der seit 1808 existiert und liebevoll Persies genannt wird, gehörte einst Cecil Rhodes. Es gibt sechs Biere vom Fass und annehmbare Kneipenimbisse wie Fish and Chips (55 R).

BLAKES BAR, CLUB

Karte S. 286 (www.blakesbar.co.za; 189 Buitengracht St, Tamboerskloof; Di–Do 17–2, Fr–So 12–3 Uhr; Buitensingel) Diese trendige Location aus Cocktailbar, Restaurant und Club besitzt ein geräumiges Sonnendeck und eine 12 m lange Bar. Perfekt, um sich bei einem Glas Wein oder einem Cocktail und ein paar Canapés oder Tapas an der Aussicht auf den Tafelberg und den Lion's Head zu laben.

RICK'S CAFÉ AMERICANE BAR, RESTAURANT

Karte S. 286 (www.rickscafe.co.za; 2 Park Lane, Gardens; Mo–Sa 12–2 Uhr; ; Michaelis) Zwar ist hier kein Sam, der es noch einmal spielt, dennoch wirkt in dieser Themenbar mit Restaurant alles andere wie im Kinofilm *Casablanca* (das berühmte Neonschild eingeschlossen). Also Filzhut aufsetzen und sich wie Bogie und Bergman benehmen.

ASOKA RESTAURANT, BAR

Karte S. 286 (www.asokabar.co.za; 68 Kloof St, Gardens) In der Mitte dieser groovigen asiatischen, von einem zenartigen Geist durchzogenen Restaurant-Bar wächst ein Baum! Der Name wird übrigens „aschoka" ausgesprochen. Das Jazzquintett Natives spielt dort inzwischen dienstags ab 20 Uhr. An den anderen fahren DJs einen angemessenen Sound auf.

RAFIKI'S RESTAURANT, BAR

Karte S. 286 (www.rafikis.co.za; 13B Kloof Nek Rd, Tamboerskloof;) Der 35 m lange Rundumbalkon mit Blick auf die Tafelbucht zieht immer noch die Massen an. Den total entspannten Laden bevölkern überwiegend Weiße. Es gibt Pizza und 500-Gramm-Kübel mit Garnelen und Muscheln.

VAN HUNKS RESTAURANT, BAR

Karte S. 286 (www.vanhunks.co.za; Kloof, Ecke Upper Union St, Gardens) Von der Veranda dieses Lokals fällt der Blick direkt auf jenen Gipfel, wo der Legende nach Van Hunks den Teufel zu einem Rauchwettbewerb herausgefordert hat. Zudem lässt sich hervorragend das Treiben auf der Kloof Street beobachten und wer hungrig wird, findet auf der Speisekarte zwischen den internationalen auch ein paar kapmalaiische Gerichte.

UNTERHALTUNG

LP TIPP **LABIA** KINO

Karte S. 286 (www.labia.co.za; 68 Orange St, Gardens; Tickets 35 R; Michaelis) Dieses Kino für Fans des Independentfilms wurde nach dem alten italienischen Botschafter und Philanthropen Graf Labia benannt. Das Labia ist Kapstadts bestes Kino im Hinblick auf Preise und Programm. Die Reihe African Screen ist eine der seltenen Gelegenheiten, Filme aus heimischer Produktion zu sehen; Näheres auf der Website. Gleich um die Ecke im Einkaufszentrum Lifestyles on Kloof (s. S. 99) befindet sich die Zweigstelle Labia on Kloof mit zwei Kinosälen.

MAHOGANY LOUNGE JAZZCLUB

Karte S. 286 (079-679 2697; www.facebook.com/MahoganyRoom; 79 Buitenkant St, Gardens; 1/2 Vorstellungen 60/100 R; Mi–Sa 19–2 Uhr) Der winzige Jazzclub neben Diva's Pizza hat sich zum Ziel gesetzt, eine Jazzclub-Atmosphäre wie in dem Club von Ronnie Scott oder im Village Vanguard herzustellen. Gemanagt wird die Lounge von Hardcore-Jazzfreaks, denen der Jazz heilig ist und die obendrein die erforderlichen Beziehungen besitzen, um Topmusiker auf die Bühne zu bendvorstellungen, Uhr beginnen, ist derlich.

THEATER

129; University of Cape Orange St, Gardens; P; ater mit nur 75 Plätder Theater-Fakultät e Town. Man sollte sich aber vorher die Rezensionen durchlesen, da die Inszenierungen in Qualität und Inhalt doch recht unterschiedlich ausfallen können. Improvisationstheater mit Theatersport gibt's hier immer montags um 20.30 Uhr.

SHOPPEN

 THE FRINGE ARTS KUNST, KUNSTHANDWERK

Karte S. 286 (www.thefringearts.co.za; 99B Kloof St, Gardens) In dieser innovativen Boutique sind Arbeiten von fast 100 südafrikanischen Künstlern und Designern zu haben, von Keramik und Schmuck über Plakate bis zu Taschen – es ist praktisch unmöglich, hier kein originelles Geschenk oder Andenken zu finden. Außerdem lohnt es sich zu schauen, ob der Stand von The Fringe Arts an der Waterfront offen hat, an dem es noch mehr mit afrikanischen Mustern verzierte Sachen gibt.

CITY BOWL MARKET MARKT

Karte S. 286 (www.citybowlmarket.co.za; 14 Hope St, Gardens; Sa 9–2 Uhr; Gardens) Der in einem wunderschönen alten Gebäude mit Garten und geräumiger Eingangshalle untergebrachte Markt ist der chilligste Samstagvormittagstreff von Gardens. Hier warten frische Lebensmittel und jede Menge köstliche Häppchen und Getränke, von Salaten und Sandwiches, die vor den Augen der Gäste zubereitet werden, bis zu Craft-Bieren und Obstsäften. Unten gibt's ein Modegeschäft und manchmal auch eine Reihe Bekleidungsstände.

GRANT MASON ORIGINALS SCHUHE

Karte S. 286 (g-mo.co.za; 18 Roeland St, Gardens) Grant Mason benutzt Stoffballenreste und Stoffe aus Musterkatalogen und stellt daraus komplett ohne Tierprodukte wunderschöne Schuhe und Stiefel (alles Unikate) her. Dies hier ist sein Atelier und Showroom, außerdem hat er einen Stand auf dem Samstagsmarkt in der Old Biscuit Mill. Im selben Gebäude befinden sich auch Studios anderer Designer, darunter **Urban Africa** (www.urbanafrica.co.za), der ausgezeichnete Lederwaren hat.

STEFANIA MORLAND KLEIDUNG

Karte S. 286 (stefaniamorland.com; Shop 2, 15 Orange St, Gardens; Michaelis) Traumhafte Roben und legerere Klamotten aus Seide, Leinen und anderen Naturfasern stehen unter dem-Label Shana in diesem schicken Ausstellungsraum und Studio zum Verkauf. Daneben gibt es auch eine kleine Auswahl an Herrenbekleidung und Accessoires wie Schuhe und Schmuck.

BLUECOLLARWHITECOLLAR KLEIDUNG

Karte S. 286 (www.bluecollarwhitecollar.co.za; Lifestyles on Kloof, 50 Kloof St, Gardens; P; Michaelis) Designer Paul van der Spuy und sein Geschäftspartner Adrian Heneke haben eine sagenhafte Auswahl an Hemden verschiedener Konfektionsgrößen für formelle *(white collar)* und informelle *(blue collar)* Anlässe. Neuerdings wurde das Sortiment um T-Shirts und Shorts erweitert. Bluecollarwhitecollar hat auch einen Verkaufsstand auf dem Samstagsmarkt der Old Biscuit Mill.

LIM HAUSHALTSARTIKEL

Karte S. 286 (www.lim.co.za; 86A Kloof St, Gardens) Auch wenn der Name als Abkürzung für „less is more" steht, ist dieses Geschäft für Inneneinrichtung so erfolgreich, dass die Erweiterung der Verkaufsfläche sogar das Ausweichen ins Nachbarhaus erforderlich machte. Hier können Einrichtungsfans stylische, minimalistische Haushaltsartikel, Wohndeko und Modeacessoires aus Wildleder bestaunen.

73 ON KLOOF KLEIDUNG

Karte S. 286 (73 Kloof St, Gardens; Michaelis) Eine Seite der Boutique gehört Herrenmode wie Hemden, Shorts und Hosen von Adriaan Kuiters (www.adriaankuiters.com) plus Zubehör wie Stoff- und Ledertaschen. Die andere ist der Damenmode von Take Care vorbehalten. Beiden gemeinsam ist die klare, einfarbige Linie.

MANTIS PRINTS HAUSHALTSARTIKEL

Karte S. 286 (021-461 9919, 083 242 7888; www.mantisprints.co.za; 33 Breda St, Oranjezicht; 9–13 Uhr Sa & nach Vereinbarung) Aufmerksame Beobachter werden die markanten, handbedruckten Stoffe von Ena Hesse in vielen Geschäften und Gästehäusern entdecken. Dies ist ihr Atelier und Ladengeschäft, wo ihre bedruckten Stoffe als Meterware oder als fertige Produkte wie Kissen oder Tischdecken zum Verkauf stehen.

JEWISH SHELTERED EMPLOYMENT CENTRE SPIELSACHEN, GESCHENKARTIKEL

Karte S. 286 (jsec.org.za; 20 Breda St, Oranjezicht; Gardens) „Können statt Nichtkönnen" ist das Motto dieser vorbildlichen Organisation, die bei der Schaffung von zukunftsträchtigen Arbeitsplätzen für körperlich und geistig behinderte Mitglieder der jüdischen Gemeinde von Kapstadt hilft. Zum Zentrum gehören sowohl das reizende koschere Café **Coffee Time** (Mo-Do 8-15.30, Fr 8-14.30 Uhr) als auch ein Laden, wo liebevoll hergestellte Spielsachen wie Stoffpuppen und Holzspielzeug sowie farbenfrohe Webarbeiten, Stickereien und Holzschnitzereien verkauft werden.

WINE CONCEPTS WEIN

Karte S. 286 (wineconcepts.co.za; Lifestyles on Kloof, 50 Kloof St, Gardens; Mo-Mi 10-19, Do & Fr 10-20, Sa 9-17 Uhr; P; Michaelis) Diese aparte kleine Weinhandlung berät umfassend über eine breite Auswahl regionaler Weine. Kostenlose Weinproben finden immer freitagabends und samstags von 11-14 Uhr statt. Es gibt auch noch eine Filiale in Newlands (Kildare Road Ecke Main Street).

MR & MRS KLEIDUNG, HAUSHALTSARTIKEL

Karte S. 286 (mrandmrs.co.za; 98 Kloof St, Gardens) Führt ein geschmackvolles Sortiment an Bekleidung, Geschenk- und Haushaltsartikeln aus den Werkstätten südafrikanischer und internationaler Designer. Die Auswahl lässt erkennen, dass die Besitzer Indonesien, Argentinien und Indien bereist haben.

DARK HORSE TASCHEN, MÖBEL

Karte S. 286 (www.dark-horse.co.za; 83 Kloof Nek Rd, Tamboerskloof) In diesem Atelier/ Shop auf halbem Weg zur Seilbahn-Talstation am Tafelberg ist die Designerin Lise du Plessis am Werk. Der Aufstieg hierher lohnt sich durchaus wegen der handgemachten Behältnisse aus Segeltuch und Leder, darunter iPad- und Notebook-Taschen sowie Kissenbezüge, Gürtel, Schmuck und Dekoartikel.

GARDENS CENTRE EINKAUFSZENTRUM

Karte S. 286 (www.gardensshoppingcentre.co.za; Mill St, Gardens; P; Gardens) In dem praktischen, gut ausgestatteten Einkaufszentrum ist für alles Notwendige gesorgt. Es gibt nette Cafés (auch ein Internetcafé), Buchläden, die Supermärkte Pick 'n' Pay und Woolworths, ein Flight Centre sowie den Campingausstatter und Outdoorladen Cape Union Mart.

LIFESTYLES ON KLOOF EINKAUFSZENTRUM

Karte S. 286 (50 Kloof St, Gardens; P; Michaelis) Abgesehen von den schon erwähnten Geschäften finden sich hier Bekleidungs- und Schuhläden, Exclusive Books, Woolworths, Wellness (Healthfood und Drogerie; www.wellnesswarehouse.com), Postnet und ein Ableger des Cinema Labia.

MABU VINYL BÜCHER, MUSIK

Karte S. 286 (www.mabuvinyl.co.za; 2 Rheede St, Gardens; Mo-Do 9-20, Fr 9-19, Sa 9-18, So 11-15 Uhr; Michaelis) In diesem renommierten Laden kann man neue und gebrauchte LPs, CDs, DVDs, Comics und Bücher kaufen, verkaufen und tauschen. Er ist auch eine Fundgrube für CDs lokaler Musiker, die ihre Sangeskünste auf Indie-Labels veröffentlichen.

SPORT & AKTIVITÄTEN

LP TIPP DOWNHILL ADVENTURES ABENTEUERAKTIVITÄTEN

Karte S. 286 (021-422 0388; www.downhilladventures.com; Orange Ecke Kloof St, Gardens; Aktivitäten ab 595 R; Buitensingel) Dieser auf Adrenalinstöße spezialisierte Veranstalter bietet verschiedene Radtouren sowie Sandboarding bei Atlantis (ca. 60 km nördlich von Kapstadt) und Surfunterricht an. Auf dem Programm stehen z. B. eine atemberaubende Mountainbike-Fahrt von der Seilbahn-Talstation am Tafelberg nach unten, Mountainbiking im Tokai Forest oder eine Tour durch die Constantia Winelands und zum Kap der Guten Hoffnung. Außerdem werden Fahrräder verliehen (160 R pro Tag).

LION'S HEAD WANDERN

(Signal Hill Rd, Tamboerskloof; P) Es waren die Holländer, die dem Riesenfelsen mit Blick auf Sea Point und Camps Bay den Namen Lion's Head (Leeuwen Kop; Löwenkopf) verpassten. Der Hauptzugang zum Berg liegt an der Straße, die auf den Gipfel des Signal Hill führt, gleich bei der Kloof Nek Road. Von der Sea Point zugewandten Seite führen aber ebenfalls Wanderwege hoch. Die 2,2 km lange, rund 45-minütige Wanderung von Kloof Nek zum 669 m hohen Gipfel zählt zu Recht zu den beliebtesten Strecken. Viele Frühaufsteher zieht es zum Morgensport hierher und in Vollmondnächten gehört es praktisch zum guten Ton, hochzusteigen und den Sonnenuntergang zu betrachten. Der Abstieg fällt im Mondschein zwar relativ leicht, dennoch sollte er nur in Begleitung und mit einer Taschenlampe bewaffnet zurückgelegt werden.

ENMASSE   MASSAGE

Karte S. 286 (☏021-461 5650; www.enmasse.co.za; 123 Hope St, Gardens; 60-minütige Massage 385 R; ⊙8–22 Uhr; 🚇Gardens) Der Eingang zu diesem modernen Stressabbau-Etablissement in einem historischen Gemäuer (früher ein Hotel) befindet sich an der Rückseite am Gate 2 in der Schoonder Road. Um bei den Gästen die Hemmschwelle gegen die Thai- und Shiatsu-Massagen zu senken, sind sie voll bekleidet; die lockere weiße Baumwollkleidung stellt Enmasse. Massiert wird ohne Öl. Nach der Behandlung dürfen die Gäste so lange bleiben, wie sie wollen, und sich im Teesalon entspannen, wo 49 verschiedene Sorten Tee auf sie warten.

LIBRISA SPA   SPA

Karte S. 286 (☏021-483 1550; www.librisa.co.za; Mount Nelson Hotel, 76 Orange St, Gardens; ⊙Mo–Sa 9–20 Uhr; 🅿) Das idyllische Librisa ist in einem geräumigen, hübsch umgebauten viktorianischen Haus untergebracht, in dem Rosa- und Beigetöne und ein sanft plätschernder Brunnen für eine entspannte Atmosphäre sorgen. Das Spa hat zehn Behandlungszimmer und nach der Anwendung können die Gäste im Wintergarten oder in einer Privatsauna ausruhen.

MOUNTAIN CLUB OF
SOUTH AFRICA   KLETTERN

Karte S. 286 (☏021-465 3412; http://mcsacapetown.co.za; 97 Hatfield St, Gardens; 🚇Government Avenue) Der Club vermittelt passionierten Kletterern erfahrene Wanderführer und hat eine eigene Kletterwand (5 R). Öffnungszeiten telefonisch erfragen.

CAPE TOWN TANDEM
PARAGLIDING   PARAGLIDING

(☏076-892 2283; www.paraglide.co.za) Wenn das kein James-Bond-Feeling ist: Vom Lion's Head abheben, beim Glen Country Club landen und anschließend in Camps Bay einen Cocktail schlürfen. Cape Town Tandem ist einer von mehreren Veranstaltern, bei denen Neulinge einen Tandem-Paraglide unternehmen können. Dabei wird man an einen erfahrenen Drachenflieger angeleint, der sich um die technische Seite der Sache kümmert. Es ist ratsam, gleich bei der Ankunft in Kapstadt Kontakt aufzunehmen, denn geflogen wird nur dann, wenn die Wetterbedingungen stimmen.

Green Point & Waterfront

Highlights

1 **Robben Island** (S.106), einst berüchtigtes Gefängnis, heute kulturgeschichtliches Museum, besuchen, und die Zellen besichtigen, in denen Mandela und andere Helden des Freiheitskampfes einsaßen.

2 Meereslebewesen aller Art, darunter Haie, im **Two Oceans Aquarium** (S.104) bestaunen.

3 Die V&A Waterfront bei einem **Stadtspaziergang** (S. 105) erkunden und neben Nobelpreisträgern (in Form von Statuen) stehen.

4 Im hübschen **Green Point Urban Park** (S. 107) etwas über Biodiversität lernen und an einer Tour durchs Cape Town Stadium (S.107) teilnehmen.

5 Mit einer der vielen **Hafenrundfahrt** (S. 105) von der Waterfront in die Tafelbucht schippern.

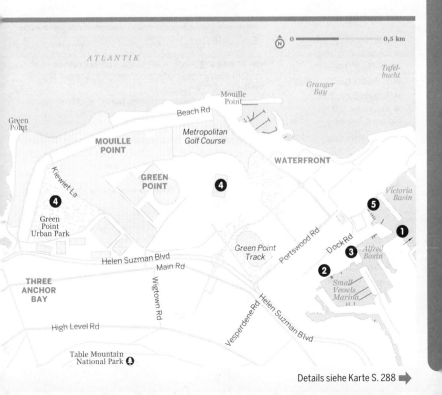

Details siehe Karte S. 288

Top-Tipp

Das Restaurant der Cape Town Hotel School (S. 108) ist einer der weniger bekannten Orte der Stadt, um an der Küste zu dinieren, mit Blick direkt auf die Granger Bay. Im Garten ist das Fundament des alten Leuchtturms Mouille Point zu sehen.

Gut essen

→ Wakame (S. 107)
→ Willoughby & Co (S. 108)
→ Café Neo (S. 108)
→ Nobu (S. 108)
→ El Burro (S. 108)
→ Giovanni's Deli World (S. 108)

Mehr dazu S. 107 →

Schön ausgehen

→ Bascule (S. 109)
→ Vista Bar (S. 109)
→ Harbour House (S. 109)
→ W Tapas Bar (S. 109)
→ Tobago's (S. 109)
→ Mitchell's Scottish Ale House & Brewery (S. 109)

Mehr dazu S. 109 →

Schön shoppen

→ Victoria Wharf (S. 110)
→ Waterfront Craft Market & Wellness Centre (S. 110)
→ Vaughan Johnson's Wine & Cigar Shop (S. 110)
→ Solveig (S. 110)
→ Cape Union Mart Adventure Centre (S. 110)

Mehr dazu S. 110 →

Green Point & die Waterfront erkunden

Man versteht leicht, warum die V&A Waterfront, gemeinhin die Waterfront genannt, Kapstadts wichtigste Touristenattraktion ist und mehr Besucher anzieht als die Seilbahn zum Gipfel des Tafelbergs. Die Gegend ist ein Beispiel für eine gelungene Sanierung eines verfallenden Hafenviertels, es ist immer was los und es gibt eine Menge zu unternehmen, nicht zuletzt einen Ausflug auf die berüchtigte Gefängnisinsel Robben Island, die heute ein nachdenklich stimmendes Museum ist. Rund um die Waterfront gibt es zehn Hotels und sie ist keine schlechte Basis für einen Aufenthalt in der Stadt.

Das weitgehend unbebaute Land westlich der Waterfront ist Green Point, wo sich das Cape Town Stadium und ein exzellenter neuer Stadtpark befinden – beides Hinterlassenschaften der Fußball-WM 2010. Greenpoint ist nicht nur der Name der Landspitze, sondern auch des umgebenden Vororts, der zudem den felsigen Mouille Point direkt an der Atlantikküste umfasst, einen stimmungsvollen Ort für einen Spaziergang am Meer oder einen Cocktail und ein Abendessen bei Sonnenuntergang. Zusätzlich zu den Einkaufs- und Ausgehmöglichkeiten an der Waterfront gibt's ein paar Läden und Restaurants entlang der Main Road zwischen Braemar und York Road.

Lokalkolorit

→ **Bewegung** Sonnenuntergang und Abendbrise bei einem Spaziergang oder einer Joggingtour um Mouille Point (S. 107) genießen.
→ **Shoppen** Victoria Wharf (S. 110) ist bei Einheimischen so beliebt wie bei Touristen, auch, um im Multiplex einen Film anzuschauen.
→ **Feinkostläden** Bei Giovanni's Deli World (S. 108) oder Newport Market & Deli (S. 108), beides lokale Institutionen, Kaffee, Sandwich oder Proviant mitnehmen.

Anreise

→ **Zu Fuß/Per Rad** Die Fußgängerzone Fan Walk, die für die WM 2010 eingerichtet wurde, bietet zu Fuß oder per Rad unkomplizierten, sicheren Zugang zur Innenstadt.

Bus MyCiTi-Busse pendeln von der Innenstadt zu den Haltestellen Stadium, Granger Bay, Breakwater und Waterfront. Two Oceans Aquarium ist Start-/Zielpunkt von Touren mit den Bussen von City Sightseeing Cape Town (Karte S. 288; www.citysightseeing.co.za).

→ **Boot** City Sightseeing Cape Town bietet eine Kanalfährverbindung zwischen der Waterfront und dem Cape Town International Convention Centre.

HIGHLIGHTS
V&A WATERFRONT

Als Ende der 1980er-Jahre die Sanierung der Victoria und Alfred Docks aus dem 19. Jh. begann, sah es für das Projekt – wie für Südafrika in der Spätphase der Apartheid insgesamt – nicht besonders rosig aus. Zwei Jahrzehnte später ist die V&A Waterfront ein leuchtendes Zeichen für den Erfolg der Regenbogennation, das mit seinem schicken Mix aus Handel und touristischer Unterhaltung jährlich 23 Mio. Besucher anzieht. Die Tatsache, dass die Waterfront immer noch als Hafen in Betrieb ist und ein Großteil ihrer historischen Struktur erhalten wurde, trägt zur Karnevalsatmosphäre bei.

Entstehung der Waterfront

Es waren die Niederländer, die schon 1726 als Erste in dieser Gegend der Tafelbucht die Chavonnes Battery bauten. Im Juni 1858 zerstörte ein Sturm über 30 Schiffe in der Bucht und machte einmal mehr die Notwendigkeit deutlich, den ersten richtigen Hafen für Kapstadt zu schaffen. Der Bau begann 1860 und Queen Victorias zweiter Sohn Alfred war zur Einweihungszeremonie anwesend. Das erste gebaute Becken wurde nach ihm benannt, das zweite nach seiner Mutter, daher der Name Victoria und Alfred Docks.

Bis zur Mitte des 20. Jhs. war der Seehandel in Kapstadt über diese Docks hinausgewachsen. Sobald das Duncan Dock weiter westlich entlang des Foreshore gebaut worden war, wurde der V&A-Bereich nicht mehr genutzt und verfiel zusehends. Die Wiedergeburt der Docks als V&A Waterfront begann Ende der 1980er-Jahre und dauert immer noch an: aktuelle Projekte sind u. a. die Umgestaltung des Clocktower-Geländes und des alten Getreidesilos in ein modernes, ökologisches Gebäude sowie der Bau des Polaris Climate Change Observatory (www.polar foundation.org) auf dem Collier Jetty bis 2014.

NICHT VERSÄUMEN

➡ Two Oceans Aquarium
➡ Chavonnes Battery Museum
➡ Nobel Square
➡ Hafenrundfahrt
➡ Historischer Stadtspaziergang

PRAKTISCH & KONKRET

➡ Karte S. 288
➡ 021-408 7600
➡ www.waterfront.co.za
➡ Information Centre; Dock Rd
➡ Information Centre täglich 9–18 Uhr
➡ Breakwater & Waterfront

ESSEN & SCHLAFEN

Einige der besten Orte, um an der Waterfront zu übernachten, werden auf S. 202 besprochen, Empfehlungen zum Essen und Ausgehen stehen auf S. 107 und S. 109.

Die Anlegeplätze an der Waterfront sind für heutige Containerschiffe und Tanker zu klein, aber das Victoria Basin wird immer noch von Schleppern, verschiedenen Hafen- und Fischerbooten genutzt. Im Alfred Basin sieht man Schiffe, die repariert werden, und Seehunde, die rumplanschen und faul auf den riesigen Reifen, die die Docks säumen, liegen – besonders beliebt bei ihnen sind die Anleger hinter dem Two Oceans Aquarium.

FEUERWERK

Das jährliche Feuerwerk am 31. Dezember ist eines der größten Events an der Waterfront; Restaurantplätze mit Blick auf das Outdoor-Spektakel sollten frühzeitig reserviert werden.

Two Oceans Aquarium

Das exzellente **Two Oceans Aquarium** (☎021-418 3823; www.aquarium.co.za; Dock Rd; Erw./Kind 105/ 50 R; ⏰9.30–18 Uhr) ist eine der Hauptattraktionen der Waterfront. Es zeigt Tiefseebewohner aus den kalten und warmen Regionen der Meere, die die Kaphalbinsel umgeben, darunter Sandtigerhaie. Außerdem gibt's Seehunde, Pinguine, einen Tangwald unter freiem Himmel, und Becken, in denen die Kinder die Meeresbewohner anfassen dürfen. Geübte Taucher können ins Wasser steigen, um sich das Ganze aus der Nähe anzuschauen (595 R inkl. Ausrüstung). Wer sich am Eingang einen Stempel geben lässt, hat bei einem erneuten Besuch am selben Tag freien Eintritt.

Chavonnes Battery Museum

Neben dem Castle of Good Hope bauten die Niederländer eine Reihe von Befestigungsanlagen rund um die Tafelbucht. Das **Chavonnes Battery Museum** (☎021-416 6230; www.chavonnesmuseum.co.za; Clock Tower Precinct; Erw./Kind 25/10 R; ⏰ Mi–Sa 9–16 Uhr) beherbergt die Überreste einer Kanonen-Batterie aus dem frühen 18. Jh. Obwohl sie während des Baus der Docks 1860 zum Teil beschädigt und überbaut wurde, förderte 1999 eine Ausgrabung die Reste zutage. Die gesamte Anlage ist begehbar, sodass man ein gutes Gefühl dafür bekommt, wie sie früher einmal ausgesehen haben mag. Kostümierte Enthusiasten feuern auch gerne mal sonntagmittags eine echte Kanone vor dem Museum ab.

Nobel Square & Umgebung

Das ist die Chance, ein Foto mit Desmond Tutu und Nelson Mandela zu machen! Auf dem **Nobel Square** stehen überlebensgroßen Statuen der beiden Männer, entworfen von Claudette Schreuders, auf den Waterfront-Platz neben denen zweier anderer südafrikanischer Nobelpreisträger: Nkosi Albert Luthuli und F. W. de Klerk. Außerdem zu sehen ist die Skulptur *Peace and Democracy* von Noria Mahasa. Sie symbolisiert den Beitrag von Frauen und Kindern zum Kampf um Demokratie und Frieden.

In der Nähe, am Robinson Dry Dock, ist noch ein riesiges Kunstwerk zu bewundern. Porky Hefer entwarf die 18 m hohe Plastik **Elliot the Cratefan** aus 42 000 roten Coca-Cola-Kästen für die WM 2010. Geplant ist, dass sie Ende 2012 abgebaut wird, aber sie ist ein solches Markenzeichen für die Waterfront geworden, dass sie vielleicht auch länger stehen bleibt.

Maritime Centre

Das kleine **Maritime Centre** (www.iziko.org.za/museums/maritime-centre; 1. OG, Union-Castle House, Dock Rd; Erw./Kind 10 R/kostenlos; ⏰10–17 Uhr) ist voll mit Modellschiffen und einem Modell des Table Bay Harbour, das 1885 von Insassen und Wärtern des Breakwater Prison angefertigt wurde. Außerdem beherbergt es das **John H. Marsh Maritime Research Centre** (rapidttp.co.za/museum). Die Hauptausstellung im Zentrum dreht sich um den Untergang der *Mendi*, das Schiff, das 1917 im Ärmelkanal sank und 607 schwarze Soldaten in den Tod riss.

Diamond Museum

Kapstadt hat ein Goldmuseum, warum also nicht auch eins für Diamanten. Das **Diamond Museum** (www.capetowndiamondmuseum.org; 1. OG, Clock Tower Shopping Centre; Eintritt 50 R, mit einem Gutschein von der Website kostenlos; ⊙9–21 Uhr) ist im Prinzip eine erweiterte Verkaufsfläche für die Klunker, die der Juwelier Shimansky im Angebot hat aber die Auslagen sind recht stilvoll zusammengestellt. Man ist nicht verpflichtet, etwas zu kaufen und kann eine Menge über Diamanten lernen und darüber, wie ihre Entdeckung zum Wohlstand Südafrikas beitrug. Das Verkaufspersonal bietet Führungen an, bei denen Repliken berühmter Steine wie des Hope- und des Taylor-Burton-Diamanten gezeigt werden. Zwischen 8 und 17 Uhr kann man Handwerkern in der angeschlossenen Fabrik bei der Arbeit zusehen.

Historischer Stadtspaziergang

Eine gute Art, einen Einblick in die Geschichte der Waterfront zu bekommen und sich auf dem Gelände zu orientieren, ist die Teilnahme an einem **historischen Stadtspaziergang** (☎Reservierung 021-408 7600; Erw./Kind 50/20 R, mind. 4 Pers.). Die 45-minütigen Touren beginnen am Chavonnes Battery Museum und führen zu Sehenswürdigkeiten wie dem Clock Tower, von dem aus der Hafenmeister einst das Kommen und Gehen in den Docks überwachte; dem Robinson Dry Dock, einem der weltweit ältesten Trockendocks, das immer noch in Betrieb ist; dem Breakwater Prison, in dessen Schieferwände Gefangene Botschaften geritzt haben; und zum Time Ball Tower, der früher den Schiffen in der Bucht die Zeit anzeigte.

Hafenrundfahrten

Bei einer Rundfahrt durch die Tafelbucht kann man den Tafelberg sehen, wie er den Seeleuten von anno dazumal erschien:
Waterfront Boat Company (☎021-418 5806; www.waterfrontboats.co.za; Shop 5, Quay 5) bietet eine Reihe von Rundfahrten an, darunter die sehr empfehlenswerte 1½-stündige Tour bei Sonnenuntergang (220 R) auf einem der schönen, mit Holz und Messing ausgestatteten Schoner *Spirit of Victoria* oder *Esperance*. Eine Fahrt mit dem Schnellboot kostet 500 R pro Stunde.
Yacoob Tourism (☎021-421 0909; www.ytourism.co.za; Shop 8, Quay 5) Unter den diversen angebotenen Ausflügen sind jene an Bord von *Jolly Roger Pirate Boat* (Erw./Kind ab 100/50 R) oder *Tommy the Tugboat* (Erw./Kind 50/25 R) perfekt für Familien. Erwachsene wählen vielleicht eine Spritztour mit dem Speedboot *Adrenalin* oder einen Törn auf einem der Katamarane *Ameera* und *Tigress*.

Hubschraubertouren

Eine weitere an der Waterfront angebotene abenteuerliche Aktivität ist ein Hubschrauberflug über die Halbinsel. Zwei Läden haben diese Touren im Angebot:
Hopper (☎021-419 8951; www.thehopper.co.za; Shop 6, Quay 5; 600 R; P; Waterfront) Bei diesem Anbieter sind Einzelbuchungen möglich. Die Touren beginnen bei einem 15-minütigen Flug über Sandy Bay oder hinaus zu den Twelve Apostles.

Huey Helicopter Co (☎021-419 4839; www.thehueyhelicopterco.co.za; East Pier Rd, Waterfront; ab 2200 R; P; Waterfront) Für den Extrakick fliegt der berühmte „Hueys" der US-Armee, der an der Waterfront abhebt, mit offenen Türen, damit auch das richtige *Apocalypse-Now*-Feeling aufkommt. Standardtouren dauern 20 Minuten und führen Richtung Hout Bay und zurück; der einstündige Flug geht hinunter zum Cape Point.

HIGHLIGHTS
ROBBEN ISLAND

Etwa 12 km hinaus in der Tafelbucht wirkt die flache, nur 2 mal 4 km große Insel mit ihren hübschen Steinhäusern und weißem Kirchturm idyllisch, aber für die Gefangenen, die hier seit den frühen Jahren der Kontrolle durch die VOC (Niederländische Ostindien-Kompanie) bis ins Jahr 1996 eingekerkert waren, war es die Hölle. Heute ist Robben Island ein Museum und Weltkulturerbe. Sein prominentester Insasse war Nelson Mandela und das macht die Insel zu einer der beliebtesten Pilgerstätten von Kapstadt.

Die Tour

Die Insel kann nur im Rahmen einer Tour besucht werden, die mit einer 30-minütigen Fährfahrt vom Nelson Mandela Gateway an der Waterfront beginnt. Die zweistündigen Touren werden meist von ehemaligen Insassen geführt und umfassen einen Rundgang durch das alte Gefängnis (mit dem obligatorischen Blick in Mandelas Zelle). Zudem gibt's eine 45-minütige Bustour rund um die Insel. Dabei werden die wichtigsten Sehenswürdigkeiten erläutert, wie etwa der Kalksteinbruch, in dem Mandela und viele andere Häftlinge Zwangsarbeit leisten mussten. Zu sehen sind auch das Gebäude, in dem der Anführer des Pan-African Congress (PAC) Robert Sobuke inhaftiert war, und die Kirche, die aus der Zeit stammt, als die Insel noch eine Leprakolonie war.

Cell Stories

Wenn man Glück hat, darf man zehn Minuten allein herumlaufen. Die Führer schlagen meist vor, sich die Kolonie der Brillenpinguine oder den *karamat* (muslimischer Schrein) anzusehen. Wir empfehlen jedoch, direkt zum Block A des Gefängnisses zu gehen, um sich die bemerkenswerte Ausstellung Cell Stories anzusehen. In jeder der 40 Isolationszellen befindet sich ein Ausstellungsstück und die jeweilige Geschichte eines ehemaligen politischen Gefangenen: Schachpartien auf Papierfetzen gemalt, ein Fußballpokal, die Weihnachtskarte einer Ehefrau. Das alles ist sehr bewegend. Obwohl es nicht zur regulären Tour gehört, hindert einen nichts daran, sich fortzuschleichen und sich das Ganze auf eigene Faust anzusehen.

Tickets

Obwohl wir eine Reise nach Robben Island sehr empfehlen, ist der Besuch mit einigen Hindernissen verbunden. Eine Hürde kann darin bestehen, ein Ticket zu ergattern – in der Hochsaison können diese mehrere Tage im Voraus ausverkauft sein. Probleme bei der Inselverwaltung haben zudem dazu geführt, dass die Boote manchmal außer Betrieb und, so im November 2011, Teile des Personals im Streik sind. Also am besten frühzeitig online reservieren. Oder man bucht ein Ticket in Verbindung mit einer Townshiptour – manche Anbieter haben Zugang zu Kontingenten, die nicht frei erhältlich sind.

An der Quayside

Auch an der Waterfront gibt es einiges zu sehen. Am Nelson Mandela Gateway (Eintritt frei; ☺9–20.30 Uhr) zeigt ein kleines Museum Ausstellungsstücke, die den Freiheitskampf dokumentieren. Ebenfalls als kleines Museum erhalten geblieben ist die alte Landungsbrücke Jetty 1 (Eintritt frei; ☺7–21 Uhr), der ehemalige Ableger zur Gefängnisinsel Robben Island.

NICHT VERSÄUMEN

➡ Nelson Mandelas Zelle

➡ Ausstellung *Cell Stories*

➡ Nelson Mandela Gateway

➡ Jetty 1

PRAKTISCH & KONKRET

➡ Außerhalb Karte S. 288

➡ ☎021-413 4220

➡ www.robben-island.org.za

➡ Erw./Kind 230/120 R

➡ ☺Fähren legen um 9, 11, 13 & 15 Uhr am Nelson Mandela Gateway ab, wenn das Wetter es zulässt, und kehren am Ende der Tour hierher zurück.

➡ 🚌Breakwater

👁 SEHENSWERTES

V&A WATERFRONT STADTVIERTEL
Die V&A Waterfront umfasst die folgenden Sehenswürdigkeiten: Two Oceans Aquarium (S. 104), Chavonnes Battery Museum (S. 104), Nobel Square (S. 104), Maritime Centre (S. 104) und Diamond Museum (S. 105).

ROBBEN ISLAND MUSEUM
Siehe S. 106.

LP TIPP CAPE TOWN STADIUM STADION
Karte S. 288 (☎021-417 0101; Granger Bay Blvd, Green Point; Führung Erw./Kind 45,60/17,10 R; ⊙Führungen Di–Sa 10, 12 & 14 Uhr; P; 🚌Stadium) Das Stadion, das wie ein riesiger traditioneller afrikanischer Hut geformt und mit einer Teflonmembran ausgestattet ist, die das Tageslicht einfängt und reflektiert, ist Kapstadts bemerkenswertestes Beispiel zeitgenössischer Architektur. Das 4,5 Mio. teure Stadion bietet jetzt regulär 55 000 Plätze, abgespeckt von 68 000 Plätzen für die WM 2010. Es ist die Spielstätte der Fußballmannschaft Ajax Cape Town und wurde für große Popkonzerte genutzt, so von Coldplay, U2 und den Eagles. Die einstündigen Touren führen hinter die Kulissen in den VIP- und Pressebereich sowie in die Umkleiden der Spieler. Gegenüber dem neuen Stadion ist ein Teil des alten Green Point Stadium erhalten: es gibt Pläne, das Gelände für eine neue Lauf- und Fahrradbahn zu nutzen.

🍃 GREEN POINT URBAN PARK PARK
Karte S. 288 (Bay Rd, Green Point; ⊙ tgl. 7–19 Uhr; P; 🚌Stadium) Eines der besten Dinge, die bei der Neugestaltung von Green Point Common für die WM 2010 entstanden sind, ist dieser Park mit dem Schwerpunkt Biodiversität. Wasserläufe, die sich aus Quellen des Tafelbergs speisen, beleben den Park, der über drei phantasievoll gestaltete Bereiche verfügt – Menschen & Pflanzen, Feuchtgebiete und Biodiversität entdecken –, die durch informative Tafeln ergänzt werden und als Freiluftmuseum im besten Sinne funktionieren.
Neben diversen Arten der *Fynbos*-Vegetation (vor allem Proteen und Heidegewächse) und anderen einheimischen Pflanzen kann man das Modell einer Hütte, in der die Khoisan lebten, sehen und kunstvolle Perlentiere, Insekten und Vögel in den Blumenbeeten entdecken. Es gibt reichlich Platz zum Picknicken mit herrlicher Aussicht auf Stadion, Signal Hill und Lion's Head sowie zwei Kinderspielplätze – einen für Kleinkinder und einen für die Größeren. Führungen (Erw./Kind 34,20/17,10 R) durch den Park können über das Cape Town Stadium organisiert werden.

GREEN POINT LIGHTHOUSE & MOUILLE POINT LEUCHTTURM, PARK
Karte S. 288 (100 Beach Rd, Mouile Point; Erw./Kind 16/8 R; ⊙ Mo–Fr 10–15 Uhr; P) Dieser Leuchtturm von 1824, oft fälschlich als Mouille Point Lighthouse bezeichnet (dessen Überreste sich auf dem Gelände der Cape Town Hotel School befinden), ist mit seiner rot-weiß-gestreiften Bemalung ein auffälliges Wahrzeichen. Besucher können das Innere auf eigene Faust erkunden.
Draußen auf der Rasenfläche neben der Mouille Point Promenade gibt es diverse Familienattraktionen, darunter einen schönen **Kinderspielplatz**; den **Blue Train** (10 R; ⊙ tgl. 9–18 Uhr), eine Spielzeuglokomotive mit Waggons; einen **Irrgarten** (Erw./Kind 22/11 R; ⊙10.30–18 Uhr) aus etwas zerzausten Kiefern, der sich rühmt, der „drittgrößte der Welt" zu sein; und einen **Minigolfplatz** (14 R; ⊙9–22 Uhr).

CAPE MEDICAL MUSEUM MUSEUM
Karte S. 288 (Portswood Rd; 10 R; ⊙ Mo–Fr 9–16 Uhr; P; 🚌Stadium) Die Ausstellung Disease and History dieses etwas schrägen Museums schildert im Detail (und mit zum Teil gruseligen Fotos) die Geschichte der großen Krankheiten am Kap – von Skorbut bis HIV/AIDS. Weniger grausig sind das restaurierte viktorianische Behandlungszimmer und eine Apotheke aus dieser Zeit.

ESSEN

Wer in Kapstadt weilt, möchte natürlich mit Blick aufs Meer speisen. Am ehesten ist das in einem der zahlreichen Restaurants und Cafés an der Waterfront möglich, die indes eigentlich nichts weiter als eine gigantische Touristenfalle ist. Alternativen gibt es nur einen kurzen Spaziergang entfernt in Green Point und Mouille Point.

LP TIPP WAKAME FISCHRESTAURANT, ASIATISCH €€
Karte S. 288 (☎021-433 2377; www.wakame.co.za; Ecke Beach Rd & Surrey Pl; Hauptgerichte 70–

120 R; 12–22.30 Uhr) Es gibt wahrlich schlechtere Möglichkeiten, einen Nachmittag zu verbringen, als im Wakame Tintenfisch oder Sushi und dazu den phantastischen Blick aufs Meer zu genießen oder aber bei Sonnenuntergang einen Cocktail auf der (meist gut gefüllten) Veranda zu schlürfen.

LP TIPP WILLOUGHBY & CO
FISCHRESTAURANT, JAPANISCH €

Karte S. 288 (021-418 6115; www.willoughby andco.co.za; Shop 6132, Victoria Wharf, Breakwater Blvd, Waterfront; Hauptgerichte 60–70 R; Feinkostladen 9.30–20.30 Uhr, Restaurant 12–22.30 Uhr; P; Waterfront) Große Portionen Sushi sind das Markenzeichen der guten, fischlastigen Karte dieses gemütlichen Lokals im Erdgeschoss von Victoria Wharf, das als eines der besten an der Waterfront gilt – die langen Schlangen beweisen es.

LP TIPP CAFÉ NEO
GRIECHISCH, CAFÉ €

Karte S. 288 (021-433 0849; 129 Beach Rd, Mouille Point; Hauptgerichte 50–70 R; 7–19 Uhr;) Eines der schönsten und beliebtesten Cafés an der Uferpromenade, das außerdem durch seine angenehm zeitgenössische Einrichtung besticht. Von der Veranda aus hat man einen tollen Blick auf den rot-weißen Leuchtturm.

NOBU
JAPANISCH €€€

Karte S. 288 (021-431 5111; www.noburestau rants.com; One & Only Cape Town, Dock Rd, V&A Waterfront; Hauptgerichte 200–400 R, Abendmenü ab 190 R; täglich 18–22 Uhr; P; Breakwater) Diese Filiale der vornehmen japanischen Restaurantkette läuft seit der Eröffnung des One & Only wie geschmiert. Die Köche bereiten fachmännische Interpretationen unverkennbarer Nobu-Masahisa-Gerichte wie Ceviche und Dorsch in Miso-Sauce zu, daneben gibt's die üblichen Sushi und Tempura, die man am besten in den fertigen Menüzusammenstellungen probiert. Der große Speisesaal ist sehr geschäftig, die intimere Bar im Obergeschoss dagegen ein angenehmer Ort, um sich durch das umfangreiche Sakeangebot zu probieren.

EL BURRO
MEXIKANISCH €

Karte S. 288 (021-433 2364; www.elburro.co.za; 81 Main Rd, Green Point; Hauptgerichte 50–70 R; 12–22.30 Uhr; P; Stadium) Dieser „Esel" im Obergeschoss des Exhibition Building mit Aussicht vom Balkon auf das Cape Town Stadium ist ziemlich elegant, die Ein-

richtung ist etwas schicker als beim Durchschnittsmexikaner und die Karte einfallsreicher. Die üblichen Tacos und Enchiladas werden durch traditionelle Gerichte wie Mole Poblano ergänzt.

GIOVANNI'S DELI WORLD
CAFÉ, FEINKOST €

Karte S. 288 (103 Main Rd, Green Point; Hauptgerichte 20–40 R; 7.30-20.30 Uhr) Giovanni's bereitet Sandwiches nach Wunsch zu und ist ein idealer Anlaufpunkt, um sich für ein Picknick oder einen Tag am Strand einzudecken. Auch das Straßencafé ist sehr beliebt.

CAPE TOWN HOTEL SCHOOL
ZEITGENÖSSISCH €

Karte S. 288 (021-440 5736; Beach Rd, Mouille Point; Hauptgerichte 60–100 R; Mo–Sa 11.30–14.30, 18.30–21.30, So 12–14.30; P) Der Speisesaal ist geschmackvoll in Grau- und Silbertönen gehalten und von der Außenterrasse blickt man direkt auf die Granger Bay hinaus. Begeisterte Schüler werden hier zu Köchen und Kellnern ausgebildet, man sollte also etwas Nachsicht walten lassen; wir haben bei unserem Besuch gute Erfahrungen gemacht und fanden das Essen sehr lecker und ansprechend präsentiert. Sonntags wird ein Büfett für 110 R pro Person angeboten.

NEWPORT MARKET & DELI
INTERNATIONAL, FEINKOST €

Karte S. 288 (www.newportdeli.co.za; 47 Beach Rd, Mouille Point; Hauptgerichte 50–60 R; 6.30–21 Uhr) Ein guter Ort, um sich mit Sandwiches plus Smoothie oder Koffeingetränk für ein Picknick auf der Mouille Point Promenade oder im Green Point Park zu bewaffnen. Es gibt auch eine Kaffeeterrasse mit reichlich Tischen.

FISHERMAN'S CHOICE
FISCHRESTAURANT €

Karte S. 288 (Quay 5, Waterfront; Fish & Chips ab 70 R; 9–21 Uhr; P; Breakwater) Fish & Chips zum Frühstück? In diesem Laden am Hafen, einem der besten Orte für ein herzhaftes Frühstück an der Waterfront, kann man das haben und dabei noch den herrlichen Blick auf den Tafelberg genießen. Man bestellt an der Theke und kriegt das Essen dann an den Tisch gebracht.

MELISSA'S
INTERNATIONAL, FEINKOST €

Karte S. 288 (www.melissas.co.za; Shop 6195, Victoria Wharf, Breakwater Blvd, Waterfront; Hauptgerichte 40–70 R; 9–21 Uhr; P; Waterfront) Attraktive Filiale des erstklassigen Feinkost-Cafés mit leckerem Essen und einem nach Gewicht berechneten Frühstücks- und Mittagsbüfett.

AUSGEHEN & NACHTLEBEN

 BASCULE BAR

Karte S. 288 (☎ 021-410 7097; www.capegrace.com; Cape Grace, West Quay Rd, Waterfront; ⏲12–2 Uhr) Über 450 Whiskysorten werden in der vornehmen Bar des Grace angeboten und es sind immer noch ein paar Gläschen vom 50-jährigen Glenfiddich (pro Schluck nur 18 000 R) übrig. Es werden Whisky-Verkostungen (175 R oder 220 R) angeboten, bei denen man sechs Schlückchen probieren kann, drei davon werden mit einem Snack kombiniert. Die Außentische Richtung Yachthafen sind ein angenehmer Ort für einen Drink und leckere Tapas.

VISTA BAR COCKTAILBAR

Karte S. 288 (http://capetown.oneandonlyresorts.com; One&Only Cape Town, Dock Rd, Waterfront; ⏲12–1 Uhr; P; Breakwater) Die Bar des Luxushotels bietet eine Plüschumgebung und einen perfekt umrahmten Blick auf den Tafelberg. Sie ist ein stilvoller Ort für einen Nachmittagstee (145 R; ⏲14.30–17.30 Uhr) oder etwas Kreatives von der Cocktailkarte, darunter Klassiker mit südafrikanischer Note.

HARBOUR HOUSE BAR, RESTAURANT

Karte S. 288 (☎ 021-418 4744; Quay 4, Waterfront; ⏲12–22 Uhr; P; Breakwater) Diese Institution aus Kalk Bay gibt ihr Debüt an der Waterfront mit einem guten Restaurant im Erdgeschoss und einer noch besseren Sushi- und Loungebar auf dem Oberdeck – perfekt für ein kühles Glas Wein bei Sonnenuntergang.

GRAND CAFÉ & BEACH BAR, RESTAURANT

Karte S. 288 (☎ 072 586 2052; www.grandafrica.com; Granger Bay Rd, bei der Beach Rd, Granger Bay; ⏲12–22 Uhr; P; Granger Bay) Um den Privatstrand für diese superhippe Restaurantbar in einem ehemaligen Speicher aufzuschütten, wurde extra Sand herangeschafft. Einheimische treffen sich hier gern am Wochenende, eher um die entspannte Stimmung zu genießen als das mäßige Essen. Später am Abend legen DJs auf. Außerdem gibt's einen guten Souvenirladen.

W TAPAS BAR CAFÉ, WEINBAR

Karte S. 288 (☎ 021-415 3411; Woolworths, Victoria Wharf, Breakwater Blvd, Waterfront; ⏲9–21 Uhr; P; Waterfront) Im obersten Stockwerk von Woolworths versteckt sich diese moderne, nicht überlaufene Weinbar mit einem phantastischen Blick über den Hafen. Hier warten die besten heimischen Weine des Kaufhaussortiments sowie Tapasgerichte aus Wurst, Meeresfrüchten und vegetarischen Dips (65–95 R) darauf, die Gaumen von probierfreudigen Besuchern zu kitzeln.

ALBA LOUNGE COCKTAILBAR

Karte S. 288 (☎ 021-425 3385; www.albalounge.co.za; 1. OG, Hildegards, Pierhead, Waterfront; ⏲17–2 Uhr; P; Breakwater) Auch von dieser zeitgenössisch eingerichteten Cocktailbar aus lässt sich herrlich der Hafen überblicken. Die Drinks sind einfallsreich und im Winter glüht außer dem Alkohol auch noch ein knisterndes Feuer.

TOBAGO'S COCKTAILBAR

Karte S. 288 (☎ 021-441 3000; Radisson Blu Hotel Waterfront, Beach Rd, Mouille Point; ⏲6.30–22.30 Uhr; P) Durch das Hotel geht es zur geräumigen Bar im Außenbereich mit Toplage zur Tafelbucht. Zum Sonnenuntergang schmeckt der Cocktail gleich noch einmal so gut und zum Abschluss führt ein lässiger Spaziergang an der Mole entlang.

MITCHELL'S SCOTTISH ALE HOUSE & BREWERY KNEIPE

Karte S. 288 (www.mitchellsbreweries.co.za; East Pier Rd, Waterfront; ⏲11–2 Uhr; P; Breakwater) Wer durch die Tür zu Südafrikas ältester Kleinbrauerei (1983 in Kysna gegründet) tritt, kann aus einer Reihe frisch gebrauter Biere und preiswerter Speisen wählen. Achtung: Das „Old Wobbly" haut ordentlich rein.

BELTHAZAR RESTAURANT, WEINBAR

Karte S. 288 (☎ 021-421 3753; www.belthazar.co.za; Shop 153, Victoria Wharf, Breakwater Blvd, Waterfront; P; Waterfront) Mit dem Anspruch, die weltgrößte Weinbar zu sein, offeriert Belthazar 600 verschiedene südafrikanische Weine, etwa 250 davon sind als offene Weine erhältlich (übrigens in Riedel-Gläsern). Das Restaurant ist auf erstklassiges Rindfleisch der Marke Karan spezialisiert, aber es gibt auch reichlich Gerichte mit Fisch und Meeresfrüchten.

INSIDERWISSEN

UNTERHALTUNG AN DER WATERFRONT

Der **Market Square** an der Waterfront hat viele kostenlose Unterhaltungsangebote wie Straßenmusiker und Tänzer zu bieten. Neben dem gigantischen Bildschirm, auf dem Videos laufen, dient das Amphitheater als Bühne für Nachwuchskünstler und samstags und sonntags von 17 bis 18 Uhr gibt es Liveauftritte. Mainstreamfilme werden im Numetro Multiplex in the Victoria Wharf gezeigt, Arthouse-Angebote im Ster Kinekor Cinema Nouveau im selben Komplex.

SHOPPEN

Der Großteil der Geschäfte und Stände der Waterfront befindet sich in der Victoria Wharf, allerdings gibt es auch noch ein paar interessante Läden in der kleineren Alfred Mall. Das Clock Tower Precinct wurde zur Zeit der Recherche gerade umgestaltet.

LP TIPP ▸ VICTORIA WHARF   SHOPPINGCENTER
Karte S. 288 (Breakwater Blvd, Waterfront; ⊙9–21 Uhr; P; Waterfront) Alle großen Namen des südafrikanischen Einzelhandels, darunter Woolworths, CNA, Pick n Pay, Exclusive Books und Musica, plus internationale Luxusmarken sind in diesem einladenden Einkaufszentrum, einem der besten in Kapstadt, vertreten. Angeschlossen ist der **Red Shed Craft Workshop**, ein ständiger Markt mit einheimischem Kunsthandwerk wie Keramik, Textilien und Schmuck.

LP TIPP ▸ WATERFRONT CRAFT MARKET & WELLNESS CENTRE   KUNSTHANDWERK
Karte S. 288 (Dock Rd, Waterfront; ⊙9.30–18 Uhr; P; Breakwater) Der auch als Blue Shed bekannte Kunsthandwerkermarkt hat ein wirklich breites Sortiment und bietet so einige Shoppinghighlights. Da wäre zum einen die bunte Textilkollektion von Ikamva Labantu oder auch Township Guitars, wo es abgefahrene E-Gitarren gibt, die in den Townships aus Öldosen, Holz und Angelschnüren gefertigt werden (ab 2000 R). In der Wellness-Abteilung findet man allerlei ganzheitliche Produkte und kann sich massieren lassen.

LP TIPP ▸ VAUGHAN JOHNSON'S WINE & CIGAR SHOP   WEIN
Karte S. 288 (www.vaughanjohnson.co.za; Market Sq, Dock Rd, Waterfront; ⊙ Mo–Fr 9–18, Sa 9–17, So 10–17 Uhr; P; Breakwater) Hier wird eigentlich jeder südafrikanische Wein von Bedeutung verkauft, den man sich nur wünschen kann – und darüber hinaus auch noch einige aus dem Ausland. Anders als bei den meisten Weinhandlungen ist sonntags geöffnet.

SOLVEIG   MODE
Karte S. 288 (www.solveigoriginals.co.za; Albert Mall, Dock Rd, Waterfront; ⊙9–21 Uhr; P; Breakwater) Hier ist höchst originelle, bunte und unverkennbar südafrikanische Mode im Angebot, vor allem für Frauen, aber es gibt auch ein paar Herrenjacken und dazu Accessoires und niedliche Flickenpuppen.

CAPE UNION MART ADVENTURE CENTRE   OUTDOOR-AUSRÜSTER
Karte S. 288 (www.capeunionmart.co.za; Quay 4, Waterfront; ⊙9–21 Uhr; P; Waterfront) Dieses Warenhaus ist voller Rucksäcke, Stiefel, Kleidung und praktisch allem, was man für Outdoor-Abenteuer brauchen könnte, von einer Wanderung auf den Tafelberg bis zu einer Safari von Kapstadt nach Kairo. Es gibt auch kleinere Filialen in der **Victoria Wharf**, sowie in Gardens Centre und Cavendish Square.

NAARTJIE   KINDERKLEIDUNG
Karte S. 288 (www.naartjiekids.com; Shop 119, Victoria Wharf, Breakwater Blvd, Waterfront; ⊙9–21 Uhr; P; Waterfront) Dieser Anbieter von Designermode aus Baumwolle für Kinder hat sich von einem kleinen Stand am Greenmarket Square zu einer Weltmarke entwickelt. Weitere Filialen gibt es am Cavendish Square und Canal Walk, dazu einen Fabrikladen in Hout Bay.

CARROL BOYES   HAUSHALTSWAREN
Karte S. 288 (www.carrolboyes.co.za; Shop 6180, Victoria Wharf, Breakwater Blvd, Waterfront; ⊙9–21 Uhr; P; Waterfront) Carrol Boyes entwirft Besteck, Küchenutensilien und Haushaltsgegenstände aus Zinn und Stahl mit ungewöhnlicher Haptik. Hier werden

auch die bunten Perlenarbeiten von Monkeybiz und die Keramik von Barbara Jacksons verkauft.

SHIMANSKY   SCHMUCK
Karte S. 288 (www.shimansky.co.za; 1.OG, Clock Tower Centre; 9–21 Uhr; P; Breakwater) Diamanten sind ein Synonym für Südafrika und hier gibt es eine ganze Menge davon, verarbeitet in einem breiten Schmuckangebot. Es gibt auch ein kleines Museum und eine Werkstatt, wo man einen Blick darauf erhaschen kann, wie die Klunker hergestellt werden.

CAPESTORM   OUTDOOR-AUSRÜSTER
Karte S. 288 (www.capestorm.co.za; Shop 123 Victoria Wharf, Breakwater Blvd, Waterfront; P; Waterfront) Moderne Abenteurer finden hier alles, um ihre Ausrüstung zu komplettieren, sei es fürs Bergsteigen oder für Radsport auf lange Distanzen. Der Laden ist spezialisiert auf Kleidung aus Funktionsfasern und Fleece. Alle Produkte werden lokal entwickelt und hergestellt.

SPORT & AKTIVITÄTEN

HAFENRUNDFAHRTEN   BOOTSFAHRTEN
Siehe S. 105.

HUBSCHRAUBERTOUREN   RUNDFLÜGE
Siehe S. 105.

TAUCHEN IN DER TAFELBUCHT   TAUCHEN
Karte S. 288 (021-419 8822; www.tablebaydiving.com; Shop 7, Quay 5, Waterfront; P; Breakwater) Bei diesem renommierten Anbieter kosten Tauchgänge vom Ufer aus 200 R und vom Boot aus 300 R. Eine komplette Ausrüstung ist für 300 R zu haben, professionelle Tauchkurse gibt's für 3250 R. Table Bay Diving organisiert außerdem Touren zum Haitauchen nach Gansbaai.

TWO OCEANS AQUARIUM   TAUCHEN
Karte S. 288 (021-418 3823; www.aquarium.co.za; Dock Rd, Waterfront; dives R485; P; Breakwater) In den Becken des Two Oceans Aquarium ist die Begegnung mit Haien garantiert. Große Weiße gibt's hier zwar nicht, dafür aber einige Tigerhaie, eine Reihe anderer Raubfische und eine Schildkröte. Die Ausrüstung ist im Preis inbegriffen, ein Tauchschein ist Voraussetzung. Wer keinen hat, kann einen eintägigen Kurs absolvieren. Erfahrene Taucher können sich außerdem in die Algenwälder des Aquariums wagen.

OCEAN SAILING ACADEMY   SEGELN
Karte S. 288 (021-425 7837; www.oceansailing.co.za; West Quay Rd, Waterfront; P; Waterfront) Südafrikas einzige Schule der Royal Yachting Association (RYA) veranstaltet Segelkurse für Anfänger und Fortgeschrittene.

METROPOLITAN GOLF CLUB   GOLF
Karte S. 288 (021-430 6011; metropolitangolfclub.co.za/index.php; Fritz Sonnenberg Rd, Mouille Point; 9/18 holes R250/425; P; Stadium) Im Zuge der Umgestaltung der Sporteinrichtungen des Green Point Common bekam auch dieser Platz ein Facelifting. Vier einheimische Grassorten sollen ihm ein natürlicheres Aussehen verleihen. Die angenehm windgeschützte Lage zwischen Cape Town Stadium und Green Point Park und im Hintergrund Signal Hill, ist unschlagbar.

Sea Point bis Hout Bay

SEA POINT | CLIFTON | CAMPS BAY | HOUT BAY

Highlights

❶ Das goldene Halbrund des palmengesäumten Strands der **Camps Bay** (S. 114) ist auch ohne Felsenklettern oder Treppensteigen zugänglich, was – neben den hippen Strandbars und -restaurants des noblen Vororts – ein weiterer Grund für seine Beliebtheit ist.

❷ Vom aufregenden **Chapman's Peak Drive** (S. 115) den **Hout Bay Harbour** (S. 115) bestaunen.

❸ An der abgeschiedenen **Sandy Bay** (S. 115) die Hüllen fallen lassen und die gigantischen Felsformationen erkunden.

❹ Am Quartett der Strände von **Clifton** (S. 114) gebräunte und gestählte Körper bewundern.

❺ Die **Sea Point Promenade** (S. 114) entlangschlendern und am Art-déco-**Pavilion** (S. 114) schwimmen gehen.

Details siehe Karten S. 290, S. 291 und S. 292 ➡

Sea Point bis Hout Bay erkunden

Sea Point, schon lange populär bei der jüdischen und der chinesischen Bevölkerung Kapstadts wie auch bei der schwulen Community, hat mit seinen vielen Art-déco-Wohnblocks eine gewisse Eleganz, die ein wenig an Miami Beach erinnert. Die Main Road und die Regent Street bilden das Geschäftszentrum von Sea Point und sind von immer besseren Restaurants, Cafés und Läden gesäumt.

Weiter südlich reihen sich die Villenviertel Bantry Bay, Clifton und Camps Bay auf – mit beneidenswertem Meerblick. Hier gibt's die besten Strände zum Sonnenbaden.

Wer der Küstenstraße Victoria Road über den Pass am Little Lion's Head (436 m) folgt, erreicht den Fischerort Hout Bay. Hout bedeutet „Holz" auf Afrikaans. Aus den Wäldern, die einst das Tal rund um den Disa River bedeckten, gewann Jan van Riebeeck das Holz, mit dem er sein Fort in Cape Bowland baute und die Meiler befeuerte, um Ziegel zu brennen. Die Wälder sind verschwunden, doch die Schönheit der Hout Bay – ein natürlicher Hafen und ein weißer Strand, der sich zwischen den fast senkrecht aufragenden Sentinel und die steilen Abhänge von Chapman's Peak schmiegt – ist erhalten geblieben.

Mit der landeinwärts gelegenen Township Imizamo Yethu (auch Mandela Park genannt) und dem Farbigenbezirk Hangberg gegenüber dem Hafen bildet Hout Bay eine Art Mikrokosmos Südafrikas und sieht sich mit den gleichen Integrationsproblemen konfrontiert, mit denen das ganze Land nach dem Ende der Apartheid zu kämpfen hat. Die dörfliche Atmosphäre und die günstige Lage machen den Ort zu einer guten Ausgangsbasis für Ausflüge.

Ein Tag ist ausreichend, um den Sehenswürdigkeiten in der Gegend Genüge zu tun.

Lokalkolorit

➡ **Märkte** Sich Freitagabends unter die Einheimischen mischen, den Bay Harbour Market (S. 118) in Hout Bay abgrasen und Musik hören.

➡ **Strände** Weniger bekannte Strände wie Glen Beach (S. 114) oder den Strand in Llandudno (S. 115) aufspüren, um den Massen zu entkommen.

➡ **Spaziergänge** Am frühen Abend die Promenade in Sea Point (S. 114) entlangjoggen oder -schlendern und Legionen von Einheimischen treffen, die dasselbe tun.

Anfahrt

➡ **Busse** Die Busse von Golden Arrow pendeln von der Innenstadt nach Hout Bay. Es gibt Pläne, den Service von MyCiTi bis Camps Bay und Hout Bay zu erweitern.

➡ **City Sightseeing Cape Town** Die Sightseeing-Busse (hop-on-hop-off) halten in Camps Bay und Hout Bay.

➡ **Sammeltaxis** Fahren regelmäßig von der Innenstadt nach Sea Point und Camps Bay.

Top-Tipp

In Camps Bay, der Spielwiese der Reichen und Schönen, ist es nötig, in Restaurants und Bars zu reservieren, wenn man einen guten Platz für einen Drink und einen Happen bei Sonnenuntergang abkriegen will.

 Gut essen

➡ Roundhouse (S. 115)
➡ La Boheme (S. 116)
➡ The Duchess of Wisbeach (S. 116)
➡ The Mussel Bar (S. 116)
➡ La Perla (S. 116)

Mehr dazu S. 115 ➡

 Schön ausgehen

➡ The Bungalow (S. 117)
➡ La Vie (S. 117)
➡ Dunes (S. 117)
➡ Salt (S. 117)
➡ Café Caprice (S. 117)

Mehr dazu S. 117 ➡

 Schön shoppen

➡ Bay Harbour Market (S. 118)
➡ Hout Bay Craft Market (S. 118)
➡ Ethno Bongo (S. 119)
➡ T-Bag Designs (S. 119)

Mehr dazu S. 118 ➡

SEHENSWERTES

CLIFTON BEACHES
STRAND

Karte S. 290 (Victoria Rd, Clifton; Liegestuhl & Sonnenschirm 80 R) Riesige Granitblöcke unterteilen die vier Strände von Clifton. Treppen führen von der Victoria Road zum Strand. Da sie relativ windgeschützt sind, sind die Strände bei sämtlichen Sonnenanbetern sehr beliebt. Am Strand No 3 treffen sich die Schwulen, er wird aber ebenso von vielen Heteros aufgesucht und zum Strand No 4 kommen im erster Linie die Familien. Hungrige und Durstige können sich bei den Händlern am Strand mit Getränken und Eis eindecken und am Strand No 3 wird meist auch noch ein Massagezelt aufgebaut. Wer schwimmen will, sollte bedenken dass das Wasser direkt aus der Antarktis kommt und somit sehr belebend (will sagen eiskalt) ist.

SEA POINT PROMENADE
SPAZIERGANG, SCHWIMMEN

Karte S. 292 (Beach Rd, Sea Point) Die breite, gepflasterte und begrünte Promenade von Sea Point entlangzuschlendern oder zu -joggen ist ein Vergnügen, das von Kapstädtern jeder Couleur geteilt wird – sie ist ein toller Ort, um bei Sonnenuntergang vorbeizuschauen und sich zu vergegenwärtigen, wie multikulturell die Stadt ist. Es gibt Spielplätze für die Kinder und am nördlichen Ende einen nicht sehr gepflegten Freiluft-Fitnessbereich.

Die Küste ist hier sehr felsig und das Schwimmen gefährlich, aber man kann am Rocklands Beach und in ein paar Gezeitenbecken ins Wasser: im **Milton's Pool**, der für Kinder geeignet ist, und im **Graaff's Pool**. Wer zu dünnhäutig für die kalte See ist, hat immer noch den am Südende der Promenade gelegenen **Sea Point Pavilion**.

HIGHLIGHTS
CAMPS BAY BEACH

Mit den spektakulären Vorbergen des Tafelbergs, den Twelve Apostles, im Hintergrund und feinem weißen Sand ist der noble Vorort Camps Bay einer der beliebtesten Strände der Stadt. Die Palmen, die den Strand entlang der Victoria Road säumen, wurden einst gepflanzt, um dem Vorort ein wenig „mediterranes" Flair einzuhauchen.

Da der Strand nur etwa 15 Autominuten vom Stadtzentrum entfernt ist, kann es hier schon mal voll werden, besonders an Wochenende. Bei Wind empfiehlt es sich nicht unbedingt herzukommen, da der Sandsturm den Effekt eines Instantpeelings hat. Es gibt keinen Rettungsdienst und der Wellengang ist sehr stark. Wer trotzdem schwimmen gehen will, sollte vorsichtig sein. Klettert man am Nordende der Bucht über die Felsen oder steigt die Stufen von der Hauptstraße hinab, gelangt man zum geschützteren und weniger besuchten Glen Beach.

Der Name der Twelve Apostles soll aus dem Jahr 1820 von dem britischen Gouverneur Sir Rufane Donkin stammen, obwohl es weitaus mehr als zwölf sind und kein einziger Berg nach einem Apostel benannt ist. Die Holländer sprachen von „De Gevelbergen", was so viel wie Giebelberge bedeutet. Am besten kann man sie kurz vor Sonnenuntergang von der Lower Kloof Road betrachten. Ein hübscher Ort, um dem Trubel zu entkommen, ist The Glen, ein schattiger Picknickplatz und Teil des Table Mountain National Park direkt unterhalb des Restaurants Roundhouse.

NICHT VERSÄUMEN

➡ Glen Beach
➡ Drinks bei Sonnenuntergang an der Victoria Rd
➡ Aussicht bei Sonnenuntergang auf die Twelve Apostles

PRAKTISCH & KONKRET

➡ Karte S. 290
➡ campsbay.com
➡ Victoria Rd
➡ Eintritt frei

CHAPMAN'S PEAK DRIVE AUTOTOUR
Karte S. 291 (www.chapmanspeakdrive.co.za; Chapman's Peak Drive; Auto/Motorrad 31/20 R; P)
Egal ob mit dem Auto, dem Fahrrad oder zu Fuß: „Chappies", eine 5 km lange Mautstraße, die die Hout Bay mit Noordhoek verbindet, ist eine der spektakulärsten Küstenstraßen der Welt, man sollte sich also genügend Zeit nehmen und von einem der Picknickplätze aus die Aussicht genießen. Es lohnt sich auf jeden Fall, die Straße zumindest auf einer Strecke zum oder vom Cape Point zu nehmen. Wer nicht vorhat, die ganze Strecke zu fahren, kann bei der Zufahrt auf der Hout-Bay-Seite (wo die Mautschalter sind) nach einer kostenlosen Tageskarte fragen, mit der man zu einem Aussichtspunkt mit Blick auf die Bucht fahren darf.

Kurz hinter Hout Bay befindet sich auf einem Felsen an der Straße eine bronzene **Leopardenstatue**. 1963 errichtet, erinnert sie an die vielen wilden Tiere, die einst durch die Wälder der Gegend streiften (und ebenfalls größtenteils verschwunden sind).

LLANDUDNO & SANDY BAY STRAND
Außerhalb Karte S. 291 (nahe Victoria Rd/M6); Das exklusive Anwesen Llandudno verfügt über einen riesigen mit Felsbrocken übersäten Strand. Dieser schöne Ort wird gern von Familien aufgesucht. In den Brandungswellen (meist von rechts) wird gesurft, die besten Bedingungen herrschen bei Hochwasser mit geringer Dünung und südöstlichem Wind.

Südlich von Llandudno führen Schilder zur Sandy Bay, Kapstadts inoffiziellem FKK-Strand. Er ist ein Treffpunkt für Schwule, aber auch viele Heteros kommen gern zu diesem besonders hübschen Strandabschnitt und niemand ist dazu verpflichtet, sich auszuziehen. Zudem gibt es beeindruckende Felsformationen und Pfade durch die Fynbos-Vegetation. Vom Parkplatz Sunset Rocks geht man in südlicher Richtung etwa 15 Minuten zum Strand.

HOUT BAY HARBOUR BOOTSTOUR
Karte S. 291 (Harbour Rd, Hout Bay) Wenngleich der Tourismus sich mit Komplexen wie der **Mariner's Wharf** (www.marinerswharf.co.za) immer breiter macht, erfüllt der Hafen von Hout Bay weiterhin seinen eigentlichen Zweck. Der südliche Teil der Bucht dient als wichtiger Standort der Fischindustrie.

Das Beste, was man hier unternehmen kann, ist ein **Bootsausflug nach Duiker Island** (wegen seiner Robbenkolonie auch als Seal Island, also „Seehundinsel" bekannt, aber nicht zu verwechseln mit dem „offiziellen" Seal Island in False Bay). Drei verschiedene Unternehmen bieten nahezu identische Touren, die zwischen 40 Minuten und einer Stunde dauern; die morgendlichen Abfahrten sind meist verlässlich:
Circe Launches (021-790 1040; www.circelaunches.co.za; Erw./Kind 45/18 R)
Drumbeat Charters (021-791 4441; www.drumbeatcharters.co.za; Erw./Kind 65/25 R)
Nauticat Charters (021-790 7278; www.nauticatcharters.co.za; Erw./Kind 60/30 R).

WORLD OF BIRDS VOGELPARK
Außerhalb Karte S. 291 (www.worldofbirds.org.za; Valley Rd; Erw./Kind 75/40 R; 9–17 Uhr; P)
Bart- und Webervögel, Flamingos und Strauße sind unter den 3000 Vögeln und Kleinsäugern aus über 400 Arten, die in diesem Park zu bestaunen sind. Besonderer Wert wurde darauf gelegt, die Vogelhäuser, die im Übrigen die größten in Südafrika sind, durch allerlei tropische Landschaften so natürlich wie möglich erscheinen zu lassen. Im **Affendschungel** (11.30–13 & 14-15.30 Uhr) können sich die Besucher von den ziemlich vorlauten Totenkopfäffchen unterhalten lassen.

OUDERKRAAL PARK, TAUCHEN
Karte S. 290 (Victoria Rd/M6; Erw./Kind 20/10 R; 7–18 Uhr) Auf dieser Ansammlung von Granitbrocken, die in den Atlantik ragen, unterhält der Table Mountain National Park einen hübschen Picknickplatz. Mit seinen geschützten Buchten voller Meeresgetier und dem ältesten bekannten Schiffswrack in Südafrika (aus dem Jahr 1670) ist dies außerdem ein erstklassiger Tauchspot.

ESSEN

LP TIPP ROUNDHOUSE ZEITGENÖSSISCH €€€
Karte S. 290 (021-438 4347; theroundhouserestaurant.com; The Glen, Camps Bay; Restaurant 4-/6-Gänge-Menü 450/595 R, Rumbullion Hauptgerichte 65–85 R; Restaurant ganzjährig Di–Sa 18–22 Uhr, Mai–Sept. zusätzlich Mi–Sa 12–16, So 12–15 Uhr; Rumbullion Okt.–Apr. Fr–So 9–23.30, Mai–Sept. 12–20 Uhr; P) Das denkmalgeschützte Gebäude aus dem 18. Jh. auf einem Waldgrundstück mit Blick auf die Camps Bay ist der perfekte Ort für das elegante Restaurant, das es jetzt beherbergt. Das Menü kann auch zu einer delikaten ve-

getarischen Mahlzeit zusammengestellt werden. Falls man abends keinen Platz bekommt, bietet sich ein entspanntes Mittagessen oder Frühstück (nur am Wochenende) auf dem Rasen im Außenbereich namens Rumbullion an, wo es Gourmetpizza und Salate gibt.

LP TIPP — LA BOHEME — SPANISCH €€

Karte S. 290 (☑021-434 8797; www.laboheme bistro.co.za; 341 Main Rd, Sea Point; 2/3 Gänge 95/120 R; ⊘ Mo–Sa 8.30–22.30 Uhr; 🛜) Mit flackernden Kerzen auf den Tischen und Picasso-Drucken an den Wänden ist dieses hervorragende Weinbistro ein wunderbarer Ort für ein Abendessen. Im Tagesbetrieb La Bruixa kann man sich an Espresso und leckeren Tapas laben.

THE DUCHESS OF WISBEACH — FRANZÖSISCH €€

Karte S. 292 (☑021-434 1525; The Courtyard Bldg, 1 Wisbeach Rd, Sea Point; Hauptgerichte 70–120 R; ⊘ Mo–Sa 19–22.30 Uhr) Unter der Leitung eines gefeierten Johannesburger Kochs hebt die romantische „Herzogin" die Messlatte für Sea Points Esslokale um mehrere Stufen an. Es werden klassische französische Bistrogerichte mit modernem südafrikanischen Touch serviert. Alle Zutaten sind frisch, tiefgefroren hingegen sind nur die hausgemachten Eissorten und Sorbets.

THE MUSSEL BAR — MUSCHELN €€

Karte S. 290 (☑021-438 4612; themusselbar.co.za; Camps Bay; Muscheln 75–150 R; ⊘ tgl. 13–23 Uhr) Dieses unkomplizierte Lokal an der Straße lohnt einen Besuch für eine Portion frischer Muscheln aus der Saldhana Bay in cremiger Weinsoße und grob geschnittene Pommes mit Aioli und Rosmarinsalz. Heruntergespült wird das Ganze mit dem süffigen Bier Darling Slow Brew.

LP TIPP — LA PERLA — ITALIENISCH €€

Karte S. 292 (☑021-439 9538; www.laperla.co. za; Church Rd Ecke Beach Rd, Sea Point; Hauptgerichte 95–160 R; ⊘10–24 Uhr) Das zeitlos elegante La Perla ist schon seit Jahrzehnten eine angesagte Adresse an der Promenade von Sea Point und bietet eine umfangreiche Karte mit allerlei Pasta-, Fisch- und Fleischgerichten. Die Gäste können auf der Terrasse unter Palmen speisen oder sich in die etwas intimere Bar zurückziehen.

MASSIMO'S — ITALIENISCH €

Außerhalb Karte S. 291 (☑021-790 5648; www. pizzaclub.co.za; Oakhurst Farm Park, Main Rd, Hout Bay; Hauptgerichte 56–110 R; ⊘ Mi–Fr 17–23, Sa & So 12–23 Uhr) Es gibt Pasta und *spuntini* (italienische Tapas), aber die eigentliche Spezialität im Massimo's sind die knusprig-dünnen Holzofenpizzen – und die sind ausgesprochen gut. Der Italiener Massimo und seine Frau Tracy aus Liverpool servieren mit Humor und Herzlichkeit.

LA MOUETTE — FRANZÖSISCH €€

Karte S. 292 (☑021-433 0856; http://lamouette-restaurant.co.za; 78 Regent Rd, Sea Point; Hauptgerichte 110–145 R, Probiermenü 240 R; ⊘ Di–So 12–15, tgl. 18–22.30 Uhr) Endlich hat dieses charmante Haus mit seinem üppig grünen Innenhof mit Springbrunnen den Koch und den aufmerksamen Service, den es verdient. Serviert werden gut zubereitete Klassiker wie Bouillabaisse und frischer Fisch auf Nizzasalat sowie kreative neue Gerichte wie gesalzene und gepfefferte Garnelen mit Chorizo-Popcorn.

KITIMA — ASIATISCH €€

Karte S. 291 (☑021-790 8004; www.kitima.co.za; Kronendal, 140 Main Rd, Hout Bay; Hauptgerichte 90–190 R; ⊘ Di–Sa 18–22.30, So 12–15.30 Uhr) Die Heimat des hervorragenden panasiatischen Restaurants, das sich auf Thaiküche und Sushi spezialisiert hat, ist das Kronendal, ein sorgsam restauriertes kapholländisches Landhaus, das teilweise aus dem Jahr 1713 stammt. Freundliches Personal und fachkundige Köche garantieren, dass Gerichte wie *pad thai gai* wie in Thailand schmecken.

FISH ON THE ROCKS — FISCHRESTAURANT €

Karte S. 291 (www.africasfavourite.com; Harbour Rd, Hout Bay; Hauptgerichte 39 R; ⊘10.30–20.15 Uhr) In luftiger Lage direkt an der Bucht gibt es so ziemlich die besten Fish 'n' Chips der Stadt. Wer auf den Felsen isst, sollte sich aber vor den frechen Möwen in Acht nehmen.

CEDAR — LIBANESISCH €

Karte S. 292 (☑021-433 2546; 100 Main Rd, Sea Point; Hauptgerichte 50–80 R; ⊘ Mo–Sa 11–13 & 17–21.30 Uhr; 🍴) Dieser kleine Familienbetrieb macht vielleicht optisch nicht viel her, punktet aber mit einer leckeren Auswahl an Meze und orientalischen Gerichten wie Falafel, Baba Ganoush und Hummus.

HESHENG — CHINESISCH €

Karte S. 292 (☑021-434 4214; 70 Main Rd, Sea Point; Hauptgerichte 40–60 R; ⊘ Mo & Mi–So 11–23, Di 17–23 Uhr) Chinesische Restaurants gibt's in Sea Point bis zum Abwinken, aber dieses unauffällige, von einem freundlichen Ehepaar geführte kleine Lokal ragt aus der Masse heraus. Die Klöße und Nudeln sind hausgemacht, was sicher einer der Gründe ist, warum hier viele chinesische Einwanderer einkehren.

HARVEY'S
INTERNATIONAL €€

Karte S. 292 (021-434 2351; www.winchester.co.za; Winchester Mansions Hotel, 221 Beach Rd, Sea Point) Für den sonntäglichen Jazz-Brunch (225 R; 11–14 Uhr) mit Livemusik reservieren. Die schicke, zum Meer ausgerichtete Bar mit Bistroküche eignet sich auch gut zum Mittagessen oder für Drinks und Snacks.

AUSGEHEN & NACHTLEBEN

LP TIPP THE BUNGALOW
BAR, RESTAURANT

Karte S. 290 (021-438 2018; www.thebungalow.co.za; Glen Country Club, 1 Victoria Rd, Clifton; tgl. 12–2 Uhr; P) Dieses elegante Restaurant mit Loungebar ist ein großartiger Ort für ein paar Bier, Cocktails oder eine feucht-fröhliche Mahlzeit. Danach kann man es sich auf einem Liegestuhl unter einem wogenden Sonnensegel gemütlich machen oder die Füße in den winzigen Pool neben der Bar baumeln lassen. Abends sorgt ein DJ für Clubatmosphäre. Reservierung empfohlen.

LA VIE
BAR, CAFE

Karte S. 292 (021-439 2061; 205 Beach Rd, Sea Point; 7.30–24 Uhr;) Gleich neben den Studios der South African Broadcasting Company gelegen, gehört das La Vie wohl zu den wenigen Lokalitäten, die in Sichtweite der Sea-Point-Promenade vom Frühstück bis zum späten Cocktail alles bedienen. Auf der Außenterrasse lässt sich gut faulenzen und dabei eine knusprig-dünne Pizza verzehren (40–90 R).

DUNES
BAR, RESTAURANT

Karte S. 291 (www.dunesrestaurant.co.za; 1 Beach Rd, Hout Bay; Mo–Fr 10–22 Uhr, Sa & So 8–22 Uhr;) Näher kann der Strand nicht mehr kommen – tatsächlich, der Vorhof *ist* der Strand mit einer sicheren Spielecke für Kinder. Oben von der Terrasse oder der Restaurant-Bar heraus ist der Ausblick über die Hout Bay großartig, dazu gibt's ordentliches Kneipenessen und Tapas.

SALT
BAR, RESTAURANT

Karte S. 292 (021-439 6170; www.saltrestaurant.co.za; Ambassador Hotel, 34 Victoria Rd, Bantry Bay) Die vom Boden bis zur Decke reichenden Fenster in diesem minimalistischen Restaurant ermöglichen einen schwindelerregenden Blick über die tosenden Wellen und die Felsen darunter. Perfekt für einen Cocktail und kleine Knabbereien auf dem Rückweg von Clifton.

CAFÉ CAPRICE
CAFE, BAR

Karte S. 290 (021-438 8315; www.cafecaprice.co.za; 37 Victoria Rd, Camps Bay; 9–2 Uhr) Die Sonnengebräunten und Schönen versammeln sich in dieser Café-Bar, die gleichermaßen für ihr Frühstück wie auch für Drinks zum Sonnenuntergang geschätzt wird. Für die beste Aussicht einen Tisch auf dem Gehweg reservieren.

LEOPARD BAR
COCKTAILBAR

Karte S. 290 (021-437 9000; www.12apostleshotel.com; Victoria Rd, Ouderkraal) Von der Bar des Hotels Twelve Apostles hat man einen Blick über den Atlantik wie aus dem ersten Rang. Sie ist ein idealer Ort, um den Massen an den Camps Bay an einen stilvollen Cocktail oder – noch besser – einen herrlich dekadenten Nachmittagstee (165 R), der von 14 bis 18 Uhr serviert wird, zu entkommen.

GESELLIG
CAFE, BAR

Karte S. 292 (021-433 1515; www.gesellig.co.za; 1 Mayphil Court, Regent Rd Ecke Church Rd, Sea Point; Di–Sa 9–22, So & Mo 10–22 Uhr;) Das Essen ist so lala, aber diese gesellige, schwulenfreundliche Location bietet bequeme Sofas, Brettspiele, kostenloses WLAN und eine Veranda (von der aus man in der Ferne die Promenade erspähen kann) – ist also gut geeignet, um sich mit einem Drink zurückzulehnen.

ST YVES
CLUB

Karte S. 290 (www.styves.co.za; The Promenade, Victoria Rd, Camps Bay) Die jüngste Inkarnation dieses raffinierten Clubs in Camps Bay groovt an den meisten Sonntagen während der Sommersaison mit einem erstklassigen Line-up von DJs und Live-Acts, darunter Lokalmatadoren wie Goldfish. Tickets zu 110 R erhältlich über www.webtickets.co.za.

DECODANCE
CLUB

Karte S. 292 (www.decodance.co.za; 120 Main Rd, Sea Point; bis 22 Uhr Männer/Frauen 20 R/kostenlos, ab 22 Uhr Männer/Frauen 60/30 R; Fr &

INSIDERWISSEN

LIVEMUSIK IN KAPSTADT

Patrick Craig, Musiker, Manager der Acapellaband D7 (www.d7live.com) und Schöpfer des **Studio 7** (www.studio7.org.za) in Sea Point, setzte uns über aktuelle Bands und Locations der Kapstädter Szene ins Bild.

Die besten Live-Clubs?
Assembly und Mercury Live sind verlässliche Größen; Ersterer bietet vorwiegend DJs und elektronische Musik. Die Zula Sound Bar hat ein tolles Line-up für Livemusik und man kann dort gut tanzen. Montags veranstaltet der Waiting Room meistens einen akustischen Abend, gute Partys finden immer mittwochs im &Union und freitags und samstags im Polana statt, dort gibt es sonntags auch Jazz. Außerdem spielt die Mike Campbell Big Band am letzten Montag im Monat im Trinity Jazz.

Die besten Orte für Open-Air-Konzerte?
Im Sommer sollte man die Konzerte in Kirstenbosch nicht verpassen. Auch wenn man 45 Minuten aus der Stadt hinausfahren muss, ist das Paul Cluver Forest Ampitheatre (www.cluver.com/amphitheatre) in Elgin wirklich hübsch und mal eine ganz andere Umgebung, um ein Konzert zu erleben. Auch auf anderen Weingütern finden Veranstaltungen im Freien statt.

Künstler, die man sehen sollte?
Die Electrojazz-Combo GoodLuck; Aking, die zugänglichste der vielen Afrikaans-Rockbands, die in letzter Zeit entstanden sind; die phantastische Bluesgitarristin Natasha Meister und die Band Digby and The Lullaby (vormals DieselVanilla).

Was hat es mit Studio 7 auf sich?
Das ist ein Musikclub nur für Mitglieder, den ich in meinem Wohnzimmer ins Leben gerufen habe. Er ist schnell gewachsen und ich konnte ein paar Top-Künstler, einheimische wie internationale, dafür gewinnen, ein Akustikset in einem sehr intimen Rahmen zu spielen. Für die meisten Shows werden etwa 10 bis 20 Tickets im Internet öffentlich verkauft, mit Glück kann man also eins ergattern.

Sa 20.30–4 Uhr) Musik, „an die man vergessen hat sich zu erinnern" von den 60ern bis zu den 90ern bringt die Leute in diesem vergnüglichen Club zum Swingen. Von den zwei Dancefloors ist einer für Nichtraucher reserviert. Mottopartys und Details zum Ableger in der Canterbury Street in The Fringe sind auf der Website zu finden.

UNTERHALTUNG

THEATRE ON THE BAY THEATER
Karte S. 290 (☏021-438 3300; www.theatreonthebay.co.za; 1 Link St, Camps Bay) Das Programm hält sich an konventionelle Theaterstücke oder Ein-Mann-Shows. Eine neue Ergänzung ist das stilvolle Theaterbistro Sidedish.

CINE 12 KINO
Karte S. 290 (www.12apostleshotel.com/dining/dining/dinner-movie/cinema-times; Victoria Rd, Ouderkraal; Eintritt frei mit einer Mahlzeit im Azure Restaurant; P) Im Kino des Hotels Twelve Apostles, in dem viermal täglich verschiedene Filme gezeigt werden, gibt es nur 16 luxuriöse rote Lederpolstersitze; das Programm ist der Website zu entnehmen.

SHOPPEN

LP TIPP · BAY HARBOUR MARKET MARKT
Karte S. 291 (www.bayharbour.co.za; 31 Harbour Rd, Hout Bay; ⊙Fr 17–22, Sa 9–17, So 10–16 Uhr) Diese phantasievoll gestaltete Markthalle am äußersten westlichen Ende des Hafens ist ein toller Erfolg. Es gibt eine gute Auswahl an Geschenkartikeln und Kunsthandwerk, dazu ein verführerisches kulinarisches Angebot und Livemusik. Freitags ist der Markt nur von November bis Ende Februar geöffnet, aber die Öffnungszeiten am Wochenende gelten ganzjährig.

HOUT BAY CRAFT MARKET MARKT
Karte S. 291 (Baviaanskloof Rd, Hout Bay; ⊙So 10–17 Uhr) Die Stände auf diesem kleinen Markt

auf dem Dorfplatz zu durchstöbern ist keine schlechte Art, an einem Sonntag ein Stündchen oder zwei zu vertrödeln. Verkauft wird lokal produziertes Kunsthandwerk, darunter die beeindruckende Perlenstickerei von Lizzy & Vince, die auch nach Kundenwunsch produzieren.

ETHNO BONGO SCHMUCK
Karte S. 291 (www.ethnobongo.co.za; 5 Main Rd, Hout Bay; ⌚Mo–Fr 9.30–17.30, Sa 9.30–16, So 10–16 Uhr) Auch wenn eine gerichtliche Anordnung ihm untersagt hat, den Namen Dolce & Banana für seinen Perlenschmuck zu verwenden, tut das dem Betrieb dieses schon lange bestehenden Ladens keinen Abbruch. Er residiert in einer Fischerhütte und verkauft in lokaler Handarbeit produzierte Modeartikel, die wirklich Spaß machen. Das Angebot umfasst auch Wohnaccessoires aus Alt- und Treibholz.

T-BAG DESIGNS KUNSTHANDWERK
Karte S. 291 (www.tbagdesigns.co.za; Mainstream Mall, Main Rd, Hout Bay; ⌚Mo–Fr 9–17.30, Sa 9–15, So 9.30–16 Uhr) Hier kommen recycelte Teebeutel zu Glanz und Gloria: Aus ihnen entsteht eine attraktive Palette von Grußkarten und Briefpapier sowie anderen hochwertigen Papierprodukten. Ein sinnvolles Projekt, das 13 Bewohnern des benachbarten Townships Imizamo Yethu Arbeit bietet. T-Bag Designs betreibt auch einen Stand im Blue Shed an der V&A Waterfront.

SHIPWRECK SHOP ANTIQUITÄTEN
Karte S. 291 (www.marinerswharf.com; Hout Bay Harbour; ⌚9–17.30 Uhr) Diese Schatztruhe sollten diejenigen besuchen, die hinter allem her sind, was mit Schiffen zu tun hat. Ob Scrimshaw (alte Schnitzereien, zumeist aus Walzähnen), Seekarten oder Modelle: über 20 000 Stücke maritimer Memorabilien warten darauf, entdeckt und mitgenommen zu werden.

IZIKO LO LWAZI KUNSTHANDWERK
Karte S. 291 (www.izikoll.co.za; Hout Bay Community Cultural Centre, Baviaanskloof Rd, Hout Bay; ⌚Mo-Fr 9.30–13 Uhr) Was als Alphabetisierungsprogramm für Erwachsene begann, wandelte sich in ein Kollektiv für Kunsthandwerk. Hier entstehen wilde Produkte aus Recyclingpapier, zu deren Bestandteilen unter anderem auch so erlesene Zutaten wie Elefanten-, Pferde- und Kameldung gehören! Die Karten mit Perlenverzierungen sind wunderschön.

PEACH MODE
Karte S. 292 (www.peachsa.com; 2 Marine House, Main Rd, Sea Point) Diese bunte und bei einheimischen Modefans beliebte Boutique hat eine gut sortierte Auswahl an hochwertiger Importkleidung, Tüchern, Modeschmuck, Unterwäsche, Taschen und anderen Accessoires in der Auslage.

NAARTJIE KIDS KINDERKLEIDUNG
Karte S. 291 (www.naartjiekids.com; 46 Victoria Ave, Hout Bay; ⌚Mo–Fr 9–18, Sa 9–17, So 10–16 Uhr) Fabrikladen der Designermarke für Kinderklamotten.

SPORT & AKTIVITÄTEN

SEA POINT PAVILION SCHWIMMEN
Karte S. 292 (Beach Rd, Sea Point; Erw./Kind 16/7,50 R; ⌚Okt.–Apr. 7–19, Mai–Sept. 9–17 Uhr) Dieses riesige Freibad ist eine Institution in Sea Point und hat ein schönes Art-déco-Ambiente. An heißen Sommertagen kann es ganz schön voll werden. Das ist nicht überraschend, da die Pools immer wenigstens 10° C wärmer sind als der stets eiskalte Ozean.

IN THE BLUE TAUCHEN
Karte S. 292 (☎021-434 3358; www.diveschoolcapetown.co.za; 88B Main Rd, Sea Point; Open-Water-PADI-Kurse ab 3450 R, Tauchen vom Ufer/Boot 200/300 R pro Tauchgang, Ausrüstung 380 R pro Tag) Der Tauchanbieter ist günstig in der Nähe der Hostels und Gästehäuser von Seapoint gelegen. Es gibt Kurse und auf dem Programm stehen regelmäßige Tauchgänge um das Kap zu einer Vielzahl von Themen, darunter auch Haitauchen im Käfig.

THE BOARDROOM ADVENTURE CENTRE KAJAKFAHREN, SURFEN
Karte S. 291 (☎021-790 8132; 072-763 4486; www.theboardroomadventures.co.za; 37 Victoria Rd, Hout Bay; Kajak-/Surfunterricht ab 350 R) Die Leute in diesem Surfausrüstungsverleih bieten Kajaktouren nach Duiker Island oder um die Hout Bay, ebenso wie diverse Surftrips. Sie vermieten auch Fahrräder (Std./Tag 50/160 R), betreiben ein kleines Café, in dem man Crêpes bekommt, und verkaufen Jacken und Taschen von Re-Sails (www.resails.com), die aus recycelten alten Segeln produziert werden.

Südliche Vororte

MOWBRAY | RONDEBOSCH | NEWLANDS | BISHOPSCOURT | WYNBERG | CONSTANTIA

Highlights

❶ In den **Kirstenbosch Botanical Gardens** (S. 122) in die vielfältige Pracht der Kapflora eintauchen und unbedingt eines der sommerlichen Freiluftkonzerte besuchen.

❷ Entlang der **Constantia Valley Wine Route** (S. 123) historische Weingüter wie Groot Constantia besuchen und Weine probieren.

❸ Einen Spaziergang durch das hübsche, denkmalgeschützte **Wynberg Village** (S. 125) unternehmen.

❹ Die Aussicht vom beeindruckenden **Rhodes Memorial** (S. 125) genießen.

❺ Im **Irma Stern Museum** (S. 127) die Welt der Künstlerin wirken lassen, die zu den wichtigsten des modernen Südafrikas gehört.

Details siehe Karte S. 294

Die südlichen Vororte erkunden

Wer den wohlhabenden Teil Kapstadts sehen möchte, muss einen Ausflug in die südlichen Vororte machen, Wohngebiete, die sich an den Osthängen des Tafelbergs erstrecken. Südlich der City Bowl und rund um Devil's Peak liegen Mowbray und Rondebosch, wo die University of Cape Town (UCT) ihren Sitz hat. Hier ist auch das bedeutende Baxter Theatre Centre zu finden.

Die grünen Bezirke Newlands und Bishopscourt sind sichtbar wohlhabend. Hier finden sich auch die Kirstenbosch Botanical Gardens und die wichtigsten Cricket- und Rugbyspielstätten. Der Gegensatz zwischen Arm und Reich wird besonders in der Gegend um die Metrostation Claremont deutlich, wo in den Straßen rund um den vornehmen Cavendish Square zahlreiche schwarze und farbige Händler ihre Waren feilbieten. Ähnliche Kontraste lassen sich auch in Wynberg beobachten, dem nächsten größeren Vorort. Die reetgedeckten georgianischen Häuser von Wynberg lohnen einen Blick.

Westlich davon liegt Constantia, wo sich die ältesten Weingüter Südafrikas befinden und die Superreichen in gewaltigen, von hohen Mauern geschützten Villen residieren. Eine grüne Gegend, die durch Tokai mit seinem lauschigen Waldgebiet abgeschlossen wird.

Lokalkolorit

- **Sport** Im Sahara Park Newlands (S. 132) und Newlands Rugby Stadium (S. 132) mit den Fans die südafrikanischen Cricket- und Rugbymannschaften anfeuern.
- **Bier** Im Banana Jam (S. 130) Mikrobiere probieren, Südafrikas älteste Brauerei (S. 127) besichtigen oder im beliebten Pub Forrester's Arms (S. 130) vorbeischauen.
- **Märkte** Auf dem Gelände vor Kirstenbosch findet ein monatlicher Kunsthandwerksmarkt (S. 131) hat; empfehlenswert ist auch das Porter Estate (S. 131) für seinen samstäglichen Bauern- und Kunsthandwerkermarkt.

Anfahrt

- **Auto** Von der Innenstadt aus folgt man der M3, die parallel zur Ostseite des Tafelbergs verläuft, mit Ausfahrten zur UCT, zum Rhodes Memorial, nach Newlands und Kirstenbosch. Um nach Constantia und Tokai zu gelangen, bleibt man auf der M3.
- **Bus** Der Blue Route Bus von City Sightseeing Cape Town hält in Kirstenbosch; zusätzlich kann man an einer kostenlosen Tourerweiterung zu den Weingütern Groot Constantia und Eagle's Nest teilnehmen.
- **Sammeltaxi** Minibustaxis pendeln auf der Main Road zwischen Mowbray und Wynberg.
- **Zug** Cape Metro Rail hat Haltestellen in Rondebosch, Newlands, Claremont, Kenilworth, Wynberg, Rosebank und Mowbray.

Top-Tipp

Arderne Gardens (www.ardernegardens.org.za; 222 Main Rd, Claremont; ⊙9–18 Uhr) Der Garten wurde 1845 vom Botaniker Ralph Arderne angelegt und umfasst die größte Sammlung von Bäumen auf der südlichen Halbkugel. Unter anderem sind hier Bambus, Koniferen, Gummibäume und gewaltige Großblättrige Feigenbäume zu bewundern. Der Garten eignet sich wunderbar für einen gemütlichen Spaziergang und ist besonders an den Wochenenden gut besucht, wenn viele Hochzeitsgesellschaften hierherkommen, um sich ablichten zu lassen.

Gut essen

- La Colombe (S. 128)
- Bistro Sixteen82 (S. 128)
- River Café (S. 129)
- Gardener's Cottage (S. 129)
- A Tavola (S. 129)

Mehr dazu S. 128

Schön ausgehen

- Banana Jam (S. 130)
- Martini Bar (S. 130)
- Forrester's Arms (S. 130)
- O'ways Teacafe (S. 129)

Mehr dazu S. 130

Schön shoppen

- Montebello (S. 131)
- Art in the Forest (S. 131)
- Porter Estate Produce Market (S. 131)
- Cavendish Square (S. 132)

Mehr dazu S. 131

HIGHLIGHTS
KIRSTENBOSCH BOTANICAL GARDENS

SÜDLICHE VORORTE

Dieser herrliche Landschaftsgarten – der größte Südafrikas – erstreckt sich über 500 ha an der False Bay
und Cape Flats zugewandten Seite des Tafelbergs und
fügt sich unauffällig in die meist aus Fynbos-Büschen
bestehende umliegende Vegetation ein. Er ist ein wunderbarer Ort, um sich zu entspannen, die Landschaft
zu genießen und sich über die Kapflora zu informieren.
Irgendetwas blüht immer, besonders lohnenswert sind
die Gärten aber von Mitte August bis Mitte Oktober.

Geschichte des Gartens

1657 setzte Jan van Riebeeck einen Förster für die Gegend
ein. Eine Gruppe schiffbrüchiger französischer Flüchtlinge
auf dem Weg nach Madagaskar wurde 1660 angestellt, um
eine Hecke aus wilden Mandelbäumen anzulegen, die als
Grenze des holländischen Außenpostens diente. Ein Über-
rest ist noch erhalten. Van Riebeeck taufte sein privates
Anwesen Boschheuwel und vermutlich erhielt der Garten
erst zu Beginn des 18. Jhs., als er von J. F. Kirsten betreut
wurde, den Namen Kirstenbosch. Cecil Rhodes, in dessen
Besitz sich das Grundstück ab 1895 befand, vermachte es
bei seinem Tod 1902 der Nation. 1913 wurde es offiziell zum
botanischen Garten.

Was gibt's zu sehen?

Abgesehen von der Mandelhecke, einigen prächtigen Eichen
und den von Cecil Rhodes gepflanzten Feigen- und Kamp-
ferbäumen, sind in den Gärten fast ausschließlich einheimische Arten anzutreffen. Etwa 9000 der rund 22 000 in Südafrika beheimateten Pflanzenarten werden hier angebaut.

Zu sehen gibt es u.a. einen *kopje* (Hügel) mit Geranien;
einen Skulpturengarten; einen Bereich, in dem Pflanzen
angebaut werden, die die *sangomas* (traditionelle Heiler) für ihre *muti* (traditionelle Heil-
mittel) verwenden, und einen speziell für sehbehinderte Menschen angelegten Aromagar-
ten mit erhöhten Beeten und Pflanzen und Namensschildchen in Brailleschrift.

Am Haupteingang des Botanischen Gartens in Newlands gibt es reichlich Parkmöglich-
keiten, das Informationszentrum, einen hervorragenden Souvenirladen sowie das klimage-
steuerte **Conservatory** (9–18 Uhr). In diesem Gewächshaus sind Pflanzengesellschaften
aus verschiedenen Vegetationszonen zu bewundern. Besonders interessant sind die Nama-
qualand- und die Richtersveld-Sektionen, wo Affenbrot- und Köcherbäume wachsen.

Es lohnt sich, ein Konzert aus der Summer-Sunset-Reihe zu besuchen, die meist sonntags stattfindet. Einige der berühmtesten südafrikanischen Musiker treten hier auf.

Führungen & Wanderwege

Es werden kostenlose Führungen angeboten oder man leiht für 40 R einen Audioguide,
um aufgezeichnete Informationen über die Pflanzen anzuhören, denen man auf drei ausgeschilderten Rundstrecken begegnet.

Zudem beginnen zwei beliebte Routen auf den Tafelberg bei den Kirstenbosch Botanical
Gardens: Die Strecke via Skeleton Gorge beinhaltet einige gesicherte Passagen, die andere
führt über Nursery Ravine. Wanderer mit normaler Kondition können beide Routen in gut
drei Stunden zurücklegen. Obwohl die mitunter steilen Wege gut ausgeschildert sind, fehlen beim Weg vom Botanischen Garten zur Seilbahn und zurück entsprechende Schilder.

NICHT VERSÄUMEN

➡ Summer Sunset Concerts
➡ Fragrance Garden
➡ Conservatory
➡ Van Riebeeck's Hedge

PRAKTISCH & KONKRET

➡ ☑ 021-799 8783
➡ www.sanbi.org/gardens/kirstenbosch
➡ Rhodes Dr, Newlands
➡ Erw./Kind 40/10 R
➡ ⊙ Sept.–März 8–19, Apr.–Aug. 8–18 Uhr, Conservatory ⊙ 9–18 Uhr
➡ 🚌 Haltestelle der City Sightseeing Cape Town Blue Route; Busse von Golden Arrow fahren vom Bahnhof Mowbray hier-her (Mo–Fr 7–16 Uhr).

HIGHLIGHTS
CONSTANTIA VALLEY WINE ROUTE

Hier nahm 1685 die südafrikanische Weinproduktion ihren Anfang, als dem Gouverneur Simon van der Stel etwa 763 ha Land hinter dem Tafelberg zugesprochen wurden. Er wählte die Gegend wegen ihres Potenzials für den Weinbau und nannte seinen Weinberg Constantia. 1709 produzierten dort 70 000 Rebstöcke Trauben für 5630 l Wein. Vier Jahre nach van der Stels Tod 1712 wurde das Gut aufgeteilt. Heute führt eine Weinstraße durch das Gebiet, die neun Weingüter umfasst, ein Besuch lohnt sich besonders bei den folgenden.

Groot Constantia

Simon van der Stels Herrenhaus, ein herrliches Beispiel kapholländischer Architektur, ist heute das Museum **Groot Constantia** (021-794 5128; www.grootconstantia.co.za; Groot Constantia Rd, Constantia; Weinproben 33 R; Museum Erw./Kind 20 R/kostenlos; Weinkeller-Führungen 45 R; 9–17 Uhr; P). Das schön gelegene Anwesen ist meist gut besucht, aber zum Glück groß genug, um den Massen aus dem Weg zu gehen. Im 18. Jh. wurden die hoch geschätzten Weine von Constantia in die ganze Welt exportiert; man probiere den Sauvignon Blanc und den Gouverneurs Reserve.

Auf dem Anwesen angekommen, findet sich gleich rechter Hand die große Probierstube. Etwas weiter folgen Info-Center, das Besuchern einen Überblick über die Geschichte von Groot Constantia gibt, und restauriertes Gutshaus. Unter dem Hauptgebäude sind die alten Sklavenunterkünfte. Der Cloete Cellar mit seinem hübschen Ziergiebel war der ursprüngliche Weinkeller des Guts; heute können Besucher hier alte Kutschen und Lagerfässer bewundern. Einstündige Führungen durch den modernen Keller starten um 14 Uhr.

NICHT VERSÄUMEN

- Groot Constantia
- Steenberg Vineyard
- Buitenverwachting
- Klein Constantia

PRAKTISCH & KONKRET

- www.constantia valley.com
- Vom Zentrum folgt man der M3; zu den meisten Weingütern bis zur Abfahrt Constantia; zu den Steenberg Vineyards bis zur Abfahrt Tokai.
- City Sightseeing Cape Town hat einen Bus nach Groot Constantia und Eagle's Nest; Downhill Adventures (www.downhill adventures.com) eine Tour nach Steenberg und Klein Constantia.

SICHER IST SICHER

Am Eingang nach Klein Constantia befindet sich das *karamat* (Grabmal eines Heiligen) von Scheich Abdurachman Matebe Shah. Er wurde hier 1661 begraben und das Grab ist eines von mehreren, die Kapstadt umringen, anscheinend als Schutz gegen Naturkatastrophen.

Auf einer Tour durch die Weingüter herrscht kein Mangel an Esslokalen. Groot Constantia betreibt zwei Restaurants und Constantia Uitsig drei. Steenberg Vineyards hat ein exzellentes neues Bistro und Buitenverwachting ein elegantes förmliches Restaurant mit Blick auf die Weinberge. Und sowohl in Groot Constantia als auch in Eagle's Nest kann man ein Picknick bestellen, um es auf dem Gelände einzunehmen – nur die Picknickdecke muss man selbst mitbringen.

WANDERWEGE

Die Website des **Zandvlei Trust** (www.zandvleitrust.org.za) bietet Karten von neun einfachen Wanderwegen im Constantia Valley, keiner dauert länger als 45 Minuten, manche verlaufen durch schattige alte Wälder und entlang von Flüssen.

Steenberg Vineyards

Nachdem Graham Beck 2005 das Anwesen von 1682 gekauft hatte, wurden die **Steenberg Vineyards** (☑021-713 2211; www.steenberg-vineyards.co.za; Steenberg Rd; Weinproben kostenlos & 50 R; ⊙10–18 Uhr; ℗) mit einer modernen Probierstube wiederbelebt, wo man herrlichen Merlot, Sauvignon Blanc Reserve, Semillon und Cap Classique kosten kann. Das Picknickset (300 R für zwei) enthält eine Flasche Wein. Im einstigen Gutshaus ist heute das 5-Sterne-Hotel **Steenberg** (www.steenberghotel.com) untergebracht, weiterhin befinden sich auf dem Gelände noch Catharina's Restaurant und ein 18-Loch-Golfplatz.

Buitenverwachting

Buitenverwachting (☑021-794 5190; buitenverwachting.co.za; Klein Constantia Rd; Weinproben kostenlos; ⊙Mo–Fr 9–17, Sa 10–15 Uhr; ℗) bedeutet „jenseits aller Erwartungen" und genau dieses Gefühl stellt sich bei einem Besuch des 100-Hektar-Guts ein. Zu den herausragenden Weinen zählen der limitierte Rotwein Christine sowie der Chardonnay und der Riesling. Wer vorbestellt, genießt vor dem 1796 erbauten Herrenhaus ein **mittägliches Picknick** (☑083 257 6083; Mittagessen 125 R; ⊙Nov.–April Mo–Sa 12–16 Uhr).

Klein Constantia

Klein Constantia (☑021-794 5188; www.kleinconstantia.com; Klein Constantia Rd; ⊙Proben Mo–Fr 9–17, Sa 9–15 Uhr; ℗), das Teil des einstigen Guts Constantia war, ist berühmt für seinen Vin de Constance. Mit diesem süßen Muskateller (330 R) linderte Napoleon auf St. Helena seinen Kummer. Eine der Romanheldinnen von Jane Austen schreibt dem Vin de Constance gar die Kraft zu, „ein enttäuschtes Herz zu heilen". Das können wir zwar nicht garantieren, ohne Zweifel aber lohnt Klein Constantia wegen der hervorragenden Probierstube.

Weitere Weingüter

Constantia Glen (☑021-795 6100; www.constantiaglen.com; Constantia Main Rd; Weinprobe 30 R; ⊙Mo–Fr 10–17, Sa & So 10–16 Uhr; ℗), bekannt für Sauvignon Blanc, produziert auch zwei Bordeaux-ähnliche Cuvées.

Stuart Botha, der junge Kellermeister im **Eagle's Nest** (☑021-794 4095; www.eaglesnestwines.com; Constantia Main Rd; Weinprobe 30 R; ⊙10–16.30 Uhr; ℗), ist einer der Stars der Reality-TV-Serie *Exploring the Vine*. Ein Picknick für zwei kostet 300 R.

In der Probierstube des Guts **Constantia Uitsig** (☑021-794 1810; www.constantia-uitsig.com; Spaanschemat River Rd; Weinproben 25 R; ⊙Mo–Fr 9–16.30 Uhr, Sa & So 10–16.30 Uhr; ℗), gleich neben dem River Café, sollte man den frischen Semillon, den köstlichen MCC Blanc de Blanc Brut und den limitierten Muscat d'Alexandrie kosten.

SEHENSWERTES

KIRSTENBOSCH BOTANICAL GARDENS
GARTEN
Siehe S. 122.

CONSTANTIA VALLEY WINE ROUTE
WEINGÜTER
Siehe S. 123.

WYNBERG VILLAGE
HISTORISCHES VIERTEL
(Durban Rd, Wynberg; 🚉Wynberg) Das historische Wynberg Village wurde 1981 unter Denkmalschutz gestellt und erhielt seinen Spitznamen Little Chelsea oder auch Chelsea Village in den 1950er-Jahren in Anlehnung an den gleichnamigen Londoner Stadtteil. Ebenso wie das berühmte Künstlerviertel der englischen Hauptstadt zog auch das südafrikanische Pendant mit seinen schönen georgianischen Gebäuden zahlreiche Designer, Innenarchitekten und andere kreative Geister an, von denen viele noch heute ihre Wohnungen und Geschäfte hier haben.

Auf halber Strecke zwischen Kapstadt und Simon's Town entstand das charmante Viertel mit seinen reetgedeckten Häuschen vornehmlich im 19. Jh. als Garnison der britischen Armee, einige der Gebäude sind aber noch älter. Wynberg Village lässt sich am besten mit einem Spaziergang erkunden. Hauptanziehungspunkt ist **Maynardville Park**, das frühere Anwesen des schwerreichen Immobilienhais James Maynard. Sein Herrenhaus aus den 1870er-Jahren wurde abgerissen, als die Stadt in den 1950er-Jahren das Grundstück übernahm. Der alte Swimmingpool ist aber als Teich erhalten geblieben und wo sich früher die Bogenschießanlage befand, steht heute das Maynardville Open-Air Theatre.

GRATIS RHODES MEMORIAL
DENKMAL
Karte S. 294 (www.rhodesmemorial.co.za/memorial.aspx; an der M3, unterhalb Devil's Peak, Groote Schuur Estate, Rondebosch; ⊙7–19 Uhr; Ⓟ) Diese beeindruckende und monumentale Granit-Gedenkstätte befindet sich am Osthang des Tafelbergs an einer Stelle, an der der Bergbau-Magnat und ehemalige Premierminister gern die Aussicht genoss. 1895 kaufte Rhodes für 9000 £ das ganze Gebiet, um es als relativ unberührten Teil des Berges für zukünftige Generationen zu erhalten.

Das Denkmal, das in Teilen der Londoner Hyde Park Corner nachempfunden ist, hat 49 Stufen, eine für jedes Lebensjahr von Rhodes. Obwohl sich den Besuchern vom Denkmal aus ein atemberaubender Blick auf die Cape Flats und die Gebirgs-

---

CECIL RHODES: BAUMEISTER DES BRITISH EMPIRE

Cecil John Rhodes (1853–1902), Baumeister des British Empire, war schon zu Lebzeiten eine Legende. 1870 kam er als kränklicher, verarmter Sohn eines englischen Pfarrers in Südafrika an. Das Klima tat Rhodes offenbar gut, denn er erholte sich nicht nur gesundheitlich, sondern gründete das Bergbauunternehmen De Beers (das 1891 Eigentümer von 90 % der Diamantminen weltweit war) und wurde 1890 im Alter von 37 Jahren Premierminister der Kapkolonie.

Als Teil seines Traums, eine Eisenbahn vom Kap bis Kairo (die komplett durch britisches Territorium fahren sollte) zu bauen, drängte Rhodes nach Norden, wo er Minen und Handelsstützpunkte einrichtete. Er sorgte dafür, dass das Betschuanaland (später Botswana) und das Gebiet, das Rhodesien (später Simbabwe) wurde, unter britische Herrschaft kamen. Doch er übertrieb es mit seinen hochfliegenden Ideen vom Empire, als er einen Aufstand in der von den Buren regierten Republik Transvaal unterstützte, der jedoch scheiterte. Die in Verlegenheit gebrachte britische Regierung zwang Rhodes, 1896 als Premierminister zurückzutreten, aber Rhodesien und Betschuanaland blieben sein persönliches Lehen.

Rhodes heiratete nie (was zu Spekulationen führte, ob er schwul war); gegen Ende seines Lebens geriet er in die Fänge der glamourösen und skrupellosen Prinzessin Radziwill, die später für ihre Schwindeleien im Gefängnis landete. Gesundheitlich angeschlagen kehrte Rhodes 1902 nach Kapstadt zurück und erlag seiner Krankheit im Alter von 49 Jahren in seinem Haus in Muizenberg. Mit seinem Testament stellte er sein Ansehen wieder her: Er ließ einen Großteil seines Vermögens in eine Stiftung fließen, die Stipendien für einen Studienaufenthalt in Oxford vergibt, und sein Land und viele Besitztümer gehören heute der Nation.

START **WYNBERG STATION**
ZIEL **WYNBERG STATION**
LÄNGE **2,5 KM**
DAUER **1 STD.**

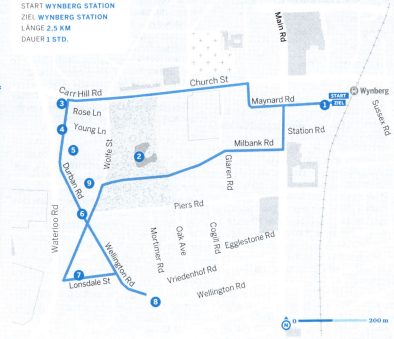

Spaziergang
Wynberg Village

Das denkmalgeschützte Gebiet ist voller georgianischer und viktorianischer Gebäude, manche mit Reetdächern, viele mit herrlichen Blumengärten. Die Gegend um **Wynberg Station**, immer mit Sammeltaxis und Händlern verstopft, bildet einen starken Kontrast zur vornehmen dörflichen Umgebung kaum zehn Gehminuten westlich. Gegenüber dem Bahnhof steht die kürzlich restaurierte ❶ **Town Hall**, die W. Black Anfang des 19. Jhs. im Stil der flämischen Rennaissance entwarf.

Weiter geht's über die Main Road und die Maynard Road entlang. Gegenüber vom Parkplatz liegt der ❷ **Maynardville Park**. Durch den Park gelangt man zur Kreuzung Wolfe Street/Carr Hill Road. Die neogotische ❸ **Dutch Reformed Church**, bergauf an der Durban Road, stammt von 1831. Im Inneren sind vier Säulen zu sehen, die von Cecil Rhodes gespendet wurden.

An der Kirche biegt man links in die Durban Road. Die Straße wird von vielen hübschen Reetdachhäusern gesäumt. Das ❹ **Winthrop House** beherbergte früher das Offizierskasino der britischen Streitkräfte, das ❺ **Falcon House** soll der erste Gerichtshof der Stadt gewesen sein.

An der Kreuzung Durban Road/Wolfe Street liegt ein kleiner Platz im Schatten zweier Eichen. Hier und um den versteckten Garten ❻ **Chelsea Courtyard** versammeln sich einige Einrichtungsläden.

Zurück geht's zur Wolfe Street und weiter nach Süden bis zur Kreuzung Lonsdale Street zur ❼ **alten Bäckerei** (ca. 1890) mit dem von Greifen flankierten Schiefertürmchen. Heute beherbergt auch sie einen Laden für Innenausstattung.

Nun biegt man links in die Lonsdale Street bis zur Kreuzung Durban Road. Hier legt man einen Schlenker nach rechts ein, um durch den Zaun einen Blick auf das Herrenhaus ❽ **Tenterden** aus dem späten 18. Jh. zu erhaschen. Der Herzog von Wellington nächtigte in der mittlerweile zerstörten Remise, die einst auch zu dem Anwesen gehörte. Dann geht's auf demselben Weg zurück die Durban Road entlang, bis Dorfplatz und Ladenreihe der ❾ **Wolfe Street** erreicht sind. Schließlich kehrt man durch den Maynardville Park zum Bahnhof zurück.

züge jenseits davon bietet, schaut Rhodes in seiner gemeißelten Fassung recht mürrisch drein. Man erreicht das Memorial über die Ausfahrt am Princess Anne Interchange an der M3.

Hinter dem Denkmal verstecken sich ein Restaurant, ein Teegarten und ein steiler Pfad, der zum **King's Blockhouse** hinaufführt, einer zwischen 1795 und 1803 von den Briten erbauten Verteidigungsstellung. Von hier aus kann man einem höhenlinienparallelen Pfad über dem Newlands Forest zur Skeleton Gorge und hinunter nach Kirstenbosch folgen.

IRMA STERN MUSEUM   KUNSTMUSEUM

Karte S. 294 (www.irmastern.co.za; Cecil Rd; Erw./ Kind 10/5 R; ☉ Di–Sa 10–17 Uhr; 🚆Rosebank) Die bedeutende südafrikanische Künstlerin Irma Stern (1894–1966) lebte fast 40 Jahre lang in diesem Haus. Ihr Atelier ist noch so erhalten, als wäre sie nur eben in ihren üppigen Garten gegangen, um ein wenig frische Luft zu schnappen. Ihre Sammlung ethnografischer Bilder und Skulpturen aus aller Welt ist ebenso faszinierend wie ihre eigenen, vom Expressionismus beeinflussten Arbeiten, die Elemene der traditionellen afrikanischen Kunst einbeziehen. Im März 2011 wurde ein Stern-Gemälde in London für 34 Mio. Rand (3,2 Mio. Euro) versteigert – ein Rekord für eine südafrikanische Künstlerin.

GROOTE SCHUUR   ARCHITEKTURDENKMAL

Karte S. 294 (☎083 414 7961, 021-686 9100; Klipper Rd, Rondebosch; Eintritt 50 R; ☉Führungen Mo–Fr 10–12 Uhr; 🚆Rondebosch) Cecil Rhodes residierte in der „Großen Scheune", bevor er sie nach seinem Tod mitsamt dem umliegenden Anwesen der Nation vermachte. Das historische Gebäude war bis 1984 offizieller Sitz des südafrikanischen Premierministers und danach der Präsidenten Botha und de Klerk. Entsprechend imposant ist das schön restaurierte Interieur mit seiner Teakvertäfelung und den schweren Kolonialmöbeln, Antiquitäten und feinen Tapisserien. Hauptattraktion ist jedoch die von Säulen gestützte Veranda, von wo aus sich den Besuchern ein phantastischer Blick auf den Barockgarten, eine Pinienallee und den Devil's Peak bietet. Eine Anmeldung ist notwendig und man braucht seinen Personalausweis, um den Hochsicherheitsbereich betreten zu dürfen. Der Eingang ist nicht gekennzeichnet, aber von der Abfahrt Princess Anne Avenue auf

der M3 kommend linker Hand leicht auszumachen.

TOKAI FOREST   PARK, ARBORETUM

(http://sanparks.org.za/parks/table_mountain/ tourism/attractions.php; Tokai Rd, Tokai; Erw./ Kind 10/5 R, Auto/Mountainbike 10/35 R; ☉April–Sept. 8–17, Okt.–März 7–18 Uhr; Ⓟ) Der bewaldete Teil des Table Mountain National Park südlich von Constantia ist ein beliebtes Ausflugsziel zum Picknicken, Mountainbiken und Spazierengehen. Wer gut zu Fuß ist, kann die 6 km lange Wanderung zur Elephant's Eye Cave im Silvermine Nature Reserve in Angriff nehmen. Der Weg den Constantiaberg (928 m) hinauf ist recht steil, kurvenreich und in den höheren Lagen ungeschützt. Es empfiehlt sich also, reichlich Wasser und eine Kopfbedeckung mitzunehmen.

Am Startpunkt der Wanderung befindet sich das **Tokai Arboretum**, das 1885 von Joseph Storr Lister, dem „Conservator of Forests" der Kapkolonie, angelegt wurde und 1555 Bäume aus 274 verschiedenen Arten beherbergt. Außerdem gibt's hier den ausnehmend hübschen **Lister's Place Tea Garden** (☎021-715 4512; ☉Di–So 9–17 Uhr), wo u. a. auch eine Karte mit Wanderungen in der Umgebung zu haben ist. Zudem gibt es ausgezeichnete Unterkünfte im **Wood Owl Cottage** (S. #31). Das Waldgebiet ist über die M3, Abfahrt Tokai, zu erreichen.

NEWLANDS BREWERY   BRAUEREI, FÜHRUNG

Karte S. 294 (☎021-658 7440; www.newlands brewery.co.za; 3 Main Rd; Eintritt 30 R; ☉Führungen Mo–Fr 10, 12, 14, Sa 10 Uhr; Ⓟ; 🚆Newlands) Im frühen 19. Jh. baute Jacob Letterstedt die Brauerei Mariendahl in Newlands, ein hübsches Gebäude und Nationaldenkmal, das heute Teil der Newlands Brewery ist, die wiederum zu South African Breweries gehört. Faszinierende Führungen durch den Komplex mit der Gelegenheit, diverse hier gebraute Biere (darunter Castle und Black Label) zu probieren, geben einen Einblick in die industrielle Bierproduktion. 2011 richtete die Brauerei erstmals das **Oktober Bierfest** (www.oktoberbierfest.co.za) aus und es gibt Pläne, daraus eine alljährliche Veranstaltung zu machen.

JOSEPHINE MILL   WASSERMÜHLE

Karte S. 294 (www.josephinemill.co.za; Boundary Rd, Newlands; Spende 10 R, Mahlvorführung 20 R; ☉ Mo–Fr 10–19, Sa 10–14 Uhr; Ⓟ; 🚆Newlands) Am Liesbeek River steht Kapstadts einzige

STAUSEEN AM TAFELBERG

In der als Back Table bekannten Gegend des Tafelbergs liegen fünf Stauseen aus dem späten 19. und frühen 20. Jh., mit denen die Wasserversorgung der wachsenden Bevölkerung Kapstadts sichergestellt werden sollte. 1897 endete der Bau des ersten, 995 Mio. Liter fassenden Stausees **Woodhead Reservoir**, benannt nach dem damaligen Bürgermeister Sir John Woodhead. Zur selben Zeit begann die unabhängige Gemeinde von Wynberg mit dem Bau einiger Staudämme: **Victoria Reservoir** wurde 1896 fertiggestellt, **Alexandra Reservoir** folgte 1903 und **De Villiers Reservoir** 1907. Kapstadt ließ 1904 noch das 924 Mio. Liter fassende **Hely-Hutchinson Reservoir** folgen, das seinen Namen Sir Walter Hely-Hutchinson verdankt, dem letzten Gouverneur der Kapkolonie.

Bei Wanderungen kann man sich hervorragend in die Baukunst dieser Staudämme vertiefen. Wissensdurst stillt zudem das **Waterworks Museum** (021 686 3408). Weil das kleine Gebäude im Norden des Hely-Hutchinson Reservoir häufig geschlossen ist, sollte man vorher anrufen. Zu sehen sind verschiedene Erinnerungsstücke aus der Bauphase, wie etwa die schottische Barclay-Lokomotive aus dem Jahr 1898, einst auseinandergenommen und in luftigen Höhen wieder zusammengesetzt. Ein direkter Weg hier hinauf beginnt in Constantia Nek, wo es einen Parkplatz gibt, und führt durch die Cecilia Plantation. Bis zum Hely-Hutchinson-Damm sind es etwa 4 km (eine Strecke).

Wassermühle, in der noch Mehl gemahlen wird. Die Mühle ist heute ein Museum mit Restaurant und Weinbar, unter der Woche gibt es zweimal täglich, um 11 und um 15 Uhr, eine Mahl-Vorführung. Das riesige Eisenrad wurde irgendwann nach 1819 von Jacob Lettersted konstruiert, der es zum wohlhabenden Brauer und Müller brachte. Im angeschlossenen Laden werden neben steingemahlenem Mehl und diversen daraus hergestellten Backwaren auch andere Leckereien verkauft.

UNIVERSITY OF CAPE TOWN
UNIVERSITÄT, ARCHITEKTUR

Karte S. 294 (UCT; www.uct.ac.za; P; Rondebosch) Auch für Nichtakademiker lohnt sich ein Rundgang über das Gelände der Universität von Kapstadt, um die efeubewachsenen, neoklazissistischen Fassaden und die schöne Steintreppe, die zur tempelartigen Jameson Hall hinaufführt, zu bewundern. Besucher erhalten normalerweise problemlos eine Parkberechtigung – einfach im Infobüro an der Zufahrtsstraße, ganz in der Nähe der Treppe, anmelden.

Auf dem Weg zur Universität sieht man linker Hand, der M3 stadtauswärts folgend, direkt hinter den Weiden am Devil's Peak die **Mostert's Mill**, eine echte holländische Mühle aus dem Jahre 1796. Gleich hinter der alten Mühle befindet sich, ebenfalls auf der linken Seite, die Ausfahrt zur Universität. Nach der Ausfahrt geht es an der T-Kreuzung rechts ab.

Wer stattdessen vom Woolsack Drive kommt, passiert das **Woolsack**, ein Landhaus, das Sir Herbert Baker im Jahr 1900 für Cecil Rhodes entwarf und das heute als Studentenwohnheim dient. Rudyard Kipling soll während seines Aufenthalts in diesem Haus zwischen 1900 und 1907 sein berühmtes Gedicht *If* geschrieben haben.

ESSEN

LA COLOMBE
FRANZÖSISCH €€€

(021-794 2390; www.constantia-uitsig.com; Constantia Uitsig, Spaanschemat River Rd, Constantia; Hauptgerichte 100–215 R, 6-Gänge-Menü 600 R; 12.30–14.30 & 19.30–21.30 Uhr; P) Die schattige Lage im Garten macht das Weingut-Restaurant zu einem der angenehmsten Lokale in ganz Kapstadt. Der britische Koch Scott Kirkton bringt raffinierte Gerichte wie Forelle sous vide, Rote-Bete-Cannelloni oder geräuchertes Tomaten-Risotto auf den Tisch.

BISTRO SIXTEEN82
TAPAS, INTERNATIONAL €€

(021-713 2211; www.steenberg-vineyards.co.za; Steenberg Vineyard, Tokai; Hauptgerichte 60–100 R; 9–20 Uhr; P) Das einladende Bistro des Steenberg Vinyard passt perfekt zur supermodernen Probierstube und serviert alles vom Frühstück mit einem Glas Schampus bis zu einem frühen Abendessen bestehend aus Tapas und dem hauseigenen süffigen Merlot. Von der Terrasse hat man eine herrliche Aussicht auf die Gärten und den Berg.

RIVER CAFÉ
INTERNATIONAL €€

(☎021-794 3010; www.constantia-uitsig.com; Constantia Uitsig, Spaanschemat River Rd, Constantia; Hauptgerichte 60–100 R; ◷8.30–17 Uhr; [P]) Dieses reizende Café ist eine gute Alternative, wenn das La Colombe voll ist oder das Budget sprengt, und auf jeden Fall einen Besuch wert. Es liegt an der Zufahrt zum Anwesen Constantia Uitsig und verwöhnt seine Gäste verlässlich mit üppigen Gerichten, deren Zutaten aus biologischem Anbau und von freilaufenden Tieren stammen. Unbedingt reservieren, vor allem für den Wochenend-Brunch.

A TAVOLA
ITALIENISCH €€

Karte S. 294 (☎021-794 3010; www.atavola.co.za; Library Square, Wilderness Rd, Claremont; Hauptgerichte R65–120; ◷Mo–Fr 12–15, Mo–Sa 18–22 Uhr; [P]; [R]Claremont) Dieses geräumige, stilvolle Restaurant mit Fotos von Leuten an den roten Wänden, die es sich schmecken lassen, bereitet einen nahezu perfekten Caesar Salad zu wie auch köstliche Pasta und andere Hauptgerichte – kein Wunder, dass die Leute auf den Fotos glücklich aussehen.

GARDENER'S COTTAGE
CAFÉ €

Karte S. 294 (☎021-689 3158; Montebello Craft Studios, 31 Newlands Ave, Newlands; Hauptgerichte 45–70 R; ◷Mo–Fr 8–14.30, Sa & So 8.30–15 Uhr; [R]Newlands) Nach einem Besuch in den Montebello Craft Studios entspannt man am besten in diesem hübschen Café und Teegarten bei einer herzhaften Mahlzeit im Schatten der Bäume.

O'WAYS TEACAFE
TEE

Karte S. 294 (☎021-617 2850; www.oways.co.za; 20 Dreyer St, Claremont; Hauptgerichte 47–150 R; ◷Mo–Fr 7.30–17, Sa 9–14 Uhr; [⚲]; [R]Claremont) Ausgesprochen wie „always" hat diese elegante und entspannte Teestube über 60 lose Teesorten ebenso wie Kaffee im Angebot. Die Speisekarte ist komplett vegetarisch und umfasst leckere Gerichte wie *dim sum*-Klößchen und mit Couscous gefüllte Champignons.

ORCHID CAFÉ
INTERNATIONAL €

(☎021-761 1000; 23 Wolfe St, Wynberg Village; Hauptgerichte 60–70 R; ◷ Mo–Fr 8.30–17,

Sa 8.30–14 Uhr; [R]Wynberg) Hinter einer Boutique verbirgt sich dieses bezaubernde Café, in das die Damenwelt von Little Chelsea gerne einkehrt, um im bougainvillengeschmückten Innenhof Sandwiches, Salate und Kuchen zu genießen. Das Orchid bietet sich außerdem für eine Rast bei einem Spaziergang durch Wynberg Village an.

JONKERSHUIS
KAPMALAIISCH €€

(☎021-794 6255; www.jonkershuisconstantia.co.za; Groot Constantia; Hauptgerichte R50–80, 2/3 Gänge 140/160 R; ◷ Mo–Sa 9–22, So 9–17 Uhr; [P]) Diese zwanglose, auf dem Weingut Groot Constantia gelegene Brasserie verfügt über einen gemütlichen, von Weinlaub beschatteten Hof mit Blick auf das Herrenhaus. Das perfekte Ambiente, um bei ein oder zwei Gläschen der örtlichen Weine kapmalaiische Gerichte (ein Probierteller kostet 128 R) oder Räucherfleisch zu genießen oder eines der köstlichen Desserts zu vernaschen.

CHART FARM
HOFCAFÉ

(☎021 762-0067; www.chartfarm.co.za; Klaasens Rd, Wynberg; Hauptgerichte 28–50 R; ◷9–16.30 Uhr; [P]; [R]Wynberg) Auf dieser kleinen Farm, die sich westlich der M3 versteckt, werden unter anderem Rosen, Maronen, Zitronen und Trauben angebaut. Im Hofcafé mit Panoramablick über die Farm auf die Berge genießt man hausgemachte Kuchen, Frühstück oder mittägliche Leckereien wie Hähnchenpastete. Selbstgepflückte Rosen kosten 4 R pro Stiel, sonntags werden die landwirtschaftlichen Erzeugnisse auf einem kleinen Markt feilgeboten.

LA BELLE
BÄCKEREI, INTERNATIONAL €€

(☎021-795 6336; www.alphen.co.za; Alphen Drive, Constantia; Hauptgerichte 70–140 R; ◷7–19 Uhr; [P][☎]) Direkt vor dem Hotel Alphen gelegen ist dies ein einladendes Esslokal, ob drinnen oder draußen, zum Frühstück, Mittagessen oder für einen Imbiss. Hier kann man sich mit einem 5-Sterne-Frühstück mit Schampus (250 R) oder einem der Spezialtees verwöhnen (20 R).

TASHAS
BÄCKEREI, INTERNATIONAL €

(www.tashascafe.com; shop 55, Constantia Village, Constantia Main Rd, Constantia; Hauptgerichte 55–80 R; ◷7–18 Uhr; [P]) Muffins, die eine Kleinfamilie ernähren könnten, und andere köstliche Backwaren und Desserts sind die Stärke dieses luxuriös designten Cafés, das „unkompliziertes Essen" anbietet – ein Johannesburger Erfolgskonzept, das in die Mutterstadt importiert wurde.

KIRSTENBOSCH TEA ROOM INTERNATIONAL €
(021-797 4883; www.ktr.co.za; Gate 2, Kirstenbosch Botanical Gardens, Rhodes Dr, Newlands; Hauptgerichte 36–100 R; 8.30–17 Uhr; P) Die beste Option zum Essen in Kirstenbosch. Picknicks und „Tea for Two" kosten 120 R, im Preis inbegriffen sind Sandwiches mit Gurke und Frischkäse, Mini-Quiches und hausgemachte Scones mit Erdbeermarmelade und *clotted cream*. Das alles können die Gäste auch fertig verpackt bekommen und irgendwo im Garten genießen, wo es ihnen gefällt.

RHODES MEMORIAL RESTAURANT KAPMALAIISCH €€
Arte S. 294 (www.rhodesmemorial.co.za; an der M3, unterhalb Devil's Peak, Groote Schuur Estate, Rondebosch; Hauptgerichte; 7–17 Uhr; P) Hinter dem Denkmal liegt in einem reetgedeckten Häuschen von 1920 das ansprechende Restaurant mit Terrasse. Der Familienbetrieb ist auf kapmalaiische Gerichte wie Currys, *bredies* (Eintopf mit Fisch oder Fleisch und Gemüse) und *bobotie* (mild gewürztes Straußenfleischcurry mit einer Kruste aus geschlagenem Ei) spezialisiert. Am Wochenende sollte reserviert werden.

AUSGEHEN & NACHTLEBEN

BANANA JAM MIKROBIERE
(www.bananajamcafe.co.za; 157 2nd Ave, Harfield Village, Kenilworth; Mo-Sa 11–22, So 17–22 Uhr; P; Kenilworth) Für echte Bierliebhaber ist dieses gesellige karibische Restaurant-bar ein Paradies. Es gibt jede Menge Biersorten aus lokalen Mikrobrauereien, gezapft oder aus der Flasche, darunter Jack Black, Triggerfish, Darling Brew, Camelthorne und Boston Brewery. Für 45 R bekommt man ein Probierset mit sechs Sorten.

MARTINI BAR COCKTAILBAR
(www.cellars-hohenort.com; 93 Brommerslvei Rd, Constantia; 11–22.30 Uhr; P) Die 200 Cocktails umfassende Karte ist schon eine reifliche Überlegung wert (wir empfehlen den mit Rosenblütenblättern aus den berühmten Hotelgärten garnierten Liz

INSIDERWISSEN
SWEET SPRING WATERS

Wer sich wundert, in Newlands, gleich an der Kildare Road, einen stetigen Strom von Autos in eine Sackgasse einbiegen und wieder herauskommen zu sehen, dem könnte der Straßenname Spring Way (Karte S. 294) einen Hinweis liefern. Am Ende der Sackgasse sprudelt frisches Wasser, das durch Rohre direkt von einer Quelle auf dem Tafelberg hierher geleitet wird. Eingeweihte Kapstädter kommen, um sich hier Trinkwasser abzuzapfen. Die Khoisan nannten den Fluss, der auf dem Tafelberg entspringt, Camissa, das bedeutet „süßes Wasser". Wie berechtigt der Name ist, kann jeder selbst beurteilen, der sich seine Wasserflasche hier füllt.

McGrath Rose Martini). Während man die prächtige Dekoration der Lounge mit ihrer Farbzusammenstellung aus Pink, Limone, Burgunder und Aquamarin bewundert, stolzieren draußen Pfaue umher.

FORRESTER'S ARMS PUB
Karte S. 294 (52 Newlands Ave, Newlands; Mo-Sa 11–22, So 10–18 Uhr; P) Der sehr englische Pub Forries besteht seit gut einem Jahrhundert. Hier herrscht eine gesellige Atmosphäre, es gibt gutes Kneipenessen wie Pizza aus dem Holzofen und einen sehr angenehmen Biergarten mit einem Spielbereich für Kinder.

BARRISTERS PUB, GRILL
Karte S. 294 (021-674 1792; www.barristers grill.co.za; Ecke Kildare Rd & Main St; 9.30–22.30 Uhr; P) Die bei Einheimischen beliebte Kneipe im exklusiven Newlands ist mit einer Reihe gemütlicher Räume bestückt. Alle sind mit einer Auswahl auffälliger Elemente im Stil einer alten Westernkneipe geschmückt. An kühlen Abenden locken hier außerdem die warmen Gerichte.

CAFFÉ VERDI CAFÉ-BAR
(21 Wolfe St; Mo–Do 9.30–12.30, Fr bis 1.30, Sa bis 24.00; Wynberg) In einem 110 Jahre alten Haus befindet sich diese schöne Café-Bar nebst hübschem Hinterhof, der zum Erholungsgetränk nach Erkundungstouren durch Chelsea Village einlädt.

UNTERHALTUNG

BAXTER THEATRE THEATER
Karte S. 294 (021-685 7880; www.baxter.co.za; Main Rd, Rondebosch; P; Rosebank) Seit den 1970ern ist das Baxter der Mittelpunkt des Kapstädter Theaters. Es hat drei Auditorien: Haupttheater, Konzerthalle und Studiobühne. Aufgeführt wird alles vom Kindertheater bis hin zu afrikanischen Tanzrevuen. Dank des aus Kapstadt stammenden Schauspielers Sir Anthony Sher, der hier aufgetreten ist, besteht eine Partnerschaft mit der Royal Shakespeare Company.

ALMA CAFÉ LIVEMUSIK
Karte S. 294 (021 685 7377; www.facebook.com/pages/The-Alma-Cafe/159089414146612; 20 Alma Rd, Rosebank; Mo-Do 8-16, Mi 18-22, Fr 8-17, Sa & So 8-13, So 18-22 Uhr; Rosebank) Diese gemütliche Location, in der man auch etwas zu essen und zu trinken bekommt, hat meist mittwochs (kostenlos) und sonntags (mit Eintritt, Reservierung notwendig) Livemusik auf dem Programm.

MAYNARDVILLE OPEN-AIR THEATRE THEATER
(021-421 7695; www.artscape.co.za; Church St Ecke Wolfe St; Wynberg) Ein Sommer in Kapstadt ohne eine Shakespeare-Aufführung im Open-Air-Theater Maynardville ist einfach undenkbar. Aber bitte nicht Decke, Kissen und Schirm vergessen, denn das Wetter kann ganz schön ungemütlich sein, was auch für die Sitze gilt! Zu anderen Jahreszeiten gibt es hier auch Tanz, Jazzkonzerte und weitere Theateraufführungen.

STARDUST BAR
Karte S. 294 (021-686 6280; www.stardustcapetown.com; 165 Main Rd; Mo-Sa 16-22 Uhr; Rondebosch) Das kitschige, aber sehr angesagte *theatrical diner* ist überfüllt mit Gruppen, die Taginen (80-100 R) und andere Gerichte verspeisen wollen, während sie den Kellnern – allesamt ausgebildete Sänger – lauschen, die regelmäßig auf die Bühne springen, um Lieder zu trällern. Die Bar ist ebenfalls sehr geräumig, wer nur die Show sehen will, kann das auch von hier aus tun.

CAVENDISH NOUVEAU KINO
Karte S. 294 (www.sterkinekor.com; Cavendish Square, Dreyer St, Claremont; Karten 45 R; P; Claremont) Dieses stilvolle Multiplexkino zeigt Independent- und Arthouse-Filme, dazu digitale Filmvorführungen von internationalen Opern- und Theaterproduktionen.

SHOPPEN

MONTEBELLO KUNSTHANDWERK
Karte S. 294 (www.montebello.co.za; 31 Newlands Ave; Mo-Fr 9-17, Sa 9-16, So 9-15 Uhr; P) Dieses Entwicklungsprojekt hat bereits einigen talentierten Kunsthandwerkern und Designern den Weg bereitet. Auf dem Gelände im Grünen sind bunte Taschen aus Recyclingmaterialien zu haben; einen Blick lohnen ferner die Modekreationen von **Mielie** (www.mielie.co.za); **Sitali Jewellers** (www.sitalijewellers.com), die in Handarbeit in alten Ställen Gold- und Platinstücke produzieren; **David Krut Projects** (www.davidkrutprojectscapetown.com), eine Galerie, die sich auf Drucke und Arbeiten auf Papier spezialisiert hat; und weiterer kreativer Schmuck von **Beloved Beadwork** (http://belovedbeadwork.co.za). Es gibt auch ein exzellentes Bio-Café, das Gardener's Cottage, und sogar Wagenwaschen ist im Angebot.

ART IN THE FOREST KERAMIK, KUNST
(021-794 0291; www.lightfromafrica.com; Cecilia Forest, Constantia Nek, Rhodes Dr, Constantia; Mo-Sa 10-16 Uhr; P) Mit dem Gewinn aus dieser Galerie, die sich im Cecilia Forest versteckt, wird das Fikelela unterstützt, eine Betreuungseinrichtung für Kinder in Khayelitsha. Aber das ist nicht der einzige Grund für einen Besuch: viele Stücke der Keramik, die zum Verkauf steht, stammen von erstklassigen Kapstädter Töpfern und Nachwuchstalenten; das hübsche Gebäude aus den 1950er-Jahren bietet einen Panoramablick nach Constantia; und es gibt ein Café auf Spendenbasis, in dem auch Workshops, Vorträge und Malkurse abgehalten werden.

PORTER ESTATE PRODUCE MARKET MARKT
(www.pepmarket.co.za; Chrysalis Academy, Tokai Manor, Tokai Rd, Tokai; Sa 9-13 Uhr; P) Wer sich von den anderen Samstagsmärkten losreißen kann, für den lohnt sich ein Besuch dieses Bauern- und Kunsthandwerkermarktes in der grünen Umgebung von Tokai. Hier gibt es auch Frühstück und die Kleinen können auf dem Spielplatz rumtoben.

CAVENDISH SQUARE
SHOPPINGCENTER

Karte S. 294 (☏021-657 5620; www.cavendish.co.za; Cavendish Square, Dreyer St, Claremont; ☺Mo–Sa 9–19, So 10–17 Uhr; ℗; 🚆Claremont) In dieser Mall der gehobenen Klasse gibt es Outlets vieler Top-Modedesigner Kapstadts. Daneben gibt es Supermärkte, Kaufhäuser und zwei Multiplexkinos. Bei Letzteren lassen sich telefonisch die Abfahrtszeiten für kostenlose Shuttlebusse aus der City erfragen.

KIRSTENBOSCH
CRAFT MARKET
KUNSTHANDWERK

(☏021-671 5468; Kirstenbosch Dr Ecke Rhodes Dr, Newlands; ☺letzter So im Monat 9–17 Uhr) Der große Kunsthandwerksmarkt, der sich außerhalb von Kirstenbosch ausbreitet, bietet reichlich Auswahl. Praktisch ist, dass man die meisten Dinge hier mit Kreditkarte bezahlen kann: Die Kasse befindet sich in einer der Steinhütten auf dem Gelände. Die Erträge dieses Marktes gehen an einen Entwicklungsfonds für die Kirstenbosch Botanical Gardens.

HIP HOP
MODE

Karte S. 294 (www.hiphopfashion.co.za; 12 Cavendish St, Claremont; ☺Mo–Fr 9–17.30, Sa 9–16, So 10–14 Uhr; 🚆Claremont) Das Hip-Hop ist in Sachen Mode eine echte Kapstädter Erfolgsstory. Die Damenmode steht allen Figuren und Größen und eignet sich für viele Anlässe. Das **Factory-Outlet** (Karte S. 282; 35B Buitenkant St, The Fringe; ☺Mo–Fr 9–17, Sa 9–13 Uhr) lockt mit Rabatten.

HABITS
MODE

Karte S. 294 (www.habits.co.za; 1 Cavendish Close, Cavendish St, Claremont; ☺ Mo–Fr 9–17, Sa 9–13.30 Uhr; 🚆Claremont) Die Damenmode aus Leinen, Baumwolle und Seide von Jenny le Roux ist klassisch und patent. Ihr Label Bad Habits ist eher etwas für jüngere Frauen. Gelangweilte Partner können sich auf dem Sofa fläzen, fernsehen und kostenlose Drinks schlürfen.

SPACE
MODE

Karte S. 294 (www.thespace.co.za; Cavendish Square, Dreyer St, Claremont; ☺ Mo–Do & Sa 9–18, Fr 9–21, So 10–16 Uhr; ℗; 🚆Claremont) Diese hippe Boutique in den Tiefen des Cavendish Square führt kreative einheimische Mode und Accessoires für Kunden mit individuellem Stil, außerdem verkaufen sie spaßige Geschenkartikel.

YDE
MODE

Karte S. 294 (www.yde.co.za; Cavendish Square, Dreyer St, Claremont; ℗; 🚆Claremont) YDE steht für Young Designers Emporium. Hier ist es zwar ein bisschen chaotisch, aber meistens findet sich ein cooles, bezahlbares Teil. Die Streetwear und Accessoires für Damen und Herren entwerfen südafrikanische Designer. Filialen gibt es in der **Victoria Wharf** an der V&A Waterfront und im **Canal Walk**.

COCO KAROO
RAUMGESTALTUNG

(www.cocokaroo.co.za; 32 Durban Rd, Wynberg Village; 🚆Wynberg) Im eklektischen Angebot dieses entzückenden Einrichtungsgeschäftes im Herzen von Wynbergs Little Chelsea findet man viktorianische Ölgemälde, antike Kupferbadewannen und geschnitzte Holzfische aus Malawi.

ACCESS PARK
FABRIKOUTLETS

(www.accesspark.co.za; Chichester Rd, Kenilworth; ☺Mo–Fr 9–17, Sa 9–15, So 10–14 Uhr; ℗; 🚆Kenilworth) In den gut 70 Outlet- und Fabrikläden, die alles von Adidas-Turnschuhen bis zu Computern verkaufen, treffen sich die Schnäppchenjäger.

🏃 SPORT & AKTIVITÄTEN

SAHARA PARK NEWLANDS
CRICKET

Karte S. 294 (☏021-657 3300, Tickethotline 021-657 2099; www.capecobras.co.za; 146 Campground Rd, Newlands; 🚆Newlands) Wenn die nahe gelegene Brauerei nicht die Sicht auf den Tafelberg verstellen würden, hätte Newlands den Titel des schönsten Cricketstadions locker in der Tasche. Aufgrund eines Sponsoringvertrages lautet der offizielle Name des 25 000 Zuschauer fassenden Stadions Sahara Park Newlands. Für die Einheimischen ist es aber nach wir vor der Newlands Cricket Ground. Die Saison läuft von September bis März, darüber hinaus werden auch Länderspiele ausgetragen. Die Tickets kosten um die 50 R für die Ligaspiele – die Nashua Mobile Cape Cobras spielen hier – und bis zu 200 R für die internationalen Begegnungen.

NEWLANDS RUGBY STADIUM
RUGBY

Karte S. 294 (☏021-659 4600; www.wprugby.com; 8 Boundary Rd, Newlands; 🚆Newlands)

Im Heiligtum des südafrikanischen Rugby tragen die **Stormers** (www.iamastormer.com) ihre Heimspiele aus. Tickets für Super-12-Spiele kosten mindestens 50 R, für Länderspiele um die 350 R.

KENILWORTH RACE COURSE   PFERDERENNEN

(☏700 1600; Rosemead Ave, Kenilworth; ⊠Kenilworth) Hier finden das ganze Jahr über Rennen statt. Das Großereignis des Jahres ist das prachtvolle **J&B Met**, Südafrikas Pendant zum Ladies Day in Ascot, das meistens eher an eine Modenschau als an ein Pferderennen erinnert. In der Mitte der Rennbahn befindet sich die **Kenilworth Racecourse Conservation Area** (www.krca.co.za), 52 ha geschützte Fynbos-Landschaft (Cape Flats Sand Fynbos), in der manchmal naturkundliche Spaziergänge und andere Veranstaltungen organisiert werden; weitere Informationen siehe Website.

SPORTS SCIENCE INSTITUTE
OF SOUTH AFRICA   FITNESS, SCHWIMMEN

Karte S. 294 (www.ssisa.com; Boundary Rd, Newlands; pro Tag 90 R; ⊙Mo–Fr 5.30–21, Sa 6.30–19, So 8–12.30 & 16–19 Uhr; ⊠Newlands) Viele der besten Profisportler des Landes trainieren hier. Zu den Vorzügen des Hauses, in dem auch Normalsterbliche willkommen sind, zählen unter anderem ein 25-m-Becken, eine Laufbahn in der Halle und eine Kinderkrippe. Die Einrichtung befindet sich zwischen den Kricket- und Rugbystadien in Newlands.

Simon's Town & südliche Halbinsel

MUIZENBERG | KALK BAY & UMGEBUNG | SIMON'S TOWN | SÜDLICHE HALBINSEL

Highlights

❶ Mit dem Auto, Fahrrad oder zu Fuß die schroffe Südhalbinsel am **Kap der guten Hoffnung** (S. 136) erkunden, ein Naturschutzgebiet mit heimischer Fauna und Flora und heiteren Stränden.

❷ Eine Fotosafari zu den Brillenpinguinen unternehmen, die um **Boulders** (S. 142) herumwatscheln.

❸ In **Kalk Bay** (S. 139) shoppen gehen und eine Mahlzeit oder einen Drink am Hafen genießen.

❹ In Muizenberg eine Kulturveranstaltung in der schönen **Casa Labia** (S. 138) besuchen oder surfen lernen (S. 147).

❺ Im Naturreservat **Silvermine** (S. 138) im Table Mountain National Park Höhlen besichtigen und um den Stausee wandern.

Details siehe Karte S. 296 und S. 298 ➡

Simon's Town & südliche Halbinsel

Fernab des hektischen Großstadttreibens im Norden mutet der südliche Zipfel des Kaps fast wie eine andere Welt an. Wer sich ein paar Tage Zeit nimmt, die Schönheiten der Gegend – allen voran das großartige Kap der Guten Hoffnung (Cape Point) – zu entdecken, wird reich belohnt.

Weitere lohnenswerte Orte sind der Vorort Muizenberg mit der hinreißenden Casa Labia, Kalk Bay mit seinen Antiquitäten- und Kunsthandwerksläden, guten Cafés und einem lebhaften Fischmarkt, der Marinestützpunkt Simon's Town, wo neben den Fregatten heute auch Ausflugsboote ankern, die aufregende Touren zum Cape Point anbieten, und Boulders mit der berühmten Brillenpinguinkolonie.

Noch ruhiger ist es an der Atlantikseite der Halbinsel, wie in Noordhoek, das für seinen breiten Sandstrand berühmt ist, und im Surfermekka Kommetjie („Kommickie" ausgesprochen, oft einfach nur „Kom" genannt), einer beschaulichen kleinen Langustenfischer-Gemeinde, deren Wahrzeichen der gusseiserne Slangkop-Leuchtturm ist. Scarborough ist der letzte Küstenort vor dem Cape Point.

Die Strände um die False Bay an der Ostseite der Halbinsel sind nicht ganz so spektakulär wie die an der Atlantikküste. Aber das Wasser ist oft über 5°C wärmer und kann im Sommer 20°C erreichen, was sehr viel angenehmer zum Baden ist.

Lokalkolorit

→ **Märkte** Halb Muizenberg genießt freitagabends Essen, Trinken und Livemusik in der Blue Bird Garage (S. 146).

→ **Surfen** Rauf aufs Brett und mit den anderen Surfern die Wellen in Kommetjie (S. 142) und Muizenberg (S. 139) reiten.

→ **Wandern** Vorsicht vor den donnernden Wellen beim Spazierengehen auf dem Küstenweg von Muizenberg nach St. James (S. 140).

Anfahrt

→ **Auto** Unbedingt wichtig, um die Gegend wirklich erkunden zu können.

→ **Taxi Noordhoek Taxis** (☏021-234 7021).

→ **Zug** Die Züge halten in Muizenberg und Kalk Bay, Endstation ist Simon's Town. Cape Metro Rail hat preisgünstige Tagesfahrkarten.

→ **Wassertaxi Mellow Yellow Water Taxi** (www.watertaxi.co.za; einfach/hin & zurück 100/150 R) verkehrt zwischen Kalk Bay und Simon's Town. Empfehlenswert ist es, mit dem Zug nach Simon's Town zu fahren und das Wassertaxi zurück nach Kalk Bay zu nehmen statt umgekehrt.

Top-Tipp

Von Ende Mai bis Anfang Dezember tummeln sich in der False Bay Wale mit ihren Jungen. Oktober und November ist die beste Zeit, um sie zu sichten. Südkaper-, Buckel- und Brydewale („Brieda" ausgesprochen) lassen sich am häufigsten blicken. Gute Aussichtspunkte sind der Küstenweg von Muizenberg nach St. James, das Restaurant Brass Bell in Kalk Bay und der Jager's Walk in Fish Hoek. Die Simon's Town Boat Company bietet vom Hafen in Simon's Town auch Bootstouren zu den Walen an.

Gut essen

→ Foodbarn (S. 144)
→ Casa Labia (S. 143)
→ Live Bait (S. 143)
→ Olympia Café & Deli (S. 143)

Mehr dazu S. 143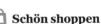

Schön ausgehen

→ Brass Bell (S. 144)
→ Polana (S. 145)
→ Skebanga's Bar (S. 145)
→ Cape Point Vineyards (S. 145)

Mehr dazu S. 144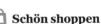

Schön shoppen

→ Blue Bird Garage (S. 146)
→ Kalk Bay Modern (S. 146)
→ Sobeit (S. 145)
→ Artvark (S. 146)
→ Red Rock Tribal (S. 146)

Mehr dazu S. 145

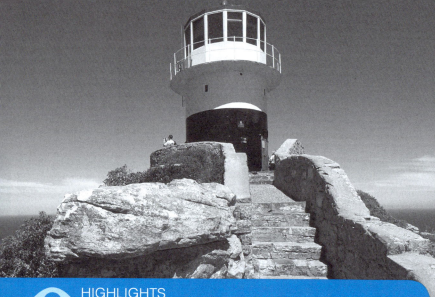

HIGHLIGHTS
KAP DER GUTEN HOFFNUNG

Das Kap heißt hier Cape Point und ist ein 77,5 km² großer Teil des Table Mountain National Park mit hinreißender Landschaft, phantastischen Wanderwegen und oft einsamen Stränden. Um die 250 Vogelarten nisten hier, darunter Kormorane und eine Straußensippe nahe dem Kap der Guten Hoffnung, dem südwestlichsten Punkt des Kontinents. Im Reservat leben zwar auch Buntböcke, Elenantilopen und Zebras, aber sie lassen sich nur selten blicken. Häufig sind dagegen Paviane und Klippschliefer zu sehen. Besonders schön ist es hier im Frühling, wenn die Wildblumen blühen.

Flying Dutchman Funicular

Der Aufstieg ist zwar nicht anstrengend, aber Fußfaule können die Standseilbahn **Flying Dutchman Funicular** (www.capepoint.co.za; einfach/hin & zurück Erw. 37/47 R, Kind 15/20 R; 10–17.30 Uhr) nehmen, die neben dem Restaurant bis zum Andenkenkiosk neben dem alten Leuchtturm fährt. Der Leuchtturm von 1860 wurde zu hoch oben gebaut (238 m ü. d. M) und war deswegen oft von Dunst und Nebel verhüllt. Der neue Leuchtturm, der 1919 am Dias Point errichtet wurde, liegt 87 m oberhalb des Wassers.

Strände

Es gibt dort ein paar großartige Strände, die manchmal absolut einsam sind. Deswegen ist das Schwimmen dort durchaus riskant, also immer schön vorsichtig sein. Der schönste Strand zum Baden oder Spazierengehen ist der **Platboom Beach**, auch der hübsche Strand in der **Buffels Bay** ist für Badende gefahrlos. Der **Maclear Beach** nahe dem Parkplatz eignet sich zum Spazierengehen und Tauchen, zum Schwimmen ist es hier aber zu felsig. Weiter Richtung Cape Point liegt der schöne **Diaz Beach**, der zu Fuß vom Parkplatz aus zu erreichen ist.

NICHT VERSÄUMEN

→ Kap der Guten Hoffnung
→ Leuchttürme am Cape Point
→ Die Wanderwege Cape of Good Hope & Hoerikwaggo
→ Buffels Beach
→ Platboom Beach

PRAKTISCH & KONKRET

→ 021-780 9204
→ www.sanparks.org/parks/table_mountain
→ Erw./Kind 85/30 R
→ Okt.–März 6–18, April–Sept. 7–17 Uhr

Vorsicht vor Pavianen

Die Schilder, die vor der Fütterung der Paviane warnen, stehen hier aus gutem Grund. Die Tiere sind so an Touristen gewöhnt, dass sie ihnen Essen aus der Hand reißen oder durch offene Autofenster klettern, um ans Futter zu kommen. *Niemals* sollte man sich ihnen in die Quere stellen, da sie aggressiv werden.

Wandern & Radfahren

Am schönsten lässt sich das Reservat zu Fuß oder per Fahrrad erkunden – mehrere Anbieter, darunter Awol, Daytrippers und Downhill Adventures, haben auch Radtouren im Programm. Am Eingang gibt es zur Eintrittskarte eine einfache Wegekarte. Für anspruchsvolle Wanderungen sind die detaillierteren Slingsby Maps empfehlenswert. Nicht vergessen, dass das Wetter rasch wechseln kann; einfache Sicherheitshinweise s. S. 28.

Cape of Good Hope Trail

Für die zweitägige Wanderung mit Übernachtung auf dem **Cape of Good Hope Trail** (200 R plus Eintritt ins Reservat) ist eine Buchung erforderlich. Auf dem spektakulären, 33,8 km langen Rundweg durch das Reservat sind viele Arten von Zuckerbüschen und andere Fynbos-Pflanzen zu entdecken. Weite Aussichten bietet der Abschnitt zwischen Paulsberg und Judas Peak Richtung False Bay.

Übernachtet wird in den Hütten Erica, Protea und Restio an der Nordseite des De Gama Peak. Durch die hohe Lage der Hütten kann man Sonnenaufgang wie auch -untergang sehen. Im Schlafsaal mit Stockbecken können sechs Personen übernachten, ein eigener Schlafsack muss mitgebracht werden. Besteck und Geschirr sind vorhanden, ebenso eine Dusche mit heißem Wasser. Kontakt über das **Buffelsfontein Visitor Centre** (☎021-780 9204) im Park.

Weitere Wanderwege

Ein weiterer Wanderweg im Reservat ist der 15 km lange erste (oder letzte) Abschnitt des **Hoerikwaggo Trail**. Er beginnt am Cape Point Lighthouse und führt an der False Bay entlang zur Smitswinkel Bay. Einige Abschnitte sind recht steil. Von Ende August bis Oktober kann man Wale in der Bucht sichten.

Ein Pfad führt vom Kap der Guten Hoffnung über den Diaz Beach zum Cape Point Lighthouse hinauf. Zudem gibt es einen unkomplizierten, 3,5 km langen Wanderweg von der Buffels Bay zum spektakulären Gipfel des Paulsbergs.

Am einfachsten ist der 1 km lange Wanderweg zwischen altem und neuem Leuchtturm. Er ist in knapp 30 Minuten zu bewältigen und führt über einen großartigen Kammweg mit Blick hinab auf den neuen Leuchtturm und die steilen Meeresklippen.

GEFÜHRTE TOUREN

Zahlreiche Touranbieter haben den Cape Point in ihrem Programm. Die meisten flitzen ins Reservat, halten am Buffelsfontein Visitor Centre und erlauben gerade genug Zeit, um zum Cape Point zu laufen, etwas zu Mittag zu essen und sich auf dem Rückweg am Kap der Guten Hoffnung fotografieren zu lassen.

Der portugiesische Seefahrer Bartolomeu Dias prägte den Namen Cabo da Boa Esperança (Kap der Guten Hoffnung). Das in den Felsen gehauene Kreuz markiert die Stelle, an der Dias 1488 vermutlich das Kap betrat.

ESSEN & SCHLAFEN

Im Buffelsfontein Visitor Centre und in einem Laden neben der Standseilbahn gibt es Snacks. Dort befindet sich auch das Two Oceans Restaurant, das auf Reisegruppen eingestellt ist, aber eine Terrasse mit tollem Blick hat. Zelten ist nicht erlaubt, aber drei Ferienhäuser – Olifantsbos, Eland und Duiker – werden vermietet. Unterkunft bietet auch das Smitswinkel Tented Camp vor dem Haupteingang zum Cape Point (mehr Infos s. S. 30).

SIMON'S TOWN & SÜDLICHE HALBINSEL

HIGHLIGHTS
KAP DER GUTEN HOFFNUNG

SEHENSWERTES

Muizenberg wurde 1743 von den Niederländern als Postkutschenstation gegründet. Seine Glanzzeit erlebte das Städtchen im frühen 20. Jh., als es sich zum bevorzugten Badeort der Reichen entwickelte. Kalk Bay wurde nach dem Kalk (*kalk* auf Afrikaans) benannt, der im 17. Jh. durch Verbrennen von Muschelschalen in Brennöfen gewonnen und zum Verputz der Häuser verwendet wurde. Während der Apartheid wurde der Ort von Regierung und Wirtschaft vernachlässigt, da er überwiegend von Farbigen bewohnt war. Simon's Town ist nach dem Gouverneur Simon van der Stel benannt. Ab 1742 war der Ort ein Winterankerplatz der Niederländischen Ostindien-Kompanie (Vereenigde Oost-Indische Compagnie) und ab 1814 ein britischer Marinestützpunkt. Er ist noch heute ein Marinehafen.

Muizenberg, Kalk Bay & Umgebung

GRATIS **CASA LABIA**
CULTURAL CENTRE KULTURZENTRUM
Karte S. 296 (✆021-788 6068; www.casalabia.co.za; 192 Main Rd, Muizenberg; ◷Di–So 10–16 Uhr; ⓡMuizenberg) Die prachtvolle Villa am Meer von 1930 war das feudale Haus des Grafen Natale Labia und seiner südafrikanischen Frau. Labia war in jener Zeit der italienische Botschafter in Südafrika, das herrschaftliche Gebäude – vom Kapstädter Architekten Fred Glennie entworfen und von einem venezianischen Innenarchitekten antik ausgestattet – diente somit auch als Botschaftsgebäude.

Nach einer wechselhaften Geschichte wurde das Haus 2008 wieder dem Sohn der Labias übertragen. Seither ist es liebevoll restauriert worden und ist heute ein prächtiges Gebäude, in dem Konzerte, Vorträge

HIGHLIGHTS
SILVERMINE

Das Naturreservat Silvermine liegt zwar abseits der üblichen Touristenstrecken, ist aber dennoch ein spektakulärer Teil des Table Mountain National Park. Zu erreichen ist es vom Ou Kaapse Weg, der quer über die Halbinsel führt, oder über Wanderwege ab dem Boyes Drive. Seinen Namen erhielt es nach vergeblichen Versuchen der Niederländer, hier von 1675 bis 1685 nach Silber zu schürfen. Beliebt ist der Park bei Wanderern, Mountainbikern, Fels- und Höhlenkletterern. Im Mittelpunkt steht das **Silvermine Reservoir** von 1898, das sich wunderbar für ein Picknick oder einen gemächlichen, 20-minütigen Spaziergang auf dem barrierefreien Uferweg eignet. Es ist auch möglich, im tanninhaltigen Wasser des Stausees zu baden. Der **Silvermine River Walk** (45 Minuten eine Richtung) ab dem Parkplatz ist ebenfalls recht lohnenswert.

Am Südostrand des Reservats befindet sich die **Peers Cave**, die über einen Weg ab einem markierten Parkplatz am Ou Kaapse Weg zu erreichen ist. Die Höhle ist nach Victor Peers benannt, der hier 1927 mit seinem Sohn Bertie mit Ausgrabungsarbeiten begann. Die beiden stießen auf Belege, dass hier bereits vor 10 000 Jahren die Khoisan lebten, darunter auch ein Schädel, der vermuten ließ, dass es sich um eine alte Begräbnisstätte handelte. Die 1941 zum Nationaldenkmal erklärte Höhle bietet einen dramatischen Blick Richtung Noordhoek und auf das Meer.

NICHT VERSÄUMEN

➡ Silvermine Reservoir
➡ Silvermine River Walk
➡ Peer's Cave

PRAKTISCH & KONKRET

➡ Karte S. 296
➡ www.sanparks.org/parks/table_mountain
➡ Haupteingang & Parkplatz Ou Kaapse Weg
➡ Erw./Kind 25/10 R
➡ ◷Okt.–März 7–18 Uhr, April–Sept. 8–17 Uhr

DIE SONNENPFADE VOM KAP

Im Laufe seiner Forschungen über die Khoisan und andere, noch ältere Kulturen am Kap hat der Archäoastronom Dean Liprini eine erstaunliche Theorie entwickelt. Er glaubt, dass das Kap von einem Raster aus Sichtachsen durchzogen ist, das durch markante Punkte wie Höhlen, Kulträume, geometrische Markierungssteine sowie Sonnen- und Mondschreine gebildet wird, manche in der verblüffenden Form riesiger menschlicher Gesichter. Sonnenauf- und -untergang sind zur Sommer- und Winter-sonnenwende sowie zur Tagundnachtgleiche exakt auf diese Punkte ausgerichtet, ein Indiz dafür, dass sie für die Menschen damals zur Messung des Jahresverlaufs und Berechnung günstiger Tage dienten.

Das mag zwar verrückt klingen, aber so ganz abwegig ist Liprinis Theorie nicht. Das wird auf einer Wanderung in den Bergen der südlichen Halbinsel mit ihm oder einem seiner Kollegen bald klar. Aus einem bestimmten Blickwinkel betrachtet sind in den Felsen eindeutig die Profile von Gesichtern zu erkennen, einige mit „Augenlöchern", in denen sich das Licht fängt. Einer dieser Felsen ist ein Granitbrocken am Lion's Head, ein anderer ist der „Pyramid All Seeing Eye" an der M6 zwischen Glencairn und Sunnydale. Hinzu kommt die von Liprini als „Cave of Ascension" (Himmelfahrtshöhle) bezeichnete Höhle oberhalb der Begräbnisstätte **Peers Cave**. Näheres zu den Son-nenpfaden und geführten Touren steht auf der Website www.sunpath.co.za.

---

und diverse Veranstaltungen stattfinden. Auch sind hier Werke aus der Kunstsamm-lung der Labias (darunter Gemälde von Irma Stern und Gerald Sekoto) ausgestellt und regelmäßige Wechselausstellungen zei-gen Werke zeitgenössischer Kunst. Hinzu kommen eine Filiale des Kunsthandwerks-ladens Africa Nova und ein exzellentes Café.

MUIZENBERG BEACH   STRAND

Karte S. 296 (Beach Rd, Muizenberg; ⊠Kalk Bay) Der bei Familien beliebte Surferstrand ist für seine knallbunten viktorianischen Strandhütten berühmt. Surfbrettverleih und Kurse bieten der Roxy Surf Club oder Gary's Surf School. Garderobenschränke gibt es in den Pavillons an der Promenade. Der Strand fällt sanft zum Meer hin ab und die See ist im Allgemeinen sicherer (und vor allem auch wärmer) als irgendwo sonst auf der Halbinsel. Am östlichen Ende der Pro-menade befindet sich eine **Wasserrutsche** (1 Std./Tageskarte 35/65 R; ⊘Sa & So 9.30–17.30 Uhr, in den Schulferien tgl.).

RONDEVLEI
NATURE RESERVE   NATURERESERVAT

(☏021-706 2404; www.rondevlei.co.za; Fisher-man's Walk Rd; Erw./Kind 10/5 R; ⊘ganzjährig tgl. 7.30–17 Uhr, Dez.–Feb. Sa & So 7.30–19 Uhr; ℗) Flusspferde waren seit 300 Jahren aus den hiesigen Sümpfen verschwunden, bis sie 1981 in diesem kleinen, malerischen Naturreservat nordöstlich von Muizenberg

wieder angesiedelt wurden. Heute leben hier acht Flusspferde, aber sie sind scheu und lassen sich kaum blicken, außer viel-leicht nachts (Übernachtung 800 R pro Pers.). Weitere Infos hat **Imvubu Nature Tours** (☏082-847 4916, 021-706 0842; www. imvubu.co.za) direkt im Reservat. Auf den einstündigen **Wanderführungen** (300 R pro Pers., mind. 4 Pers.) des Unternehmens kön-nen vom Küstenweg, den Aussichtstürmen und Unterständen um die 237 Vogelarten beobachtet werden.

KALK BAY HARBOUR   HAFEN

Karte S. 296 (Main Rd, Kalk Bay; ⊠Kalk Bay) Kalk Bays hübscher Hafen ist vor allem in den späten Morgenstunden reizvoll, wenn die wenigen noch verbliebenen Fischer-boote der Gemeinde von ihrem täglichen Fang heimkehren und am Kai der quirlige Markt beginnt. Ein beliebtes Ziel für alle, die frischen Fisch für ein *braai* (Barbecue) kaufen oder auch Wale beobachten wollen. Neben dem Bahnhof von Kalk Bay und dem Lokal Brass Bell gibt es ein paar Gezeiten-schwimmbecken.

RHODES COTTAGE MUSEUM   MUSEUM

Karte S. 296 (246 Main Rd; Eintritt mit Spende; ⊘Mi, Fr & Sa 10–13, Di 10–16 Uhr; ⊠Muizenberg) Das von Sir Herbert Baker (S. 228) ent-worfene strohgedeckte Haus ist heute ein reizendes Museum zu Cecil Rhodes, der hier 1902 im vorderen Schlafzimmer starb. Durch das Haus führen engagierte Freiwil-

START **BAHNHOF MUIZENBERG**
ZIEL **BAHNHOF MUIZENBERG**
LÄNGE **3 KM**
DAUER **1 STD.**

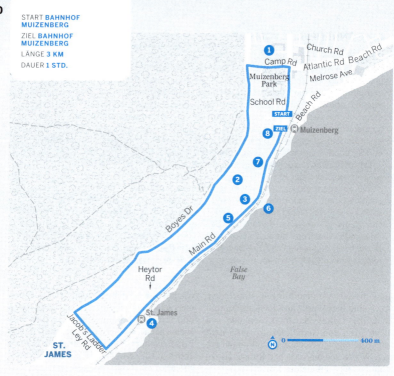

Spaziergang
Wanderung Muizenberg–St. James

Die schöne Küstenwanderung bietet spektakuläre Aussichten auf die False Bay und vermittelt einen Eindruck der Geschichte und des einst prächtigen Charakters der Küstenvorstadt.

Vom Bahnhof Muizenberg geht es nordwärts über den Park zur Camp Road mit der rot-weiß gestrichenen ❶ **Synagoge**; Muizenberg hatte in den 1920er- und 1930er-Jahren eine große jüdische Gemeinde. Betonstufen steigen zum Boyes Drive hinauf, von wo sich ein eindrucksvoller Blick über Muizenberg und den breiten, flachen Strand bietet.

Am schmiedeeisernen Tor auf der linken Seite führen Stufen hinab zum ❷ **Grab von Sir Abe Bailey** (1864–1940), „Soldat, ehemaliger Sportler, Philantrop, Bergbaupionier". Von dort sollte auch ein Blick auf Baileys Haus ❸ **Rust-en-Vrede** mit seinen roten Dachziegeln und hohen Giebeln an der Main Road unten möglich sein. Der Bau von Rust-en-Vrede wurde von Cecil Rhodes beauftragt, der aber nie selbst dort lebte.

Weiter geht's über den Boyes Drive bis zur steilen Treppe, die zum ❹ **Bahnhof St. James** hinab führt. Daneben warten die berühmten bunten viktorianischen Badekabinen und ein Gezeitenbecken, das zum Abkühlen verlockt. Hier beginnt ein Küstenpfad, der zurück nach Muizenberg führt.

In Richtung einer herrschaftlichen Villa im spanischen Stil (nach dem Anwesen von Elvis Presley „Graceland" genannt) kommt eine Unterführung in Sicht, durch die man die verkehrsreiche Main Road überquert und dem ❺ **Rhodes Cottage**, in dem Rhodes 1902 starb, einen Besuch abstatten.

Zurück auf dem Küstenpfad liegt rechts das strohgedeckte ❻ **Bailey's Cottage**, einst das Gästehaus von Sir Abe Bailey. Auf der Main Road näher an Muizenberg geht es auch an der ❼ **Casa Labia** vorbei, die der Familie eines italienischen Grafen gehörte, der das Haus 1930 erbauen ließ.

Ein Stück weiter liegt das ❽ **Posthuys** aus den 1670er-Jahren. Das einstige Wachhaus für einlaufende Schiffe in die False Bay ist eines der ältesten Gebäude Kapstadts im europäischen Stil. Von hier sind es nur ein paar Minuten bis zum Bahnhof Muizenberg.

lige der Muizenberg Historical Conservation Society. Der hübsche Garten am Hang ist ein wunderbares Plätzchen für eine Pause und um in der Saison Wale zu sichten.

GRATIS **SAVE OUR SEAS**
SHARK CENTRE INFORMATIONSZENTRUM
Karte S. 296 (www.saveourseas.com; 28 Main Rd; ⊙Mo–Fr 10–16, Sa 10–15 Uhr; ⊠Kalk Bay) Das verdienstvolle Informationszentrum setzt sich weltweit für Aufklärung, Schutz, Arterhalt und nachhaltigen Fang von Haien ein. Es hat auch ein kleines Aquarium und weitere gute Präsentationen zur Arbeit der internationalen Organisation. Besucher können sich auch über das wegweisende Projekt **Shark Spotters** (www.sharkspotters. org.za) informieren, das die wichtigsten Strände überwacht und Alarm schlägt, wenn in der Nähe Haie auftauchen.

FISH HOEK & CLOVELLY WANDERWEGE
(Main Rd/M4; ⊠Fish Hoek) Die Orte Fish Hoek und Clovelly, von Kalk Bay an der False Bay Richtung Süden gelegen, besitzen breite und sichere Strände. Der befestigte **Jager's Walk** am südlichen Ende von Fish Hoek Beach ist ein angenehmer, etwa 1 km langer Spazierweg nach Sunny Cove (das an der Bahnlinie liegt). Wem das zu wenig ist, kann über einen Küstenweg noch 5 km bis nach Simon's Town marschieren.
Für Naturfreunde ist die **Silvermine River Wetland Route** ideal. Der rollstuhlgerechte und blindenfreundliche Wanderweg beginnt am Parkplatz in Clovelly nahe dem Umspannwerk und folgt der Talaue des Silvermine River. Mit etwas Glück sind dort die unterschiedlichsten Tiere zu entdecken, von Eisvögeln über Kapottern und Stachelschweine bis zur gefährdeten Leopardkröte. Es gibt auch eine Plattform zur Vogelbeobachtung – 63 Arten wurden in der Gegend gesichtet.

Simon's Town & südliche Halbinsel

KAP DER GUTEN HOFFNUNG NATIONALPARK
Siehe S. 136.

NOORDHOEK BEACH STRAND
Der großartige 5 km lange Strand von Noordhoek ist vor allem bei Surfern und Reitern beliebt, wegen der starken Strömungen zum Schwimmen aber eher ungeeignet. Am Nordende befindet sich The

Hoek, ein grandioser Surfspot, wo diejenigen, die auf der Suche nach der perfekten Welle sind, gute Chancen haben, fündig zu werden. Mitten auf dem Strand ragen die Überreste des im Jahr 1900 auf seiner Jungfernfahrt von England nach Australien gestrandeten Dampfers Kakapo wie eine bizarre Skulptur aus dem Sand.

SIMON'S TOWN
BOAT COMPANY BOOTSAUSFLÜGE
Karte S. 298 (✆021 786 2136; www.boatcompany. co.za; Town Pier, Simon's Town; Hafenrundfahrt Erw./Kind 40/20 R; ⊠Simon's Town) Das Unternehmen bietet sowohl die beliebteHafenrundfahrt mit der *Spirit of Just Nuisance* als auch längere Bootstouren zum Cape Point (Erw./Kind 350/200 R) und zur Seal Island (Erw./Kind 250/150 R) an. Während der Whalewatching-Saison werden außerdem Fahrten angeboten, auf denen Walfreunde den sanften Riesen ganz nahe kommen.

SIMON'S TOWN MUSEUM MUSEUM
Karte S. 298 (www.simonstown.com/museum/ stm_main.htm; Court Rd; Erw./Kind 5/2 R; ⊙Mo–Fr 1–16, Sa 10–13 Uhr; ⊠Simon's Town) Das weitläufige Museum, das in der alten Gouverneursresidenz (Baujahr 1777) eingerichtet worden ist, ist der Geschichte von Simon's Town gewidmet. Natürlich dürfen auch einige Exponate über Just Nuisance nicht fehlen, über die berühmte Dogge, die im Zweiten Weltkrieg der Navy als Maskottchen diente und deren Grab sich in der Red Hill Road oberhalb der Stadt befindet. Auf

INSIDERWISSEN

MIT DER DAMPFEISENBAHN NACH SIMON'S TOWN

Atlantic Rail (✆021 556 1012; www. atlanticrail.co.za; ⊙Büro Mo–Fr 8– 12.39 Uhr; 🚻), die einzige private Dampfeisenbahngesellschaft Kapstadts, bietet meist sonntags Tagesausflüge von der Stadt nach Simon's Town (Erw./Kind 220/110 R). Die hölzernen Waggons aus den 1920er- und 1930er-Jahren werden von einer Dampflokomotive der Klasse 24 von 1949 gezogen. Einer der Waggons ist ein Salonwagen. Nach vorheriger Vereinbarung ist auch ein Halt zum Aus- oder Einsteigen in Kalk Bay möglich.

dem Jubilee Square am Hafen steht außerdem eine **Statue** von Just Nuisance.

HERITAGE MUSEUM   MUSEUM

Karte S. 298 (www.simonstown.com/museum/sthm.htm; Almay House, King George Way; Eintritt 5 R; ⊙Di–Do & So 11–16 Uhr; ℝSimon's Town) Simon's Towns muslimische Gemeinde zählte 7000 Menschen, bevor die meisten von ihnen aufgrund der Apartheid gewaltsam verdrängt wurden, vor allem nach Ocean's View auf der Atlantikseite der Halbinsel. Das interessante kleine Museum im Almay House von 1858 mit einem reizenden Garten ist diesen Vertriebenen gewidmet. Es wird von Zainab Davidson betreut, deren Familie Simon's Town 1975 verlassen musste. In der nahe gelegenen Alfred Lane befindet sich eine hübsche **Moschee** von 1926.

IMHOFF FARM   FARM

(www.imhofffarm.co.za; Kommetjie Rd; Eintritt frei; ⊙Di–So 10–17 Uhr; ℙ) Auf dem alten und sehr schönen Hof außerhalb von Kommetjie gibt es einiges zu sehen und zu erleben: zahlreiche Kunsthandwerksläden und -ateliers, das nette Blue Water Café, einen **Schlangen- und Reptilienpark** (Erw./Kind 35/30 R), einen Hof voller Tiere, **Kamelritte** (Buchung: ☎021-789 1711; Erw./Kind 50/30 R; ⊙Di–So 12–16 Uhr) und einen Hofladen, der leckeren Käse und andere Esswaren verkauft.

KOMMETJIE-STRÄNDE   STRAND

(Kommetjie Rd/M65; ℙ) Einer der Hauptanziehungspunkte für Surfer am Kap. Die Riffe sorgen für eine ordentliche Brandung. Outer Kommetjie ist ein Left-Point, der am **Slangkop-Leuchtturm** am Südende des Orts beginnt, während Inner Kommetjie geschützter und kleiner ist (mit viel Seetang bei Flut). Die Wellen sind bei südöstlichen bzw. südwestlichen Winden am besten. Wer eher auf einen gemütlichen Strandspaziergang aus ist, ist am **Long Beach** richtig, der über den Benning Drive erreichbar ist.

CAPE POINT OSTRICH FARM   FARM

(www.capepointostrichfarm.com; Führung Erw./Kind 45/20 R; ⊙9.30–17.30 Uhr; ℙ⚥) Auf der Familienfarm mit Restaurant und Touristenanlagen knapp 600 m vor dem Haupteingang zum Cape Point tummeln sich zahlreiche Strauße. Führungen zu den Zuchtgehegen werden regelmäßig ange-

---

◉ HIGHLIGHTS
BOULDERS

Boulders ist eine malerische Gegend, etwa 3 km südöstlich von Simon's Town, mit einigen gewaltigen Felsbrocken zwischen kleinen Sandbuchten. Dort lebt eine Kolonie von 2800 niedlichen Brillenpinguinen. Ein Bohlenweg führt vom Boulders Visitor Centre am Foxy Beach im Naturschutzgebiet (ein weiterer Teil des Table Mountain National Park) zum Boulders Beach, wo Besucher sich am Strand unter die watschelnden Pinguine mischen können. Aber bitte nicht streicheln: Die Pinguine haben scharfe Schnäbel, die ernsthafte Verletzungen verursachen können.

Der Großteil der Kolonie, die von nur zwei Brutpaaren von 1982 abstammt, scheint sich vorzugsweise am Foxy Beach aufzuhalten, wo sie wie lässige Supermodels unbekümmert die Touristen ignorieren, die fleißig von der Aussichtsplattform knipsen.

Die gefährdeten Wasservögel wurden wegen ihres eselartigen Gebrülls im Englischen ursprünglich „Jackass Penguins" (Eselpinguine) genannt – das Gebrüll ist am wahrscheinlichsten während der Brutzeit von März bis Mai zu hören. Parkplätze gibt es an beiden Enden des Reservats jeweils in der Seaforth Road und der Bellevue Road, wo sich auch Unterkünfte und Restaurants befinden.

NICHT VERSÄUMEN

→ Pinguine
→ Boulders Beach

PRAKTISCH & KONKRET

→ Karte S. 298
→ ☎021 701 8692
→ www.sanparks.org/parks/table_mountain
→ Erw./Kind 45/20 R
→ ⊙Dez.–Jan. 7–19.30 Uhr, Feb.–Mai & Sept.–Nov. 8–18.30 Uhr, Juni–Aug. 8–17 Uhr

143

> ### INSIDERWISSEN
>
> #### ABSEITS VON VERKEHR & MASSEN
>
> Die Main Road ist die Hauptverkehrsstraße an der Küste zwischen Muizenberg und Fish Hoek. Eine hübschere (und weniger befahrene) Strecke zwischen Muizenberg und Kalk Bay ist der Boyes Drive durch die Berge mit phantastischen Aussichten auf die Halbinsel.
>
> Wer nur einen Tag Zeit für die südliche Halbinsel hat, kann den Hauptansturm durch die Anfahrt entlang der Atlantikküste über den Chapman's Peak Drive und dann über die Main Road/M65 zum Eingang des Cape Point vermeiden. Bei frühem Start erreicht man die Spitze des Kaps lange vor den Touristenbussen, die meist zuerst in Boulders halten – wie auf dem Rückweg zu sehen ist.

boten. Ein Abstecher in den Souvenirshop lohnt sich allein schon wegen der zahllosen, aus Straußeneiern hergestellten dekorativen Objekte.

GRATIS SOUTH AFRICAN NAVAL MUSEUM   MUSEUM

Karte S. 298 (St George's St; ⊙9.30–15.30 Uhr; ☒Simon's Town) Das Marinemuseum ist zwar eher etwas für Marineenthusiasten, aber auch auf für andere sehr spannend. Das Highlight ist eine Tour zur **SAS Assegaai** (⌨021-786 5243; www.navy.mil.za/museum_submarine/Default.htm; Erw./Kind 40/20 R; ⊙Dez.–Juni 10.30–15 Uhr, Juli–Nov. 11.30–14.30 Uhr), ein U-Boot, das von 1971 bis 2003 in Dienst war. Gruppen von bis zu zwölf Personen werden mit Erläuterungen zum Leben an Bord durch das U-Boot geführt. Es ist geplant, das Boot 2013 an Land ins Museum zu bringen.

Muizenberg & Kalk Bay

LP TIPP CASA LABIA   INTERNATIONAL €
Karte S. 296 (⌨; 021-788 6068; www.casalabia.co.za; 192 Main Rd, Muizenberg; Hauptgerichte 45–70 R; ⊙Di–Do 10–16, Fr–So 9–16 Uhr; ☒Mui-

zenberg) Einige der Zutaten in dem außerordentlich netten Café im hinreißenden Kulturzentrum stammen aus dem eigenen Garten. Auch die Herstellung von Wein und Olivenöl aus den Reben und Olivenbäumen, die am Hang wachsen, ist geplant. Serviert werden hausgemachte Backwaren, köstliches Frühstück und belegte Brote.

LP TIPP LIVE BAIT   MEERESFRÜCHTE €€
Karte S. 296 (⌨021-788 5755; www.harbourhouse.co.za; Hafen Kalk Bay; Hauptgerichte 70–120 R; ⊙12–16 & 18–22 Uhr; ☒Kalk Bay) Das fröhliche Fischrestaurant im griechischen Stil liegt in unmittelbarer Nähe der krachenden Wellen und des Hafengetriebes von Kalk Bay und ist eines der besten Lokale für ein zwangloses Fischessen. Zum gleichen Unternehmen gehören das schicke Restaurant Harbour House im oberen Stock, die superbillige Imbissbude Lucky Fish und die Bar Polana.

OLYMPIA CAFÉ & DELI   BÄCKEREI, INTERNATIONAL €€
Karte S. 296 (⌨021-788 6396; 134 Main Rd; Hauptgerichte 60–100 R; ⊙7–21 Uhr; ☒Kalk Bay) Das Olympia ist noch immer der Inbegriff eines gemütlichen Cafés am Meer. Das hausgemachte Brot und Gebäck und das Frühstück sind ebenso hervorragend wie die mediterran angehauchten Hauptgerichte.

ANNEX   INTERNATIONAL €€
Karte S. 296 (⌨; 021-788 2453; www.theannex.co.za; 124 Main Rd, Kalk Bay; Hauptgerichte 60–100 R; ⊙tgl. 7–15, Mo–Sa 18–21.30 Uhr; ☏; ☒Kalk Bay) Das Annex hinter Kalk Bay Books ist ein weiteres Tagesrestaurant mit einer verlockenden Auswahl, die sich von French Toast, Croissants, Speck und Ahornsirup über Quiches und Salate bis hin zu reichhaltigeren Hauptgerichten erstreckt.

EMPIRE CAFÉ   INTERNATIONAL €
Karte S. 296 (⌨021-788 1250; www.empirecafe.co.za; 11 York Rd; Hauptgerichte 40–50 R; ⊙Mo–Sa 7–16, So 8–16 Uhr; ☏; ☒Muizenberg) Das Lieblingscafé der Surfer ist super für ein deftiges Frühstück oder Mittagessen. An den Wänden hängen Werke einheimischer Künstler und an der Decke baumelt ein beeindruckender Kronleuchter.

KNEAD   BÄCKEREI, INTERNATIONAL €
Karte S. 296 (Surfer's Corner, Beach Rd, Muizenberg; Hauptgerichte 30–70 R; ⊙Mo 10–17, Di–So 7–17 Uhr; ☒Muizenberg) Egal ob Brot, Brioche

oder Bagel, Kuchen, Pasteten oder Pizza – alles, was irgendwie aus Teig hergestellt wird, ist im Knead zu haben. Der Kronleuchter und die Spiegelkacheln verleihen dem Ufercafé ein wenig Glamour. Ebenso gut sind die Filialen im Lifestyle Centre und am Wembley Square, beide in Gardens.

CLOSER VEGAN €
Karte S. 296 (42 Palmer Rd, Muizenberg; Hauptgerichte 45 R; Mo-Fr 9-16, Sa & So 10-16 Uhr; ; Muizenberg) Eines der sehr wenigen veganen Lokale in Kapstadt. Zum Glück sind die Gerichte – hauptsächlich vegetarische Hamburger z. B. mit sonnengetrockneten Tomaten und Basilikum oder mit Butternut-Kürbis und Rote Bete in Curry – sehr lecker, hübsch präsentiert und werden nett serviert.

Simon's Town & südliche Halbinsel

FOODBARN INTERNATIONAL €€€
(021 789 1390; www.thefoodbarn.co.za; Noordhoek Farm Village, Noordhoek Main Rd Ecke Village Ln; 3-/7-Gänge-Menü 220/380 R, Hauptgerichte im Café 50 R; Restaurant tgl. 12-14.30, Mi-Sa 19-21.30 Uhr, Feinkostladen Di-Sa 8-21, So-Mo bis 17 Uhr, Café tgl. 8-16.30 Uhr, Tapasbar Di-Sa 18-21.30 Uhr; P) Meisterkoch Franck Dangereux mag sich zwar für ein stressfreieres Leben in Noordhoek entschieden haben, das heißt aber nicht, dass es seinem Lokal an Qualität mangelt. Serviert werden die deftige, köstliche Bistrogerichte. Das separate und mit Büchern vollgestopfte Feinkost-Bäckerei-Café samt Tapasbar ist ebenso gut und führt frische Backwaren, Schokolade und andere lokal bezogene Lebensmittel und Getränke.

MEETING PLACE INTERNATIONAL €€
Karte S. 298 (021 786 1986; www.themeetingplaceupstairs.co.za; 98 St George's St; Hauptgerichte 65-120 R; Mo-Sa 9-21, So bis 15 Uhr; Simon's Town) Das Feinschmeckerparadies besteht aus einem zwanglosen Feinkost-Café im Erdgeschoss und einem schnieken Restaurant oben mit einer Terrasse, die auf die Hauptraße von Simon's Town blickt. Lecker sind die Gourmetsandwiches und das hausgemachte Eis.

BLUE WATER CAFÉ INTERNATIONAL €
(021 783 2007; www.bluewatercafe.co.za; Imhoff Farm, Kommetjie Rd, Ocean View; Hauptgerichte 50-90 R; Di 9-17, Mi-So bis 21 Uhr) Die Terrasse des historischen Gebäudes ist das Herz der Imhoff Farm und bietet einen hinreißenden Blick auf Chapman's Peak. Das wunderbare Lokal serviert den ganzen Tag über Frühstück (68,50 R) und andere einfache, aber gute Gerichte wie Pasta und Pizza.

CAPE FARMHOUSE RESTAURANT INTERNATIONAL €
(021 780 1246; www.capefarmhouse.co.za; M66 & M65 Junction, Red Hill, Hauptgerichte 50-90 R; 9-17 Uhr) Das 250 Jahre alte Bauernhaus hat eine malerische Lage neben Kunsthandwerksständen und einem Kinderspielplatz. Serviert wird dort so ziemlich alles, von Frühstück bis Filetsteak. Im Sommer finden samstags ab 15.30 Uhr Konzerte statt (60 R); Infos stehen auf der Website.

SOPHEA GALLERY & TEAHOUSE VEGETARISCH €
Karte S. 298 (www.sopheagallery.com; 2 Harrington Rd, Seaforth; Hauptgerichte 50-70 R; Di-So 10-17 Uhr;) In einer Ecke der farbenfrohen Galerie mit Artefakten und Schmuck aus dem Fernen Osten wird leckeres vegetarisches und veganes Essen nach tibetischen Rezepten serviert. Die erhöhte Lage erlaubt einen hübschen Blick aufs Meer.

SWEETEST THING BÄCKEREI, INTERNATIONAL €
Karte S. 298 (021 786 4200; 82 St George's St, Simon's Town; Hauptgerichte 20-30 R; Mo-Fr 8-17, Sa & So 9-17 Uhr; Simon's Town) Hausgemachte Quiches, Kuchen und Kekse sowie leckere Gourmetsandwiches stehen auf der Karte dieser reizenden Patisserie. Ideal für einen gemütlichen Nachmittagstee mit Gebäck.

CAFÉ PESCADOS PIZZA €
Karte S. 298 (786 2272; www.pescados.co.za; 118 St George's St; Hauptgerichte 40-60 R; 9.30-22 Uhr; Simon's Town) Das kneipenartige Lokal im ehemaligen Criterion Cinema von Simon's Town serviert klasse Pizza und eine gute Auswahl an Meeresfrüchten zu vernünftigen Preisen. Am Wochenende sorgt Livemusik für Stimmung.

AUSGEHEN & NACHTLEBEN

BRASS BELL RESTAURANT-BAR
Karte S. 296 (www.brassbell.co.za; Bahnhof Kalk Bay, Main Rd, Kalk Bay; 11-22 Uhr; Kalk Bay) Durch den Tunnel neben den Bahngleisen führt der Weg zu dieser Institution der Kalk

Bay. Von hier aus ist der Fischereihafen gut zu überblicken. An sonnigen Tagen gibt es kaum bessere Plätze, um am Meer zu trinken und zu essen (Hauptgerichte 50–80 R). Vorher oder hinterher lockt ein Bad in den angrenzenden Gezeitenbecken.

LP TIPP POLANA RESTAURANT-BAR
Karte S. 296 (☏ 021-788 7162; www.harbourhouse. co.za; Kalk Bay harbour; ☒ Kalk Bay) Die schicke Bar über den Felsen am Rand des Hafens ist ein guter Grund, um in Kalk Bay zu bleiben, anstatt wieder in die Stadt zurückzuhetzen. Hier werden portugiesische Fischgerichte serviert – Sardinen, Muscheln und köstliche Piri-Piri-Garnelen. Freitags bis sonntags gibt es oft Livemusik, meist Jazz.

SKEBANGA'S BAR BAR
(Beach Rd Ecke Pine Rd, Noordhoek; ⊕ 11–23.30 Uhr) Nach einem Ausflug in die Gegend, beispielsweise den Chapman's Peak Drive entlang, ist diese Bar über dem Red Herring Restaurant ein prima Ort für ein Getränk oder einen Happen zu essen (die Küche schließt um 22 Uhr). Von der Terrasse gibt es eine herrliche Aussicht auf den Strand.

CAPE POINT VINEYARDS WEINGUT
(☏ 021-789 0094; www.capepointvineyards.co.za; 1 Chapmans Peak Drive, Noordhoek; Weinproben ab 15 R; ⊕ Mo–Fr 9–17, Sa 10–17, So bis 16 Uhr) Das kleine Weingut ist bekannt für seinen Sauvignon Blanc und gewinnt regelmäßig Preise. Die Lage über dem Noordhoek Beach ist wunderbar und die Weinproben in einem Raum mit einem europäischen Wandteppich aus dem 18. Jh. werden elegant präsentiert. Wein gibt es mit einem Picknick (12–15 Uhr, 260 R für 2 Pers., Buchung erforderlich) oder von 17 bis 20 Uhr mit einer Käseplatte (150 R).

TOAD IN THE VILLAGE PUB
(www.thetoad.co.za; Noordhoek Farm Village, Noordhoek Main Rd Ecke Village Ln, Noordhoek) Das strohgedeckte Pub mit Gartentischen ist das gesellige Herz des Noordhoek Farm Village. Hier wird auch eine ziemlich gute Pizza serviert.

UNTERHALTUNG

MELTING POT LIVEMUSIK
Karte S. 296 (☏ 021-709 0785; www.facebook.com/themeltingpotsocialclub; 15 Church St, Muizenberg; Eintritt wechselt; ⊕ Konzert meist ab 20 Uhr; ☒ Muizenberg) Der gemütliche „Social Club" bietet ein buntes Programm, aber der Schwerpunkt liegt auf Livemusik. Hier sind einige Kapstädter Nachwuchsbands zu hören.

KALK BAY THEATRE THEATER
Karte S. 296 (☏ 073 220 5430; http://kbt.co.za; 52 Main Rd, Kalk Bay; ☒ Kalk Bay) Das Theater in einer ehemaligen Kirche ist eine der vielen Bühnen, die in intimer Atmosphäre Shows inklusive Dinner anbieten. Man muss aber vorher nicht dort essen, um sich die meist eher kurzen Aufführungen anzuschauen. Dienstags um 20.30 Uhr gibt's hier Theatersport, also Improvisationstheater vom Feinsten.

MASQUE THEATRE THEATER
Karte S. 296 (☏ 021-788 6999; www.masquetheatre.co.za; 37 Main Rd, Muizenberg; ☒ Muizenberg) Der Spielplan dieses kleinen Theaters (174 Plätze), das im Januar 2009 sein 50-jähriges Bestehen feierte, wechselt ziemlich regelmäßig. Es bedient eine Bandbreite zwischen Stand-up-Comedians, Musikrevuen und ernsteren Stücken.

SHOPPEN

In der Palmer Road in Muizenberg gibt es einige interessante kleine Boutiquen und Cafés. Die Main Road in Kalk Bay ist mit ihren Mode-, Geschenk- und Antiquitätenläden ein Einkaufsparadies; sonntags findet gegenüber dem Kalk Bay Theatre ein kleiner Markt statt. In der St. George's Street in Simon's Town sind mehrere Antiquitätenläden angesiedelt, viele davon mit maritimen Stücken.

LP TIPP KALK BAY MODERN KUNSTHANDWERK
Karte S. 296 (www.kalkbaymodern.com; 136 Main Rd, Kalk Bay; ⊕ 9.30–17 Uhr; ☒ Kalk Bay) Die wunderbare Galerie bietet eine große und attraktive Auswahl an Kunst und Kunsthandwerk. Oft werden Ausstellungen regionaler Künstler veranstaltet. Bemerkenswert sind die bedruckten Stoffe der Ekoka-Kollektion, das sind Produkte aus fairem Handel, hergestellt von den !Kung-Buschmännern in Namibia.

LP TIPP SOBEIT KUNSTHANDWERK
Karte S. 296 (www.sobeitstudio.com; 51 Main Rd, Muizenberg; ⊕ Mo–Sa 8–17 Uhr; ☒ Valsbaai) Der chaotische Laden im oberen Stock eines türkis- und rosafarbenen Art-déco-Gebäu-

des ist ein moderner Kuriositätenladen abgedrehter Kreativer, wie Wachskünstler, Grafik- und Möbeldesigner und Schmuckhersteller. Zu den eigenwilligen Souvenirs gehören auch Totenschädelkerzen. Das **David Bellamy** (Do–Sa 9–17 Uhr) unten ist eine Schatztruhe mit schönen importierten Stoffen und Sachen, die aus ihnen gefertigt wurden.

BLUE BIRD GARAGE FOOD & GOODS MARKET
MARKT

Karte S. 296 (39 Albertyn Rd, Muizenberg; Fr 16–22, Sa 10–15 Uhr; False Bay) Der beliebte Markt für Lebensmittel und Kunsthandwerk ist in einem Hangar aus den 1940er-Jahren untergebracht, der einst Stützpunkt des ersten Luftpostdienstes der südlichen Hemisphäre und in den 1950er-Jahren eine Autowerkstatt war. Einkaufen und Naschen ist hier eine fröhliche Angelegenheit, besonders freitags, wenn es abends Livemusik gibt. An der Ecke des Gebäudes ist das Café **Bluebird Pantry** (Di–Sa 8–17 Uhr).

RED ROCK TRIBAL
KUNSTHANDWERK

(www.redrocktribal.co.za; Cape Farm House, Ecke M65 & M66, Redhill; Di–So 9–17 Uhr) Die Inhaberin Juliette lädt Kunden gerne zum Mitmachen beim Hula-Hoop-Tanzen ein. Die witzig-schräge Kollektion bietet allerlei Kunsthandwerk und afrikanische Stammesartefakte an, von Flugzeugen aus Blechdosen aus KwaZulu Natal bis zu altem äthiopischen Silber und koptischen Kreuzen. Gegenüber steht ein riesiges Metallzebra, das als Werbeträger entstand.

ARTVARK
KUNSTHANDWERK

Karte S. 296 (www.artvark.org; 48 Main Rd, Kalk Bay; 9–18 Uhr; Kalk Bay) In der Galerie für zeitgenössische Volkskunst gibt es hübsche Souvenirs. Jede Menge interessante Kunstobjekte lokaler Künstler, darunter Gemälde, Keramik und Schmuck, sowie Artikel aus Indien und Mittelamerika, sind hier im Angebot.

GINA'S STUDIO
KUNSTHANDWERK

Karte S. 296 (journeyinstitches.co.za; 38 Palmer Rd, Muizenberg; Mi & Fr 10–16, Sa bis 13 Uhr; Muizenberg) Gina Niederhumer stellt die reizvollen Sachen in der kleinen Boutique selbst her. Dazu gehören gehäkelter Schmuck, Patchworktaschen und -decken sowie Origami aus altem Afrikaans-Braillepapier.

BELLE OMBRE
KUNSTHANDWERK

Karte S. 296 (19 Main Rd, Kalk Bay; 9.30–17.30 Uhr; Kalk Bay) Führt geschmackvolle, traditionelle Flechtkörbe und Holzschnitzereien, darunter auch Stücke aus Äthiopien und Namibia. Hinten im schattigen Garten befindet sich eine französische Crêperie – ein uriges Plätzchen für einen Imbiss auf der Shoppingtour.

KALK BAY BOOKS
BÜCHER

Karte S. 296 (www.kalkbaybooks.co.za; 124 Main Rd; 9–18 Uhr; Kalk Bay) Hier versammeln sich die Buchliebhaber der südlichen Halbinsel. Die Website informiert über regelmäßige Buchvorstellungen und Lesungen.

QUAGGA ART & BOOKS
BÜCHER

Karte S. 296 (www.quaggabooks.co.za; 84 Main Rd; Mo–Sa 9.30–17, So 10–17 Uhr; Kalk Bay) An dem attraktiven Buchladen kommt kaum jemand vorbei, wenn man sich für alte Ausgaben und antiquarische Bücher interessiert. Daneben gibt es regionale und Stammeskunst zu kaufen.

POTTERSHOP
KERAMIK

Karte S. 296 (788 8737; 6 Rouxville Rd; Mo–Sa 9.30–16.30, So 11–16.30 Uhr; Kalk Bay) Ein Laden mit Arbeiten einheimischer Töpfer, darunter auch sehr gute, handbemalte Teller und Tassen aus zweiter Wahl vom **Potter's Workshop** (www.potterssworkshop. co.za) und phantasievolle Keramiken im Dschungeldesign von **Ardmore** (www.ard moreceramics.co.za).

FRANKI'S VILLAGE CHIC
MODE

Karte S. 296 (http://frankis-vintage.co.za; 70 Main Rd, Kalk Bay; Kalk Bay) Die Boutique verkauft wallenden Hippielook: schicke Vintage- und auf Vintage gemachte Klamotten. Die meisten Sachen sind lokale Labels, wie Take Care, Jessica Harwood und Savvy. Eine kleinere Filiale befindet sich in Muizenberg nahe dem Bahnhof.

BIG BLUE
MODE

Karte S. 296 (www.bigblue.co.za; 80 Main Rd, Kalk Bay; Kalk Bay) Eine nette Boutique für schräge, preiswerte T-Shirts, Clubwear und Strandmode südafrikanischer Designer.

REDHILL POTTERY
KERAMIK

(021-780 9297; www.redhillpotterycape.co.za; Kilfinan Farm, Scarborough) Spezialist für Keramiken in leuchtenden afrikanischen Farben, die mit ihrer Glasur alten Email-waren nachempfunden sind. Es ist auch möglich, selbst einen Topf zu gestalten und ihn später abzuholen (oder ihn nach Hause schicken zu lassen).

WHATNOT & CHINA TOWN ANTIKES PORZELLAN
Karte S. 296 (70 Main Rd; Mo–Sa 10–17 Uhr, So bis 15 Uhr; Kalk Bay) Es sieht hier aus, als hätten tausend verrückte Tantchen ihr gutes Porzellan zusammengelegt. Das labyrinthische Kaufhaus bietet jegliche Art von Teller, Tasse, Schale oder Dekoration aus Porzellan und Keramik, darunter rare Sammlerstücke von Clarice Cliff.

LARIJ WORKS KUNSTHANDWERK
Karte S. 298 (www.larijworks.com; 2 Alfred Ln, Simon's Town; Mo–Fr 10–16, Sa bis 14 Uhr; Simon's Town) Zeitgenössische, maritime Kunst und Dekorationsstücke sowie Baumwollnachtwäsche verkauft die Galerie im ersten Stock. Besonders schön sind die Matten aus geflochtenen Seilen.

SPORT & AKTIVITÄTEN

Awol Tours (S. 25) organisiert Radtouren durch die Township Masiphumelele (in der Xhosa-Sprache „wir werden Erfolg haben").

LP TIPP SEA KAYAK SIMON'S TOWN KAJAKFAHREN
Karte S. 298 (082 501 8930; www.kayakcapetown.co.za; 62 St. Georges St, Simon's Town; Simon's Town) Der Anbieter aus Simon's Town veranstaltet unter anderem Paddeltouren zu den Pinguinen am Boulders Beach (250 R) oder auch nach Cape Point (950 R).

SLEEPY HOLLOW HORSE RIDING REITEN
(021 789 2341, 083 261 0104; www.sleepyhollowhorseriding.co.za; Sleepy Hollow Ln, Noordhoek) Das bewährte Unternehmen organi-

siert Ausritte am breiten Sandstrand von Noordhoek und durch die Berge im Hinterland.

SUNSCENE OUTDOOR ADVENTURES SANDBOARDING, SURFEN
(021 783 0203, 084 352 4925; sunscene.co.za; Cape Farm House, M65 Ecke M66) Bietet Sandboardingkurse in Atlantis (395 R) unter fachmännischer Leitung und Erfrischungen (unbedingt wichtig!). Hinzu kommen die üblichen Surfkurse und eine Menge weiterer spannender Aktivitäten für Erwachsene und Kinder.

GARY'S SURF SCHOOL SURFEN
Karte S. 296 (021-788 9839; www.garysurf.co.za; Surfer's Corner, Beach Rd; 8.30–17 Uhr; Muizenberg) Wer es unter der Anleitung von Coach Gary Kleynhans nach zwei Stunden nicht schafft, auf dem Brett zu stehen, muss den Kurs (500 R) nicht bezahlen. Garys Laden ist der Treffpunkt der Surfszene von Muizenberg und verleiht Surfbretter und Neoprenanzüge (pro Std./Tag 100/300 R). Außerdem werden Sandboarding-Trips in die Dünen von Kommetjie veranstaltet (300 R).

ROXY SURF CLUB SURFEN
Karte S. 296 (021-788 8687; www.roxysurfschool.co.za; Surfer's Corner, Beach Rd; 8–17 Uhr; Muizenberg) Roxy wurde 2003 als Surfclub nur für Frauen gegründet, um mehr Mädels in den von Männern dominierten Sport zu locken. Eine Mitgliedschaft kostet 400 R im Monat und schließt vier Kurseinheiten je 1½ Stunden ein. Privatunterricht kostet einschließlich Surfbrett 330 R.

PISCES DIVERS TAUCHEN
(021-782 7205; www.piscesdivers.co.za; 12 Glen Rd, Glencairn; Glencairn) Das empfehlenswerte PADI-Tauchzentrum liegt nur ein paar Meter vom Ufer entfernt und bietet verschiedene Kurse und Tauchgänge.

Cape Flats & nördliche Vororte

LANGA | PINELANDS | GUGULETHU | KHAYELITSHA | BLOUBERGSTRAND | MILNERTON | CENTURY CITY

Highlights

❶ Bei einer **Township-Tour** (S. 26) oder einer Übernachtung in einem **Township-B&B** (S. 206) über die Tragödien der Vergangenheit Südafrikas und die Hoffnungen für die Zukunft lernen.

❷ Mit fettigen Fingern köstliches Grillfleisch im **Mzoli's** (S. 152) in **Gugulethu** oder im **Nomzamo** (S. 152) in **Langa** genießen.

❸ Die Kitesurfer bewundern, die am **Bloubergstrand** (S. 150) von den Wellen in den Himmel gleiten.

❹ Der **Durbanville Wine Route** (S. 153) mit einem Dutzend Weingütern folgen.

❺ Eine Bootsfahrt durch das Feuchtgebiet von **Intaka Island** (S. 150) unternehmen.

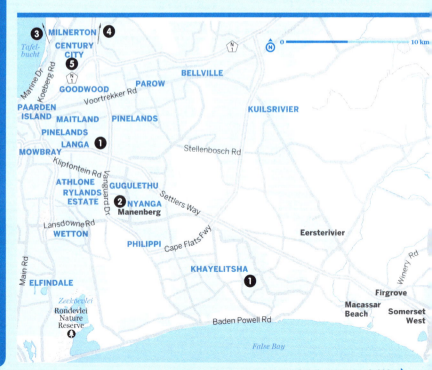

Details siehe Karte S. 299

Cape Flats & nördliche Vororte

Die Cape Flats, die sich über die Ebene östlich des Tafelbergs erstrecken, kriegen wenig gute Presse – zu sehr sind sie von Kriminalität, Armut und Krankheiten gebeutelt. Die verarmte farbige Bevölkerung und die zusammengewürfelten Siedlungen (sprich Slums) der überwiegend schwarzen Townships scheinen nicht gerade als Touristenziele zu taugen. Aber ein Besuch hier könnte sich als eine der besten Erfahrungen in Kapstadt entpuppen.

Das 1927 gegründete Langa ist die älteste geplante Township Südafrikas und besteht aus reichen und armen Gebieten – ein Muster, das sich in den anderen größeren Townships Gugulethu und Khayelitsha (das größte mit etwa 1,5 Mio. Einwohnern) wiederholt. Nicht alles ist nur Elend. Seit 1994 hat sich die Infrastruktur in den Townships verbessert, die Reihen von Betonhäusern aus dem Wiederaufbau- und Entwicklungsprogramm RDP sind hierfür die sichtbarsten Beispiele. Im Folgenden werden einige Sehenswürdigkeiten und Projekte vorgestellt, die für Besucher auf eigene Faust oder auf einer Township-Tour interessant sein könnten. Die meisten aufgeführten Orte sind zwar für Individualreisende ungefährlich, trotzdem ist ein Anruf am gewünschten Ziel und eine genaue Wegbeschreibung oder ein Treffen mit einem Einheimischen unbedingt zu empfehlen. Ein falscher Abzweig in den Townships kann fatale Folgen haben.

Die Gartenvorstadt Pinelands liegt dicht bei Langa; hier lohnt ein Besuch des Ökodorfes Oude Molen. Nördlich des Stadtzentrums an der Tafelbucht befinden sich der Bloubergstrand mit großartigem Ausblick auf den Tafelberg und Milnerton, dessen Wochenendflohmarkt und gigantisches Einkaufszentrum Canal Walk in Century City beliebte Ziele sind. Man sollte je einen Tag für die Townships und die nördlichen Vororte einplanen.

Lokalkolorit

→ **Märkte** Am Wochenende tummeln sich die Antiquitäten-, Schnäppchen- und Trödeljäger auf dem Flohmarkt in Milnerton (S. 154).

→ **Pubs** Ein Bier und eine Pizza auf dem Rasen vor dem Blue Peter (S. 152), einer Institution am Bloubergstrand.

Anfahrt

→ **Auto** Die N2 führt nach Langa, Gugulethu und Khayelitsha, die N1 nach Century City und der Marine Drive (R27) nach Milnerton und Bloubergstrand.

→ **Tourbus** Die beste Art, die Townships zu besuchen. Es gibt feste Routen, aber die Reiseleiter können auch flexibel sein und Wünsche der Gruppe berücksichtigen.

→ **Bus** MyCiTi-Busse fahren via Milnerton zur Table Bay.

→ **Zug** Metrobahnen fahren nach Langa, Gugulethu (nächstgelegener Halt Nyanga) und Khayelitsha.

Top-Tipp

Der Besuch einer Township kann sehr wohl zu den aufschlussreichsten und lebensbejahendsten Unternehmungen in Kapstadt zählen. Man erfährt, wie die große Mehrheit der Kapstädter wirklich lebt, und lernt verdammt viel über die Geschichte Südafrikas und die schwarze und farbige Bevölkerung. Am einfachsten – und sichersten – ist der Besuch mit einer geführten Tour. Noch besser ist eine Übernachtung in einem der zahlreichen B&Bs.

 Gut essen

→ Mzoli's (S. 152)
→ Lelapa (S. 152)
→ Nomzamo (S. 152)
→ Millstone (S. 152)

Mehr dazu S. 151 →

 Schön ausgehen

→ Blue Peter (S. 152)
→ Kefu's (S. 152)
→ Deon Nagel's Gat Party (S. 152)
→ Galaxy (S. 153)

Mehr dazu S. 152 →

 Schön shoppen

→ Canal Walk (S. 154)
→ Milnerton Flea Market (S. 154)
→ Philani Nutrition Centre (S. 154)

Mehr dazu S. 154 →

150

SEHENSWERTES

GRATIS GUGA S'THEBE ARTS & CULTURAL CENTRE KULTURZENTRUM

Karte S. 299 (☎021-695 3493; Washington St Ecke Church St, Langa; ☉Mo–Fr 8–16.30, Sa & So 8.30–14 Uhr; **P**) Mit seinen bunt verzierten Keramikwänden gehört das Gebäude zu den beeindruckendsten der Townships. Hier gibt es eine Reihe öffentlicher Kurse, von Perlarbeiten bis hin zur Herstellung traditioneller Kleidung und Töpferwaren. Lokale Gruppen treten oft im Amphitheater auf. Hier kann man gut einheimisches Kunsthandwerk kaufen und Künstler wie z. B. Odon begegnen, der Sandmalerei unterrichtet und seine eigenen Bilder verkauft.

Es gibt hier auch eine Touristeninformation von Cape Town Tourism. Dort ist zu erfahren, ob das geplante Apartheidspassmuseum im benachbarten alten Native Affairs Office bereits eröffnet ist.

BLOUBERGSTRAND STRAND, DORF

An diesem Strand gegenüber der Table Bay gewannen die Briten 1806 die Schlacht ums Kap. Berühmt ist der Strand für den Panoramablick auf den Tafelberg, aber der ständige Wind lockt auch die Kite- und Windsurfer an. Sie am Wochenende beim Wellenreiten zu beobachten ist ein höchst eindrucksvoller Anblick. Das Dorf Bloubergstrand selbst ist recht hübsch und hat Picknickplätze, einige lange, fast leere und windige Sandstrände, das nette Pub Blue Peter und mehrere andere Restaurants

mit Meerblick. Die Strecke nach Bloubergstrand von der Stadt aus führt 18 km über den Marine Drive und die West Coast Road.

INTAKA ISLAND FEUCHTRESERVAT

(www.intaka.co.za; 2 Park Lane, Intaka Island, Century City; Erw./Kind 10/5 R, Eintritt & Fähre Erw./Kind 30/20 R; ☉Okt.–April tgl. 7.30–19 Uhr, Mai–Sept. tgl. 7.30–17.30 Uhr; **P**) *Intaka* bedeutet „Vogel" in der Sprache der Xhosa und die gefiederten Tierchen sind massenhaft zu sehen in dem 16 ha großen Feuchtreservat, das zur Century City gehört (wo auch der Einkaufspalast Canal Walk liegt). Über 120 Vogelarten wurden bislang gezählt. Sie tummeln sich zwischen 212 Fynbos-Arten. Mehr darüber ist im Eco-Centre zu erfahren, das unter strengsten ökologischen Richtlinien erbaut wurde und geführt wird. Dort fährt auch die **Fähre** (☉10–16 Uhr) durch die Wasserläufe um die Insel ab und es startet ein 2 km langer Wanderweg durch das Reservat.

Jeden ersten Sonntag im Monat findet ein Naturwarenmarkt im Park gegenüber der Intaka Island statt. Von der Stadt aus führt die N1 nach Century City.

OUDE MOLEN ECO VILLAGE BIOBAUERNHOF

Karte S. 299 (Alexandra Rd, Pinelands; **P**) In den verlassenen Gebäuden auf dem Gelände der einstigen psychiatrischen Klinik Valkenberg haben sich viele autonome Betriebe niedergelassen. Das Programm „Willing Workers on Organic Farms" ver-

---

INSIDERWISSEN

MOSAIKE, WANDBILDER & DENKMÄLER IN DEN TOWNSHIPS

Langa

In der Washington Street nahe dem Guga S'Thebe Arts & Cultural Centre stehen vier mit Mosaiken dekorierte Sockel. Jede Seite der Sockel hat ein anderes Thema. Auf einer Seite findet sich das einzige Denkmal für die *Mendi*, ein Kriegsschiff, das 1917 im Ärmelkanal sank und 607 Mitglieder des South African Native Labour Corps mit sich riss. Das große Wandgemälde auf dem Gebäude gegenüber dem Kulturzentrum wurde von Philip Kgosana erschaffen, dem Mann ganz oben auf dem Bild. Es erinnert an die Widerstandskampagne gegen die Apartheid von 1960.

Gugulethu

An der Ecke der NY1 und NY111 steht das Gugulethu Seven Memorial, ein Denkmal für sieben junge schwarze Aktivisten aus den Townships, die hier 1986 von der Polizei getötet wurden. Das Amy Biehl Memorial in der Nähe ehrt die US-amerikanische Antiapartheidsaktivistin, die 1993 in Gugulethu unter tragischen Umständen ums Leben kam. Dort befindet sich auch eine von Mosaiken geschmückte Bank, eine von mehreren in Kapstadt, die von Rock Girl (www.rockgirlsa.org) als Teil eines Projekts aufgestellt wurden, um sichere Orte für Mädchen und Frauen zu schaffen.

BÄUME FÜR DIE CAPE FLATS *Simon Richmond*

„Alex, das ist dein Baum", sagt Mr. Pretorius, der Direktor der Heathfield-Grundschule in der Cape-Flats-Vorstadt Elfindale. „Wenn du groß bist, komm zurück und schau dir deinen Baum an. Und bring deine Kinder mit." Alex gehört zu einer Gruppe von Kindern, die in einem Projekt von **Greenpop** (www.greenpop.org) an der Pflanzung von 30 heimischen Bäumen auf dem Schulgelände teilnahmen. Ich gehörte zu den Erwachsenen, die freiwillige Hilfe leisteten und mehr über die Arbeit dieser innovativen Initiave erfahren wollten.

„Bislang haben wir um die 9000 Bäume in Schulen, Dörfern und entwaldeten Gegenden in den Cape Flats und der Umgebung gepflanzt", sagt Lauren O'Donnell, die 2010 zusammen mit Misha Teasdale und Jeremy Hewitt Greenpop gegründet hatte. Sie vermitteln nicht nur Spendenbäume über ihre Website (ab 100 R), sondern organisieren auch regelmäßig Baumpflanzungstage (450 R) und größere Events, wie am 24. September 2011 den „Heritage Day of a Thousand Trees". Gemeinsam mit dem Gemeindeverband **Proudly Mannenberg** (www.proudlymanenberg.org) wurden an diesem Tag 1000 Bäume in Mannenberg gepflanzt, einem der unterprivilegiertesten und von Kriminalität geplagtesten Gegenden der Cape Flats. Jeden Mittwoch ist öffentlicher Baumpflanzungstag, zu dem Besucher auch abgeholt werden (Bäume werden aber auch an anderen Tagen gepflanzt; Infos über E-Mail treetours@greenpop.org).

Schulen und andere Einrichtungen, wie Altersheime und Gemeindezentren, bei denen Greenpop bereits Bäume gepflanzt hat, werden sorgfältig überprüft, um die Nachsorge und damit die beste Überlebenschance der Bäume sicherzustellen. Die Heathfield-Grundschule liegt in einem relativ wohlhabenden Teil der Cape Flats, aber die Mehrheit der Schüler, erklärt der Direktor, kommt aus weitaus benachteiligtren Vorstädten. Einige Familien sind so arm, dass ihre Kinder kein Frühstück vor dem Unterricht essen. Die Schule versorgt daher mittlerweile 180 Schüler täglich mit einer anständigen Mahlzeit.

Aber wieso Bäume pflanzen? Misha erklärt es den Kindern vor der Pflanzung: Sie sorgen für Sauerstoff, sie sind eine Nahrungsquelle, sie sorgen für Artenvielfalt, schaffen Schutz für andere Pflanzen und Tiere und, was vielleicht am wichtigsten ist, sie erfüllen die Bewohner mit Stolz, weil sie nun einstmals karges Land begrünen.

Wem Bäumepflanzen nicht liegt, für den gibt es viele andere Möglichkeiten für Freiwilligenarbeit in verschiedenen Sozialprojekten und Kapstädter Wohltätigkeitsorganisationen: weitere Infos s. S. 248.

---

mittelt Freiwilligenarbeit auf dem Biohof, Besucher können auf den Pferden der Oude Molen Stables reiten, im Café und Hofladen Millstone essen oder im Freibad des Dorfes schwimmen. Allerdings haben wir zu viele Beschwerden über Diebstähle gehört, um die Backpackerunterkunft empfehlen zu können.

RATANGA JUNCTION   VERGNÜGUNGSPARK
(www.ratanga.co.za; Century Boulevard, Century City; Erw./Kind 152/75 R; ⊙ Jan.–März Sa & So 10–17 Uhr, in den Schulferien tgl.; P) Der afrikanisch ausgerichtete Vergnügungspark neben dem Einkaufszentrum Canal Walk bietet um die 20 Fahrgeschäfte und Attraktionen, von schwindelerregenden Achterbahnen bis zu einem Streichelzoo. Auch wer nichts davon nutzen will, muss 50 R Eintritt zahlen. Century City ist von der Stadt aus über die N1 zu erreichen.

GRATIS **LOOKOUT HILL**   AUSSICHTSPUNKT
(Ecke Mew Way & Spine Rd, Khayelitsha; P) Eine Holztreppe führt auf den Sandhügel hinauf, der einen weiten Blick über die Township Khayelitsha bietet. Die Treppe ist am besten durch das Kultur- und Touristenzentrum am Fuß des Hügels zu erreichen, wo sich auch das Restaurant Malibongwe und ein Kunsthandwerksmarkt befinden. Es ist sinnvoll, dort um die Begleitung eines Wächters zu bitten, da es schon zu Überfällen gekommen ist.

ESSEN

Die Haute Cuisine ist in den Townships nicht zu Hause. Dafür gibt es ein paar kleine Restaurants mit traditioneller Küche der Xhosa oder *braai* **(Grillfleisch).**

MZOLI'S
BRAAI €

(☎021-638 1355; 150 NY111, Gugulethu; Mahlzeiten 50 R; ⊙9–18 Uhr) Touristen, TV-Stars und Einheimische zieht es in die stets volle Metzgerei mit dem leckersten Grillfleisch (*braai*) Kapstadts. Alles wird selbst gemacht. Die Gäste kaufen ihr Fleisch (auf der Spezialsauce bestehen!), bringen es in die Küche, um es grillen zu lassen und sich dann an einem Tisch draußen niederzulassen. Am Wochenende geht es hier hoch her, also frühzeitig auftauchen. Bier und andere Getränke können in der Nähe besorgt werden. Reichlich Servietten sind ratsam, da es kein Besteck gibt.

LELAPA
AFRIKANISCH €€

Karte S. 299 (☎021-694 2681; 49 Harlem Ave, Langa; Büfett 120 R) Sheila war so erfolgreich mit ihrem köstlichen afrikanischen Büfett, dass sie auch den Nachbarladen übernommen und das einst gemütliche Restaurant zu einem Lokal für große Reisegruppen erweitert hat. Reservierung ist sinnvoll, da es keine festen Öffnungszeiten gibt.

NOMZAMO
BRAAI €

Karte S. 299 (☎021-695 4250; 15 Washington St, Langa; Mahlzeiten 50 R; ⊙tgl. 9–19 Uhr) Der blitzblanke Metzgerladen ist das Langa-Pendant zum Mzoli's, aber mit einer zwangloseren und ruhigeren Atmosphäre, da er keinen Alkohol verkauft. Das Fleisch – Rind, Lamm, Schwein, Wurst und Hähnchenflügel – ist spitzenmäßig. Beilagen wie Brot, Salat usw. sollten vorher bestellt werden.

MILLSTONE
INTERNATIONAL, BÄCKEREI €

Karte S. 299 (☎021-447 8226; eastern-comfort.com/Millstone; Valkenberg East, Oude Molen Eco Village, Pinelands; Mahlzeiten 50–60 R; ⊙Di–So 9–17 Uhr; P) Im rustikalen Café mit Hofladen gibt es Bioerzeugnisse sowie Brot, Eingemachtes und Konfitüren aus eigener Herstellung. Toll für Kinder ist das Baumhaus im Garten und das Ponyreiten nebenan.

MZANSI
AFRIKANISCH €€

Karte S. 299 (☎021-694 1656; www.mzansi45.co.za; 45 Harlem Ave, Langa; Büfett 120 R) Das fröhliche Restaurant bietet ähnliche Büfettküche wie das benachbarte Lelapa und von der Dachterrasse einen tollen Blick auf den Tafelberg. Es organisiert auch auf Wunsch eine Marimba-Band und Kurse für afrikanisches Trommeln.

EZIKO
AFRIKANISCH €

Karte S. 299 (☎021-694 0434; www.ezikorestaurant.com; Ecke Washington St & Jungle Walk, Langa; Hauptgerichte 30–45 R; ⊙Mo–Sa 9–17 Uhr; P) Das Eziko bietet einfaches, gutes Essen in angenehmer Atmosphäre. Besonders empfehlenswert sind das Frühstück und das gebratene Hähnchen. Abenteuerlustige können auch Kutteln probieren. Die Gerichte werden mit Beilagen wie *samp* (einer Mais-Bohnen-Mischung), *pap* (Maisbrei), Brot und Gemüse serviert.

MALIBONGWE
AFRIKANISCH €

(☎021-361 6259; malibongwerestaurant.co.za; Mew Way Ecke Spine Rd, Khayelitsha; Hauptgerichte 40–60 R; ⊙Mo–Sa 8–18 Uhr; P) Kuttelcurry und Grillfleisch gehören zu den traditionellen Gerichten, die in dem hübsch eingerichteten und geräumigen Restaurant mit Bar zu Füßen des Lookout Hill serviert werden. Urtümlicheres bieten ein Stück weiter in der Spine Road die *braai*-Läden gegenüber Kefu's. Empfehlenswert: Ziba's Chicken.

AUSGEHEN & NACHTLEBEN

BLUE PETER
RESTAURANT, BAR

(☎021-554 1956; www.bluepeter.co.za; Popham St, Bloubergstrand; ⊙11–23 Uhr) In dem beliebten Dauerbrenner, etwa 15 km vom Stadtzentrum entfernt, schnappen sich die Gäste ein Bier, bestellen eine Pizza und lassen sich draußen auf dem Rasen nieder, um den klassischen Blick auf den Tafelberg und Robben Island zu genießen. Das Pub ist auch ein Hotel.

KEFU'S
JAZZ, PUB

(☎021-361 0566; www.kefus.co.za; 39-41 Mthawelanga St, Ilitha Park, Khayelitsha; ⊙Mo–Do 10–24, Fr & Sa 10–2 Uhr) Ms. Kefuoe Sedia hat es weit gebracht, seit sie 1990 eine Kneipe mit sechs Plätzen in ihrem Wohnzimmer eröffnete. In dem schicken Pub über zwei Ebenen mit 140 Sitzen, wo sanfter Jazz im Hintergrund ertönt und auch Essen serviert wird, relaxen gerne die „schwarzen Diamanten" Khayelitshas. Montags bis donnerstags sollte vorher angefragt werden, ob geöffnet ist.

DEON NAGEL'S GAT PARTY
SCHWULENCLUB

(☎082 821 9185; 117474602037; Theo Marais Park, Koeberg Rd, Milnerton; Eintritt 30 R; ⊙1.,

ABSTECHER

DURBANVILLE WINE ROUTE

Etwa 25 km oder 30 Minuten Fahrzeit nördlich der City Bowl und noch im Großraum Kapstadt gelegen können Besucher auf der **Durbanville Wine Route** (www.durbanville wine.co.za) edle Weine und gutes Essen genießen. Reben werden hier seit 1698 angebaut; die typische Traube der Gegend ist der Sauvignon Blanc, der dank der kühleren Küstenwinde an den Hängen gut gedeiht. Zu den elf Weingütern auf der Strecke zählen:

Durbanville Hills (021-558 1300; www.durbanvillehills.co.za; M13, Durbanville; Weinproben 40–60 R; Mo–Fr 9–16.30, Sa 10–15, So 11–15 Uhr) In einem ultramodernen Gebäude auf einer Hügelkuppe mit umwerfendem Blick auf die Table Bay und den Tafelberg werden zu den verschiedenen Weinproben auch Tapas oder Schokolade gereicht.

Meerendal (021-975 1655; www.meerendal.co.za; M48 Visserhok, Durbanville; Weinprobe 10 R; Di–Sa 9–18, So 8–17 Uhr) Auf den Weinbergen des 1702 gegründeten Meerendal wachsen einige der ältesten Pinotage- und Shiraz-Rebstöcke in Südafrika. Zum Gut gehören ein paar Restaurants, darunter auch das Bistro Barn & Lawn; das Sonntagsbüfett muss reserviert werden (Erw./Kind 195/85 R).

Nitida (021-976 1467; www.nitida.co.za; Tygerberg Valley Rd, Durbanville; Weinprobe 20 R; Mo–Fr 9.30–17, Sa 9.30–15, So 11–15 Uhr) Die exzellenten Verkostungen der preisgekrönten Weine finden im Weinkeller statt. Hier befindet sich auch das hervorragende **Tables@Nitida** (021-975 9357; www.tablesatnitida.co.za; Di–So 9–15 Uhr), das auf Vorbestellung köstliche Gourmetpicknicks (225 R für 2 Pers.) zubereitet und auch leckere Kuchen serviert.

2. & letzter Sa im Monat 21–2 Uhr; P) Eine typische Kapstädter Schwulenveranstaltung sind die *gat*-Partys. *Gat* heißt „Loch" auf Afrikaans, ein Name, der sich auf die ursprüngliche Location der Party, den alten Parrow Athletic Club, in einem ehemaligen Steinbruch bezieht – buchstäblich ein Loch im Boden. Der Afrikaans-Name ist auch ein Hinweis darauf, dass die überwiegend Afrikaans-Schwulen hier ihrem bevorzugten *langarm*-Gesellschaftstanz zu Country-and-Western-Musik frönen können. Die Leute kommen gruppenweise und bringen ihr eigenes Essen und Trinken mit (es gibt aber auch stets eine Bar). Wer solo antritt, findet schnell Anschluss und die DJs legen meist auch Musikstücke auf, zu denen jeder tanzen kann. Von der Stadt sind es 10 km über den Marine Drive bis zum Theo Marais Park.

GALAXY CLUB

(www.superclubs.co.za; College Rd, Ryelands Estate; Eintritt 50 R; Do–Sa 21–4 Uhr) Im legendären Tanzclub in den Cape Flats tanzen überwiegend schwarze und farbige Gäste zu R&B, Hip Hop und Livebands. Frauen müssen oft keinen Eintritt zahlen. Der schicke Livemusikladen **West End** (Fr & Sa 17–4 Uhr) ist gleich nebenan. Zu erreichen über die N2 ab Kapstadt, dann über die M17-Ausfahrt zur Klipfontein Road und dann nach Rylands; insgesamt 14 km.

UNTERHALTUNG

GRANDWEST CASINO CASINO

(021-505 7174; www.suninternational.com; 1 Vanguard Dr, Goodwood) Kapstadts längst geschlossenes viktorianisches Postamt stand Pate für die überladene Fassade des Casinos. Selbst für Nichtzocker gibt es reichhaltige Möglichkeiten zum Zeitvertreib. Dazu gehören ein Kino mit sechs Sälen, zahlreiche Restaurants, ein Food-Court, eine Eishalle mit olympischen Dimensionen, ein Vergnügungspark für Kinder, Musikaufführungen, den Nachtclub Hanover Street und eine Bowlingbahn. Internationale Gesangsstars treten hier ebenfalls oft auf. Zu erreichen über 12,5 km über die Voortrekker Road östlich des Stadtzentrums.

SWINGERS BLUES, JAZZ

(021-762 2443; 1 Whetton Rd, Whetton; Whetton) Eine Tischreservierung ist am Montagabend für die bekannten Jamsessions des Gitarristen und Kopfs der Hausband Alvin Dyers nötig. Die Musik in dem verrauchten, atmosphärischen Schuppen ist eine Mischung aller Jazzrichtungen, oft mit Gastmusikern.

IBUYAMBO MUSIK & TANZ

Karte S. 299 (021-694 3113, 083 579 0853; www.ibuyambo.co.za; Washington St, Langa) Dizu Plaatjies und seine mit Preisen ausgezeichnete Gruppe aus Xhosa-Musikern und -Tänzern treten gelegentlich in diesem Kulturzentrum auf. Trommelsessions sowie Kurse in traditionellen Perlenarbeiten können vereinbart werden.

SHOPPEN

CANAL WALK EINKAUFSZENTRUM
(www.canalwalk.co.za; Century Blvd, Century City; ⊙9–21 Uhr) Bei über 400 Läden, etwa 50 Restaurants, 18 Kinoleinwänden und einem Parkplatz für 6500 Autos bezweifelt wohl kaum jemand, dass es sich hier um das größte Einkaufszentrum Afrikas handelt. Der Food-Court ist so groß, dass hier oft sogar Akrobatenshows über den Köpfen der Gäste veranstaltet werden. Auf der Website stehen Infos zu den Shuttlebussen (50 R) ab der Stadt.

MILNERTON FLEA MARKET MARKT
(R27, Paarden Island; ⊙Sa & So 7–15 Uhr) Zwischen all dem Flohmarkttrödel auf einem Parkplatz am Rand der Table Bay sind manchmal Antiquitäten und Sammlerstücke zu entdecken. Der Markt liegt ein paar Kilometer außerhalb der Stadt und ist über den Marine Drive zu erreichen.

SIVUYILE TOURISM CENTRE KUNSTHANDWERK
(☏021-637 8449; Ecke NY1 & NY4, College of Cape Town, Gugulethu; ⊙Mo–Fr 8–17, Sa 8–14 Uhr) Sivuyile bedeutet in der Xhosa-Sprache „wir sind glücklich". Das Tourismuszentrum in der Technikhochschule bietet eine interessante Fotoausstellung zu den Townships, zeigt Künstler bei der Arbeit und hat einen guten Kunsthandwerksladen.

PHILANI NUTRITION CENTRE KUNSTHANDWERK
(☏021-387 5124; www.philani.org.za) Die alteingesessene kommunale Gesundheitsorganisation betreibt sechs Projekte in den Townships, zu denen eine Weberei auf Site C in Khayelitsha und eine Druckerei gehören. Frauen können hier lernen, wie sie eine Familie auch mit wenig Geld gut ernähren, und ein Kinderhort ermöglicht es ihnen, ein kleines Einkommen mit der Produktion von Teppichen, Wandbehängen und anderem Kunsthandwerk zu erzielen. Die Philani-Erzeugnisse sind in zahlreichen Läden am Kap erhältlich.

SPORT & AKTIVITÄTEN

SKYDIVE CAPE TOWN FALLSCHIRMSPRINGEN
(☏082 800 6290; www.skydivecapetown.za.net; R1500) Das erfahrene Unternehmen ist im 20 km nördlich der Innenstadt gelegenen Melkboshstrand angesiedelt und bietet Tandemsprünge an – die Aussichten sind natürlich spektakulär, sobald man mit dem Kreischen aufgehört hat.

MOWBRAY GOLF CLUB GOLF
Karte S. 299 (☏021-685 3018; www.golfclub.co.za; 1 Raapenberg Rd, Mowbray; P) Der 1910 angelegte Platz gilt vielen Golffreunden wegen seiner ländlichen Lage und der reichen Vogelwelt als der schönste der Stadt. Der Blick auf Devil's Peak ist jedenfalls reizend.

MILNERTON GOLF CLUB GOLF
(☏021-552 1351; www.milnertongolf.co.za; Bridge Rd, Milnerton) Der 18-Loch-Kurs des Milnerton Golf Club befindet sich etwa 12 km nördlich der Innenstadt an der R 27. Der Platz ist herrlich gelegen und bietet tolle Ausblicke auf die Tafelbucht und den Tafelberg. Allerdings kann es ziemlich windig sein.

OUDE MOLEN STABLES REITEN
Karte S. 299 (☏073 199 7395; Oude Molen Eco Village, Alexandra Rd, Pinelands; pro Std. 120 R) Ausritte durch das Ökodorf mit einem prächtigen Blick auf die Rückseite des Tafelbergs. Ponyreiten wird auch neben dem Café und Hofladen Millstone angeboten.

WINDSWEPT WINDSURFEN, KITESURFING
(☏082 961 3070; www.windswept.co.za) Philip Baker bietet in Bloubergstrand Wind- und Kitesurfingcamps an. Ein zweistündiger Gruppenkurs kostet 495 R (Einzelunterricht 990 R). Für 395 R können Fortgeschrittene Kite und Board mieten. Es gibt außerdem Pauschalangebote inklusive Unterkunft.

ATHLONE STADIUM FUSSBALL
(Cross Blvd, Athlone) Das für den World Cup aufgerüstete Stadion wird hauptsächlich für Fußballspiele genutzt. Anstehende Spiele stehen auf www.psl.co.za.

Ausflüge & Weingüter

Stellenbosch S. 156
Inmitten von Weingütern liegt das Städtchen Stellenbosch mit seiner kapholländischen, georgianischen und viktorianischen Architektur.

Franschhoek S. 162
Üppige Weingärten umgeben das Stadtzentrum von Franschhoek, dessen Hauptstraße von hervorragenden Restaurants gesäumt ist.

Paarl S. 165
Paarl, die größte Stadt in den Winelands liegt mit kapholländischer Architektur und städtischen Weingärten am Ufer des Berg River.

Hermanus S. 169
Hermanus, hoch oben in den Klippen, hat hübsche Strände, von Fynbos bewachsene Hügel und ist ein guter Orte, um Wale zu beobachten.

Stanford S. 171
Das bildschöne Dorf am Ufer des Klein River bietet fabelhafte Feinschmeckerküche abseits der ausgetretenen Pfade.

Darling S. 173
Darling ist bekannt für seinen Wein, seine Kunstszene und die unnachahmlichen Comedy-Shows.

Langebaan S. 175
Der Küstenort Langebaan lockt mit Seafood-Restaurants, phänomenalen Sonnenuntergängen und Kitesurfingkursen in der Lagune.

Stellenbosch

Rundgang
Wer nur einen Tag Zeit hat, sollte die Erkundung der munteren Universitätsstadt im ausgezeichneten Village Museum beginnen, bevor es zum Hauptgrund des Besuchs geht – dem Wein. Weingüter auszuwählen, kann ganz schön erschlagend sein. Dabei hilft die kostenlose Broschüre *Stellenbosch and its Wine Routes* aus der Touristeninformation. Ein fahrbarer Untersatz (ein Zweirad tut's auch) ist nötig, um die Weingüter zu erkunden, da sie sich weit ins Umland erstrecken. Noch besser ist die Teilnahme an einer geführten Tour, bei der die Proben geschluckt werden dürfen und nicht ausgespuckt werden müssen. Die Touren besuchen meist bis zu vier Weingüter und schließen ein Mittagessen ein; auf einem Weingut zu essen, ist hier ein Muss. Wer in Stellenbosch übernachtet, kann sich ins Nachtleben stürzen, das sich weitgehend um die quirligen Studentenkneipen dreht.

Das Beste
➡ **Sehenswert** Villiera
➡ **Essen** Apprentice@Institute of Culinary Arts (S. 160)
➡ **Ausgehen** Brampton Wine Studio (S. 160)

Top-Tipp
Wer nicht selbst fahren will und auch keine Tourgruppen mag, kann sich auf den Vinehopper (www.vinehopper.co.za) schwingen, einen Bus mit beliebigem Ein- und Ausstieg, der zwölf Weingüter in der Gegend um Stellenbosch anfährt.

An- & Weiterreise
Bus Baz Bus (021-439 2323; www.bazbus.com) fährt täglich von und nach Kapstadt (160 R, 30 Min.).

Zug Metrorail (0800 656 463) hat häufige Verbindungen mit Kapstadt (1./2. Klasse 13/7,50 R, ca. 1 Std.).

Gut zu wissen
➡ **Vorwahl** 021
➡ **Lage** Stellenbosch liegt 50 km östlich von Kapstadt
➡ **Touristeninformation** (883 3584; www.stellenboschtourism.co.za; 36 Market St; Mo–Fr 8–17, Sa & So 9–14 Uhr)

SEHENSWERTES & AKTIVITÄTEN

VILLIERA WEINGUT
(865 2002; www.villiera.com; Rte 101; Weinproben kostenlos; Mo–Fr 8.30–17, Sa 8.30–15 Uhr) Villiera produziert mehrere exzellente Weine der Méthode Cap Classique und einen hochklassifizierten und sehr preisgünstigen Shiraz. Die Weinproben werden im umgebauten Verkostungsraum oder draußen unter Eichen gereicht. Es gibt auch großartige zweistündige Safaritouren (150 R pro Pers.) mit sachkundigen Führern zu den Antilopen, Zebras und Vögeln auf dem Gutsgelände.

WARWICK ESTATE WEINGUT
(884 4410; www.warwickwine.com; Rte 44; Weinproben 25 R; 10–17 Uhr) Warwicks Rotweine sind legendär, besonders die Bordeauxverschnitte. Das Gut bietet eine informative „Big Five"-Weinsafari durch die Weingärten an (zu den wichtigsten Rebsorten, nicht Großtieren) mit einer Pause am höchsten Punkt des Anwesens, wo es ein Glas spritzigen Sauvignon Blanc mit Aussicht gibt. Danach können die Gäste auf bequemen Kissen auf dem Rasen ein Gourmetpicknick genießen oder versuchen, aus dem „Hochzeitsbecher" zu trinken.

STADTRUNDGANG STELLENBOSCH
Wenn nach all dem Weingenuss Bewegung und frische Luft vonnöten sind, ist eine Stadtführung (**pro Pers. 90 R;** 11 & 15 Uhr) von Stellenbosch Tourism genau das Richtige. Führungen am Wochenende müssen gebucht werden. Wer lieber allein losmarschieren will, sollte sich die hervorragende Broschüre *Historical Stellenbosch on Foot* (5 R) besorgen. Sie enthält eine Wegekarte und Informationen zu historischen Gebäuden in der Stadt.

DELAIRE GRAFF ESTATE WEINGUT

(☎885 8160; www.delaire.co.za; Rte 310; Weinprobe 10 R; ⏱Mo–Sa 10–18, So 10–16 Uhr) Der Blick von dem „Weingut im Himmel" hoch oben auf dem Helshoogte Pass ist umwerfend. Der Anblick drinnen ist aber auch nicht schlecht, dank eines ultramodernen Umbaus der Kellerei. Die Weine sind durch die Bank spitzenmäßig und werden auf bequemen Sofas bei Pianomusik im Hintergrund genossen. Das Hauptrestaurant serviert Bistroküche, das **Indochine** asiatisch inspirierte Gerichte. Es gibt auch einen Wellnessbereich und zwei elegante Ferienhäuser.

TOKARA WEINGUT

(☎808 5900; www.tokara.co.za; Rte 310; Weinproben kostenlos; ⏱Mo–Fr 9–17, Sa & So 10–15 Uhr) Tokara ist bekannt für seine exzellenten Weine – besonders Chardonnay und Sauvignon Blanc –, aber auch für das Nobelrestaurant, die Kunstsammlung und die mondäne Ausstattung. Im Sommer können draußen aufwendige Gerichte mit Bergblick genossen werden, im Winter lockt ein Gläschen edle Spätlese (Dessertwein) oder ein Pot Still Brandy (10 R) an Kamin. In einem phantastischen Deli mit Skulpturengalerie werden einfachere Mittagsgerichte serviert und das auf dem Gut hergestellte Olivenöl verkauft.

HARTENBERG ESTATE WEINGUT

(☎865 2541; www.hartenbergestate.com; Weinproben kostenlos; ⏱Mo–Fr 9–17.15, Sa 9–15, So 10–15.30 Uhr) Dank des überaus günstigen Mikroklimas produziert das 1692 gegründete Gut hervorragende Rotweine, besonders Cabernet, Merlot und Shiraz. Mittagessen wird hier von 12 bis 14 Uhr serviert (Reservierung notwendig). Auch Picknickpakete für eine Wanderung durch das Feuchtgebiet des Weinguts sind erhältlich. Hartenberg liegt 10 km nordwestlich von Stellenbosch an der Bottelary Road.

L'AVENIR WEINGUT

(☎889 5001; www.lavenir-south-africa.com; Rte 44; Weinproben 25 R; ⏱Mo–Fr 9–17, Sa & So 10–16 Uhr) Besucher interessieren sich hier weniger für die touristischen Anlagen als vielmehr für den großartigen Wein: Der Chenin Blanc ist spitzenmäßig und der Pinotage (eine Kreuzung aus Pinot Noir und Hermitage) mit höchsten Preisen ausgezeichnet. Übernachtungen werden in kleinen Häusern angeboten. Das Gut liegt 5 km außerhalb von Stellenbosch Richtung Paarl.

BLAAUWKLIPPEN WEINGUT

(☎880 0133; www.blaauwklippen.com; Rte 44; Weinproben 35 R; ⏱Mo–Fr 9–17, Sa 10–17, So 10–16 Uhr; 🖐) Das rustikale, über 300 Jahre alte Gut mit mehreren kapholländischen Gebäuden ist für seine Rotweine bekannt, besonders für den Cabernet Sauvignon. Es ist auch eines der sehr wenigen Weingüter in Südafrika, die Zinfandel produzieren. Es gibt eine Wein- und Käseverkostung (65 R), Kellereiführungen nach Vereinbarung und Mittagsgerichte im Restaurant **Barouche**. Sonntagmorgens findet ein Lebensmittel- und Kunsthandwerksmarkt statt. An Wochenenden dürfen Kinder auf dem Gelände reiten (10 R). Unter der Woche können sie sich auf dem Spielplatz vergnügen.

SPIER WEINGUT

(☎809 1100; www.spier.co.za; Rte 310; Weinproben ab 35 R; ⏱10–17 Uhr; 🖐) Spier produziert exzellenten Shiraz, Cabernet und Rotweinverschnitte. Ein Besuch auf diesem großen Weingut dreht sich jedoch weniger um Wein, sondern eher um die Freizeitaktivitäten. Es gibt hier für jeden etwas, z. B. Raubvogelvorstellungen, Ausritte durch die Weingärten, Golf, schön restaurierte kapholländische Gebäude, mehrere Restaurants und ein Hotel.

VAN RYN BRANDY CELLAR WEINGUT

(☎881 3875; www.vanryn.co.za; Rte 310; Verkostung ab 30 R; ⏱Mo–Fr 8–17, Sa 9–14 Uhr) Eines der 14 Ziele auf der **Western Cape Brandy Route** (www.sabrandy.co.za). Es finden in der Regel drei Führungen pro Tag statt (außer sonntags), einschließlich Weinbrandproben mit Kaffee, Schokolade oder Wurst.

BERGKELDER WEINGUT

(☎809 8025; www.bergkelder.co.za; Adam Tas Rd; ⏱Mo–Fr 8–17, Sa 9–14 Uhr; Führungen Mo–Fr 10, 11, 14 & 15, Sa 10, 11 & 12 Uhr) Für Weinliebhaber ohne Fahrzeug ist die Kellerei ideal, da sie nur ein kurzes Stück zu Fuß vom Bahnhof und Stadtzentrum entfernt liegt. Nach der einstündigen Führung (30 R) gibt es eine stimmungsvolle Weinprobe im Keller bei Kerzenschein. Informelle Weinproben sind den ganzen Tag über möglich.

NEETHLINGSHOF WEINGUT

(☎021-883 8988; www.neethlingshof.co.za; an der M12; Weinproben 30 R; ⏱Mo–Fr 9–17, Sa & So 10–16 Uhr) Eine herrliche Allee führt zu dem zauberhaften Anwesen mit Rosengarten und **Restaurant** (Hauptgerichte 40–140 R;

AUSFLÜGE & WEINGÜTER STELLENBOSCH

Stellenbosch

Stellenbosch

⊙ Sehenswertes (S. 156)
1 Bergkelder A1
2 Braak C2
3 Fick House C2
4 Grosvenor House E2
5 SASOL Art Museum E1
6 St. Mary's on the Braak Church C2
7 Toy & Miniature Museum C2
8 University of Stellenbosch Art
 Gallery D3
9 Village Museum E2
10 VOC Kruithuis C2

⊗ Essen (S. 160)
11 Apprentice@Institute of
 Culinary Arts D2
12 Botanical Garden Restaurant F2
13 Brampton Wine Studio D2
14 De Oude Bank D2

⊙ Ausgehen (S. 160)
15 Mystic Boer D1

⊙ Shoppen (S. 161)
16 Kunsthandwerksmarkt D2
17 Oom Samie se Winkel B3

⊙ Schlafen (S. 159)
18 Stellenbosch Hotel D2

⊙Frühstück, mittags & abends). Der Pinotage und der Cabernet Sauvignon haben mehrere Preise gewonnen. Es gibt Kellerei- und Weingutführungen (Buchung erforderlich) und nach Anmeldung auch Weinproben mit Imbiss.

MEERLUST ESTATE WEINGUT
(⊘843 3587; www.meerlust.com; Rte 310; Weinproben 30 R; ⊙Mo–Fr 9–17, Sa 10–14 Uhr) Hannes Myburgh führt das historische Weingut von 1756 in achter Generation. Berühmt ist es vor allem für seinen Rubicon, einen Wein, der in John Platters Weinführer einst als der „herausragende Claret des Kaps" bezeichnet wurde. Besucher sollten sich unbedingt die Probierstube mit der Plakatsammlung des Besitzers und der Geschichte des Weinguts ansehen.

VILLAGE MUSEUM MUSEUM
(⊘887 2902; 18 Ryneveld St; Erw./Kind 30/5 R; ⊙Mo–Sa 9–17, So 10–16 Uhr) Das sehr sehenswerte **Museum** besteht aus sorgfältig restaurierten Häusern mit historischer Einrichtung, die aus der Zeit von 1709 bis 1850 stammen und ein ganzes Karré zwischen Ryneveld, Plein, Drostdy und Church Street einnehmen. Zum Komplex gehören auch hübsche Gärten und auf der anderen Seite der Drostdy Street das stattliche **Grosvenor House**.

159

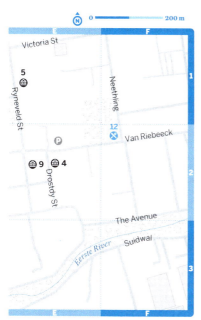

JONKERSHOEK NATURE RESERVE PARK
(866 1560; Erw./Kind 30/15 R) Das kleine **Naturschutzgebiet** liegt 8 km südöstlich der Stadt an der WR4 am Rande großer Nutzholzpflanzungen. Die Wander- und Radwege sind zwischen 3 und 18 km lang. Eine Wanderkarte kann man am Eingang bekommen.

SASOL ART MUSEUM GALERIE
(808 3695; 52 Ryneveld St; Spende erwünscht; Di-Sa 9-16.30 Uhr) Das **Museum** besitzt eine der landesweit besten Sammlungen regionaler Kunst, sowohl von berühmten Namen als auch von Nachwuchstalenten. Daneben sind aber auch einzigartige anthropologische Schätze aus Afrika zu sehen. Die Ausstellung zeigt die verschiedenen ökologischen, sozialen und kulturellen Zusammenhänge des menschlichen Lebens in Afrika und ist wirklich sehenswert.

TOY & MINIATURE MUSEUM MUSEUM
(079-981 7067; Rhenish Parsonage, 42 Market St; Erw./Kind 10/5 R; Mo-Fr 9-16, Sa 9-14 Uhr) Das überraschende **Museum** zeigt eine bemerkenswerte Sammlung detailgetreuer Spielzeuge, die von Modelleisenbahnen bis zu Puppenhäusern reicht. Der Kurator Philip Kleynhans zeigt auf Wunsch gerne die interessanteren Stücke.

BRAAK PARK
An der nördlichen Seite des grasbewachsenen **Braak** (Stadtplatz) steht die neugotische Kirche **St. Mary's on the Braak** von 1852. Westlich der Kirche befindet sich das **VOC Kruithuis** (Pulvermagazin; Erw./Kind 5/2 R; Mo-Fr 9-16.30 Uhr), das 1777 erbaut wurde, um dort Waffen und Schießpulver zu lagern, und das heute ein kleines Militärmuseum beherbergt. In der nordwestlichen Ecke des Platzes steht das **Fick House**, auch bekannt als Burgerhuis, ein schönes Beispiel für den kapholländischen Baustil des späten 18. Jhs. Der größte Teil des Gebäudes wird heute von der Organisation Historical Homes of South Africa belegt, die sich dem Erhalt bedeutender Architektur des Landes widmet.

GRATIS **UNIVERSITY OF STELLENBOSCH ART GALLERY** GALERIE
(808 3489; Ecke Bird St/Dorp St; Mo-Fr 9-17, Sa 9-13 Uhr) Die **Kunstgalerie** der Uni-

AUSFLÜGE & WEINGÜTER STELLENBOSCH

SCHLAFEN IN STELLENBOSCH

Neben zahlreichen Unterkünften für jedes Budget in der Stadt selbst gibt es auch die Möglichkeit, auf einem der Weingüter zu übernachten.

➡ **Banghoek Place** (887 0048; www.banghoek.co.za; 193 Banghoek Rd; B/Zi. 150/450 R; @) Die Besitzer des hippen Vorstadthostels organisieren ungemein gerne Touren durch die Gegend. Im Freizeitraum stehen ein Satelliten-TV und ein Billardtisch.

➡ **Lanzerac Hotel** (887 1132; www.lanzerac.co.za; Jonkershoek Valley; EZ/DZ/Suite mit Frühstück 2560/3410/5780 R; @) Zu dem opulenten Anwesen gehören ein 300 Jahre altes Herrenhaus und ein Weingut. Einige Suiten haben eigene Pools und überwältigende Aussichten.

➡ **Stellenbosch Hotel** (887 3644; www.stellenbosch.co.za/hotel; 162 Dorp St; EZ/DZ mit Frühstück ab 835/1040 R; @) Das komfortable, rustikale Hotel hat unterschiedliche Zimmer, darunter einige für Selbstversorger, andere mit Himmelbett. Im Gebäudeteil aus dem Jahr 1743 befindet sich die Jan Cats Brasserie, gut für einen Drink.

versität in einer alten lutheranischen Kirche in der Nähe konzentriert sich auf zeitgenössische Werke südafrikanischer Künstler und Kunststudenten. Ein Besuch lohnt sich.

LYNEDOCH ECOVILLAGE KULTURTOUR

Das Lynedoch EcoVillage liegt an der Route 310 etwa 15 km südwestlich von Stellenbosch und an der Bahnstrecke von Kapstadt und ist das erste ökologisch geplante, sozial gemischte Dorf Südafrikas. Es besteht neben dem Sustainability Institute (Institut für Nachhaltigkeit; www.sustainabilityinstitute.net) aus energieeffizienten Häusern und besitzt eine Vor- und eine Grundschule für die Kinder der Farmarbeiter. Sein Ziel ist die Förderung eines nachhaltigen Lebensstils mittels demokratischer Verwaltung und alternativer Energienutzung. Führungen können gebucht werden und kosten 150 R pro Gruppe.

ESSEN & AUSGEHEN

APPRENTICE@INSTITUTE OF CULINARY ARTS FUSION-KÜCHE €€

(887 8985; Andringa St; Hauptgerichte 45–130 R; So & Mo Frühstück & mittags, Di-Sa Frühstück, mittags & abends) Das stilvolle kleine Restaurant hat ein bescheidenes, aber kreatives Speisenangebot. Es wird von Studenten des Institute of Culinary Arts geführt und bietet einen exzellenten Service.

DE OUDE BANK DELI €

(883 2187; 7 Church St; Teller 45–60 R; Di-So Frühstück & mittags, Mi-Sa abends) Die lebhafte Bäckerei mit Deli ist stolz auf ihre Zutaten aus lokalem Anbau. Das Speisenangebot wechselt wöchentlich, enthält aber immer Salate, Sandwiches und Mezze-Teller, die sich jeder selbst zusammenstellen kann. Samstagabends gibt es Livemusik, und wer keinen Wein mehr sehen kann, bekommt hier ein spitzenmäßiges Bier aus der benachbarten Kleinbrauerei **Triggerfish**.

BRAMPTON WINE STUDIO MEDITERRAN €

(883 9097; 11 Church St; Hauptgerichte 40–80 R; Mo-Sa 10–19 Uhr) In dem trendigen Straßencafé können Gäste Brettspiele spielen und auf die Tische kritzeln, während sie Gourmetpizza mampfen und Shiraz trinken. Hier finden auch die Weinproben des Weinguts Brampton statt.

BOTANICAL GARDEN RESTAURANT CAFÉ €

(021-808 3025; Van Riebeeck St; Hauptgerichte 50–90 R; 9–17 Uhr) Ideal für Kaffee, Kuchen oder einen Mittagsimbiss inmitten exotischer Pflanzen.

MYSTIC BOER PUB

(3 Victoria St) Coole Teenies hängen gerne in dem Laden ab, dessen Stil am ehesten als

---

ABSTECHER

WEINGÜTER UM DEN HELDERBERG

➡ Es gibt um die 30 Weingüter in der Region Helderberg, darunter auch **Vergelegen** (021-847 1334; www.vergelegen.co.za; Lourensford Rd, Somerset West; Erw./Kind 10/5 R, Weinproben 30 R; 9.30–16.30 Uhr), das vermutlich schönste Gut am Kap. Die Gebäude und eleganten Gärten mit hinreißendem Bergblick verströmen das Flair eines Herrensitzes. Eine Probe der Flagship-Weine von Vergelegen kostet 10 R extra. Hungrige Gäste haben die Wahl zwischen der zwanglosen Rose Terrace, dem feinen Stables at Vergelegen oder einem Picknickkorb (pro Pers. 165 R; Nov.– April) – für die beiden Letzteren ist eine Reservierung erforderlich.

Den totalen Kontrast bietet die phantastisch moderne Architektur des Weinguts **Waterkloof** (021-858 1292; www.waterkloofwines.co.za; Sir Lowry's Pass Village Rd, Somerset West; Weinprobe 30 R; 10–17 Uhr) auf dem Hügel Richtung Lowry's Pass mit einem atemberaubenden Blick über die False Bay. Das Weingut hat sich auf Bio-Weine und umweltfreundlichen Anbau spezialisiert. Allein das Restaurant mit seinen genial zubereiteten, ungemein leckeren Gerichten lohnt schon einen Besuch.

SCHLEMMEN AUF DEM WEINGUT

In den Winelands sind viele Spitzenrestaurants Südafrikas zu Hause, und es lohnt sich, für ein erstklassiges Essen auf einem der Weingüter einmal tiefer in die Tasche zu greifen. Viele Güter servieren Menüs mit drei bis sechs kleineren Gängen. Oft wird auch angeboten, zu jedem Gericht ein passendes, vom Sommelier ausgesuchtes Glas Wein zu reichen. Einige hervorragende Weingutrestaurants sind:

Rust en Vrede (021-881 3757; www.rustenvrede.com; Di–Sa abends) Der Koch John Shuttleworth präsentiert ein viergängiges Menü à la carte (480 R) und ein sechsgängiges Verkostungsmenü (mit/ohne Wein 880/585 R) als modernen Versionen alter Klassiker. Das Weingut liegt am Ende der Annandale Road, die südlich von Stellenbosch von der Route 44 abzweigt.

Overture Restaurant (021-880 2721; Hidden Valley Wine Estate, Annandale Rd, Stellenbosch; 4 Gänge mit/ohne Wein 490/R350 R; Di–So mittags, Do & Fr abends) Ein sehr modernes Weingut mit Restaurant, in dem der Koch Bertus Basson Gerichte aus lokalen, saisonalen Erzeugnissen mit Weinen vom Gut Hidden Valley verbindet.

96 Winery Road (021-842 2020; Zandberg Farm, Winery Rd; Hauptgerichte 105–155 R; Mo–Sa mittags & abends, So mittags) Das Restaurant des Weinguts Zandberg an der Route 44 zwischen Stellenbosch und Somerset West ist eines der angesehensten in der Gegend und bekannt für sein trocken gereiftes Rindfleisch. Es ist ein zwangloses Lokal mit einfach zubereiteten Speisen.

Haute Cabrière Cellar (021-876 3688; Franschhoek Pass Rd; Hauptgerichte 75–145 R; Di–So mittags, Mi–Mo abends) Neben den köstlichen und kreativen Hauptgerichten gibt's ein sechsgängiges Menü mit jeweils passenden Weinen (750 R). Das Ambiente ist außergewöhnlich: Der Speiseraum befindet sich in einem Weinkeller, der in den Berg gehauen wurde.

La Petite Ferme (021-876 3016; www.lapetiteferme.co.za; Franschhoek Pass Rd; Hauptgerichte 90–145 R; 12–16 Uhr) Das Lokal in umwerfender Lage mit Blick über das Tal ist ein Muss für jeden Feinschmecker. Gereicht werden exklusive Weine und dazu geräucherte und entgrätete Lachsforelle, die köstliche Spezialität des Hauses. Wer gar nicht mehr weg will, kann sich in einem der luxuriösen Zimmer einquartieren.

Bread & Wine (021-876 3692; Môreson Wine Farm, Happy Valley Rd; Hauptgerichte 65–105 R; mittags) Bread & Wine liegt versteckt an einem Feldweg an der Route 45 Richtung Franschhoek und ist bekannt für seine Brote, Pizzas, Schinken und leckeren mediterranen Gerichte.

Backsberg Restaurant (021-875 5952; www.backsberg.co.za; Simondium Rd, Klapmuts; Hauptgerichte 75–110 R; tgl. Frühstück & mittags;) Die Terrasse im Grünen ist wunderbar für einen sommerlichen Mittagsimbiss, während drinnen im Winter ein Kaminfeuer lodert. Geboten wird einfache südafrikanische Hausmannskost; bekannt ist das Lokal für das sonntägliche gegrillte Lamm vom Spieß (170 R). Für Kids gibt es einen Spielplatz und ein Kindermenü.

Nachwende-Retro-Burenschick beschrieben werden könnte. Zum Angebot gehören Pizza und Steaks.

UNTERHALTUNG

OUDE LIBERTAS AMPHITHEATRE KULTUR (809 7380; www.oudelibertas.co.za; Ecke Adam Tas Rd/Oude Libertas Rd; Nov.–April) Von Januar bis März finden hier und im Weingut Spier (S. 160) Festivals der darstellenden Kunst statt.

SHOPPEN

OOM SAMIE SE WINKEL SOUVENIRS (Onkel Sammys Laden; 84 Dorp St; Mo–Fr 8.30–17.30, Sa & So 9–17 Uhr) Den Laden gab es schon in Stellenbosch, bevor es Stellenbosch überhaupt gab. Er ist hemmungslos touristisch, aber wegen seines schrägen Angebots von extremem Kitsch bis zu echten Antiquitäten trotzdem einen Besuch wert.

KUNSTHANDWERKSMARKT   MARKT
(☉Mo–Sa 9–17 Uhr) Auf dem kleinen Markt nahe dem Braak lässt sich wunderbar um afrikanische Schnitzereien, Gemälde und Modeschmuck feilschen.

Franschhoek

Rundgang

Franschhoek ist die kompakteste Stadt in den Winelands und eignet sich am besten für Besucher ohne Auto – allerdings müssen sie ab Stellenbosch ein Taxi nehmen. Die Erkundung beginnt mit dem Huguenot Memorial Museum, in dem Franschhoeks französische Wurzeln und die Entwicklung zu einer der führenden Weinstädte erläutert werden. Von hier geht es weiter über die Huguenot Street, um die Speisekarten der Lokale zu studieren und Kunsthandwerk zu kaufen. Nach einem Mittagessen in einem der besten Restaurants des Landes warten dann zahllose Weinproben, die oft in Laufnähe zur Hauptstraße angeboten werden. Wer mit dem Auto unterwegs ist – mit einem Fahrer, der nichts trinkt –, kann entweder zu den Weingütern westlich der Stadt oder zum Franschhoek Pass im Osten fahren.

Das Beste

➡ **Sehenswert** Boschendal (S. 162)
➡ **Essen** The Tasting Room (S. 164)
➡ **Ausgehen** Chamonix (S. 163)

Top-Tipp

Franschhoek gilt als Feinschmeckerhauptstadt des Kaps, wo etliche Restaurants auch Kochkurse unter Leitung preisgekrönter Köche anbieten. Genaueres weiß die Touristeninformation.

An- & Weiterreise

Von Kapstadt fahren Züge nach Stellenbosch (1./2. Klasse 13/7,50 R, ca. 1 Std.). Von dort geht es mit Sammeltaxis (20 R) oder einem privaten Taxi (☎083 951 1733) weiter.

Gut zu wissen

➡ **Vorwahl** ☎021
➡ **Lage** Franschhoek liegt 85 km östlich von Kapstadt; erreichbar über die N1 und die Route 45
➡ **Touristeninformation** (☎876 2861; www.franschhoek.org.za; 62 Huguenot St; ☉Mo–Fr 8–18, Sa 9–17, So 9–16 Uhr)

◉ SEHENSWERTES

BOSCHENDAL   WEINGUT
(☎870 4210; www.boschendal.com; Rte 310, Groot Drakenstein; Weinproben 20 R; ☉9–17.30 Uhr) Ohne Auto ist das charakteristische Winelands-Weingut mit wunderbaren Gebäuden, Essen und Wein nicht zu erreichen. Die Rotweine, darunter Cabernet Sauvignon und Shiraz, verdienen Bestnoten. Die Führungen durch Weingärten (35 R) und Kellereien (25 R) lohnen sich unbedingt, müssen aber reserviert werden. Einen Hauch Geschichte zum Wein vermittelt ein Rundgang durch das **Gutshaus** (15 R). Boschendal bietet drei Möglichkeiten zum Essen: das riesige Mittagsbüfett (240 R) im Hauptrestaurant, den leichten Imbiss im **Le Café** und den Esskorb „Le Pique Nique" (Erw./Kind 150/59 R; Bestellung erforderlich), der von September bis Mai unter Sonnenschirmen auf dem Rasen serviert wird. Alle drei müssen reserviert werden.

SOLMS-DELTA   WEINGUT
(☎874 3937; www.solms-delta.com; Delta Rd, R45; Weinproben 10 R; ☉So & Mo 9–17, Di–Sa 9–18 Uhr) Das fortschrittliche Weingut – ein Gemeinschaftsprojekt des Südafrikaners Mark Solms, des Briten Richard Astor und ihrer Gutsarbeiter – schreitet von Erfolg zu Erfolg. Neben ihrem exzellenten Museum **Museum Van de Caab**, das die Geschichte des Weinguts aus dem Blickwinkel der Gutsarbeiter erzählt, gibt es hier auch noch die **Dik Delta Fynbos Culinary Gardens** mit einheimischen Pflanzen, das Restaurant **Fyndraai**, das köstliche Gerichte mit kreativen kapmalaiischen Einflüssen serviert, sowie Picknicks, die am zauberhaften Uferweg des Dwars River (mit einem himmelhohen Bambushain) verzehrt werden. Hinzu kommt ein zweites Museum, das **Music Van der Caab**, das Ursprünge und

Franschhoek

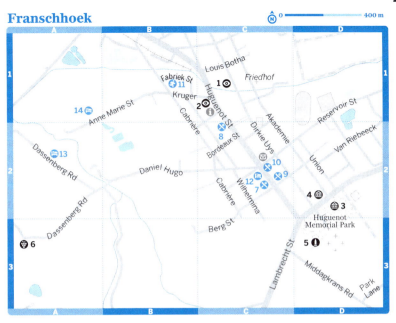

Franschhoek

⊙ Sehenswertes	(S. 162)
1 Ceramics Gallery	C1
2 Huguenot Fine Chocolates	C1
3 Huguenot Memorial Museum	D2
4 Huguenot Memorial Museum Nebengebäude	D2
5 Huguenot Monument	D3
6 Mont Rochelle	A3

⊗ Essen	(S. 164)
7 Common Room	C2
8 French Connection	C2
9 Kalfi's	C2
10 Reuben's	C2

⊕ Sport & Aktivitäten	(S. 165)
11 Manic Cycles	B1

⊕ Schlafen	(S. 165)
12 Le Quartier Français	C2
13 Otter's Bend Lodge	A2
14 Reeden Lodge	A1

Entwicklung der kreolisch angehauchten Musik des Kaps nachzeichnet.

LA MOTTE WEINGUT
(876 8000; www.la-motte.com; Main Rd; Weinproben 30 R; ⊙Mo–Sa 9–17 Uhr) Das große Anwesen gleich westlich von Franschhoek bietet genug Beschäftigungsmöglichkeiten für einen ganzen Tag. Neben den Verkostungen der hervorragenden Shiraz-Weine gibt es auch Mittag- und Abendessen mit passendem Wein im Restaurant **Pierneef à la Motte**. Das Restaurant ist nach dem südafrikanischen Künstler Jacob Hendrik Pierneef benannt, dessen Werke im hauseigenen Museum ausgestellt sind. Es ist auch der Startpunkt für Geschichtswanderungen über das Anwesen, die eine Besichtigung von vier Nationaldenkmälern und eine Vorführung in einer Wassermühle mit anschließender Brot-Kostprobe beinhalten (Mi 10 Uhr, Buchung erforderlich). Wer sich den Bauch zu voll geschlagen hat, kann ein paar Kalorien auf dem 5 km langen Rundweg abwandern, der am Weingut beginnt.

CHAMONIX WEINGUT
(876 8426; www.chamonix.co.za; Uitkyk St; Weinproben 20 R; ⊙9.30–16.30 Uhr) Chamonix führt um 11 und 15 Uhr nach Vereinbarung

durch seine Kellerei (10 R). Als Probierstube, in der man auch eine Auswahl von Schnäpsen und Grappa kosten kann, dient eine umgebaute Schmiede. Das hübsche, bistroartige Restaurant **Mon Plaisir** (Hauptgerichte 135–200 R; ⊙Di–So mittags, Mi–Sa abends) bietet französische Küche mit saisonalen Zutaten. Inmitten der Weingärten werden auch preisgünstige Ferienhäuschen für Selbstversorger vermietet.

MONT ROCHELLE
WEINGUT

(☎876 3000; www.montrochelle.co.za; Dassenberg Rd; Weinproben 20 R; ⊙Weinproben 10–19 Uhr, Führungen Mo–Fr 11, 12.30 & 15, Sa & So 11 & 15 Uhr) Zur Weinprobe wird eine Käseplatte gereicht (75 R), aber es gibt auch Mittagessen (Hauptgerichte 50–90 R) mit tollem Blick auf die Stadt und die Berge dahinter. Die Weißweine, besonders der Chardonnay, sind spitzenmäßig.

HAUTE CABRIÈRE
WEINGUT

(☎021-876 8500; www.cabriere.co.za; Franschhoek Pass Rd; Weinproben ab 30 R; ⊙Mo–Fr 9–17, Sa 10–16, So 11–15 Uhr) Verkostet werden hier Schaumweine und die exzellenten Rot- und Weißweine sowie ein Branntwein. Samstags bietet der Besitzer seinen Gästen eine besondere Showeinlage und demonstriert, wie man eine Flasche Schampus mit dem Schwert entkorkt. Kellereiführungen (50 R) finden um 11 und 15 Uhr statt.

GRANDE PROVENCE
WEINGUT

(☎876 8600; www.grandeprovence.co.za; Main Rd; Weinproben 20 R; ⊙10–18 Uhr) Ein sehr schön umgebautes Gutshaus aus dem 18. Jh., in dem sich ein stilvolles Restaurant und eine großartige Galerie mit zeitgenössischer südafrikanischer Kunst befinden. Eine Probe des Vorzeige-Rotweins Grande Provence kostet 80 R extra.

HUGUENOT FINE CHOCOLATES
CHOCOLATIER

(☎876 4096; www.huguenotchocolates.com; 62 Huguenot St; ⊙Mo–Fr 8–17, Sa & So 9–17.30 Uhr) Ein Förderprogramm verhalf den beiden einheimischen Besitzern der Schokoladenmanufaktur auf die Sprünge und heute schwärmen die Leute von ihrem Konfekt. Bei vorheriger Anmeldung sind eine Tour und eine Vorführung der Schokoherstellung einschließlich Proben (35 R) möglich.

CERAMICS GALLERY
GALERIE

(☎876 4304; 24 Dirkie Uys St; ⊙10–17 Uhr) Im schön restaurierten Haus des ersten Leh-

rers von Franschhoek lässt sich David Walters, einer der angesehensten Töpfer Südafrikas, bei der Arbeit über die Schulter schauen. Dort werden auch Werke anderer Künstler ausgestellt.

HUGUENOT MEMORIAL MUSEUM
MUSEUM

(☎876 2532; Lambrecht St; Erw./Kind 10/5 R; ⊙Mo–Sa 9–17, So 14–17 Uhr) Das **Museum** ehrt Südafrikas Hugenotten und birgt genealogische Aufzeichnungen ihrer Nachkommen. Einige Namen der Einwanderer (wie Malan, de Villiers, Malherbe oder Roux) gehören zu den berühmtesten Afrikaander-Dynastien im Land. Hinter dem Hauptkomplex befindet sich ein nettes Café und davor steht das **Huguenot Monument** (Eintritt frei; ⊙9–17 Uhr) von 1948. In einem **Nebengebäude** gegenüber sind Exponate über den Burenkrieg und zur Naturgeschichte untergebracht.

❌ ESSEN & AUSGEHEN

COMMON ROOM
MODERN SÜDAFRIKANISCH €€

(☎876 2151; 16 Huguenot St; Hauptgerichte 45–85 R; ⊙Frühstück, mittags & abends) Das jüngst umgebaute Bistro im Quartier Français bietet noch immer moderne, originelle Gerichte mit südafrikanischen Zutaten wie Gnu und Langusten. Hier befindet sich auch das **Tasting Room** (5-Gänge-Menü 620 R; ⊙abends), das vom britischen *Restaurant Magazine* regelmäßig zu den 50 Toprestaurants der Welt gezählt wird. Für wahre Feinschmecker bereitet die Köchin ein neungängiges Gourmetmenü für 770 R zu (1150 R mit Wein).

REUBEN'S
FUSION-KÜCHE €€

(☎876 3772; 19 Huguenot St; Hauptgerichte 80–220 R; ⊙Frühstück, mittags & abends) Zum Vorzeigerestaurant des lokalen Promikochs Reuben Riffel, in dem Abendessen serviert wird, gehören auch ein Lokal im Deli-Stil und ein Innenhof für Frühstück und Mittagessen.

KALFI'S
MODERN SÜDAFRIKANISCH €

(☎021-8876 2520; 17 Huguenot St; Hauptgerichte 55–190 R; ⊙Frühstück, mittags & abends; ⊟⊞) Auf der schattigen Veranda des Familienrestaurants kann man die Welt an sich vorüberziehen lassen. Es gibt auch ein Menü für Kinder und ein paar vegetarische Gerichte.

SCHLAFEN IN FRANSCHHOEK

➜ **Reeden Lodge** (☎876 3174; www.reedenlodge.co.za; Anne Marie St; Ferienhaus ab 600 R pro Nacht; ✆ 🏠) Die gut ausgestatteten Ferienhäuser für bis zu acht Personen auf einem Farmgelände zehn Minuten zu Fuß von der Stadt sind eine günstige Alternative für Familien. Eltern wird die Ruhe gefallen und Kinder lieben die Schafe, das Baumhaus und den vielen Platz.

➜ **Otter's Bend Lodge** (☎876 3200; www.ottersbendlodge.co.za; Dassenberg Rd; Stellplatz 100 R, EZ/DZ 250/450 R) Eine reizvolle Budgetunterkunft in einem Ort, in dem es kaum bezahlbare Unterkünfte gibt. Die Doppelzimmer teilen sich eine von Pappeln beschattete Terrasse und es gibt einen Rasen mit Platz für ein paar Zelte. Die Lodge liegt eine Viertelstunde zu Fuß von der Stadt und in der Nähe des Weinguts Mont Rochelle.

➜ **Le Quartier Français** (☎876 2151; www.lequartier.co.za; 16 Huguenot St; DZ ab 3900 R; ✱ @ ✆) Eine der besten Adressen in den Winelands. Die schön eingerichteten Zimmer sind sehr groß und haben einen Kamin und riesige Betten. Hinzu kommen ein Bistro und das Tasting Room, das zweifellos beste Restaurant des Landes.

FARM KITCHEN AT GOEDERUST   MODERN SÜDAFRIKANISCH €
(☎876 3687; Main Rd, La Motte; Hauptgerichte 60–105 R; ⏱Di–So Frühstück & mittags) In dem zauberhaften und altmodischen Farmhausrestaurant wird in einem hübschen Garten eine Neuinterpretation der Kapbauernküche serviert. Sonntags gibt es ein Büfett mit Lamm vom Spieß (Reservierung erforderlich). Der Hofladen verkauft lokale Erzeugnisse nach Saison.

FRENCH CONNECTION   INTERNATIONAL €€
(☎021-876 4056; 48 Huguenot St; Hauptgerichte 70–125 R; ⏱mittags & abends) Das verdientermaßen beliebte Restaurant serviert schlichte Bistroküche mit frischen Zutaten.

SPORT & AKTIVITÄTEN

PARADISE STABLES   REITEN
(☎876 2160; www.paradisestables.co.za; pro Std. 200 R; ⏱Mo–Sa) Neben den stündlichen Ausritten in der Umgebung von Franschhoek gibt es auch vierstündige Reitausflüge zu zwei Weingütern (600 R inkl. Weinproben).

MANIC CYCLES   RADFAHREN
(☎876 4956; www.maniccycles.co.za; Fabriek St; halb-/ganztags 120/200 R) Fahrradverleih, der auch geführte Radtouren zu drei Weingütern im Programm hat (325 R).

Paarl

Rundgang

Der Nachteil des häufig übersehenen Paarl ist seine Ausdehnung: Die Hauptstraße ist 11 km lang, weswegen ein eigenes Auto zur Erkundung nötig ist. Wer sich für Geschichte interessiert, sollte am Nordende des Ortes beginnen, wo zwei kleine Museen relativ dicht beieinander liegen. Die Restaurants in Paarl sind alle im Ortszentrum, zwei Weingüter liegen beidseitig der Zufahrtsstraße von Süden an der N1 in Spaziernähe vom Bahnhof, also günstig für Zugreisende. Die Hauptattraktionen von Paarl befinden sich jedoch außerhalb des Ortes. Es gibt ein paar Weingüter an der Suid-Agter-Paarl Road westlich des Zentrums und weitere Richtung Süden an der WR1.

Das Beste

➜ **Sehenswert** Fairview (S. 166)
➜ **Essen** Bosman's Restaurant (S. 169)
➜ **Aktivität** Eine Ballonfahrt über die Winelands (S. 167)

Top-Tipp

Im Februar und März feiern die Weingüter Erntefeste mit viel Unterhaltung, auf denen Besucher an der Weinlese und am Stampfen der Trauben teilnehmen können.

An- & Weiterreise

Zug Metrorail (☎0800 656 463) verkehrt häufig von und nach Kapstadt (1./2. Klasse 16/10 R, 1¼ Std.).

Gut zu wissen

→ **Vorwahl** ☎021
→ **Lage** Paarl liegt 63 km östlich von Kapstadt, erreichbar über die N1
→ **Touristeninformation** (☎872 4842; www.paarlonline.com; 216 Main St; ◉Mo–Fr 8–17, Sa & So 10–13 Uhr)

SEHENSWERTES & AKTIVITÄTEN

FAIRVIEW   WEINGUT
(☎863 2450; www.fairview.co.za; Suid-Agter-Paarl Rd; Wein- & Käseproben 25 R; ◉9–17 Uhr) Das enorm beliebte Fairview an der Suid-Agter-Paarl Road, nahe der Route 101 6 km südlich von Paarl, ist ein großartiges Weingut, aber für eine ruhige Verkostung nicht geeignet. Für das Geld ist es jedoch ein prima Angebot, da die Weinproben um die 30 Weine *und* eine breite Palette an Ziegen- und Kuhmilchkäse umfassen.

SPICE ROUTE   WEINGUT
(☎863 5200; www.spiceroutewines.co.za; Suid-Agter-Paarl Rd; Weinproben mit/ohne Kellereitour 35/25 R; ◉So–Do 9–17, Fr & Sa 9–18 Uhr) Spice Route gehört Charles Back vom Fairview und ist für seine komplexen Rotweine bekannt, besonders für den charakteristischen Syrah. Außer Wein hat das Gut aber noch mehr zu bieten, wie Glasbläservorführungen, Essen- und Weinkombinationen und ein Restaurant (Hauptgerichte 90–135 R). Zur Zeit der Recherche gab es Pläne für eine Schokoladenmanufaktur, eine Brennerei und eine Bierbrauerei.

BACKSBERG   WEINGUT
(☎875 5141; www.backsberg.co.za; Simondium Rd, Klapmuts; Weinproben 15 R; ◉Mo–Fr 8–17, Sa 9.30–16.30, So 10.30–16.30 Uhr) Backsberg ist dank des bewährten Labels und der üppigen Tagesmahlzeiten im Freien enorm beliebt (s. Kasten S. 161). Es war das erste CO_2-neutrale Weingut Südafrikas, zu dessen Produkten die süffigen Weine Tread Lightly gehören, die in leichte, umweltfreundliche Flaschen abgefüllt werden.

NEDERBURG WINES   WEINGUT
(☎862 3104; www.nederburg.co.za; Sonstraal Rd; Weinproben 20–85 R; ◉ganzjährig Mo–Fr 8–17 Uhr, Nov.–März auch Sa 10–16, So 11–16 Uhr) Eine der bekanntesten Weinmarken Südafrikas, ein großes, aber professionelles und offenes Unternehmen mit einer breiten Palette an Weinen. Die Verkostungsangebote sind einfallsreich, z. B. Weinbrand, Kaffee und Biscotti oder das Burgermaster Tasting – eine Kombination aus Qualitätsweinen und Mini-Hamburgern. Nederburg liegt an der N1, 7 km östlich von Paarl.

KWV EMPORIUM   WEINGUT
(☎807 3007; www.kwvwineemporium.co.za; Kohler St; Kellereitour mit Weinprobe 35 R; ◉Mo–Sa 9–16, So 11–16 Uhr) Das Weingut ist ein guter Anlaufpunkt in der Region von Paarl. Besonders seine Likörweine gehören zu den besten der Welt. Die **Kellereitouren** finden um 10, 10.30 und 14.15 Uhr statt. Zu den Verkostungen gehört auch eine Kombination aus Branntwein und Schokolade (40 R). Das Gut liegt zwei Minuten zu Fuß vom Bahnhof – ideal für Benutzer öffentlicher Verkehrsmittel.

LABORIE CELLAR   WEINGUT
(☎807 3390; Taillefer St; Weinproben 15 R; ◉Mo–Fr 9–17, Sa 10–17 Uhr) Laborie ist zwar für seinen preisgekrönten Shiraz bekannt, produziert aber auch gute Schaum- und Dessertweine. Weinproben werden mit Oliven (22 R), Schokolade (35 R) oder als Kombination aus Gutsführung und Verkostung von Qualitätsweinen (30 R) angeboten. Samstagmorgens findet hier ein hervorragender Feinschmeckermarkt statt. Das Gut liegt an der Hauptstraße nicht weit vom Bahnhof und der Haltestelle der Fernbusse.

GLEN CARLOU   WEINGUT
(☎875 5528; www.glencarlou.co.za; Simondium Rd, Klapmuts; Weinproben 25–35 R; ◉Mo–Fr 8.30–17, Sa & So 10–16 Uhr) Der Verkostungsraum südlich der N1 hat einen weiten Blick auf den Tortoise Hill. Zum Mittagessen (Hauptgerichte 85–150 R) werden ein vollmundiger Chardonnay oder der renommierte Bordeauxverschnitt Grand Classique gereicht. In einer Kunstgalerie sind Werke von weltbekannten Künstlern wie Andy Goldsworthy, Ouattara Watts und Deryck Healey zu sehen.

Paarl

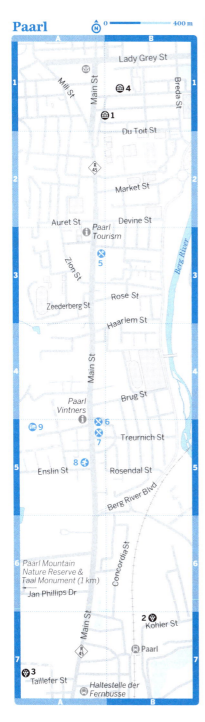

Paarl

Sehenswertes	(S. 166)
1 Afrikaans Language Museum	B1
2 KWV Emporium	B7
3 Laborie Cellar	A7
4 Paarl Museum	B1

Essen	(S. 168)
Harvest at Laborie	(siehe 3)
5 Kikka	A3
6 Marc's Mediterranean Cuisine & Garden	A5
7 Noop	A5

Sport & Aktivitäten	(S. 167)
8 Wineland Ballooning	A5

Schlafen	(S. 169)
9 Grande Roche Hotel	A5

LANDSKROON WEINGUT
(863 1039; www.landskroonwines.com; Suid-Agter-Paarl Rd; Weinproben 10 R; Mo–Fr 8–17, Sa 9–13 Uhr) Das Gut neben dem Gut Spice Route wird in fünfter Generation von der Familie De Villiers geführt. Auf der Terrasse mit Blick über die Weingärten können Gäste am beeindruckenden Cinsaut und Port nippen.

WINELAND BALLOONING BALLONRUNDFLÜGE
(021-863 3192; 64 Main St; pro Pers. 2580 R) Man muss zwar recht früh raus, aber die Flüge mit dem Heißluftballon über die Winelands sind unvergesslich. Angeboten werden sie je nach Wetter von November bis Mai.

DRAKENSTEIN PRISON HISTORISCHE STÄTTE
Als Nelson Mandela am 11. Februar 1990 nach über 27 Jahren Gefangenschaft endlich freigelassen wurde, verließ er nicht Robben Island, sondern das Drakenstein. Am Eingang steht eine grandiose Statue von Mandela mit erhobener Faust. In dem Gefängnis an der Route 310, das damals noch Victor Verster hieß, verbrachte Mandela die letzten zwei Jahre seiner Gefangenschaft im relativen Komfort des Wärterhäuschens, wo er das Ende der Apartheid aushandelte. Es ist noch heute ein Gefängnis, daher gibt es keine Führungen, aber ein **Grillrestaurant** (Reservierung 864 8095).

PAARL MOUNTAIN NATURE RESERVE PARK
Die drei riesigen Granitkuppen, die das beliebte Naturschutzgebiet im Westen des

Ortes dominieren, schimmern nach Regenfällen wie Perlen – daher der Name „Paarl". Im Schutzgebiet gibt es Berg-Fynbos (buchstäblich „Feinbusch"; hauptsächlich Protea, Heidekraut und Erika), in der Mitte einen angelegten Wildblumengarten, der ein wunderbarer Picknickplatz ist, und zahlreiche Wanderwege mit tollen Aussichten über das Tal. Eine Wanderkarte ist bei Paarl Tourism erhältlich.

Wenn man schon mal hier ist, lohnt auch ein Besuch des **Taal Monument** (872 3441; Erw./Kind 15/5 R; 8–17 Uhr), eines großen, nadelgleichen Denkmals zu Ehren der Afrikaans-Sprache (*taal* heißt „Sprache" auf Afrikaans). An klaren Tagen reicht der unglaubliche Blick bis nach Kapstadt.

PAARL MUSEUM MUSEUM
(872 2651; 303 Main St; Eintritt 5 R; Mo-Fr 9–17, Sa 9–13 Uhr) Das Museum im alten Oude Pastorie (alten Pfarrhaus) von 1714 zeigt eine interessante Sammlung kapholländischer Antiquitäten und Hinterlassenschaften der Hugenotten und frühen Afrikaander. Es gibt einen Bücherschrank, der nach dem Vorbild von König Salomons Tempel gezimmert wurde, und Ausstellungen über den „Weg zur Versöhnung", die alten Moscheen der muslimischen Gemeinde und die Sklaverei.

AFRIKAANS LANGUAGE MUSEUM MUSEUM
Paarl gilt als Ursprungsort des Afrikaans, was in diesem interessanten **Museum** (872 3441; www.taalmuseum.co.za; 11 Pastorie Ave; Erw./Kind 15/5 R; Mo-Fr 9–16 Uhr) behandelt wird. Es zeigt auch mittels einer Multimediaausstellung, wie drei Kontinente zur Bildung dieser faszinierenden Sprache beitrugen. Nach dem Museum lohnt sich ein Besuch des phallischen Taal Monument.

ESSEN & AUSGEHEN

HARVEST AT LABORIE MODERN SÜDAFRIKANISCH €€
(807 3095; Taillefer St; Hauptgerichte 70–115 R; Sa Frühstück, Mo–So mittags, Mi–Sa abends) Von der Terrasse des eleganten Weinguts ein paar Schritte von der Hauptstraße blicken die Gäste beim Essen auf die Rebstöcke. Bei den Gerichten überwiegen einheimische Er-

---

ABSTECHER

BABYLONSTOREN

Das 250 ha große Anwesen für Wein- und Obstanbau am Nordhang des Simonsbergs zwischen Klapmuts und Paarl besteht schon seit über 300 Jahren, tauchte aber bislang nie auf der Touristenroute der Winelands auf. Das änderte sich 2007, als **Babylonstoren** (863 3852; www.babylonstoren.com; Simondium Rd, Klapmuts; Eintritt 10 R; tgl. 10–16 Uhr; P) neue Besitzer bekam, die das Gut in eine Topattraktion der Region umwandeln wollten.

Das Highlight des Guts ist ein 8 ha großer Garten mit Nutz- und Heilpflanzen, der kunstvoll gestaltet ist, von Seerosenteichen und Quittenbäumen bis zu Hühnerställen und Kaktusfeigen. Die Anlage ist von den Company's Gardens in Kapstadt und französischen Gärten des Mittelalters inspiriert und einfach umwerfend. Am besten ist die Teilnahme an einer der **Gartenführungen** (tgl. 10 & 16 Uhr) oder noch besser eine Übernachtung in einem der superschicken Gästezimmer (ab 4270 R) in den alten Arbeiterhäuschen. Wenn nämlich all die Tagesbesucher weg sind, kann man die Gärten erst richtig genießen – ganz zu schweigen vom Wellnesszentrum und dem Pool in einem der alten Wasserbecken des Guts.

Für einen Imbiss im Teegarten mit dem hübschen Glashaus ist eine Reservierung nicht nötig, für das Restaurant **Babel** (Hauptgerichte 140 R; Mi–So 9–16 Uhr) hingegen schon. Es serviert köstliche Gerichte mit Erzeugnissen aus dem Garten und süffige Weine, die das Gut seit jüngster Zeit wieder herstellt. Der neue Weinkeller (für den Führungen angeboten werden) ist der Inbegriff zeitgenössischen Designs mit interessanten Ausstellungen zur Weinherstellung. Und der Verkostungsraum/Deli/Bäckerei präsentiert Weine aus Gütern um den Simonsberg, der eine der besten Lagen des Kaps haben soll.

SCHLAFEN IN PAARL

➜ **Berg River Resort** (☎863 1650; www.bergriverresort.co.za; Rte 45; Stellplätze ab 55 R, DZ-Hütten ab 425 R; ⛲🏠) Ein netter Campingplatz am Berg River, 5 km von Paarl an der N45 Richtung Franschhoek. Zur Anlage gehören Kanus, Trampolins und ein Café. In den Schulferien ist der Platz oft sehr voll und sollte dann am besten gemieden werden.

➜ **Grande Roche Hotel** (☎863 2727; www.granderoche.co.za; Plantasie St; DZ ab 3025 R; ⛲@🏊) Ein superluxuriöses Hotel in einem kapholländischen Herrenhaus mit wunderbarem Bergblick, einem beheizten Swimmingpool und dem preisgekrönten **Bosman's Restaurant** (Hauptgerichte ab 130 R), dessen Weinkarte über 40 Seiten umfasst! Das Verkostungsmenü mit acht Gängen kostet 660 R.

---

zeugnisse, wie Muscheln von der Westküste, Karoo-Lamm und zur Saison Wild.

NOOP
FUSION-KÜCHE €€

(☎863 3925; 127 Main St; Hauptgerichte 95–135 R; ⏱Mo–Fr mittags & abends) Das Restaurant mit Weinbar wird von Einheimischen der gesamten Winelands empfohlen. Die Karte ist klein, aber ausgezeichnet, und die Salate sind wirklich frisch.

MARC'S MEDITERRANEAN
CUISINE & GARDEN
MEDITERRAN €€

(☎863 3980; 129 Main St; Hauptgerichte 90–140 R; ⏱Mo–Sa mittags & abends, So mittags) Noch ein Favorit – und das aus gutem Grund. Marc Friedrich hat hier einen glänzenden Rahmen für eine ebensolche Küche erschaffen, die im provenzalischen Garten serviert wird.

KIKKA
CAFÉ €

(☎872 0685; 217 Main St; Hauptgerichte 20–70 R; ⏱Mo–Fr 7.30–17, Sa 7.30–15 Uhr) In dem reizenden Deli und Café im flippigen Retrolook lassen sich Floristen bei der Arbeit zuschauen. Es ist ideal zum Frühstück und zum Leutegucken.

Hermanus

Rundgang
Bei der Ankunft geht es schnurstracks zum Old Harbour (alten Hafen) – noch immer das Zentrum des Ortes. In der Walsaison (Juni–Dez.) lassen sich hier häufig Wale blicken. Am Hafen sind das Museum, ein ständiger Kunsthandwerksmarkt und vie-

le hervorragende Restaurants, Cafés und Hotels angesiedelt. Hier beginnt auch der Cliff Path Walking Trail, ein Klippenweg, der nach Südwesten zu den Restaurants, Bars und Ausflugsbooten am New Harbour (neuen Hafen) oder nach Osten über 4 km zum Grotto Beach führt. In der Walsaison ist Hermanus schnell überfüllt, aber dem Getümmel ist leicht zu entkommen: Im Osten locken Strände, im Norden die Berge, und wer Lust auf einen weniger bekannten Weinprobenweg hat, kann sich zum Hemel-en-Aarde Valley (s. Kasten S. 175) aufmachen.

Das Beste
➜ **Sehenswert** Cliff Path Walking Trail (S. 170)
➜ **Essen** Fisherman's Cottage (S. 170)
➜ **Ausgehen** Gecko Bar (S. 170)

Top-Tipp
Während der Walsaison heißt es Augen – und Ohren – auf für den Walausrufer, der auf seiner Vuvuzela ein Morsesignal trötet, sobald er einen Wal sichtet.

An- & Weiterreise
Taxi Trevi's Tours (☎072 608 9213) bietet täglich Fahrten von und nach Kapstadt (800 R einfach, 1½ Std.).

Gut zu wissen
➜ **Vorwahl** ☎028
➜ **Lage** Hermanus liegt 122 km östlich von Kapstadt; erreichbar über die N2 und die Route 43
➜ **Touristeninformation** (☎312 2629; www.hermanus.co.za; Old Station Bldg,

AUSFLÜGE & WEINGÜTER HERMANUS

Mitchell St; Mo-Fr 8-18, Sa 9-17, So 11-15 Uhr)

SEHENSWERTES

CLIFF PATH WALKING TRAIL WANDERN

Vom New Harbour, 2 km westlich der Stadt, schlängelt sich der Pfad über 10 km am Meer entlang bis zur Mündung des Klein River im Osten. Er ist aber überall auf der Strecke zugänglich. Unterwegs passiert er den Grotto Beach, den beliebtesten Strand mit ausgezeichneten Anlagen, den Aussichtspunkt Kwaaiwater, wo gut Wale zu beobachten sind, und die Strände Langbaai und Voelklip.

OLD HARBOUR MUSEUM

Der alte Hafen klebt an den Klippen vor dem Stadtzentrum. Das **Museum** (312 1475; Erw./Kind 15/5 R; Mo-Sa 9-13 & 14-17, So 12-16 Uhr) lohnt nicht unbedingt, aber draußen werden alte Fischerboote ausgestellt. Im Eintrittspreis enthalten ist der Zugang zum interessanteren **Whale House Museum** (Mo-Sa 9-16, Walvorführungen 10 & 15 Uhr) und zum **Photographic Museum** (Mo-Fr 9-16, Sa 9-13 Uhr) am Marktplatz. Dort gibt es auch einen ständigen Kunsthandwerksmarkt.

GRATIS **FERNKLOOF NATURE RESERVE** PARK

(313 8100; www.fernkloof.com; Fir Ave; 9-17 Uhr) Das 1400 ha große Naturschutzgebiet ist ein Paradies für Fynbos-Freunde. Bislang haben Wissenschaftler 1474 Arten bestimmt. Es gibt ein 60 km langes Wegenetz für jedes Fitnessniveau und der Blick über das Meer ist atemberaubend.

ESSEN & AUSGEHEN

FISHERMAN'S COTTAGE MEERESFRÜCHTE €€

(312 3642; Lemm's Corner; Hauptgerichte 55-120 R; Mo-Sa mittags & abends) In dem reetgedeckten Cottage aus dem Jahr 1860 mit Fischernetz-Deko werden vor allem köstliche Meeresfrüchte serviert, aber man bekommt auch Steaks und traditionelle Gerichte.

BURGUNDY RESTAURANT MEERESFRÜCHTE €€

(312 2800; Marine Dr; Hauptgerichte 60-140 R; Frühstück, mittags & abends) Eine Reservierung ist in dem hochgelobten und beliebten Restaurant ratsam. Auf der Karte stehen hauptsächlich Meeresfrüchte; es gibt auch eine täglich wechselnde vegetarische Alternative.

BIENTANG'S CAVE MEERESFRÜCHTE €€

(028-312 3454; www.bientangscave.com; Marine Dr; Hauptgerichte 80-150 R; Frühstück & mittags) Hier kommt man den Walen näher als auf einer Bootstour. Es ist eine echte Höhle, die gegen Ende des 19. Jhs. von den letzten Strandlopers (Ureinwohnern der Küstenregion) bewohnt wurde. Das außergewöhnliche Ambiente tröstet über die nur mittelmäßige Küche hinweg. Der Eingang ist nur über eine steile Treppe in den Klippen erreichbar.

GECKO BAR BAR

(312 4665; New Harbour; Hauptgerichte 45-75 R; mittags & abends) Holzofenpizza, Bier der

Hermanus

	Sehenswertes	(S. 170)
1	Cliff Path Walking Trail	A2
2	Museum	B1
	Photographic Museum	(siehe 3)
3	Whale House Museum	B1
	Essen	(S. 170)
4	Bientang's Cave	B1
5	Burgundy Restaurant	B2
6	Fisherman's Cottage	B2
	Ausgehen	(S. 170)
7	Zebra Crossing	A1
	Schlafen	(S. 171)
8	The Marine	B1

SCHLAFEN IN HERMANUS

Hermanus bietet zahllose Unterkünfte, aber in der Ferienzeit kann es trotzdem schwer werden, ein Bett zu finden, also frühzeitig reservieren.

➡ **Potting Shed** (☑312 1712; www.thepottingshedguesthouse.co.za; 28 Albertyn St; EZ/DZ mit Frühstück 525/700 R; @🖵) Eine hervorragende, preisgünstige und von Lesern empfohlene Pension. Die gepflegten Zimmer sind komfortabel und hell und phantasievoll eingerichtet. Eine Ferienwohnung für vier Personen ist ebenfalls vorhanden.

➡ **Hermanus Backpackers** (☑312 4293; www.hermanusbackpackers.co.za; 26 Flower St; B 130 R, DZ mit Gemeinschaftsbad 350 R, DZ 380 R; @🖵) Eine tolle Herberge mit fröhlicher Einrichtung, guter Ausstattung und kenntnisreichen Mitarbeitern, die gern bei der Freizeitplanung helfen. Frühstück ist inklusive und abends kosten die *braais* (Speisen vom Grill) 90 R.

➡ **The Marine** (☑313 1000; www.marine-hermanus.co.za; Marine Dr; EZ/DZ mit Frühstück ab 2500/4000 R; ✳@🖵) Das Hotel auf gepflegtem Gelände bietet viele Annehmlichkeiten und liegt direkt am Meer. Es hat zwei Restaurants zum Meer raus: Das **Pavilion** (Hauptgerichte 95–175 R, ☺Frühstück und Abendessen) serviert moderne südafrikanische Küche, das **Seafood Restaurant** (☺mittags & abends) 2- oder 3-Gänge-Menüs für 195/240 R.

Birkenhead-Brauerei in Stanford und eine Terrasse über dem Meer – ein Spitzenplatz für einen Sundowner, der sich oft bis in die späte Nacht hinzieht. Am Wochenende gibt's Livemusik.

ZEBRA CROSSING   PUB

(☑312 3906; 121 Main Rd; Hauptgerichte 40–90 R; ☺Frühstück, mittags & abends) Die ganz im Zeichen des Zebras stehende Bar ist toll für Wochenendpartys und sehr beliebt bei Backpackern.

🏃 SPORT & AKTIVITÄTEN

WALBEOBACHTUNG   BOOTSAUSFLÜGE

Hermanus ist zwar für Walbeobachtung von Land aus bekannt, aber es werden auch Bootstouren angeboten. Die Annäherung an die Wale auf dem Wasser ist streng reguliert und die Boote müssen mindestens 50 m Abstand von den Tieren halten. Es gibt nur zwei zugelassene Bootsunternehmen, **Southern Right Charters** (☑082 353 0550; www.southernrightcharters.co.za) und **Hermanus Whale Cruises** (☑313 2722; www.hermanus-whale-cruises.co.za). Die zweistündigen Touren kosten bei beiden Unternehmen 600 R (250 R für Kinder), Abfahrt ist am New Harbour. Außerhalb der Walsaison werden auch andere Bootstouren angeboten.

WALKER BAY ADVENTURES   WASSERSPORT

(☑082 739 0159; www.walkerbayadventures.co.za; Kajaktouren 300 R, Kanutouren 450 R, Walbeobachtung vom Boot 650 R) Bietet jede Menge Aktivitäten, auch Kajaktouren auf dem Meer, die eine Gelegenheit sind, Wale aus nächster Nähe zu sehen. Das Unternehmen verleiht außerdem Kajaks und Boote.

Stanford

Rundgang

An der Route 43 von Hermanus nach Stanford tauchen hin und wieder wenig besuchte Weingüter auf, die zu einer Weinprobe, einer Führung oder zum Mittagessen einladen. In Stanford selbst ist es am besten, das Auto stehen zu lassen und die oft menschenleeren Straßen bei einem Spaziergang zu erkunden. Vorbei am Village Green führt der Weg zur Hauptattraktion Stanfords – dem Klein River. Dort gibt es Bootstouren, Kanuverleihe und zahllose Fleckchen für ein Picknick oder zur Vogelbeobachtung. Den Abschluss des Rundgangs bilden die Brauerei gleich am Dorfrand oder noch mehr Weingüter östlich von Stanford.

AUSFLÜGE & WEINGÜTER HERMANUS

ABSTECHER

DIE KÜSTENSTRASSE

Wer etwas Zeit hat, sollte die spektakuläre Küstenstraße nach Hermanus nehmen, die nur eine halbe Stunde länger braucht. Von der N2 zweigt in Strand die Route 44 ab, die ab Gordon's Bay dicht an der Küste entlangführt. Die Küstenstraße heißt hier Clarence Drive und ist eine klasse Alternative zum Chapman's Peak Drive in Kapstadt, noch dazu ohne Maut. Unterwegs gibt es viele schöne Ansichten zum Fotografieren und zwischen Juni und Dezember lassen sich in der False Bay oft Wale blicken. Unterwegs stößt man auf ein paar lohnende Sehenswürdigkeiten, wie das **Kogelberg Nature Reserve** (028-271 4792; www.capenature.co.za; Erw./Kind 30/15 R), ein Naturschutzgebiet mit der höchsten Artenvielfalt der Welt, darunter über 1880 Pflanzenarten. Hier locken Tageswanderungen und auch Mountainbikestrecken, aber alle Aktivitäten müssen zuvor angemeldet werden. Unbedingt sehenswert ist die **Stony Point African Penguin Colony** (028-271 8400; Eintritt 10 R; 8–17 Uhr), wo die kleinen Brillenpinguine sich sehr viel ungestörter beobachten lassen als am weitaus bekannteren Boulders Beach auf der anderen Seite der False Bay. Hinter Betty's Bay lohnt ein kurzer Besuch in den **Harold Porter National Botanical Gardens** (028-272 9311; Erw./Kind 17/7 R; Mo–Fr 8–16.30, Sa & So 8–17 Uhr). Naturlehrpfade führen zu einheimischen Pflanzen und am Eingang befinden sich eine Teestube und jede Menge Picknickplätze. Das hübsche **Kleinmond** ist wunderbar für ein Mittagessen am Wasser.

AUSFLÜGE & WEINGÜTER STANFORD

Das Beste

- ➡ **Sehenswert** Klein River (S. 172)
- ➡ **Essen** Mariana's (S. 173)
- ➡ **Ausgehen** Birkenhead Brewery (S. 173)

Top-Tipp

Fleisch und Getränke sollten vor der Teilnahme an einer Flussfahrt besorgt werden. Die African Queen und die River Rat haben beide Grillroste für *braai* an Bord und das Mitbringen eigener Getränke geht in Ordnung.

An- & Weiterreise

Ein eigenes Auto ist unbedingt nötig, um nach Stanford zu kommen. Das Dorf liegt 24 km östlich von Hermanus entfernt.

Gut zu wissen

- ➡ **Vorwahl** 028
- ➡ **Lage** Stanford liegt 145 km östlich von Kapstadt
- ➡ **Touristeninformation** (341 0340; www.stanfordinfo.co.za; 18 Queen Victoria St; Mo–Fr 8.30–17, Sa 9–16, So 9–13 Uhr

 SEHENSWERTES

FLUSSFAHRTEN BOOTSAUSFLÜGE

Drei Unternehmen bieten Bootstouren auf dem Klein River an. Die **African Queen** (082 732 1284) ist das größte der Boote, die **River Rat** (083 310 0952) und die **Platanna** (073 318 5078) sind gemütlicher. Alle kosten 100 R pro Person für eine dreistündige Tour und erlauben auch Schwimmen vom Boot aus. Die River Rat verleiht außerdem Kanus und ist auf Touren zur Vogelbeobachtung spezialisiert.

ROBERT STANFORD ESTATE WEINGUT

(341 0441; Weinproben kostenlos; Do–Mo 9–16 Uhr) Man kann problemlos einen ganzen Vormittag auf dem eleganten Gut verbringen, nicht nur mit der Verkostung des exzellenten Sauvignon Blanc und dem Besuch der hauseigenen Grappadestillerie, sondern auch bei familienfreundlichen Aktivitäten wie Reiten und Traktorfahrten durch die Weingärten oder bei Picknicks auf dem Gelände. Das Restaurant serviert Gerichte aus frischen Gutserzeugnissen.

KLEIN RIVER CHEESE FARM BAUERNHOF

(341 0693; www.kleinrivercheese.co.za; Mo–Fr 9–17, Sa 9–13 Uhr;) Hier können Besucher verschiedene Käsesorten probieren, darunter ein wunderbarer Gruyère, und sich von den Mitarbeitern die Käseherstel-

lung erläutern lassen. Picknicks werden von November bis Mai am Flussufer angeboten (Korb für 2 Pers./Kind 220/45 R). Kinder freuen sich über den Streichelzoo und den Spielplatz.

RAKA WEINGUT
(☎341 0676; www.rakawine.co.za; Weinproben kostenlos; ⊙Mo-Fr 9-17, Sa 10-14.30 Uhr) Es gibt hier zwar weder ein Restaurant noch besondere Freizeitaktivitäten, aber es lohnt sich trotzdem, bei Raka vorbeizuschauen. Das Gut produziert hochgelobte Rotweine, wie den Biography Shiraz, den Bordeaux-Verschnitt Figurehead sowie Merlot, Malbec und Cabernet Sauvignon.

ESSEN & AUSGEHEN

BIRKENHEAD BREWERY BRAUEREI €
LP TIPP
(☎341 0183; www.birkenhead.co.za; Führungen Mi-Fr 11 & 15 Uhr; ⊙Mi-So 11-17 Uhr) Die Brauerei am Dorfrand liegt auf dem hübschesten Brauereigelände des Westkaps. Verkostungen (20 R) der verschiedenen Biere finden im Sommer draußen auf dem Rasen statt oder im Winter vor einem prasselnden Kaminfeuer. Es gibt auch etwas zu Essen (60-90 R) und ein Weingut auf dem Gelände.

MARIANA'S SÜDAFRIKANISCH €€
(☎341 0272; 12 Du Toit St; Hauptgerichte 60-110 R; ⊙Do-So mittags; ✈) Der alteingesessene Landgasthof ist nach wie vor beliebt, eine Reservierung zwingend. Die meisten Gerichte sind aus Erzeugnissen des Restaurantgartens. Große Auswahl für Vegetarier.

Darling

Rundgang

Viele Besucher kommen nach Darling, um sich das bissige und sehr lustige Politkabarett des Satirikers Pieter-Dirk Uys anzuschauen. Allerdings ist dafür eine

---

INSIDERWISSEN

DAS ELGIN VALLEY – CATHY MARSTON

Etwa 70 km südöstlich von Kapstadt Richtung Hermanus liegt gleich hinter dem spektakulären Sir Lowry's Pass **Elgin**, Etappe der ersten ökologisch verträglichen Weinstraße der Welt, der **Green Mountain Eco Route** (www.greenmountain.co.za). Außer köstlichen Weinen gibt es in der Gegend diverse landschaftlich schöne Wanderwege sowie eine Mountainbikeroute auf gut markierten Wegen durch das Oak Valley.

Wir fragten die Weinjournalistin und -lehrerin Cathy Marston nach den besten Weingütern und Restaurants in der Region:

„Elgin wird für seine Weißweine wie Sauvignon Blanc und Chardonnay gepriesen, produziert aber auch einige der besten Pinot Noirs des Landes, zum Beispiel auf den Gütern **Catherine Marshall Wines** (☎083 258 1307; www.cmwines.co.za), **Shannon Vineyards** (☎021-859 2491; www.shannonwines.com), **Oak Valley** (☎021-859 2510; www.oakvalley.co.za) und **Paul Cluver Wines** (☎021-844 0605; www.cluver.com). Im baumumstandenen Paul Cluver Amphitheatre treten auch manchmal internationale Spitzenkünstler auf – und dazu gibt's Picknickkörbe und guten Wein.

Nach dem Abzweig hinter dem **Peregrine Farmstall** schlängeln sich Landsträßchen durch die hinreißende Landschaft, die zu den Weingütern führen. Wunderbares Essen bekommt man bei **South Hill Wines** (☎021-844 0033; www.southhill.co.za) und auf dem Weingut **Thandi** (☎021-844 01247; www.thandiwines.com), das vom Programm „Black Empowerment" gefördert wird. Unbedingt empfehlenswert ist eine Pizza bei **Highlands Road** (☎021-849 8699; www.highlandsroadestate.co.za)!"

Übernachten können Besucher im **Old Mac Daddy** (☎021-844 0245; www.oldmacdaddy.co.za; 112 The Valley Rd, Grabouw; DZ So-Do/Fr & Sa 750/1200 R; P✲@🛜✈), einer Luxuswohnwagensiedlung, wo jeder Airstream-Caravan unterschiedlich ausgestattet ist. Stilvolle rustikale Anbauten mit Lounge und Bad sorgen für viel Platz. Ideal ist die Anlage vor allem für Familien: Kinder zwischen sechs und 16 Jahren zahlen nur 175 R pro Nacht und es gibt für sie ein wunderbares Spielzimmer.

!KHWA TTU

Das San-Kultur- und Bildungszentrum **!Khwa ttu** (☏022-492 2998; www.khwattu.org; Rte 27, Yzerfontein; ⏰9–17 Uhr) ist ein Gemeinschaftsprojekt der San und einer Schweizer Wohltätigkeitsorganisation (Ubuntu Foundation). Es ist das einzige Kulturzentrum des Westkaps in Besitz und Verwaltung der San.

!Khwa ttu befindet sich im angestammten Gebiet der San, einem 850 ha großen Naturschutzgebiet. Dazu gehören auch ein **Restaurant** (Hauptgerichte 50–95 R; ⏰Frühstück & mittags) mit traditioneller südafrikanischer Küche und ein wunderbarer Kunsthandwerksladen. Die großartigen **Touren** (2 Std. 250 R; ⏰10 & 14 Uhr) mit einem San-Führer umfassen einen Naturwanderweg, eine Jeep-Safari und Informationen über die San-Kultur.

Im Schutzgebiet bieten gut ausgestattete **Unterkünfte** (Buschcamp im Zelt für 4 Pers. 400 R, Buschhaus für 4 Pers. 770 R, Haus für 6 Pers. 880 R) Übernachtung mit Selbstversorgung. !Khwa ttu liegt an der Route 27 gleich südlich von Yzerfontein und 70 km von Kapstadt.

Reservierung notwendig – die Vorstellung findet meist mittags an Wochenenden statt, manchmal auch abends. Die Touristeninformation mit ihrem kleinen Museum ist ein guter Startpunkt für einen Tag in Darling. Im Ort gibt es ein paar nette Lokale für einen Mittagsimbiss. Nach Besichtigung des staubigen Dorfs lohnt ein Besuch in den Weingütern im Umland und ein Ausflug zum hervorragenden !Khwa ttu an der Route 27 südlich von Darling.

Das Beste

➡ **Sehenswert** Evita se Perron (S. 174)
➡ **Essen** Marmalade Cat (S. 175)
➡ **Ausgehen** Slow Quarter (S. 175)

Top-Tipp

Im Frühjahr (von August bis September) ist Darling ideal, um die berühmten Wildblumen Südafrikas in voller Blüte zu erleben. Es gibt über ein Dutzend Wildblumenschutzgebiete um den Ort, und Mitte September findet hier ein Wildblumenfest statt.

An- & Weiterreise

Auto Die Route 27 ist der schnellste Weg von Kapstadt. Malerischer ist statt des nördlichen Abschnitts der Route 27 die Route 307.

Gut zu wissen

➡ **Vorwahl** ☏022
➡ **Lage** Darling liegt 73 km nördlich von Kapstadt

➡ **Touristeninformation** (☏492 3361; Ecke Hill Rd/Pastorie St; ⏰Mo–Do 9–13 & 14–16, Fr 9–15.30, Sa & So 10–15 Uhr)

👁 SEHENSWERTES

EVITA SE PERRON   COMEDY

(Bahnhof Darling; ☏492 2831; www.evita.co.za; Karten 90 R; ⏰Vorstellungen Sa & So 14 & 19 Uhr). Das einzigartig südafrikanische Kabarett mit Pieter-Dirk Uys als sein Alter Ego Tannie Evita findet im alten Bahnhof statt. Es streift so ziemlich alles Südafrikanische, von Politik über Geschichte bis zur Ökologie. Nichts wird geschont, auch nicht die rassistische Vergangenheit des Landes und die Aids-Epidemie. Die Shows sind zwar mit etwas Afrikaans durchsetzt, aber überwiegend auf Englisch und immer urkomisch und tiefschürfend.

Das wunderbar kitschige **Restaurant** (Hauptgerichte 40–65 R; ⏰Di–So mittags) serviert traditionelle Afrikaander-Gerichte, einschließlich *bobotie*. Uys gründete auch den **Darling Trust** (☏021-492 2851; www.the darlingtrust.org), der Gemeinden in Swartland mittels Schulung, Bildung und Gesundheitsprojekten zur Selbsthilfe verhilft. Der **A en C Shop** im selben Komplex verkauft Perlenarbeiten, Kleidung, Drahtskulpturen und Gemälde.

DARLING WINE & ARTS EXPERIENCE   WEINGUT

In der unmittelbaren Umgebung von Darling gibt es fünf Weingüter. **Groote Post** (☏492 2825; www.grootepost.com; Weinproben kostenlos; ⊗Mo–Fr 9–17, Sa & So 10–16 Uhr) hat Besuchern mit Jeep-Safaris, Naturwanderungen, einem erstklassigen Restaurant und natürlich kostenlosen Weinproben des exzellenten Chardonnay und Sauvignon Blanc am meisten zu bieten. **Ormonde Private Cellar** (☑492 3540; www.ormonde. co.za; Weinproben 25 R; ⊗Mo–Fr 9–16, Sa 9–15 Uhr) liegt nur ein kurzes Stück zu Fuß vom Ortszentrum und veranstaltet Weinproben mit passendem Käse (55 R), Olivenverkostung und auch einfache Weinproben.

✕ ESSEN & AUSGEHEN

MARMALADE CAT CAFÉ €
(☑492 2515; 19 Main Rd; Hauptgerichte 30–60 R; ⊗tgl. Frühstück & mittags, Fr & Sa abends) Bestens geeignet für einen Nachmittagskaffee oder ein Frühstück den ganzen Tag über. Serviert werden auch Sandwiches, köstlicher Käse und hausgemachter Süßkram. Freitags gibt's Pizza – Reservierung notwendig.

SLOW QUARTER BAR €
(☑492 3798; 5 Main Rd; Imbiss 55–85 R; ⊗Mo–Sa 11–19 Uhr, Di geschl.) Der Brauereiausschank des beliebten einheimischen Biers Darling Brew ist ein schickes Lokal, um bierige Tapas zu mampfen und eine der vier Biersorten zu probieren.

GROOTE POST RESTAURANT INTERNATIONAL €€
(☑492 2825; www.grootepost.com; Hauptgerichte 90–110 R; ⊗Mi–So mittags) Das wohl vornehmste Restaurant Darlings mit ständig wechselnder Speisekarte, die auf die Weine von Groote Post abgestimmt ist.

Langebaan

Rundgang
Das erste Ziel in Langebaan sollte der Strand sein, ob nun zum Segeln, Wind- und Kitesurfen oder einfach zum Faulenzen auf dem weißen Sand. Die Lagune erstreckt sich bis in den West Coast National Park, wo es in Kraalbaai auch einen hübschen Strand gibt. Die Hauptattraktionen des Parks sind in der Regel Strauße sowie der Blick aufs Meer und die Lagune. Und im August und September verwandelt sich der Park für eine Weile in ein rauschendes Blumenmeer. Eintrittspreise und Besucherzahlen steigen spürbar während dieser Zeit, aber ein Ausflug lohnt sich dennoch. Langebaan kann gut an einem Tag erkundet werden, außer wenn ein mehrtägiger Wassersportkurs angesagt ist. Wer hier übernachten will, sollte sich eine Unterkunft dicht am Strand suchen, wo alles leicht zu Fuß zu erreichen ist.

AUSFLÜGE & WEINGÜTER LANGEBAAN

ABSTECHER

HIMMLISCHE TROPFEN
Wer erschöpft ist und Ruhe sucht, kann sich in Hermanus auf eine weniger bekannte Weinstraße begeben. Das Hemel-en-Aarde Valley muss einen hohen Anspruch erfüllen – der Name bedeutet „Himmel und Erde". Zum Glück gibt es dort tatsächlich himmlische Weine und obendrein eine überwältigend schöne Landschaft. An der Straße, der Route 320, liegen 15 Weingüter, die überwiegend für ihre hervorragenden Pinot Noirs und Sauvignon Blancs bekannt sind. Peter Finlayson vom Gut **Bouchard Finlayson** (☑028-312 3515; www.bouchardfinlayson.co.za; Weinproben gratis; ⊗Mo–Fr 9–17, Sa 9.30–12.30 Uhr) hat einen guten Ruf für seinen innovativen Pinot. Dieser und der preisgekrönte Chardonnay können im stimmungsvollen Weinkeller probiert werden. Ebenfalls herausragend ist das Gut **Creation Wines** (☑028-212 1107; www.creationwines.com; Weinproben gratis; ⊗tgl. 10–17 Uhr). Es bietet einen 90-minütigen Rundgang über das Weingut (350 R), einen Imbiss mit passendem Wein (ab 100 R) und private Kellerführungen mit der Möglichkeit, aus ihren Spitzenweinen eigene Verschnitte herzustellen (350 R). Im Restaurant können Gäste zu Mittag essen.

ABSTECHER

GANSBAAI

In den letzten Jahren wurde Gansbaai zwar dank des Haikäfigtauchens immer populärer, aber die meisten Besucher machen nur einen Tagesausflug von Kapstadt aus hierher. Die unberührte Küste ist ideal für alle, die gerne die abgelegeneren Naturlandschaften von Overberg erleben wollen.

Von Hermanus führt die Straße am Dorf De Kelders vorbei – großartig für einsame Walbeobachtung – direkt auf die Main Road parallel zur Küste. Kleinbaai, 7 km weiter östlich an der Küstenstraße, ist der Ausgangshafen für das **Haikäfigtauchen**. Es gibt etliche Anbieter mit ähnlichen Touren. **Marine Dynamics** (028-384 1005; www.sharkwatchsa.com; 1400 R) hat allerdings einen Meeresbiologen an Bord und das Unternehmen arbeitet mit dem **Dyer Island Conservation Trust** (028-384 0406; www.dict.org.za) zusammen, der Meeresforschung in der Gegend finanziert.

Von Kleinbaai weiter Richtung Süden geht es zum **Danger Point Lighthouse** (028-384 0530; Erw./Kind 16/8 R; Mo–Fr 10–15 Uhr), einem Leuchtturm von 1895, und zum **Walker Bay Reserve** (028-314 0062; Erw./Kind 30/15 R; 7–19 Uhr). In dem Schutzgebiet lassen sich Vögel beobachten, es gibt gute Wanderwege und die Klipgat Caves, in denen Khoisan-Artefakte entdeckt wurden.

Wer Hunger hat, kann sich ins **Coffee on the Rocks** (028-384 2017; Cliff Street, De Kelders; Hauptgerichte 40–80 R; Mi–So 10–17 Uhr) begeben. Alle Backwaren werden täglich frisch im Haus gebacken. Die Terrasse am Meer mit Blick auf Wale während der Saison ist ideal für ein Sandwich, einen Salat oder auch nur einen Kaffee.

Wer nicht mit eigenem Fahrzeug unterwegs ist, kann sich an **Trevi's Tours** (072 608 9213/028-312 1413) wenden, die täglich von und nach Kapstadt fahren (1000 R, 2 Std.).

Das Beste

→ **Sehenswert** West Coast National Park (S. 176)
→ **Essen** Die Strandloper (S. 177)
→ **Ausgehen** Club Mykonos (S. 177)

Top-Tipp

Außer den hier erwähnten Restaurants gibt es noch etliche in der Bree Street. Diejenigen am Strand haben einen tollen Blick auf den Sonnenuntergang.

An- & Weiterreise

Sammeltaxi Tägliche Verbindungen mit Kapstadt (70 R einfach, 1¼ Std.).

Gut zu wissen

→ **Vorwahl** 022
→ **Lage** Langebaan liegt 127 km nördlich von Kapstadt, erreichbar über die Route 27
→ **Touristeninformation** (772 1515; www.langebaaninfo.com; Bree St; Mo–Fr 9–17, Sa 9–14 Uhr)

SEHENSWERTES

WEST COAST NATIONAL PARK PARK

(772 2144; www.sanparks.org; Erw./Kind Aug.–Okt. 88/44 R, Nov.–Juli 44 R; 7–19.30 Uhr). Zu dem 31 000 ha großen Park gehört auch die Langebaan-Lagune mit ihrem kristallklaren, blauen Wasser, wo zahlreiche Vogelarten leben. Der Park ist ein international bedeutendes Feuchtgebiet für wichtige Brutkolonien von Seevögeln. Im Sommer sammeln sich hier Tausende von Watvögeln. Die häufigste Art ist der Sichelstrandläufer, der in großen Schwärmen aus der Subantarktis nach Norden wandert. Auf den Inseln vor der Küste tummeln sich Brillenpinguine.

Die Vegetation besteht überwiegend aus kleinen Büschen, Riedgras, vielen blühenden einjährigen Pflanzen und Sukkulenten. An der Küste im Osten gedeihen Zuckerbüsche und von August bis Oktober ist der Park für seine Wildblumenblüte berühmt. Das Schutzgebiet liegt nur etwa 120 km von Kapstadt, 7 km südlich von Langebaan. Die Fahrt hin und zurück von Langebaan zum nördlichen Ende des Postberg-Abschnitts auf der anderen Seite der Lagune beträgt über 80 km; es sollte reichlich Zeit eingeplant werden. Regenzeit ist zwischen Mai und August.

Das **Geelbek Visitors' Centre & Restaurant** (☎772 2134; West Coast National Park; Hauptgerichte 65–105 R; ⊙Frühstück & mittags) hat ein breites, überwiegend traditionelles Speisenangebot. Es dient auch als Informationszentrum für den Park und ist bei der Suche nach einer Unterkunft, auch in Hausbooten in Kraalbaai, behilflich.

WEST COAST
FOSSIL PARK ARCHÄOLOGISCHE STÄTTE
Im herausragenden **Fossilienpark** (☎766 1606; www.fossilpark.org.za; Erw./Kind 50/15 R; ⊙Mo–Fr 8–16, Sa & So 10–13 Uhr) an der Route 45, etwa 16 km außerhalb von Langebaan, sind der erste Bär, der südlich der Sahara entdeckt wurde, löwengroße Säbelzahnkatzen, dreizehige Pferde und Kurzhalsgiraffen ausgestellt. Faszinierende Touren beginnen jede volle Stunde von 10 bis 15 Uhr (am Wochenende bis 13 Uhr) und führen zu den Ausgrabungsstätten, die zu den reichsten Fossilienstätten der Welt zählen. Im Park gibt's auch Mountainbike- und Wanderwege, ein Café und einen Andenkenladen.

ESSEN & AUSGEHEN

LP TIPP **DIE STRANDLOPER** MEERESFRÜCHTE €€
(☎772 2490; Büfett 205 R; ⊙Sa & So mittags, Fr & Sa abends, Dez.–Jan. tgl. mittags & abends) Das Leben an der Westküste, wie es im Buche steht: ein 10-gängiges Fisch- und Meeresfrüchte-*braai* (Grillbüfett) direkt am Strand. Es gibt frisch gebackenes Brot, *moerkoffie* (frisch gemahlener Kaffee) satt und einen örtlichen Schnulzensänger, der die Gäste am Tisch mit Westküsten-Balladen unterhält. Getränke kann man entweder selbst mitbringen oder sich etwas an der rustikalen Bar mit sensationeller Aussicht bestellen. Eine Reservierung ist erforderlich.

CLUB MYKONOS HOTELANLAGE €€€
(☎0800 226 770; www.clubmykonos.co.za) Die pseudo-griechische Hotelanlage mag zwar nicht zur Übernachtung verlocken, ist aber erstklassig zum Ausgehen. Es gibt hier acht Restaurants sowie zahlreiche Bars und ein Kasino, die alle auch Nichtgästen zugänglich sind.

SPORT & AKTIVITÄTEN

CAPE SPORTS CENTRE WASSERSPORT
(☎772 1114; www.capesport.co.za; 98 Main Rd) Langebaan ist ein Wassersportmekka, besonders für Wind- und Kitesurfer. Das Büro bietet Kurse zum Kitesurfen (Dreitagekurs 2185 R) und Windsurfen (2 Std. 500 R) und verleiht Surfbretter und Kajaks (185/295 R pro Tag).

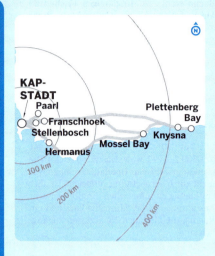

Die Garden Route

Die Garden Route, benannt nach den ganzjährig grünen Wäldern und Lagunen an der Küste, steht für die meisten Besucher ganz oben auf der Liste. Sie führt über 300 km von Mossel Bay bis kurz hinter Plettenberg Bay.

Mossel Bay S. 179
Jenseits der größten Erdgasraffinerie der Welt warten Strände, super Surfecken und Aktivitäten wie Haikäfigtauchen und Küstenwanderungen.

George S. 182
Die größte Stadt an der Garden Route hat attraktive alte Gebäude, erstklassige Golfplätze und tolle Bergstraßen zu bieten.

Wilderness S. 184
Wilderness (Wildnis) macht seinem Namen alle Ehre: Zum Nationalpark gehören umwerfende Strände, Meeresarme voller Vögel, geschützte Lagunen und dicht bewaldete Hügel.

Knysna S. 185
Knysna schmiegt sich an eine ausnehmend schöne Lagune und ist von alten Wäldern umgeben; ideal zum Wandern, Segeln, Mountainbiken oder um hiesige Austern und lokales Bier zu genießen.

Plettenberg Bay S. 190
Grüne Wälder, weißer Strand und kristallblaues Wasser machen „Plett" zu einem der beliebtesten Touristenziele des Landes, sowohl bei Südafrikanern als auch bei ausländischen Besuchern.

Mossel Bay

Rundgang
Startpunkt der Erkundung ist der hervorragende Dias Museum Complex, der einen guten Einblick in die Rolle Mossel Bays in der südafrikanischen Geschichte vermittelt. Von dort sind es nur ein paar Schritte zum Hafen, von wo aus Boote zu den Delphinen hinausfahren und Uferrestaurants *braai* mit Meeresfrüchten servieren. Weiter geht's zum Schwimmen oder Faulenzen am Santos Beach oder auch zu einem Bummel durch die Marsh Street mit ihren Restaurants und Bars und schließlich bis hin zur Landzunge The Point. Dort warten eine entspannte Atmosphäre und Restaurants mit Blick aufs Meer sowie die Höhlen und der Leuchtturm vom Cape St. Blaize. Am zweiten Tag steht dann Haikäfigtauchen, Surfen oder Fallschirmspringen auf dem Programm.

Das Beste
➡ **Sehenswert** Dias Museum Complex (S. 180)
➡ **Essen** Kaai 4 (S. 180)
➡ **Ausgehen** Big Blu (S. 181)

Top-Tipp
Eine Postkarte nach Hause vom ältesten „Briefkasten" Südafrikas – einem Baum im Dias Museum Complex, in dem Seeleute Nachrichten hinterließen. Alle Sendungen erhalten einen besonderen Poststempel.

An- & Weiterreise
Bus Translux (✆0861 589 282; www.translux.co.za), **Greyhound** (✆011-611 8000; www.greyhound.co.za) und **Intercape** (✆0861 287 287; www.intercape.co.za) haben beide regelmäßige Verbindungen mit Kapstadt (280 R, 6 Std., 2-mal tgl.).

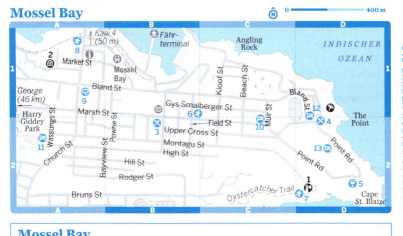

Mossel Bay

⊙ Sehenswertes	(S. 180)
1 Cape St. Blaize Lighthouse	D2
2 Dias Museum Complex	A1

⊗ Essen	(S. 181)
3 Café Havana	B2
4 Kingfisher	D2

⊙ Ausgehen	(S. 181)
5 Big Blu	D2

⊙ Sport & Aktivitäten	(S. 181)
6 Electrodive	B1
7 Oystercatcher Trail	D2
8 Romonza	A1
Seven Seas	(siehe 8)
9 White Shark Africa	A1

⊙ Schlafen	(S. 182)
10 Mossel Bay Backpackers	C2
11 Park House Lodge & Travel Centre	A2
12 Point Village Hotel	D1
13 Punt Caravan Park	D2

Garden Route

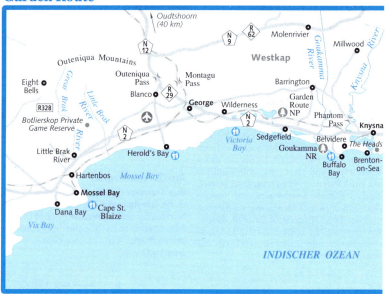

Gut zu wissen
➡ **Vorwahl** 044
➡ **Lage** Mossel Bay liegt 390 km über die N2 östlich von Kapstadt
➡ **Touristeninformation** (691 2202; www.mosselbay.net; Market St; Mo–Fr 8–18, Sa 9–16, So 9–14 Uhr)

◉ SEHENSWERTES

DIAS MUSEUM COMPLEX MUSEUM
Zu dem hervorragenden **Museum** (691 1067; Market St; Erw./Kind 20/5 R; Mo–Fr 9–16.45, Sa & So 9–15.45 Uhr) gehören die Quelle, aus der die Dias den Postbaum wässerte, der Getreidespeicher der Niederländischen Ostindien-Kompanie (Vereenigde Oost-Indische Compagnie), ein **Muschelmuseum** (mit einigen interessanten Aquarien) und ein **Heimatmuseum**.

Das Highlight des Komplexes ist eine Replik der Karavelle, mit der Dias 1488 auf Entdeckungsfahrt ging. Ihre geringe Größe macht deutlich, wie viel außerordentliches Geschick und Mut die ersten Entdecker aufbrachten. Die Replik wurde in Portugal gebaut und 1988 zum Gedenken an den 500. Jahrestag von Dias' Reise nach Mossel Bay gesegelt. Das Betreten der Karavelle kostet 20 R extra.

**BOTLIERSKOP PRIVATE
GAME RESERVE** WILDRESERVAT
In dem **Wildreservat** (696 6055; www.botlierskop.co.za; Little Brak River; EZ/DZ mit Abendessen, Frühstück & Safarifahrt 2500/3340 R) können Besucher auf einer Ranch übernachten und viele verschiedene Wildtiere wie Löwen, Elefanten, Nashörner, Büffel und Giraffen sehen. Tagesbesucher können hier ebenfalls eine Menge unternehmen, z. B. Safaris mit dem Jeep (Erw./Kind 395/198 R) oder zu Pferd (pro Std. 200 R) sowie Elefantenritte (Erw./Kind über 6 J. 595/300 R). Das Reservat liegt etwa 20 km östlich von Mossel Bay über die N2 (Abzweig Little Brak River und dann den Schildern nach Sorgfontein folgen). Buchung ist erforderlich.

✕ ESSEN & AUGEHEN

 KAAI 4 BRAAI €
(079 980 3981; Mossel Bay Harbour; Hauptgerichte 25–60 R; mittags & abends) Das bescheidene Meeresfrüchtelokal mit Picknicktischen direkt über dem Meer hat wohl die schönste Lage von Mossel Bay. Das Essen

wird über gewaltigen Feuerstellen geröstet, für Hungrige empfiehlt sich das All-you-can-eat-Angebot (125 R).

CAFÉ HAVANA INTERNATIONAL €
(690 4640; 38 Marsh St; Hauptgerichte 50–110 R; mittags & abends) Das Restaurant mit Cocktailbar ist so kubanisch, wie es in Mossel Bay nur möglich ist, und hat eine tolle Atmosphäre. Die Schmorgerichte und Steaks sind eine nette Abwechslung zu all den Meeresfrüchten in Mossel Bay – obwohl es die natürlich auch reichlich gibt. Serviert wird drinnen oder auf der Veranda bei Kerzenlicht.

BIG BLU BAR €€
(691 2010; Point Rd; Hauptgerichte 40–135 R) Die klapprige Bude direkt auf den Felsen von The Point wird gern von jüngeren Leuten besucht. Sie ist prima für einen Sundowner geeignet und serviert Hamburger, Meeresfrüchte, Steaks und Tapas (15–25 R), wie es sie in Spanien garantiert nicht gibt.

KINGFISHER MEERESFRÜCHTE €€
(690 6390; Point Rd; Hauptgerichte 45–120 R; mittags & abends) Die Einwohner schwärmen von den Meeresfrüchten und dem Meerblick hier. Zur Wahl stehen Sushi, Meeresfrüchteplatten, Fisch und Salat, auch etwas Fleisch sowie Kindergerichte.

PAVILION INTERNATIONAL €€
(690 4567; Santos Beach; Hauptgerichte 50–150 R; mittags & abends) Das Restaurant in einem Pavillon aus dem 19. Jh. nach dem Vorbild des Seebrückenhauses im britischen Brighton ist wunderbar für ein Essen am Strand. Auf der Karte steht so ziemlich alles.

SPORT & AKTIVITÄTEN

ROMONZA BOOTSTOUREN
(690 3101) Das Unternehmen bietet regelmäßige Bootsausflüge zur Robbenkolonie, zu den Vögeln und Delphinen, die sich im Gewässer um Seal Island tummeln. **Seven Seas** (082-297 7165) hat ähnliche Ausflüge, beide kosten 125 R für eine einstündige Tour. Im Spätwinter und Frühjahr fährt die *Romonza* auch zu den Walen raus (600 R, 2½ Std.).

OYSTERCATCHER TRAIL WANDERN
(699 1204; www.oystercatchertrail.co.za) Wer etwas mehr Zeit hat, kann die viertägige Wanderung (7690 R) von Mossel Bay nach Dana Bay über das Cape St. Blaize unternehmen, wo häufig der gefährdete Klippenausternfischer zu sehen ist. Sehr gute Unterkünfte, Mahlzeiten und Gepäcktransfer sind im Preis enthalten. Lohnenswert ist unterwegs auch ein Besuch des **Cape St. Blaize Lighthouse** (690 3015; Erw./Kind 16/8 R; 10–15 Uhr).

ELECTRODIVE TAUCHEN
(082 561 1259; 2 Field Street; Ausrüstung pro Tag 200 R, Tauchgänge Küste/Boot 190–230 R) Das familiengeführte Unternehmen bietet etliche Aktivitäten an. Neben den PADI-Kursen (Professional Association of Diving Instructors) gehören dazu Schnorchelausflüge (190 R, 2 Std.) und ein kurzer Tauchkurs (550 R, 2–3 Std.). Beim Tauchen in Mossel Bay sind zwar recht viele Korallen, Fische und andere Meerestiere zu sehen, aber es handelt sich nicht um tropische Gewässer und die Sicht ist nicht gerade perfekt.

WHITE SHARK AFRICA WASSERSPORT
(691 3796; www.whitesharkafrica.com; Church St Ecke Bland St; Tauchgänge 1350 R) Ganztägige Käfigtauchausflüge zu den Weißen Haien einschließlich Frühstück, Mittagessen und Nachmittagstee.

SCHLAFEN IN MOSSEL BAY

Im Ort gibt es drei kommunale **Caravanparks** (☎690 3501; Stellplätze ab 190 R, Chalet ab 430 R). Bakke und Santos liegen nebeneinander am hübschen Santos Beach. Bakke ist der Platz mit den Chalets, Punt ist am Point und sehr dicht am Meer. In der Hochsaison schießen die Preise in die Höhe.

➡ **Point Village Hotel** (☎690 3156; www.pointvillagehotel.co.za; 5 Point Rd; EZ/DZ 420/720 R; @) Der witzige Pseudoleuchtturm an der Fassade des preisgünstigen Hotels bereitet darauf vor, was innen zu erwarten ist: fröhlich-flippige und helle Zimmer und außerordentlich freundlicher Service. Die Zimmer haben Kochnischen und manche einen Balkon.

➡ **Park House Lodge & Travel Centre** (☎691 1937; www.park-house.co.za; 121 High St; B 150 R, DZ mit/ohne Bad ab 520/400 R; @) Das elegante alte Sandsteinhaus neben dem Park ist freundlich, schick eingerichtet und hat einen schönen Garten. Frühstück kostet 40 R, das Personal organisiert Aktivitäten.

➡ **Mossel Bay Backpackers** (☎691 3182; www.gardenrouteadventures.com; 1 Marsh St; B 120 R, DZ mit/ohne Bad 450/340 R; @ ✉) Die alteingesessene Unterkunft dicht am Strand von The Point und den Bars in der Marsh Street ist solide und gut geführt. Sie bietet komfortable Zimmer, einen Pool, eine Bar und eine beeindruckende, voll ausgestattete Küche. Das Personal organisiert alle möglichen Aktivitäten.

SKYDIVE MOSSEL BAY   EXTREMSPORT
(☎082 824 8599; www.skydivemosselbay. com; Mossel Bay Airfield; ab 1600 R). Die Tandemsprünge über der Bucht gibt es entweder ab 10 000 Feet (ca. 3000 m) oder 12 000 Feet (ca. 3600 m) Höhe. Wenn Wetter und Gezeiten mitspielen, landen die Springer auf dem Diaz Beach.

BACK ROAD SAFARIS   GEFÜHRTE TOUREN
(☎690 8150; www.backroadsafaris.co.za) Geboten wird eine breite Palette an Touren, darunter auch die Tour **Meet the People** (4 Std., pro Pers. 450 R) mit Hausbesuchen und auf Wunsch traditionellem Essen (30 R) in den nahen Townships Friemersheim und KwaNonqaba – was viel besser ist als die manchmal voyeuristischen Townshiptouren in größeren Städten.

George

Rundgang

George ist für viele Leute nicht viel mehr als ein Verkehrsknotenpunkt, aber in der größten Stadt an der Garden Route sind einige Perlen zu finden. Für einen historischen Einblick sorgt das Museum, dann führt ein Bummel über die York Street zur winzigen St. Mark's Cathedral und zum „Sklavenbaum". Geführte Geschichtsrundgänge finden werktags um 10 Uhr statt. Wer sich lieber allein aufmachen will, kann sich in der Touristeninformation eine Broschüre für den Stadtrundgang besorgen. Am Nachmittag gibt es dann eine Runde Golf oder einen Ausflug in die umliegenden Outeniqua Mountains zu Fuß, mit dem Auto oder mit dem witzigen Outeniqua Power Van.

Das Beste

➡ **Sehenswert** Outeniqua Power Van (S. 183)

➡ **Essen** Old Townhouse (S. 183)

➡ **Aktivität** Golf (S. 184)

Top-Tipp

Eine Fahrt von George Richtung Süden zu den malerischen Stränden in der Herold's Bay und der Victoria Bay, die beide bei Surfern beliebt sind (s. Kasten S. 191). In der Victoria Bay gibt es Gezeitenbecken für Kinder.

An- & Weiterreise

Bus Greyhound (☎011-611 8000; www.greyhound.co.za), **Translux** (☎0861 589 282; www.translux.co.za) und **Intercape** (☎0861 287 287; www.intercape.co.za) haben häufige Busverbindungen mit Kapstadt (320 R, 7 Std.).

Flugzeug Airlink (☎011-978 1111; www.flyairlink.com) und **SA Express** (☎011-978

9905; www.flyexpress.aero) fliegen von Kapstadt zum George Airport (50 Min.) 7 km westlich der Stadt.

Gut zu wissen

➡ **Vorwahl** ☏044

➡ **Lage** George liegt 430 km über die N2 östlich von Kapstadt

➡ **Touristeninformation** (☏801 9295; www.visitgeorge.co.za; 124 York St; ⊙Mo–Fr 7.45–16.30, Sa 9–13 Uhr)

SEHENSWERTES

GEORGE MUSEUM MUSEUM
(☏873 5343; Courtenay St; Eintritt mit Spende; ⊙Mo–F 9–16, Sa 9–12.30 Uhr) George war einst das Zentrum der Holzwirtschaft und so zeigt das Museum eine Fülle an Artefakten aus der Vergangenheit der Stadt.

OUTENIQUA
TRANSPORT MUSEUM MUSEUM
(☏801 8288; Courtenay St Ecke York St; Erw./Kind 20/10 R; ⊙Mo–Fr 8–16.30, Sa 8–14 Uhr) Die Choo-Tjoe-Dampfeisenbahn fährt zwar leider nicht mehr, aber das Museum ist noch immer Start- und Endbahnhof für die idyllischen Fahrten mit dem **Outeniqua Power Van**. Für Zugfans lohnt sich auf jeden Fall ein Besuch. Elf Lokomotiven und 15 Waggons sowie viele detailgetreue Modelleisenbahnen haben hier ihr letztes Zuhause gefunden, darunter auch ein Waggon, der in den 1940er-Jahren von der britischen Königsfamilie genutzt wurde.

 ESSEN & AUSGEHEN

OLD TOWNHOUSE STEAKHAUS €€
(☏874 3663; Market Street; Hauptgerichte 50–115 R; ⊙Mo–Fr mittags & abends, Sa abends) Das alteingesessene Restaurant im Gebäude der einstigen Stadtverwaltung von 1848 ist bekannt für seine exzellenten Steaks und die stets wechselnden Wildgerichte.

LA CAPANNINA ITALIENISCH €
(☏874 5313; 122 York St; Hauptgerichte 50–100 R; ⊙Mo–Fr mittags, tgl. abends) La Capannina neben der Touristeninformation ist zu

---

OASEN DER RUHE AN DER GARDEN ROUTE

Da die Garden Route zu den beliebtesten Touristenzielen des Landes gehört, kann in einigen Teilen ziemlich viel los sein, besonders während der südafrikanischen Schulferien. Eine Zuflucht vor den Massen bieten die folgenden abgelegenen Unterkünfte.

Phantom Forest Eco-Reserve (☏044-386 0046; www.phantomforest.com; EZ/DZ ab 2375/3750 R; ⛱) Das 137 ha große private Ökoreservat liegt 6 km über den Phantom Pass westlich von Knysna an der Lagune. Die Anlage besteht aus 14 raffiniert konzipierten und elegant eingerichteten Baumhäusern aus nachhaltigen Materialien. Es gibt verschiedene Aktivitäten, wie geführte Naturwanderungen und eine Wellnessanlage. Ein Besuch lohnt allein schon wegen des preisgekrönten, sechsgängigen afrikanischen Abendessens (330 R), das täglich im Forest Boma serviert wird; Reservierung ist erforderlich.

Hog Hollow (☏044-534 8879; www.hog-hollow.com; EZ/DZ mit Frühstück 2190/2900 R) Das Hog Hollow, 18 km über die N2 östlich von Plett, bietet hinreißende, mit afrikanischer Kunst dekorierte Zimmer, die sich um ein Farmhaus am Wald gruppieren. Jede Wohneinheit hat ihre eigene Holzveranda und Hängematte. Monkeyland (S. 192) ist von hier zu Fuß zu erreichen; wer nicht zurücklaufen mag, kann sich auch abholen lassen.

Eight Bells Mountain Inn (☏044-631 0000; www.eightbells.co.za; EZ/DZ 900/1020 R; ⛱🐾) Das Landgasthaus liegt 35 km nördlich von Mossel Bay an der Route 328 nach Oudtshoorn (50 km) und ist ein prima Zwischenstopp zum Mittagessen, auch wenn man hier nicht übernachtet. Die Berglage zu Füßen des Robinson Pass ist herrlich. Die Unterkunft bietet auf ihren 160 ha Grund Squash, Wandern, Reiten, einen Teegarten und zahlreiche Kinderaktivitäten. Die unterschiedlichen Zimmer haben TV und Safes; klasse sind die *rondavels* (Rundhütten mit Spitzdach).

Recht ein beliebtes italienisches Restaurant mit einer preisgekrönten Weinkarte und sachkundigen Kellnern.

SPORT & AKTIVITÄTEN

GOLF
George ist die Golfhauptstadt des Westkaps und vielleicht sogar des ganzen Landes. Es gibt Dutzende Golfplätze – einschließlich der kleinen – im Umland der Stadt und auch drei Golfschulen für Anfänger. Der elitärste und berühmteste ist der **Links at Fancourt** (%804 0000; www.fancourt.co.za), entworfen von Gary Player. **Little Eden** (%881 0018; www.edenforest.co.za) ist ein abgeschiedener 9-Loch-Platz und **Oubaai** (%851 1234; www.oubaai.regency.hyatt.com) eine exklusive Anlage mit Meerblick.

MALERISCHE STRECKEN
Der Montagu Pass ist eine ruhige, unbefestigte Straße, die sich von George aus durch die Berge schlängelt. Eröffnet wurde sie 1847 und ist heute ein Nationaldenkmal. Es gibt dort tolle Picknickplätze, Proviant gehört also ins Gepäck. Zurück geht es über den Outeniqua Pass, wo die Aussichten sogar noch schöner sind. Da sie aber eine Hauptstraße ist, wird es schwieriger, beliebige Pausen einzulegen.

Eine andere Möglichkeit ist eine Fahrt mit dem **Outeniqua Power Van** (%082 490 5627; Erw./Kind 110/90 R; Mo–Sa auf Anfrage), einer motorisierten Draisine, die auf einer 2½-stündigen Tour vom Outeniqua Transport Museum in die Outeniqua-Berge fährt. Wer will, kann ein Fahrrad mitnehmen und über den Montagu Pass zurückradeln.

der Lagunen. Wilderness ist eine ruhigere und zwanglosere Alternative zu Knysna und Plettenberg Bay, aber im sehr kleinen Ortszentrum gibt es überraschend viele gute Restaurants. Von hier sind es nur ein paar Schritte zu Fuß unter der N2 hindurch zum Strand – aber Vorsicht: Die starke Brandungsströmung macht das Schwimmen gefährlich. Nach einem kleinen Sonnenbad geht es mit dem Auto zum Timberlake Organic Village, um Kunsthandwerk und Bioobst und -gemüse zu kaufen oder um im empfehlenswerten Restaurant Zucchini zu essen.

Das Beste
➜ **Sehenswert** Garden Route National Park
➜ **Essen** Zucchini (S. 185)
➜ **Aktivität** Kanufahren auf der Lagune

Top-Tipp
Im 24 km weiter östlich gelegenen Sedgefield findet samstagmorgens nicht nur ein sehr guter Bauernmarkt statt, sondern es ist auch ein schöner Ort für einen Brunch.

An- & Weiterreise
Bus Greyhound (%011-611 8000; www.greyhound.co.za) und **Translux** (%0861 589 282; www.translux.co.za) haben zweimal täglich Busverbindungen mit Kapstadt (250 R, 7 Std.).

Gut zu wissen
➜ **Vorwahl** %044
➜ **Lage** Wilderness liegt 445 km östlich von Kapstadt direkt an der N2
➜ **Touristeninformation** (%877 0045; Milkwood Village, George Rd; Mo–Fr 7.45–16.30, Sa 9–13 Uhr)

Wilderness

Rundgang
Nach einem kurzen Besuch in der Touristeninformation geht es direkt dorthin, wo das Herz von Wilderness schlägt – in die freie Natur. Den Anfang machen eine gemütliche Wanderung im Garden Route National Park oder eine Kanutour auf einer

SEHENSWERTES

GARDEN ROUTE NATIONAL PARK PARK
Der ehemalige Wilderness National Park wurde zusammen mit den Nationalparks Knysna Forests und Tsitsikamma in den weit gestreuten **Garden Route National Park** (%877 1197; http://sanparks.org.za/parks/garden_route; Erw./Kind 88/44 R; 24 Std.) eingebunden. Der Park besteht aus einer ein-

SCHLAFEN IN WILDERNESS

➜ **Interlaken** (✆877 1374; www.interlaken.co.za; 713 North St; Zi. pro Pers. mit Frühstück 495 R; @) Begeisterte Kritiken von Lesern, denen wir nur zustimmen können: Die gut geführte und sehr freundliche Pension bietet einen herrlichen Lagunenblick. Auf Wunsch gibt es auch leckeres Abendessen.

➜ **Fairy Knowe Backpackers** (✆877 1285; www.wildernessbackpackers.com; Dumbleton Rd; B 120 R, DZ mit/ohne Bad 450/350 R; @) Das Farmhaus von 1874 auf weitem, grünem Grund am Touws River war das erste in der Gegend. Bar und Café sind in einem anderen Gebäude ein Stück entfernt untergebracht, Kneipenlärm ist also nicht zu befürchten. Das Haus ist wunderbar zum Relaxen, aber es gibt nicht viele Schlafplätze, Reservierung ist also ratsam. Der Baz-Bus hält direkt vor der Tür. Autofahrer fahren von der N2 in den Ort Wilderness und folgen der Hauptstraße über 2 km Richtung Osten bis zum Abzweig Fairy Knowe.

zigartigen Landschaft aus Seen, Flüssen, Feuchtgebieten und Meeresarmen, die für das Überleben vieler Arten wichtig sind.

Durch den Nationalpark führen mehrere Naturwanderwege aller Schwierigkeitsgrade zu den Seen, zum Strand und durch Urwald. Der **Kingfisher Trail** ist eine Tageswanderung durch das Gebiet, die u. a. auch auf einem Bohlenweg über den Gezeitenabschnitt des Touws River führt. Die Seen sind ein idealer Tummelplatz für Angler, Kanufahrer, Windsurfer und Segler. Kanus (250 R pro Tag) verleiht **Eden Adventures** (✆877 0179; www.eden.co.za; Wilderness National Park), wo auch Abseilen (375 R) und Canyoning (495 R) angeboten werden.

Zwei Campingplätze im Park bieten einfache, aber komfortable Unterkünfte, auch in *rondavels* (Rundhütten mit Spitzdach): der kleinere **Ebb & Flow North** (Stellplätze ab 150 R, DZ-rondavel ohne/mit Bad 280/325 R) und der **Ebb & Flow South** (Stellplätze ab 150 R, Waldhütten 540 R, Blockhütte für 4 Pers. 1015 R).

 ESSEN & AUSGEHEN

ZUCCHINI EUROPÄISCH €€
(✆882 1240; Timberlake Organic Village; Hauptgerichte 40–125 R; ⏲mittags & abends; ♿) Das wunderbare, stilvoll eingerichtete Restaurant serviert Bioprodukte aus eigenem Anbau, Freilandfleisch und eine große Auswahl an vegetarischen Speisen. Es befindet sich im Timberlake Organic Village, wo kleine Läden frische Bioerzeugnisse und Kunsthandwerk verkaufen. Sonntags gibt es Livemusik. Zu den Aktivitäten gehören Quadfahren und Seilrutschentouren. Die Anlage liegt an der N2 zwischen Wilderness und Sedgefield.

SERENDIPITY MODERN SÜDAFRIKANISCH €€€
(✆877 0433; Freesia Ave; 5-Gänge-Menü 300 R; ⏲Mo–Sa abends) Leser und Einheimische empfehlen das elegante Restaurant mit einer Terrasse an der Lagune. Die südafrikanische inspirierte Speisekarte wechselt monatlich, enthält aber stets originelle Versionen alter Klassiker. Zimmer werden hier ebenfalls vermietet.

GIRLS RESTAURANT INTERNATIONAL €€
(✆877 1648; 1 George Rd; Hauptgerichte 50–175 R; ⏲Di–So abends) Aus der Ferne sieht das Restaurant, das direkt neben einer Tankstelle liegt, nicht sehr verlockend aus, aber es erhält glänzende Kritiken. Lecker sind die frischen Garnelen mit verschiedenen himmlischen Saucen. Internetzugang gibt's auch.

BEEJUICE CAFÉ €
(✆073 975 9614; Sands Rd; leichte Mahlzeiten 40–80 R; ⏲Frühstück, mittags & abends) Zwar fahren hier keine Züge mehr, aber das Café im alten Bahnhof lohnt sich noch immer für einen frisch zubereiteten Salat und Sandwiches. Abends werden traditionelle südafrikanische Gerichte serviert.

Knysna

Rundgang

Holzwirtschaft spielte in Knysnas Vergangenheit eine große Rolle, der beste Startpunkt für eine Erkundung sind also die Wälder im Umland des Orts. Wanderwege gibt es von kurzen Spaziergängen bis zu mehrtägigen Wanderungen. In der Main

Street befinden sich unzählige Läden und Cafés und das urige Old Gaol Museum. Nach ein bisschen Lokalgeschichte geht es zu den quirligen, wenn auch touristischen Knysna Quays zum Mittagessen mit Meeresfrüchten und einer Bootstour auf der Lagune. Anschließend bietet sich ein Blick aufs Meer vom schroffen Eastern Head und eines der schicken neuen Restaurants auf Thesen's Island lädt zum Abendessen ein. Wer etwas länger bleibt, kann sich einer Townshiptour anschließen und sich eine der vielen Outdooraktivitäten aussuchen, für die diese Region bekannt ist.

Das Beste

➡ **Sehenswert** Knysna Forests (S. 190)
➡ **Essen** Phantom Forest Eco-Reserve (S. 183)
➡ **Ausgehen** Mitchell's Brewery (S. 188)

Top-Tipp

Wer entweder in der Rastafari-Gemeinde oder in der Township übernachten will, sollte sich von Knysna Tourism die Broschüre *Living Local* besorgen.

An- & Weiterreise

Bus Translux (☑0861 589 282; www.translux. co.za), **Intercape** (☑0861 287 287; www.inter cape.co.za) und **Greyhound** (☑011-611 8000; www.greyhound.co.za) haben regelmäßige Busverbindungen mit Kapstadt (350 R, 8 Std., 2-mal tgl.)

Minibustaxi Minibustaxis fahren von der Shell-Tankstelle in der Main Street ab, u. a. nach Plettenberg Bay (20 R, 30 Min., tgl.) und Kapstadt (150 R, 7½ Std., tgl.).

Gut zu wissen

➡ **Vorwahl** ☑044
➡ **Lage** Knysna liegt 490 km östlich von Kapstadt
➡ **Touristeninformation** (☑382 5510; www.visitknysna.co.za; 40 Main St; ⊙ganzjährig Mo–Fr 8–17, Sa 8.30–13 Uhr, Dez.–Jan. & Juli auch So 9–13 Uhr)

◉ SEHENSWERTES

KNYSNA

ELEPHANT PARK WILDRESERVAT
(Karte S. 180; ☑532 7732; www.knysnaelephant park.co.za; einstündige Touren Erw./Kind 190/ 100 R; ⊙8.30–16.30 Uhr) Es ist zwar höchst unwahrscheinlich, wilden Elefanten in den Wäldern Knysnas zu begegnen, aber es gibt sie garantiert in diesem Wildreservat 22 km östlich der Stadt an der N2. Hier gehen kleine Besuchergruppen zu Fuß zu den Elefanten und sie können auch kurz auf ihnen reiten (Erw./Kind 815/390 R). Und obwohl die Touren keine authenti-

---

SCHLAFEN IN KNYSNA

Die Konkurrenz in der Nachsaison zwischen mehreren Hostels und etlichen Pensionen drückt die Preise, aber in der Hochsaison schießen sie in die Höhe (außer in den Hostels) und eine Reservierung ist ratsam.

➡ **Brenton Cottages** (Karte S. 189; ☑381 0082; www.brentononsea.net; 2-Pers.-Hütte 890 R, 6-Pers.-Chalet 1940 R) Die von Fynbos-Vegetation bedeckten Hügel an der Meerseite der Lagune fallen nach Brenton-on-Sea an einem herrlichen, 8 km langen Strand ab. Die Häuser sind mit einer vollständigen Küche ausgestattet, die Hütten nur mit einer Kochnische; einige haben Meerblick. Auf dem gepflegten Rasen gibt es reichlich Grillplätze.

➡ **Island Vibe** (Karte S. 187; ☑382 1728; www.islandvibe.co.za; 67 Main St; B 120 R, DZ mit/ohne Bad 385/330 R; @☕) Das flippige Backpackerhostel hat tolle Gemeinschaftsräume, fröhliche Mitarbeiter und hübsch eingerichtete Zimmer. Hinzu kommen eine Bar, kostenloses Internet und ein großartiger Blick von der Terrasse.

➡ **Inyathi Guest Lodge** (Karte S. 187; ☑044-382 7768; www.inyathiguestlodge.co.za; 52 Main St; EZ/DZ ab 500/720 R) Die phantasievoll gestaltete Lodge besitzt ein echtes afrikanisches Flair, ohne kitschig zu sein. Die Gäste kommen in schön ausgestatteten Holzhäusern unter, einige mit viktorianischen Badewannen, andere mit Buntglasfenstern. Die Lodge liegt sehr günstig und lohnt eine Übernachtung.

Knysna

schen Safarierlebnisse bieten, erwecken sie doch garantiert das Kind in jedem Besucher. Die luxuriösen Unterkünfte teilen sich eine Lounge mit Blick auf die Elefantenställe.

KNYSNA LAGOON PARK

Die 13 km² große Knysna Lagoon wird zwar von **SAN Parks** (Karte S. 187; ☎302 5606; www.sanparks.org; Long St, Thesen's Island) verwaltet, ist aber kein Nationalpark oder Wildnisgebiet. Ein Großteil ist in Privatbesitz und die Lagune wird von der Industrie und für Freizeitvergnügen genutzt. Der geschützte Teil beginnt gleich östlich der Buffalo Bay und erstreckt sich an der Küste entlang bis zur Mündung des Noetzie River. Die Lagune öffnet sich zwischen zwei Sandsteinklippen zum Meer, den Heads, die einst von der britischen Royal Navy als gefährlichste Hafeneinfahrt der Welt erklärt wurden. Ein Aussichtspunkt auf der östli-

Knysna

Sehenswertes (S. 186)
1 Featherbed Company B4
2 Millwood House D2
3 MV John Benn..B4
4 Old Gaol Museum D2

Essen (S. 188)
5 34 South...B4
6 Oystercatcher A4

Sport & Aktivitäten (S. 190)
7 Knysna Cycle Works.............................B3

Schlafen (S. 186)
8 Inyathi Guest Lodge A1
9 Island Vibe...A2

chen Klippe und das private **Featherbed Nature Reserve** auf der westlichen Klippe bieten schöne Aussichten.

Am schönsten lässt sich die Lagune auf einer Bootsfahrt genießen. Die **Featherbed Company** (Karte S. 187; ☑3821697; www.featherbed.co.za; Waterfront) hat mehrere Boote, darunter die **MV John Benn** (Karte S. 187; Erw./Kind 130/60 R; ☺Abfahrten im Winter 12.30 & 17 Uhr, im Sommer 18 Uhr), die zum Featherbed Nature Reserve schippert.

MITCHELL'S BREWERY
BRAUEREI

Südafrikas älteste Kleinbrauerei (s. Karte Rund um Knysna; ☑382 4685; Arend St; Bierproben 30 R, Touren 50 R; ☺Mo–Fr 11–16 Uhr, Touren Mo–Fr 11, 12.30 & 14.30 Uhr) befindet sich in einem Industriegebiet östlich der Stadt. Die nach englischer Art gebrauten Biere und eine Cider-Sorte gibt es im ganzen Westkap. Geboten wird auch eine Bierverkostung mit Austern (125 R inkl. Tour). Buchung ist erforderlich.

GRATIS OLD GAOL MUSEUM
MUSEUM

(Karte S. 187; ☑302 6320; Main St Ecke Queen St; ☺Mo–Fr 9.30–16.30, Sa 9.30–12.30 Uhr) Da es in der Region oft regnet, kommt ein Museum gerade recht. Das Hauptmuseum befindet sich in einem hübschen Gebäude aus der Mitte des 19. Jhs., das einst ein Gefängnis war. Es enthält eine Galerie mit Kunst aus der Region, eine Ausstellung zu den Knysna-Elefanten und ein kommunales Kunstprojekt. Das **Millwood House** um die Ecke in der Queen Street (gleiche Öffnungszeiten) ist ein kleiner Museumskomplex zur Geschichte Knysnas. Er besteht aus malerischen Gebäuden aus der Zeit des Holzwirtschaftsbooms, der den Schwerpunkt des Museums bildet. Es beschäftigt sich aber auch mit der Beteiligung Knysnas am Zweiten Burenkrieg und mit dem Stadtgründer George Rex.

GOUKAMMA
NATURE RESERVE
NATURRESERVAT

(☑383 0042; www.capenature.co.za; Erw./Kind 30/15 R; ☺8–18 Uhr) Das Naturreservat liegt 20 km südwestlich von Knysna und ist von der Straße an der Buffalo Bay aus zu erreichen. Es schützt 14 km Felsenküste, Sandsteinklippen, von Küsten-Fynbos bewachsene und bewaldete Dünen und den Groenvlei, einen großen Süßwassersee.

Das Naturreservat erstreckt sich zudem 1,8 km aufs Meer hinaus, wo an der Küste oft Delphine (und in der Saison Wale) zu sehen sind. Es gibt hier vier Wanderwege, vom kurzen Lake Walk am Südufer des Groenvlei bis zu vierstündigen Strand- und Dünenwanderungen. Genehmigungen sind bei der Ankunft erhältlich. Kanufahren und Angeln sind hier ebenfalls toll; Kanus kosten 60 R pro Tag.

NOETZIE
STRAND

Der kleine Ort **Noetzie** mit Ferienhäusern im Burgenstil ist über einen Abzweig an der N2 10 km östlich von Knysna zu erreichen. Es gibt dort einen schönen Surfstrand (groß, aber gefährlich) und eine geschützte Lagune in einer bewaldeten Schlucht. Der Weg zwischen Parkplatz und Strand ist steil.

BELVIDERE & BRENTON
DORF

Belvidere, 10 km von Knysna, ist so perfekt, dass es schon wieder unheimlich ist. Aber ein kurzer Besuch lohnt sich schon wegen der schönen **Kirche** im normannischen Stil (Karte S. 189), die in den 1850er-Jahren von heimwehkranken Engländern gebaut wurde. Ein Stück weiter liegt das Featherbed Nature Reserve und an der Meerseite der Brenton Beach.

🍴 ESSEN & AUSGEHEN

EAST HEAD CAFÉ
CAFÉ €€

(Karte S. 189; ☑384 0933; The Heads; Hauptgerichte 45–110 R; ☺Frühstück & mittags; ☑) Die Terrasse blickt auf Lagune und Meer und es gibt eine gute vegetarische Auswahl. Wilde Austern kosten 15 R pro Stück.

OYSTERCATCHER
MEERESFRÜCHTE €

(Karte S. 187; ☑382 9995; Knysna Quays; ☺mittags & abends) Der zwanglose Oystercatcher liegt am Wasser und serviert Zuchtaustern in vier Größen und andere leichte Gerichte, wie Fish & Chips.

SIROCCO
INTERNATIONAL €€

(Karte S. 189; ☑382 4874; Thesen Harbour Town; Hauptgerichte 50–130 R; ☺mittags & abends) Innen ist es ein stilvolles Restaurant mit Steaks und Meeresfrüchten, draußen eine lässige Bar mit Holzofenpizza und der gesamten Palette Mitchell-Bier. Tagesgerichte können erfragt werden.

34 SOUTH
INTERNATIONAL €€

(Karte S. 187; ☑382 7268; Waterfront; Hauptgerichte 50–175 R; ☺mittags & abends) Ein

Rund um Knysna

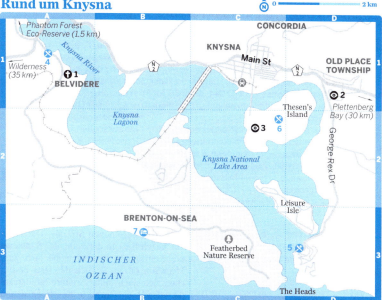

Rund um Knysna

◉ Sehenswertes	(S. 186)
1 Belvidere Church	A1
2 Mitchell's Brewery	D1
3 SAN Parks	C2
⊗ Essen	(S. 188)
4 Crab's Creek	A1
5 East Head Café	D3
6 Sirocco	C2
🛏 Schlafen	(S. 186)
7 Brenton Cottages	B3

prima Lokal zum Mittagessen: Die Straßentische bieten einen Blick aufs Wasser und man kann hier üppige Salate, kleine Gerichte und Meeresfrüchteteller bestellen. Die Weinauswahl gehört zu den besten im Ort.

CRAB'S CREEK PUB €€

(Karte S. 189; 386 0011; Hauptgerichte 50–200 R; mittags & abends;) Ein Stammlokal der Einwohner mit zwanglosem Ambiente direkt an der Lagune nahe der N2. Sonntags gibt's ein Mittagsbüfett (65 R) und für Kinder einen Sandkasten und Klettergerüste.

SPORT & AKTIVITÄTEN

TOWNSHIP TOURS & HOMESTAYS
KULTURTOUR

Die Gray Street führt hinauf auf die bewaldeten Hänge der Hügel hinter dem Ort. Dort oben liegen die weitläufigen Townships von Knysna, die am besten mit einer der hervorragenden Touren (350 R) von **Emzini Tours** (382 1087; www.emzinitours.co.za) besucht werden sollten. Leser schwärmen von diesen dreistündigen Ausflügen und viele halten es für das Highlight ihrer gesamten Südafrikareise. Die Townshipbewohnerin Ella führt Besucher zu einigen Projekten, die Emzini in der Gemeinde angeregt hat. Besucht werden je nach Interesse eine Suppenküche, das Tierschutzzentrum oder eine Schule, aber meist enden die Touren in Ellas Haus bei Tee, Trommeln und Gekichere, wenn sich die Besucher mit den Schnalzlauten der Xhosa-Sprache abmühen.

Weitere Aktivitäten

In der Gegend gibt es jede Menge weiterer Aktivitäten, wie Abseilen, Canyoning, Reiten, Kajak- und Quadfahren.

WANDERN DURCH DIE KNYSNA FORESTS

Die Knysna Forests, heute Teil des Garden Route National Park, sind ideal für Wanderer jeglichen Könnens. Am einfachsten ist der **Garden of Eden** (S. 180), wo es hübsche Picknickplätze im Wald und einen rollstuhlgerechten Weg gibt. Der Goldminenweg in **Millwood** (Karte S. 180) ist ebenso einfach, während die Elephant Trails im **Diepwalle Forest** (Karte S. 180) unterschiedliche Schwierigkeitsgrade haben.

Der **Harkerville Coast Trail** (☑044-302 5656; R165) ist eine anspruchsvollere, zweitägige Wanderung, die zum beliebten Outeniqua Trail führt. Der **Outeniqua Trail** (☑044-302 5606) ist 108 km lang und nimmt eine Woche in Anspruch, allerdings können Wanderer sich auch Abschnitte für zwei oder drei Tage aussuchen. Die Übernachtung in einer einfachen Hütte am Wanderweg kostet 66 R pro Nacht. Bettzeug muss mitgebracht werden. Genehmigungen, Karten und weitere Informationen gibt es von SAN Parks (Karte S. 189; ☑044-302 5656; www.sanparks.org; Long St, Thesen's Island).

Mountainbikewege sind ebenfalls vorhanden. **Outeniqua Biking Trails** (☑044-532 7644; www.gardenroute.co.za/plett/obt) verleiht Fahrräder (100 R pro Tag, inkl. Helm) samt Wegekarte der Umgebung.

ADVENTURE CENTRE OUTDOORAKTIVITÄTEN
(☑083 260 7198; www.theadventurecentre.co.za) Das Unternehmen hat sein Büro im Highfield Backpackers.

GO VERTICAL OUTDOORAKTIVITÄTEN
(☑082 731 4696; www.govertical.co.za) Bietet Felsklettern, Abseilen und Kanufahren.

LIQUID GRACE WASSERSPORT
(☑343 3245; www.liquidgrace.co.za) Ein Wassersportanbieter in Sedgefield 30 km von Knysna entfernt.

KNYSNA CYCLE WORKS RADFAHREN
(Karte S. 187; ☑382 5152; 20 Waterfront Dr; pro Tag 170 R) In der Gegend gibt es auch Fahrradwege; Cycle Works verleiht Fahrräder und informiert zu Radtouren.

Plettenberg Bay

Rundgang

Plett, wie der Ort kurz genannt wird, ist kompakt und die Infrastruktur konzentriert sich rund um die einzige Durchfahrtstraße, die Main Road. Sie ist ein netter Startpunkt mit ihren Restaurants und einigen hervorragenden Cafés, die zum Frühstück oder Brunch einladen. Der Hauptgrund für einen Besuch in Plett sind natürlich die schönen Strände. Der Lookout Beach liegt in der Nähe der Stelle, wo die Keurbooms River Lagoon sich zum Meer hin öffnet. Östlich des Orts erstrecken sich noch einige weitere Sandstände – der Hauptstrand in Keurboomstrand ist einfach umwerfend. Aber auch im Binnenland locken Wanderungen und Ausritte durch die Wälder oder Begegnungen mit verschiedenen afrikanischen Tieren. Wieder zurück im Ort können Besucher ein Abendessen entweder in der Main Road oder in einem der Restaurants am Meer genießen. Ein zweiter Tag ist den Klippen und Dünen des Robberg Nature Reserve gewidmet mit anschließender Bootstour zu den Delphinen ausgehend vom Central Beach.

Das Beste

➡ **Sehenswert** Tenikwa
➡ **Essen** Ristorante Enrico (S. 192)
➡ **Aktivität** Wandern im Robberg Nature Reserve (S. 191)

Top-Tipp

Wer unter Weinentzug leidet, findet Abhilfe mit einem Méthode Cap Classique (MCC) und Sauvignon Blanc des Bramon Wine Estate an der N2 an den Crags. Ein Restaurant gibt es dort auch.

An- & Weiterreise

Bus Intercape (☑0861 287 287; www.intercape.co.za) hat täglich zwei Busverbindungen mit Kapstadt (320 R, 9 Std.)

Gut zu wissen

➡ **Vorwahl** ☎044

➡ **Lage** Plett liegt 520 km östlich von Kapstadt

➡ **Touristeninformation** (☎533 4065; www.plettenbergbay.co.za; 5 Main St; ⊗ganzjährig Mo–Fr 8.30–17 Uhr, April–Okt. Sa 9–14 Uhr)

◉ SEHENSWERTES

TENIKWA   WILDRESERVAT

(☎534 8170; www.tenikwa.co.za; Gepardenspaziergang 500 R; ⊗9–16.30 Uhr) Das Wildreservat bietet die Möglichkeit, sich mit Geparden zu beschäftigen, und gilt für viele als Highlight der Reise. Tenikwa ist ein Tierasyl und Heim für verletzte und ausgesetzte Tiere, allerdings handelt es sich überwiegend um Katzen. Auf der einstündigen Tour „Wild Cat Experience" (Erw./Kind 160/80 R) wird all den kleineren Katzen Südafrikas ein Besuch abgestattet, aber die zweistündigen Morgen- und Abendspaziergänge mit Geparden bringen Besucher wirklich ins Schwärmen. Die Geparde sind an der Leine und direkter Kontakt ist garantiert.

ROBBERG NATURE RESERVE   PARK

Das **Reservat** (Karte S. 180; ☎533 2125; www.capenature.org.za; Erw./Kind 30/15 R; ⊗Feb.–Nov. 7–17 Uhr, Dez.–Jan. 7–20 Uhr) 9 km südöstlich von Plettenberg Bay besteht aus einer 4 km langen Halbinsel mit einer schroffen Klippen- und Felsküste. Es gibt drei Rundwege mit ansteigendem Schwierigkeitsgrad, reichlich Meeresflora und -fauna in der Strandzone und Dünen mit Fynbos-Vegetation. Aber die Landschaft ist hier sehr felsig und nichts für Ungeübte oder Leute mit Knieproblemen! Wanderer müssen sich an die Wege halten und auf Monsterwellen achten. Point und Fountain sind die Unterkunftshütten (360 R). Die Halbinsel dient als eine Art mariner Ruhepool für größere Meerestiere, wie Säugetiere und Fische, die sich hier eine Weile tummeln, bevor sie weiterziehen. Zu erreichen ist das Reservat

SURFEN AN DER GARDEN ROUTE

In dem wärmeren Gewässer um die Ecke des Cape Agulhas, wo der Indische Ozean beginnt, können sich Surfer im Sommer unbekümmert in Badehosen/Boardshorts oder einem Short Suit in die Wellen stürzen. Im Winter ist jedoch ein voller Neoprenanzug nötig.

In **Mossel Bay** gibt es gute Rechtswellen in einer hohen Dünung namens Ding Dangs, die am besten bei annähernd Ebbe ist, besonders bei südwestlichem oder östlichem Wind. Es ist etwas mühsam, hinauszupaddeln, aber die Rechtswelle ist besser als die Linkswelle. Rechts vom Gezeitenbecken kommt eine weiche Welle namens Inner Pool. Die Outer Pool (links vom Gezeitenbecken) ist besser: großer Riff- und Pointbreak.

Surfen geht auch am **Grootbrak** und **Kleinbrak**, aber besser ist die **Herold's Bay**. Wenn die Dünung stimmt, rollt eine Linkswelle an den Strand, was ungewöhnlich ist, da dies bei Nordwestwind geschieht.

Am besten ist jedoch die **Victoria Bay**, die die beständigsten Breaks der Küste hat. Perfekt sind sie bei einer Dünung von ein bis zwei Meter und wenn dann eine super Rechtswelle andonnert.

Die **Buffel's Bay** ein Stück weiter an einem Ende des **Brenton Beach** hat eine weitere Rechtswelle; am Nordende gibt es einige gute Peaks, aber Vorsicht vor Haien.

Weiter nach **Plettenberg Bay**: Die Robberg Peninsula ist tabu, da dort eine Robbenkolonie lebt. Aber der Badestrand von Robberg Beach (wo die Rettungsschwimmer stationiert sind) hat manchmal ganz gute Wellen, wenn die Brandung nicht zu stark ist. Am Central Beach gibt es eine der bekanntesten Wellen, die Wedge, die perfekt für Goofy-Footer ist. Am Lookout Beach mit seinen Sandbänken kann der Pointbreak recht gut werden, aber die Erosion ist stark fortgeschritten, sodass der Strand langsam verschwindet. Vorsicht vor Rückströmungen, besonders wenn keine Rettungsschwimmer da sind.

Nature's Valley hat einen langen Strand mit konstanten Sandbänken und ist bei Wellengang ganz gut. Wenn die Dünung hoch ist, sorgt eine Sandbank für Linkswellen, die perfekt für erfahrene Surfer ist.

DIE GARDEN ROUTE PLETTENBERG BAY

Plettenberg Bay

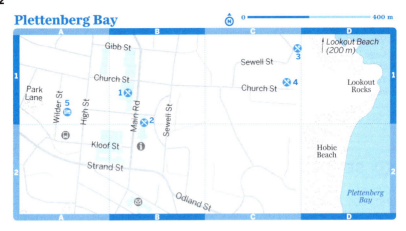

über die Robberg Road, die von der Piesang Valley Road abzweigt, bis die Schilder in Sicht kommen.

MONKEYLAND WILDRESERVAT
(Karte S. 180; 534 8906; www.monkeyland.co.za; einstündige Touren Erw./Kind 135/67,50 R; 8–17 Uhr) Die sehr populäre Attraktion hilft bei der Auswilderung von Affen, die vorher in Zoos oder Privathäusern lebten. Die Wandersafari durch dichten Wald und über eine 128 m lange Seilbrücke ist super, um mehr über die Affen zu erfahren.

BIRDS OF EDEN WILDRESERVAT
(Karte S. 180; 534 8906; www.birdsofeden.co.za; Erw./Kind 135/67,50 R) Das größte Freiflugvogelhaus der Welt mit einer 2 ha großen Kuppel über dem Wald. Kombitickets für Monkeyland und Birds of Eden kosten 216/108 R für Erwachsene/Kinder. Die Touren sind lehrreich und beliebt bei Kindern.

ELEPHANT SANCTUARY WILDRESERVAT
(Karte S. 180; 534 8145; www.elephantsanctuary.co.za; Touren Erw./Kind ab 325/175 R, Ritte Erw./Kind über 8 J. 435/220 R; 8–17 Uhr) Es gibt unterschiedliche Tour- und Reitangebote, die eine hautnahe Begegnung mit den Dickhäutern ermöglichen.

ESSEN & AUSGEHEN

LP TIPP RISTORANTE
ENRICO MEERESFRÜCHTE €€
(535 9818; Main Beach, Keurboomstrand; Hauptgerichte 70–120 R; mittags & abends) Das beste Lokal für Meeresfrüchte in Plett und von Lesern höchst empfohlen. Enrico hat ein eigenes Boot, mit dem er bei gutem Wetter jeden Morgen zum Fischen hinausfährt. Die große Terrasse bietet einen tollen Blick auf den Strand. Wer rechtzeitig vorher Bescheid sagt, kann sogar zum Fischen mitfahren.

THE TABLE ITALIENISCH €
(533 3024; 9 Main St; Hauptgerichte 60–105 R; mittags & abends) Das fröhliche, minimalistische Lokal serviert Pizzas in ungewöhnlichen Variationen. Mittags gibt es einen „Ernetisch" mit stets wechselnden regionalen Produkten.

EUROPA ITALIENISCH €€
(533 6942; Church St Ecke Main St; Hauptgerichte 42–120 R; Frühstück, mittags & abends;) Eine große, schicke Restaurant-Bar mit toller Terrasse. Es gibt eine gute Salatauswahl und viele italienische Gerichte.

LOOKOUT MEERESFRÜCHTE €€
(533 1379; Lookout Rocks; Hauptgerichte 60–130 R; Frühstück, mittags & abends) Die Terrasse mit Meerblick ist ideal für eine

SCHLAFEN IN PLETTENBERG BAY

→ **Abalone Beach House** (📞535 9602; www.abalonebeachhouse.co.za; 50 Milk. Glen, Keurboomstrand; DZ mit/ohne Bad 450/380 R; @ 🌊) Das erholsame und extr. freundliche Hostel wirkt eher wie eine preiswerte Pension. Der herrliche Strand lie. nur zwei Minuten entfernt und Surf- und Boogiebretter sind umsonst. Zu erreichen ist das Haus über den ausgeschilderten Abzweig nach Keurboomstrand von der N2 (etwa 6 km östlich von Plett), dann in die Milkwood Glen.

→ **Nothando Backpackers Hostel** (📞533 0220; www.nothando.com; 5 Wilder St; B 130 R, DZ mit/ohne Bad 400/350 R) Das hervorragende und preisgekrönte 5-Sterne-Hostel ist dem YHA angeschlossen, wird aber vom Besitzer geführt, was auch zu sehen ist. Es gibt eine tolle Bar mit Satelliten-TV, aber auf dem großen Gelände finden Gäste dennoch ihre Ruhe. Das Haus liegt zentral hinter dem Stand der Minibustaxis.

→ **Milkwood Manor** (📞044-533 0420; www.milkwoodmanor.co.za; Salmack Rd, Lookout Beach; DZ ab 1100 R; @) Eine bemerkenswerte Lage direkt am Strand und mit Blick auf die Lagune. Die Zimmer sind schick, wenn auch nicht spektakulär, es gibt ein hauseigenes Restaurant und kostenlose Kajaks für Gäste, die auf der Lagune paddeln wollen.

einfache Mahlzeit und gelegentlich sind Delphine in den Wellen zu sichten.

LM IN PLETT MOZAMBICAN RESTAURANT
MEERESFRÜCHTE €€

(📞533 1420; 6 Yellowwood Centre, Main St; Hauptgerichte 60–125 R; ◉mittags & abends) Ein smartes Restaurant mit Schwerpunkt auf den berühmten „LM"-Garnelen (Laurenço Marques). Ein Dutzend der besten kostet 315 R.

SHOPPEN

OLD NICK VILLAGE
EINKAUFSZENTRUM

(📞533 1395; www.oldnickvillage.co.za) Für einen kleinen Einkaufstrip nach actionreichem Sport lohnt sich ein Besuch in dem Komplex knapp 3 km nordöstlich der Stadt. Dort leben Künstler, es gibt ein Webereimuseum, Antiquitäten und ein Restaurant.

SPORT & AKTIVITÄTEN

BOOTSTOUREN
BOOTSTOUREN

Ocean Blue Adventures (📞533 5083; www.oceanadventures.co.za; Milkwood Centre, Hopewood St) und **Ocean Safaris** (📞533 4963; www.oceansafaris.co.za; Milkwood Centre, Hopewood St; 1½-Std.-Tour 400 R) unternehmen während der Saison Bootsausflüge zu Delphinen und Walen. Beide Veranstalter verlangen 650 R für Waltouren und 400 R für Delphintouren.

WEITERE AKTIVITÄTEN
ABENTEUERSPORT

Fallschirmspringen wird von **Sky Dive Plettenberg Bay** (📞533 9048; www.skydiveplett.com; Plettenberg Airport; Tandemsprung 1600 R) angeboten. Surfunterrricht erhält man bei der **Garden Route Surf Academy** (📞082 436 6410; www.gardenroutesurfacademy.com; 2-Std.-Gruppenkurs inkl. Ausrüstung kostet 300 R).

Schlafen

Einfallsreich umgebaute Airstream-Wohnwagen, Township-Hütten, ein Tipi und ein Ökolehmhaus gehören zu den eher ungewöhnlicheren Schlafmöglichkeiten. 5-Sterne-Luxusbunker gibt es haufenweise, aber die Unterkunft sollte je nach eigenen Prioritäten sorgfältig gewählt werden – nicht alles liegt nahe an einem Strand oder an größeren Sehenswürdigkeiten.

Reservierungen

Es gibt genug Unterkünfte für jedes Budget, wer jedoch in einem bestimmten Haus nächtigen will, sollte unbedingt frühzeitig reservieren, besonders während der Schulferien von Mitte Dezember bis Ende Januar und über Ostern. Das trifft vor allem auf die besten Budgetunterkünfte zu, die schnell ausgebucht sind.

Cape Town Tourism bietet einen Hotelbuchungsservice. Allerdings empfehlen sie dort nur ihre Mitglieder. Es gibt aber reichlich hervorragende Unterkünfte, die nicht auf ihrer Liste stehen.

Ausstattung

Wie üblich hat Qualität ihren Preis, aber es kann eine angenehme Überraschung sein, wie gut die Qualität der einzelnen Unterkünfte letztlich ist. Ein paar Dinge, auf die es zu achten gilt:

Internetzugang WLAN ist allgegenwärtig und häufig gratis. Allerdings kann die Verbindung langsam und ungesichert sein und es mag Downloadbegrenzungen pro Tag geben. Wer eine zuverlässige Internetverbindung braucht, sollte sich zuvor genau erkundigen und die Zusatzkosten prüfen.

Swimmingpools Oft handelt es sich eher um Planschbecken, besonders in Pensionen – allerdings haben auch einige Spitzenhotels nur winzige Swimmingpools.

Sichere Parkplätze Nicht jede Unterkunft hat sie und wenn doch, dann kosten sie etwa zwischen 30 und 70 R extra pro Tag, besonders in der City Bowl.

Ferienwohnungen & Hotelapartments

Für einen längeren Aufenthalt können sich Ferienwohnungen oder Hotelapartments als günstige Alternative erweisen. Zu den seriösen Agenturen gehören:

Cape Breaks (Karte S. 276; 083-383 4888; http://capebreaks.co.za) Bietet diverse Studios und Apartments in St. Martini Gardens neben den Company's Gardens.

Cape Stay (www.capestay.co.za) Unterkünfte am gesamten Kap.

Cape Town Budget Accommodation (021-447 4398; www.capetownbudgetaccommodation.co.za) Unterkünfte in Woodstock ab 270 R.

De Waterkant Cottages (Karte S. 280; 021-421 2300; www.dewaterkantcottages.com) Ferienhäuser in De Waterkant.

FZP Property Investment (Karte S. 276; 021-426 1634; www.fzp.co.za) Apartments in der City Bowl und darüber hinaus.

In Awe Stays (083 658 6975 www.inawestays.co.za) Stilvolle Studios und Ferienhäuser in Gardens und Fresnaye ab 750 R für zwei Personen.

Nox Rentals (021-424 3353; www.noxrentals.co.za) Vermietung von Apartments und Ferienhäusern hauptsächlich in Camps Bay.

Platinum Places (021-425 5922; www.platinumplaces.co.za) Luxusimmobilien.

Village & Life (Karte S. 280; 021-430 4444; www.villageandlife.com) Hauptsächlich Vermietungen in De Waterkant und Camp's Bay. Ferienhäuschen und „Zeltcamps" im Table Mountain National Park; Infos auf S. 30.

Wo übernachten

Stadtteil	Pro	Kontra
City Bowl, Foreshore, Bo-Kaap & De Waterkant	Ideal für Stadterkundungen zu Fuß und reichlich Verkehrsverbindungen zu anderen Regionen. Bo-Kaap & De Waterkant haben reizvolle Pensionen und Hotels.	Keine Strände. Die City Bowl ist sonntags wie ausgestorben, da die meisten Geschäfte geschlossen sind. Die Moscheen im Bo-Kaap und das Nachtleben in De Waterkant können ruhestörend sein.
Östlicher Stadtbezirk	Die cool urbane Atmosphäre dieser trendigen, langsam immer schicker werdenden Viertel.	Sicherheit ist noch immer ein Problem; kaum Grün und Strände.
Gardens & Umgebung	Massenhaft wunderbare private Pensionen; leichter Zugang zum Tafelberg.	Der Marsch die Hügel rauf und runter (hält aber fit); Ohrstöpsel nötig gegen den heulenden Wind.
Green Point & Waterfront	Direkter Zugang zur V&A Waterfront; luftige Promenadenspaziergänge und der Green Point Park.	Massenhaft Leute an der Waterfront.
Sea Point bis Hout Bay	Gute Standorte am Meer und im Nobelvorort Camps Bay. Hout Bay ist praktisch für die Strände am Atlantik und die Weingüter im Constantia Valley.	In Sea Point gibt es ein paar schäbige Gegenden; Camps Bays Beliebtheit treibt die Preise hoch und sorgt für Massenansturm. Von Hout Bay ist es eine ganze Ecke bis zu den wichtigsten Sehenswürdigkeiten im Stadtzentrum.
Südliche Vororte	Grüne und gutbürgerliche Vororte nahe Kirstenbosch und den Weingütern von Constantia.	Keine Strände; Die Sehenswürdigkeiten im Stadtzentrum sind ebenfalls weit weg.
Simon's Town & südliche Halbinsel	Gut für Familien und Surfer, die nette Strände wollen; reizvolle Dorfatmosphäre. Vom historischen Simon's Town sind ruhige Strände und die zerklüfteten Landschaften des Cape Point leicht zu erreichen.	Fast eine Stunde Fahrt von der City Bowl. Keine Stadtatmosphäre und Attraktionen.
Cape Flats & nördliche Vororte	Dicht am Flughafen und auf der Strecke nach Stellenbosch. Direkte Begegnung mit schwarzafrikanischer Kultur.	Die Cape Flats sind windig und staubig, die Armut ist groß. Ziemlich weit weg vom Stadtzentrum.

SCHLAFEN

GUT ZU WISSEN

Die aufgeführten Preise gelten für Zimmer mit Bad und Frühstück in der Hochsaison (Mitte Dezember bis Mitte Januar), einschließlich 14 % MwSt. und 1 % Tourismussteuer. Ist Frühstück nicht enthalten, wird es extra erwähnt. Die Hotels sind nach der Präferenz der Autoren aufgeführt.

Preise
€€€ über 2500 R pro Zimmer
€€ 650–2500 R pro Zimmer
€ unter 650 R pro Zimmer oder Dormbett

Ermäßigungen
Bei Onlinebuchung werden oft Ermäßigungen angeboten. Die Preise können dann in der Wintersaison in Kapstadt von Mai bis Oktober bis zu 50 % sinken. Ermäßigungen gibt es auch bei längeren Aufenthalten oder bei geringer Auslastung.

Nichtraucherzimmer
Gibt es in den meisten Unterkünften.

Verkehrsanbindung
Es wird vermerkt, wenn ein Hotel in Laufnähe einer MyCiTi-Bushaltestelle oder eines Bahnhofs liegt.

Websites
➡ **SA-Venues.com** (www.sa-venues.com) Unterkunftsverzeichnis von Kapstadt und vom Westkap.

➡ **Portfolio Collection** (www.portfoliocollection.com) Ausgewählte Adressen von Spitzenhotels, Pensionen und Ferienwohnungen/-häusern.

Top-Tipps

Tintswalo Atlantic (S. 203) Vom Balkon der luxuriösen Lodge am Rand von Hout Bay sind oft Wale zu sehen.

Mannabay (S. 200) Super eingerichtetes Boutiquehotel nicht allzu hoch auf dem Tafelberg gelegen.

Backpack (S. 200) Routiniert geführtes, munteres Haus mit blitzblanken Zimmern für jedes Budget.

Villa Zest (S. 202) Klasse Retro-Herberge in einer Villa im Bauhausstil in Green Point.

POD (S. 203) Supercooles Haus mit Blick auf Camps Bay und mit Natureinrichtung.

Dutch Manor (S. 197) Ein historisches Haus voller Antiquitäten am Rand des farbenfrohen Bo-Kaap.

Preiskategorien

€
Ashanti Gardens (S. 200)
La Rose B&B (S. 198)
Blencathra (S. 202)
District Six Guesthouse (S. 199)
Rose Lodge (S. 198)

€€
Hippo Boutique Hotel (S. 200)
Vineyard Hotel & Spa (S. 204)
Chartfield Guest House (S. 205)
Four Rosmead (S. 201)

€€€
Ellerman House (S. 203)
Mount Nelson Hotel (S. 200)
Taj Cape Town (S. 197)
Cape Grace (S. 202)
One & Only Cape Town (S. 202)

Backpacker

Ashanti Gardens (S. 200)
Atlantic Point Backpackers (S. 203)
Long St Backpackers (S. 199)
Green Elephant (S. 199)

Boutiquehotels

Cape Heritage Hotel (S. 197)
Kensington Place (S. 200)
Cape Cadogan (S. 200)
Cape Standard (S. 203)
Rouge on Rose (S. 197)

Designhotels

Daddy Long Legs Hotel (S. 197)
Grand Daddy Hotel (S. 197)
Hippo Boutique Hotel (S. 200)
Hout Bay Manor (S. 203)
An African Villa (S. 201)

B&Bs

Chartfield Guest House (S. 205)
La Rose B&B (S. 198)
Bella Ev (S. 205)
Scalabrini Guest House (S. 198)
Kopanong (S. 206)

Im Grünen

Vineyard Hotel & Spa (S. 204)
Camps Bay Retreat (S. 203)
Wood Owl Cottage (S. 30)
Orange Kloof Tented Camp (S. 30)

🛏 City Bowl, Foreshore, Bo-Kaap & De Waterkant

LP TIPP **TAJ CAPE TOWN** HOTEL €€€

Karte S. 276 (☑021-819 2000; www.tajhotels.com; Wale St, City Bowl; EZ/DZ/Suite ab 5500/5700/ 11 000 R; P✳@☎❄; ☐Dorp) Die indische Luxushotelkette hat dem Gebäude des alten Board of Executors an der Ecke Iwale und Adderly Street glanzvolles neues Leben eingehaucht. Tradition wird hochgehalten, aber im neuen Turm gibt es auch schicke, modern eingerichtete Zimmer, viele mit spektakulärem Blick auf den Tafelberg. Service und Serviceangebote, wie das hervorragende Restaurant Bombay Brasserie, sind spitzenmäßig.

LP TIPP **DUTCH MANOR** BOUTIQUEHOTEL €€

Karte S. 276 (☑021-422 4767; www.dutchmanor. co.za 158 Buitengracht St, Bo-Kaap; EZ/DZ 1200/ 1700 R; ✳☎; ☐Bloem) Himmelbetten, riesige Kleiderschränke und knarzende Holzdielen verleihen den sechs Zimmern in einem Gebäude von 1812 eine tolle Atmosphäre. Es liegt zwar in der verkehrsreichen Buitengracht, aber moderne Renovierungen dämpfen den Lärm. Auf Wunsch bereiten die Angestellten auch Abendessen zu und organisieren Stadtrundgänge mit einem lokalen Führer durchs Bo-Kaap (70 R/Nichtgäste 100 R).

CAPE HERITAGE HOTEL BOUTIQUEHOTEL €€

Karte S. 276 (☑021-424 4646; www.capeheritage.co.za; 90 Bree St, City Bowl; DZ/Suite ab 2260/3020 R; Parkplatz 55 R; P✳@; ☐Longmarket) In dem eleganten Boutiquehotel, das zum Sanierungsprojekt des Heritage Square mit seinen Häusern aus dem 18. Jh. gehört, hat jedes Zimmer seinen eigenen Charakter. Einige haben Himmelbetten und alle sind mit modernen Annehmlichkeiten wie Satelliten-TV und Kleidermangel ausgestattet. Das Haus hat eine Dachterrasse und einen Whirlpool.

GRAND DADDY HOTEL DESIGNHOTEL €€

Karte S. 276 (☑021-424 7247; www.granddaddy.co. za; 38 Long St, City Bowl; Zi./Wohnwagen 1750 R; Parkplatz 30 R pro Tag; P✳@☎; ☐Castle) Der Clou des Grand Daddy ist die Penthouse-Wohnwagensiedlung auf dem Dach, die aus sieben klassischen Airstream-Wohnwagen besteht. Sie wurden von diversen Künstlern und Designern zu so abgedrehten Themen wie „John und Yoko" oder „Goldlöckchen

und die drei Bären" eingerichtet. Die normalen Zimmer sind ebenfalls stilvoll und haben verspielte Motive südafrikanischer Kultur. Die Bar Daddy Cool wurde mit Goldfarbe und Glitzerkram bis zum Überfluss aufgemotzt.

DADDY LONG LEGS HOTEL BOUTIQUEHOTEL €€

Karte S. 276 (☑021-422 3074; www.daddylong legs.co.za; 134 Long St, City Bowl; Zi./Apt. ab 735/830 R; ✳@☎; ☐Dorp) Ein Aufenthalt in dem im wahrsten Sinne des Wortes kunstvollen Boutiquehotel ist alles andere als langweilig. 13 Künstler hatten freie Hand, um die Zimmer ihrer Träume zu gestalten. Herausgekommen sind Räume von der Künstlermansarde bis hin zu einer Art Krankenhausstation. Besonders gelungen sind das Karaokezimmer (mit einem Mikrofon unter der Dusche) und das Zimmer, das mit Cartoons der südafrikanischen Popband Freshly Ground gestaltet wurde. Darüber hinaus gibt es zum selben Preis superschicke **Apartments** (Karte S. 276; 263 Long St) – eine ideale Wahl für alle, die Hotelannehmlichkeiten mit Selbstversorgung verbinden wollen.

WESTIN CAPE TOWN HOTEL €€€

Karte S. 280 (☑021-412 9999; www.westin.com/ grandcapetown; Convention Sq, 1 Lower Long St, Foreshore; Zi. ab 3000 R; P✳@❄; ☐Convention Centre) Das nüchterne Flair in dem mondänen Businesshotel am Cape Town International Convention Centre CTICC wird durch wärmere Farben in den Zimmern, weite Ausblicke und interessante Kunstwerke in der Lobby abgemildert. Das **Arabella Spa** (☑021-412 8200; www.westin capetown.com/en/arabella-spa -en; ☺8–20 Uhr) auf dem Dach ist eine der besten Wellnessoasen Kapstadts.

ROUGE ON ROSE BOUTIQUEHOTEL €€

Karte S. 276 (☑021-426 0298; www.rougeonrose. co.za; 25 Rose St, Bo-Kaap; EZ/DZ 900/1200 R; ✳☎; ☐Longmarket) Ein weiteres tolles Hotel im Bo-Kaap mit neun rustikal-schicken Zimmern einschließlich Suiten (ohne Aufpreis) mit Kochnische, Lounge und viel Bewegungsraum. Die witzigen Bilder stammen von einem ansässigen Künstler und alle Zimmer haben luxuriöse offene Bäder mit freistehenden Badewannen.

LA ROSE B&B B&B €

Karte S. 276 (☑021-422 5883; www.larosecape town.com; 32 Rose St, Bo-Kaap; EZ/DZ ab

SCHLAFEN CITY BOWL, FORESHORE, BO-KAAP & DE WATERKANT

SCHLAFEN CITY BOWL, FORESHORE, BO-KAAP & DE WATERKANT

500/650 R; P ✳ 🛜; 🖵Longmarket) Das südafrikanisch-französische Paar Adheena und Yoann sind die äußerst gastfreundlichen Besitzer des zauberhaften B&Bs, das sich als so erfolgreich erwiesen hat, dass sie es auf benachbarte Häuser ausgedehnt haben. Es ist wunderschön eingerichtet und hat einen Dachgarten mit dem schönsten Blick in der Gegend. Yoanns Spezialität sind authentische Crêpes für die Gäste.

DE WATERKANT HOUSE
B&B €€

Karte S. 280 (☎021-409 2500; www.dewaterkant. com; Napier St Ecke Waterkant St, De Waterkant; EZ/DZ 850/1150 R; @ 🛜 ⌕) Das sympathische B&B ist in renoviertes kapgeorgisches Haus mit winzigem Planschbecken für heiße Sommertage und einer Lounge mit Kamin für kalte Winterabende. Das Management Village & Life führt auch die ebenso nette Pension **The Charles** (Karte S. 280 ☎021-409 2500; www.thecharles.co.za; 137 Waterkant St; Zi. ab 790 R) und eine breite Auswahl an Apartments in der Gegend (EZ/DZ ab 750/1100 R).

VICTORIA JUNCTION
HOTEL, HOTELAPARTMENTS €€

Außerhalb Karte S. 280 (☎021-418 1234; www.pro teahotels.co.za; Somerset St Ecke Ebenezer Rd, De Waterkant; DZ/Loft ab 1900/2200 R; Parkplatz 35 R pro Tag; P ✳ @ 🛜 ⌕) Alte Koffer hängen wie Kunstwerke an den Wänden in der Lobby des Protea-Hotels, das sich mit seinen Lofts und Apartments in Ziegelsteinoptik kreativer als gewöhnlich gibt. Es gibt ein einigermaßen großes Schwimmbecken. Frühstück kostet 155 R extra.

VILLAGE LODGE
B&B €€

Karte S. 280 (☎021-421 1106; www.thevillage lodge.com; 49 Napier St, De Waterkant; DZ ab 800 R; ✳ 🛜 ⌕) Das Hauptgebäude der schicken Pension liegt in der Napier Street. Die Zimmer sind schick, aber nicht gerade geräumig. Das Planschbecken und die Bar auf dem Dach sind ideal, um zu sehen und gesehen zu werden – und um die Aussicht zu genießen. Zum Haus gehört auch das gute thailändische Restaurant Soho.

DE WATERKANT LODGE
B&B, APARTMENT €€

Karte S. 280 (☎021-419 2476; www.dewaterkant place.com; 35 Dixon St, De Waterkant; EZ/DZ/Apt. ab 600/800/1500 R; @ 🛜) Das nette Haus mit freundlichem Management vermietet preisgünstige Zimmer mit Antiquitäten und Deckenventilatoren sowie ein Apartment für bis zu vier Personen.

ROSE LODGE
B&B €

Karte S. 276 (☎021-424 3813; www.rosestreet28. com; 28 Rose St, Bo-Kaap; EZ/DZ 450/750 R; ✳ 🛜; 🖵Longmarket) Das hübsche B&B ist in einem grauen Eckhaus untergebracht. Der kanadische Besitzer spielt gerne Klavier und hat zwei liebenswerte Hunde. Es gibt nur drei ebenso gemütlich wie modern eingerichtete Zimmer (mit eigenem Bad). Der Besitzer führt noch mehrere vergleichbare Häuser im Bo-Kaap.

MAREMOTO
BOUTIQUEHOTEL €€

Karte S. 276 (☎021-422 5877; www.maremoto. co.za; 230 Long St, City Bowl; Zi. ab 700 R; ✳ 🛜; 🖵Buitensingel) Geboten werden sechs stilvolle Zimmer (alle unterschiedlich eingerichtet), mit Kissen übersäte Betten, nette Badezimmer und Ohrstöpsel: Die braucht man auch, da das Haus an einer der lautesten Ecken der Long Street liegt. Frühstück kostet extra und wird in dem recht guten Café/Bar/Restaurant unten serviert, das mit einem riesigen Kronleuchter und edlem Mobiliar ausgestattet ist.

TOWNHOUSE
HOTEL €€

Karte S. 276 (☎021-465 7050; www.townhouse. co.za; 60 Corporation St, City Bowl; EZ/DZ ab 1495/1845 R; Parkplatz 45 R pro Tag; P ✳ @ 🛜) Da das Hotel in Sachen Service und Ausstattung mit dem hohen Niveau des Schwesterhotels Vineyard Hotel & Spa mithalten kann, erfreut sich diese zentral gelegene Unterkunft zu recht großer Beliebtheit. Die Zimmer wurden mit Holzböden und schicker schwarz-weißer Einrichtung modern verschönert.

CAPE DIAMOND HOTEL
HOTEL €€

Karte S. 276 (☎021-461 2519; www.capediamond hotel.co.za; Longmarket Ecke Parliament St, City Bowl; EZ/DZ/Apt. ab 700/1000/1400 R; Parkplatz 70 R pro Tag; P @; 🖵Longmarket) Ein paar Art-déco-Elemente wie der Parkettboden sind bei der Umwandlung in ein Businesshotel erhalten geblieben. Eingepfercht zwischen riesigen Häuserblocks, mangelt es in den unteren Etagen an Sonnenlicht, dafür entschädigt der Whirlpool auf dem Dach mit Blick auf den Tafelberg.

SCALABRINI GUEST HOUSE
PENSION, SELBSTVERSORGER €

Karte S. 276 (☎021-465 6433; www.scalabrini. org.za; 47 Commercial St, City Bowl; B/EZ/DZ oder 2BZ 180/300/480 R; 🛜) Der italienische Mönchsorden der Scalabrini-Patres kümmert sich seit 1994 um Arme und Flücht linge in Kapstadt. In einer alten Textilfabrik im Stadtzentrum unterhalten die Mönche eine Suppenküche, zahlreiche soziale Projekte und eine nette Pension mit elf blitzsauberen Zimmern mit Bad und einer tollen Küche für Selbstversorger, wo es auch Satelliten-TV gibt.

LONG ST BACKPACKERS HOSTEL €

Karte S. 276 (☑021-423 0615; www.longstreet backpackers.co.za; 209 Long St, City Bowl; B/EZ/DZ 120/220/330 R; 🛜; ⬛Bloem) Seit der Eröffnung 1993 hat sich im Long Street Backpackers wenig geändert (damit zählt es zu den ältesten Unterkünften in der Long Street). Die 14 kleinen Wohnungen sind jeweils mit vier Betten und einem Bad ausgestattet. Sie liegen um einen grünen Innenhof mit originellen Mosaiken, in dem die Katzen Happy und Bubbles herumschleichen.

PENTHOUSE ON LONG HOSTEL €

Karte S. 276 (☑021-424 8356; www.penthouse onlong.com; 6. Stock, 112 Long St, City Bowl; DZ 500 R, B/DZ ohne Bad ab 140/450 R; ✳@🛜; ⬛Dorp) Das Hostel hoch oben über der Long Street hat ehemalige Büroräume toll genutzt. Der billigste Schlafsaal hat 22 Betten. Die privaten Zimmer sind eingerichtet nach schrägen Themen wie Hollywood, Orient und Marokkanische Nächte. Unterm Dach befindet sich eine große Bar und Lounge.

ST. PAUL'S B&B GUEST HOUSE B&B €

Karte S. 276 (☑021-423 4420; www.stpaulschurch. co.za/theguesthouse.htm; 182 Bree St, City Bowl; EZ/DZ 350/650 R; 🅿; ⬛Buitensingel) Das blitzblanke B&B in sehr günstiger Lage ist eine ruhige Alternative zu einem Hostel. Die einfach möblierten und geräumigen Zimmer haben hohe Decken. Im von Weinranken beschatteten Hof können die Gäste relaxen und ihr Frühstück essen.

🛏 Östlicher Stadtbezirk

UPPER EASTSIDE HOTEL HOTEL €€

Karte S. 282 (☑021-404 0570; www.uppereast sidehotel.co.za; Brickfield Rd, Woodstock; Zi./Suite 955/2400 R; Parkplatz 40 R pro Tag; 🅿✳@🛜⬛) Schnäppchenjäger werden das schick gestaltete Hotel in der alten Bonwitt-Kleiderfabrik lieben: Fabrikverkaufsläden liegen direkt vor der Haustür. Die Zimmer sind groß und hübsch und blicken entweder auf die Berge oder die Stadt. Die

Suiten im Loft (Nr. 507 ist die größte) haben Kochnischen. Es gibt auch einen Innenpool und einen Fitnessraum.

GREEN ELEPHANT HOSTEL/SELBSTVERSORGER€

Karte S. 284 (☑021-448 6359; www.greenele phant.co.za; 57 Milton Rd, Observatory; EZ/DZ 450/550 R, B/EZ/DZ ohne Bad 140/350/440 R; 🅿@🛜⬛; ⬛Observatory) Das alteingesessene Hostel in drei Häusern hat ein neues Management, ist aber noch immer eine beliebte Alternative zu den Hostels im Stadtzentrum. Camping ist auch möglich (80 R pro Zelt), zudem werden Wanderungen auf den Tafelberg mit einem kompetenten Führer organisiert (250 R pro Pers.). Frühstück ist nicht im Preis enthalten, aber WLAN ist unbegrenzt.

33 SOUTH BOUTIQUE BACKPACKERS HOSTEL €

Karte S. 284 (☑021-447 2423; www.33southback packers.com; 48 Trill Rd, Observatory; B/EZ/DZ ab 130/300/410 R, EZ/DZ mit Bad 350/470 R; @🛜; ⬛Observatory) Das behagliche Hostel in einem viktorianischen Haus ist zwar nicht gerade attraktiv, aber gewiss einfallsreich. Die Zimmer sind unterschiedlich nach Motiven einzelner Vorstädte Kapstadts eingerichtet. Es gibt eine wunderbare Gemeinschaftsküche und einen hübschen Hof. Die Mitarbeiter führen kostenlose Touren durch Observatory. Frühstück ist nicht im Preis enthalten.

DISTRICT SIX GUESTHOUSE B&B €

Karte S. 282 (☑021-447 0902; www.districtsix guesthouse.co.za; 2 Chester Rd, District Six; EZ/DZ/4BZ mit Frühstück 500/650/800 R; 🅿🛜) Mit den drei Cottages, die früher zum historischen Zonnebloem Farm House gehörten, gibt die geräumige Pension mit breiter Veranda und Hafenblick ein gutes Beispiel für die kapmalaiische Gastfreundschaft ab. Das 4-Bett-Zimmer ist ideal für Familien. Obwohl das Haus beileibe nicht luxuriös ist, ist es tadellos und der Betrieb läuft wie geschmiert.

DECO LODGE HOSTEL €

Karte S. 282 (☑021-447 4216; www.capetown deco.com; 20-22 Roodebloem Rd, Woodstock; B/DZ 130/450 R; 🅿@🛜⬛) Das große, lila gestrichene (haustierfreundliche) Art-déco-Haus im angesagten Woodstock ist nicht zu übersehen; der Eingang ist hinten in der Beacontree Lane. Die Zimmer sind ebenso farbenfroh und es gibt einen üppigen Gar-

SCHLAFEN ÖSTLICHER STADTBEZIRK

ten mit einem kühlenden Pool. Frühstück ist nicht im Preis enthalten.

🛏 Gardens & Umgebung

LP TIPP ▸MANNABAY   BOUTIQUEHOTEL €€

Karte S. 286 (☏021-461 1094; www.mannabay. com; 1 Denholm Rd, Oranjezicht; Zi./Suite ab 1425/4000 R; P✳@🛜☒) Die hinreißende Luxusunterkunft hat sieben Zimmer, die in jeweils unterschiedlichen Themen gestaltet sind: Versailles, Weltentdecker, Japan usw. Sie liegt gerade hoch genug am Berg, um tolle Aussichten zu bieten, aber nicht so hoch, dass es zu anstrengend für Fußgänger wird. Im Preis enthalten ist High Tea, der in der Bibliothekslounge serviert wird.

LP TIPP ▸BACKPACK   HOSTEL/SELBSTVERSORGER €

Karte S. 286 (☏021-423 4530; www.backpackers. co.za; 74 New Church St, Tamboerskloof; EZ/DZ 550/750 R, B/EZ/DZ ohne Bad 160/500/650 R; Parkplatz 20 R pro Tag; P@🛜☒; 🚇Buitensingel) Das von „Fair Trade in Tourism" anerkannte Hostel bietet bezahlbaren Stil, eine quirlige Atmosphäre und phantastisches Personal. Die Schlafsäle zählen zwar nicht zu den billigsten in Kapstadt, dafür aber zu den nettesten und die Privatzimmer sind liebevoll eingerichtet. Eine witzige Neuheit ist das Tipizelt (für 2 Pers. 300 R). Es gibt einen Pool mit hübschen Mosaiken und einen Garten, in dem es sich mit Tafelbergblick entspannt abhängen lässt. Frühstück ist nicht im Preis enthalten.

MOUNT NELSON HOTEL   HOTEL €€€

Karte S. 286 (☏021-483 1000; www.mountnelson. co.za; 76 Orange St, Gardens; Zi./Suite ab 3595/ 5395 R; P✳@🛜☒♿; 🚇Government Avenue) Das bonbonrosa gestrichene „Nellie" erinnert mit seiner Chintzeinrichtung und den Portiers mit Tropenhelmen an die Kolonialzeit Kapstadts. Die jüngst renovierten Zimmer sind in elegantem Silber und Grün gestaltet. Der Service ist durchwachsen, aber das Hotel ist prima für Familien, da es sich für die Kleinen richtig ins Zeug legt: Es gibt Kinderbademäntel und umsonst Kekse und Milch zur Schlafenszeit, nicht zu reden vom großen Pool und dem 3 ha großen Garten mit Tennisplatz.

KENSINGTON PLACE   BOUTIQUEHOTEL €€€

Karte S. 286 (☏021-424 4744; www.kensington place.co.za; 38 Kensington Cres, Higgovale; DZ ab 2860 R; P✳@☒) Das exklusive, schicke

Haus hoch oben auf dem Berg vermietet acht große und geschmackvoll eingerichtete Zimmer mit Balkon und wunderschön gefliesten Badezimmern. Eine nette Geste sind frisches Obst und Blumen in den Zimmern.

HIPPO BOUTIQUE HOTEL   BOUTIQUEHOTEL €€

Karte S. 286 (☏021-423 2500; www.hippotique. co.za; 5–9 Park Rd, Gardens; DZ/Suite 1290/ 2200 R; P✳@🛜☒; 🚇Michaelis) Ein toll gelegenes und reizendes Boutiquehotel mit geräumigen, stylischen Zimmern, alle mit kleiner Küche. Die größeren und kreativen Suiten mit Mezzaninschlafzimmern und Themeneinrichtung wie Red Bull und Mini Cooper lohnen die Extraausgabe. Technikfreunde werden sich auch über den DVD-Player, die Musikanlage und den Computer im Zimmer freuen.

ASHANTI GARDENS   HOSTEL/SELBSTVERSORGER €

Karte S. 286 (☏021-423 8721; www.ashanti. co.za; 11 Hof St, Gardens; DZ 640 R, B/EZ/DZ ohne Bad 150/320/460 R; P@🛜☒; 🚇Government Avenue) Eine der pfiffigsten Unterkünfte Kapstadts, wo sich das Geschehen auf die quirlige Bar und die Terrasse mit Blick auf den Tafelberg konzentriert. In dem schönen alten Haus, das geschmackvoll mit lokaler zeitgenössischer Kunst neu eingerichtet wurde, befinden sich die Schlafsäle und auf dem Rasen Zeltplätze (80 R pro Pers.). In zwei separaten, denkmalgeschützten Häusern um die Ecke gibt es sehr gute Zimmer mit Bad für Selbstversorger.

CAPE CADOGAN   BOUTIQUEHOTEL €€

Karte S. 286 (☏021-480 8080; www.capecadogan. com; 5 Upper Union St, Gardens; EZ/DZ/Apt. ab 1330/2660/2670 R; P@🛜☒; 🚇Michaelis) Die denkmalgeschützte Villa wie aus *Vom Winde verweht* ist ein sehr nobles Boutiquehotel mit einigen Zimmern zum abgeschiedenen Innenhof raus. Wer mehr Privatsphäre wünscht, kann sich auch für eines der ansprechenden Apartments mit ein oder zwei Schlafzimmern im Hinterhaus in der nahen Nicol Street entscheiden.

15 ON ORANGE   HOTEL €€€

Karte S. 286 (☏021-469 8000; www.africanpride hotels.com/15onorange; Grey's Pass Ecke Orange St, Gardens; Zi./Suite ab 2550/3050 R; Parkplatz 65 R pro Tag; P✳@🛜☒; 🚇Michaelis) Der knallrote, marmorne Laufgang zur Lobby weist schon auf den Luxus des Hotels hin.

Einige Zimmer gehen zum himmelhohen Atrium raus (perfekt für Exhibitionisten). Alles ist sehr opulent und durchgestylt. Frühstück ist nicht im Preis enthalten.

FOUR ROSMEAD
B&B €€

Karte S. 286 (☏ 021-480 3810; www.fourrosmead. com; 4 Rosmead Ave, Oranjezicht; DZ/Suite ab 2050/2750 R; P ✳ @ 🛜 ☲) Das denkmalgeschützte Gebäude von 1903 wurde in ein luxuriöses B&B umgewandelt. Zu den Besonderheiten zählen ein Salzwasser-Swimmingpool und ein duftender mediterraner Kräutergarten. Die Poolhaus-Suite mit hohen Decken ist super für etwas mehr Privatsphäre.

CAPE MILNER
HOTEL €€

Karte S. 286 (☏ 021-426 1101; www.capemilner. com; 2A Milner Rd,Tamboerskloof; EZ/DZ ab 650/ 990 R, EZ-/DZ-Suite 2095/2800 R; Parkplatz 40 R pro Tag; P ✳ @ 🛜 ☲; 🚌 Buitensingel) Samt und Seide in metallischen Farben verleihen den modern eingerichteten Zimmern ein raffiniertes Ambiente, die für diese Gegend recht preisgünstig sind. Weitere Pluspunkte sind der freundliche Service, der Blick auf den Tafelberg von den Luxussuiten und die Poolterrasse. WLAN kostet 50 R pro Tag.

ABBEY MANOR
B&B €€

Karte S. 286 (☏ 021-462 2935; www.abbey.co.za; 3 Montrose Ave, Oranjezicht; EZ/DZ ab 1750/ 2200 R; P ✳ @ 🛜 ☲; 🚌 Buitensingel) Die luxuriöse Unterkunft befindet sich in einem prächtigen Haus im Arts-and-Crafts-Stil, das 1905 für einen reichen Reeder gebaut wurde. Die Zimmer sind mit edler Bettwäsche und antiken Möbeln mit verspielten Jugendstildetails ausgestattet. Ein recht großer Pool und höfliches Personal tragen zum Wohlbefinden bei.

CACTUSBERRY LODGE
B&B €€

Karte S. 286 (☏ 021-461 9787; www.cactusberry lodge.com; 30 Breda St, Oranjezicht; EZ/DZ ab 640/1050 R; P 🛜 ☲) Das weinrote Haus hat nur sechs Zimmer. Auffallend ist die moderne Ausstattung, die Kunstfotografien, afrikanische Kunst und europäischen Stil verbindet. Die Sonnenterrasse blickt auf den Tafelberg, im Hof bietet ein winziges Planschbecken Abkühlung.

AN AFRICAN VILLA
B&B €€

Karte S. 286 (☏ 021-423 2162; www.capetowncity. co.za; 19 Carstens St, Tamboerskloof; EZ/DZ ab 1150/1600 R; @ 🛜 ☲) Das reizvolle B&B in

drei Reihenhäusern aus dem 19. Jh. besitzt ein kultiviertes, farbenfrohes „afrikanischmodernes" Ambiente. Abends lässt es sich beim Gratissherry in den beiden komfortablen Salons ganz prima entspannen.

DUNKLEY HOUSE
B&B €€

Karte S. 286 (☏ 021-462 7650; www.dunkleyhouse. com; 3B Gordon St, Gardens; EZ/DZ ab 650/ 850 R, EZ-/DZ-Apt. ab 1450/1550 R; ✳ @ 🛜 ☲; 🚌 Gardens) Das superstylische Haus in einer ruhigen Straße hat Zimmer in neutralen Tönen und einer Mischung aus moderner und Retro-Einrichtung, CD-Player, frisches Obst und Blumen sowie einen Bambushain. Im Hof gibt es ein Planschbecken, die Hochzeitssuite hat ihren eigenen Pool und einen Whirlpool.

TREVOYAN
B&B €€

Karte S. 286 (☏ 021-424 4407; www.trevoyan.co.za; 12 Gilmour Hill Rd, Tamboerskloof; EZ/DZ ab 848/1060 R; P ✳ @ 🛜) Das historische Gebäude mit hohen Decken, Parkettböden und einem Hauch Art déco wurde in eine relaxte Pension umgebaut, die schick, aber nicht zu vornehm ist. Ein großes Plus ist der reizende Hofgarten, der teilweise von einer gigantischen Eiche überschattet ist und einen Pool hat, der groß genug zum Schwimmen ist.

PROTEA HOTEL FIRE & ICE!
HOTEL €€

Karte S. 286 (☏ 021-488 2555; www.proteahotels. com; 198 Bree St, Gardens; EZ/DZ 1295/1495 R; Parkplatz 40 R pro Tag; P ✳ @ ☲; 🚌 Buitensingel) Das Ausrufezeichen ist berechtigt! Die Protea-Hotelkette hat sich wirklich etwas Ausgefallenes für dieses Haus einfallen lassen, das von der unternehmungslustigen Partymetropole Kapstadt inspiriert ist. Die schicken Zimmer sind etwas beengt, besonders die Standardzimmer. Besonders toll sind die total witzigen Toiletten hinter der stimmungsvollen Bar. Frühstück ist nicht im Preis enthalten.

AMSTERDAM GUEST HOUSE
B&B €€

Karte S. 286 (☏ 021-461 8236; www.amsterdam. co.za; 19 Forest Rd, Oranjezicht; EZ/DZ ab 895/ 995 R; P ✳ @ 🛜 ☲) Diese Schwulenunterkunft ist Männern vorbehalten. Neben der skurrilen Einrichtung (Hirschgeweihe und James-Dean-Wandbild) gibt es komfortable Zimmer sowie Pool, Whirlpool, Sonnenterrasse und Sauna – und alle 169 Episoden von *I Love Lucy* auf Video sowie Hunderte anderer Filme.

BLENCATHRA
HOSTEL/SELBSTVERSORGER €

Außerhalb Karte S. 286 (☏073 389 0702, 021-424 9571; De Hoop Ave Ecke Cambridge Ave, Tamboerskloof; B/DZ ohne Bad 150/500 R; P@⚡☎) Das reizende Haus liegt in Richtung Lion's Head und hat attraktive Zimmer, die meist von Dauergästen belegt sind. Das Hostel ist ideal, um der Stadt und den kommerzielleren Hostels zu entkommen. Preise für längeren Aufenthalt sind verhandelbar.

CAPE TOWN
BACKPACKERS
HOSTEL/SELBSTVERSORGER €

Karte S. 286 (☏021-426 0200; www.capetown backpackers.com; 81 New Church St, Gardens; B ab 150 R, EZ/DZ 550/650 R; Parkplatz 10 R pro Tag; P@⚡) Das einladende Hostel hat nette Schlafsäle und Zimmer mit Bad zur benachbarten Kohling Street raus; den schönsten Blick haben Zimmer 20 und 22. Der billigste Schlafsaal mit zehn Betten liegt übrigens im Keller. Gäste probieren gerne die vielen Hüte in der Bar aus. Frühstück ist nicht im Preis enthalten.

🛏 Green Point & Waterfront

🆙 TIPP VILLA ZEST
BOUTIQUEHOTEL €€

Karte S. 288 (☏021-433 1246; www.villazest.co.za; 2 Braemar Rd, Green Point; EZ/DZ 1390/1690 R, Suite EZ/DZ 2290/2590 R; P✳@⚡) Die Villa im Bauhaus-Stil wurde in ein skurril eingerichtetes Boutiquehotel verwandelt, das mit viel Witz branchenübliche Klischees umschifft. In der Lobby ist eine beeindruckende Sammlung von Elektrogeräten aus den 1960er- und 1970er-Jahren zu sehen, wie Radios, Telefone, Polaroidkameras und Kassettenrekorder. Die süßen Gästezimmer in auffälligen Retrodesignmöbeln und tapezierten Wänden sind mit Plüschkissen und Flokatis bestückt.

CAPE GRACE
HOTEL €€€

Karte S. 288 (☏021-410 7100; www.capegrace. com; West Quay, V&A Waterfront; EZ/DZ oder 2BZ ab 5290/5450 R, Suite EZ/DZ ab 10 680/10 840 R; P✳@⚡; ⬚Breakwater) Das von „Fair Trade in Tourism" anerkannte Hotel gehört zu den nettesten der Waterfront. Eine kunstvolle Kombination aus Antiquitäten und Kunsthandwerk – darunter handbemalte Bettüberwürfe und Vorhänge – vermittelt ein einzigartiges Gefühl für den Ort und für die Geschichte Kapstadts. Zum Haus gehören auch ein recht guter Wellnessbereich und eine private Yacht für Gäste, die in die Bucht hinausschippern wollen.

ONE & ONLY CAPE TOWN
HOTEL €€€

Karte S. 288 (☏021-431 5888; www.oneandonly capetown.com; Dock Rd, V&A Waterfront; Zi./ Suite ab 5990/11 940 R; P✳@⚡; ⬚Breakwater) Für die luxuriöse Hotelanlage wurden offenbar keine Kosten gescheut. Zur Wahl stehen riesige, opulente Zimmer im Hauptgebäude (mit Panoramablick auf den Tafelberg) oder die noch exklusivere Insel neben dem Pool und Spa. Die Bar mixt kreative Cocktails und ist für einen Drink ganz nett, bevor es zum Essen in die Promikochrestaurants Nobu oder Reuben's geht.

CAPE STANDARD
BOUTIQUEHOTEL €€

Karte S. 288 (☏021-430 3060; www.capestan dard.co.za; 3 Romney Rd, Green Point; EZ/DZ 1050/1380 R; P@⚡☎) Das elegante Haus in Green Point hat unten weiß gestrichene Strandhauszimmer und oben moderne Zimmer. Die Duschen in den Badezimmern mit Mosaikfliesen sind groß genug zum Tanzen.

DOCK HOUSE
HOTEL €€€

Karte S. 288 (☏021-421 9334; www.dockhouse. co.za; Portswood Close, Portswood Ridge; DZ ab 5770 R; P✳@⚡; ⬚Breakwater) Zur Begrüßung warten Butler in weißen Kurtas auf die Gäste. Das superelegante Anwesen hat sechs Zimmer mit Blick über die Waterfront und gehörte früher dem Hafenmeister. Die luxuriösen Zimmer sind in Taubengrau und Olive gehalten und haben geräumige Badezimmer. Es liegt zwar inmitten der Waterfront, wirkt aber wie Welten davon entfernt. Das gleiche Unternehmen betreibt auch in der Nähe das nette (und billigere) **Queen Victoria Hotel** (Karte S. 288; www. queenvictoriahotel.co.za).

HEAD SOUTH LODGE
BOUTIQUEHOTEL €€

Karte S. 288 (☏021-434 8777; www.headsouth. co.za; 215 Main Rd, Green Point; EZ/DZ 1250/ 1400 R; P✳⚡☎) Das Haus ist mit der Retro-Einrichtung und den massenhaften Tretchikoff-Drucken in der Bar eine Hommage an die 1950er-Jahre. Die großen Zimmer in kühlem Weiß und Grau sind mit ebenfalls markanter moderner Kunst von Philip Briel geschmückt.

WILTON MANOR
BOUTIQUEHOTEL €€

Karte S. 288 (☏021-434 7869; www.wiltonguest houses.co.za; 15 Croxteth Rd, Green Point; EZ/ DZ ab 700/1200 R; P✳@⚡☎) Das reizende, zweistöckige, viktorianische Haus mit einer Holzveranda ist in ein sehr stylisches

Hotel umgebaut worden. Die Zimmer sind individuell mit afrikanischen Motiven eingerichtet. Die Besitzer betreiben auch das moderne Wilton Place weiter oben auf dem Signal Hill.

ATLANTIC POINT
BACKPACKERS
HOSTEL/SELBSTVERSORGER €€

Karte S. 288 (☎ 021-433 1663; www.atlanticpoint. co.za; 2 Cavalcade Rd, Green Point; DZ 660 R, B/ DZ ohne Bad ab 140/495 R; P@🛜) Das einfallsreich gestaltete, verspielte und gut geführte Haus nur ein paar Schritte entfernt von der Hauptstraße Green Points ist ein ernsthafter Konkurrent für die etablierten Hostels. Besonderheiten sind ein großer Balkon, eine Bar und eine Lounge unterm Dach mit Kunstrasen. Im Preis enthalten sind WLAN und Parkplatz – also extra preisgünstig.

ASHANTI GREEN
POINT
HOSTEL/SELBSTVERSORGER €

Karte S. 288 (☎021-433 1619; www.ashanti.co.za; 23 Antrim Rd, Three Anchor Bay; DZ 600 R; B/EZ/ DZ ohne Bad 130/320/460 R; P@🛜🏊) Der Ableger des Ashanti ist lässiger als das Original in Gardens. Er liegt in luftiger Höhe an einem Hügel mit Meerblick und ist mit alten Kapstadtfotos hübsch dekoriert.

🛏️ Sea Point bis Hout Bay

LP TIPP TINTSWALO ATLANTIC
HOTEL €€€

Außerhalb Karte S. 291 (☎087 754 9300; www. tintswalo.com; Chapman's Peak Drive, Hout Bay; EZ/DZ/Suite ab 5070/7800/25 000 R; P❄@🛜🏊) Die einzige Luxuslodge innerhalb des Table Mountain National Park hat zehn Zimmer und eine Suite (für 4 Pers.) direkt am Rand einer herrlichen Felsenbucht, in der sich häufig Wale tummeln. Jedes Zimmer hat künstlerische Motive unter Verwendung von zahllosen Muscheln und anderen Naturmaterialien, die jeweils eine der Inseln der Welt darstellen. Die Anlage ist durch Milkwood-Bäume geschützt und auf erhöhten Podesten errichtet, um die Umweltauswirkung gering zu halten. Im höchsten Standardpreis sind Abendessen und Frühstück enthalten.

LP TIPP POD
BOUTIQUEHOTEL €€€

Karte S. 290 (☎021-438 8550; www.pod.co.za; 3 Argyle St, Camps Bay; Zi./Suite ab 2700/7100 R; P❄@🛜🏊) Liebhaber klaren, modernen Designs werden sich für das mit Holz und

Schiefer ausgestattete POD begeistern. Es ist so gebaut, dass von der Bar und der großen Poolterrasse das Geschehen von Camps Bay voll im Blick ist. Die billigsten Zimmer blicken nicht aufs Meer, sondern auf den Berg; die Luxuszimmer haben ihren eigenen kleinen Pool.

ELLERMAN HOUSE
HOTEL €€€

Karte S. 292 (☎021-430 3200; www.ellerman. co.za; 180 Kloof Rd, Bantry Bay; DZ/Suite/Villa ab 8300/17 270/53 460 R; P❄@🛜🏊) Man stelle sich vor, von einem unfassbar reichen Kunstsammler aus Kapstadt eingeladen zu werden. Der passende Ort wäre dieses elegante Hotel mit Blick auf den Atlantik und seinen neun Zimmern, zwei Suiten und der modernen Villa im Frank-Lloyd-Wright-Stil (mit eigenem Spa-Bereich). Es besitzt herrliche Gärten und eine wunderbare Galerie mit zeitgenössischer Kunst. Zur Zeit der Recherche war eine zweite Villa im Bau, die einen Weinkeller mit etwa 7000 Flaschen haben wird.

CAMPS BAY RETREAT
BOUTIQUEHOTEL €€€

Karte S. 290 (☎021-437 8300; www.campsbay retreat.com; 7 Chilworth Rd, The Glen; DZ/Suite ab 4380/6700 R; P❄@🛜🏊) Im prächtigen Earl's Dyke Manor (aus dem Jahr 1929, auch wenn es älter aussieht) in wunderbarster Lage in einem abgeschiedenen Naturreservat können Gäste zwischen 15 Zimmern im Haupthaus oder im modernen Deck House wählen, das jenseits einer Hängebrücke über einer Schlucht liegt. Es gibt drei Pools, von denen einer von einem Tafelbergbach gespeist wird. Für 50 R pro Tag können sich Gäste Fahrräder leihen, um zum Strand zu radeln.

HOUT BAY MANOR
HOTEL €€€

Karte S. 291 (☎021-790 0116; www.houtbaymanor. co.za; Baviaanskloof Rd, Hout Bay; EZ/DZ ab 2100/3200 R; P❄@🛜🏊) Beim Anblick der tollen Neugestaltung im Afro-Chic kommen Gäste des Hout Bay Manor von 1871 ins Staunen. Stammesartefakte, leuchtend bunte, moderne Stoffe und Kunsthandwerk schmücken die Zimmer, die alle die üblichen elektronischen Annehmlichkeiten haben.

O ON KLOOF
HOTEL €€

Karte S. 292 (☎021-439 2081; www.oonk loof.co.za; 92 Kloof Rd, Sea Point; DZ/Suite ab 2130/3950 R; P❄@🛜🏊) Eine über den Zierpool gespannte Minibrücke führt zu diesem wunderschönen, modern gestylten Hotel. Nicht alle der acht geräumigen Zimmer haben vollen Meerblick, dafür entschädigen das große Hallenbad und der Fitnessraum.

GLEN BOUTIQUE HOTEL HOTEL €€
Karte S. 292 (☎021-439 0086; www.glenhotel.co.za; 3 The Glen, Sea Point; DZ/Suite ab 1450/3250 R; P✳@🛜🏊) Eines der führenden schwulenfreundlichen Boutiquehotels Kapstadts belegt ein elegantes altes Haus und einen neueren Bau dahinter. Die großen Zimmer sind in Naturtönen aus Stein und Holz eingerichtet. In der Mitte liegen ein toller Pool und ein Spa, Tummelplatz für die monatlichen Pool-Partys am Samstagnachmittag.

WINCHESTER MANSIONS HOTEL HOTEL €€
Karte S. 292 (☎021-434 2351; www.winchester.co.za; 221 Beach Rd, Sea Point; EZ/DZ ab 1650/2125 R, Suite EZ/DZ ab 2050/2585 R; P✳@🛜🏊) Das Winchester bietet Küstenlage (Zimmer mit Aussicht kosten extra), altmodisches Flair und einige Flure mit Übungsgrün für eine kleine Runde Golf. Der Pool ist recht groß und der hübsche Hof mit einem Springbrunnen in der Mitte eignet sich gut für ein romantisches Abendessen.

HUIJS HAERLEM B&B €€
Karte S. 292 (☎021-434 6434; www.huijshaerlem.co.za; 25 Main Dr, Sea Point; EZ/DZ ab 850/1450 R; P@🛜🏊) Steil bergauf geht es zu dieser ausgezeichneten Pension, die bevorzugt, aber nicht ausschließlich, schwule Gäste aufnimmt. Die zwei Häuser sind mit Antiquitäten ausgestattet und liegen in einem entzückenden Garten. Dort befindet sich auch der Pool.

CHAPMAN'S PEAK HOTEL HOTEL €€€
Karte S. 291 (☎021-790 1036; www.chapmanspeakhotel.co.za; Chapman's Peak Dr, Hout Bay; EZ/DZ ab 2070/2810 R; P✳@🛜🏊) Zur Wahl stehen schicke, moderne Zimmer mit Balkon und einem hinreißenden Blick über Hout Bay (in einem neuen Anbau) und die viel billigeren und kleineren Zimmer (660 R für Bergblick, 960 R für ein Stück Meerblick) im alten Gebäude. Dort befindet sich auch ein sehr beliebtes Bar-Restaurant mit einer breiten Terrasse.

THULANI RIVER LODGE B&B €€
Außerhalb Karte S. 291 (☎021-790 7662; www.thulani.eu; 14 Riverside Terrace, Hout Bay; EZ/DZ ab 950/1150 R; P@🛜🏊) In der Sprache der Zulu bedeutet „Thulani" so viel wie Ruhe und Frieden – die perfekte Beschreibung für dieses Kleinod. Das traditionelle afrikanische strohgedeckte Landhaus liegt in einem grünen Tal, durch das der Disa River nach Hout Bay fließt. Wer in das Himmelbett der Hochzeitssuite sinkt, hat einen beeindruckenden Panoramablick auf den Tafelberg.

AMBLEWOOD GUESTHOUSE B&B €€
Karte S. 291 (☎021-790 1570; www.amblewood.co.za; 43 Skaife St, Hout Bay; EZ/DZ ab 780/980 R; P@🛜🏊) Auf der Terrasse des gehobenen B&B lädt ein kleiner Pool zum Abkühlen ein – ein schöner Ausblick über Hout Bay inklusive. Die netten Zimmer sind mit Stilmöbeln eingerichtet, die zum Haus passen.

🛏 Südliche Vororte

CONSTANTIA UITSIG HOTEL €€€
(☎021-794 6500; www.constantia-uitsig.com; Spaanschemat River Rd; EZ/DZ/Suite ab 2400/3600/5200 R; P✳@🛜🏊) Mitten im gleichnamigen Weingut gelegen bietet das Hotel gemütliche, etwas kitschige Zimmer im viktorianischen Stil – überall lauern Blümchen- und Karomuster. Der Garten ist ebenso wunderbar wie die drei erstklassigen Restaurants, die zur Auswahl stehen.

VINEYARD HOTEL & SPA HOTEL €€
Karte S. 294 (☎021-657 4500; www.vineyard.co.za; Colinton Rd, Newlands; EZ/DZ ab 1300/1750 R, Suite EZ/DZ ab 4500/4950 R; P✳@🏊) Kernstück dieses reizenden Hotels ist ein 1799 für Lady Anne Barnard errichtetes Haus. Die Zimmer sind modern eingerichtet und in beruhigenden Naturtönen gehalten. Vom herrlichen Garten aus kann man den Blick auf den Tafelberg genießen. Die freundlichen Angestellten, das phantastische Angsana Spa, ein toller Fitnessraum und Pool und das Gourmetrestaurant Myoga vervollständigen das Bild.

ALPHEN BOUTIQUEHOTEL €€€
(☎021-795 6300; www.alphen.co.za; Alphen Dr, Constantia; Suite ab 2900 R; P✳@🛜🏊) Eine aufwendige Renovierung hat das historische Anwesen in ein glamouröses Hotel mit 21 Suiten umgewandelt, die abwechselnd als „cool", „erstaunlich", „umwerfend" und „märchenhaft" bezeichnet werden. Das heißt

konkret eine mutige Mischung aus Antiquitäten und poppig modernem Design. Das hauseigene gesellige Bäckerei-Café La Belle und die schicke Rose Bar mit Blick auf den gepflegten Garten und den Pool sind schon für sich einen Besuch wert. Zu erreichen über die Ausfahrt Constantia von der M3 und dann den Schildern zum Alphen folgen.

Südliche Halbinsel

BELLA EV
B&B €€

Karte S. 296 (☎021-788 1293; www.bellaevguesthouse.co.za; 8 Camp Rd, Muizenberg; EZ/DZ 650/1200 R; @; ☒Muizenberg) Das reizende B&B mit einem entzückenden Hofgarten wäre der perfekte Schauplatz für einen Krimi von Agatha Christie – und zwar für einen, in dem der Besitzer eine Vorliebe für alles Türkische hat. Davon zeugen auch die osmanischen Gästeschlappen oder das türkische Frühstück.

CHARTFIELD GUEST HOUSE
B&B €

Karte S. 296 (☎021-788 3793; www.chartfield.co.za; 30 Gatesville Rd, Kalk Bay; EZ/DZ ab 480/550 R; ⓟ@🎧🌊; ☒Kalk Bay) Das weitläufige Haus aus den 1920er-Jahren mit Holzböden wurde mit erlesenem zeitgenössischen Kunsthandwerk aufgebrezelt. Die unterschiedlichen Zimmer haben alle taufrische Bettwäsche und Badezimmer mit Regendusche. Im Haus gibt es auch ein Internetcafé (auch für Nichtgäste) und eine wunderbare Café-Bar mit Terrasse und Garten samt Blick auf den Hafen.

MONKEY VALLEY BEACH NATURE RESORT
HOTEL €

(☎021-789 1391; www.monkeyvalleyresort.com; Mountain Rd, Noordhoek; EZ/DZ ab 1530/2250 R, Haus ab 3380 R; ⓟ🎧🌊🛝) Die phantasievoll gestaltete und rustikale Anlage unter Milkwood-Bäumen vermietet Zimmer zum Meer raus und geräumige strohgedeckte Ferienhäuschen. Es ist eine tolle Unterkunft für Familien und der weite Strand ist auch nur ein paar Schritte entfernt. Ab dem Noordhoek-Ende der Chapman's Peak Road (M6) ist das Hotel ausgeschildert.

BOULDERS BEACH LODGE
B&B €€

Karte S. 298 (☎021-786 1758; www.bouldersbeach.co.za; 4 Boulders Pl, Boulders; EZ/DZ/Apt. ab 500/900/1875 R; ⓟ@🎧; ☒Simon's Town) Pinguine watscheln fast bis zur Haustür

---

UNTERKUNFT IN TOWNSHIP-HÜTTEN

Vicky's B&B (☎082 225 2986, 021-387 0122; Site C-685A, Khayelitsha; EZ/DZ 270/540 R; @) in Khayelitsha war einst die einzige Hüttenunterkunft. Vickys Erfolg als B&B-Vermieterin hat es ihr ermöglicht, ein recht schönes, zweistöckiges Haus herzurichten, das sechs Gästezimmer hat, drei davon mit Bad. Es wirkt allmählich wie ein Anachronismus, da auf Site C die Hütten mehr und mehr von richtigen Ziegelhäusern ersetzt werden.

Konkurrenz kommt nun von **Vuvu's Small Shack** (☎072-715 5721; www.township-experience.com; EZ/DZ 150/300 R) in Langa. Vuvu, eine freundliche, registrierte Fremdenführerin, vermietet ihr winziges, schuppenartiges Zimmer vor dem Ziegelhaus ihrer Eltern als Unterkunft für bis zu zwei Personen. Gäste müssen aber einen Schlafsack mitbringen und sich das Zimmer mit Vuvu teilen.

---

des schicken B&Bs, dessen Zimmer mit Korb und Holz eingerichtet sind. Es gibt auch einige Apartments, bei denen Frühstück im Preis enthalten ist. Das exzellente Restaurant hat eine Terrasse. Pinguine sind übrigens nicht gerade die leisesten Viecher, Ohrstöpsel sind daher ratsam.

DE NOORDHOEK HOTEL
HOTEL €

(☎021-789 2760; www.denoordhoek.co.za; Ecke Chapman's Peak Dr & Village Ln, Noordhoek; EZ/DZ ab 990/1410 R; ⓟ❄@🎧🌊) Das Hotel ist so gut gebaut, als wäre es schon immer ein Teil des Noordhoek Farm Village gewesen. Unter den geräumigen und komfortablen Zimmern um einen hübschen Innenhof mit Fynbos-Pflanzen und Zitronenbäumen ist auch ein barrierefreies. Von der Chapman's Peak Road (M6) ist das Noordhoek Farm Village ausgeschildert.

THE GLEN LODGE
HOTEL €

Außerhalb Karte S. 298 (☎021-782 0314; www.theglenlodgeandpub.co.za; 12–14 Glen Rd, Glencairn; B/EZ/DZ 200/300/500 R; ⓟ🎧; ☒Glencairn) Das historische Gasthaus vermietet einfache, aber ansprechende möblierte Zimmer, von denen vier aufs Meer blicken. Im Preis für den Schlafsaal (mit nur vier

Betten) ist kein Frühstück enthalten. Das Haus liegt günstig zum Glencairn Beach, zum Bahnhof und ist nicht weit von Simon's Town entfernt. Ein lebhaftes Kneipencafé befindet sich ebenfalls auf dem Gelände.

SIMON'S TOWN BACKPACKERS HOSTEL €

Karte S. 298 (☏021-786 1964; www.capepax.co.za; 66 St George's St, Simon's Town; DZ 500 R; B/DZ ohne Bad 150/440 R; @; ᠗Simon's Town) Die blitzblanken Zimmer des relaxten Hostels sind groß und blicken teilweise auf den Hafen. Fahrräder werden für 120 R pro Tag verliehen und das freundliche Personal ist bei der Organisation der vielen Aktivitäten in der Gegend behilflich. Frühstück ist nicht im Preis enthalten.

SAMHITAKASHA COB HOUSE B&B €

Karte S. 296 (☏021-788 6613; www.cobhouse.co.za; 13 Watson Rd, Muizenberg; EZ/DZ 350/700 R; P᠗; ᠗Muizenberg) Der Englisch und Französisch sprechende Reiseleiter Simric Yarrow brauchte zwei Jahre, um das einzigartige Ökohaus aus Lehm, Holz und Stroh zu bauen; ein Zimmer über der Garage ist Gästen vorbehalten. Heißwasser gibt es über ein solarbetriebenes Heizgerät. Das Biofrühstück ist im Preis enthalten, aber Simric kann auch ein Abendessen zusammenbrutzeln.

ECO WAVE LODGE HOSTEL €

(☏073-927 5644; 11 Gladioli Way, Kommetjie; B/EZ/DZ 150/300/340 R; P᠗) Das Hostel ist ideal für Surfer, nämlich knapp 100 m vom Strand entfernt. Außerdem sind die Unterkünfte in dem geräumigen Haus absolut klasse, ebenso der riesige Speiseraum mit Kronleuchter an der Decke und großer Sonnenterrasse. Das Management vermittelt Surfkurse und -ausrüstung. Autofahrer zweigen von der Kommetjie Road (M65) in den Somerset Way ab, der zum Gladioli Way führt.

BEACH LODGE HOSTEL €

Karte S. 296 (☏021-788 1771; www.thebeachlodge.co.za; 13-19 York Rd, Muizenberg; B/EZ/DZ ohne Bad 120/200/380 R; @; ᠗Muizenberg) Das denkmalgeschützte Gebäude mit großartigem Meerblick ist geräumig und perfekt für alle, die in 30 Sekunden am Strand sein wollen. Die Küche ist riesig und im komfortablen Gemeinschaftszimmer steht ein

Satelliten-TV. Frühstück ist nicht im Preis enthalten.

🛏 Cape Flats & nördliche Vororte

LIZIWE GUEST HOUSE B&B €

(☏021-633 7406; www.sa-venues.com/visit/liziwesguesthouse; 121 NY 111, Gugulethu; EZ/DZ 300/600 R; @) Liziwe hat ihre Villa in einen Palast mit vier wunderbaren Zimmern mit Bad, Satelliten-TV und afrikanischen Motiven umgewandelt. Sie hat an einer Kochsendung der BBC teilgenommen – es ist also klar, dass ihre Küche köstlich ist. Das Haus liegt in Laufnähe vom Mzoli's.

COLETTE'S B&B €

Karte S. 299 (☏083 458 5344, 021-531 4830; www.colettesbb.co.za; 16 The Bend, Pinelands; EZ/DZ 380/580 R; P᠗; ᠗Pinelands) Die sehr charmante Colette betreibt das frauenfreundliche B&B. Das geräumige und hübsche Haus in Pinelands teilt sie sich mit ihren beiden Enten Isabella und Ferdinand. Alle Zimmer sind mit Bad ausgestattet – auch die neuen unterm Dach.

RADEBE'S B&B B&B €

Karte S. 299 (☏021-695 0508, 082 393 3117; www.radebes.co.za; 23 Mama Way, Settlers Pl, Langa; EZ/DZ 280/500 R; P@) Das beste B&B in Langa hat drei reizend eingerichtete Gästezimmer (eines mit eigenem Bad). Es gibt ein nettes Wohnzimmer mit TV und DVD-Player. Das angeschlossene Restaurant Coffee Shack serviert enorme Mahlzeiten. Gäste können aber auch in der voll ausgestatteten Küche selbst kochen.

KOPANONG B&B €

(☏082 476 1278, 021-361 2084; www.kopanongtownship.co.za; 329 Velani Cres, Section C, Khayelitsha; EZ/DZ 300/600 R; P) Thope Lekau, auch „Mama Africa" genannt, betreibt das exzellente B&B zusammen mit ihrer Tochter Mpho, die ebenso überschwänglich ist wie sie selbst. Das beachtliche Backsteinhaus hat zwei stilvoll ausgestattete Zimmer mit Bad. Als Führerin und Entwicklungshelferin gibt Thope tiefe Einblicke ins Township-Leben und kocht zudem köstliche Gerichte (110 R). Auf Nachfrage bietet sie auch Kochkurse und Wandertouren durch die Region an (120 R).

MAJORO'S B&B

B&B €€

(☎082 537 6882, Tel./Fax 021-361 3412; majoros
@webmail.co.za; 69 Helena Cres, Khayelitsha; EZ/
DZ ohne Bad 350/700 R; P) Die freundliche
Maria Maile ist Besitzerin des B&Bs in einem kleinen Backsteinbungalow in einer
gutbürgerlichen Gegend von Khayelitsha.
Bis zu vier Leute finden in den zwei gemütlichen Zimmern Platz. Es gibt Abendessen
für 100 R und bewachte Parkplätze.

MALEBO'S

B&B €€

(☎083 475 1125, 021-361 2391; malebo12@web
mail.co.za; 18 Mississippi Way, Khayelitsha; EZ/DZ
350/700 R) Lydia Masoleng vermietet seit
1998 Zimmer in ihrem geräumigen, modernen Haus. Drei der vier behaglichen Zimmer hat sie mit eingebauten Bädern modernisiert. Zum Abendessen auf Wunsch (95 R)
gehört ihr selbst gebrautes *umqombothi*
(Bier).

SCHLAFEN CAPE FLATS & NÖRDLICHE VORORTE

Kapstadt verstehen

KAPSTADT AKTUELL 210
Die „Welthauptstadt des Designs" 2014 gibt sich ein neues Gesicht und nimmt dabei gewichtige Probleme in Angriff.

GESCHICHTE 212
Kapstadts Geschichte steckt voller Persönlichkeiten und Ereignisse, von den Völkern der Khoikhoi und der San bis zu Zille und de Lille.

MENSCHEN & KULTUREN 224
Eine Stadt, viele Kulturen – Kapstadt ist ein kreolischer Schmelztiegel unterschiedlichster Menschen und Lebensstile.

ARCHITEKTUR 228
Ob steinerne Burg, Art-déco-Türme oder grazile kapholländische und überladene viktorianische Bauten – sie gehören alle zur architektonischen Mixtur.

KUNST & KULTUR 332
Das pulsierende und faszinierende Leben Kapstadts inspiriert die gesamte Kulturwelt, von Literatur und Film bis zu Malerei und Musik.

NATUR & UMWELT 236
In der über Millionen Jahre geformten, faszinierenden Landschaft Kapstadts gedeiht die vielfältigste Flora der Welt.

WEIN 239
Die Geschichte des 350 Jahre alten Wirtschaftszweigs zeigt auch, wie die schändlichen Arbeitsbedingungen der Vergangenheit heute in Angriff genommen werden.

Kapstadt aktuell

Lebe Design, verändere das Leben, mit diesem Slogan hat sich Kapstadt erfolgreich als World Design Capital 2014 beworben. Projekte wie die MyCiTi-Buslinien und Creative Cape Town haben sich bereits bewährt. Die große Mehrheit der Kapstädter lebt jedoch in Armut in den Cape Flats, Welten entfernt von den Villen in Camps Bay oder dem Table Mountain National Park. Die Diskussion um Prioritäten geht also weiter. Und der Vorwurf des Rassismus hängt der Metropole, die gerne multikulturell wäre, noch immer an.

Top-Filme

Black Butterflies (www.blackbutterflies.nl) Niederländische Filmbiografie von Carice van Houten über die Afrikaans-Dichterin Ingrid Jonkers im Kapstadt der 1950er-Jahre.
Sea Point Days (www.seapointdays.co.za) Dokumentarfilm von Francois Verster um den namensgebenden Stadtteil und seine Promenade als multikultureller Kreuzweg.
Visa/Vie (www.visaviemovie.com) Zauberhafte Komödie, in der sich die französische Heldin bemüht, an nur einem Wochenende einen Kapstädter Ehemann zu finden, um der Abschiebung zu entgehen.

Top-Bücher

A City Imagined (Hrsg. Stephen Watson) Spitzenauswahl origineller Essays von lokalen Autoren, die diverse Aspekte Kapstadts beschreiben.
Reports From Before Daybreak (Brent Meersman) Kapstadt bildet die Kulisse für den eindrucksvollen Roman über das gewalttätige Jahrzehnt vor der Demokratie und dessen zerstörerische Auswirkung auf die Menschen aller Rassen.
Würde (Andrew Brown) In dem Thriller tauchen Personen direkt aus den lokalen Schlagzeilen auf, darunter auch russische Gangster und nigerianische Immigranten.

Streit um District Six

Im Dezember 2011 veröffentlichte die Stadt Pläne zur Totalsanierung des District Six und bat um öffentliche Stellungnahmen. „Die Bauplanung macht mir Sorgen", sagte Rashiq Fataar, Gründer von „Future Cape Town" (www.futurecapetown.com). Sein Vater wurde aus dem alten, abgerissenen Stadtteil vertrieben, hat aber vor der schleichenden Antragsbearbeitung für eine neue Wohnung dort kapituliert. „Die Diskussionen drehen sich überhaupt nicht um die möglichen Entwicklungen des District Six."

Meinungsverschiedenheiten gab es auch zwischen den Vertretern des District Six Museum und der öffentlich-privaten Beteiligungsgesellschaft, die für den Bau des Entwicklungs- und Forschungsparks The Fringe neben dem District Six zuständig ist. Einige der Museumsmitarbeiter und Treuhänder sorgen sich, dass wichtige historische Elemente der Gegend durch die Luxussanierung verloren gehen.

In der Stadt werden derzeit auch zahlreiche Straßen und Stadtteile umbenannt. Bislang fanden Nelson Mandela, Helen Suzman und Christiaan Barnard ihre demokratiefreundlichen Namen an Hauptstraßen wieder. Zur Zeit der Recherche sollten 27 weitere Straßen umbenannt werden, die mit der Apartheid oder Kolonialzeit in Zusammenhang stehen, wie der Hendrik Verwoerd Drive. Die von der Stadt und der Provinzregierung unterstützte Kampagne „Name Your Hood" (www.nameyourhood.co.za) plant, das Vorhaben vom Innenstadtbereich bis nach Gugulethu auszudehnen. Bald schon werden auf den Stadtplänen neue Namen für die zentralen Stadtteile auftauchen, wie The Loop, Little Camissa und Green Mile.

Verbale Gefechte

Anfang 2012 entbrannte ein Streit über Twitter zwischen Vertetern der schwarzen Gemeinde, darunter auch die Afroblues-Sängerin Simphiwe Dana und der Premierministerin von Westkap Helen Zille, über die Frage, ob Kapstadt rassistisch sei. „Versuchen Sie mal, als Schwarze zu leben. Sie haben die Macht, Dinge zu verändern", twitterte Dana. Zille twitterte daraufhin zurück: „Sie sind ein hoch angesehener schwarzer Profi. Versuchen Sie nicht, eine Profi-Schwarze zu sein."

Derartige Kabbeleien werfen ein Schlaglicht auf den Graben, der zwischen unterschiedlichen Ethnien in dieser Post-Apartheidsstadt, die aber immer noch ökonomisch gespalten ist, bis heute existiert. Die Gemüter erhitzten sich erneut, als die Bewegung „Occupy Rondebosch Common" ein Sit-in auf dem öffentlichen Park der südlichen Vorstädte organisieren wollte, um auf das andauernde Elend der Barackenbewohner in den Townships hinzuweisen. Kapstadts Bürgermeisterin Patricia de Lille nannte die Demonstranten „Zerstörungsaktionisten" und schickte die Polizei, die den prominenten Leiter von Proudly Mannenberg, Mario Wanza, noch vor Beginn der Demo verhaftete. Die *Cape Times* bezeichnete in einem Leitartikel die Reaktion der Stadt als „hysterisch" und „beschämend".

Im Februar 2012 fand am Chapman's Peak Drive eine weitere Demo gegen den Bau einer 54 Mio. Rand teuren Mautstation mit Bürogebäuden in einem Naturschutzgebiet des Table Mountain National Park statt. Ein Demonstrant ging in den Hungerstreik, zwei weitere fesselten sich mit Handschellen an das Baugerüst und hielten so das Projekt kurzzeitig auf.

Gestaltung der Zukunft

De Lille wurde jedoch für die Verwendung des Formats Pecha Kucha (www.pecha-kucha.org; 20 Dias in 20-Sekunden-Intervallen) gelobt, mit dem sie auf kreative Art auf der Design Indaba Expo 2012 die Vision ihrer Behörde für die World Design Capital 2014 vorstellte. „Es ist eine Chance für die Stadt und ihre Bürger, zusammen mit führenden Designvordenkern Lösungen für Kapstadts dringlichste Probleme zu finden", führte sie an. „Dazu gehört eine Auseinandersetzung, wie wir das Erbe der Raumplanung der Apartheid überwinden können, um eine integrativere Stadt zu schaffen."

Zu den bereits begonnenen Projekten, die de Lille in ihrer Rede erwähnte, gehört „Violence Prevention through Urban Upgrade in Khayelitsha" (www.vpuu.org; Gewaltprävention durch Verbesserung der Infrastruktur in Khayelitsha). Das Projekt hatte erfolgreich einen zuvor von Kriminalität betroffenen Teil der Township in eine sichere Gegend für die Öffentlichkeit gewandelt. „Wir werden das auf andere Bereiche des Großraums Kapstadt ausdehnen", sagte de Lille. Ebenso vielversprechend sind die verschiedenen Gewinner des Wettbewerbs „2011 Design Indaba Your Street", wie das Projekt „Urban Mosaic", das mit Hilfe von Brandschutzfarben der Feuergefahr in den Baracken vorbeugen will.

Gäbe es nur 100 Südafrikaner, wären ...

9 farbig
79 schwarz
9 weiß
3 indischer/asiatischer Herkunft

Gäbe es nur 100 Kapstädter, wären ...

48 farbig
31 schwarz
19 weiß
2 indischer/asiatischer Herkunft

Einwohner pro km²

= 10 Einwohner

Geschichte

Bevor die Europäer im 15. Jh. eintrafen, lebten schon seit Jahrtausenden Menschen am Kap. Die Portugiesen verpassten ihre Chance, aber die Niederländer ließen sich nicht abschrecken – sie brachten Sklaven mit und veränderten damit die ethnische Beschaffenheit des Kaps. Die niederländische Herrschaft dauerte fast 200 Jahre, bis 1814 die Briten die Macht ergriffen und damit viele Afrikaander (Buren) veranlassten, landeinwärts zu ziehen. Doch während der Apartheid betraten diese mit aller Macht wieder die Bühne. Ende des 20. Jhs. schließlich war Nelson Mandela ein freier Mann und damit war ein neues Südafrika geboren.

Südafrika erhebt den Anspruch, die Wiege der Menschheit zu sein. Die Entdeckung von 117 000 Jahre alten versteinerten Fußabdrücken an der Langebaan Lagoon (nördlich von Kapstadt) veranlasste einen Forscher zu der Vermutung, dass „Eva" (die erste menschliche oder gemeinsame Vorfahrin von uns allen) hier gelebt habe.

DIE VÖLKER DER KHOIKHOI & SAN

Wissenschaftler wissen nicht, ob die frühesten bekannten Einwohner Südafrikas – die San – direkte Abkommen sind oder ob sie nach Äonen von Jahren der Wanderung in diese Gegend zurückkehrten, irgendwann zwischen 40 000 und 25 000 Jahren vor unserer Zeit. Jahrhundertelang, vielleicht auch für Jahrtausende, lebten die San und die Khoikhoi, ein weiteres altes Volk Südafrikas, miteinander und vermischten sich, sodass eine klare Abgrenzung kaum möglich war, daher auch die kombinierte Bezeichnung Khoisan.

Kulturell und physisch entwickelten sich die Khoisan anders als die negriden Völker Afrikas. Aber vielleicht kamen sie mit Bantu sprechenden Hirtenstämmen in Kontakt, als sie, in Ergänzung zum Jagen und Nahrungsammeln, ebenfalls Hirten wurden und Rinder und Schafe züchteten. Es gibt Beweise dafür, dass vor 2000 Jahren Khoisan am Kap der Guten Hoffnung lebten.

DIE ERSTEN EUROPÄER

Die Portugiesen waren die ersten Europäer, die das Kap nachweislich sichteten. Sie segelten hier vorbei, als sie gerade auf der Suche nach einem Seeweg nach Indien und dessen Gewürzen waren. Bartolomeu Dias umrundete das Kap 1488, hielt sich aber nicht lange auf, weil er es auf die Handelsreichtümer der Ostküste Afrikas und der Karibischen Inseln abgesehen hatte.

ZEITACHSE	ca. 40.000 v. Chr.	1488 n. Chr.	1510
	Prähistorische Müllhaufen – voller Muscheln, Knochen und Bruchstücken von Steinwerkzeugen und Töpferwaren – deuten darauf hin, dass Vorfahren der Khoikhoi und der San am Kap lebten.	Bartolomeu Dias, der als erster Europäer das Kap umsegelt, nennt es Cabo da Boa Esperança (Kap der Guten Hoffnung). Andere bevorzugen Cabo das Tormentas (Kap der Stürme).	Die Khoisan schlagen zurück, als portugiesische Soldaten versuchen, zwei von ihnen zu entführen. Kapitän de Almeida und 50 seiner Leute werden getötet.

Das Kap bot den Portugiesen wenig mehr als frisches Wasser, da die meisten Handelsversuche mit den Khoisan oft in Gewaltausbrüchen endeten. Ohnehin machten Ende des 16. Jhs. englische und niederländische Händler den Portugiesen Konkurrenz und bald nutzten die skorbutgebeutelten Schiffsbesatzungen das Kap regelmäßig als Zwischenstopp. 1647 erlitt ein niederländisches Schiff in der Tafelbucht Schiffbruch, die Mannschaft baute ein Fort und blieb über ein Jahr, bevor sie gerettet wurde.

Nach diesem Ereignis erkannten die Direktoren der Niederländischen Ostindien-Kompanie (Vereenigde Oost-Indische Compagnie, VOC) den Wert einer ständigen Siedlung. Sie hatten überhaupt nicht im Sinn, das Land zu kolonisieren, sondern wollten ganz einfach eine sichere Basis aufbauen, wo Schiffe Schutz finden und sich mit frischem Fleisch, Obst und Gemüse versorgen konnten.

ANKUNFT DER NIEDERLÄNDER

Die Aufgabe, die VOC-Niederlassung aufzubauen, fiel Jan van Riebeeck (1619–77) zu, der von 1652–62 Kapkommandant war. Die Niederländer wurden nicht gerade mit offenen Armen von den Khoisan empfangen und immer wieder kam es zu Feindseligkeiten. Die Einwohner, deren Zahl sich auf 4000 bis 8000 Menschen belaufen haben soll, hatten jedoch kaum eine Chance gegen die Waffen und Krankheiten der Europäer.

Da die Khoisan unkooperativ blieben, litt die Kapsiedlung bald unter chronischem Arbeitskräftemangel. Ab 1657 entließ van Riebeeck VOC-Angestellte. Er gestattete ihnen die unabhängige Landbewirtschaftung, setzte somit die Kolonisierung Südafrikas in Gang und hob damit auch die Buren aus der Taufe. Im Folgejahr begann er aus Westafrika, Madagaskar, Indien, Ceylon, Malaysia und Indonesien Sklaven zu importieren. Als der Sklavenhandel 1807 zu einem Ende kam, waren etwa 60 000 Sklaven zum Kap gebracht worden. Sie alle bildeten die Grundlage für den am Kap typischen und einzigartigen Mix aus Kulturen und Ethnien.

DIE SIEDLUNG WÄCHST

Die Kolonisierung provozierte eine Reihe von Kriegen zwischen den Khoisan weiter im Landesinnern und den gut bewaffneten und organisierten Niederländern, denen die Einheimischen nicht gewachsen waren. Die Niederländer gestatteten zudem 1688 etwa 200 Hugenotten, französischen Calvinisten auf der Flucht vor der Verfolgung durch Ludwig XIV., sich am Kap niederzulassen.

Die San waren nomadische Jäger und Sammler und die Khoikhoi (was vermutlich „wahre Menschen" bedeutet) waren halbnomadische Jäger und Hirten. Europäische Siedler nannten die Khoikhoi später „Hottentotten" und die San „Buschmänner".

1647	1652	1660	1679
Die Mannschaft eines schiffbrüchigen niederländischen Schiffes errichtet ein Fort an der Tafelbucht – Vorbote einer ständigen niederländischen Siedlung am Kap.	Jan van Riebeeck, von der Niederländischen Ostindien-Kompanie (VOC) mit der Gründung eines Versorgungsstützpunkts auf dem Weg nach Indien beauftragt, trifft am 6. April ein.	Van Riebeeck pflanzt eine Hecke aus wilden Mandelbäumen, um seine Europäersiedlung vor den Khoisan zu schützen – ein Teil davon ist noch in den Kirstenbosch Botanical Gardens erhalten.	Simon van der Stel, Sohn eines VOC-Beamten und einer befreiten indischen Sklavin, trifft am Kap als Kommandeur ein. Zwei Jahre später wird er zum Gouverneur ernannt.

WER SIND DIE BUREN?

Südafrikas Afrikaans Bevölkerung hat ihre Wurzeln in niederländischen und den ersten europäischen Kapsiedlern. Die unabhängigeren von ihnen entfernten sich bald vom strikten Regime der Niederländischen Ostindien-Kompanie (Vereenigde Oost-Indische Compagnie) und zogen aufs Land. Sie waren die ersten Treckburen (wörtlich „umherziehende Bauern"), später kurz als Buren bezeichnet.

Die kompromisslos unabhängigen und von Viehzucht lebenden Buren unterschieden sich nicht groß von den Khoisan, mit denen es bei der Kolonisierung des Landesinneren zu Konflikten kam. Viele Buren konnten nicht lesen und hatten außer der Bibel keine anderen Informationsquellen. Von den Europäern abgeschnitten, entwickelten sie eine eigene Kultur und Sprache, das Afrikaans, abgeleitet vom Jargon ihrer Sklaven.

Es gab nur wenige Frauen in der Kolonie und so wurden weibliche Sklaven und Khoisan-Frauen für Arbeit und Sex rücksichtslos ausgebeutet. Bald vermischten sich auch die Sklaven mit den Khoisan. Die Nachkommen dieser Verbindungen bilden heute Teile der sogenannten farbigen Bevölkerung.

Unter der nahezu totalen Kontrolle der VOC bot Kaapstad (der niederländische Name für Kapstadt) einen komfortablen europäischen Lebensstil für eine wachsende Anzahl von Handwerkern und Unternehmern, die ihre Dienste Schiffen und deren Besatzung anboten. Mitte des 18. Jhs. lebten an die 3000 Menschen in dem zügellosen Hafen, der jedem Seemann, Freibeuter und Kaufmann, der zwischen Europa und dem Osten reiste, als „Taverne der Meere" bekannt war.

DIE BRITEN ERGREIFEN DIE MACHT

Im Lauf des 18. Jhs. bröckelte die Weltmacht der Niederländer unter der Bedrohung des britischen Empire. Zwischen 1795 und 1806 war das Kap ein Spielball zwischen den beiden Kolonialmächten, auch die Franzosen waren kurz in das Machtspiel involviert.

Noch bevor die Kolonie am 13. August 1814 der Krone übergeben wurde, hatten die Briten den Sklavenhandel abgeschafft. 1828 wurde den verbleibenden Khoisan ausdrücklich der Schutz durch das Gesetz zugesichert. Diese Ereignisse verstimmten die Afrikaander und führten zu einer Massenmigration von der Kapkolonie landeinwärts, die als der Große Treck bekannt wurde.

Obwohl sie die Sklaverei abschafften, verabschiedeten die Briten neue Gesetze, die den Grundstein für eine ausbeuterische Arbeitsordnung legten, die sich kaum von der Sklaverei unterschied. Tausende von

1699	1795	1806	1808
Van der Stel tritt in den Ruhestand, um sich um sein Gut Constantia zu kümmern, die Wiege des Weinanbaus am Kap. Sein Sohn Willem Adriaan wird sein Nachfolger.	Nach der siegreichen Schlacht von Muizenberg übernehmen die Briten die Kontrolle am Kap. Acht Jahre später bringt der Vertrag von Amiens die Niederländer zurück an die Macht.	Im Verlauf der Napoleonischen Kriege kehren die Briten zurück und erobern mit ihrem endgültigen Sieg in der Schlacht von Blouberg das Kap für die britische Krone.	Die neue Regierung führt den Freihandel ein und schafft im Land den Sklavenhandel ab. Dennoch revoltieren Sklaven bei Malmesbury und Tygerberg und marschieren nach Kapstadt.

enteigneten Schwarzen suchten Arbeit in der Kolonie. Sich dort aber ohne Ausweis oder Arbeit aufzuhalten, wurde zu einem Verbrechen erklärt. Ebenso war es ein Verbrechen, einen Job zu kündigen.

WIRTSCHAFTSBOOM AM KAP

Mit dem Freihandel gedieh Kapstadts Wirtschaft. In der ersten Hälfte des 19. Jhs., vor der Eröffnung des Suezkanals, machten britische Offiziere, die in Indien stationiert waren, Urlaub am Kap.

1854 wurde in Kapstadt ein repräsentatives Parlament gebildet, aber zum Schrecken der niederländischen und englischen Landwirte im Norden und Osten bestanden die britische Regierung und Liberale vom Kap auf einer ethnisch gemischten Wählerschaft (wenngleich mit finanziellen Auflagen, die die meisten Schwarzen und Farbigen ausschlossen).

Die Eröffnung des Suezkanals 1869 ließ den Schiffsverkehr am Kap vorbei dramatisch abnehmen, aber die Entdeckung von Diamanten und Gold im Zentrum Südafrikas in den 1870er- und 1880er-Jahren half Kapstadt, seinen Status als wichtigste Hafen des Landes aufrechtzuerhalten. Einwanderer strömten in die Stadt und die Bevölkerung stieg von 33 000 im Jahr 1875 auf über 100 000 Menschen zur Jahrhundertwende.

BURENKRIEG

Nach dem Großen Treck gründeten die Buren mehrere unabhängige Republiken, die größten waren der Oranje-Freistaat (die heutige Provinz Free State) und der Transvaal (heute die Northern Province, Gauteng und Mpumalanga).

Als die weltweit ergiebigste Goldader im Transvaal gefunden wurde (daneben entstand ein Dorf namens Johannesburg), passte es den Briten nicht, dass die Buren solchen Reichtum kontrollieren sollten, was 1899 zum Krieg führte. Die Buren waren zahlenmäßig unterlegen, aber ihre Zähigkeit und ihre Landeskenntnis führten dazu, dass sich der Krieg hinzog, bis 1902 die Briten schließlich siegten.

Kapstadt war nicht direkt in die Kämpfe verwickelt, aber es spielte eine Schlüsselrolle als Landungs- und Versorgungshafen für die halbe Million Soldaten, die auf britischer Seite kämpften. Das Mount Nelson Hotel diente den Lords Roberts und Kitchener als Hauptquartier.

Nach dem Krieg unternahmen die Briten Schritte in Richtung Aussöhnung und schoben die Vereinigung der vier südafrikanischen Provinzen zu einer Union an, die sich 1910 dann auch vollzog. Am Kap

1814	1834	1835	1849
Die Kapkolonie wird formal den Briten übertragen und ist damit nach Sierra Leone das zweite Besitztum des Empires in Afrika. Englisch ersetzt Afrikaans als offizielle Sprache.	Die nunmehr freigelassenen Sklaven Kapstadts gründen ihr eigenes Stadtviertel, das Bo-Kaap. Im selben Jahr wird auch Kapstadts Parlament gegründet.	Der Unmut der Afrikaander über die britische Herrschaft führt zum Großen Treck; um die 10 000 Familien machen sich auf, um ihren eigenen Staat zu gründen, und erschließen dabei das Landesinnere.	Damit das Kap keine Strafkolonie wird, verbietet Gouverneur Sir Harry Smith 282 britischen Gefangenen, das Schiff *Neptune* zu verlassen, und zwingt sie zur Weiterfahrt nach Tasmanien.

erhielten Schwarze und Farbige ein eingeschränktes Wahlrecht (obwohl nur Weiße Mitglieder des Landesparlaments werden konnten und wählbare Schwarze oder Farbige nur etwa 7 % ausmachten), in anderen Provinzen hatten sie jedoch keine Stimme.

IM SCHATTEN DER APARTHEID

Afrikaander waren gegenüber der Englisch sprechenden Minderheit, die den Großteil des Kapitals und der Industrie in dem neuen Land kontrollierte, wirtschaftlich und gesellschaftlich benachteiligt. Das und die anhaltende Bitterkeit über den Krieg sowie die Abneigung der Afrikaander, mit Schwarzen und Farbigen um schlecht bezahlte Jobs konkurrieren zu müssen, führte zu einem scharfen Nationalismus und der Gründung der National Party (NP).

1948 kam die National Party mit dem Apartheidsgedanken an die Macht (wörtlich bedeutet Apartheid etwa „das Getrenntsein"). Nicht-Weiße durften nicht wählen, Mischehen wurden verboten, sexuelle Begegnungen zwischen verschiedenen Ethnien für illegal erklärt und jede Person wurde nach Rasse klassifiziert. Der Group Areas Act wies jeder ethnischen Gruppe bestimmte Wohngebiete zu und der Separate Amenities Act legte getrennte öffentliche Einrichtungen fest: getrennte Strände, Busse, Toiletten, Schulen und Parkbänke. Schwarze mussten ständig ihre Ausweise bei sich tragen und es war ihnen verboten, ohne spezielle Genehmigung einzelne Orte zu besuchen oder dort zu leben.

Die niederländisch-reformierte Kirche rechtfertigte die Apartheid mit religiösen Gründen. Sie behauptete, Rassentrennung sei gottgewollt und das Volk (damit waren natürlich nur die Afrikaander gemeint) habe eine heilige Mission, die Reinheit der weißen Rasse in ihrem gelobten Land zu bewahren.

ERFUNDENE HOMELANDS

1951 wurde ein System von sogenannten Homelands (Heimatländern) eingesetzt. Damit wuchs der Anteil von verfügbarem Land für Schwarze ganz sacht auf 13 % an. Zu dieser Zeit bestand die Bevölkerung zu etwa 75 % aus Schwarzen. Der Gedanke hinter den Homelands war, dass alle Gruppen von Schwarzen ein traditionell angestammtes Gebiet hätten, in das sie ursprünglich gehörten – und in dem sie nun bleiben sollten. Im Gebiet um Kapstadt galt die Regel, dass Farbige bevorzugt werden mussten. Es durfte also kein Schwarzer einen Job bekommen, bevor nicht bewiesen war, dass es keinen Farbigen gab, der dafür geeignet war.

Der Plan ignorierte die große Zahl von Schwarzen, die nie in ihren „Heimatländern" gelebt hatten. Millionen Menschen, die seit Generationen in völlig anderen Gebieten gelebt hatten, wurden in öde, wirtschaftlich unproduktive Gegenden ohne Infrastruktur abgeschoben.

1867	1869	1890	1899
Die Entdeckung des weltgrößten Diamantenvorkommens in Kimberley und des ebenfalls weltgrößten Goldvorkommens im Transvaal lässt Kapstadts Wirtschaft boomen.	Am 17. November wird der Suezkanal eröffnet, was den Schiffsverkehr rund um das Kap der Guten Hoffnung enorm einschränkt.	Der Minenmagnat Cecil Rhodes, Gründer von De Beers, wird zwei Jahrzehnte nach seiner Ankunft in Kapstadt im Alter von 37 Jahren zum ersten Premierminister der Kolonie.	Lord Kitchener nennt den Feldzug der Briten zur Machtgewinnung über die Burenrepubliken einen „Kaffeekränzchen-Krieg". Aber die Burenkriege werden über drei Jahre unerbittlich ausgefochten.

Die Homelands wurden als selbstverwaltete Staaten betrachtet und es war geplant, dass aus ihnen unabhängige Länder werden sollten. Vier der zehn Homelands waren bereits nominell unabhängig, als die Apartheid abgeschafft wurde (obwohl die UN sie nicht als unabhängig anerkannten), und ihre Oberhäupter behielten ihre Macht mithilfe des südafrikanischen Militärs.

Das weiße Südafrika war derweil von billigen schwarzen Arbeitskräften abhängig, um die florierende Wirtschaft zu sichern. Deswegen wurde zahlreichen schwarzen „Gastarbeitern" die Rückkehr ins Land erlaubt. Wenn Schwarze aber keinen Ausweis und keinen Job hatten, kamen sie ins Gefängnis und wurden zurück in ihre Homelands geschickt. Auf diese Weise wurden zahllose schwarze Gemeinschaften und Familien auseinandergerissen. Menschen ohne Arbeit zog es also erklärlicherweise in solche Städte wie Kapstadt, um ihren Ehemännern, Ehefrauen oder Eltern nahe zu sein.

Weil keine neuen Wohnhäuser für Schwarze gebaut wurden, schossen in den sandigen Ebenen östlich von Kapstadt illegale Hüttensiedlungen wie Pilze aus dem Boden. Die Regierung machte die Baracken mit Bulldozern dem Erdboden gleich und die Bewohner wurden in die Homelands vertrieben. Nach einigen Wochen standen an derselben Stelle natürlich wieder neue Hütten.

MANDELA IM GEFÄNGNIS

1960 organisierten der African National Congress (ANC) und der Pan-African Congress (PAC) Märsche gegen die verhassten Passgesetze. Diese zwangen Schwarze und Farbige dazu, Ausweise mit sich zu führen, die ihnen den Aufenthalt in bestimmten Gebieten erlaubten. In Langa und Nyanga in den Cape Flats tötete die Polizei fünf Demonstranten. Die Massaker von Sharpeville in Gauteng ereigneten sich zur gleichen Zeit und führten zum Verbot von ANC und PAC.

Die Reaktion war ein Haftbefehl für Nelson Mandela und andere Anführer des ANC. Mitte 1963 wurde Mandela gefangen genommen und zu lebenslänglicher Haft auf Robben Island verurteilt.

Jahrzehntelang versuchte die Regierung, Barackensiedlungen wie Crossroads auszumerzen, in denen sich der schwarze Widerstand gegen das Apartheidsregime konzentrierte. Gewalttätige Räumungen und Ermordungen zeigten keine Wirkung. Die Regierung war gezwungen, die unabänderliche Sachlage zu akzeptieren, und begann damit, die Lebensbedingungen zu verbessern. Seither haben sich riesige Townships in den Cape Flats ausgebreitet. Niemand weiß genau, wie viele Menschen dort leben, aber 1,5 Mio. sind wahrscheinlich.

1902	März 1902	1910	1923
Die Beulenpest gelangt mit einem Schiff aus Argentinien nach Kapstadt – für die Regierung ein Vorwand zur Rassentrennung; 6000 Schwarze werden in die Cape Flats abgeschoben.	Rhodes stirbt in Muizenberg; die Stadt erbt sein riesiges Anwesen, auf dem die University of Cape Town und die Kirstenbosch Botanical Gardens entstehen.	Die britischen Kolonien und die alten Burenrepubliken werden in der Südafrikanischen Union zusammengeführt. Kapstadt wird Parlamentssitz.	Der Black Urban Areas Act verbietet Schwarzen, Kapstadts Innenstadt zu betreten. Drei Jahre später wird die gefängnisartige Siedlung Langa zur ersten geplanten Township für Schwarze.

DIE FARBIGEN

Die Teile-und-herrsche-Taktik des Apartheidsregimes – Farbige Schwarzen vorzuziehen – schürte die Feindseligkeit, die auch heute noch zwischen Schwarzen und Farbigen am Kap zu spüren ist. Doch litten auch Farbige unter der Apartheid. Das zeigen die Erfahrungen derer, die in dem Armenviertel in der Innenstadt, dem District Six, lebten.

1966 wurde der District Six zum weißen Gebiet erklärt. 50 000 Menschen, darunter ganze Familien, die fünf Generationen hier gelebt hatten, wurden nach und nach in die öden Außenbezirke der Cape Flats wie Athlone, Mitchell's Plain und Atlantis abgeschoben. Freunde, Nachbarn und Verwandte wurden getrennt. Bulldozer rissen der Stadt mit dem Vielvölkermix das Herz heraus und in den Townships schlossen sich deprimierte, desillusionierte Jugendliche zunehmend Gangs an und wurden kriminell.

Die muslimische Farbigengemeinde des Bo-Kaap am nordöstlichen Rand von Signal Hill hatte mehr Glück. Der Bezirk mit Kapstadts erster Moschee (die Owal Mosque in der Dorp Street stammt aus dem Jahr 1798), war einst als Malay Quarter (Malaienviertel) bekannt: Hier lebten viele der importierten Sklaven aus den ersten Tagen der Kapkolonie mit ihren Besitzern.

1952 wurde das gesamte Viertel Bo-Kaap unter den Bestimmungen des Group Areas Act zum Farbigengebiet erklärt. Es kam zu Zwangsräumungen, aber die Einwohner des Viertels, das etwas homogener als der District Six war, rückten näher zusammen. Auf diese Weise entschieden sie den Kampf um ihre Häuser erfolgreich für sich. Viele davon wurden in den 1960er-Jahren unter Denkmalschutz gestellt und entgingen dadurch auch den Bulldozern.

Mehr über Mandela

Der lange Weg zur Freiheit (Nelson Mandela)
....
Nelson Mandela (Anthony Sampson)
....
The Long Walk of Nelson Mandela (www.pbs.org/ wgbh/pages/ frontline/shows/ mandela)
....
Nelson Mandela Centre for Memory (www.nelsonmandela.org)

DER WEG ZUR DEMOKRATIE

1982 wurde Nelson Mandela mit anderen Anführern des ANC von Robben Island nach Kapstadt ins Pollsmoor-Gefängnis verlegt (1986 suchten dann hochrangige Politiker heimlich das Gespräch mit ihnen). Zeitgleich wurden die Razzien des Militärs in den Townships noch unerbittlicher.

Anfang 1990 begann Präsident F. W. de Klerk damit, diskriminierende Gesetze aufzuheben, und der ANC, PAC und die Kommunistische Partei wurden legalisiert. Am 11. Februar sah die Welt mit Staunen zu, wie eine lebende Legende das Victor-Vester-Gefängnis nahe Paarl verließ. Später am selben Tag hielt Nelson Mandela seine erste öffentliche Rede, seit er 27 Jahre zuvor inhaftiert worden war, und die Zuhörer drängten sich auf dem völlig überfüllten Grand Parade in Kapstadt.

1939	1940	1948	1951
Die Felsspitze der Halbinsel wird als Cape of Good Hope Nature Reserve unter Naturschutz gestellt. 60 Jahre später wird ein weiterer Nationalpark auf der Kaphalbinsel geschaffen.	Kapstadts Pier von 1925 wird für ein Landgewinnungsprojekt abgerissen, durch das sich die Stadt 2 km vom Stadtteil Strand in die Table Bay erstreckt. Der Stadtteil Foreshore entsteht.	Die National Party kommt an die Regierung. Farbigen wird am Kap das Stimmrecht entzogen (Schwarze durften seit 1910 nicht wählen) und die Apartheid beginnt.	Die Regierung verabschiedet im Rahmen ihrer Politik der Rassentrennung ein Gesetz zur Schaffung von „Homelands" für die schwarze Bevölkerung.

NELSON MANDELA

Sein Xhosa-Name Rolihlahla bedeutet „Unruhestifter", obwohl Nelson Mandela heute eher Madiba genannt wird, ein Ehrentitel der Stammesältesten und Zeichen des Respekts für einen Mann, der maßgeblich dazu beitrug, Südafrika friedlich von der Apartheid zur Demokratie zu führen. Er bekam den Friedensnobelpreis (1993 mit F. W. de Klerk), ihm wurden Ehrendoktorwürden von zahllosen Universitäten weltweit angetragen und sogar ein Nuklearteilchen ist nach ihm benannt.

Am 18. Juli 1918 wurde Mandela als Sohn der dritten Frau eines Xhosa-Häuptlings in dem kleinen Dorf Mveso am Mbashe River geboren. Schon als Kind aufgeweckt und zielstrebig, überwand er Vorurteile und Armut, wurde schließlich Jurist und eröffnete mit Oliver Tambo in Johannesburg eine Kanzlei. 1944 gründete er mit Walter Sisulu und Oliver Tambo die Jugendorganisation des African National Congress (ANC). Ziel war die Beendigung der rassistischen Politik der weißen Regierung Südafrikas.

Mandela wurde in den 1950er-Jahren zunehmend als künftiger Führer des Landes wahrgenommen, als er und 156 andere Mitglieder des ANC und der Kommunistischen Partei des Verrats angeklagt, dann aber entlastet wurden. Die von Mandela ausgehende Gefahr für die Regierung war so massiv, dass er in den Untergrund abtauchen musste, um den Kampf weiterzuführen. 1963 wurde er gefangen genommen und zu lebenslanger Haft verurteilt.

Die Jahre im Gefängnis wirkten sich deutlich auf seine Gesundheit aus sowie auf seine Ehe mit der zunehmend untreuen Winnie. 1992 trennte sich das Paar, 1996 folgte die Scheidung. 1998, an seinem 80. Geburtstag und ein Jahr nach seinem Rücktritt als ANC-Präsident, heiratete er Graca Machel, die Witwe eines früheren Präsidenten von Mosambik. Mandela blieb noch über mehrere Jahre nach seinem offiziellen Abtritt von der internationalen Bühne 2004 aktiv. Aber nun, mit Anfang 90, wird er zunehmend gebrechlich und verbringt die meiste Zeit außerhalb des Rampenlichts.

Seither wurden praktisch alle Vorschriften des alten Apartheidsregimes außer Kraft gesetzt. Ende 1991 nahm die Convention for a Democratic South Africa (Codesa) Verhandlungen zur Bildung einer multiethnischen Übergangsregierung und einer neuen Verfassung auf, die allen ethnischen Gruppen politische Rechte garantierte. Zwei Jahre später wurde ein Kompromiss erreicht und ein Wahltermin festgelegt. Der Frust über die Wartezeit führte in dieser Zeit zu Ausbrüchen politischer Gewalt im ganzen Land, mitunter von der Polizei und der Armee ausgelöst.

Trotzdem verlief die Wahl 1994 erstaunlich friedlich. Der ANC bekam 62,7 % der Stimmen. Die Mehrheit der farbigen Bevölkerung in Westkap wählte die NP als Provinzregierung. Anscheinend war ihnen das bereits bekannte Übel lieber als der ANC.

1964	1966	1976	1982
Nach dem Rivonia-Prozess entkommen Nelson Mandela, Walter Sisulu und andere der Todesstrafe. Sie werden jedoch zu lebenslanger Haft auf Robben Island in der Tafelbucht verurteilt.	Der District Six wird zum weißen Gebiet erklärt. 50 000 Menschen, die hier über Generationen hinweg gelebt hatten, werden in die Cape Flats umgesiedelt.	Schüler in Langa, Nyanga und Gugulethu demonstrieren gegen die zwangsweise Einführung von Afrikaans als Unterrichtssprache. 128 Menschen werden getötet und 400 verletzt.	Mandela und andere führende ANC-Mitglieder werden von Robben Island ins Pollsmoor-Gefängnis in Tokai verlegt, was diskrete Kontakte zwischen ihnen und der National Party ermöglicht.

WAHRHEITS- UND VERSÖHNUNGSKOMMISSION

Eine der ersten Amtshandlungen der neuen ANC-Regierung war es, die Wahrheits- & Versöhnungskommission (Truth & Reconciliation Commission, TRC) einzusetzen, um die Verbrechen aus der Ära der Apartheid öffentlich zu machen. Diese Institution handelte nach Erzbischof Desmond Tutus Wahlspruch: „Ohne Vergebung gibt es keine Zukunft, aber ohne Geständnis kann es keine Vergebung geben." Zahllose Geschichten von furchtbarer Brutalität und Ungerechtigkeit hörte die Kommission während ihres fünfjährigen Bestehens und half damit einzelnen Personen wie auch Gemeinden, ihre quälende Vergangenheit aufzuarbeiten.

Die TRC ermöglichte Opfern, ihre Geschichten zu erzählen, und Straftätern, ihre Schuld zu gestehen. Straferlass wurde jenen gewährt, die alles gestanden. Personen, die nicht vor der Kommission erschienen, werden strafrechtlich verfolgt, wenn ihre Schuld bewiesen werden kann. Obwohl einige Soldaten, die Polizei und „normale" Bürger ihre Vergehen eingestanden haben, ist es unwahrscheinlich, dass diejenigen, die die Befehle gaben und die Politik bestimmten, jemals antreten werden (auch der frühere Präsident P. W. Botha gehört zu denen, die nicht erschienen). Beweismaterial gegen sie zu sammeln, hat sich als außerordentlich schwierig erwiesen.

Mehr über die TRC ist nachzulesen im preisgekrönten Bericht *Country of My Skull* der Journalistin und Dichterin Antjie Krog oder in Desmond Tutus ausgewogenem und ehrlichem Buch *Keine Zukunft ohne Versöhnung*.

> Mehr über die TRC ist nachzulesen im preisgekrönten Bericht *Country of My Skull* der Journalistin und Dichterin Antjie Krog oder in Desmond Tutus ausgewogenem und ehrlichem Buch *Keine Zukunft ohne Versöhnung*.

AUFSTIEG & FALL VON PAGAD

Das Regierungsvakuum zwischen Mandelas Haftentlassung und der Wahl einer demokratischen Regierung versetzte Kapstadt in eine wackelige soziale Lage. In den frühen 1990er-Jahren wurden Drogen und Kriminalität am Kap zu einem solchen Problem, dass die Gemeinden die Sache in die eigene Hand nahmen. 1995 entstand die Initiative „People against Gangsterism and Drugs" (Pagad), ein Ableger der islamischen Organisation Qibla. Die Gruppe verstand sich als Beschützer der Farbigen gegen korrupte Polizisten und Drogenbosse, die es zuließen, dass Gangs die Townships der Farbigen kontrollierten.

Zunächst tolerierte die Polizei Pagad, aber die Bürgerwehrtaktiken erwiesen sich 1996 mit dem grauenhaften (im Fernsehen ausgestrahlten) Tod des Verbrechers Rashaad Staggie als vollkommen inakzeptabel.

1986
Etwa 70 000 Menschen werden aus ihren Häusern vertrieben und Hunderte getötet, als die Regierung versucht, die illegalen Siedlungen Nyanga und Crossroads in den Cape Flats zu räumen.

1989
Präsident P. W. Botha erleidet einen Schlaganfall. Nachfolger wird F. W. de Klerk, der die Geheimverhandlungen fortsetzt, die zur Legalisierung von ANC, PAC und Kommunistischer Partei führen.

1990
Mandela wird aus dem Victor-Verster-Gefängnis in Paarl entlassen und hält vom Balkon des alten Rathauses von Kapstadt seine erste öffentliche Rede seit 27 Jahren.

Nelson Mandela

Ein Lynchmob setzte den Kriminellen erst in Brand und schoss dann wiederholt auf den Sterbenden. Andere Anführer von Gangs wurden getötet, aber die Sorge der Kapstädter erreichte ihren Höhepunkt, als überall in der Stadt Bomben hochgingen, von denen einige vermutlich von radikalen Pagad-Mitglieder gelegt wurden. Der schlimmste Vorfall ereignete sich 1998, als eine Explosion im Restaurant Planet Hollywood an der Waterfront eine Frau tötete und 27 Menschen verletzte. Im September 2000 wurde der vorsitzende Richter in einem Verfahren gegen Pagad-Mitglieder aus einem vorbeifahrenden Auto heraus erschossen.

Der Pagad-Anführer Abdus Salaam Ebrahim wurde 2002 für seine Gewalttaten zu sieben Jahren Haft verurteilt. Die Verantwortlichen für die Bombenanschläge in Kapstadt wurden jedoch nie überführt. Pagad, von der Regierung zur Terrororganisation erklärt, verhält sich heute sehr viel ruhiger und unauffälliger.

WECHSELNDE ALLIANZEN

1999, zwei Jahre nachdem Mandela von seinem Posten als ANC-Präsident zurückgetreten und von seinem Vertreter Thabo Mbeki abgelöst worden war, fanden in Südafrika die zweiten freien Wahlen statt. Landesweit gewann der ANC an Stimmen und kam bis auf einen Sitz an die Zweidrittelmehrheit heran, die er zur Änderung der Verfassung benötigt hätte. Ein Pakt zwischen der alten NP, neu aufgelegt als New National Party (NNP), und der Democratic Party (DP) für die Gründung der Democratic Alliance (DA) brachte diesen aber in Westkap den Sieg, sowohl bei den Provinz- als auch bei den großstädtischen Wahlen.

2002 verschob sich die politische Landschaft massiv, als die NNP eine Fusion mit dem ANC einging. Das führte dazu, dass der ANC auch in Kapstadt die Oberhand gewann und die Stadt mit Nomaindia Mfeketo erstmals eine Schwarze als Bürgermeisterin bekam. Zwei Jahre danach verzeichnete der ANC bei den Landes- und Provinzwahlen gleichermaßen Triumphe, und Ebrahim Rasool – ein praktizierender Muslim, dessen Familie aus dem District Six vertrieben worden war, als er zehn Jahre alt war – wurde Ministerpräsident von Westkap.

Es war völlig klar, dass die meisten Stimmen aus den Cape Flats kamen, daher schwor der vom ANC geführte Stadtrat, das Los der Township-Bewohner zu verbessern. Maßnahmen sollten eine optimierte Infrastruktur in den „wilden" Siedlungen und mehr Investitionen in sozialen Wohnungsbau sein, etwa das N2 Gateway Project an der Verbindungsstraße zwischen Stadt und Flughafen. Projekte zur Stadterneuerung wurden auch für Mitchells Plain angekündigt, einen der

Südafrikas Verfassung gehört zu den aufgeklärtesten der Welt. Abgesehen vom Verbot von Diskriminierung in praktisch jeglichem Bereich garantiert sie u. a. Rede- und Religionsfreiheit und das Recht auf angemessenen Wohnraum, medizinische Versorgung und Grundausbildung für Erwachsene.

1994	1998	2002	2004
Nach demokratischen Wahlen löst Nelson Mandela F. W. de Klerk mit den Worten „Jetzt ist die Zeit, alte Wunden zu heilen und ein neues Südafrika aufzubauen" als Präsident ab.	Nach drei Jahren emotional schmerzlicher Aussagen verkündet die Wahrheits- & Versöhnungskommission in Kapstadt ihren Urteilsspruch und verurteilt beide Seiten des Freiheitskampfs.	Die Kapstädter wählen ihre erste schwarze Bürgermeisterin, Nomaindia Mfeketo. Die New National Party (NNP) verlässt die Democratic Party (DP), um sich mit dem ANC zusammenzutun.	Ebrahiem Murat (87) und Dan Mdzebela (82) beziehen ihr neues Heim im District Six. Sie wollen wie Tausende von Rückkehrern im einst abgerissenen Viertel ein neues Leben aufbauen.

> ### ZILLE & DE LILLE
>
> Sie mögen sich wie ein Polizistenduo in einem amerikanischen Fernsehkrimi anhören, aber Helen Zille (Zilla ausgesprochen, daher ihr Spitzname „Godzille") und Patricia de Lille sind ein dynamisches Zweigespann an der Spitze der Kapstädter Politik. Zille war ab 2006 für drei Jahre Bürgermeisterin von Kapstadt. Aus dieser Zeit stammt die internationale Auszeichnung World Mayor, die ihr verliehen wurde. Im Mai 2009 wurde sie zur Premierministerin der Provinz Westkap gewählt; die Democratic Alliance (DA), deren Vorsitzende sie ist, ist auch die offizielle Oppositionspartei auf Landesebene.
>
> Die in Johannesburg geborene Zille (eine Großnichte des Berliners Heinrich Zille) begann 1974 ihre Karriere als Journalistin, als die sie die Umstände um den Tod des Freiheitskämpfers Steve Biko in Polizeigewahrsam aufdeckte. Als Bürgermeisterin und Provinzpremier hat sie die Bürger mit ihrem nüchternen und pragmatischen Regierungsstil beeindruckt (und manchmal zur Weißglut gebracht) und furchtlos so heikle Probleme wie Drogen und Bandenwesen, Teenagerschwangerschaften und Vorbeugung gegen HIV/Aids-Übertragung in Angriff genommen.
>
> De Lille war im Lauf ihrer politischen Karriere nicht weniger hitzig und kontrovers. Sie begann als Gewerkschaftsvertreterin in ihrer Heimatstadt Beaufort West und war schließlich zeitweilige Vorsitzende der Independent Democrats (ID) und Aktivistin für die Aufdeckung eines dubiosen Waffenhandels, der der Führung des ANC noch immer anhängt. Die ID schlossen sich 2010 mit der DA zusammen. 2011 wurde de Lille zur Bürgermeisterkandidatin ernannt und im Mai desselben Jahres in das Amt gewählt.

sozial benachteiligten Stadtteile der Farbigen, der wie viele Cape-Flat-Siedlungen vom mörderischen Drogenhandel gezeichnet ist. Als besonders tödlich hat sich die rasante Zunahme der Metamphetaminsucht erwiesen, vor Ort bekannt als „tik".

AUSLÄNDERHASS & FUSSBALL

Der ANC, der gegen Korruptionsvorwürfe kämpfte und auch wegen der automatischen Stromabschaltungen des überlasteten Atomkraftwerks in Koeberg in der Provinz Westkap heftig kritisiert wurde, unterlag bei den Kommunalwahlen im März 2006 knapp der Democratic Alliance (DA). Helen Zille von der DA wurde Bürgermeisterin Kapstadts. Im Juli 2008 wurde Rasool, der in die Kontroverse um den Verkauf der V&A Waterfront und des benachbarten Geländes des Somerset Hospital verstrickt war, von Lynne Brown als Premierminister der Provinz Westkap ersetzt.

Verglichen mit den harten wirtschaftlichen, sozialen und gesundheitlichen Problemen hatte dieser politische Zirkus für die ärmsten

2008
Afrikanische Immigranten sind das Ziel ausländerfeindlicher Gewalttätigkeiten in den Townships des Kaps. Über 40 Menschen werden getötet und 30 000 aus ihren Häusern vertrieben.

2010
Fußballfieber ergreift Kapstadt, als über 60 000 Zuschauer im neuen Cape Town Stadium und Hunderttausende auf den Straßen die Weltmeisterschaft verfolgen.

Das eindrucksvolle Cape Town Stadium (S. 107)

Kapstädter wenig Bedeutung. Im Mai 2008 kochte der Unmut in den Townships über, angefacht von Spitzenpreisen für Nahrungsmittel und Benzin. Es kam zu einer Serie furchtbarer fremdenfeindlicher Übergriffe auf die schutzlosesten Mitglieder der Gesellschaft – Einwanderer sowie politische und Kriegsflüchtlinge. Als etwa 30 000 Menschen in Panik flohen, versammelte sich die große Mehrheit der Kapstädter, um dabei Hilfe zu leisten.

Trotz der Kontroversen um Lage und Kosten des neuen Cape Town Stadium schlossen sich die verschiedenen Lager der Stadt zusammen, um die Fußballweltmeisterschaft 2010 auszurichten. Das Ereignis wurde als großer Erfolg bewertet. Aber angesichts der weltweiten Rezession und der sozialen Probleme fragten sich manche Kapstädter, ob das Geld nicht besser hätte ausgegeben werden können.

Menschen & Kulturen

Kapstadts Völkermix unterscheidet sich deutlich vom restlichen Süd-afrika. Von den 3,1 Mio. Einwohnern sind über die Hälfte Farbige, etwa ein Drittel sind Schwarze und der Rest besteht aus Weißen und eini-gen anderen Ethnien. Viele Südafrikaner zählen sich stolz zu der einen oder anderen Gruppe. Es gibt beispielsweise schwarze Südafrikaner, die sich lieber als Schwarze bezeichnen als als Südafrikaner oder Af-rikaner (was der vom African National Congress bevorzugte Ausdruck für alle Menschen ist, die einen afrikanischen, indischen oder gemisch-trassigen Ursprung haben).

ETHNISCHE GRUPPEN

Farbige

Farbige, teils auch bekannt als Kapfarbige oder Kapmalaien, sind seit Langem Südafrikaner. Auch wenn viele ihrer Vorfahren als Sklaven in die noch junge Kapkolonie geschafft wurden, waren andere doch politische Gefangene und Exilanten aus Niederländisch-Indien. Sklaven kamen auch aus Indien und anderen Teilen Afrikas, aber ihre Lingua franca war Ma-laiisch (zu der Zeit eine wichtige Handelssprache), weshalb sie auch zu der Bezeichnung Kapmalaien kamen.

Viele Menschen finden die alten Rassenbezeich-nungen der Apartheid – weiß, schwarz, farbig und indisch – zwar unzumutbar und wollen sich von den damit verbundenen Stereotypen distanzieren, aber tatsächlich werden diese Bezeichnungen in Südafrika gemeinhin verwendet, meist ohne Groll oder Verbitterung.

Viele Farbige gehören dem Islam an. Die muslimische Kultur am Kap konnte sich seit Jahrhunderten behaupten und hat den schlimmsten Übergriffen durch die Apartheid standgehalten. Viele Sklaven, die mit den Holländern ins Landesinnere zogen, verloren nach und nach ihre Religion und ihre kulturellen Wurzeln und trafen es sehr viel schlechter an. Und doch sind fast alle Farbigen der Provinzen Westkap und Nordkap durch Afrikaans verbunden, die einzigartige Sprache, die sich durch den Aus-tausch zwischen Sklaven und Holländern vor 300 Jahren entwickelt hatte.

Der Cape Town Minstrel Carnival

Der öffentlichste, nichtreligiöse Ausdruck der kulturellen Identität der Farbigen ist heute der ausgelassene Cape Town Minstrel Carnival. Das Kapstädter Pendant zum Karneval in Rio, in Afrikaans auch als Kaapse Klopse bekannt, ist ein lautes, fröhliches und chaotisches Treiben von manchmal über 1000 Mitglieder zählenden Gruppen, deren Kostüme aus Satin, Pailletten und Glitter in allen Farben leuchten.

Das Festival stammt aus der frühen Kolonialzeit, als Sklaven am Tag nach Neujahr einen freien Tag bekamen. Aber die heutige Form verdankt der Karneval dem Besuch amerikanischer Minstrelmusiker in späten 19. Jh., daher die bemalten Gesichter, bunten Kostüme und frechen Lieder und Tänze. Die überwiegende Mehrheit der Teilnehmer sind Farbige.

Obwohl der Karneval ein fester Bestandteil des Kapstädter Kalenders ist, gab es doch große Kontroversen wegen der Finanzierung sowie auf-grund von Zusammenstößen zwischen rivalisierenden Karnevalsorgani-sationen und Vorwürfen krimineller Verwicklungen. Er war auch stets eine Art Machtdemonstration der Farbigen: Weiße, die sich in der Zeit der Apartheid die Parade anschauten, mussten damit rechnen, dass man

INITIATIONSRITEN

Männliche Initiationsriten, die meistens im Alter zwischen 16 und Anfang 20 stattfinden, sind ein fester Bestandteil des traditionellen Lebens von schwarzen Afrikanern (das gilt auch für farbige Muslime, bei denen männliche Teenager auch beschnitten werden, allerdings mit viel weniger rituellem Tamtam). Initiationen finden meist zum Ende des Jahres und im Juni statt, wo sie mit Schulferien und Feiertagen zusammenfallen.

Am Ostkap gingen junge Xhosa-Männer in eine abgeschiedene Gegend in den Bergen in die Initiationsschule Vkwaluka. Dort wurden sie beschnitten, lebten in Zelten und lernten, was es mit dem Mannsein in der Stammesgemeinschaft auf sich hat. Manche kehren für die Zeremonie noch immer zum Ostkap zurück, andere können sich das nicht leisten oder entscheiden sich dagegen. Deshalb werden in den Einöden rund um die Townships ähnliche Initiationsorte in provisorischen Zelten errichtet.

Initiationen dauerten einst mehrere Monate, heute jedoch eher einen Monat oder weniger. Die Initiatonskandidaten rasieren all ihr Haar ab, legen ihre Kleidung ab, tragen nur eine Decke und bestreichen ihre Gesichter vor der Beschneidung mit weißem Lehm. Sie bekommen einen Stock, der den traditionellen Jagdstock symbolisiert. Diesen verwenden sie in der Initiationszeit als Ersatz für ihre Hände zum Händeschütteln. Direkt nach der Beschneidung essen die jungen Männer während der Wundheilung etwa eine Woche lang nur wenig und trinken nichts. Frauen dürfen den Orten der Initiation nicht näherkommen.

Initiationen kosten viel Geld – 6000 bis 8000 Rand. Das meiste davon geht für die Tiere drauf (meist Schafe oder Ziegen), die für die verschiedenen Festmähler der Zeremonie geschlachtet werden müssen. Am Ende der Initiation werden alle gebrauchten Gegenstände, darunter auch die alten Kleidungsstücke, zusammen mit der Schlafhütte des Kandidaten verbrannt und der Junge ist zum Mann geworden. Frischgebackene Männer sind in den Townships und in Kapstadts Innenstadt an den schicken Klamotten zu erkennen, meist tragen sie eine Sportjacke und eine Kappe.

ihnen die Gesichter mit Schuhcreme schwärzte. Noch heute entsteht während des Festes der Eindruck, die Leute aus den Cape Flats würden die Stadt in Besitz nehmen.

Schwarze

Auch wenn die meisten Schwarzen in Kapstadt Xhosa aus der Provinz Ostkap sind, stellen sie doch nicht die einzige Gruppierung in der Stadt. Kapstadts Wirtschaft hat Menschen aus ganz Südafrika angelockt, auch ein paar wenige Einwanderer vom Rest des Kontinents. Viele Parkplatzwächter, Markthändler und Kellner in Restaurants kommen aus anderen Ländern Afrikas.

Die Xhosa sind nicht einheitlich, sondern bilden zahlreiche Clans und Untergruppen. Innerhalb der Gruppe der Schwarzen gibt es auch wirtschaftliche Unterschiede und kulturabhängige Untergruppen, etwa die Rastafari-Gemeinschaft im Stadtteil Marcus Garvey der Township Philipi.

Weiße

Bei den Weißen gibt es sehr spezifische kulturelle Unterschiede, abhängig davon, ob es sich um Nachkommen der Buren oder der Briten und anderer späterer Einwanderer aus Europa handelt. Die Geschichte der Buren, die von geografischer Isolation und oft selbst gewählter kultureller Abschottung geprägt war, hat ein Volk hervorgebracht, das oft als „weißer Stamm Afrikas" bezeichnet wird.

Afrikaans, die einzige germanische Sprache, die sich außerhalb Europas entwickelt hat, ist zentraler Bestandteil der Afrikaander-Identität, hat aber gleichzeitig dazu beigetragen, die Isolation von der Außenwelt zu verstärken. Afrikaans ist in den nördlichen Stadtgebieten Kapstadts

UMGANG MIT RASSISMUS

Kulturelle Apartheid gibt es noch immer in Südafrika. In gewisser Weise ersetzt finanzieller Status die Rassendiskriminierung; die meisten Besucher haben also automatisch einen hohen Status. Es gibt aber noch immer viele Menschen, die eine bestimmte Hautfarbe mit einer bestimmten Geisteshaltung verbinden. Einige wenige verbinden damit Minderwertigkeit.

Das ständige Gewahrsein der Rassenzugehörigkeit, selbst wenn es nicht zu Problemen führt, ist eine nervige Begleiterscheinung bei Südafrikareisen, egal welche Hautfarbe man hat. Rassendiskriminierung ist verboten, aber es ist unwahrscheinlich, dass die überarbeitete und unzureichend ausgestattete Polizei Beschwerden viel Aufmerksamkeit schenken wird. Tourismusbehörden sind da wahrscheinlich etwas empfänglicher. Wer an einem der von uns erwähnten Orte Rassismus erlebt, sollte es uns wissen lassen.

Afrikaner

Wer afrikanische Wurzeln hat, kann immer noch rassistisches Verhalten einiger Weißer und Farbiger erleben. Mit einer engen Verbundenheit mit schwarzen Südafrikanern ist auch nicht zu rechnen. Die einheimischen Völker Südafrikas bilden sehr unterschiedliche und bisweilen feindliche kulturelle Gruppen. Aus diesem Grund werden auch Europäer oder Amerikaner mit afrikanischer Abstammung nicht unbedingt herzlicher empfangen als jeder andere Reisende.

Inder

Auch wenn Inder während der Apartheid von den Weißen diskriminiert wurden, sahen Schwarze in ihnen Kollaborateure. Wer also indischer Abstammung ist, könnte auf unterschwellige Feindseligkeiten von Schwarzen und Weißen treffen.

Asiaten

Ostasiaten waren ein Problem für das Apartheidsregime – Japanern wurde ein Status als „Ehrenweiße" zuerkannt, aber Chinesen galten als Farbige. Grobe Stereotypisierung und kulturelle Ignoranz sind wahrscheinlich die größten zu erwartenden Unannehmlichkeiten.

und in den ländlichen Orten am Kap viel öfter zu hören, vor allem rund um Stellenbosch mit seiner berühmten Afrikaans-Universität.

Die meisten anderen weißen Kapstädter haben britische Vorfahren. Kapstadt als langjähriger Sitz britischer Macht ist nicht so stark von den Afrikaandern beeinflusst wie andere Landesteile. Die liberalen Weißen Kapstadts wurden von den konservativen Weißen während der Apartheid mit großem Argwohn betrachtet.

> Die ethnische Zusammensetzung der Afrikaander lässt sich nur schwer bestimmen, besteht aber schätzungsweise aus 40 % Niederländern, 40 % Deutschen, 7,5 % Franzosen, 7,5 % Briten und 5 % anderen. Einige Historiker sind der Meinung, dass zu diesen 5 % ein signifikanter Anteil Schwarzer und Farbiger gehört.

RELIGION & KULTUR

Islam

Der Islam kam mit den Sklaven, die von den Niederländern vom indischen Subkontinent und aus Indonesien nach Kapstadt gebracht wurden. Obwohl die Religion bis 1804 in der Kolonie nicht offen praktiziert werden konnte, entwickelte sich aufgrund einflussreicher und charismatischer politischer und religiöser Figuren unter den Sklaven ein großer Zusammenhalt in der muslimischen Gemeinschaft am Kap. Einer dieser politischen Dissidenten war der Imam Abdullah Ibn Qadi Abdus Salaam aus Tidore, allgemein bekannt als Tuan Guru, der 1780 eintraf. Acht Jahre später gründete er die Owal Mosque in Bo-Kaap, die erste Moschee der Stadt, und machte somit den Stadtteil zum Zentrum der islamischen Gemeinde Kapstadts, das es noch heute ist.

Tuan Gurus Grab ist eines von den etwa 20 *karamats* (Gräber muslimischer Heiliger), die Kapstadt umgeben und auf Miniwallfahrten von Gläubigen aufgesucht werden. Weitere *karamats* gibt es auf Robben Island (das von Sayed Abdurahman Matura), am Tor des Weinguts Klein Constantia (das von Scheich Abdurachman Matebe Shah) und in Ouderkraal, wo es zwei gibt (das von Sheikh Noorul Mubeen und möglicherweise von seiner Frau oder einem seiner Anhänger). Ein volles Verzeichnis steht auf www.capemazaarsociety.com/html/kramat.html. Kapstadt hat es geschafft, sich vom gewalttätigen islamischen Fundamentalismus fernzuhalten, der Anfang der 1990er-Jahre möglich erschien. In Bo-Kaap sind viele freundliche Gesichter anzutreffen und im dortigen Museum erfahren Neugierige mehr über die Gemeinde. Eine recht große muslimische Gemeinde lebte vor den Vertreibungen durch den Group Areas Act Ende der 1960er-Jahre auch in Simon's Town. Ihre Geschichte kann im Simon's Town's Heritage Museum verfolgt werden.

Christentum

Die Afrikaander sind religiös und ihre Variante des christlichen Fundamentalismus, der auf dem Calvinismus des 17. Jhs. basiert, hat immer noch großen Einfluss. Afrikaander aus dem städtischen Mittelstand sind da viel gemäßigter. Weiße britischer Abstammung gehören meist der anglikanischen Kirche an, die zusammen mit anderen Formen des Christentums auch in manchen Teilen der schwarzen und farbigen Gemeinden beliebt ist.

Naturreligion

Nur wenige Schwarze in Kapstadt pflegen auch im Alltag einen traditionellen Lebensstil, aber Teile der traditionellen Kultur bestehen fort und verleihen den Townships ein ausgesprochen afrikanisches Flair.

Heilkräuterläden werden oft aufgesucht und *sangomas* (traditionelle Medizinmänner) werden bei allen möglichen Erkrankungen um Rat gefragt. Manche *sangomas* können sogar Kontakt zu den Ahnen herstellen, die eine wichtige Rolle im Leben vieler schwarzer Kapstädter spielen. Die Vorfahren wachen über ihre Verwandten und sind Vermittler zwischen dem Diesseits und der Welt der Geister. Die Menschen wenden sich mit Problemen oder Bitten an ihre Ahnen. Mitunter wird ein Tier geschlachtet und über offenem Feuer gebraten, denn dem Glauben nach essen die Ahnen den Rauch.

Zu allen wichtigen Lebensstationen, wie Geburt, Erwachsenwerden und Heirat, gibt es die unterschiedlichsten Riten und Bräuche.

Judentum

In Kapstadt lebt die älteste jüdische Gemeinde Südafrikas. Obwohl die Niederländische Ostindien-Kompanie (Vereenigde Oost-Indische Companie) nur protestantische Siedler am Kap zuließ, gibt es Aufzeichnungen, dass in Kapstadt bereits 1669 Juden zum Christentum konvertierten. Nach der Machtübernahme der Briten erhöhte sich die Zahl jüdischer Immigranten, die überwiegend aus England und Deutschland kamen. Die erste Gemeinde wurde 1841 gegründet und 1863 öffnete die erste Synagoge ihre Tore (heute Teil des South African Jewish Museum).

Zwischen 1880 und 1930 strömten immer mehr Juden ins Land. Schätzungsweise 15 000 Familien immigrierten nach Südafrika, hauptsächlich aus Litauen, Lettland, Polen und Weißrussland. Die Juden trugen in diesem Zeitraum erheblich zum Gemeinwesen und Kulturleben der Stadt bei. Max Michaelis stiftete seine Kunstsammlung der Stadt und Hyman Liberman wurde 1905 der erste jüdische Bürgermeister Kapstadts, im selben Jahr, als die Great Synagogue eingesegnet wurde.

MENSCHEN & KULTUREN · RELIGION & KULTUR

KORAN-ABSCHRIFTEN

Während seiner 13 Jahre auf Robben Island schrieb Tuan Guru sorgfältig mehrere Exemplare des Koran aus dem Gedächtnis nieder. Er ist auf dem Friedhof Tana Baru in Bo-Kaap begraben.

Die jüdische Bevölkerung Kapstadts sank von 25 000 Menschen 1969 (die zweitgrößte nach Johannesburg) auf 15 000 heute. Sea Point ist der am stärksten jüdisch geprägte Stadtteil.

Architektur

Vom Castle of Good Hope aus dem 17. Jh. bis zu den Türmen des 21. Jhs., die sich auf Foreshore erheben, gehört Kapstadts vielfältige Architektur zu den attraktivsten Sehenswürdigkeiten. Vieles, was anderswo vielleicht zerstört worden wäre, blieb hier erhalten. Eine Tour zu Fuß oder mit dem Fahrrad durch Kapstadts City Bowl vermittelt ein Gespür für die Baugeschichte der Stadt.

KAPHOLLÄNDISCHER KOLONIALSTIL

Als 1652 die niederländischen Kolonisten eintrafen, brachten sie ihre europäischen Architekturkonzepte mit, mussten sich aber an die örtlichen Gegebenheiten und Materialien anpassen. Für den Bau des Castle of Good Hope von 1666 bis 1679 gab es massenhaft Stein vom Tafelberg.

Die ersten Kapstädter Häuser waren Zweckbauten, wie das strohgedeckte und weiß getünchte Posthuys von 1673 in Muizenberg. Dieser einfache, rustikale Stil ist heute noch oft an der Westkapküste zu sehen.

Am anderen Ende der architektonischen Skala entstand 1692 das erste Gutshaus Groot Constantia des Gouverneurs Simon van der Stel, dem weitere prachtvolle Anwesen weiter landeinwärts in den Winelands folgten. Die extravagante Fassade des Koopmans-de Wet House aus dem 18. Jh. in der Strand Street stammt wohl von Louis Thibault, der als leitender Ingenieur der Niederländischen Ostindien-Kompanie (Vereenigde Oost-Indische Compagnie) in jener Zeit für die Bauausführung der meisten öffentlichen Gebäude Kapstadts zuständig war. Thibault war auch an dem hübschen Rust en Vreugd beteiligt: Das 1778 fertiggestellte Haus zeichnet sich durch das grazile Rokoko-Oberlicht über dem Haupteingang und seine Doppelbalkons mit Säulenvorbau aus.

Natürlich lebte nicht jeder auf so großem Fuß. Ein Spaziergang durch das Bo-Kaap in der Innenstadt gibt den besten Eindruck, wie Kapstadt im 18. Jh. für die Normalbürger aussah. Auffällig sind Flachdächer anstelle von Giebeln und das Fehlen von Fensterläden. Diese Merkmale sind das Ergebnis von Bauvorschriften der VOC, weil immer wieder Feuer in der Stadt ausbrachen.

Kapholländische Kolonialbauten

Castle of Good Hope (1679)

Groot Constantia (1685)

Vergelegen (1700)

Tuynhuis (1700)

Rust en Vreugd (1778)

BRITISCHER KOLONIALSTIL

Als die Briten im frühen 19. Jh. die Macht übernahmen, spiegelte sich das auch in der Architektur der Stadt wider. Der britische Gouverneur Lord Charles Somerset hatte während seiner Amtszeit 1814–26 den größten Einfluss. Er befahl die Umgestaltung des Tuynhuis, um es dem Regency-Stil mit Verandas und Vorgärten anzupassen.

Als das britische Weltreich im späten 19. Jh. seinen Zenit erreicht hatte, florierte Kapstadt und es wurden eine Menge monumentaler Bauten errichtet. Ein Spaziergang die Adderley Street entlang und durch die Company's Gardens führt an vielen solcher Bauten vorbei, z. B. an der 1880 erbauten Standard Bank mit Giebeldreieck, Kuppel und hohen Säulen, den Houses of Parliament und der byzantinisch beeinflussten Old Synagogue von 1862. Die benachbarte neoägyptisch gestaltete Great Synagogue mit ihren zwei Türmen stammt von 1905.

SIR HERBERT BAKER

Wie sein Förderer Cecil Rhodes war auch Herbert Baker (1862–1946) ein ambitionierter junger Engländer, der die Chance ergriff, sich in Südafrika einen Namen zu machen. Baker traf 1892 in Kapstadt ein, wurde ein Jahr später dank familiärer Beziehungen Rhodes vorgestellt und erhielt den Auftrag, Groote Schuur, das Haus des Premierministers an den Hängen des Tafelbergs, umzubauen. Damit führte er einen neuen Stil ein, das Cape Dutch Revival (etwa: neukapholländischer Stil).

Viele Aufträge folgten – Kapstadt ist praktisch übersät mit Gebäuden, die Baker entwarf. Zu ihnen gehören kleine Wohnhäuser in Muizenberg, wo Baker eine Weile lebte, die St. George's Cathedral und die First National Bank in der Adderley Street. 1900 schickte Rhodes Baker nach Italien, Griechenland und Ägypten. Dort sollte er die klassische Architektur studieren, um später ebensolche Bauten in Südafrika zu entwerfen. Zwei Jahre später war Rhodes jedoch tot und Baker entwarf sein Denkmal.

Zu Bakers großartigsten Arbeiten gehören die imposanten Union Buildings in Pretoria (1909). 1912 verließ er Südafrika, um mit Edwin Lutyens das Regierungsviertel in Neu-Delhi zu planen. Zurück in Großbritannien arbeitete er am South Africa House an Londons Trafalgar Square und wurde 1926 zum Ritter geschlagen. Er ist in der Westminster Abbey begraben.

In der Long Street ist das viktorianische Kapstadt in seiner attraktivsten Form zu sehen, mit schmiedeeisernen Balkons und unterschiedlichen Fassaden von Läden und Gebäuden. In den benachbarten Vororten Tamboerskloof und Oranjezicht sind viele Häuser aus dieser Zeit zu finden.

Während eines weiteren Baubooms in den 1920er- und 1930er-Jahren entstanden im Stadtzentrum viele schöne Art-déco-Gebäude. Zu den besten Exemplaren gehören die Bauten um den Greenmarket Square und das schöne Mutual Heights von 1939, der erste Wolkenkratzer des afrikanischen Kontinents, der mit Friesen und Fresken mit südafrikanischen Motiven geschmückt ist.

TOWNSHIP-ARCHITEKTUR

Seit Beginn der 1920er-Jahre entstanden in den öden, sandigen Cape Flats Unterkünfte für die farbigen und schwarzen Arbeiter. Langa wurde 1927 gegründet und ist Südafrikas älteste geplante Township. Heute leben dort 250 000 Menschen, genauso viele wie im Stadtzentrum, nur ist Langa 48-mal kleiner.

Wie in vielen anderen Townships sind die Straßen breit und in gutem Zustand, damit die Staatsmacht schnell anrücken kann, wenn Ärger droht. Zwar werden mit den Townships überwiegend Baracken assoziiert (offiziell werden sie „informelle Behausungen" genannt), aber sie sind bei Weitem nicht die einzige Bauform in diesen Gegenden. Es gibt im Prinzip fünf verschiedene Gebäudearten:

Hütten Vermutlich leben etwa 1 Mio. Menschen in Elendsvierteln, die aus selbst gebauten Baracken bestehen. Die Hütten sind aus unterschiedlichsten Materialien zusammengestückelt, darunter Verpackungskisten, und u. a. mit Seiten aus Zeitschriften und Dosenetiketten geschmückt. Design und Struktur einer Hütte hängen stark von der finanziellen Situation der Besitzer ab und davon, wie lange sie schon darin leben – ein Beispiel einer sehr extravaganten, zweistöckigen Hütte mit dem seltenen Luxus eigener Badezimmer ist Vicky's B&B in Khayelitsha.

Wohnheime Die zweigeschossigen Backsteinwohnheime wurden ursprünglich für Wanderarbeiter gebaut. Sie waren in einfachste Wohneinheiten für je 16 Männer aufgeteilt, die sich eine Dusche, eine Toilette und eine kleine Küche teilten. Bis zu

---

Britische Kolonialbauten

Bertram House
(1840)

Standard Bank
(1880)

Houses of Parliament (1885)

Old Town Hall
(1905)

Centre for the
Book (1913)

drei Männer schliefen in einem winzigen Schlafzimmer. Nachdem die Passgesetze abgeschafft waren (nach denen Menschen ohne Job außerhalb der Homelands diese nicht verlassen durften), holten die meisten Männer ihre Familien in die Wohnheime. In jeder Einheit lebten jetzt bis zu 16 Familien, bis zu drei Familien schliefen in jedem Zimmer. Auch wenn manche Familien immer noch so leben, wurden andere Wohnheime mittlerweile modernisiert, um mehr Raum und Wohnlichkeit zu schaffen.

Reihenhäuser Die älteren Townships Langa und Gugulethu haben eingeschossige Reihenhäuser aus den 1920er- und 1940er-Jahren. Wie die Wohnheime waren auch diese 30 m^2 großen, eisenbahnwaggonartigen Häuser sehr einfach und überfüllt. Seit dem Ende der Apartheid gehören diese Häuser den früheren Mietern, die jetzt für die Instandhaltung verantwortlich sind. Wenn es ihnen möglich war, haben die Bewohner ihre Häuser nach vorne und nach hinten hinaus vergrößert.

Häuser des Reconstruction and Development Programme (RDP) In den letzten zehn Jahren entstanden in den Townships Zehntausende dieser staatlichen Billighäuser. Sie haben etwa 28 m^2 Wohnfläche und bestehen im Grunde aus vier Betonwänden mit Wellblechdach. Für viele sind sie dennoch eine deutliche Verbesserung gegenüber den feueranfälligen Hütten, in denen sie vorher gelebt haben.

Township-Villen Es gibt in Gugulethu, Langa und Khayelitsha Gegenden, die sehr bürgerlich sind. Dort stehen großzügige Bungalows und Villen mit hohem Wohnstandard. Das gesellige Radebe's B&B liegt in einem Teil Langas, das hier „Beverly Hills" genannt wird.

ZEIT DER APARTHEID

Mit der Wahl der National Party zur Regierungspartei im Jahr 1948 begannen für die Architektur in Kapstadt in vielerlei Hinsicht schlechte Zeiten. Die Apartheidgesetze markierten Kapstadt als eine Stadt für überwiegend Farbige, mit der Folge, dass die Regierung keine größeren Bauprojekte mehr förderte (das blockierte jahrzehntelang die Bebauung von Foreshore). Die Kommunalbehörden setzten derweil den Group Areas Act um, indem sie Gebiete wie District Six zerstörten und Green Point (inklusive De Waterkant) zu einem ausschließlich Weißen vorbehaltenen Gebiet erklärten.

Zu den Beispielen der Rationalismus-Architektur jener Zeit gehört das Kulturzentrum Artscape und das angrenzende Civic Centre in Foreshore. Beide lassen den Betonwahn erkennen, der so typisch für die internationale Moderne war. Derart schlechtes Design war nicht unbedingt Ausdruck der Bauplanung während der Apartheid, wie das Baxter Theatre beweist. Der Architekt Jack Barnett versah das flache Dach mit orangefarbenen Fiberglasdeckenleuchten, die nachts märchenhaft glühen. Bemerkenswert ist auch das markante Taal Monument in Paarl mit einem 57 m hohen Betonturm von Jan van Wijk.

Fehlende Bauplanung oder Interesse von offizieller Seite an der Baugestaltung der Townships stehen schon lange in der Kritik. Dennoch ist der enorme und unbeirrbare Einfallsreichtum bemerkenswert, mit dem die Bewohner aus Schrott ein wohnliches Heim gestalten. Ein Besuch der heutigen Townships offenbart bunt bemalte Hütten und Wandbilder, Häuser und Kirchen aus Frachtkisten sowie einfallsreiche Bauten jüngeren Datums wie das Guga S'Thebe Arts & Cultural Centre in Langa.

ARCHITEKTUR HEUTE

Das Ende der Apartheid fiel mit der Sanierung der Victoria & Alfred Waterfront Anfang der 1990er-Jahre zusammen. Zu den neueren Bauten der Waterfront gehört der Nelson Mandela Gateway und der Clock

---

Moderne & zeitgenössische Bauten

Baxter Theatre (1977)

Guga S'Thebe Arts & Cultural Centre (2000)

Green Point Stadium (2010)

The Fugard (2010)

Tower Precinct, 2001 als neue Ablegestelle nach Robben Island erbaut, sowie der protzige Millionärstummelplatz V&A Marina mit etwa 600 Apartments und 200 Anlegeplätzen für Boote.

Der jüngste Immobilienboom in Kapstadt schaffte die Voraussetzung für ein paar interessante neue Wohnhäuser und den Umbau alter Bürogebäude in Apartments, wie Mutual Heights, die drei alten Gebäude am Mandela Rhodes Place und das angrenzende Hotel Taj Cape Town, die alle einfühlsam originale Bausubstanz mit neuen Türmen verbinden.

Das 2003 eröffnete Cape Town International Convention Centre (CTICC) mit seinem schiffsartigen Bug und dem gepflegten Hotel aus Glas und Stahl erntete beifällige Zustimmung und beförderte die City Bowl näher ans Ufer, von dem sie jahrzehntelang abgeschnitten war. Eine andere seit Langem leer stehende Lücke füllt das vom Architekturbüro DHK entworfene Wohn- und Geschäftszentrum Icon, Kapstadts erstes größeres Bauprojekt unter schwarzer Verantwortung.

GEPLANTE BAUVORHABEN

Das CTICC soll bis über die Heerengracht erweitert werden. Die Architekturbüros Louis Karol Architecture (LKA) und DHK arbeiten derzeit mit Old Mutual Property und der FirstRand Bank am Portside, einem Bauprojekt mit Mischnutzung in der Bree Street Richtung Foreshore. Mit 31 Stockwerken und 139 m Höhe wird es das höchste Gebäude der Stadt seit der Fertigstellung des 123 m hohen Safmarine House 1993 sein, das ebenfalls aus dem Büro LKA stammt.

Neben dem Portside wird vielleicht das Desmond Tutu Peace Centre entstehen, ein Vorhaben des Büros Van der Merwe Miszewski (www.vdmma.com), das für viele seiner Wohngebäude in der Stadt Preise gewonnen hat.

Die Baudurchführung im District Six ist nun endlich in vollem Gang und die Hanover Street wieder als eine pulsierende Einkaufsstraße erstanden, die sie einst war – was bei der Neubebauung wohl am stärksten erhofft wurde. Umstritten bleibt das ganze Projekt dennoch: Kommentatoren wie Rashiq Fataar von Future Cape Town (www.futurecapetown.com) beklagen die vergebene Chance, das zentrale Stadtviertel dichter mit Wohnraum zu bebauen.

Ebenso knifflig ist die Frage, was mit den Resten eines teilweise stillgelegten alten Kohlekraftwerks zwischen Pinelands und Langa, der Athlone Power Station, geschehen soll. Tausende schauten im August 2010 zu, als die beiden Kühltürme gesprengt wurden. Die Stadtverwaltung führt derzeit eine öffentliche Anhörung über die zukünftige Nutzung des 36 ha großen Geländes durch.

Architektur-bücher

Cape Town: Architecture & Design (Pascale Lauber)

Cape Town (Wolfgang Seifert)

3 Stadia. Architektur für einen afrikanischen Traum (Falk Jaeger)

Kunst & Kultur

Kapstadts ethnische Vielfalt und die scharfen sozialen Trennungen unter den Einwohnern bieten einen fruchtbaren Boden für Kunst und Kultur. Musik, besonders Jazz, ist eine pulsierende Konstante in der Stadt. Es gibt ein überraschend breites Spektrum an Bühnenkunst und eine Menge kreativer Autoren, die die unbekannteren Ecken des urbanen Daseins beleuchten.

BILDENDE KUNST

Kunst im öffentlichen Raum

Africa von Brett Murray

The Knot von Edoardo Villa

Nobel Square von Claudette Schreuders

Olduvai von Gavin Younge

Ausstellungen in Kapstadts staatlichen und privaten Galerien zeigen, dass die zeitgenössische Kunstszene enorm aufregend und ideenreich ist. Die Geschichte der bildenden Kunst am Kap reicht bis zu den ursprünglichen Einwohnern, den San, zurück. Sie hinterließen ihre Spuren in Form von Felsmalereien und zarten Felsgravuren. Auch wenn sie im Lauf der Zeit durch Umwelteinflüsse verblassten, sind diese Kunstwerke bemerkenswert; ein phantastisches Beispiel ist das Linton Panel im South African Museum. Heute finden sich San-Motive allgemein auf Touristenkunst, wie auf dekorativen Matten und geschnitzten Straußeneiern.

Zu den hiesigen Künstlern von internationalem Rang gehört Conrad Botes, der erstmals mit seinem bizarren Kultcomic *Bitterkomix* hervortrat, den er zusammen mit Anton Kannemeyer herausgibt. Botes' farbenfrohe Zeichnungen, die ebenso schön wie erschreckend sind, wurden auf Ausstellungen in New York, Großbritannien, Italien und auf der Havana Biennale 2006 gezeigt.

Weitere interessante Künstler sind der Maler Ndikhumbule Ngqinambi, Willie Bester, dessen Mixed-Media-Kreationen über das Leben in den Townships höchst eindringlich sind, und der konventionellere John Kramer (www.johnkramer.net), dessen Bilder die heitere Stimmung der südafrikanischen Landschaft einfangen. In der South African National Gallery hängen auch Gemälde des schwarzen Künstlers Gerard Sekoto, dessen Werke die Lebendigkeit des District Six widergeben, und von Peter Clarke, einem profilierten Drucker, Dichter und Maler aus Simon's Town.

MUSIK

Jazz

Kapstadt hat ein paar größere Jazztalente hervorgebracht, etwa den Singer-Songwriter Jonathan Butler und die Saxofonisten Robbie Jansen und Winston „Mankunku" Ngozi. Die Stadt war so wichtig für die Entwicklung des Jazz, dass es ein Subgenre Cape Jazz gibt. Der Stil ist improvisatorisch und nutzt Instrumente, die bei Straßenparaden typisch sind, etwa solche Trommeln und Trompeten, wie sie beim Cape Minstrel Carnival zu sehen sind.

Der Dienstälteste der Szene ist der Pianist Abdullah Ibrahim (www.abdullahibrahim.com). 1934 als Adolph Johannes Brand im District Six geboren, trat er erstmals mit 15 Jahren unter dem Namen Dollar Brand auf und gründete die Jazz Epistles mit dem legendären Hugh Masekela. 1962 zog er nach Zürich, wo Duke Ellington ihn entdeckte. Ellington organisierte für ihn Aufnahmen bei Reprise Records und sponserte seinen Auftritt beim Newport Jazz Festival 1965. Brand trat 1968 zum Islam über

DER MALER DES VOLKES

In ganz Kapstadt sind Gesichter jeglicher ethnischer Herkunft zu sehen, die die Porträts von Vladimir Tretchikoff (1913–2006) inspirierten. Das berühmteste ist wohl das *Chinese Girl* – ein geradezu hypnotisch wirkendes Bild einer asiatischen Schönheit mit blauem Gesicht und roten Lippen, sofort als Mona Lisa erkennbar.

Tretchikoff wurde in Petropawlowsk (heute Kasachstan) geboren. Die Ereignisse, die Tretchikoff über Harbin, Schanghai, Singapur und Indonesien kurz nach dem Zweiten Weltkrieg nach Kapstadt führten, sind abenteuerlich. Wider Erwarten und mit kaum Unterstützung der etablierten Künstlerkreise Kapstadts „verwirklichte er seinen ‚amerikanischen Traum', verdiente Geld, kaufte ein Haus, einen Cadillac und einen Pelzmantel für seine Frau", sagt Natasha Mercorio, Tretchikoffs Enkelin und Verwalterin seines Erbes.

Tretchikoff, ein versierter Geschäftsmann und Selbstpromoter, machte mit der weltweiten Vermarktung seiner Kunstdrucke ein Vermögen; seine 252 Ausstellungen wurden von über 2 Mio. Menschen besucht. Aber erst 2011 fand in der South African National Art Gallery in Kapstadt eine größere Retrospektive seines Werks statt mit zahlreichen seiner Ölgemälde. Das Buch zur Ausstellung, *Tretchikoff: The People's Painter*, ist eine sehr gute Einführung in das Werk des Künstlers.

Mercorio hat auch den Tretchikoff Trust (www.vladimirtretchikoff.com) gegründet, der jungen, kreativen Talenten bei der Verwirklichung ihrer Träume helfen will. Finanziert wird das Projekt durch einen Anteil der Verkaufserlöse von neuen Tretchikoff-Drucken.

---

und nahm den Namen Abdullah Ibrahim an. 1974 nahm er das bahnbrechende Album *Manenberg* mit dem Saxofonisten Basil Coetzee auf. Er tritt noch gelegentlich in Kapstadt auf; sein jüngstes Projekt ist das Jazzorchester Morolong, benannt nach Kippie „Morolong" Moeketsi, einem seiner Kollegen von Jazz Epistle.

Goema-Jazz erhält seinen Rhythmus durch die Goema-Trommeln. Bekannt gemacht wurde er von Musikern wie Mac McKenzie und Hilton Schilder. Weitere angesehene Künstler Kapstadts sind der Gitarrist Jimmy Dludlu, der Pianist Paul Hamner und die Sängerin Judith Sephuma, das afro-indische Jazzquartett Babu und das phantastische Cape Jazz Orchestra.

Dance, Rock & Pop

Kaum eine der Afro-Fusion-Gruppen hatte so viel Erfolg wie die multiethnische, siebenköpfige Band Freshlyground (www.freshlyground. com), die ein großes Publikum anzieht, wenn sie in ihrer Heimatstadt auftritt. Eine Brücke zwischen Jazz und elektronischer Tanzmusik schlagen Goldfish (www.goldfishlive.com), das Duo David Poole und Dominic Peters, die bei ihren Liveauftritten Sampler, Groovebox, Keyboards, Vocoder, Kontrabass, Flöte und Saxofon zum Einsatz bringen. Dominics Bruder Ben Peters ist ein Mitglied von Goodluck (goodluck live.com), die mit einem ähnlichen Sound ebenfalls immer mehr Fans finden.

Techno, Trance, Hip-Hop, Jungle und Rap sind extrem beliebt: Der „white trash" Afrikaans-Rapper Jack Parow (www.jackparow.com) ist die Kapstädter Antwort auf die landesweite Rap-Sensation Die Antwoord (www.dieantwoord.com). Ebenso klasse ist *kwaito*, eine Mixtur aus *mbaqanga* (Musikstil, der Zulu-Tradition mit modernen Einflüssen verbindet), Jive, Hip Hop, House und Ragga. Die Musik des heimischen Megastars Brenda Fassie (1964–2004) lehnt sich stark an *kwaito* an. Hörenswert sind Hits wie „Weekend Special" und „Too Late For Mamma". Die in Langa geborene Fassie, die vom *Time Magazine* als „Madonna of the Townships" bezeichnet wurde, hatte während ihres kurzen Lebens massive Drogenprobleme.

Einen Überblick über die Kapstädter Kunstszene bietet die Website Artthrob (www. artthrob.co.za) mit zeitgenössischer Spitzenkunst Südafrikas und jeder Menge aktueller Nachrichten sowie das Magazin ArtSouthAfrica (www.artsouth africa.com).

NEUE KAPSTÄDTER AUTOREN *LAUREN BEUKES*

Die produktivste Schriftstellerin der Welt, die ich kenne, ist Sarah Lotz (sarahlotz.com). Sie schreibt auch unter dem Namen Lily Herne zusammen mit ihrer 19-jährigen Tochter Savannah Lotz. Ihr Buch *Deadlands* ist Teil einer Trilogie von Zombie-geschichten mit Kapstadt als Kulisse, die gestochen scharf Sozialkritik üben. Unter dem Namen S. L. Grey schrieb sie zusammen mit Louis Greenberg die in Johannes-burg angesiedelte Horrorgeschichte *The Mall*, die als „Mischung aus *Fight Club* und *Saw*" beschrieben wurde.

Der Rechtsanwalt und Reservepolizist Andrew Brown gehörte einst zum bewaffne-ten Flügel des African National Congress. Sein jüngster Roman *Refuge* dreht sich um Flüchtlinge und die Sexindustrie in Kapstadt.

Henrietta Rose-Innes *Ninnevah*, Gewinner des Cane Prize, ist großartig – knappe, schöne Sprache und eine unglaublich verschrobene Phantasie. *Cabin Fever* von Diane Awerbuck ist eine Sammlung von Kurzgeschichten über Trauma und Veränderung, die urban und zeitgenössisch sind und die Klischees afrikanischer Literatur vermeiden.

Thando Mgqolozana sorgte mit seinem aufschlussreichen und mutigen Buch *A Man Who Is Not a Man* über das Tabuthema einer verpfuschten Beschneidung für Wirbel. Sein merkwürdiges und erstaunliches nächstes Buch *Hear Me Alone*, das die Weihnachtsgeschichte aus afrikanischer Sicht nacherzählt, verursachte sogar noch mehr Kontroversen.

Die Autorin und Dokumentarfilmerin Lauren Beukes (www.laurenbeukes.com) lebt in Kapstadt. Sie errang mit ihren Büchern *Moxyland* und *Zoo City*, eine Mischung aus Fantasy, Sci-Fi und Sozialrealismus, internationale Erfolge. *Zoo City* gewann 2011 den Arthur C. Clarke Prize. 2012 arbeitete sie zusammen mit dem philippinischen Künstler Inaki Miranda an einer Geschichte für den monatlichen Comic *Fairest* aus dem Vertigo-Verlag. Ihr nächster Roman *The Shining Girls* erscheint im Mai 2013. Er spielt in Chicago und dreht sich um Zeitreisen und Serienmörder.

Zu den vielen Indie-Rockbands und -sängern, die in der Stadt auftre-ten, gehören Ashtray Electric (www.ashtrayelectric.co.za), Arno Cars-tens (www.arnocarstens.com), der ehemalige Leadsänger der legen-dären Springbok Nude Girls, und Jeremy Loops (www.jeremyloops.com), eine irrwitzige One-Man-Band, die als Vorgruppe für The Parla-tones auftrat, derzeit Südafrikas angesagteste Band.

LITERATUR

Aus Kapstadt stammen mehrere international angesehene Autoren, da-runter der Nobelpreisträger J. M. Coetzee (der erste Teil seines mit dem Booker-Preis ausgezeichneten Romans *Schande* spielt in Kapstadt), der Englischprofessor an der University of Cape Town André Brink und der für den Man-Booker-Preis vorgeschlagene Damon Galgut.

Der farbigen Bevölkerung im District Six entstammen die namhaf-ten Autoren Alex La Guma (1925–85) und Richard Rive (1931–89). La Guma verfasste unter anderem *A Walk in the Night,* eine Kurzgeschich-tensammlung rund um den District Six, und *And a Threefold Cord,* wo es um Armut, Elend und Einsamkeit eines Lebens in den Slums geht. Rives wichtigstes Buch ist *Buckingham Palace, District Six,* eine Samm-lung besinnlicher und sensibler Geschichten.

Sindiwe Magona wuchs in den 1940er- und 1950er-Jahren in Gu-gulethu auf. Die frühen Erfahrungen der angriffslustige Schriftstelle-rin tauchen auch in ihren autobiografischen Werken *To My Children's Children* (1990) und *Forced to Grow* (1992) auf. *Beauty's Gift* (2008) be-fasst sich schonungslos mit Aids unter den Schwarzen und im Speziel-len mit den Folgen für fünf Frauen, die sich der Treue ihrer Partner sicher glaubten.

Die unfassbaren wahren Verbrechen am Kap sind eine reiche Inspirationsquelle für eine ganze Reihe von Krimiautoren, wie Mike Nicol, Deon Meyer, Margie Orford und Sarah Lotz.

FILM

Kapstadt ist ein wichtiges Zentrum der südafrikanischen Filmindustrie und mehr und mehr auch für internationale Produktionen. Die Stadt ist ein Magnet für viele begabte Filmschaffende und in der Stadt sind oft Filmcrews bei Dreharbeiten an Originalschauplätzen zu sehen. In den Cape Town Film Studios (www.capetownfilmstudios.co.za) am Stadtrand wurden mehrere größere Hollywood-Produktionen gedreht, darunter *Safe House,* ein Thriller mit Denzel Washington und Ryan Reynolds, der in Kapstadt spielt.

Der junge Kapstädter Filmemacher Oliver Hermanus drehte nach seinem Erstlingsfilm *Shirley Adams* von 2009 – ein freudloses Drama im Stil von Ken Loach mit Schauplatz Cape Flats – den Film *Skoonheid (Beauty).* Es war der erste Film auf Afrikaans, der je auf den Filmfestival in Cannes (2011) aufgeführt wurde und die Queer Palm gewann. Weitere neue südafrikanische Filme mit Schauplatz Kapstadt sind *Long Street* unter der Regie von Revel Fox, dessen Frau und Tochter die Hauptrollen spielen, und der charmante *Visa/Vie* (www.visaviemovie.com) unter der Regie von Elan Ganmaker.

Den amerikanischen Dokumentarfilm *Long Night's Journey into Day,* der bei der Oscarverleihung 2001 als bester Dokumentarfilm nominiert war, gibt es auf DVD. Der beim Sundance Film Festival ausgezeichnete, sehr bewegende Film zeigt vier Fälle, die vor der Wahrheits- und Versöhnungskommission verhandelt wurden, darunter auch der von Amy Biehl, der weißen Amerikanerin, die 1993 in den Cape Flats ermordet wurde. *U-Carmen e Khayelitsha* gewann den Goldenen Bären bei der Berlinale 2005. Er basiert auf Bizets Oper *Carmen* und wurde komplett in Khayelitsha gedreht.

Das African Screen im Labia ist das einzige Kino Kapstadts, das regelmäßig südafrikanische Filme zeigt. In den Multiplexkinos gibt es gelegentlich auch südafrikanische Filme. Die beste Gelegenheit, heimische Produktionen zu sehen, sind jedoch die zahlreichen Filmfestivals der Stadt oder der DVD-Verleih DVD Nouveau (www.dvdnouveau.co.za; 166 Bree St; ⏱10–21 Uhr).

THEATER & DARSTELLENDE KUNST

Eine der angenehmen Überraschungen Kapstadts ist die lebendige und vielfältige Bühnenszene, die ein breites Spektrum bietet von großen Musicals und Soloauftritten bis zu kritischen Dramen, die das moderne Südafrika thematisieren, und intimen Dichterlesungen. Aus der Stadt stammen einige namhafte Schauspieler, wie der in Sea Point geborene Sir Anthony Sher, der gelegentlich für Auftritte in die Stadt zurückkehrt. Er trat jüngst im Fugard auf, dem neuen Theater, das nach dem großen südafrikanischen Dramatiker Athol Fugard benannt wurde.

Brett Baileys Theaterkompanie Third World Bunfight (www.thirdworldbunfight.co.za) ist darauf spezialisiert, mit schwarzen Schauspielern afrikanische Geschichten zu inszenieren, z. B. in Stücken wie *Mumbo Jumbo,* das die Wechselwirkung zwischen Theater und Ritual ausleuchtet, und dem Musikspektakel *House of the Holy Afro.* Bailey ist auch der Kurator des jährlichen Kulturfestivals Infecting the City (www.infectingthecity.com), das Kapstadts öffentliche Plätze in Bühnen verwandelt.

Songwriter und Regisseur David Kramer (www.davidkramer.co.za) und der Musiker Taliep Peterson (1950–2006) arbeiteten gemeinsam an zwei Musicals, *District Six* und *Poison,* bevor sie den großen Knüller mit ihrer Jazzhommage *Kat and the Kings* landeten. Das Stück wurde 1999 in London mit Preisen überhäuft und am Broadway mit Standing Ovations gefeiert. Ihre gemeinsame Arbeit *Goema* feiert die Tradition von Volksliedern auf Afrikaans und spürt gleichzeitig dem Beitrag der Sklaven und ihrer Nachfahren zur Entwicklung Kapstadts nach.

Natur & Umwelt

Kapstadt ist geprägt von der großartigen Natur seines Umlands. Im Juni 2004 wurde die Cape Floristic Region (CFR) als Welterbe anerkannt. Die CFR, die die ganze Kaphalbinsel umfasst, gilt mit etwa 8200 Pflanzenarten – mehr als dreimal so viele pro Quadratkilometer wie in ganz Südamerika – als das artenreichste und zugleich kleinste der weltweit sechs offiziellen Pflanzenreiche. Allein der Tafelberg und die Halbinsel beheimaten 2285 Pflanzenarten, mehr als in ganz Großbritannien. Hinzu kommen hier noch über 100 wirbellose Tiere und zwei Wirbeltierarten, die es sonst nirgends auf der Welt gibt.

GEOGRAFIE

Das flache Plateau des Tafelbergs ist rund 60 Mio. Jahre alt, wenngleich der Berg als Ganzes schon 250 Mio. Jahre auf dem Buckel hat. Damit ist er der älteste Berg der Welt. Zum Vergleich: Die Alpen kommen auf gerade einmal 32 Mio. und der Himalaya auf 40 Mio. Jahre.

Lesestoff

Südafrika. Am Kap der Guten Hoffnung (Dirk Bleyer, Jürgen Kurzhals)

Wild About Cape Town (Duncan Butchart)

How the Cape Got Its Shape (Faltkarte und Grafik von Map Studio)

Die Gesteinsarten, die den Berg und die Halbinsel prägen, lassen sich drei großen geologischen Gruppen zuordnen. Am ältesten ist der 540 Mio. Jahre alte Malmesbury-Schiefer – zu finden in der City Bowl, an der Küste von Sea Point, am Signal Hill und an den unteren Hängen von Devil's Peak. Er ist sehr weich und verwittert leicht. Am zweitältesten ist der Granitstein, der den Tafelberg, Lion's Head, die Felsbrocken von Clifton und Boulders Beach prägt. Zur dritten Gruppe gehört der Tafelberg-Sandstein, eine Mischung aus Sandstein und Quarzit.

Es wird angenommen, dass der Gipfel des Tafelbergs einst um einige Kilometer höher war als heute. Durch Verwitterung entstanden im Lauf der Zeit die Höhlen und merkwürdig geformten Felsen auf dem Berggipfel und am Cape Point. Der Sandboden auf den Felsen ist sehr nährstoffarm. Die Pflanzen, die auf diesem Boden gedeihen, sind nicht gerade gutes Futter, weshalb es in dieser Gegend nicht eben viele Pflanzenfresser gibt.

FLORA

Am meisten verbreitet am Kap ist der Fynbos (der Name kommt aus dem Niederländischen und bedeutet „Feinbusch"). Fynbos gedeihen auf dem stickstoffarmen Boden der Gegend; es wird angenommen, dass die dünnen, ledrigen Blätter die Pflanzen vor natürlichen Feinden schützen. Die Fynbos-Vegetation besteht vorwiegend aus den drei Gattungen Protea (Silberbaumgewächse, zu denen auch Südafrikas Nationalsymbol, die Königsprotea, zählt), Erika (Heidekrautgewächse) sowie Restio (Riedgras). Fynbos-Blumen wie Gladiolen, Freesien und Gänseblümchen wurden auch in andere Teile der Welt exportiert.

Am Signal Hill und an den unteren Hängen des Devil's Peak wächst *renosterbos* („Nashornbusch"), der hauptsächlich aus grauen, heidekrautartigen Sträuchern besteht, sowie massenhaft Gräser und Geophyten (Stauden, deren Knollen im Boden liegen). In den kühlen, wasserreichen Schluchten am Osthang des Tafelbergs gibt es kleine Waldgebiete, wie zum Beispiel der Orange Kloof, für den pro Tag nur zwölf Eintrittsberechtigungen erteilt werden.

KAMPF GEGEN FREMDE EINDRINGLINGE

Die Europäer brachten einst nicht nur Waffen und Krankheiten ans Kap, sondern auch ihre Pflanzen. Einige davon erwiesen sich als außerordentlich schädlich für die Umwelt. Kiefern, Eichen, Pappeln, Akazien und drei Sorten Hakea wurden gepflanzt.

Nach den verheerenden Waldbränden, die 2000 am ganzen Kap wüteten, entwickelte die Parkverwaltung zusammen mit privaten Initiativen ein Programm, das die Halbinsel von fremden Pflanzen befreien, feuergeschädigte Gegenden wiederaufforsten und gefährdete Gemeinden, wie etwa die Townships, über Feuer aufklären will. Bislang wurde ein Drittel des Parks von fremden Pflanzen geräumt.

Die Umwelt leidet aber nicht nur unter fremden Pflanzen, sondern auch unter eingeführten Tieren wie Damwild und Himalaja-Tahren. 1936 brachen zwei dieser ziegenähnlichen Tiere aus dem Groote Schuur Zoo am Devil's Peak aus. Bis in die 1970er-Jahre hatte sich das Paar zu einer Herde von 600 Tieren vermehrt, die im Park großen Schaden anrichteten. Dank einer Keulaktion sollen die Tahre nun ausgerottet sein.

So beeindruckend die Artenvielfalt der Kaphalbinsel ist, so sehr ist sie auch bedroht. Über 1400 Fynbos-Pflanzen sind stark gefährdet oder vom Aussterben bedroht; von einigen gibt es nur noch eine Handvoll. Viele Fynbos-Pflanzen werden durch Feuer zum Wachsen und Blühen angeregt, doch nicht in die Jahreszeit passende Feuer oder Brände können schwere Schäden hervorrufen – wie etwa im Januar 2006, als die Nordseite des Tafelbergs betroffen war. Zudem brennen die Feuer aufgrund gebietsfremder Pflanzen, wie z. B. Kiefern und Akazien, weitaus länger und heftiger – darüber hinaus ist deren enormer Wasserbedarf eine zusätzliche Gefahr.

FAUNA

Das Tier, das am häufigsten mit dem Tafelberg in Verbindung gebracht wird, ist der Klippschliefer oder auch Klippdachs genannt. Trotz der Ähnlichkeit mit einem dicken Hamster sind die kleinen Pelztiere überraschenderweise mit Elefanten verwandt. Die Klippschliefer sind oft beim Sonnenbad auf den Felsen um die obere Seilbahnstation zu sehen.

Neben dem Damwild, das die unteren Berghänge des Tafelbergs beim Rhodes Memorial bevölkert, lebt hier auch ein Tier, das lange als ausgestorben galt: das Quagga. Früher glaubte man, dass das nur teilweise gestreifte Zebra eine eigene Tierart sei. Doch DNA-Analysen eines ausgestopften Quagga im Kapstädter South African Museum zeigten, dass es sich um eine Unterart des weitverbreiteten Steppenzebras handelt. Ein 1987 gestartetes Rückzüchtungsprogramm hat die Quaggas erfolgreich wieder „auferstehen" lassen. Zu den Säugetieren am Kap der Guten Hoffnung gehören acht Antilopenarten, Kap-Bergzebras und eine Gruppe von Bärenpavianen.

Am ganzen Kap gibt es auch zahlreiche Vögel, Insekten und Meerestiere. Der berühmteste Vogel ist der Brillenpinguin, der wie ein Esel krächzt. Um die 3000 Exemplare dieser freundlichen Pinguine leben am Boulders Beach. Zu den Meerestieren, die sich hier manchmal blicken lassen, gehören Südkaper und Buckelwale, Delphine, Südafrikanische Seebären auf Duiker Island (von Hout Bay zu erreichen) sowie Unechte Karett- und Lederschildkröten.

ENSTEHUNG DES NATIONALPARKS

Im Vergleich zu der rasant wachsenden Hafenstadt zu Füßen des Tafelbergs hielten sich die Europäer am felsigen und windumtosten Cape Point zurück. Die ersten Farmen gab es in den 1780er-Jahren. Erst 1915,

NATUR & UMWELT ENSTEHUNG DES NATIONALPARKS

An über 100 Stellen im Nationalpark, wie der Peer's Cave in Silvermine und einer Höhle in der Smitswinkel Bay nahe dem Eingang zum Cape Point, wurden nachweisliche Spuren der eingeborenen Völker gefunden, die lange vor dem ersten dokumentierten Eintreffen der Europäer 1503 am Kap lebten.

als die Küstenstraße von Simon's Town fertiggestellt war, war die Gegend leichter zu erreichen.

Die Kampagne, die Gegend um den Cape Point zum Naturschutzgebiet zu erklären, lief erst in den 1920er-Jahren an, als die Gefahr bestand, dass das Land Bauunternehmern überlassen würde. Zur selben Zeit setzte sich der künftige Premierminister General Jan Smuts – ein begeisterter Wanderer – öffentlichkeitswirksam für den Schutz des Tafelbergs ein. Heute trägt ein Wanderweg seinen Namen. 1939 wurde das Cape of Good Hope Nature Reserve schließlich geschützt.

Es war das erste offizielle Naturschutzgebiet am Kap. Allerdings hatte der Minenmagnat und südafrikanische Politiker Cecil Rhodes bereits zuvor einen kleinen Teil seines riesigen Vermögens dafür genutzt, um Teile des östlichen Tafelbergs zu kaufen. Er vermachte das Land, zu dem Kirstenbosch und die Cecilia Estate bis Constantia Nek zählen, testamentarisch der Allgemeinheit.

Die Van-Zyl-Kommission sträubte sich zwar in den 1950ern dagegen, den Park einer einzigen Parkbehörde zu unterstellen, doch 1958 wurde alles Land am Tafelberg oberhalb von 152 m zum Naturdenkmal erklärt. Die Stadt Kapstadt schuf schließlich 1963 das Table Mountain Nature Reserve und 1965 das Silvermine Nature Reserve.

In den 1970er-Jahren hatten 14 verschiedene Behörden ein Wörtchen bei den Naturschutzgebieten am Kap mitzureden. Erst 1998 wurde der einheitliche Cape Peninsula National Park Realität. Im Jahr 2004 wurde er in Table Mountain National Park umbenannt. Der Park erstreckt sich auch bis ins Meer, seit 2003 eine 975 km2 Marine Protected Area geschaffen wurde.

Wein

Obwohl der Gründer der Kapkolonie Jan van Riebeeck eigenen Wein anbaute und herstellte, begann die breite Weinproduktion erst 1679 mit der Ankunft des Gouverneurs Simon van der Stel. Van der Stel legte das Gut Constantia an (das später in mehrere Anwesen unterteilt wurde, die es noch heute gibt) und gab seine Kenntnisse an die Siedler weiter, die sich rund um Stellenbosch niedergelassen hatten.

FRANZÖSISCHER EINFLUSS

Zwischen 1688 und 1690 trafen etwa 200 Hugenotten am Kap ein, denen vor allem in der Gegend von Franschhoek (etwa „Franzosenwinkel") Land zur Verfügung gestellt wurde. Obwohl nur ein paar von ihnen Erfahrung im Weinbau hatte, gaben sie der jungen Industrie neue Impulse.

Lange Zeit waren die Kapweine, mit Ausnahme der auf Constantia erzeugten, nicht sehr gefragt und die meisten Trauben endeten als Brandy. Erst Anfang des 19. Jhs. erhielt die Branche einen Auftrieb, als die Briten wegen des Kriegs gegen Frankreich und begünstigter Handelszölle zwischen Großbritannien und Südafrika verstärkt südafrikanischen Wein importierten.

Die Sanktionen während der Apartheid und die Macht der Kooperatieve Wijnbouwers Vereeniging (KWV; die Kooperative gründete sich 1918, um Mindestpreise sowie Produktionsstätten und -quoten zu kontrollieren) trugen nicht gerade zu einem innovationsfreudigen Klima bei und lähmten stattdessen die Entwicklung. Seit 1992 hat die inzwischen privatisierte KWV viel von ihrem früheren Einfluss eingebüßt.

Viele neue und progressive Erzeuger tragen dazu bei, dass Südafrika sich wieder als feste Größe auf dem Weltmarkt etabliert. In den kühleren Küstenregionen entstehen östlich von Kapstadt neue Anbaugebiete um Mossel Bay, Walker Bay und Elgin, und im Norden um Durbanville und Darling. Auch die alten Rebstöcke des Swartlands nordwestlich von Paarl (insbesondere die Gegend von Paardeberg) bringen hochwertige Weine hervor.

> „Heute, gelobt sei der Herr, wurde zum ersten Mal Wein aus Trauben vom Kap gepresst."
>
> *Jan van Riebeeck, 2. Februar 1659*

HUMANITÄRE KOSTEN

Derzeit arbeiten über 200 000 Schwarze und Farbige in der Weinindustrie, die meisten schuften auf Weingütern, die etwa 4500 Weißen gehören. Die Arbeiter erhalten oft nur den monatlichen Mindestlohn von 1375 Rand, Frauen weniger. Auch das umstrittene „Tot-System", bei dem der Lohn der Arbeiter teilweise in Wein ausgezahlt wird, besteht noch, mit katastrophalen sozialen und körperlichen Folgen.

Ein Bericht des Human Rights Watch (HRW; www.hrw.org/reports/2011/08/23/ripe-abuse-0) von 2011 warf der Weinindustrie vor, das Leben ihrer Arbeiter „elend" und „gefährlich" zu machen. Der Bericht nannte haarsträubende Wohnverhältnisse, fehlende Toiletten und kein Trinkwasser während der Arbeitszeit, fehlenden Schutz vor Pestiziden sowie Behinderung einer Gewerkschaftsvertretung als einige der zahlreichen Punkte, unter denen die Arbeiter zusätzlich zu den niedrigen Löhnen zu leiden hatten.

Es gibt zwar ein Arbeitsrecht, aber an das wird sich nicht immer gehalten, zudem kennen viele Arbeiter ihre Rechte nicht. Su Birch, Geschäftsführerin von Wines of South Africa, bestritt die Aussagen des HRW-Berichts und wies auf die vielen Weingüter hin, die sich an die Gesetze halten und sogar darüber hinausgehen. Sie erwähnte auch die stärkere Zusammenarbeit der Weinindustrie mit der Wine Industry and Ethical Trade Association (WIETA; www.wieta.org.za), die sich für bessere Bedingungen der Weinarbeiter einsetzt.

WEIN DER ARBEITER

Verschiedene fortschrittliche Weingüter setzen neue Standards für verbesserte Arbeitsbedingungen und fairen Handel. Solms-Delta (S. 162) und Van Loveren (www.vanloveren.co.za) in Robertson machten ihre Arbeiter zu Teilhabern in Joint-Venture-Weingütern. Ein Teil des Nelson Wine Estate (www.nelsonscreek.co.za) wurde den Arbeitern geschenkt, die unter der Marke „New Beginnings" (www.fms-wine-marketing.co.za) ihren eigenen Wein produzieren.

Weitere Handelsmarken im Besitz der Arbeiter oder Schwarzen:

Thandi (www.thandiwines.com) Das Weingut im Elgin-Gebiet, dessen Name in der Sprache der Xhosa (isiXhosa) „Liebe" oder „Wertschätzung" bedeutet, war das erste der Welt, das das Etikett Fair Trade erhielt. Es gehört zur Hälfte den 250 Gutsarbeiterfamilien und produziert gute reinsortige Weine und Verschnitte, von denen einige auch in Deutschland erhältlich sind.

M'hudi (www.mhudi.com) Das Gut im Besitz der Familie Rangaka produziert u. a. Chenin Blanc, Merlot, Pinotage und Sauvignon Blanc.

Lathithá (www.lathithawines.co.za) Der Wein wird von Kellereien in Blaauwklippen im Auftrag von Sheila Hlanjwa aus Langa hergestellt. Es gehört zu einem Projekt, das Weintrinken in den Townships bekannt machen soll.

M'zoli Wines (www.mzoliwine.co.za) Hausweine für die berühmten Township-*braai* (Barbecue) in Gugulethu. Der Besitzer ist der Hauptorganisator des Gugulethu Wine Festival (www.gugulethuwinefestival.co.za).

Fairvalley Wines (www.fairvalley.co.za) Das 18 ha große Weingut neben dem Gut Fairview produziert sechs Weine – Chenin Blanc, Sauvignon Blanc, Pinotage, Cabernet Sauvignon, Shiraz und Chardonnay; Kostproben gibt es auf dem Gut Fairview.

Tukulu (www.tukulu.co.za) Das Gut bei Darling ist die BEE-Vorzeigemarke (Black Economic Empowerment) des Alkoholgiganten Distell. Es hat mehrere Preise für seinen Pinotage gewonnen und erhält glänzende Kritiken für seinen Chenin Blanc und den Cabernet Sauvignon aus fairem Handel.

WEINTRENDS

Mehr als in anderen Ländern der „Neuen Welt" ist das Verschneiden verschiedener Rebsorten zu Spitzenweinen unter südafrikanischen Winzern weitverbreitet. Rote, meist auf Cabernet Sauvignon basierende Cuvées, sind bereits seit Jahrzehnten üblich. In den letzten Jahren nahmen auch weiße Verschnitte überhand, wobei sich zwei verschiedene, aber gleichermaßen spannende Varianten herausgebildet haben. Eine davon sind die am Bordeaux-Stil orientierten Cuvées aus Sauvignon Blanc und Semillon. Vorreiter war Vergelegen mit seinen in Eichenfässern gereiften und ziemlich noblen Semillon-Verschnitten. Heute jedoch gibt es viele gute Angebote, wie die Oak Valley Blends von Oak Valley, den Tokara White und den Magna Carta von Steenberg (2009 mit 440 R der teuerste Weißwein Südafrikas).

Die zweite Variante ist etwas bodenständiger. Die Weine stammen vorwiegend aus den wärmeren Inlandsregionen, wie z. B. Swartland.

Die britischen Lebensmittelketten Asda, Tesco, Marks & Spencer und Waitrose unterstützen WIETA, ebenso Woolworths in Südafrika; nähere Informationen stehen auf der Webseite der WIETA (www.wieta.org.za).

SPITZENWEINE

Tim James, Weinkorrespondent der *Mail & Guardian* und freier Mitarbeiter der *Platter's South African Wines*, empfiehlt die folgenden Tropfen:

Rotweine

➡ **Beyerskloof Pinotage** (60 R) Die kaptypische Sorte in einfacher, fruchtiger Gestalt von einem spezialisierten Pinotage-Winzer, der vom Rosé bis zu teuren Cuvées und Qualitätsweinen ausschließlich empfehlenswerte Tropfen herstellt.

➡ **Buitenverwachting Meifort** (60 R) Der Christine des Guts ist edler und teurer (ab 200 R); diese „zweite Wahl" ist leichter, aber keineswegs weniger anspruchsvoll.

➡ **Boekenhoutskloof Syrah** (260 R) Ein hervorragender, gut abgelagerter Rotwein, der vollmundig und komplex (aber nicht überall erhältlich) ist. Der Chocolate Block (185 R) vom gleichen Hersteller ist ein feiner, weicher Shiraz-Verschnitt; 2009 war ein exzellenter Jahrgang.

Weißweine

➡ **Durbanville Hills** Der Sauvignon Blanc (39 R) ist glücklicherweise überall erhältlich. Er liefert zuverlässig eine frische spritzig-tropische Note.

➡ **Solms-Astor Vastrap** (49 R) Ein unkomplizierter, aber keineswegs ordinärer Verschnitt, benannt nach einem volkstümlichen Tanz.

➡ **Chamonix** Der Riserva Chardonnay (130 R) ist ein eleganter Wein mit feinen Eichenaromen; die Standardvariante (50 R) ist unverbindlicher, weiß aber ebenso zu gefallen

➡ **Graham Beck** Blanc de Blancs (150 R); einer der elegantesten und spritzigsten Schaumweine vom Kap.

Die meisten Erzeuger folgen dem Beispiel des „Erfinders" dieses Stils Eben Sadie mit seinem Palladius und verwenden für ihre Verschnitte reichlich Chenin Blanc, Chardonnay, Roussanne und Viognier.

Viele Erzeuger bauen inzwischen außerdem in küstennahen oder höher gelegenen Regionen an und nutzen die kühleren klimatischen Bedingungen, um andere Weine herzustellen, die weniger Alkohol enthalten und leichter und spritziger sind. Elgin beispielsweise, ein Hochplateau im Binnenland, erwirbt sich einen hervorragenden Ruf als neues Anbaugebiet für Sauvignon Blanc, Chardonnay und insbesondere Pinot Noir. Weitverbreitet ist Sauvignon Blanc auch auf den Weingütern in Küstenregionen wie Lomond oder Black Oystercatcher, die beide unweit vom Kap Agulhas liegen, oder Fryer's Cove an der Westküste, nur ein kleines Stück landeinwärts vom kühlen Atlantik.

Auch der in Europa so beliebte Rosé setzt sich am Kap immer mehr durch. Die frisch-fruchtigen, trockenen Weine passen hervorragend zum Mittagessen oder einem lauen Sommerabend. Herkömmliches, billig-süßes Zeug ist mit Vorsicht bzw. gar nicht zu genießen, doch der Vermerk „Pinotage" auf dem Etikett verspricht zumeist einen anständigen Tropfen. Diese einheimische rote Traube ist nicht jedermanns Sache, eignet sich aber hervorragend für Rosé.

Wein-Visionäre: Gerard de Villiers, Thomas Ernst und Harald Bresselschmidt stellen Menschen und ihre Weingüter in Südafrika vor).

Kleines Weinglossar

Aroma Der Duft eines Weins; der Begriff „Bouquet" bezeichnet meist den Duft weniger fruchtiger, ausgereifter Weine

Balance Die Ausgewogenheit der einzelnen Komponenten eines Weines: Alkohol, Frucht, Säure und Tannin (und ggf. Eiche)

Cuvée Verschnitt aus zwei oder mehr verschiedenen Trauben, z. B. Colombard-Chardonnay; manche Rotweine tragen den Vermerk „Cape Blend"; solche Weine bestehen zu mindestens 20 % aus Pinotage

Korkgeschmack Tritt nicht etwa auf, wenn Korkfragmente in den Wein gelangen, sondern wenn der Korken den Wein verdorben hat, wodurch er im Extremfall faulig und flach schmeckt

Erzeugerabfüllung Dieser Begriff (engl. *estate wine*) darf nur verwendet werden, wenn der Wein von einem Betrieb angebaut, gekeltert und abgefüllt wird

Abgang Der Nachgeschmack eines Weins; je länger der Geschmack nachklingt (und je bedauerlicher das Verschwinden ist), desto besser

Garagenwein Wein, der von Kleinstunternehmen oder passionierten Amateuren in sehr kleinen Mengen und bisweilen buchstäblich in einer Garage hergestellt wird

Eichen- oder Holzgeschmack Die meisten guten Rotweine, und viele elegante Weißweine, reifen ein oder zwei Jahre in teuren Holzfässern, wodurch sich Textur und Aroma der Weine verändern; eine billige Methode, Holzgeschmack zu erzielen, ist die Verwendung von Holzstücken in einem Metallbehälter

Ökologisch Das ökologische Verfahren betrifft eher den Anbau der Reben (ohne Pestizide oder chemische Düngemittel usw.), weniger die Weinherstellung

Tannin Bezeichnet die Gerbstoffe im Wein, die hauptsächlich in Schale, Stiel und Kernen roter Trauben vorkommen; äußert sich durch eine trockene Empfindung am Gaumen; die Tannine werden weicher, je reifer der Wein ist

Jahrgang engl. *vintage*; das Jahr der Traubenernte; als Jahrgangswein bezeichnet man außerdem einen in einem besonders guten Jahr hergestellten Süßwein (die besten heißen in Südafrika „Vintage Reserve")

Praktische Informationen

VERKEHRSMITTEL & -WEGE **244**

ANREISE **244**
Flugzeug 244
Zug 244
Bus 245
Schiff/Fähre 245

UNTERWEGS VOR ORT **245**
Auto & Motorrad 245
Taxi 246
Bus 247
Zug 247
Fahrrad........................... 247

ALLGEMEINE INFORMATIONEN **248**
Botschaften & Konsulate 248
Feiertage 248
Frauen unterwegs 248
Geld 248
Gesundheit 249
Hilfsorganisationen 249
Internetzugang.................... 249
Medizinische Versorgung 250
Notfälle 250
Öffnungszeiten................... 250
Post.............................. 250
Reisen mit Behinderung 250
Sicherheit 250
Steuern & Erstattungen 250
Strom 250
Telefon 252
Touristeninformation.............. 252
Visa.............................. 252
Zeit 252
Zoll 252

SPRACHE.................. **253**

Verkehrsmittel & -wege

ANREISE

Die meisten Besucher treffen am Cape Town International Airport ein, bei der Anreise aus Südafrika eher am Zug- oder Busbahnhof Kapstadts. Die Stadt ist auch Station für internationale Kreuzfahrt- schiffe, die entweder an der Waterfront oder im Hafen anlegen. Flüge, Touren und Zugtickets können online über www.lonelyplanet.com/travel services gebucht werden.

Flugzeug

Es gibt viele internationale Direktflüge nach Kapstadt. In der Regel es ist billiger, Flüge innerhalb Südafrikas im Inter- net zu buchen und zu bezah- len (statt über ein Reisebüro).

Fluglinien

1time (☏011-086 8000; www.1time.aero)

Air Mauritius (☏087 150/ 242; www.airmauritius.com)

Air Namibia (☏021- 422 3224; www.airnamibia. com.na)

British Airways (☏021-936 9000; www.ba.com)

Emirates (☏021-403 1100; www.emirates.com)

KLM (☏086 0247 747; www.klm.com)

Kulula.com (☏086 1585 852; www.kulula.com)

Lufthansa (☏086 1842 538; www.lufthansa.com)

Malaysia Airlines (☏021-419 8010; www.malaysiaairlines.com)

Mango (☏021-815 4100, 086 1162 646; www.flymango.com)

Qatar Airways (☏021-936 3080; www.qatarairways.com)

Singapore Airlines (☏021- 674 0601; www.singaporeair. com)

South African Airways (☏021-936 1111; www.flysaa. com)

Virgin Atlantic (☏011-340 3400; www.virgin-atlantic.com)

Flughafen

Cape Town International Airport (☏021-937 1200; www. acsa.co.za) Der Flughafen liegt 22 km östlich des Stadtzen- trums. In der Ankunftshalle befindet sich eine Touristen- information.

VOM FLUGHAFEN IN DIE STADT

Bus

MyCiTi (s. S. 247) Die Busse fahren von 5 bis 22 Uhr alle 20 Minuten zum Bahnhof Civic Centre. Der Fahrpreis (Erw./ Kind 4–11 J./unter 4 J. 53,50/ 26,50 R/frei) kann bar und mit einer myconnect-Karte bezahlt werden.

Backpacker Bus (☏021-439 7600; www.backpackerbus.co. za) Bietet Flughafentransfer ab 160 R pro Person (zwischen 17 und 8 Uhr 180 R) und holt Pas- sagiere von Hostels und Hotels ab. Muss im Voraus gebucht werden.

Taxi

Ein Taxi kostet etwa 200 R; **Touch Down Taxis** (☏021- 919 4659) ist das offizielle Taxiunternehmen für Flug- hafenfahrten.

Auto

Alle größeren Autovermie- tungen haben einen Schalter am Flughafen. Die Fahrt über die N2 ins Stadtzent- rum dauert in der Regel 15 bis 20 Minuten, während der Hauptverkehrszeit (7–9 und 16.30–18.30 Uhr) kann es aber bis zu einer Stunde dauern. Eine Tankstelle be- findet sich gleich am Flug- hafen, praktisch, um den Tank vor der Abgabe wieder aufzufüllen.

Zug

Endbahnhof der Fernzüge ist die Cape Town Railway Sta- tion in der Heerengracht in der City Bowl. Der Zug **Shosho- loza Meyl** (☏086 000 8888; www.shosholozameyl.co.za) verkehrt mittwochs, freitags und sonntags zwischen Kapstadt und Johannesburg via Kimberley. Er hat zwar komfortable Schlaf- und Speisewagen, aber luxuriöser sind die Züge von **Rovos Rail** (☏012-315 8242; www.rovos. com) oder der elegante **Blue Train** (☏021-449 2672; www. bluetrain.co.za), der auf der Strecke nach Pretoria und Kimberley auf dem Weg zu- rück nach Kapstadt in Matjies- fontein hält.

KLIMAWANDEL & REISEN

Jede Form des Reisens, die auf Brennstoff auf Kohlenstoffbasis beruht, erzeugt CO_2, die Hauptursache des von Menschen verursachten Klimawandels. Modernes Reisen ist von Flugzeugen abhängig, die vielleicht pro Kilometer und Person weniger Kraftstoff als die meisten Autos verbrauchen, aber sehr viel weitere Strecken zurücklegen. Auch die hohen Luftschichten, in die Flugzeuge Treibhausgase (auch CO_2) und Schadstoffe ausstoßen, spielen eine wichtige Rolle beim Klimawandel. Viele Websites bieten „Emissionsrechner", mit denen Reisende die CO_2-Emissionen ihrer Reise ausrechnen und die Auswirkung dieser Treibhausgase mit einem Beitrag für klimafreundliche Projekte in der ganzen Welt ausgleichen können. Lonely Planet gleicht die CO_2-Bilanz aller Reisen der Mitarbeiter und Autoren aus.

Bus

Endbahnhof der Fernbusse ist die Cape Town Train Station, wo auch die Fahrkartenbüros für die folgenden Busgesellschaften sind, alle täglich geöffnet von 6 bis 18.30 Uhr.

Greyhound (☏083 915 9000; www.greyhound.co.za)

Intercape Mainliner (☏021-380 4400; www.intercape.co.za)

SA Roadlink (☏083 918 3999; www.saroadlink.co.za)

Translux (☏021-449 6942; www.translux.co.za)

Baz Bus (☏021-422 5202; www.bazbus.com)

Richtet sich an Backpacker und Individualreisende und hat Hop-on-hop-off-Tarife und Tür-zu-Tür-Transport zwischen Kapstadt und Johannesburg/ Pretoria über die nördlichen Drakensberge, Durban und die Garden Route.

Schiff/Fähre

Viele Kreuzfahrtschiffe legen in Kapstadt an. Nützliche Kontakte:

Cruise Complete (www.cruisecompete.com)

MSC Starlight Cruises (☏021-555 3005; www.starlightcruises.co.za)

Royal Mail Ship St. Helena (☏020-7575 6480; rms-st-helena.com)

UNTERWEGS VOR ORT

Auto & Motorrad

Fahren

Kapstadt hat ein exzellentes Straßennetz, das außerhalb der Hauptverkehrszeiten (7–9 und 16.30–18.30 Uhr) erstaunlich wenig befahren ist. Verkehrsschilder wechseln zwischen Afrikaans und Englisch. Jeder hat schnell raus, dass Linkerbaan kein Ortsname ist, sondern „linke Spur" bedeutet.

Tankstellen haben oft rund um die Uhr geöffnet. Benzin kostet pro Liter um die 10,50 R, je nach Oktanzahl. Die meisten Tankstellen akzeptieren Kreditkarten, einige berechnen jedoch dafür eine Gebühr von 10 %. Tankwarte füllen den Tank, putzen die Fenster und fragen, ob Öl oder Wasser geprüft werden müssen – ein Trinkgeld von 10 % ist angemessen.

Man sollte darauf gefasst sein, dass sich nicht alle an die Verkehrsregeln halten, also vorsichtig fahren. Es gibt zwar Alkoholtests, aber angesichts des Personalmangels der Polizei und des relativ hohen erlaubten Blutalkoholgehalts (0,8 ‰) bleiben betrunkene Fahrer eine Gefahr. Es ist auch sehr unwahrscheinlich, dass die Polizei kleineren Verstößen wie Geschwindigkeitsübertretungen nachgeht. Das mag sich prima anhören, aber wer einige Male riskan-ten Autofahrern begegnet ist, wird sich schnell nach strengen Polizisten sehnen.

Das Befahren des Chapman's Peak Drive kostet 31 R Maut.

Fahrzeugkauf

Für den Kauf eines Autos oder Motorrades sollten ein bis zwei Wochen eingerechnet werden und in Kapstadt lässt sich diese Zeit schön verbringen. In der Victoria Road zwischen Salt River und Observatory und in der Voortrekker Road/R102 gibt es zahlreiche Gebrauchtwagenhändler.

Wer sich überlegt, einen alten Land Rover für eine Tour durch Afrika zu kaufen, muss mit 25 000 R für einen Wagen rechnen, der noch etwas Bastelei braucht, und 45 000 R für einen in fahrbereitem Zustand. **Graham Duncan Smith** (☏021-797 3048) ist Land-Rover-Experte, der für eine erste Inspektion 180 R Beratungshonorar und für anstehende Reparaturen 300 R Stundenlohn verlangt.

Websites mit Kleinanzeigen sind **Junk Mail** (www.junkmail.co.za/cape-town) und **Auto Trader** (www.autotrader.co.za). Ein gutes Auto kostet etwa 30 000 R; für ein anständiges Fahrzeug für weit unter 20 000 R braucht es schon sehr viel Glück. Vor dem Kauf sollte nach dem aktuellen Roadworthy Certificate (TÜV-Abnahme) gefragt werden. Das Zertifikat muss bei Zahlung der Straßensteuer und bei Registrierung des Besitzerwechsels vorgelegt werden. Das TÜV-Zertifikat gibt es, wenn nötig, in den Prüfwerkstätten der **Dekra** (www.dekraauto.co.za) an mehreren Standorten in Kapstadt; ein Test kostet 340 R.

Woher das Auto auch immer stammt, es sollte unbedingt überprüft werden, dass die Fahrzeugdetails mit denen auf den Zulassungspapieren genau übereinstimmen, dass eine *gültige* Steuerplakette an der Windschutzscheibe angebracht und dass das Fahrzeug polizeilich zugelassen ist. Die polizeiliche Zulassungsstelle ist unter ☏021-945 3891 zu erreichen.

Das neu erworbene Auto wird in der Stadtkasse bei der **Motor Vehicle Registration Division** (☏021-400 4900; Civic Centre, Foreshore; ☺Mo–Fr 8–14 Uhr) angemeldet; vorzulegen sind das TÜV-Zertifikat, eine gültige Steuerplakette, vollständige Zulassungspapiere, der vom Käufer unterschriebener Kaufvertrag und eine erkennbare Fotokopie des eigenen Passes zusammen mit dem Original.

Sehr ratsam sind eine Haftpflicht- und Kaskoversicherung. Eine empfehlenswerte Versicherungsagentur ist **Sansure** (☏086 0786 847; www.sansure.com).

Mietfahrzeuge

AUTO
Die Preise reichen von 239 R pro Tag für einen KIA Picanto bis zu etwa 2800 R für ein Porsche-Cabrio. Der Aufpreis für eine unbegrenzte Kilometerzahl wird wohl kaum nötig sein. Für ein bisschen Herumfahren sollten 400 km pro Tag genug sein und wer hier und da einen Tag Pause macht, sollte mit durchschnittlich 200 km pro Tag auskommen.

Bei Preisangeboten darauf achten, dass die 14 % ige Mehrwertsteuer enthalten ist.

Ein Problem bei fast allen Autoanmietungen ist die Selbstbeteiligung – der Betrag, der vom Kunden zu zahlen ist, bevor die Versicherung greift. Selbst bei einem Kleinwagen können bis zu 6000 R fällig werden (es gibt aber auch die Möglichkeit, die Selbstbeteiligung durch höhere Versicherungsbeiträge zu senken oder ganz auszuschalten). Ein paar Versicherungen bieten gegen einen höheren Betrag 100 % Kostenübernahme bei Schaden und Diebstahl an. Es kann auch teurer werden, wenn mehr als eine Person als Fahrer angegeben wird. Hat ein nicht gemeldeter Fahrer einen Unfall, zahlt die Versicherung nichts. Der Vertrag sollte also vor Unterzeichnung sorgfältig durchgelesen werden.

Autovermieter:

Around About Cars (☏021-422 4022; www.around aboutcars.com; 20 Bloem St, City Bowl; ☺Mo–Fr 7.30–17, Sa & So 7.30–13 Uhr)

Avis (☏021-424 1177; www.avis.co.za; 123 Strand St, City Bowl)

Hertz (☏021-410 6800; www.hertz.co.za; 40 Loop St, City Bowl)

Status Luxury Vehicles (☏021-510 0108; http://slv.co.za)

MOTORRÄDER & ROLLER
Vermietungen von Motorrädern und Rollern:

Cape Sidecar Adventures (☏021-434 9855; www.sidecars.co.za; 2 Glengariff Rd, Three Anchor Bay)

Harley Davidson Cape Town (☏021-446 2999; www.harley-davidson-capetown.com; 9 Somerset Rd, De Waterkant)

Scoot Dr (☏021-418-5995; www.scootdr.co.za; 61 Waterkant St, Foreshore)

Parken

Montags bis samstags zur Geschäftszeit ist das Parken an bestimmten Orten im Stadtzentrum auf eine Stunde begrenzt. Autofahrer wenden sich an den Parkplatzwächter (an der gelben Sicherheitsweste mit der Aufschrift „Parking Marshal" zu erkennen), der dann die Gebühr für die erste halbe Stunde im Voraus kassiert (etwa 5 R).

Gibt es keinen amtlichen Parkplatzwächter, lässt sich auf der Straße fast immer jemand finden, der für ein kleines Trinkgeld (um die 2 R) auf das Auto aufpasst. Parkplatzgebühren abseits der Straße sind unterschiedlich, betragen aber meist 10 R für einen halben Tag.

Taxi

Nachts ist es ratsam, ein Taxi zu nehmen, ob allein oder als Gruppe. Die Gebühren liegen bei etwa 10 R pro Kilometer. Ein Taxistand befindet sich in der Adderley Street (Karte S. 276). Taxiruf:

Excite Taxis (☏021-448 4444; www.excitetaxis.co.za)

Marine Taxi (☏086 1434 0434, 021-913 6813; www.marinetaxis.co.za)

SA Cab (☏086 1172 222; www.sacab.co.za)

Telecab (☏021-788 2717, 082 222 0282) Für Fahrten von Simon's Town nach Boulders und Cape Point.

Rikki

Rikkis (☏086 1745 547; www.rikkis.co.za) sind ein Zwischending aus Taxi und Sammeltaxi. Sie fahren als Sammeltaxis für 15 bis 30 R fast überall in der Innenstadt, entlang der Atlantikküste bis nach Camps Bay oder in und um Hout Bay. Sie übernehmen aber auch normale Taxifahrten für 35 bis 55 R, je nach Strecke, und Flughafentransfers ab 180 R pro Person. Auf der Website sind die Standorte ihrer kostenlosen Direkttelefone aufgeführt. Im Büro von Cape Town Tourism in der Burg Street in der City Bowl befindet sich auch eines. Rikkis sind allerdings nicht gerade die schnellsten Transportmittel durch die Stadt und tauchen bekanntermaßen zu spät zum gebuchten Zeitpunkt auf.

Sammeltaxi

In Kapstadt (und generell in Südafrika) ist ein Sammeltaxi ein Minibus. Diese privaten Unternehmen decken mit ihren informellen Routennetz den größten Teil der Stadt ab, sind billig und vor allem schnell. Leider sind sie meist total voll und manche Fahrer fahren ziemlich waghalsig. Wichtige Strecken für Besucher sind die ab der Adderly Street gegenüber dem Golden Acre Centre über die Main Road nach Sea Point (5 R) und über die Long Street nach Kloof Nek (5 R).

Der größte Taxistand (Karte S. 276) befindet sich im Obergeschoss der Cape Town Train Station und ist über eine Fußgängerpassage im Golden Acre Centre oder über Treppen in der Strand Street zu erreichen. Er ist gut organisiert und die richtige Reihe ist schnell gefunden. Ansonsten wird ein Sammeltaxi einfach an der Straße herangewunken und der Fahrer gefragt, wohin er fährt.

Bus

Golden Arrow

Die Busse von **Golden Arrow** (☎080 0656 463; www.gabs.co.za) fahren vom **Golden Acre Bus Terminal** (Karte S. 276; Grand Parade, City Bowl) ab, die meisten verkehren nur bis zum frühen Abend. Am praktischsten sind sie für die Strecke vom Stadtzentrum an der Atlantikküste entlang bis nach Hout Bay (zu den Vorstädten östlich des Tafelbergs fahren Züge).

Zu den Zielen, mit Preisangaben außerhalb der Hauptverkehrszeit (8–16 Uhr), gehören die Waterfront (4 R), Sea Point (4 R), Kloof Nek (4 R), Camps Bay (5 R) und Hout Bay (8 R). In der Hauptverkehrszeit sind die Fahrpreise um etwa 30 % höher.

MyCiTi-Busse

Die Busse der neuen Verkehrsgesellschaft **MyCiTi** (☎080 0656 463; www.cape town.gov.za/myciti) fahren täglich von 5 bis 22 Uhr. Hauptstrecken sind derzeit vom Flughafen ins Stadtzentrum, von der Table Bay in die Stadt und durch die City Bowl nach Gardens und zur Waterfront. Es ist geplant, das Stre-

ckennetz über die Atlantikküste bis Camps Bay und Hout Bay, über die Kloof Nek Road nach Tamboerskloof und im Osten nach Woodstock und Salt River zu erweitern.

Die meisten Strecken im Stadtzentrum (z. B. vom Civic Centre nach Gardens und zur Waterfront) kosten 5 R, nach Table View (18,5 km nördlich des Stadtzentrums) 10 R und zum Flughafen 53,50 R. Der Fahrpreis muss mit der Guthabenkarte **myconnect** bezahlt werden; Ausnahme ist die Strecke zwischen Flughafen und Civic Centre, für die bar bezahlt werden kann.

Zur Zeit der Recherche war die myconnect-Karte nur an den Kiosken in den Bahnhöfen Civic Centre und Table View erhältlich. Die Leihgebühr beträgt 22 R. Gegen Vorlage des Kassenzettels am Kiosk wird der Betrag bei Rückgabe der Karte erstattet. Sie muss mit einem Guthaben aufgeladen werden. Die Bankgebühr beträgt 2,5 % (mindestens 1,50 R) des aufgeladenen Guthabens; wer seine Karte also mit 200 R auflädt, hat ein Guthaben von 195 R. Die Karte, die von der südafrikanischen Bank ABSA ausgestellt wird, kann auch für kleinere Einkäufe in Läden mit MasterCard-Zeichen genutzt werden.

Zug

Die Züge der **Cape Metro Rail** (☎0800 656 463; www.capemetrorail.co.za) sind ein sehr praktisches Verkehrsmittel, allerdings fahren werktags nach 18 Uhr und samstags nach 12 Uhr nur noch wenige (oder keine) Züge.

Der Unterschied zwischen 1. und 2. Klasse im Hinblick auf Preis und Komfort ist geringfügig. Die für Besucher wichtigste Strecke ist die nach Simon's Town, die durch Observatory und hinter dem Tafelberg entlang durch gutbürgerliche Vororte wie Newlands bis nach Muizenberg und zur False-Bay-Küste fährt. Die Züge fahren montags bis freitags von 5 bis 19.30 Uhr (samstags bis 18 Uhr) sowie

sonntags von 7.30 bis 18.30 Uhr mind. stündlich.

Die Metrozüge fahren auch nach Strand an der Ostseite der False Bay und in die Winelands nach Stellenbosch und Paarl. Sie sind die billigsten und einfachsten Verkehrsmittel in diese Gegenden; während der Hauptverkehrszeit sind sie am sichersten.

Die Preise für 2./1. Klasse betragen nach Observatory 5/7 R, Muizenberg 6,50/10 R, Simon's Town 7,50/15 R, Paarl 10/16 R und Stellenbosch 7,50/13 R. Es gibt auch eine Tageskarte für 30 R für unbegrenzte Fahrten täglich von 8 bis 16.30 Uhr zwischen Kapstadt und Simon's Town und zu allen Bahnhöfen dazwischen.

Fahrrad

Die Kaphalbinsel lässt sich wunderbar mit dem Fahrrad erkunden, wenn einen die vielen Hügel und weiten Entfernungen zwischen den Sehenswürdigkeiten nichts ausmachen. Die Fahrradwege sind eine Hinterlassenschaft der Fußballweltmeisterschaft: Ein recht guter führt nordwärts aus der Stadt Richtung Table View, ein anderer verläuft neben dem Fan Walk von der Cape Town Train Station nach Green Point. Es sind allerdings fast 70 km vom Zentrum zum Cape Point. Leider dürfen Fahrräder nicht in Vorortzügen mitgenommen werden.

Verleih

Fahrradverleiher in Kapstadt:

Bike & Saddle (☎021-813 6433; www.bikeandsaddle.com; pro Std. 30–80 R)

Cape Town Cycle Hire (☎021-434 1270, 084-400 1604; www.capetowncyclehire.co.za; pro Tag ab 150 R)

Downhill Adventures (Karte S. 286; ☎021-422 0388; www.downhilladventures.com; Orange St Ecke Kloof St, Gardens; ◷Mo–Fr 8–18, Sa 8–13 Uhr)

Allgemeine Informationen

Botschaften & Konsulate

Die meisten Auslandsbotschaften befinden sich in Johannesburg oder Pretoria, ein paar Länder haben aber auch Konsulate in Kapstadt, darunter auch Deutschland, Österreich und die Schweiz. Die meisten sind montags bis freitags von 9 bis 16 Uhr geöffnet.

Angola (✆021-425 8700; 1. Stock, Pavilion Bldg, Thibault Sq, City Bowl)

Botswana (✆021-421 1045; 5. Stock, Southern Life Centre, 8 Riebeeck St, City Bowl)

Deutschland (✆021-464 3020; www.southafrica.diplo.de/Vertretung/suedafrika/de/11__Kapstadt/__Kapstadt.html; 19. Stock, Triangle House, 22 Riebeeck St,City Bowl)

Mosambik (✆021-426 2944; 7. Stock, 45 Castle St, City Bowl)

Österreich (✆021-421 1440; 3. Stock, 1 Thibault Sq, City Bowl)

Schweiz (✆021-418 3665; 26. Stock, 1 Thibault Sq, City Bowl)

Feiertage

An Feiertagen sind Behörden, Banken, Büros sowie Postämter und einige Museen geschlossen. Feiertage in Südafrika:

Neujahr 1. Januar

Tag der Menschenrechte 21. März

Ostern (Karfreitag/Ostermontag) März/April

Tag der Familie 13. April

Tag der Verfassung (Freiheitstag) 27. April

Tag der Arbeit 1. Mai

Tag der Jugend 16. Juni

Frauentag 9. August

Heritage Day (Tag des Kulturerbes) 24. September

Day of Reconciliation (Versöhnungstag) 16. Dezember

1. Weihnachtstag 25. Dezember

2. Weihnachtstag (Day of Goodwill) 26. Dezember

Frauen unterwegs

Kapstadt ist für Frauen im Allgemeinen sicher und meist wird ihnen Herzlichkeit und Gastfreundschaft entgegengebracht. Bevormundung und Sexismus sind jedoch weit verbreitet, besonders außerhalb des Stadtzentrums, was mehr noch als tätliche Übergriffe zum Problem werden kann.

Südafrikas Statistiken zu sexuellen Übergriffen sind beängstigend. Dennoch, obwohl Vergewaltigungen von Touristinnen durchaus vorkommen, sind sie relativ selten. Es ist schwer, das tatsächliche Risiko einzuschätzen – und das Risiko existiert –, aber man sollte nicht vergessen, dass viele Frauen auch allein sicher durch Südafrika reisen.

Vernunft und Vorsicht sind besonders nachts angezeigt. Frauen sollten abends nie allein zu Fuß unterwegs sein, sondern immer ein Taxi nehmen, einsame Gegenden, Straßen und Strände bei Tag und Nacht meiden, niemals allein wandern und auf keinen Fall trampen. Wer allein mit dem Auto fährt, sollte immer ein Handy dabeihaben. Die einheimischen Frauen geben gute Tipps, was wo sicher ist und was nicht.

Geld

Währungseinheit ist der Rand (R), der in 100 Cent (¢) unterteilt ist. Es gibt Münzen im Wert von 5, 10, 20 und 50 Cent sowie 1, 2 und 5 Rand. Banknoten gibt es zu 10, 20, 50, 100 und 200 Rand. Der 200-Rand-Schein sieht dem 20-Rand-Schein sehr ähnlich, also vor dem Bezahlen genau hinschauen. Es gab schon Fälschungen des 200-Rand-Scheins und manche Geschäfte nehmen sie nicht gern an. Rand werden manchmal auch als „Bucks" bezeichnet.

Geldautomaten

Wer eine Karte des weltweiten Cirrus-Netzes hat, sollte

keine Probleme mit den Geldautomaten in Kapstadt haben. Dennoch ist es sinnvoll, ein paar grundlegende Dinge in Sachen Sicherheit zu beachten:

➡ Geldautomaten am besten nicht bei Nacht aufsuchen und schon gar nicht an abgeschiedenen Orten. Automaten in Einkaufszentren sind meist am sichersten.

➡ An den meisten Geldautomaten in Banken stehen Wachleute. Falls gerade keiner da ist, immer achtsam sein oder jemand anderen um Hilfe bitten.

➡ Immer die Leute checken, die vor einem am Geldautomaten stehen. Wenn einer verdächtig wirkt, einen anderen Automaten wählen.

➡ Geldautomaten stets zu den Banköffnungszeiten nutzen und möglichst Begleitung mitnehmen. Steckt die Karte mal fest, sollte einer beim Automaten bleiben, während der andere in der Bank um Hilfe bittet.

➡ Gleich nach dem Einstecken der Karte in den Automaten auf Abbruch drücken. Wird die Karte ausgegeben, weiß man, dass der Automat nicht blockiert ist und man weitermachen kann.

➡ Hilfsangebote von Dritten, die Transaktion abzuschließen, immer freundlich ablehnen. Wenn jemand gleich fragt, sofort den Vorgang abbrechen und einen anderen Automaten suchen.

➡ Immer die Notrufnummer der eigenen Bank dabeihaben. Geht die Karte verloren, sofort Bescheid geben.

Geldwechsel

Die meisten Banken wechseln gegen unterschiedliche Gebühren Bargeld und Reiseschecks in den wichtigsten Währungen. Wechselstuben gibt es auch in den größeren Einkaufszentren wie der Victoria Mall an der Waterfront.

Trinkgeld

Standard für die meisten Dienstleistungen sind 10 %.

Gesundheit

Das Leitungswasser ist trinkbar und abgesehen von HIV/Aids gibt es kaum gesundheitliche Bedenken in Kapstadt. Die Untersuchungsergebnisse des National HIV Survey von 2008 ergaben, dass schätzungsweise 11 % der Bevölkerung HIV-infiziert sind. Täglich sterben Hunderte an HIV/Aids, wer Sex hat, sollte sich also unbedingt schützen. Weitere Informationen zu Gesundheitsfragen in Südafrika sind in *Healthy Travel Africa* und *Südafrika, Lesotho & Swaziland* von Lonely Planet nachzulesen.

Hilfsorganisationen

Gute Anlaufpunkte sind **Greater Good SA** (www.myggsa.co.za), die Informationen zu vielen südafrikanischen Hilfsorganisationen und Entwicklungsprojekten haben, und **Uthando South Africa** (ww.uthandosa.org/projects), ein Touristikunternehmen, das zahlreiche Hilfsprojekte unterstützt. Empfehlenswert ist auch **How 2 Help** (www.h2h.info). Wer mithelfen will, kann sich an die folgenden bewährten Projekte wenden:

Christine Revell Children's Home (www.crch.co.za/) Ein Kinderheim in Athlone, das sich um 49 Babys und Kinder kümmert.

Grassroot Soccer (www.grassrootsoccer.org) Fußballtraining für Kids aus den Townships, die auch über Aids und HIV-Infektionen aufgeklärt werden.

GCU Academy (Great Commission United Academy; www.gcu.org.za) Fußballtraining und Hausaufgabenhilfe für Kids in Heideveld. Kann auch auf einer Community Project Tour besucht werden, die gemeinsam mit dem Hostel The Backpack organisiert wird.

Habitat for Humanity (www.habitat.org.za) Hilft beim Hausbau in der Township Mfuleni, 30 km von Kapstadt.

The Homestead (www.homestead.org.za) Eröffnete 1982 Kapstadts erstes Heim für Straßenkinder; betreibt mehrere Projekte, darunter auch Arbeitsbeschaffungsmaßnahmen.

Kay Mason Foundation (www.kaymasonfoundation.org) Verhilft begabten, benachteiligten Kindern zu einer besseren Schulausbildung.

Nazareth House (www.nazhouse.org.za) Kümmert sich um Aids-Waisen.

Ons Plek (www.onsplek.org.za) Bietet Obdach für Mädchen, die auf der Straße leben.

Masiphumelele Corporation & Trust (www.masicorp.org) Die Stiftung, die in der Township Masiphumelele auf der südlichen Halbinsel arbeitet, ist auf Freiwillige angewiesen.

Streetsmart (www.streetsmartsa.org.za) Auf der Website sind die Restaurants in Kapstadt aufgeführt, die auf jede Rechnung 5 R für die Hilfsorganisation für Straßenkinder aufschlagen.

Tourism Community Development Trust (www.tcdtrust.org.za) Kümmert sich hauptsächlich um Bildungsprojekte wie Kinderkrippen, Schulbüchereien, Suppenküchen und Erholungsheime.

Internetzugang

WLAN gibt es in vielen Hotels und Hostels, auch in mehreren Cafés und Restaurants in der ganzen Stadt; im Buch sind sie aufgeführt – in einigen ist es umsonst (nach dem Passwort fragen), in anderen kostet es. Die Preise liegen überall bei 30 R pro Stunde. Provider sind **Red Button** (www.redbutton.co.za) und **Skyrove** (www.skyrove.com).

MEDIEN

Zeitungen & Zeitschriften

➡ **Cape Times** (www.iol.co.za/capetimes) Morgendliche Lokalzeitung, montags bis freitags.

➡ **Cape Argus** (www.iol.co.za/capeargus) Nachmittägliche Lokalzeitung, montags bis samstag.

➡ **Mail & Guardian** (mg.co.za) Überregionales Wochenblatt, erscheint freitags und enthält exzellente Investigativ- und Kommentarteile sowie eine Kulturbeilage.

➡ **Cape Etc** (www.capeetc.com) 14-tägiges Veranstaltungsmagazin.

➡ **021 Magazine** (www.021magazine.co.za) Vierteljährliches Veranstaltungsmagazin.

➡ **Big Issue** (www.bigissue.org.za) Monatliche Obdachlosenzeitschrift; wird an vielen der belebtesten Verkehrskreuzungen in Kapstadt verkauft.

TV & Radio

➡ **South African Broadcasting Corporation** (SABC; www.sabc.co.za) Staatliche Radio- & TV-Sender.

➡ **Cape Talk 567MW** (www.567.co.za) Talkradio.

➡ **Fine Music Radio** (www.fmr.co.za) 101.3FM; Jazz und Klassik.

➡ **94.5 Kfm** (www.kfm.co.za) Pop.

➡ **Good Hope FM** (www.goodhopefm.co.za) Zwischen 94 und 97FM; Pop.

➡ **Heart 104.9FM** (www.1049.fm) Pop, Soul, R&B.

➡ **Taxi Radio** (thetaxi.mobi) Internetradio mit Sitz in Woodstock.

Medizinische Versorgung

Die medizinische Versorgung ist erstklassig. Jegliche Behandlung muss jedoch sofort bezahlt werden, wird aber in der Regel von der Krankenversicherung erstattet. Die Notfallrufe ✆107 oder mit dem Handy ✆021-480 7700 erklären, wo das nächste Krankenhaus ist. Viele Ärzte machen Hausbesuche; sie sind unter „Medical" im Telefonbuch zu finden, andernfalls weiß auch das Hotel Bescheid.

Netcare Christiaan Barnard Memorial Hospital (✆021-480 6111; www.netcare. co.za/live/content.php?Item_

ID=250; 181 Longmarket St, City Bowl)

Netcare Travel Clinic (✆021-419 3172; www. travelclinics.co.za; 11. Stock, Picbal Arcade, 58 Strand St, City Bowl; ⊙Mo–Fr 8–16 Uhr)

Groote Schuur Hospital (Karte S. 280; ✆021-404 9111; www.westerncape.gov. za/your_gov/5972; Main Rd, Observatory)

Notfälle

Für jegliche Notfälle gelten die Rufnummern ✆107 oder mit dem Handy ✆021-480 7700. Weitere wichtige Telefonnummern:

Table Mountain National Park (✆086-106 417)

Seenotrettungsdienst (✆021-449 3500)

Öffnungszeiten

Ausnahmen von den folgenden Öffnungszeiten sind bei den Adressen aufgeführt:

Banken Mo–Fr 9–15.30, Sa 9–11 Uhr.

Postämter Mo–Fr 8.30–16.30, Sa 8–12 Uhr.

Läden Mo–Fr 8.30–17, Sa 8.30–13 Uhr. Große Einkaufszentren wie das Waterfront und das Canal Walk sind täglich von 9 bis 21 Uhr geöffnet.

Cafés Mo–Fr 7.30–17, Sa 8–15 Uhr. Die Cafés in der City Bowl sind sonntags geschlossen.

Restaurants Mo–Sa 11.30–15 & 18–22 Uhr.

Post

Postfilialen gibt es in ganz Kapstadt; eine Auflistung steht auf www.sapo.co.za. Die Post ist zuverlässig, aber oft langsam. Werden Wertsachen versandt, lohnen sich private Postdienste, wie Postnet (www.postnet.co.za), die internationale Sendungen mit DHL verschicken.

Reisen mit Behinderung

Reisende mit Seh- oder Hörbehinderungen dürften eigentlich kaum Probleme in Kapstadt haben, für Rollstuhlfahrer ist die Reise mit einem Begleiter im Allgemeinen einfacher. Nur sehr wenige Unterkünfte sind mit Rampen und rollstuhlgerechten Badezimmern ausgestattet.

Der Weg um das Reservoir in Silvermine ist für Rollstuhlfahrer ausgebaut. Viele der größeren Autovermietungen haben auch Wagen mit Handsteuerung.

Es gibt mehrere südafrikanische Touristikunternehmen, die sich auf Pauschalreisen für Behinderte spezialisieren, darunter auch ein paar mit Sitz in Kapstadt:
Endeavour Safaris (⁄021-556 6114; www.endeavoursafaris.com)
Epic Enabled (⁄021-785 7440; www.epic-enabled.com)
Flamingo Adventure Tours & Disabled Ventures (⁄082 450 2031, 021-557 4496; flamingotours.co.za/disabled).

Weitere allgemeine Informationen gibt es über das **National Council for Persons with Physical Disabilities in South Africa** (⁄011-452 2774; www.ncppdsa.org.za). **Access-Able Travel Source** (www.access-able.com) hat ein Verzeichnis von Touristikunternehmen, die sich an Reisende mit Behinderung wenden, und **Linx Africa** (www.linx.co.za/trails/lists/disalist.html) eine Liste von behindertengerechten Wanderwegen für jede Provinz.

Sicherheit

Kapstadt ist eine der entspanntesten Städte Afrikas, was ein trügerisches Gefühl der Sicherheit erzeugen kann. Leute, die ohne einen Zwischenfall oder Diebstahl auf dem Landweg von Kairo angereist sind, wurden in Kapstadt schon komplett ausgenommen – z. B während des Schwimmens, wenn die Sachen am Strand liegen.

Paranoia ist nicht nötig, aber gesunder Menschenverstand. Auf der Halbinsel herrscht furchtbare Armut und eine „zwanglose Umverteilung des Wohlstands" ist ziemlich verbreitet. Die Kriminalitätsrate in den Townships der Cape Flats ist erschreckend und wer keinen vertrauenswürdigen Führer hat oder mit einer geführten Tour unterwegs ist, sollte sie besser meiden.

Bei Spaziergängen durch die Stadt sollte man sich immer an die Straßen halten und dem Rat der Einheimischen folgen. Zu mehreren ist man sicherer.

An jedem Strand des Kaps ist Schwimmen gefährlich, besonders für diejenigen, die keine Erfahrung mit der Brandung haben. Immer die Warnhinweise für Rückströmungen und Felsen beachten und nur in beaufsichtigten Bereichen schwimmen. Eltern müssen ihre Kinder immer im Auge behalten und stets daran denken, dass die Wassertemperaturen zur Unterkühlung führen können!

Steuern & Erstattungen

Die Mehrwertsteuer (VAT) beträgt 14 %. Ausländische Besucher können einige Mehrwertsteuerausgaben bei der Abreise zurückfordern. Das gilt allerdings nur für Waren, die aus dem Land ausgeführt werden und aus einem Laden stammen, der am VAT-Erstattungssystem für Ausländer teilnimmt.

Für die Erstattung ist der Steuerbeleg erforderlich. Dazu reicht meist der Kassenzettel, aber er muss Folgendes enthalten:

➜ den Begriff „tax invoice"

➜ den Namen des Geschäfts mit Adresse und Mehrwertsteuernummer *(VAT registration number)*

➜ die genaue Bezeichnung der Ware

➜ den Warenpreis und den Mehrwertsteuerbetrag

➜ eine Steuerrechnungsnummer

➜ das Kaufdatum

Bei Käufen über 2000 R müssen auch Name und Adresse des Käufers sowie die Warenmenge auf der Rechnung stehen. Alle Rechnungen müssen als Original vorliegen. Der Warengesamtwert muss für eine Erstattung höher als 250 R sein.

Bei der Abreise müssen die Waren einem Zollbeamten gezeigt werden. Am Flughafen sollte das unbedingt vor der Gepäckaufgabe erledigt werden. Nach der Passkontrolle wird die Erstattung beantragt und man erhält den Erstattungsscheck. Am Flughafen in Kapstadt kann der Scheck sofort in der Wechselstube eingelöst werden (meist in Rand oder US-Dollar).

Der Erstattungsantrag ist auch in den internationalen Flughäfen in Johannesburg und Durban, an den Grenzübergängen Beitbridge (Simbabwe) und Komatipoort (Mosambik) und in größeren Häfen möglich.

Strom

Die Stromversorgung läuft mit 230 Volt Wechselstrom bei 50 Hertz. Auch Geräte für 240 Volt Wechselstrom funktionieren. Die Stecker haben entweder zwei oder drei runde Pole.

250v/50hz

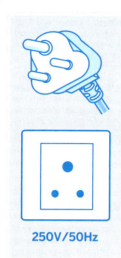

250V/50Hz

Telefon

Die Landesvorwahl Südafrikas von Europa aus ist 0027. Kapstadts Ortsvorwahl ist 021, die auch für Stellenbosch, Paarl und Franschhoek gilt. Sie muss auch bei Ortsgesprächen gewählt werden. Kostenlose Telefonnummern beginnen mit 0800. Nummern, die mit 0860 beginnen, werden je zur Hälfte zwischen Anrufer und Angerufenem geteilt. Telefonate zwischen 19 und 7 Uhr sind billiger.

Öffentliche Münz- und Kartentelefone gibt es in der ganzen Stadt. Ein dreiminütiges Ortsgespräch kostet 1 R. Wer bei einem Münztelefon noch nicht den ganzen Betrag verbraucht hat, sollte nicht aufhängen, sonst ist das Restgeld verloren, sondern vor dem nächsten Anruf den schwarzen Knopf unter dem Hörer drücken.

Handys

Die Handynetze in Südafrika laufen alle über das digitale GSM-System. Die drei größten Anbieter sind Vodacom (www.vodacom.co.za), MTN (www.mtn.co.za) und Cell C (www.cellc.co.za). Vodacom und MTN haben Schalter am Cape Town International Airport, wo es Prepaid-SIM-Karten fürs Handy zum Telefonieren in Südafrika gibt. Ansonsten gibt es in der ganzen Stadt Filialen aller Anbieter und auch viele Läden, die Guthabenkarten verkaufen. Gespräche kosten im Schnitt 2,50 R pro Minute.

Telefonkarten

Kartentelefone gibt es häufiger als Münztelefone. Der Kauf einer Telefonkarte lohnt sich also bei häufigeren Gesprächen. Es gibt Karten für 10, 20, 50, 100 und 200 R bei Cape Town Tourism, in Zeitungsläden und Gemischtwarenläden.

Touristeninformation

Im Hauptsitz von **Cape Town Tourism** (021-426 4260; www.capetown.travel; Castle St Ecke Burg St, City Bowl; Okt.–März tgl. 8–18 Uhr, April–Sept. Mo–Fr 9–17, Sa & So 9–13 Uhr) werden Unterkünfte, geführte Touren und Mietwagen gebucht. Es gibt zudem Informationsmaterial zu Nationalparks und Reservaten, Safaris und Überlandtouren.

Weitere Niederlassungen von Cape Town Tourism:

Blaauwberg Coast Visitor Information Centre (021-521 1080; 1 Marine Drive, Tableview; Mo–Fr 9-17.30, Sa & So 9–12 Uhr)

Hout Bay (021-790 8380; 4 Andrews Rd; Okt.–April Mo–Fr 9–17.30, Sa & So 9–13 Uhr, Mai–Sept. Mo–Fr 9–17 Uhr)

Muizenberg Visitor Information Centre (021-787 9140; The Pavilion, Beach Rd; Mo–Fr 9–17.30, Sa & So 9–13 Uhr)

Simon's Town Visitor Information Centre (021-786 8440; 111 St George's St; Mo–Fr 8.30–17.30, Sa & So 9–13 Uhr)

V&A Waterfront Visitor Information Centre (021-408 7600; Dock Rd; tgl. 9–18 Uhr)

Visa

Besucher aus den meisten westeuropäischen Ländern, darunter Deutschland, Österreich und die Schweiz, brauchen kein Visum. Sie erhalten stattdessen bei der Ankunft eine Einreiseerlaubnis, die bis zu 90 Tagen gültig ist. Liegt der Rückflug früher, trägt der Einreisebeamte diesen Termin als Ablaufdatum ein, wenn nicht anders verlangt.

Für die Einreise müssen im Reisepass mindestens zwei Seiten völlig frei sein, nicht jedoch die beiden letzten.

Zeit

Die South African Standard Time ist der mitteleuropäischen Zeit (MEZ) eine Stunde voraus. Es gibt keine Umstellung auf Sommerzeit.

Zoll

Bei der Einreise nach Südafrika dürfen zollfrei eingeführt werden: 1 l Spirituosen, 2 l Wein und 400 Zigaretten. Kraftfahrzeuge benötigen einen Carnet (Zollbegleitschein). Weitere Informationen erteilt das **Department of Customs & Excise** (0800 007 277, 011-602 2093; www.sars.gov.za).

Sprache

Südafrika besitzt elf Amtssprachen: Englisch, Afrikaans, Ndebele, North Sotho, South Sotho, Swati, Tsonga, Tswana, Venda, Xhosa und Zulu. In Kapstadt und Umgebung werden überwiegend drei davon gesprochen: Afrikaans, Englisch und Xhosa.

AFRIKAANS

Afrikaans entwickelte sich aus dem Niederländischen, der Sprache der holländischen Siedler, die sich im 17. Jh. in Südafrika niedergelassen hatten. Bis Ende des 19. Jhs. galt diese Sprache als ein niederländischer Dialekt („Kapholländisch"), doch 1925 wurde sie als eine der offiziellen Landessprachen Südafrikas anerkannt. Heute ist Afrikaans die Muttersprache von rund 6 Mio. Menschen. Die meisten Afrikaanssprachigen können auch Englisch. Dies gilt jedoch nicht immer in Kleinstädten und für ältere Menschen.

Der folgende Leitfaden zur Aussprache ist nicht erschöpfend, veranschaulicht aber die wichtigsten Regeln.

a	kurzes „a" wie in „Fass"
e	fällt die Wortbetonung auf das „e", dann wie „e" in „Fett"; unbetont wie „e" in „Pappe"
i	fällt die Wortbetonung auf das „i", dann kurz wie in „Mitte"; unbetont wie „e" in „Pappe"
o	kurzes „o" wie in „offen"
u	wie „ö" in „können"

NOCH MEHR AFRIKAANS UND XHOSA?

Zusätzliche Informationen zur Sprache und nützliche Wendungen für diejenigen, die fit in Englisch sind, gibt es im *Africa Phrasebook*. Es kann online auf **shop.lonelyplanet.com** oder als Lonely Planet iPhone Phrasebook im Apple App Store erworben werden.

g	„ch" wie in „hoch"
r	gerolltes Zungenspitzen-r
aai	wie „ei" in „Brei"
ae	langes „a" wie in „Fahrt"
ee	langes „i" wie in „viel"
ei	wie „ay" in engl. „Okay"
oe	„u" wie in „Schutt"
oë	wie „ue" in „tue"
ooi/oei	wie „ui" in „pfui"
tj	wie „tsch" in „Tschechien"

Konversation

Hallo.	*Hallo.*	ha·*loh*
Auf Wiedersehen.	*Totsiens.*	tot·*siens*
Ja./Nein.	*Ja./Nee.*	ja/ney
Bitte.	*Asseblief.*	a·se·*blief*
Danke.	*Dankie.*	*dang*·kie
Entschuldigung.	*Jammer.*	*jam*·mer

Wie geht es Ihnen?	
Hoe gaan dit?	hu chaan dit
Gut, und Ihnen?	
Goed dankie, en jy?	chut *dang*·kie, en jey
Wie heißen Sie?	
Wat's jou naam?	wats jau naam
Ich heiße ...	
My naam is ...	mey naam is ...
Sprechen Sie Englisch/Deutsch?	
Praat jy Engels/Duits?	praat jey *eng*·els/dautz
Ich verstehe nicht.	
Ek verstaan nie.	eck ver·*staan* nie

Unterkunft

Wo gibt es ein/e/en ...?	*Waar's 'n ...?*	waars en ...
Campingplatz	*kampeerplek*	kam·*pier*·pleck
Gästehaus/ Pension	*gastehuis*	chas·te·haus
Hotel	*hotel*	ho·*tel*

Zahlen – Afrikaans

1	een	ein
2	twee	twey
3	drie	drie
4	vier	vier
5	vyf	vayf
6	ses	ses
7	sewe	see·we
8	agt	acht
9	nege	ney·che
10	tien	tien

Haben Sie ein Einzelzimmer/Doppelzimmer?
Het jy 'n enkel/   het jey en eng·kel/
dubbel kamer?   dü·bel·ka·mer

Wie viel kostet es pro Nacht/Person?
Hoeveel kos dit per   hu·viel kos dit per
nag/persoon?   nach/per·soon

Essen & Trinken

Können Sie mir   *Kan jy 'n ...*   kan jey mey en ...
empfehlen?   *aanbeveel?*   aan·be·veil
  eine Bar   *kroeg*   kruch
  ein Gericht   *gereg*   che·rech
  ein Esslokal   *eetplek*   et·pleck

Ich möchte ...,   *Ek wil asseblief*   eck wil a·se·blief
bitte.   *... hê.*   ... he
  einen Tisch für   *'n tafel vir*   en ta·fel vier
  zwei   *twee*   twei
  dieses Gericht   *daardie gereg*   daar·die che·rech
  die Rechnung   *die rekening*   die re·ke·ning
  die Speisekarte   *die spyskaart*   die speys·kaart

Notfälle

Hilfe!   *Help!*   help
Rufen Sie einen Arzt!   *Kry 'n*   krey en
   dokter!   dok·ter
Rufen Sie die Polizei!   *Kry die*   krey die
   polisie!   pu·lie·sie

Ich habe mich verlaufen.
Ek is verdwaal.   eck is ver·dwaal

Wo sind die Toiletten?
Waar is die toilette?   waar is die toy·le·tte

Ich brauche einen Arzt.
Ek het 'n dokter nodig.   eck het en dok·ter no·dich

Shoppen & Dienstleistungen

Ich suche ...
Ek soek na ...   ek suk na ...

Wie viel kostet das?
Hoeveel kos dit?   hu·viel kos dit

Was ist Ihr niedrigster Preis?
Wat is jou laagste prys?   wat is jau laach·ste preis

Ich möchte eine Telefonkarte kaufen.
Ek wil asseblief   eck wil a·se·blief
'n foonkaart koop.   en foon·kaart koop

Ich möchte Geld wechseln.
Ek wil asseblief geld ruil.   eck wil a·se·blief chelt rayl

Ich möchte das Internet benutzen.
Ek wil asseblief die   eck wil a·se·blief die
Internet gebruik.   in·ter·net che·brauk

Verkehrsmittel & -wege

Ein ... Ticket,   *Een ... kaartjie,*   en ... kaar·tje
bitte.   *asseblief.*   a·se·blief
  Einfach   *eenrigting*   ein·rich·ting
  Rückfahrt   *retoer*   re·tur

Wie viel kostet es bis nach ...?
Hoeveel kos dit na ...?   hu·viel kos dit na ...

Bringen Sie mich bitte zu (dieser Adresse).
Neem my asseblief na   neim mey a·se·blief na
(hierdie adres).   (hier·die a·dres)

Wo ist der/die/das (nächste) ...?
Waar's die (naaste) ...?   waars die (naas·te) ...

Können Sie es mir zeigen (auf der Karte)?
Kan jy my   kan jey mey
(op die kaart) wys?   (op die kaart) weys

Wie lautet die Adresse?
Wat is die adres?   wat is die a·dres

XHOSA

Xhosa gehört zusammen mit Zulu, Swati und Ndebele zu den Bantusprachen. Sie ist die am weitesten verbreitete indigene Sprache Südafrikas und wird auch in Kapstadt und Umgebung gesprochen. Rund 6,5 Mio. Menschen sprechen Xhosa.

Die in unserem Aussprache-Leitfaden mit Apostroph geschriebenen Endungen tsch', k', p', t' und ts' werden „ausgespuckt", nur bei b' wird die Luft eingesogen. Übrigens: hl wird wie schl in *schlimm* ausgesprochen, ebenso dl, allerdings mit vibrierenden Stimmbändern. Das Xhosa kennt auch eine Reihe von Klicklauten, auf die wir hier aber nicht näher eingehen.

255

Konversation

Hallo.	*Molo.*	*moh·loh*
Auf Wiedersehen.	*Usale*	*u·saa·li*
	ngoxolo.	*ngoh·koh·loh*
Ja./Nein.	*Ewe./Hayi.*	*i·wie/ haa·jie*
Bitte.	*Cela.*	*ke·laa*
Danke.	*Enkosi.*	*e·nk'oh·sie*
Entschuldigung.	*Uxolo.*	*u·aw·law*
Wie geht es Ihnen?	*Kunjani?*	*k'u·njaa·nie*

Gut, und Ihnen?
Ndiyaphila,   ndie·yaa·*pie*·laa
unjani wena?   u·*njaa*·nie wi·naa

Wie heißen Sie?
Ngubani   ngu·*b'aa*·nie
igama lakho?   ie·*gaa*·maa laa·*koh*

Ich heiße ...
Igama lam ngu ...   ie·*gaa*·maa laam ngu

Sprechen Sie Englisch?
Uyasithetha   u·yaa·sie·*te*·taa
isingesi?   ie·sie·*nge*·sie

Ich verstehe nicht.
Andiqondi.   aa·ndie·*koh*·ndie

Unterkunft

Wo gibt es ein/e/en ...? *Iphi i ...?* ie·*pie* ie ...

Campingplatz	*ibala loku-*	ie·*b'aa*·laa loh·k'u·
	khempisha	ke·mp'ie·shaa
Gästehaus/	*indlu yama-*	ie·*ndlu* jaa·
Pension	*ndwendwe*	maa·*ndwe*·
		ndwe
Hotel	*ihotele*	ie·*hoh*·t'e·le

**Haben Sie ein Einzelzimmer/
Doppelzimmer?**
Unalo igumbi   u·*naa*·loh ie·*gu*·mb'ie
kanye/kabini?   k'aa·*nye*/k'aa·*b'ie*·nie

**Wie viel kostet es pro Nacht/
Person?**
Yimalini   yie·*maa*·lie·nie
ubusuku/umntu?   u·*b'u*·su·k'u/*um*·nt'u

Essen & Trinken

Können Sie	*Ugakwazi*	u·ngaa·*k'waa*·sie
mir ein/e ...	*ukukhuthaza ...?*	u·k'u·*ku*·taa·saa ...
eine Bar	*ibhari*	ie·*baa*·rie
ein Gericht	*isitya*	ie·sie·*ty'aa*
ein Esslokal	*indawo*	ie·*ndaa*·woh
	yokutya	yoh·k'u·*ty'aa*

empfehlen?

Ich möchte bitte ... *Ndiyafuna ...* ndie·yaa·*fu*·naa

einen Tisch für	*itafile*	ie·*t'aa*·fie·le
zwei.	*yababini*	yaa·b'aa·*b'ie*·nie
dieses Gericht.	*esasitya*	e·*saa*·sie·ty'aa
die Rechnung.	*inkcukacha*	ie·*nku*·k'aa·haa
	ngama-	ngaa·maa·
	xabiso	*kaa*·b'ie·soh
die Speisekarte.	*isazisi*	i·saa·*sie*·sie

Notfälle

Hilfe!	*Uncedo!*	u·*ne*·doh

Ich habe mich verlaufen.
Ndilahlekile.   ndie·laa·*schle*·k'ie·le

Rufen Sie einen Arzt!
Biza ugqirha!   b'ie·saa u·*quie*·khaa

Rufen Sie die Polizei!
Biza amapolisa!   b'ie·saa aa·maa·*poh*·lie·saa

Wo sind die Toiletten?
Ziphi itoylethi?   sie·*pie* ie·*toh*·yie·le·tie

Ich brauche einen Arzt.
Ndifuna ugqirha.   ndie·*fu*·naa u·*quie*·khaa

Shoppen & Dienstleistungen

Ich suche ...   *Ndifuna ...*   ndie·*fu*·naa ...

Wie viel kostet das?   *Yimalini?*   yie·*maa*·li·nie

Was ist Ihr niedrigster Preis?
Lithini ixabiso   lie·*tie*·nie ie·*kaa*·b'ie·soh
elingezantsi?   e·lie·nge·*saa*·nts'ie

Ich möchte eine Telefonkarte kaufen.
Ndifuna uku thenga   ndie·*fu*·naa u·*k'u* te·ngaa
ikhadi lokufowuna.   ie·*kaa*·die loh·k'u·*foh*·wu·naa

Ich möchte Geld wechseln.
Ndingathanda   ndie·ngaa·*taa*·ndaa
tshintsha imali.   tsch'ie·ntsch'aa ie·*maa*·lie

Zahlen – Xhosa
Es werden römische Zahlen benutzt.

1	*wani*	*waa*·nie
2	*thu*	tu
3	*thri*	trie
4	*fo*	foh
5	*fayifu*	*faa*·jie·fu
6	*siksi*	*siek'*·sie
7	*seveni*	se·*ve*·nie
8	*eyithi*	e·*jie*·tie
9	*nayini*	*naa*·jie·nie
10	*teni*	*t'e*·nie

SPRACHE XHOSA

Ich möchte das Internet benutzen.	
Ndifuna uku	ndie·fu·naa u·k'u
sebenzisa	se·b'e·nsie·saa
i intanethi.	ie ie·nt'aa·ne·tie

Verkehrsmittel & -wege

Eine ... Fahr-	Linye ...	lie·nye ...
karte, bitte.	itikiti	ie·t'ie·k'ie·t'ie
	nceda.	ne·daa
Einfach	ndlelanye	ndle·laa·nye
Rückfahrt	buyela	b'u·ye·laa

Wie viel kostet es bis nach ...?	
Kuxabisa njani u ...?	ku·ka·b'ie·saa njaa·nie u ...

Bringen Sie mich bitte zu (dieser Adresse).	
Ndicela undise	ndie·ke·laa u·ndie·se
(kule dilesi).	(k'u·le die·le·sie)

Wo ist der/die/das (nächste) ...?	
Iphi e(kufutshane) ...?	ie·pie e·(k'u·fu·tsch'aa·ne)

Können Sie es mir zeigen (auf der Karte)?	
Ungandibonisa	u·ngaa·ndie·b'oh·nie·saa
(kwimaphu)?	(k'wie·maa·pu)

Wie lautet die Adresse?	
Ithini idilesi?	ie·tie·nie ie·die·le·sie

GLOSSAR

AANC – African National Congress (Afrikanischer Nationalkongress)

apartheid – wörtlich „Zustand der Trennung"; das ehemalige südafrikanische Regime der Rassentrennung

bobotie – traditionelles kapmalaiisches Gericht, ein Hackfleischauflauf mit Curry und würziger Knusperkruste aus verquirltem Ei, das Ganze auf Kurkumareis

braai – Grillen mit jeder Menge Fleisch und Bier; eine südafrikanische Institution, vor allem in ärmeren Gegenden, da ein Gemeinschafts-*braai* billiger ist, als Strom fürs Kochen zu verbrauchen

bredie – traditioneller kapmalaiischer Eintopf mit Gemüse und Fleisch oder Fisch

cafe – in manchen Fällen ein schönes Plätzchen für eine gemütliche Tasse Kaffee, in anderen Fällen ein Tante-Emma-Laden, der zusätzlich unappetitliche frittierte Speisen verkauft; auch als *kaffie* bezeichnet

coloureds – Farbige; Südafrikaner gemischter Abstammung

DA – Democratic Alliance (Demokratische Allianz)

farm stall – Bauernstand; kleiner Stand oder Laden am Straßenrand, der Produkte vom Bauernhof verkauft

fynbos – wörtlich „feiner Busch"; die Vegetation der Region um Kapstadt, bestehend aus Protea, Heidekraut und Schilf

karamat – Grab eines muslimischen Heiligen

kloof – Schlucht, Klamm

line fish – Tagesfang

mealie – Maiskolben; siehe auch mealie meal und mealie pap

mealie meal – Maismehl

mealie pap – Maisbrei, Grundnahrungsmittel der ländlichen schwarzen Bevölkerung, oft mit Eintopf serviert

Mother City – Mutterstadt; andere Bezeichnung für Kapstadt; vermutlich so genannt, weil hier die erste Kolonie Südafrikas entstand

NP – ehemalige National Party (Nationale Partei) zur Zeit des Apartheidregimes

PAC – Pan-African Congress (Pan-Afrikanischer Kongress)

Pagad – People against Gangsterism and Drugs

rondavel – Rundhütte mit kegelförmigem Dach, stehen oft in Ferienhotelanlagen

SABC – South African Broadcasting Corporation, öffentlich-rechtliche Fernseh- und Rundfunkanstalt Südafrikas

sangoma – traditioneller afrikanischer Medizinmann

shared taxi – Sammeltaxi, preisgünstiges Verkehrsmittel, meist als Minibus; auch bekannt als *black taxi*, *minibus taxi* oder *long-distance taxi*

shebeen – Trinkhalle in einer Township; früher illegal, heute lediglich ohne Schanklizenz

strand – Strand

township – schwarzes Wohnviertel, meist am Rande eines Mittelklasse- (oder überwiegend weißen) Vororts

venison – wenn das auf der Speisekarte steht, handelt es sich um Antilopenfleisch, zumeist Springbock

VOC – Vereenigde Oost-Indische Compagnie (Niederländische Ostindien-Kompanie)

Voortrekkers – sind die ersten burischen Siedler von Oranjefreistaat und Transvaal, die 1830 die Kapkolonie verließen

Hinter den Kulissen

WIR FREUEN UNS ÜBER EIN FEEDBACK

Post von Travellern zu bekommen ist für uns ungemein hilfreich – Kritik und Anregungen halten uns auf dem Laufenden und helfen, unsere Bücher zu verbessern. Unser reiseerfahrenes Team liest alle Zuschriften genau durch, um zu erfahren, was an unseren Reiseführern gut und was schlecht ist. Wir können solche Post zwar nicht individuell beantworten, aber jedes Feedback wird garantiert schnurstracks an die jeweiligen Autoren weitergeleitet, rechtzeitig vor der nächsten Auflage.

Wer uns schreiben will, erreicht uns unter **www.lonelyplanet.de/kontakt**.

Hinweis: Da wir Beiträge möglicherweise in Lonely Planet Produkten (Reiseführer, Websites, digitale Medien) veröffentlichen, ggf. auch in gekürzter Form, bitten wir um Mitteilung, falls ein Kommentar nicht veröffentlicht oder ein Name nicht genannt werden soll. Wer Näheres über unsere Datenschutzpolitik wissen will, erfährt das unter www.lonelyplanet.com/privacy.

DANK VON LONELY PLANET

Vielen Dank an die folgenden Leser, die mit der letzten Ausgabe unterwegs waren und uns mit wertvollen Hinweisen, nützlichen Ratschlägen und interessanten Geschichten weiterhalfen:

Patrick Boyce, Jon De Quidt, Lieke De Jong, Dorothée Jobert, Laura Metiary, Heather Monell, Lewis Phillips, Simric Yarrow.

DANK DER AUTOREN

Simon Richmond

Dank an die folgenden tollen Leute, die meinen Aufenthalt in Kapstadt so vergnüglich und lehrreich gemacht haben: Lucy, James, Lee, Toni, Brent, Belinda, Sheryl, Nicole Biondi, Alison Foat, Sally Grierson, Iain Harris, Cameron und Justin, Madelen Johansen, Tamsin Turbull, Lauren, Misha und Jeremy, Tim James, Hannah Deall, Patrick Craig, Sam Walker, Oliver Hermanus, Rashiq Fataar, Lauren Beukes, Zayd Minty, Lameen Abdul-Malik, Tony Osborne und Neil Turner – die „Mother City" wird jetzt immer einen Platz in meinem Herzen haben.

Lucy Corne

Riesigen Dank an Simon Richmond für all die Hilfe, Beratung und Vorschläge und an Cathy Marston für die Kneipentipps am Kap. Ein Dankeschön geht auch an die sehr hilfsbereiten Mitarbeiter von Knysna Tourism, an Denis und Debbie für ihre Gastfreundschaft und an meinen Mann Shawn, der im ersten Monat unserer Ehe ganz allein zurechtkommen musste.

QUELLENNACHWEIS

Die Daten der Klimakarte stammen von Peel MC, Finlayson BL & McMahon TA (2007) „Updated World Map of the Köppen-Geiger Climate Classification", *Hydrology and Earth System Sciences*, 11, 163344.

Titelfoto: Bunte Häuser im Kapstädter Stadtteil Bo-Kaap mit Blick auf den Lion's Head, Sebastian/Alamy

Viele der Fotos in diesem Reiseführer können unter www.lonelyplanetimages.com lizenziert werden.

ÜBER DIESES BUCH

Dies ist die 2. deutsche Auflage von *Kapstadt*, basierend auf der mittlerweile 7. englischen Auflage. Recherchiert und geschrieben wurde sie von Simon Richmond und Lucy Corne. Simon arbeitete mit Helen Ranger und Tim Richards auch an der 6. Auflage mit, mit Al Richards an der 5. Auflage, die 4. Auflage schrieb er allein und die 3. Auflage mit Jon Murray. Jon schrieb die 1. und die 2. Auflage. Dieser Band wurde vom Lonely Planet Büro in Melbourne in Auftrag gegeben und von folgenden Mitarbeitern betreut:

Verantwortliche Redakteure David Carroll, Suzannah Shwer
Leitende Redakteure Paul Harding, Sophie Splatt
Leitende Kartografin Anita Bahn
Leitende Layoutdesignerin Sandra Helou
Redaktion Brigitte Ellemor, Angela Tinson
Cheflektorat Andi Jones
Kartografie Shahara Ahmed

Layout Chris Girdler
Redaktionsassistenz Adrienne Costanzo, Laura Gibb, Sam Trafford
Kartografieassistenz Karusha Ganga, Mick Garrett, Chris Tsismetzis
Umschlaggestaltung Naomi Parker
Redaktion Sprachführer Branislava Vladisavljevic

Dank an Ryan Evans, Samantha Forge, Larissa Frost, Errol Hunt, Trent Paton, Kirsten Rawlings, Gina Tsarouhas, Gerard Walker

Die Lonely Planet Story

Ein uraltes Auto, ein paar Dollar in den Hosentaschen und Abenteuerlust, mehr brauchten Tony und Maureen Wheeler nicht, als sie 1972 zu der Reise ihres Lebens aufbrachen. Diese führte sie quer durch Europa und Asien bis nach Australien. Nach mehreren Monaten kehrten sie zurück – pleite, aber glücklich –, setzten sich an ihren Küchentisch und verfassten ihren ersten Reiseführer Across Asia on the Cheap. Binnen einer Woche verkauften sie 1500 Bücher und Lonely Planet war geboren. Seit 2011 ist BBC Worldwide der alleinige Inhaber von Lonely Planet. Der Verlag unterhält Büros in Melbourne (Australien), London und Oakland (USA) mit über 600 Mitarbeitern und Autoren. Sie alle teilen Tonys Überzeugung, dass ein guter Reiseführer drei Dinge tun sollte: informieren, bilden und unterhalten.

DIE AUTOREN

Simon Richmond

Hauptautor: City Bowl, Foreshore, Bo-Kaap & De Waterkant, Östlicher Stadtbezirk, Gardens & Umgebung, Green Point & Waterfront, Sea Point bis Hout Bay, Südliche Vororte, Simon's Town & südliche Halbinsel, Cape Flats & nördliche Vororte Simon ist Feuer und Flamme für Kapstadt, seit er 2001 das erste Mal hier war, um für die Reiseführer *Südafrika, Lesotho & Swaziland* und *Kapstadt* zu recherchieren. Für jede Auflage kehrte er seither zurück und erkundet praktisch jede Ecke des Kaps und der Umgebung. Dabei nutzt er das Privileg der Reiseautoren voll aus, im Namen der Recherche gut zu essen, zu shoppen, abenteuerlichen Aktivitäten zu frönen, leckeren Wein zu trinken und jede Menge inspirierender Leute zu treffen. Simon ist ein preisgekrönter Autor und Fotograf und hat zahllose Titel für Lonely Planet und andere Verlage geschrieben, auch Reportagen für viele Reisemagazine und Zeitungen aus der ganzen Welt. Simon schrieb auch die Kapitel Reiseplanung, Kapstadt verstehen und Praktische Informationen. Seine Reisen sind auf www.simonrichmond.com nachzulesen.

Lucy Corne

Ausflüge & Weingüter, Die Garden Route Seit ihrem ersten Besuch in Südafrika 2002 ist Lucy hingerissen von dem Land. Sechsmal kehrte sie bereits zurück und hielt sich in über 200 südafrikanischen Orten auf. 2010 zog sie nach Kapstadt und nahm sich vor, jedes Weingut im Westkap zu besuchen – eine Aufgabe, an der sie immer noch dran ist. Sie freute sich riesig, die spritzigen Sauvignon Blancs von Elgin und die süffigen Pinot Noirs von Hemel-en-Aarde für die Recherche zum Buch probieren zu können.

Mehr über Lucy auf:
lonelyplanet.com/members/lucycorne

NOTIZEN

NOTIZEN

NOTIZEN

NOTIZEN

NOTIZEN

Register

Siehe auch gesonderte Register für:

✕ **ESSEN S. 32**

🍷 **AUSGEHEN & NACHTLEBEN S. 35**

☆ **UNTERHALTUNG S. 37**

🔒 **SHOPPEN S. 39**

🏃 **SPORT & AKTIVITÄTEN S. 41**

🛏 **SCHLAFEN S. 194**

6 Spin Street 61
!Khwa ttu (Yzerfontein) 174

A

Abseilen 28, 91, **30**
Adderly St Christmas
   Lights 22
African National Congress
   (ANC) 217
African Queen
   (Hermanus) 172
African Woman With TV 81
Afrikaans 225, 253
Afrikaans Language
   Museum (Paarl) 168
Aktivitäten 41, siehe
   auch Sport & Aktivitäten
   und einzelne Stadtvier-
   tel, gesondertes Register
   Sport & Aktivitäten
Alles gratis 19
Anreise 15, 244
Apartheid 216
Art in the Forest 13
Atlantic Rail 141
Atlas Trading Company 57
Ausflüge 155, **155**
Ausgehen & Nachtleben 35,
   84, siehe auch einzelne
   Stadtviertel, gesonder-
   tes Register Ausgehen &
   Nachtleben
Aussichtspunkte 18
Autofahren 245
   Mietwagen 246
   Parken 246
Auwal-Moschee 57

B

Babylonstoren
   (Paarl) 13, 168
Backsberg (Paarl) 166

Sehenswertes 000
Kartenverweise **000**
Fotoverweise **000**

Bahnfahren 244, 247
Baker, Sir Herbert 229
Ballonflüge 167
Bank, The 82
Behinderung,
   Reisen mit 250
Belvidere 188
Bergkelder
   (Stellenbosch) 157
Bertram House 94
Bevölkerung 209, 224
Bijou 82
Birds of Eden
   (Plettenberg Bay) 192
Bishopscourt 120, **120**,
   294–295
   Ausgehen &
      Nachtleben 121, 130
   Essen 121, 128
   Highlights 120, 122
   Sehenswertes 122, 125
   Shoppen 121, 131
   Sport & Aktivitäten 132
   Unterhaltung 131
   Unterkunft 204
   Verkehrsmittel
      & -wege 121
Blaauwklippen
   (Stellenbosch) 157
Bloubergstrand 150
Bo-Kaap 10, 52, 218, **52**,
   276–279, 11, 57
   Ausgehen &
      Nachtleben 53, 70
   Essen 53, 67
   Highlights 52, 57
   Sehenswertes 57, 62
   Shoppen 53, 75
   Spaziergang 60, **60**
   Sport & Aktivitäten 76
   Unterhaltung 71
   Unterkunft 197
   Verkehrsmittel
      & -wege 53
Bo-Kaap Museum 57
Bootstouren 105, 115,
   141, 172

Boschendal
   (Franschhoek) 162, **11**
Botlierskop Private
   Game Reserve
   (Mossel Bay) 180
Botschaften 248
Bouchard Finlayson
   (Hermanus) 175
Boulders 142, **28**
Braak (Stellenbosch) 159
Brenton 188
Brillenpinguin 237
Britische Kolonial-
   architektur 228
Bücher 31, 208
   Architektur 231
   Nelson Mandela 218
   Umwelt 236
Buitenverwachting 124
Buren 214
Bus 245, 247

C

Camps Bay 112, **112, 290**
   Ausgehen &
      Nachtleben 113, 117
   Essen 113, 115
   Highlights 112, 114
   Sehenswertes 114
   Shoppen 113
   Unterhaltung 118
   Unterkunft 203
   Verkehrsmittel
      & -wege 113
Cape Flats 148, **148**
   Ausgehen &
      Nachtleben 149, 152
   Essen 149, 151
   Highlights 148
   Sehenswertes 150
   Shoppen 149, 154
   Sport & Aktivitäten 154
   Unterhaltung 153
   Unterkunft 206
   Verkehrsmittel
      & -wege 149
Cape Medical Museum 107

Cape of Good Hope Trail 137
Cape Point
   Ostrich Farm 142
Cape Town Holocaust
   Centre 93
Cape Town International
   Jazz Festival 20
Cape Town Minstrel
   Carnival 20, 224, **22**
Cape Town Science
   Centre 82
Cape Town Stadium 107
Casa Labia Cultural Centre
   13, 138
Castle Military Museum 54
Castle of Good Hope 54
Catherine Marshall Wines
   (Elgin) 173
Central Library 61
Centre for the Book 56
Ceramics Gallery
   (Franschhoek) 164
Chamonix
   (Franschhoek) 163
Chapman's Peak Drive 115
Chavonnes
   Battery Museum 104
Christentum 227
Church Square 61
Church Street 59
City Bowl 52, **52, 276–279**
   Ausgehen &
      Nachtleben 53, 68
   Essen 53, 64
   Highlights 52, 54, 55
   Sehenswertes 58
   Shoppen 53, 72
   Spaziergang 60, **60**
   Sport & Aktivitäten 76
   Unterhaltung 71
   Unterkunft 197
   Verkehrsmittel
      & -wege 53
Cliff Path Walking Trail
   (Hermanus) 170
Clifton 112, **112**
   Ausgehen &
      Nachtleben 113, 117

Essen 113, 115
Highlights 112
Sehenswertes 114
Shoppen 113
Unterkunft 203
Verkehrsmittel
& -wege 113
Clifton Beaches 114
Clovelly 141
Comedy 37
Company's Garden 55, **55**
Constantia 239, **120**
Constantia Glen 124
Constantia Uitsig 124
Constantia Valley Wine
Route 123, **123**
Creation Wines
(Hermanus) 175
Cricket 41

D

Darling 173
Darling Wine & Arts Experi-
ence (Darling) 174
Darstellende Kunst 235
Delaire Graff Estate (Stel-
lenbosch) 157
de Lille, Patricia 222
Delville Wood Memorial 56
Design Indaba 20
De Tuynhuis 56
De Waal Park 94
De Waterkant 52, 53, **52**,
280–281
Ausgehen &
Nachtleben 53, 70
Essen 53, 67
Highlights 52
Sehenswertes 58
Shoppen 53, 75
Spaziergang 60, **60**
Sport & Aktivitäten 76
Unterhaltung 71
Unterkunft 197
Verkehrsmittel
& -wege 53
Diamond Museum 105
Dias Museum Complex
(Mossel Bay) 180
District Six 77, 208, 218,
77, **282**
Ausgehen & Nachtleben
78, 84, 152
Essen 78, 82, 90

Sehenswertes 000
Kartenverweise **000**
Fotoverweise **000**

Highlights 81
Sehenswertes 81
Shoppen 78, 90
Sport & Aktivitäten 88
Unterhaltung 84
Unterkunft 199
Verkehrsmittel
& -wege 78
District Six Museum 9, **79**
Drakenstein Prison
(Paarl) 167
Durbanville Hills 153
Durbanville Wine Route
153

E

Eagle's Nest 124
Einreise 14
Einwohner 224
Elephant Sanctuary
(Plettenberg Bay) 192
Elgin 173
Elliot the Cratefan 104
Essen 32–34, 82, siehe
auch einzelne Stadt-
viertel, gesondertes
Register Essen
Ethnische Gruppen 224
Evita se Perron
(Darling) 174
Events, siehe Festivals &
Events

F

Fahrrad 24
Fähre siehe Schiff
Fairview (Paarl) 166
Farbige 218, 224
Fauna 237
Feiertage 248
Ferien 248
Fernkloof Nature Reserve
(Hermanus) 170
Festivals & Events 20, 38
Film 208, 235, siehe auch
Kinos
Fish Hoek 141
Flora 236
Flughafen 244
Flugzeug 244
Flying Dutchman
Funicular 136
Foreshore 52–76, 53, **52**,
280–281
Ausgehen & Nachtleben
53, 68,
Essen 53, 64
Highlights 52, 54
Sehenswertes 54, 58
Shoppen 53, 72

Spaziergang 63, **63**
Sport & Aktivitäten 76
Unterhaltung 71
Unterkunft 197
Verkehrsmittel
& -wege 53
Franschhoek 10, 162, **163**
Franschhoek Literary
Festival 21
Frauen unterwegs 248
Freedom Struggle
Heroes 81
Fringe, The, 77, **77**
282–283
Fußball 41
Fußballweltmeisterschaft
2010 223
Fynbos 236

G

Gansbaai 176
Garden Route 178–193,
178, **180–181**, **12**
Garden Route National
Park (Wilderness) 184
Gardens & Umgebung
89, **286–287**
Ausgehen &
Nachtleben 90, 96
Essen 90, 95
Highlights 89, 91, 93
Sehenswertes 91, 93, 94
Shoppen 90, 98
Sport & Aktivitäten 99
Unterhaltung 97
Unterkunft 200
Verkehrsmittel
& -wege 90
Geld 14, 196, 248
Geldautomaten 248
George 182
George Museum
(George) 183
Geschichte 19, 208, 212
Gesundheit 249
Glen Carlou (Paarl) 166
Glossar 256
Gold of Africa Barbier-
Mueller Museum 58
Golf 42, 88, 111, 154, 184
Goukamma Nature Reserve
(Knysna) 188
Graffitikunst 81
Grande Provence
(Franschhoek) 164
Grand Parade 61
Greatmore Studios 82
Great Synagogue 93
Greenmarket Square 58
Green Mountain Eco
Route 173

Green Point 101, **101**,
288–289
Ausgehen &
Nachtleben 102, 109
Essen 102, 107
Highlights 101, 103, 106
Sehenswertes 103,
106, 107
Shoppen 102, 110
Sport & Aktivitäten 111
Spaziergang 105
Unterhaltung 110
Unterkunft 202
Verkehrsmittel
& -wege 102
Green Point Lighthouse 107
Green Point Urban Park
13, 107
Greenpop 151
Groot Constantia 123
Groote Kerk 61
Groote Schuur 127
Guga S'Thebe Arts &
Cultural Centre 150
Gugulethu 150, **148**

H

Hafenrundfahrten 105
Haitauchen 111, 119, 176, 181
Handy 14, 252
Harold Porter National
Botanical Gardens 172
Hartenberg Estate
(Stellenbosch) 157
Haute Cabrière
(Franschhoek) 164
Heart of Cape Town
Museum 82
Heritage Museum 142
Heritage Square 62
Hermanus 169, **170**
Highlands Road (Elgin) 173
Hilfsorganisationen 249
HIV/Aids 249
Hoerikwaggo Trail 137
Homelands 216
Hopper 105
Houses of Parliament 59
Hout Bay 112, **112**, **291**
Ausgehen &
Nachtleben 113, 117
Essen 113, 115
Highlights 112
Sehenswertes 114
Shoppen 113, 118
Sport & Aktivitäten 119
Unterkunft 203
Verkehrsmittel
& -wege 113
Hubschraubertouren 105

267

REGISTER H–O

Huey Helicopter Co 105
Huguenot Fine Chocolates
 (Franschhoek) 164
Huguenot Memorial
 Museum
 (Franschhoek) 164

I
I Art Woodstock 81
Ibrahim, Abdullah 232
Imhoff Farm 142
Infecting the City 20
Initiationsriten 225
Intaka Island 150
Internetzugang 249
Irma Stern Museum 127
Islam 226

J
J&B Met
 (Pferderennen) 20, **22**
Jazz 37, 232
Jetty 1 106
Jonkershoek
 Nature Reserve
 (Stellenbosch) 159
Josephine Mill 127
Judentum 227

K
Kaffee 67
Kajakfahren 147
Kalk Bay 12, 134, **134**,
 296–297, **12**
 Ausgehen &
  Nachtleben 135, 144
 Essen 135, 143
 Highlights 134
 Shoppen 135, 145
 Sehenswertes 138
 Sport & Aktivitäten 147
 Unterhaltung 145
 Verkehrsmittel
  & -wege 135
Kalk Bay Harbour 139
Kap der Guten Hoffnung
 11, 136, **10**, **136**
Kapmalaien, siehe Farbige
Kapmuslime 224
Khayelitsha 149, **149**, **25**
Khoikhoi 212
Khoisan 139, 212
Kinos 37
Kirstenbosch Botanical
 Gardens 9, 122, **8**
Kleinbrauereien 35
Klein Constantia 124
Kleinmond 172
Klein River Cheese Farm
 (Stanford) 172

Klima 15
Klippschliefer 237
Knysna 185, **187**, **189**
Knysna Elephant Park
 (Knysna) 186
Knysna Lagoon
 (Knysna) 187
Kogelberg Nature
 Reserve 172
Kommetjie-Strände 142
Konsulate 248
Koopmans-de
 Wet House 61
Kostenlose Attraktionen 19
Kunst & Kultur 19, 208,
 224, 232
KWV Emporium
 (Paarl) 166

L
Laborie Cellar (Paarl) 166
La Motte
 (Franschhoek) 163
Land & Liberty 81
Landskroon (Paarl) 167
Langa 150, **148**, **299**
Langebaan 175
L'Avenir
 (Stellenbosch) 157
Lesben 43–44
Literatur 234
Llandudno 115
Lokalkolorit 24
Long Street 58
Lookout Hill 151
Lutheran Church 62
Luxus 19
Lynedoch EcoVillage
 (Stellenbosch) 160

M
Malerei 232
Mandela, Nelson 106, 219
Maritime Centre 104
Märkte 24
 Bay Harbour Market 118
 Blue Bird Garage Food &
  Goods Market 146
 City Bowl Market 98
 Greenmarket Square
 Hout Bay
  Craft Market 118
 Kirstenbosch Craft
  Market 132
 Kunsthandwerksmarkt
  (Stellenbosch) 162
 Milnerton
  Flea Market 154
 Neighbourgoods
  Market 86

 Pan African Market 73
 Porter Estate Produce
  Market 131
 Waterfront Craft Market &
  Wellness Centre 110
Medizinische
 Versorgung 250
Meerendal 153
Meerlust Estate
 (Stellenbosch) 158
Michaelis Collection at the
 Old Town House 58
Milnerton 149, **148**
Mitchell's Brewery
 (Knysna) 188
Mobiltelefon 14
Monkeyland
 (Plettenberg Bay) 192
Mont Rochelle
 (Franschhoek) 164
Mossel Bay 179, **179**
Motorradfahren 245
Mouille Point 107
Mountainbiken 147
Mowbray 121, **120**
Muizenberg 134, **134**,
 296–297
 Ausgehen &
  Nachtleben 135, 144
 Essen 135, 143
 Highlights 134
 Shoppen 135, 145
 Sehenswertes 138
 Spaziergang 140, **140**
 Sport & Aktivitäten 147
 Unterhaltung 145
 Verkehrsmittel
  & -wege 135
Muizenberg Beach 139, **18**
Museen, siehe einzelne
 Museen
Musik 118, 232
Mutual Heights 59

N
Nachtleben, siehe
 Ausgehen & Nachtleben
National Library of South
 Africa 56
National Party (NP) 216
Naturreligion 227
Nederburg Wines
 (Paarl) 166
Neethlingshof
 (Stellenbosch) 157
Nelson Mandela
 Gateway 106
Newlands 120, **120**,
 294–295
 Ausgehen &
  Nachtleben 121, 130

 Essen 121, 128
 Highlights 120, 122
 Sehenswertes 122, 125
 Shoppen 121, 131
 Sport & Aktivitäten 132
 Unterhaltung 131
 Unterkunft 204
 Verkehrsmittel
  & -wege 121
Newlands Brewery 127
Niederländische Kolonial-
 architektur 228
Niederländische Ostindien-
 Kompanie 228
Nitida 153
Nobel Square 104
Noetzie (Knysna) 188
Noon Gun 62
Nördliche Vororte 148, **148**
 Ausgehen &
  Nachtleben 149, 152
 Essen 149, 151
 Highlights 148
 Sehenswertes 150
 Shoppen 149, 154
 Sport & Aktivitäten 154
 Unterhaltung 153
 Unterkunft 206
 Verkehrsmittel
  & -wege 149
Notfälle 250

O
Oak Valley (Elgin) 173
Observatory 77, **77**, **284**
 Ausgehen & Nachtleben
  78, 84, 152
 Essen 78, 82, 90
 Highlights 81
 Sehenswertes 81
 Shoppen 78, 90
 Sport & Aktivitäten 88
 Unterhaltung 84
 Unterkunft 199
 Verkehrsmittel
  & -wege 78
 Öffnungszeiten 33, 36,
  40, 204
Old Gaol Museum
 (Knysna) 188
Old Harbour
 (Hermanus) 170
Östlicher Stadtbezirk 77, **77**
 Ausgehen & Nachtleben
  78, 84, 152
 Essen 78, 82, 90
 Highlights 81
 Sehenswertes 81
 Shoppen 78, 90
 Sport & Aktivitäten 88

Unterhaltung 84
Unterkunft 199
Verkehrsmittel
& -wege 78
Oude Molen
Eco Village 150
Ouderkraal 115
Outeniqua Power Van
(George) 184
Outeniqua Transport Museum (George) 183

P
Paarl 165, **167**
Paarl Mountain Nature
Reserve (Paarl) 168
Paarl Museum (Paarl) 168
Parken 246
Paul Cluver Wines
(Elgin) 173
Peers Cave 138, 139
Pferderennen 20, 41
Pinelands 148, **148**, **299**
Pinguine 28, 142, 172, 237, **28**
Planetarium 94
Plettenberg Bay 190, **192**
Politik 208
Post 250
Preise 14, 196, 251
Prestwich Memorial 62

Q
Quagga 237

R
Raka (Stanford) 173
Rassismus 226
Ratanga Junction 151
Rauchen 33
Refugee Rights 81
Reiseplanung
Fakten 14
Festivals & Events 20
Lokalkolorit 24
Neuigkeiten 13
Preise 14
Reiserouten 16
Reisezeit 14
Stadtviertel 50
Touren 25
Websites 14
Reiserouten 16

Sehenswertes 000
Kartenverweise **000**
Fotoverweise **000**

Reiten 147, 154
Religion 226
Rhodes, Cecil 125, 139
Rhodes
Cottage Museum 139
Rhodes Memorial 125
Rikki (Taxis) 246
Robben Island 7, 106
Robberg Nature Reserve
(Plettenberg Bay) 191
Rondebosch 120, **120**, **294**
Rondevlei
Nature Reserve 139
Rugby 41
Rust en Vreugd 94

S
Sacks Futeran Building 80
Salt River 77, **77**, **282–283**
San 212
Sandy Bay 115
SASOL Art Museum
(Stellenbosch) 159
Save Our Seas Shark
Centre 141
Schiff/Fähre 245
Schlafen,
siehe Unterkünfte
Schwarze 209, 215, 216,
217, 218, 224, 225, 226
Schwule 43
Sea Point 112, **112**,
292–293
Ausgehen &
Nachtleben 113, 117
Essen 113, 115
Highlights 112
Sehenswertes 114
Shoppen 113, 119
Sport & Aktivitäten 119
Unterkunft 203
Verkehrsmittel
& -wege 113
Sea Point Promenade 114
Secunde's House 54
Shannon Vineyards
(Elgin) 173
Shoppen 39, 85, *siehe
auch einzelne Stadt-
viertel, gesondertes
Register Shoppen*
Sicherheit 248, 251
Wandern 29
Signal Hill 62, 81, 82
Signal Hill Wines 62
Simon's Town 134, **134**,
298
Ausgehen &
Nachtleben 135, 144
Essen 135, 144

Highlights 136, 138
Sehenswertes 136, 138
Shoppen 135, 145
Sport & Aktivitäten 147
Unterhaltung 145
Unterkunft 205
Verkehrsmittel
& wege 135
Simon's Town
Boat Company 141
Simon's Town Museum 141
Sklaverei 213
Slave Lodge 59
Solms-Delta
(Franschhoek) 162
Sonnenpfade 139
South African Jewish
Museum 93, **93**
South African Museum 94
South African National
Gallery 94
South African Naval
Museum 143
South Hill Wines
(Elgin) 173
Spaziergänge
Cape of Good Hope
Trail 137
City Bowl 60, **60**
Foreshore 63, **63**
Hermanus 169
Hoerikwaggo Trail 137
Kirstenbosch Botanical
Gardens 122
Muizenberg 140, **140**
Silvermine River 138
Stellenbosch 156
Wynberg Village 126,
126
Spice Route (Paarl) 166
Spier (Stellenbosch) 157
Sport 41, 88, *siehe
auch einzelne Stadt-
viertel, gesondertes
Register Sport &
Aktivitäten*
Sprache 253
Stanford 171
Steenberg Vineyards 124
Stellenbosch 156,
158–159
Steuern 251
St. George's Cathedral 59
Stony Point African
Penguin Colony 172
Strände 18
Bloubergstrand 150
Boulders 142, **28**
Camps Bay 114
Clifton 114

Kap der Guten Hoffnung
11, 136, **136**
Kommetjie 142
Llandudno 115
Muizenberg Beach 139
Noetzie (Knysna) 188
Noordhoek 141
Sandy Bay 115
Strom 251
Substation 33 81
Südliche Halbinsel 134,
134, **298**
Ausgehen &
Nachtleben 135, 144
Essen 135, 144
Highlights 136, 138
Sehenswertes 136, 138
Shoppen 135, 145
Sport & Aktivitäten 147
Unterhaltung 145
Unterkunft 205
Verkehrsmittel-
& wege 135
Wanderung 140, **140**
Südliche Vororte 120, **120**,
294–295
Ausgehen &
Nachtleben 121, 130
Essen 121, 128
Highlights 120, 122
Sehenswertes 122, 125
Shoppen 121, 131
Sport & Aktivitäten 132
Unterhaltung 131
Unterkunft 204
Verkehrsmittel
& -wege 121
Surfen 12, 42, 142, 191, **12**

T
Table Mountain National
Park 28–31, 237
Tafelberg 7, 28, 91, 236, **91**,
290, **5 6 30 91**
Tafelberg-Seilbahn 91
Tauchen 111, 119, 181,
siehe auch Haitauchen
Taxi 246
Telefon 252
Tenikwa
(Plettenberg Bay) 191
Thandi (Elgin) 173
Theater 37, 235
Tokai Forest 127
Tokara (Stellenbosch) 157
Touren 25–27
Touristeninformation
14, 252
Township-Architektur 229

269

Townships,
siehe Cape Flats
Toy & Miniature Museum
(Stellenbosch) 159
Trinkgeld 33–34, 36, 249
Tutu, Erzbischof
Desmond 220
Two Oceans Aquarium 104

U

Umwelt 236
University of Cape Town
128
University of Stellenbosch
Art Gallery
(Stellenbosch) 159
Unterhaltung 37, 84, *siehe
auch einzelne Stadt-
viertel, gesondertes
Register* Unterhaltung
Unterkünfte 15, 194,
*siehe auch gesondertes
Register* Schlafen
Cape Flats &
Nördliche Vororte 206
City Bowl, Foreshore,
Bo-Kaap &
De Waterkant 197
Gardens &
Umgebung 200
Green Point &
Waterfront 202
Östlicher
Stadtbezirk 199
Sea Point bis
Hout Bay 203
Simon's Town 205
Südliche Halbinsel 205
Südliche Vororte 204
Table Mountain
National Park 30
Unterwegs vor Ort 15, 245

V

V&A Waterfront 9, 103, **5,
8, 103**
van Riebeeck, Jan 122, 239
Van Ryn Brandy Cellar
(Stellenbosch) 157
Vergelegen
(Helderberg) 160
Village Museum
(Stellenbosch) 158
Villiera (Stellenbosch) 156
Visa 252

W

Wahrheits- & Versöhnungs-
kommission 220
Währung 14
Walbeobachtung 171, 176

Walker Bay Reserve
(Gansbaai) 176
Wandern 28, 137, 190, *siehe
auch* Spaziergänge
Warwick Estate
(Stellenbosch) 156
Waterfront 101, **101,
288–289**
Ausgehen &
Nachtleben 102, 109
Essen 102, 107
Highlights 101, 103, 106
Sehenswertes 103,
106, 107
Shoppen 102, 110
Sport & Aktivitäten 111
Spaziergang 105
Unterhaltung 110
Unterkunft 202
Verkehrsmittel
& -wege 102
Waterfront
Boat Company 105
Waterkloof
(Helderberg) 160
Waterworks Museum 128
Websites 14, 196
Wein 45, 239
Weingüter 155
Babylonstoren (Paarl) 168
Backsberg (Paarl) 166
Bergkelder
(Stellenbosch) 157
Blaauwklippen
(Stellenbosch) 157
Boschendal
(Franschhoek) 162, **11**
Catherine Marshall
Wines (Elgin) 173
Chamonix
(Franschhoek) 163
Constantia Glen 124
Constantia Uitsig 124
Creation Wines
(Hermanus) 175
Delaire Graff Estate
(Stellenbosch) 157
Durbanville Hills 153
Eagle's Nest 124
Fairview (Paarl) 166
Glen Carlou (Paarl) 166
Grande Provence
(Franschhoek) 164
Groot Constantia 123
Haute Cabrière
(Franschhoek) 164
Highlands Road
(Elgin) 173
Klein Constantia 124
KWV Emporium
(Paarl) 166

Laborie Cellar
(Paarl) 166
La Motte
(Franschhoek) 163
Landskroon (Paarl) 167
L'Avenir
(Stellenbosch) 157
Meerendal 153
Meerlust Estate
(Stellenbosch) 158
Mont Rochelle
(Franschhoek) 164
Nederburg Wines
(Paarl) 166
Neethlingshof
(Stellenbosch) 157
Nitida 153
Oak Valley (Elgin) 173
Paul Cluver Wines
(Elgin) 173
Shannon Vineyards
(Elgin) 173
Solms-Delta
(Franschhoek) 162
South Hill Wines (Elgin)
173
Spice Route (Paarl) 166
Spier (Stellenbosch) 157
Steenberg
Vineyards 124
Thandi (Elgin) 173
Tokara
(Stellenbosch) 157
Van Ryn Brandy Cellar
(Stellenbosch) 157
Vergelegen
(Helderberg) 160
Villiera
(Stellenbosch) 156
Warwick Estate
(Stellenbosch) 156
Waterkloof
(Helderberg) 160
Weiße 225
Weltdesignhauptstadt 2014
13, 39, 209
West Coast Fossil Park
(Langebaan) 177
West Coast National Park
(Langebaan) 176
Wetter 15
Wilderness 184
William Fehr Collection 54
Woodstock 77, **77,
282–283**
World of Birds 115
Wynberg 120, **120, 294**
Spaziergang 126, **126**
Wynberg Village 125

X

Xhosa 254

Z

Zeit 252
Zille, Helen 209, 222
Zoll 252
Zugfahren 244, 247

✗ ESSEN

6 Spin Street
Restaurant 64
34 South (Knysna) 188
95 Keerom 65
96 Winery Road
(Stellenbosch) 161

A

A Tavola 129
Addis in Cape 65
Africa Café 64
Anatoli 67
Annex 143
Apprentice@Institute of
Culinary Arts
(Stellenbosch) 160
Artisan Baker 84
Aubergine 95

B

Babel (Paarl) 168
Backsberg Restaurant
(Klapmuts) 161
Beefcakes 67
Beejuice (Wilderness) 185
Bientang's Cave
(Hermanus) 170
Biesmiellah 67
Birds Café 65
Bistro Sixteen82 128
Bizerca Bistro 64
Blue Water Café 144
Bombay Brasserie 64
Bosman's Restaurant
(Paarl) 169
Botanical Garden
Restaurant
(Stellenbosch) 160
Brampton Wine Studio
(Stellenbosch) 160
Bread, Milk & Honey 66
Bread & Wine
(Franschhoek) 161
Burgundy Restaurant
(Hermanus) 170

C

Café Ganesh 83
Café Havana
(Mossel Bay) 181

REGISTER T–Z

Café Mozart 66
Café Neo 108
Café Pescados 144
Café St. George 66
Cape Farmhouse
  Restaurant 144
Cape Town
  Hotel School 108
Casa Labia 143
Cedar 116
Chandani 83
Charly's Bakery 83
Chart Farm 129
Clarke's 65
Closer 144
Coffee on the Rocks
  (De Kelders) 176
Common Room
  (Franschhoek) 164
Crush 67

D
Daily Deli 96
De Oude Bank
  (Stellenbosch) 160
Dear Me 64
Deer Park Café 96
Deli, The 83
Die Strandloper
  (Langebaan) 177
Dog's Bollocks 95
Duchess of Wisbeach 116

E
East Head Café
  (Knysna) 188
El Burro 108
Empire Café 143
Europa (Plettenberg
  Bay) 192
Eziko 152

F
Farm Kitchen at Goederust
  (Franschhoek) 165
Fat Cactus 96
Fish on the Rocks 116
Fisherman's Choice 108
Fisherman's Cottage
  (Hermanus) 170
Foodbarn 144
French Connection
  (Franschhoek) 165
Frieda's on Bree 65

Sehenswertes 000
Kartenverweise 000
Fotoverweise **000**

G
Garden Tea Room 56
Gardener's Cottage 129
Giovanni's Deli World 108
Girls Restaurant
  (Wilderness) 185
Gold 65
Groote Post Restaurant
  (Darling) 175

H
Harvest at Laborie
  (Paarl) 168
Harvey's 117
Haute Cabrière Cellar
  (Franschhoek) 161
Hello Sailor 83
Hemelhuijs 66
Hesheng 116

J
Jason Bakery 64
Jonkershuis 129

K
Kaai 4 (Mossel Bay) 180
Kalfi's (Franschhoek) 164
Keenwä 66
Kikka (Paarl) 169
Kingfisher
  (Mossel Bay) 181
Kirstenbosch
  Tea Room 130
Kitchen, The 13, 82
Kitima 116
Knead 143
Kyoto Sushi Garden 95

L
La Belle 129
La Boheme 116
La Capannina
  (George) 183
La Colombe 128
La Mouette 116
La Perla 116
La Petite Ferme
  (Franschhoek) 161
La Petite Tarte 68
Lazari 96
Lelapa 152
Liquorice & Lime 96
Live Bait 143
LM in Plett Mozambican
  Restaurant
  (Plettenberg Bay) 193
Loading Bay 68

Lola's 65
Lookout
  (Plettenberg Bay) 192

M
Malibongwe 152
Manna Epicure 95
Marc's Mediterranean
  Cuisine & Garden
  (Paarl) 169
Mariana's (Stanford) 173
Maria's 95
Marmalade Cat
  (Darling) 175
Masala Dosa 65
Massimo's 116
Meeting Place 144
Melissa's (Gardens) 96
Melissa's (Waterfront) 108
Millstone 152
Mussel Bar 116
Mzansi 152
Mzoli's 152

N
Newport
  Market & Deli 108
Nobu 108
Nomzamo 152
Noon Gun Tearoom &
  Restaurant 67
Noop (Paarl) 169

O
Old Townhouse
  (George) 183
Olympia Café & Deli 143
Orchid Café 129
Overture Restaurant
  (Stellenbosch) 161
O'ways Teacafe 129
Oystercatcher
  (Knysna) 188

P
Pavilion (Hermanus) 171
Pavilion (Mossel Bay) 181
Pot Luck Club &
  Test Kitchen 83

Q
Queen of Tarts 83

R
Reuben's
  (Franschhoek) 164
Rhodes Memorial
  Restaurant 130

Ristorante Enrico
  (Plettenberg Bay) 192
River Café 129
Roundhouse 115
Royale Eatery 65
Rust en Vrede
  (Stellenbosch) 161

S
Sababa 66
Saigon 96
Savoy Cabbage 64
Seafood Restaurant 171
Serendipity
  (Wilderness) 185
Sirocco (Knysna) 188
Skinny Legs & All 66
Societi Bistro 95
Sophea Gallery &
  Tibetan Teahouse 144
South China
  Dim Sum Bar 66
Superette 83
Sweetest Thing 144

T
Table, The
  (Plettenberg Bay) 192
Table Mountain Café 92
Tables@Nitida 153
Tashas 129
Tasting Room
  (Franschhoek) 164

W
Wakame 107
Willoughby & Co 108
Woodlands Eatery 95

Y
Yours Truly 69

Z
Zucchini (Wilderness) 18

AUSGEHEN & NACHTLEBEN

&Union 68

A
Alba Lounge 109
Alexander Bar & Café 68
Amadod 84
Amsterdam Action Bar 70
Asoka 97

B
Banana Jam 130
Bar Code 70
Barristers 130
Bascule 109
Bean There 69
Beaulah Bar 70
Belthazar 109
Big Blu (Mossel Bay) 181
Birkenhead Brewery (Stanford) 173
Blakes 97
Blue Peter 152
Brass Bell 144
Bubbles Bar 70
Bungalow 117

C
Café Caprice 117
Cafe Manhattan 70
Caffé Verdi 130
Cape Point Vineyards 145
Caveau 69
Club Mykonos (Langebaan) 177
Crab's Creek 189
Crew Bar 70

D
Decodance 117
Deluxe Coffeeworks 69
Deon Nagel's Gat Party 153
Don Pedro 84
Dunes 117

E
Escape Caffe 68
Espressolab Mircroroasters 84

F
Fireman's Arms 71
Fork 69
Forrester's Arms 130
French Toast 68

G
Galaxy 153
Gecko Bar (Hermanus) 170
Gesellig 117
Grand Café & Beach 109

H
Haas 71
Harbour House 109

J
Julep Bar 69

K
Kefu's 152

L
La Vie 117
Leopard Bar 117
Loop, The 70

M
Martini Bar 130
Marvel 69
Mitchell's Scottish Ale House & Brewery 109
Mystic Boer (Stellenbosch) 160

N
Neigbourhood 69

O
Origin & Nigiro 71

P
Perseverance Tavern 97
Planet 96
Polana 145
Power & The Glory/ Black Ram, The 96

Q
Que Pasa 84

R
Rafiki's 97
Rick's Café Americane 97

S
Saints 97
Salt 117
Skebanga's Bar 145
Slow Quarter (Darling) 175
St Yves 117

T
Tjing Tjing 68
Toad in the Village 145
Tobago's 109
Trinity 70
Truth 84
Twankey Bar 69

V
Van Hunks 97
Vinyl Digz 69
Vista Bar 109

W
W Tapas Bar 109
Waiting Room 68
Woodstock Lounge 84

Z
Zebra Crossing (Hermanus) 171

⭐ UNTERHALTUNG

Alma Café 131
Artscape 71
Assembly 85
Baxter Theatre 131
Cape Town City Hall 71
Cape Town International Convention Centre 71
Cavendish Nouveau 131
Cine 12 118
Dark Horse 99
Evita se Perron (Darling) 174
Fugard 84
Grandwest Casino 153
House of Joy 85
Ibuyambo 153
iBuyambo Music & Art Exhibition Centre 71
Intimate Theatre 98
Jou Ma Se Comedy Club 85
Kalk Bay Theatre 145
Labia 97
Magnet Theatre 85
Mahogany Lounge 97
Mama Africa 72
Marimba 72
Masque Theatre 145
Maynardville Open-Air Theatre 131
Melting Pot 145
Mercury Live & Lounge 85
Obz Café 85
Oude Libertas Amphitheatre (Stellenbosch) 161
Pink Flamingo 72
Stardust 131
Studio 7 13, 118
Swingers 153
Tagore 85
Theatre in the District 85
Theatre on the Bay 118
Touch of Madness 85
Zula Sound Bar 71

🛍 SHOPPEN

73 On Kloof 98

A
Access Park 132
Africa Nova 75
African Home 87
African Image 72
African Music Store 72
Art in the Forest 131
Artvark 146
Ashanti 86
AVA Gallery 75
Avoova 74

B
Baraka 75
Bay Harbour Market 118
Belle Ombre 146
Big Blue 146
Blank Projects 87
Blank {space} 87
Blue Bird Garage Food & Goods Market 146
Bluecollarwhitecollar 98
Book Lounge 86
Bromwell 88

C
Canal Walk 154
Cape Quarter 75
Cape Union Mart Adventure Centre 110
Capestorm 111
Carrol Boyes 110
Cavendish Square 132
Church 72
City Bowl Market 98
Clarke's Bookshop 73
Coco Karoo 132
Commune.1 73

D
Design Afrika 86
Dokter & Misses/David West 74

E
Erdmann Contemporary & Photographers Gallery 75
Ethno Bongo 119

F

Field Office 88
Franki's Village Chic 146
Fringe Arts, The 98

G

Gardens Centre 99
Gina's Studio 146
Goodman Gallery Cape 87
Grant Mason Originals 98

H

Habits 132
Heath Nash 87
Hip Hop 132
House of Fashion 74
Hout Bay Craft Market 118

I

Imagenius 73
Intsangu 88
Iziko Lo Lwazi 119

J

Jewish Sheltered Employment Centre 99

K

Kalk Bay Books 146
Kalk Bay Modern 145
Kirstenbosch Craft Market 132
Klûk & CGDT 75
Kunsthandwerksmarkt (Stellenbosch) 162

L

Larij Works 147
Lifestyles on Kloof 99
LIM 98
Long Street Antique Arcade 75
Lucky Friday 73

M

Mabu Vinyl 99
Mantis Prints 98
Mememe 74
Merchants on Long 72
Merry Pop Ins 74

Sehenswertes 000
Kartenverweise **000**
Fotoverweise **000**

Milnerton Flea Market 154
Mnandi Textiles & Design 87
Mogalakwena 72
Monkeybiz 75
Montebello 131
Mr & Mrs 99
Mungo & Jemima 74

N

Naartjie 110
Naartjie Kids 119
Neighbourgoods Market 86

O

Old Biscuit Mill 85
Old Nick Village (Plettenberg Bay) 193
Olive Green Cat 74
Oom Samie se Winkel (Stellenbosch) 161

P

Pan African Market 73
Peach 119
Philani Nutrition Centre 154
Porter Estate Produce Market 131
Pottershop 146
Prins & Pins Jewellers 74

Q

Quagga Art & Books 146

R

Recreate 87
Redhill Pottery 146
Red Rock Tribal 146

S

Salt Circle Arcade 88
Shimansky 111
Shipwreck Shop 119
Sivuyile Tourism Centre 154
Skinny La Minx 74
Skinz 74
Sobeit 145
Solveig 110
South African Print Gallery 86
Space 132
Stefania Morland 98
Stevenson 86
Streetwires 75

T

T-Bag Designs 119
Tribal Trends 73

U

Umlungu 87

V

Vaughan Johnson's Wine & Cigar Shop 110
Victoria Wharf 110

W

Waterfront Craft Market & Wellness Centre 110
What If The World 86
Whatnot & China Town 147
Wine Concepts 99
Woodhead's 87
Woodstock Foundry 88

Y

YDE 132

🏃 SPORT & AKTIVITÄTEN

Abseil Africa 92
Adventure Centre (Knysna) 190
Athlone Stadium 154
Back Road Safaris (Mossel Bay) 182
Boardroom Adventure Centre, The 119
Cape Sports Centre 177
Cape Town Tandem Paragliding 100
City Rock 88
Downhill Adventures 99
Electrodive (Mossel Bay) 181
Emzini Tours (Knysna) 189
Enmasse 100
Garden Route Surf Academy (Plettenberg Bay) 193
Go Vertical (Knysna) 190
Hermanus Whale Cruises (Hermanus) 171
In The Blue 119
Kenilworth Race Course 133
Knysna Cycle Works 190
Librisa Spa 100
Links at Fancourt (George) 184

Lion's Head 99
Liquid Grace (Knysna) 190
Little Eden (George) 184
Logical Golf Academy 88
Long St Baths 76
Manic Cycles 165
Marine Dynamics (Gansbaai) 176
Metropolitan Golf Club 111
Milnerton Golf Club 154
Mountain Club of South Africa 100
Mowbray Golf Club 154
Newlands Rugby Stadium 132
Ocean Blue Adventures (Plettenburg Bay) 193
Ocean Safaris (Plettenberg Bay) 193
Ocean Sailing Academy 111
Oubaai (George) 184
Oude Molen Stables 154
Oystercatcher Trail (Mossel Bay) 181
Paradise Stables (Franschhoek) 165
Roly Polyz 76
Romonza (Mossel Bay) 181
Royal Cape Yacht Club 76
Sahara Park Newlands 132
Sea Kayak Simon's Town 147
Sea Point Pavilion 119
Sky Dive Plettenberg Bay (Plettenberg Bay) 193
Skydive Cape Town 154
Skydive Mossel Bay (Mossel Bay) 182
Sleepy Hollow Horse Riding 147
Southern Right Charters (Hermanus) 171
Sports Science Institute of South Africa 133
Table Bay Diving 111
Two Oceans Aquarium 111
Walker Bay Adventures (Hermanus) 171
White Shark Africa (Mossel Bay) 181
Windswept 154
Wineland Ballooning (Paarl) 167
Yacoob Tourism 105

🛏 SCHLAFEN

15 On Orange 200
33 South Boutique Backpackers 199

REGISTER SCHLAFEN

A

Abbey Manor 201
Alphen 204
Amblewood
 Guesthouse 204
Amsterdam
 Guest House 201
An African Villa 201
Ashanti Gardens 200
Ashanti Green Point 203
Atlantic Point
 Backpackers 203

B

Backpack 200
Banghoek Place
 (Stellenbosch) 159
Beach Lodge 206
Bella Ev 205
Berg River Resort
 (Paarl) 169
Blencathra 202
Boulders
 Beach Lodge 205
Brenton Cottages
 (Knysna) 186

C

Cactusberry Lodge 201
Camps Bay Retreat 203
Cape Cadogan 200
Cape Diamond
 Hotel 198
Cape Grace 202
Cape Heritage Hotel 197
Cape Milner 201
Cape Standard 202
Cape Town
 Backpackers 202
Chapman's
 Peak Hotel 204
Chartfield
 Guest House 205
Colette's 206
Constantia Uitsig 204

D

Daddy Long Legs Hotel 197
De Noordhoek Hote 205
De Waterkant House 198
De Waterkant Lodge 198
Deco Lodge 199
District Six Guesthouse 199
Dock House 202
Dunkley House 201
Dutch Manor 197

E

Eco Wave Lodge 206
Eight Bells Mountain Inn
 (Garden Route) 183
Ellerman House 203

F

Fairy Knowe Backpackers
 (Wilderness) 185
Four Rosmead 201

G

Glen Boutique Hotel 204
Glen Lodge 205
Grand Daddy Hotel 197
Grande Roche Hotel
 (Paarl) 169
Green Elephant 199

H

Head South Lodge 202
Hermanus Backpackers
 (Hermanus) 171
Hippo Boutique Hotel 200
Hog Hollow
 (Plettenburg Bay) 183
Hout Bay Manor 203
Huijs Haerlem 204

I

Interlaken (Wilderness) 185
Inyathi Guest Lodge 186
Island Vibe 186

K

Kensington Place 200
Kopanong 206

L

La Rose B&B 198
Lanzerac Hotel
 (Stellenbosch) 159
Le Quartier Français 165
Liziwe Guest House 206
Long St Backpackers 199

M

Majoro's B&B 207
Malebo's 207
Mannabay 200
Maremoto 198
Marine (Hermanus) 171
Monkey Valley Beach
 Nature Resort 205
Mossel Bay Backpackers
 (Mossel Bay) 182
Mount Nelson Hotel 200

O

O on Kloof 203
Old Mac Daddy (Elgin) 173
One & Only
 Cape Town 202
Otter's Bend Lodge
 (Franschhoek) 165

P

Park House Lodge &
 Travel Centre
 (Mossel Bay) 182
Penthouse on Long 199
Phantom Forest Eco-
 Reserve (Knysna) 183
POD 203
Point Village Hotel
 (Mossel Bay) 182
Potting Shed
 (Hermanus) 171
Protea Hotel Fire & Ice! 201

R

Radebe's B&B 206
Reeden Lodge
 (Franschhoek) 165
Rose Lodge 198
Rouge on Rose 197

S

Samhitakasha
 Cob House 206
Scalabrini
 Guest House 198
Simon's Town
 Backpackers 206
St. Paul's B&B Guest
 House 199
Stellenbosch Hotel
 (Stellenbosch) 159

T

Taj Cape Town 197
Thulani River Lodge 204
Tintswalo
 Atlantic 13, 203
Townhouse 198
Trevoyan 201

U

Upper Eastside
 Hotel 199

V

Vicky's B&B 205
Victoria Junction 198
Village Lodge 198
Villa Zest 202
Vineyard Hotel &
 Spa 204
Vuvu's Small Shack 205

W

Westin Cape Town 197
Wilton Manor 202
Winchester Mansions
 Hotel 204

Cityatlas

Kartenlegende

Sehenswertes
- Strand
- buddhistisch
- Burg
- christlich
- hinduistisch
- islamisch
- jüdisch
- Denkmal
- Museum/Galerie
- Ruine
- Weingut/Weinberg
- Zoo
- Sehenswürdigkeit

Essen
- Restaurant

Ausgehen & Nachtleben
- Bar/Kneipe/Club
- Café

Unterhaltung
- Unterhaltung

Shoppen
- Shoppen

Schlafen
- Hotel/Hostel
- Camping

Sport & Aktivitäten
- tauchen/schnorcheln
- Kanu/Kajak fahren
- Ski fahren
- surfen
- Swimmingpool
- wandern
- windsurfen
- sonstige Sportarten & Aktivitäten

Praktisches
- Post
- Touristeninformation

Transport
- Flughafen
- Grenzübergang
- Bus
- Seilbahn/Standseilbahn
- Radweg
- Fähre
- Metro
- Schwebebahn
- Parkplatz
- Subway
- Taxi
- Bahn
- Straßenbahn
- U-Bahn
- sonstiger Transport

Verkehrswege
- Mautstraße
- Autobahn
- Hauptstraße
- Landstraße
- Verbindungsstraße
- sonstige Straße
- unbefestigte Straße
- Platz, Promenade
- Treppe
- Tunnel
- Fußgängerbrücke
- Spaziergang
- Abstecher vom Spaziergang
- Pfad

Grenzen
- Staatsgrenze
- Provinzgrenze
- umstrittene Grenze
- Bezirksgrenze
- Meeresschutzgebiet
- Klippen
- Mauer

Geografie
- Hütte/Unterstand
- Leuchtturm
- Aussichtspunkt
- Berg/Vulkan
- Oase
- Park
- Pass
- Rastplatz
- Wasserfall

Gewässer
- Fluss, Bach
- periodischer Fluss
- Sumpf/Mangroven
- Riff
- Kanal
- Gewässer
- Salzsee/trockener/ periodischer See
- Gletscher

Gebietsform
- Strand/Wüste
- christlicher Friedhof
- sonstiger Friedhof
- Park/Wald
- Sportplatz
- Sehenswertes (Gebäude)
- Highlight (Gebäude)

KARTENINDEX

City Bowl & Bo-Kaap (S. 276)

Foreshore & De Waterfront (S. 280)

The Fringe, District Six, Woodstock & Salt River (S. 282)

4 Observatory (S. 284)
5 Gardens & Umgebung (S. 285)
6 Green Point & Waterfront (S. 289)
7 Camps Bay (S. 290)

8 Hout Bay (S. 291)
9 Sea Point (S. 292)
10 Südliche Vororte (S. 294)
11 Muizenberg & Kalk Bay (S. 296)

12 Simon's Town (S. 298)
13 Pinelands & Langa (S. 299)

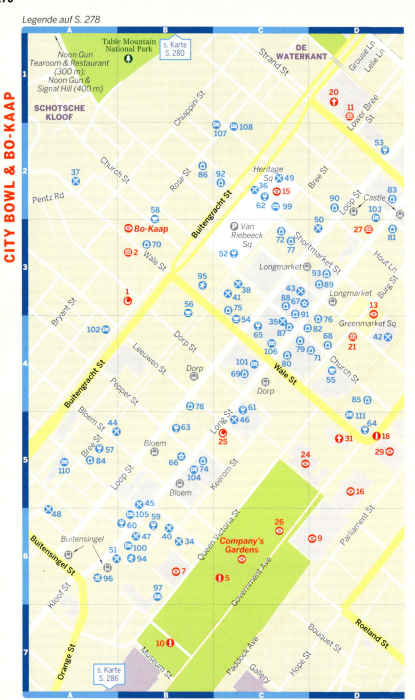

CITY BOWL & BO-KAAP *Karte auf S. 276*

◉ Highlights (S. 54)
Bo-Kaap B3
Castle of Good Hope H5
Company's Gardens....................................C6

◎ Sehenswertes (S. 58)
6 Spin St....................................... (siehe 33)
1 Auwal Mosque B3
2 Bo-Kaap Museum B3
3 Cape Town City Hall F5
4 Castle Military Museum H5
5 Cecil-Rhodes-Statue C6
6 Central Library..F5
7 Centre for the Book B6
8 Church Square...E5
9 De Tuynhuis D6
10 Delville Wood Memorial B7
11 Gold of Africa Barbier-Mueller
   Museum D1
12 Grand Parade...F5
13 Greenmarket Square D3
14 Groote Kerk...E5
15 Heritage Square C2
16 Houses of Parliament...............................D5
17 Jan-Hendrik-Statue E5
18 Jan-Smuts-Statue D5
19 Koopmans-de Wet House.......................E2
20 Lutheran Church D1
21 Michaelis Collection at the Old Town
   House D4
22 Denkmal für Cissie Gool F6
23 Mutual Heights E4
24 National Library of South Africa..............C5
   Old Town House ....(siehe 21)
25 Palm Tree Mosque C5
26 Public Garden C6
27 SA Mission Museum..................................D3
28 Secunde's House......................................H5

29 Slave Lodge D5
30 Slave Tree E5
   Slavery Memorial ....(siehe 17)
31 St. George's Cathedral.............................D5
32 William Fehr Collection H5

⊗ Essen (S. 64)
33 6 Spin St Restaurant................................ E5
34 95 Keerom B6
35 Addis in Cape..C4
36 Africa Café C2
37 Biesmiellah A2
38 Birds Café C3
   Bombay Brasserie ....(siehe 111)
39 Bread, Milk & Honey E5
   Café Mozart ....(siehe 79)
   Café St. George ....(siehe 31)
40 Carne SA..B6
41 Clarke's C3
42 Crush...D4
43 Dear Me..C3
   Gold...(siehe 11)
44 Jason Bakery A5
45 Lola's B5
46 Masala Dosa C5
47 Royale Eatery B6
48 Sababa A6
49 Savoy Cabbage C2
   Scotch Coffee House ....(siehe 21)
50 Skinny Legs & All......................................D3
51 South China Dim Sum Bar A6

⊙ Ausgehen & Nachtleben (S. 68)
52 &Union C3
53 Alexander Bar & Café D2
54 Bean There C4
   Caveau .... (siehe 99)
55 Deluxe Coffeeworks..................................D4

56	Escape Caffe	B3
	Fork	(siehe 89)
57	French Toast	A5
58	Haas	B2
59	Julep Bar	B6
60	Marvel	B6
61	Neighbourhood	C4
62	Signal Hill Wines	C2
63	The Loop	B5
	Tjing Tjing	(siehe 43)
64	Twankey Bar	D5
65	Vinyl Digz	C4
	Waiting Room	(siehe 47)
	Yours Truly	(siehe 46)

✪ Unterhaltung (S. 71)

66	Mama Africa	B5
	Pink Flamingo	(siehe 103)
67	Zula Sound Bar	C3

🔒 Shoppen (S. 72)

68	African Image	D4
69	African Music Store	C4
70	Atlas Trading Company	B3
71	AVA Gallery	D4
72	Avoova	C3
73	Church	E5
74	Clarke's Bookshop	B5
75	Commune.1	C3
76	Dokter & Misses/David West	D4
77	Erdmann Contemporary & Photographers Gallery	C3
	Honest	(siehe 75)
78	House of Fashion	B4
79	Imagenius	C4
	Liam Mooney	(siehe 75)
80	Long Street Antique Arcade	C4
81	Lucky Friday	D3

82	Mememe	C4
83	Merchants on Long	D2
84	Merry Pop Ins	A5
85	Mogalakwena	D4
86	Monkeybiz	B2
87	Mungo & Jemima	C4
88	Olive Green Cat	C3
89	Pan African Market	D3
90	Prins & Pins Jewellers	D2
	Skinny La Minx	(siehe 57)
91	Skinz	C3
92	Streetwires	C2
93	Tribal Trends	D3

✪ Sport & Aktivitäten (S. 76)

94	Abseil Africa	B6
95	Coffeebeans Routes	B3
96	Long St Baths	A6

🛏 Schlafen (S. 197)

97	Cape Breaks	B6
98	Cape Diamond Hotel	E5
99	Cape Heritage Hotel	C2
100	Daddy Long Legs Apartments	B6
101	Daddy Long Legs Hotel	C4
102	Dutch Manor	A4
	FZP Property Investment	(siehe 86)
103	Grand Daddy Hotel	D2
	La Rose B&B	(siehe 107)
104	Long St Backpackers	B5
105	Maremoto	B6
106	Penthouse on Long	C4
107	Rose Lodge	C2
108	Rouge on Rose	C2
109	Scalabrini Guest House	E7
110	St. Paul's B&B Guest House	A5
111	Taj Cape Town	D5
112	Townhouse	E6

CITY BOWL & BO-KAAP

280

⊙ **Sehenswertes**	**(S. 62)**
1 Prestwich Memorial	B3
2 Prestwich Memorial Garden	B3

⊗ **Essen**	**(S. 67)**
3 Anatoli	B1
4 Beefcakes	A1
5 Bizerca Bistro	E3
6 Frieda's on Bree	C3
7 Hemelhuijs	B4
8 Keenwä	C4
9 La Petite Tarte	A2
10 Loading Bay	A3

⊙ **Ausgehen & Nachtleben**	**(S. 70)**
11 Bar Code	B1
12 Bubbles Bar	A3
13 Cafe Manhattan	A2
14 Crew Bar	B1
15 Fireman's Arms	C2
16 Origin & Nigiro	A3
Svetbox	(siehe 6)

✪ **Unterhaltung**	**(S. 70)**
17 Amsterdam Action Bar	B1
18 Artscape	H4
19 Beaulah Bar	B1
20 Cape Town International Convention Centre	F2

281

FORESHORE & DE WATERKANT

21 iBuyambo Music & Art Exhibition Centre	D3
22 Marimba	F2

🛍 Shoppen (S. 72)
23 Africa Nova	A2
24 Baraka	A2
Boutique Township	(siehe 25)
25 Cape Quarter	A2
26 Klûk & CGDT	C4
Lou At The Quarter	(siehe 25)
Nap Living	(siehe 25)
Spar	(siehe 25)

🎯 Sport & Aktivitäten (S. 76)
Arabella Spa	(siehe 34)
27 Roly Polyz	C3

🛏 Schlafen (S. 198)
28 De Waterkant Cottages	A2
29 De Waterkant House	A2
30 De Waterkant Lodge	A2
31 The Charles	A2
32 Village & Life	A3
33 Village Lodge	A2
34 Westin Cape Town	F2

⦿ Highlights (S. 79)
District Six Museum.................................. A2

⦿ Sehenswertes (S. 81)
1 Graffito „African Woman with TV"...........C4
2 Graffito „Freedom Struggle Heroes"........B2
3 Greatmore Studios G3
4 I Art Woodstock E2
5 Graffito „Land & Liberty" B3
6 Graffito „Refugee Rights".........................D3
7 Sacks Futeran Building..............................A2
8 Substation 13 ....A2
9 The Bank A2
10 Woodstock Industrial Centre...................F2

ⓧ Essen (S. 82)
11 Chandani G4
12 Charly's Bakery..A2
Pot Luck Club...............................(siehe 34)
13 Superette G2
14 The Artisan Baker H2

15 The Deli...D2
16 The Kitchen...D2
The Test Kitchen .... (siehe 34)

⦿ Ausgehen & Nachtleben (S. 84)
17 Amadoda G2
18 Don Pedro G4
Espressolab Mircroroasters........ (siehe 34)
19 Que Pasa..A2
20 Truth A2
21 Woodstock Lounge....................................G4

⦿ Unterhaltung (S. 84)
22 Assembly A2
23 Mercury Live & Lounge B3
24 The Fugard..A2
25 Theatre in the District..............................D3

⦿ Shoppen (S. 85)
Abode.. (siehe 34)
African Home............................... (siehe 41)

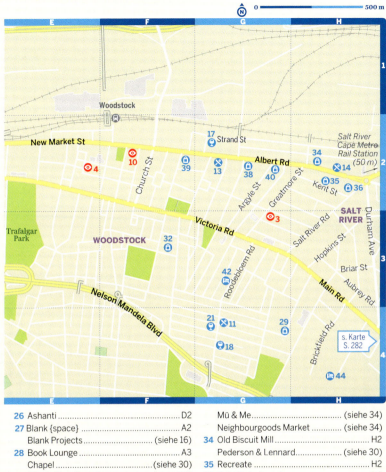

THE FRINGE, DISTRICT SIX, WOODSTOCK & SALT RIVER

26 Ashanti	D2
27 Blank {space}	A2
Blank Projects	(siehe 16)
28 Book Lounge	A3
Chapel	(siehe 30)
Clementina Ceramics	(siehe 34)
Cloth	(siehe 36)
Cocofair	(siehe 34)
29 Design Afrika	G4
30 Field Office	A2
31 Goodman Gallery Cape	D2
Gregor Jenkins	(siehe 40)
Heartworks	(siehe 34)
32 Heath Nash	F3
Henry Garment Archaeology	(siehe 36)
33 Hip Hop (Factory Outlet)	A2
Imiso Ceramics	(siehe 34)
Karizma Décor & Design	(siehe 36)
Karoo Moon Country Store	(siehe 34)
Kat Van Duinen	(siehe 34)
Ma Mère Maison	(siehe 36)
Mü & Me	(siehe 34)
Neighbourgoods Market	(siehe 34)
34 Old Biscuit Mill	H2
Pederson & Lennard	(siehe 30)
35 Recreate	H2
36 Salt Circle Arcade	H2
South African Print Gallery	(siehe 16)
37 Stevenson	D2
38 The Bromwell	G2
39 The Woodstock Foundry	F2
Vamp	(siehe 35)
40 What If the World	G2
41 Woodhead's	B2

Schlafen (S. 199)

42 Deco Lodge	G3
43 District Six Guest House	D4
44 Upper Eastside Hotel	H4

OBSERVATORY

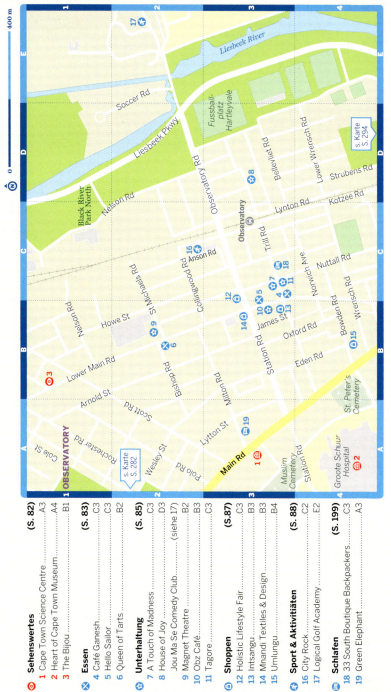

Sehenswertes	**(S. 82)**
1 Cape Town Science Centre	A3
2 Heart of Cape Town Museum	A4
3 The Bijou	B1

Essen	**(S. 83)**
4 Café Ganesh	C3
5 Hello Sailor	C3
6 Queen of Tarts	B2

Unterhaltung	**(S. 85)**
7 A Touch of Madness	C3
8 House of Joy	D3
Jou Ma Se Comedy Club	(siehe 17)
9 Magnet Theatre	B3
10 Obz Café	B3
11 Tagore	C3

Shoppen	**(S. 87)**
12 Holistic Lifestyle Fair	C3
13 Intsangu	B3
14 Mnandi Textiles & Design	B3
15 Umlungu	B4

Sport & Aktivitäten	**(S. 88)**
16 City Rock	C2
17 Logical Golf Academy	E2

Schlafen	**(S. 199)**
18 33 South Boutique Backpackers	C3
19 Green Elephant	A3

GARDENS & UMGEBUNG Karte auf S. 286

◎ Highlights (S. 93)
South African Jewish Museum.....E3

◎ Sehenswertes (S. 94)
1 Bertram House.....D3
2 Cape Town Holocaust Centre E3
3 De Waal Park.....D6
Great Synagogue.....(siehe 2)
Old Synagogue .....(siehe 2)
Planetarium .....(siehe 5)
4 Rust en Vreugd.....G2
5 South African Museum.....E2
6 South African National Gallery.....E2

✗ Essen (S. 95)
7 Aubergine.....E3
Café Riteve.....(siehe 2)
Coffee Time.....(siehe 35)
8 Daily Deli.....A1
9 Deer Park Café.....G8
Fat Cactus.....(siehe 57)
10 Kyoto Sushi Garden B2
11 Lazari.....F5
12 Liquorice & Lime.....A5
13 Manna Epicure B5
14 Maria's.....E3
15 Melissa's.....B4
16 Saigon.....B4
17 Societi Bistro D2
18 The Dog's Bollocks F3
19 Woodlands Eatery.....G8

◎ Ausgehen & Nachtleben (S. 96)
20 Asoka.....B3
21 Auslese F4
22 Blakes C1
23 Perseverance Tavern.....G2
Planet.....(siehe 60)
24 Rafiki's.....B2
25 Rick's Café Americain C2
Saints.....(siehe 37)
The Power & The Glory/Black
Ram .....(siehe 24)
26 Van Hunks B3

◎ Unterhaltung (S. 97)
27 Intimate Theatre D2
28 Labia.....D2

29 Mahogany Lounge.....G2

◉ Shoppen (S. 98)
30 73 On Kloof.....C2
Bluecollarwhitecollar.....(siehe 36)
31 City Bowl Market F3
32 Dark Horse.....A4
33 Gardens Centre F4
34 Grant Mason Originals G2
35 Jewish Sheltered Employment
Centre E5
36 Lifestyles on Kloof.....C2
37 LIM.....B4
38 Mabu Vinyl D2
39 Mantis Prints.....E5
40 Mr & Mrs.....B4
Stefania Morland .....(siehe 45)
41 The Fringe Arts C3
Urban Africa.....(siehe 34)
Wine Concepts.....(siehe 36)

◎ Sport & Aktivitäten (S. 99)
42 Downhill Adventures D1
43 Enmasse.....F4

Librisa Spa.....(siehe 60)
44 Mountain Club of South Africa.....E2

◎ Schlafen (S. 200)
45 15 On Orange.....D2
46 Abbey Manor D7
47 Amsterdam Guest House.....D8
48 An African Villa B2
49 Ashanti Gardens.....D4
50 Backpack.....C1
51 Cactusberry Lodge E6
52 Cape Cadogan.....B3
53 Cape Milner B1
54 Cape Town Backpackers.....C2
55 Dunkley House.....E4
56 Four Rosmead B6
57 Hippo Boutique Hotel C2
58 Kensington Place.....A7
59 Mannabay.....F6
60 Mount Nelson Hotel D3
61 Protea Hotel Fire & Ice! C1
62 Trevoyan.....A2

GARDENS & UMGEBUNG

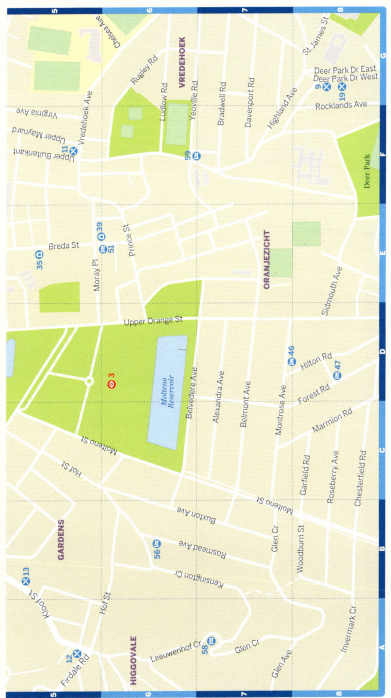

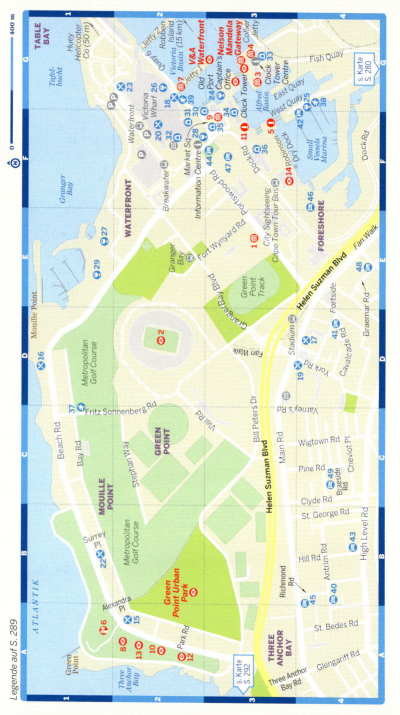

GREEN POINT & WATERFRONT *Karte auf S. 288*

Highlights (S. 103)

	Green Point Urban Park	B2
	Nelson Mandela Gateway	G3
	V&A Waterfront	G3

Sehenswertes (S. 107)

1	Cape Medical Museum	E3
2	Cape Town Stadium	D2
3	Chavonnes Battery Museum	G3
4	Diamond Museum	G3
5	„Eliot the Cratefan"	F3
6	Green Point Lighthouse	A1
7	Jetty 1	G2
	John H. Marsh Maritime Research Centre	(siehe 9)
8	Kinderspielplatz	A2
9	Maritime Centre	F3
10	Maze (Irrgarten)	A2
11	Nobel Square	F3
12	Minigolf	A2
13	The Blue Train	A2
14	Two Oceans Aquarium	F3

Essen (S. 107)

15	Café Neo	A2
16	Cape Town Hotel School	D1
17	El Burro	D4
18	Fisherman's Choice	G2
19	Giovanni's Deli World	D4
20	Melissa's	F2
	Newport Market & Deli	(siehe 22)
	Nobu	(siehe 46)
22	Wakame	B1
23	Willoughby & Co	G2

Ausgehen & Nachtleben (S. 109)

24	Alba Lounge	G3
25	Bascule	G4
26	Belthazar	G2
	Ferryman's Tavern	(siehe 28)
27	Grand Café & Beach	E1
	Harbour House	(siehe 30)
28	Mitchell's Scottish Ale House & Brewery	F2
29	Tobago's	E1
	Vista Bar	(siehe 46)
	W Tapas Bar	(siehe 26)

Shoppen (S. 110)

30	Cape Union Mart Adventure Centre	F2
	Cape Union Mart Adventure Centre	(siehe 20)
	Capestorm	(siehe 26)
	Carrol Boyes	(siehe 20)
	Exclusive Books	(siehe 26)
31	Naartjie	F2

32	Red Shed Craft Workshop	F2
33	Shimansky	G3
34	Solveig	F3
35	Vaughan Johnson's Wine & Cigar Shop	F3
36	Waterfront Craft Market & Wellness Centre	F3

Sport & Aktivitäten (S. 111)

	Hopper	(siehe 39)
37	Metropolitan Golf Club	C1
38	Ocean Sailing Academy	G4
	Table Bay Diving	(siehe 39)
	Two Oceans Aquarium	(siehe 14)
39	Waterfront Boat Company	G2
	Yacoob Tourism	(siehe 39)

Schlafen (S. 202)

40	Ashanti Green Point	B4
41	Atlantic Point Backpackers	D4
42	Cape Grace	F4
43	Cape Standard	B4
44	Dock House	F3
45	Head South Lodge	B4
46	One & Only Cape Town	F4
47	Queen Victoria Hotel	F3
48	Villa Zest	E4
49	Wilton Manor	C4

GREEN POINT & WATERFRONT

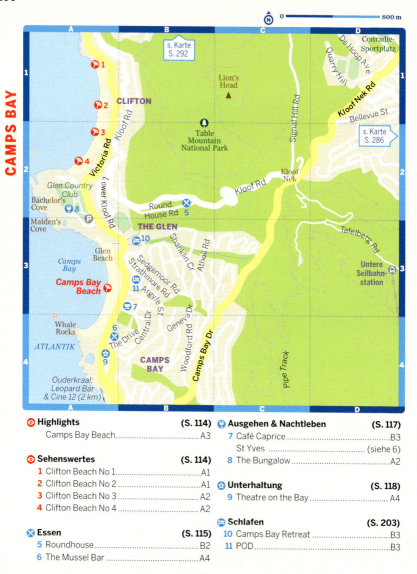

⊙ Highlights	(S. 114)
Camps Bay Beach……………………………………A3	

⊙ Sehenswertes	(S. 114)
1 Clifton Beach No 1……………………………………A1	
2 Clifton Beach No 2……………………………………A1	
3 Clifton Beach No 3……………………………………A2	
4 Clifton Beach No 4……………………………………A2	

⊗ Essen	(S. 115)
5 Roundhouse……………………………………………B2	
6 The Mussel Bar………………………………………A4	

⊙ Ausgehen & Nachtleben	(S. 117)
7 Café Caprice…………………………………………B3	
St Yves………………………………………(siehe 6)	
8 The Bungalow…………………………………………A2	

⊛ Unterhaltung	(S. 118)
9 Theatre on the Bay………………………………A4	

🛏 Schlafen	(S. 203)
10 Camps Bay Retreat…………………………………B3	
11 POD……………………………………………………B3	

291

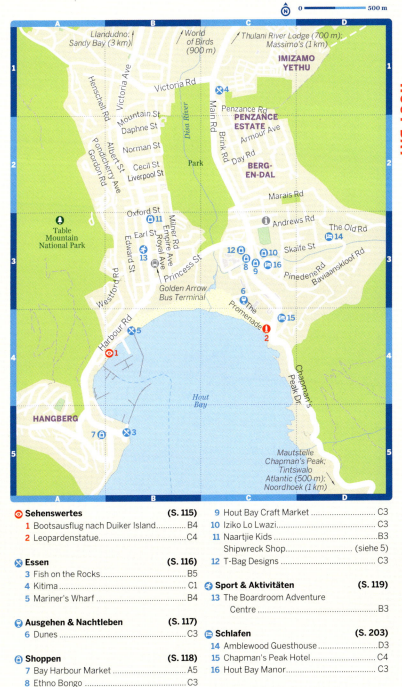

HOUT BAY

⊙ Sehenswertes	(S. 115)
1 Bootsausflug nach Duiker Island	B4
2 Leopardenstatue	C4

⊗ Essen	(S. 116)
3 Fish on the Rocks	B5
4 Kitima	C1
5 Mariner's Wharf	B4

Ausgehen & Nachtleben	(S. 117)
6 Dunes	C3

Shoppen	(S. 118)
7 Bay Harbour Market	A5
8 Ethno Bongo	C3
9 Hout Bay Craft Market	C3
10 Iziko Lo Lwazi	C3
11 Naartjie Kids	B3
Shipwreck Shop	(siehe 5)
12 T-Bag Designs	C3

Sport & Aktivitäten	(S. 119)
13 The Boardroom Adventure Centre	B3

Schlafen	(S. 203)
14 Amblewood Guesthouse	D3
15 Chapman's Peak Hotel	C4
16 Hout Bay Manor	C3

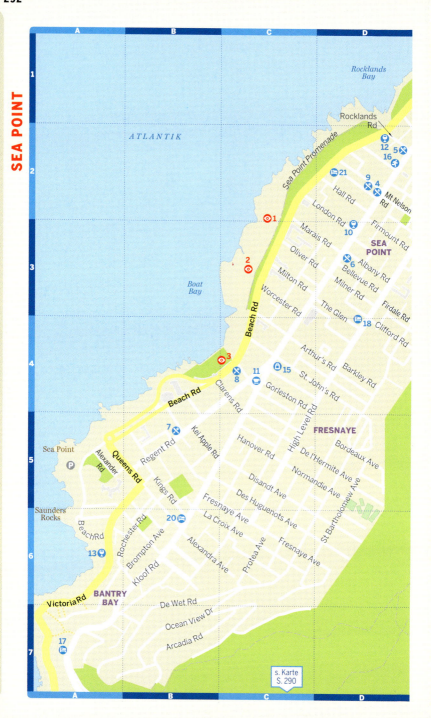

SEA POINT

◎ **Sehenswertes**	**(S. 114)**
1 Graaff's Pool	C2
2 Milton's Pool	C3
3 Sea Point Pavilion	C4

✖ **Essen**	**(S. 116)**
4 Cedar	D2
Harvey's	(siehe 21)
5 Hesheng	D2
6 La Boheme	D3
7 La Mouette	B5
8 La Perla	C4
9 The Duchess of Wisbeach	D2

◉ **Ausgehen & Nachtleben**	**(S. 117)**
10 Decodance	D3
11 Gesellig	C4
12 La Vie	D2
13 Salt	A6

◎ **Unterhaltung**	**(S. 118)**
14 Studio 7	E3

◉ **Shoppen**	**(S. 119)**
15 Peach	C4

◉ **Sport & Aktivitäten**	**(S. 119)**
16 In the Blue	D2
Sea Point Pavilion	(siehe 3)

◉ **Schlafen**	**(S. 203)**
17 Ellerman House	A7
18 Glen Boutique Hotel	D4
19 Huijs Haerlem	E2
20 O on Kloof	B6
21 Winchester Mansions Hotel	D2

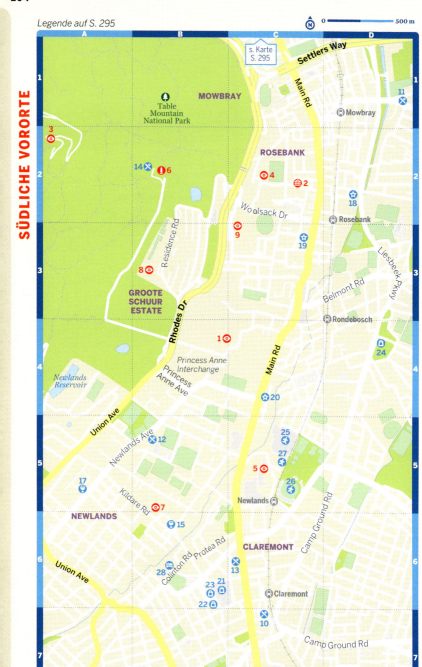

Legende auf S. 295

Südliche Vororte *Karte auf S. 294*

◎ Sehenswertes (S. 125)
1 Groote Schuur B4
2 Irma Stern Museum C2
  Josephine Mill ....(siehe 16)
3 King's Blockhouse A2
4 Mostert's Mill C2
5 Newlands Brewery C5
6 Rhodes Memorial B2
7 Spring Way..B5
8 University of Cape Town..........................B3
9 Woolsack..C3

✖ Essen (S. 129)
10 A Tavola...C7
11 Fat Cactus D1
12 Gardener's Cottage...................................B5
  Melissa's..(siehe 15)
13 O'ways Teacafe C6
14 Rhodes Memorial Restaurant B2

◉ Ausgehen & Nachtleben (S. 130)
15 Barristers B6
17 Forrester's Arms A5

◎ Unterhaltung (S. 131)
18 Alma Café...D2
19 Baxter Theatre...C3

  Cavendish Nouveau ....(siehe 21)
20 Stardust C4

⬡ Shoppen (S. 131)
  Cape Union Mart Adventure Centre (siehe 21)
21 Cavendish Square.....................................B6
  Checkers...(siehe 21)
  Exclusive Books ....(siehe 21)
22 Habits...B6
23 Hip Hop B6
  Montebello.....................................(siehe 12)
  Naartjie ....(siehe 21)
  Pick'n'Pay ....(siehe 21)
24 Rondebosch Potters Market D4
  The Space ....(siehe 21)
  Wine Concepts ....(siehe 15)
  Woolworths ....(siehe 21)
  YDE..(siehe 21)

◉ Sport & Aktivitäten (S. 132)
  Angsana Spa ....(siehe 28)
25 Newlands Rugby Stadium C5
26 Sahara Park Newlands C5
27 Sports Science Institute of South
   Africa...C5

◉ Schlafen (S. 204)
28 Vineyard Hotel & Spa................................B6

SÜDLICHE VORORTE

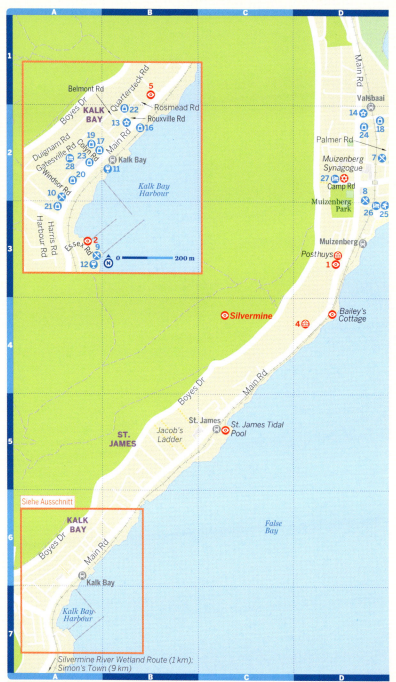

⦿ **Highlights**		**(S. 138)**
Silvermine		C4

⦿ **Sehenswertes**		**(S. 138)**
1 Casa Labia Cultural Centre		D3
2 Fischmarkt		A3
3 Muizenberg Beach		E3
4 Rhodes Cottage Museum		D4
5 Save Our Seas Shark Centre		B1
6 Water Slide		E2

⊗ **Essen**		**(S. 143)**
Annex		(siehe 20)
Blue Bird Pantry		(siehe 18)
Casa Labia		(siehe 1)
C'est La Vie		(siehe 16)
7 Closer		D2
8 Empire Café		D2
Harbour House		(siehe 9)
Knead		(siehe 25)
9 Live Bait		A3
10 Olympia Café & Deli		A2

⦿ **Ausgehen & Nachtleben**		**(S. 144)**
11 Brass Bell		B2
12 Polana		A3

⦿ **Unterhaltung**		**(S. 145)**
13 Kalk Bay Theatre		B2
14 Masque Theatre		D2
15 Melting Pot		E2

⦿ **Shoppen**		**(S. 145)**
16 Artvark		B2
Belle Ombre Antiques		(siehe 13)
17 Big Blue		A2
18 Blue Bird Garage Food & Goods Market		D2
David Bellamy		(siehe 24)
19 Franki's Village Chic		A2
Gina's Studio		(siehe 7)
20 Kalk Bay Books		A2
21 Kalk Bay Modern		A3
22 Pottershop		B2
23 Quagga Art & Books		A2
24 Sobeit		D2
Whatnot & China Town		(siehe 19)

⦿ **Sport & Aktivitäten**		**(S. 147)**
25 Gary's Surf School		D3
Roxy Surf Club		(siehe 8)

⦿ **Schlafen**		**(S. 205)**
26 Beach Lodge		D3
27 Bella Ev		D2
28 Chartfield Guest House		A2
29 Samhitakasha Cob House		E2

SIMON'S TOWN

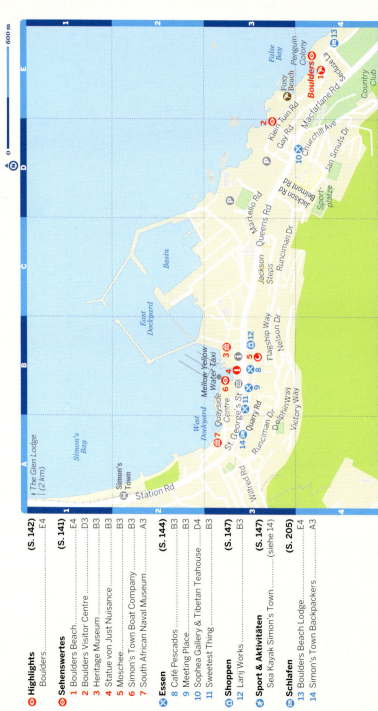

⦿ **Highlights**	**(S. 142)**
Boulders	E4
⦿ **Sehenswertes**	**(S. 141)**
1 Boulders Beach	E4
2 Boulders Visitor Centre	D3
3 Heritage Museum	B3
4 Statue von Just Nuisance	B3
5 Moschee	B3
6 Simon's Town Boat Company	B3
7 South African Naval Museum	A3
⊗ **Essen**	**(S. 144)**
8 Café Pescados	B3
9 Meeting Place	B3
10 Sophea Gallery & Tibetan Teahouse	D4
11 Sweetest Thing	B3
🛍 **Shoppen**	**(S. 147)**
12 Larij Works	B3
⊕ **Sport & Aktivitäten**	**(S. 147)**
Sea Kayak Simon's Town	(siehe 14)
🛌 **Schlafen**	**(S. 205)**
13 Boulders Beach Lodge	E4
14 Simon's Town Backpackers	A3

PINELANDS & LANGA

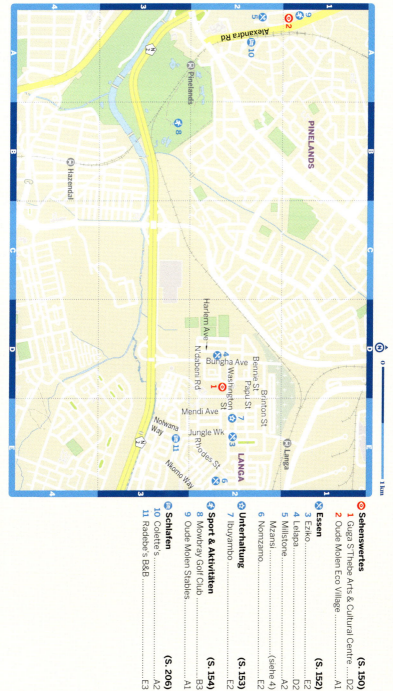

⊙ Sehenswertes (S. 150)
1 Guga S'Thebe Arts & Cultural Centre D2
2 Oude Molen Eco Village A1

⊗ Essen (S. 152)
3 Eziko E2
4 Lelapa D2
5 Millstone A2
Mzansi ....(siehe 4)
6 Nomzamo E2

✪ Unterhaltung (S. 153)
7 Ibuyambo E2

✪ Sport & Aktivitäten (S. 154)
8 Mowbray Golf Club B3
9 Oude Molen Stables A1

⌂ Schlafen (S. 206)
10 Colette's A2
11 Radebe's B&B E3

Lonely Planet Publications
Locked Bag 1, Footscray,
Melbourne, Victoria 3011,
Australia

Obwohl die Autoren und Lonely Planet alle Anstrengungen bei der Recherche und bei der Produktion dieses Reiseführers unternommen haben, können wir keine Garantie für die Richtigkeit und Vollständigkeit dieses Inhalts geben. Deswegen können wir auch keine Haftung für eventuell entstandenen Schaden übernehmen.

Verlag der deutschen Ausgabe:
MAIRDUMONT, Marco-Polo-Str. 1, 73760 Ostfildern,
www.mairdumont.com, lonelyplanet@mairdumont.com

Chefredakteurin deutsche Ausgabe: Birgit Borowski

Redaktion: Bintang Buchservice GmbH, www.bintang-berlin.de
Übersetzung: Olaf Bentkämper, Andreas Beune, Petra Dubilski, Katharina Grimm,
Silvia Mayer, Gunter Mühl, Inga Westerteicher, Andreas Zevgitis
Lektorat: Kirsten Gleinig, Jessika Zollickhofer
Satz: Anja Krapat
Technischer Support: Typopoint, Ostfildern/Kemnat

Kapstadt
2. deutsche Auflage März 2013,
übersetzt von *Cape Town, 7th edition*, Oktober 2012
Lonely Planet Publications Pty
Deutsche Ausgabe © Lonely Planet Publications Pty, März 2013
Fotos © wie angegeben

Printed in China

Alle Rechte vorbehalten. Das Werk einschließlich all seiner Teile ist urheberrechtlich geschützt und darf weder kopiert, vervielfältigt, nachgeahmt oder in anderen Medien gespeichert werden, noch darf es in irgendeiner Form oder mit irgendwelchen Mitteln – elektronisch, mechanisch oder in irgendeiner anderen Weise – weiterverarbeitet werden. Es ist nicht gestattet, auch nur Teile dieser Publikation zu verkaufen oder zu vermitteln, ohne schriftliche Genehmigung des Herausgebers. Lonely Planet und das Lonely Planet Logo sind eingetragene Marken von Lonely Planet und sind im US-Patentamt sowie in Markenbüros in anderen Ländern registriert.Lonely Planet gestattet den Gebrauch seines Namens oder seines Logos durch kommerzielle Unternehmen wie Einzelhändler, Restaurants oder Hotels nicht. Bitte informieren Sie uns im Fall von Missbrauch unter www.lonelyplanet.com/ip.

SARAH RAVEN'S
CUTTING GARDEN

DIARY
2003

FRANCES LINCOLN

Frances Lincoln Limited
4 Torriano Mews
Torriano Avenue
London NW5 2RZ
www.franceslincoln.com

Sarah Raven's Cutting Garden Diary 2003

Copyright © Frances Lincoln Limited 2002

Text copyright © Sarah Raven 2002
Photographs copyright © Frances Lincoln Limited 1996

Astronomical information reproduced, with permission, from data supplied by HM
Nautical Almanac Office, copyright © Council for the Central Laboratory of the
Research Councils

All rights reserved. No part of this publication may be reproduced, stored in a
retrieval system or transmitted, in any form, or by any means, electronic,
mechanical, photocopying, recording or otherwise, without either prior permission
in writing from the publishers or a licence permitting restricted copying. In the
United Kingdom such licences are issued by the Copyright Licensing Agency, 90
Tottenham Court Road, London W1P 9HE.

British Library cataloguing-in-publication data
A catalogue record for this book is available from the British Library

ISBN 0-7112-1915-X

Printed in Singapore

First Frances Lincoln edition 2002

Front cover

A corn sheath full of cornfield flowers – poppies (Papaver rhoeas *and* P. nudicaule)*, love-in-a-mist* (Nigella damascena)*,
cornflowers* (Centaurea cyanus *'Blue Boy'), lady's mantle* (Alchemilla mollis) *and annual grasses* (Hordeum jubatum,
Briza maxima *and* Panicum miliaceum *'violaceum'). Create your base with the grasses. Add the lady's mantle and thread the
flowers through the foliage. Leave some flowers tall, cutting others short to soften the edge of the arrangement.*

Back cover

A swag of cornfield flowers (see Weeks 28 and 29).

Title page

*The Lily-flowered group of tulips are the cat walk models of the family – tall, slim and elegant.
Pick the buttercup-yellow* T. *'West Point' in bud. It makes one of the best spring cut flowers, lasting over a week in water.*

Overleaf, right

Brilliant, spring colours in a hanging globe. Use acid-green Euphorbia cornigera *and* Viburnum opulus *'Sterile',
contrasting with brilliant-orange* Euphorbia griffithii *'Fireglow', 'Black Parrot' tulips and a few trailing stems of* Clematis
montana *'alba'. Cover a 20cm (8in) florist's foam globe with chicken wire. Hang it at working height. Add the foliage and then
the flowers and hoist it into place.*

CALENDAR 2003

January
M	T	W	T	F	S	S
		1	2	3	4	5
6	7	8	9	10	11	12
13	14	15	16	17	18	19
20	21	22	23	24	25	26
27	28	29	30	31		

February
M	T	W	T	F	S	S
					1	2
3	4	5	6	7	8	9
10	11	12	13	14	15	16
17	18	19	20	21	22	23
24	25	26	27	28		

March
M	T	W	T	F	S	S
					1	2
3	4	5	6	7	8	9
10	11	12	13	14	15	16
17	18	19	20	21	22	23
24	25	26	27	28	29	30
31						

April
M	T	W	T	F	S	S
	1	2	3	4	5	6
7	8	9	10	11	12	13
14	15	16	17	18	19	20
21	22	23	24	25	26	27
28	29	30				

May
M	T	W	T	F	S	S
			1	2	3	4
5	6	7	8	9	10	11
12	13	14	15	16	17	18
19	20	21	22	23	24	25
26	27	28	29	30	31	

June
M	T	W	T	F	S	S
						1
2	3	4	5	6	7	8
9	10	11	12	13	14	15
16	17	18	19	20	21	22
23	24	25	26	27	28	29
30						

July
M	T	W	T	F	S	S
	1	2	3	4	5	6
7	8	9	10	11	12	13
14	15	16	17	18	19	20
21	22	23	24	25	26	27
28	29	30	31			

August
M	T	W	T	F	S	S
				1	2	3
4	5	6	7	8	9	10
11	12	13	14	15	16	17
18	19	20	21	22	23	24
25	26	27	28	29	30	31

September
M	T	W	T	F	S	S
1	2	3	4	5	6	7
8	9	10	11	12	13	14
15	16	17	18	19	20	21
22	23	24	25	26	27	28
29	30					

October
M	T	W	T	F	S	S
		1	2	3	4	5
6	7	8	9	10	11	12
13	14	15	16	17	18	19
20	21	22	23	24	25	26
27	28	29	30	31		

November
M	T	W	T	F	S	S
					1	2
3	4	5	6	7	8	9
10	11	12	13	14	15	16
17	18	19	20	21	22	23
24	25	26	27	28	29	30

December
M	T	W	T	F	S	S
1	2	3	4	5	6	7
8	9	10	11	12	13	14
15	16	17	18	19	20	21
22	23	24	25	26	27	28
29	30	31				

CALENDAR 2004

January
M	T	W	T	F	S	S
			1	2	3	4
5	6	7	8	9	10	11
12	13	14	15	16	17	18
19	20	21	22	23	24	25
26	27	28	29	30	31	

February
M	T	W	T	F	S	S
						1
2	3	4	5	6	7	8
9	10	11	12	13	14	15
16	17	18	19	20	21	22
23	24	25	26	27	28	29

March
M	T	W	T	F	S	S
1	2	3	4	5	6	7
8	9	10	11	12	13	14
15	16	17	18	19	20	21
22	23	24	25	26	27	28
29	30	31				

April
M	T	W	T	F	S	S
			1	2	3	4
5	6	7	8	9	10	11
12	13	14	15	16	17	18
19	20	21	22	23	24	25
26	27	28	29	30		

May
M	T	W	T	F	S	S
					1	2
3	4	5	6	7	8	9
10	11	12	13	14	15	16
17	18	19	20	21	22	23
24	25	26	27	28	29	30
31						

June
M	T	W	T	F	S	S
	1	2	3	4	5	6
7	8	9	10	11	12	13
14	15	16	17	18	19	20
21	22	23	24	25	26	27
28	29	30				

July
M	T	W	T	F	S	S
			1	2	3	4
5	6	7	8	9	10	11
12	13	14	15	16	17	18
19	20	21	22	23	24	25
26	27	28	29	30	31	

August
M	T	W	T	F	S	S
						1
2	3	4	5	6	7	8
9	10	11	12	13	14	15
16	17	18	19	20	21	22
23	24	25	26	27	28	29
30	31					

September
M	T	W	T	F	S	S
		1	2	3	4	5
6	7	8	9	10	11	12
13	14	15	16	17	18	19
20	21	22	23	24	25	26
27	28	29	30			

October
M	T	W	T	F	S	S
				1	2	3
4	5	6	7	8	9	10
11	12	13	14	15	16	17
18	19	20	21	22	23	24
25	26	27	28	29	30	31

November
M	T	W	T	F	S	S
1	2	3	4	5	6	7
8	9	10	11	12	13	14
15	16	17	18	19	20	21
22	23	24	25	26	27	28
29	30					

December
M	T	W	T	F	S	S
		1	2	3	4	5
6	7	8	9	10	11	12
13	14	15	16	17	18	19
20	21	22	23	24	25	26
27	28	29	30	31		

Introduction

This is the sort of diary I've always wanted to have myself. The whole idea of it is that it should lead you by the hand through the cutting garden year. It's a way of laying out, week by week, all the marvellous things that your cutting garden can give you. It simply says: look at this, look at what you can have outside your back door, look what there is to bring into the house.

Ever since I started gardening seriously in 1990 – I'd been a doctor before that – the year has been structured for me by the cycle of events in the cutting garden. It's a wonderful way of calibrating the seasons: ordering seeds and plants in January and February; sowing them in March and April; wonderful tulips and poppies in May; the gorgeous summer explosion of annuals in June, July and August; and the climax of the dahlia fiesta in late summer and autumn, before the gardening year closes down again with the frosts.

After I published *The Cutting Garden* in 1996, so many people came up to me to ask how they could do what I'd done in that book and where they could get seed for all the plants that I decided to teach people at home how to do it and to establish a seed list of plants difficult to find elsewhere. This has expanded now into something that takes up most of my time. Please come on one of the courses, or come to one of the lectures I give around the country. If you would like a copy of the catalogue, write to Sarah Raven's Cutting Garden, Perch Hill Farm, Brightling, Robertsbridge, East Sussex, TN32 5HP, telephone 01424 838181 or fax 01424 838571, e-mail sarah@thecuttinggarden.com or visit my website, www.thecuttinggarden.com. I will send you details in the post.

Sarah Raven

WEEK 1

MONDAY 30	**FRIDAY** 3 *Merry Bill, Brenda Geof* *Celia to S.B. 6 opm.*
TUESDAY 31	**SATURDAY** 4
WEDNESDAY 1 New Year's Day Holiday UK, Republic of Ireland, Canada, USA, Australia and New Zealand	**SUNDAY** 5 *Sarah 'birthday* *Brenda + Geof. lunch.* *12.0*
THURSDAY 2 New Moon Holiday, Scotland and New Zealand	**NOTES**

december • january

Fill a bowl with winter leaves and catkins – then you won't need many flowers. Arum italicum *'Marmoratum' is an invaluable winter filler with its elegant, marbled leaves. Add lots of hazel catkins and some twists and turns of the winter-flowering clematis,* C. cirrhosa. *Hellebores and forced winter* Narcissus tazetta subsp. aureus *are the icing on the cake.*

WEEK 2

january

MONDAY
6

Epiphany

TUESDAY
7

Tom birthday

WEDNESDAY
8

Tom + Alice for the day
W.I. Committee 8.0pm

THURSDAY
9

FRIDAY
10

Alice in Wonderland
Keswick.

First Quarter

SATURDAY
11

SUNDAY
12

NOTES

For a winter table centre, fill a small bowl with flowers and foliage. Attach a pin holder to the bottom of the bowl with a blob of oasis fix (water-proof glue tack) and push a block of oasis foam on to the pins. Poke in the candle. Create a structure from catkins and foliage, encouraging bits to trail out over the table so that the arrangement feels loose and airy. Finish by adding flowers.

WEEK 3

january

MONDAY
13

TUESDAY
14

WEDNESDAY
15

THURSDAY
16
W.I. Meeting. Social.

FRIDAY
17
Alice in Wonderland.
7.0. pm.

SATURDAY
18

Full Moon

SUNDAY
19
Emily + Co. 4.0
Anna Bell TA.

NOTES

There isn't much around yet in the garden at the end of January, but pick a few sprigs of what there is. Aconites and polyanthus, and branches of winter-flowering shrubs – sarcococca, witchhazel (Hamamelis), blackthorn (Prunus spinosa) and winter sweet (Chimonanthus praecox) are enough to give you a lift at this time of year. Collect a group together on your desk so that you can see and smell them close to.

WEEK 4

january

MONDAY
20

Holiday, USA (Martin Luther King's birthday)

TUESDAY
21

WEDNESDAY
22

THURSDAY
23

FRIDAY
24

SATURDAY
25

Last Quarter

SUNDAY
26

NOTES

Some of the earliest spring bulbs will be coming into flower in a sheltered spot. Look out for miniature golden Iris danfordiae *and the purple velvety* Iris reticulata. *Mix them with some early narcissus such as* N. *'February Gold' or forced* N. *'Tête-à-tête'. There will be a few crocus and aconites out now too. I love floating aconites – as if they are mini waterlilies – in a shallow bowl with crisp beech or oak leaves.*

WEEK 5

MONDAY
27

Holiday, Australia (Australia Day)

TUESDAY
28

WEDNESDAY
29

THURSDAY
30

FRIDAY
31

SATURDAY
1

New Moon   Chinese New Year

SUNDAY
2

NOTES

january • february

The first carpets of flowers in my garden are aconites (Eranthis hyemalis). Pick as many as you can and put them around the house in egg cups and shallow bowls. They won't last for more than a few days, but are cheering when it's gloomy outside.

february

WEEK 6

MONDAY
3

TUESDAY
4

WEDNESDAY
5

Peter. Parish meeting.

THURSDAY
6

Art. Edinburg. Leonardo.

Holiday, New Zealand (Waitangi Day)

FRIDAY
7

SATURDAY
8

SUNDAY
9

First Quarter

NOTES

Snowdrops are coming into flower now. Pick bunches of twenty or thirty stems, collecting them together in a rubber band. Hide the tie with ivy leaves and put the bunches around the house on window ledges in brilliant, coloured glass. In stark contrast to the purity of the flowers, the low winter light will catch the saturated colour of the glass.

WEEK 7

MONDAY
10

FRIDAY
14

St Valentine's Day

TUESDAY
11

SATURDAY
15

WEDNESDAY
12

SUNDAY
16

Holiday, USA (Lincoln's birthday) | Full moon

THURSDAY
13

NOTES

february

Valentine's bunches ought to be as seasonal as they can, using early spring flowers and foliage. You have to cheat a bit at this time of year as the garden is still quite bare. Pick foliage from the garden and supplement it with colour from forced spring bulbs — tulips, anemones and freesias. One of my favourite tulips for forcing is the bicoloured, red and yellow Single Early tulip 'Mickey Mouse'. Don't think gaudy — think Dutch still life.

WEEK 8

february

MONDAY	FRIDAY
17	21
Holiday, USA (Presidents' Day)	

| TUESDAY | SATURDAY |
| 18 | 22 |

WEDNESDAY	SUNDAY
19	23
Nutcracker. 7.30. Newcastle.	Last Quarter

| THURSDAY | NOTES |
| 20 | |

Once I can fill a glass with a mixture of grape hyacinths, polyanthus, snowdrops, miniature species narcissus such as the highly scented N. 'Canaliculatus', pulmonarias, cyclamen, crocus and scillas, I know spring has nearly arrived. (See Week 9 for varieties).

WEEK 9

MONDAY 24	FRIDAY 28
TUESDAY 25	SATURDAY 1
WEDNESDAY 26 *Noises Off. 7.30 Newcastle.*	SUNDAY 2
THURSDAY 27	NOTES

february • march

A selection of early-spring flowers, perfect for picking – clockwise from top left: Crocus chrysanthus *'Brass Band'*, Scilla siberica, *snowdrop* Galanthus *'S. Arnott',* Crocus vernus *subsp.* albiflorus *'Remembrance',* Narcissus *'Canaliculatus' and grape hyacinth* Muscari armeniacum.

WEEK 10

march

MONDAY
3

New Moon

TUESDAY
4

Shrove Tuesday

WEDNESDAY
5

Islamic New Year (subject to sighting of the moon)

THURSDAY
6

FRIDAY
7

SATURDAY
8

SUNDAY
9

NOTES

You'll have wonderful texture and fragrance with this group of flowers. Wallflowers (Erysimum cheiri *'Blood Red'*), *violets* (Viola odorata) *and* Daphne odora *'Aureomarginata' are enough to fill any room with a delicious mix of scent. With the wallflowers and auriculas* (Primula auricula), *you'll get a velvet softness too.* Anemone nemorosa *and* Euphorbia amygdaloides var. robbiae *complete the group.*

WEEK 11

march

MONDAY
10

FRIDAY
14

TUESDAY
11

SATURDAY
15

First Quarter

WEDNESDAY
12

SUNDAY
16

THURSDAY
13

NOTES

Float the Lenten hellebore (Helleborus orientalis) *flowers, or cut the stems short and sear them in boiling water for thirty seconds to make them last in water. Mix them with artichoke leaves* (Cynara cardunculus Scolymus Group), *poking the stems into a pin holder attached to the bottom of a shallow bowl with oasis fix (water-proof glue tack). Add a sprig of one of the first magnolias* (Magnolia denudata) *in a separate glass.*

WEEK 12

march

MONDAY
17

Holiday, Northern Ireland and Republic of Ireland

TUESDAY
18

Full Moon

WEDNESDAY
19

THURSDAY
20

FRIDAY
21

SATURDAY
22

SUNDAY
23

NOTES

A golden collection of mid-spring flowers – left to right: the Lily-Flowered Tulipa *'West Point', species tulip* T. clusiana *'Cynthia', pussy willow* (Salix caprea) *in full bloom, bicolour Parrot tulip* T. *'Flaming Parrot', gold, stippled red and green Parrot tulip* T. *'Texas Flame' and huge, handsome* T. *'Golden Melody'.*

WEEK 13

MONDAY
24

FRIDAY
28

TUESDAY
25

SATURDAY
29

Last Quarter

WEDNESDAY
26

SUNDAY
30

Mothering Sunday, UK
British Summer Time begins

THURSDAY
27

NOTES

march

Orange is my favourite colour for flower arranging. Mix it with blue, purple or bright cerise pink and it looks fantastic. Put a splash of it in a vase of white and green and you'll spot the flowers from the other side of the room. Left to right: Viridiflora Tulipa *'Artist', scented Lily-Flowered* T. *'Ballerina', daddy-long-legs like* T. acuminata, *Darwin Hybrid* T. *'Gudoshnik', scented Parrot tulip* T. *'Orange Favourite', Single Early* T. *'Prinses Irene' and* T. *'Uncle Tom'.*

WEEK 14

march • april

MONDAY
31

TUESDAY
1

New Moon

WEDNESDAY
2

Ballet Rambert. 7.30.
Newcastle.

THURSDAY
3

FRIDAY
4

SATURDAY
5

SUNDAY
6

NOTES

This is the first cutting garden I made at Perch Hill, planted to produce buckets and buckets of spring flowers to pick for the house. I mixed tulips, narcissi, Anemone coronaria, fritillaries and hyacinths, with Euphorbia palustris, still young in a line beside the path. Woven hazel hurdles provide shelter in this exposed, west-facing site.

WEEK 15

MONDAY
7

FRIDAY
11

TUESDAY
8

SATURDAY
12

WEDNESDAY
9

SUNDAY
13

First Quarter

Palm Sunday

THURSDAY
10

NOTES

april

It's bluebell time. Pick lots and bring them inside. Sear the stem ends in boiling water for thirty seconds and they'll last for five or six days in water. Arrange them as you'd see them in the wood, with lots of branches and emerging spring leaves.

WEEK 16

april

MONDAY
14

TUESDAY
15

WEDNESDAY
16

Full Moon

THURSDAY
17

Maundy Thursday
Passover (Pesach), First Day

FRIDAY
18

Good Friday
Holiday, UK, Republic of Ireland, Canada, USA,
Australia and New Zealand

SATURDAY
19

SUNDAY
20

Easter Sunday

NOTES

I've always loved wild flowers and foliage as well as flowers that look wild such as sweet cicely and Solomon's seal. Mix them with white and blue bluebells, cowslips and cuckoo flowers, all in bloom at the same time with a similar delicacy and scale. When you pick them, sear the stem ends in boiling water for thirty seconds to make them last.

WEEK 17

MONDAY
21

Easter Monday,
Holiday, UK (exc. Scotland), Republic of Ireland, Canada,
Australia and New Zealand

TUESDAY
22

WEDNESDAY
23

Last Quarter   Passover (Pesach), Seventh Day

THURSDAY
24

Passover (Pesach), Eighth Day

FRIDAY
25

Holiday, Australia and New Zealand (Anzac Day)

SATURDAY
26

SUNDAY
27

NOTES

april

Mid-spring wild flowers – clockwise from top left: Solomon's seal (Polygonatum x hybridum), *cowslip* (Primula veris), *sweet cicely* (Myrrhis odorata) *and cuckoo flowers* (Cardamine pratensis).

WEEK 18

april · may

MONDAY 28	FRIDAY 2
TUESDAY 29	SATURDAY 3
WEDNESDAY 30	SUNDAY 4
THURSDAY 1	NOTES

Gordetons 7.30 Newcastle.

New Moon

A simple arrangement of flowering maple (Acer platanoides 'Crimson King'), with the wild flower alexanders (Smyrnium olusatrum) and the wonderful bicoloured tulip T. 'Flaming Parrot'. They will all last for up to two weeks in a vase. Cut some of the tulips short, leaving others tall, so that you have a heart and a horizon for the arrangement.

WEEK 19

m a y

MONDAY
5

Early May Bank Holiday, UK and Republic of Ireland | First Quarter

TUESDAY
6

WEDNESDAY
7

THURSDAY
8

FRIDAY
9

SATURDAY
10

SUNDAY
11

Mother's Day, Canada, USA, Australia and New Zealand

NOTES

Pick flowers straight into a bucket of water in the cool morning or evening and bring them into the house for conditioning. With tulips, collect the stems together and support the flowers vertically on the stem with a cone of stiff paper. They will then set, perfectly upright, like soldiers. Sear the stem ends of anything sappy — roses, hellebores, bluebells, euphorbias, blossom and poppies — in boiling water for thirty seconds to make them last.

WEEK 20

m a y

MONDAY
12

FRIDAY
16

Full Moon

TUESDAY
13

SATURDAY
17

WEDNESDAY
14

SUNDAY
18

THURSDAY
15

NOTES

My favourite spring-flowering cherry, Prunus *'Taihaku', with its huge, pure white, confetti-style flowers. Arrange its flowering branches with the large-scale* Euphorbia characias subsp. wulfenii *and some newly emergent horse-chestnut leaves (*Aesculus hippocastanum*). To mimic the tree in the garden, leave fallen petals and flowers on the table until they brown.*

WEEK 21

MONDAY
19

Holiday, Canada (Victoria Day) | Last Quarter

TUESDAY
20

WEDNESDAY
21

THURSDAY
22

FRIDAY
23

Magic Flute. 7.15 Newcastle

SATURDAY
24

SUNDAY
25

NOTES

m a y

Large-scale spring flowers to create a huge arrangement – clockwise from top left: horse chestnut (Aesculus hippocastanum), Prunus 'Taihaku', the wild cherry, Prunus avium and Euphorbia characias. All these plants last well if you sear their stems in boiling water for thirty seconds.

WEEK 22

may · june

MONDAY
26

Spring Bank Holiday, UK
Holiday, USA (Memorial Day)

TUESDAY
27

WEDNESDAY
28

THURSDAY
29

Ascension Day

FRIDAY
30

SATURDAY
31

New Moon

SUNDAY
1

NOTES

A basket of tulips picked from the cutting garden. Grow varieties it's rare to see as cut flowers, such as the frilly, bi-coloured Parrot T. 'Estella Rijnveld' and the strongly scented T. 'Orange Favourite'. Tulips are one of the few plant families happy to be cut into a basket, not straight into a bucket of water.

WEEK 23

MONDAY
2

Holiday, Republic of Ireland
Holiday, New Zealand (The Queen's Birthday)

TUESDAY
3

WEDNESDAY
4

THURSDAY
5

FRIDAY
6

Jewish Feast of Weeks (Shavuot)

SATURDAY
7

First Quarter

SUNDAY
8

Whit Sunday (Pentecost)

NOTES

j u n e

Spring tulips – clockwise from top left: T. *'Gudoshnik',* Anemone coronaria *De Caen Group,* T. *'Mickey Mouse',*
T. *'Carnaval de Nice',* T. *'Flaming Parrot' and* T. *'Queen of Night'.*

WEEK 24

j u n e

MONDAY
9

Holiday, Australia (The Queen's birthday)

TUESDAY
10

WEDNESDAY
11

THURSDAY
12

FRIDAY
13

SATURDAY
14

The Queen's official birthday
(subject to confirmation)

Full Moon

SUNDAY
15

Trinity Sunday
Father's Day, UK, Canada and USA

NOTES

One of my favourite colour combinations at any time of year — acid-green, orange and crimson-black. In this spring globe, I've used Euphorbia cornigera, Smyrnium perfoliatum *and* Viburnum opulus *'Sterile'.* Euphorbia griffithii *'Fireglow' gives a splash of orange, and* Tulipa *'Queen of Night', T. 'Black Parrot' and a few stems of* Aquilegia vulgaris *add the crimson-black. To break up any neatness to the overall silhouette, trailing stems of* Clematis montana alba *are added at the end.*

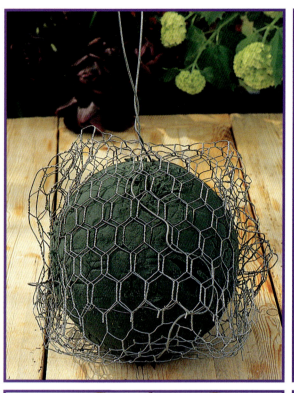

WEEK 25

MONDAY
16

FRIDAY
20

TUESDAY
17

SATURDAY
21

Last Quarter

WEDNESDAY
18

SUNDAY
22

THURSDAY
19

NOTES

Corpus Christi

june

A hanging globe is easy to make and takes about an hour. Soak a 20cm (8in) globe in water for five minutes and then wrap it in a length of chicken wire, using florist's reel wire to secure it in its wire nest. Hang it at working height and start adding the foliage. Cover most of the green oasis with the foliage ingredients, using stems about 30cm (12in) long. Then add the flowers (see Week 25). Hoist the whole thing up to just above everyone's heads.

WEEK 26

june

MONDAY
23

TUESDAY
24

WEDNESDAY
25

THURSDAY
26

FRIDAY
27

SATURDAY
28

SUNDAY
29

New Moon

NOTES

To stop a vase of white and cream from looking too bridal, use lots of bright acid-green and strong, architectural flowers with good, robust, angular shapes. Acanthus (A. spinosus), teasels (Dipsacus fullonum) and the caper spurge (Euphorbia lathyris) break up the soft delicacy in this vase.

WEEK 27

MONDAY 30	FRIDAY 4
	Holiday, USA (Independence Day)
TUESDAY 1	SATURDAY 5
Holiday, Canada (Canada Day)	
WEDNESDAY 2	SUNDAY 6
THURSDAY 3	NOTES

june • july

Clockwise from top left: the white rosebay willowherb (Epilobium angustifolium *'Album'*),
Alchemilla mollis — *give it a good drink before arranging,* Astrantia major *and one of the most
floriferous roses,* Rosa 'Iceberg' — *stems also need searing.*

WEEK 28

july

MONDAY
7

First Quarter

TUESDAY
8

WEDNESDAY
9

THURSDAY
10

FRIDAY
11

SATURDAY
12

SUNDAY
13

Full Moon

NOTES

If you live in the country, the prettiest marquees are unlined — just simple canvas, as you would see at a village fête, and decorated with flowers. At a party to celebrate the birth of my first daughter, Rosie, I made a swag of cornfield flowers mixed with hedgerow, pagoda-like hornbeam seed cases and lady's mantle (Alchemilla mollis).

WEEK 29

july

MONDAY 14	FRIDAY 18
Holiday, Northern Ireland (Battle of the Boyne)	
TUESDAY 15	SATURDAY 19
WEDNESDAY 16	SUNDAY 20
THURSDAY 17	NOTES

Create a swag with chicken wire and florist's foam with shallow loops about 6ft (2m) long, each length attached to the tent poles at either end. Hide the foam with foliage — hornbeam seed cases (Carpinus betulus) *and lady's mantle* (Alchemilla mollis). *Then add the flowers — poppies* (Papaver rhoeas *and* P. nudicaule) *and lots of cornflowers,* (Centaurea cyanus *'Blue Boy').*

WEEK 30

july

MONDAY
21

Last Quarter

TUESDAY
22

WEDNESDAY
23

THURSDAY
24

FRIDAY
25

SATURDAY
26

SUNDAY
27

NOTES

Left to right: the most sumptuous lily you can grow, the oriental variety Lilium 'Casa Blanca' – it has the most delicious and powerful scent of all lilies and lasts at least two weeks in a vase; I also love the Trumpet lily, Lilium regale, similarly delicious and exotic and easier to grow than 'Casa Blanca' if you garden on a heavy soil; pure white lupins like this hybrid, Lupinus Noble Maiden Group, are perfect as ten or fifteen stems on their own.

WEEK 31

july • august

MONDAY 28	**FRIDAY** 1
TUESDAY 29	**SATURDAY** 2
New Moon	
WEDNESDAY 30	**SUNDAY** 3
THURSDAY 31	**NOTES**

Poppies will last longer in water if you first sear their stem ends in boiling water for thirty seconds. Left to right: mix smaller poppies with the Maltese Cross (Lychnis chalcedonica) and the larger varieties such as the Iceland poppy (Papaver nudicaule 'Red Sail'), the oriental poppy (P. orientale), and the corn poppy (P. rhoeas), with one of my favourite lilies for colour, Lilium 'Fire King'. The opium poppy (P. somniferum 'Danebrog') won't hold its petals, but pick it for its pods. Slice these in half and float them for miniature Corinthian columns.

WEEK 32

august

MONDAY
4

Summer Bank Holiday, Scotland and Republic of Ireland

TUESDAY
5

First Quarter

WEDNESDAY
6

THURSDAY
7

FRIDAY
8

SATURDAY
9

SUNDAY
10

NOTES

My favourite sunflower for arranging, Helianthus *'Valentine'. This has paler yellow petals than most and does not drop pollen on to the table. Even if you forget to pinch out the seedling's leader – the top shoot – when it's about 6–8in (15–20cm) tall this variety won't reach more than 4–5ft (1.25–1.5m), the perfect size for a picking sunflower.*

WEEK 33

MONDAY
11

FRIDAY
15

TUESDAY
12

SATURDAY
16

Full Moon

WEDNESDAY
13

SUNDAY
17

THURSDAY
14

NOTES

august

I pick delphiniums in early summer and then cut back the plants to their foliage and feed them. If I'm lucky, I'll get a second flowering in early autumn to coincide with the apples. I love this dark blue one, Delphinium Black Knight Group. It will grow easily from seed and will flower in its first year from an early spring sowing.

WEEK 34

august

MONDAY
18

TUESDAY
19

WEDNESDAY
20

Last Quarter

THURSDAY
21

FRIDAY
22

SATURDAY
23

SUNDAY
24

NOTES

You may think Nicotiana sylvestris too statuesque to pick — that it's vandalistic to harvest this from the garden. Remember, though, that with all annuals, the more you pick, the more they flower. Cut the stem to just above an axillary bud, or side stem, which will become the new leader and flower in a week or two. These are best arranged simply, one stem on its own, and will last for two weeks. Remove browning flowers as they age and closed buds will continue to open.

WEEK 35

MONDAY
25

Summer Bank Holiday, UK (exc. Scotland)

TUESDAY
26

WEDNESDAY
27

New Moon

THURSDAY
28

FRIDAY
29

SATURDAY
30

SUNDAY
31

NOTES

august

My vase cupboard. I get most of my vases from junk and cheap antique shops and visits to markets abroad. Look out for coloured glass and metal, particularly pewter – they are both flattering to flowers. Glass vases with a restricted neck are easier to use for large arrangements than vases with straight sides. The neck helps hold the flowers in place. Attach a pin holder to the base with oasis fix (water-proof glue tack). Poke the first few stems on to the pins to create a firm structure.

WEEK 36

september

MONDAY	FRIDAY
1	5
Holiday, Canada (Labour Day) and USA (Labor Day)	

| TUESDAY | SATURDAY |
| 2 | 6 |

WEDNESDAY	SUNDAY
3	7
First Quarter	Father's Day, Australia and New Zealand

| THURSDAY | NOTES |
| 4 | |

The cutting garden at full throttle in early autumn, with buckets of half-hardy annuals for picking — zinnias, rudbeckias, amaranthus, phlox and cosmos. A stripy pole stands at the corner of each rectangular bed, to prevent the hose pipe from crushing the flowers.

WEEK 37

september

MONDAY
8

FRIDAY
12

TUESDAY
9

SATURDAY
13

WEDNESDAY
10

SUNDAY
14

Full Moon

THURSDAY
11

NOTES

Zinnia 'Envy', a wonderful plant which grows best in partial shade. The colour bleaches in full sun. I love it on its own, or mixed with deep, velvet crimson in a combination of green and black. It's one of the trickiest zinnias to grow, with many seedlings damping off in poor springs, but it's worth the effort.

WEEK 38

september

MONDAY 15	FRIDAY 19
TUESDAY 16	SATURDAY 20
WEDNESDAY 17	SUNDAY 21
THURSDAY 18	NOTES

Last Quarter

In autumn, when fewer flowers are around, collect small glasses rather than using one large vase and you'll appreciate the individual texture and colour and delicate scents. Here I've picked spindle (Euonymus europaeus), Ampelopsis glandulosa var. brevipedunculata, Abutilon *'Ashford Red', chocolate* Cosmos atrosanguineus, Dahlia *'Bishop of Llandaff', gentian* (Gentiana triflora) *and the shoo-fly plant* (Nicandra physaloides).

WEEK 39

september

MONDAY
22

TUESDAY
23

WEDNESDAY
24

THURSDAY
25

FRIDAY
26

New Moon

SATURDAY
27

Jewish New Year (Rosh Hashanah)

SUNDAY
28

NOTES

Brilliant colours: rich pink, crimson, sky-blue and orange. You can still pick bunches like this into late autumn if you grow the right late-season flowers – asters, dahlias, salvias and Iris foetidissima.

WEEK 40

september • october

MONDAY 29	FRIDAY 3
TUESDAY 30	SATURDAY 4
WEDNESDAY 1	SUNDAY 5
THURSDAY 2	NOTES

First Quarter

Hand-tied bunches are easy to make if you have a system. First create a foliage base from two or three ingredients – one robust and substantial plant like this artemisia to provide the skeleton and scaffolding for the rest. Next add filler foliage – here elaeagnus and shrubby bupleurum seed heads. Then add the flowers, one variety at a time, spreading them evenly, but not symmetrically, and finally tie the bunch and trim the stems to the same length.

WEEK 41

MONDAY
6

Jewish Day of Atonement (Yom Kippur)

TUESDAY
7

WEDNESDAY
8

THURSDAY
9

FRIDAY
10

Full Moon

SATURDAY
11

Jewish Festival of Tabernacles (Succoth), First Day

SUNDAY
12

NOTES

october

A selection of invaluable late-autumn plants to fill your house with colour in October — clockwise from top left: brilliant orange-berried Iris foetidissima, *the fine-leaved silver* Artemisia arborescens 'Faith Raven', Dahlia 'Arabian Night' *and sky-blue* Salvia uliginosa.

WEEK 42

october

MONDAY
13

Holiday, Canada (Thanksgiving Day)
Holiday USA (Columbus Day)

TUESDAY
14

WEDNESDAY
15

THURSDAY
16

FRIDAY
17

SATURDAY
18

Last Quarter

SUNDAY
19

NOTES

Left to right: a smoke bush, such as Cotinus coggygria *'Royal Purple' is one of the best shrubs to grow for autumn picking – the leaves turn a wonderful range of bright colours in the autumn;* Euphorbia griffithii *'Dixter' is lovely in the spring, when I pick its orange flowers, and I use its turning foliage in the autumn; for extra glamour, add dark-crimson,* Gladiolus *'Black Lash' and the velvet* Helenium *'Moerheim Beauty'.*

WEEK 43

october

MONDAY
20

TUESDAY
21

WEDNESDAY
22

THURSDAY
23

FRIDAY
24

SATURDAY
25

New Moon

SUNDAY
26

British Summer Time ends

NOTES

Left to right: I use chillies (Capsicum annuum) *all the time in autumn and winter – they are perfect for Christmas wreaths as they survive out of water for a couple of weeks;* Helenium *'Butterpat' will flower late into autumn if you keep picking or dead-heading; amongst the last things to be picked in the cutting garden are various red and yellow hot pokers such as* Kniphofia *'Yellow Hammer',* Rosa *'Graham Thomas' and rudbeckias.*

WEEK 44

october • november

MONDAY
27

First Day of Ramadan (subject to sighting of the moon)
Holiday, Republic of Ireland
Holiday, New Zealand (Labour Day)

TUESDAY
28

WEDNESDAY
29

THURSDAY
30

FRIDAY
31

SATURDAY
1

First Quarter

SUNDAY
2

NOTES

A late-autumn bowl of viburnum berries and sloes, yellow hot pokers, penstemons, zinnias, rudbeckias and Chinese lanterns. I love this combination of orange and magenta contrasted to a zap of gold.

WEEK 45

MONDAY 3	**FRIDAY** 7
TUESDAY 4	**SATURDAY** 8
WEDNESDAY 5	**SUNDAY** 9 Full Moon Remembrance Sunday, UK
THURSDAY 6	**NOTES**

november

Clockwise from top left: mix the orange-berried variety of guelder rose (Viburnum opulus *'Xanthocarpum') with* Zinnia *'Cactus Orange' and the berries of sloes* (Prunus spinosa) *to form a base for autumn flowers. I've added* Rudbeckia *'Rusticana',* Kniphofia *'Yellow Hammer' and* Tithonia rotundifolia *'Torch'.*

WEEK 46

november

MONDAY
10

TUESDAY
11

Holiday, Canada (Remembrance Day)
Holiday, USA (Veterans' Day)

WEDNESDAY
12

THURSDAY
13

FRIDAY
14

SATURDAY
15

SUNDAY
16

NOTES

A collection of what there is still in the garden as autumn comes to an end. Pick turning leaves that haven't yet blown away, bulrushes, rose hips and berries. There are still a few flowers — salvias, dahlias and the orange staircase plant (Leonotis ocymifolia), which blooms right up until the first frost.

WEEK 47

MONDAY
17

Last Quarter

TUESDAY
18

WEDNESDAY
19

THURSDAY
20

FRIDAY
21

SATURDAY
22

SUNDAY
23

New Moon

NOTES

november

Plants for an autumn arrangement (see Week 46) — clockwise from top left: the red oak (Quercus rubra)*, Leonotis ocymifolia, Cotinus coggygria 'Royal Purple' and Dahlia 'Edinburgh'.*

WEEK 48

november

MONDAY
24

TUESDAY
25

WEDNESDAY
26

THURSDAY
27

Holiday, USA (Thanksgiving Day)

FRIDAY
28

SATURDAY
29

SUNDAY
30

First Quarter   Advent Sunday

NOTES

A winter wedding, with the entrance to a room decorated with a muslin curtain studded with foliage and flowers. Pick hyacinths, snowdrops and hellebores. They will all last for several hours out of water. Avoid Helleborus orientalis *and its hybrids, as they flop unless you float them on short stems in a shallow bowl; the two varieties here,* H. corsicus *(syn.* argutifolius*) and* H. foetidus *are more robust.*

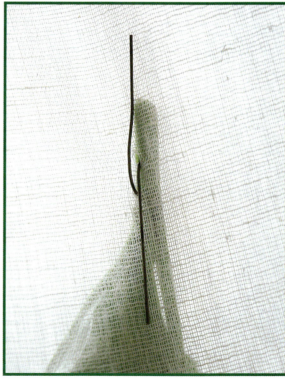

WEEK 49

december

MONDAY 1	FRIDAY 5
TUESDAY 2	SATURDAY 6
WEDNESDAY 3	SUNDAY 7
THURSDAY 4	NOTES

To decorate the muslin (see Week 48), create lots of wire staples about an inch long. Cut fine, reel, florist's wire and bend it into a hoop, poking both cut ends through the flower stem. To avoid damaging snowdrops, you will need to use a fine wire. Push the wire through the muslin and bend it round on the other side to firmly attach the flowers. Use glue to stick ivy and cyclamen leaves all over the rest of the curtain. Leave them to dry lying flat.

WEEK 50

december

MONDAY
8

Full Moon

TUESDAY
9

WEDNESDAY
10

THURSDAY
11

FRIDAY
12

SATURDAY
13

SUNDAY
14

NOTES

Left to right: Choisya ternata *is an invaluable evergreen which you can pick right through the year; the leaves or stems of the dogwood (*Cornus alba *'Elegantissima') are wonderful at any time of the year; the species,* Cornus alba, *comes into its own in the autumn, as its leaves turn rich, claret red; teasel (*Dipsacus fullonum) *is wonderful green, or you can spray ten or fifteen of the dry, brown stems white and cover them in fairy lights for Christmas.*

WEEK 51

december

MONDAY 15	**FRIDAY** 19
TUESDAY 16 *Last Quarter*	**SATURDAY** 20 *Jewish Festival of Chanukah, First Day*
WEDNESDAY 17	**SUNDAY** 21
THURSDAY 18	**NOTES**

Foliage through the year: Start by picking the emerging horse chestnut leaves (Aesculus hippocastanum), alder catkins and mini pine cones (Alnus cordata), left. Move on to the pagoda-like seed cases of hornbeam (carpinus betulus), right. Finish the year with Callicarpa bodinieri, centre, with purple bead-like berries, smothering every branch.

WEEK 52

december

MONDAY
22

FRIDAY
26

turkee, ...
trifle

Boxing Day (St Stephen's Day)
Holiday, UK, Republic of Ireland, Canada,
Australia and New Zealand

TUESDAY
23

SATURDAY
27

Pork ...
mince pies

New Moon

WEDNESDAY
24

SUNDAY
28

Fish
...
...

Christmas Eve

THURSDAY
25

NOTES

turkey jelly
plum pud

Christmas Day
Holiday UK, Republic of Ireland, Canada, USA,
Australia and New Zealand

Flowers for a winter feast. Have a scavenge round the garden and pick branches of hazel catkins, pussy willow, arum leaves, ivy, winter-flowering Clematis cirrhosa *and old man's beard (C.* vitalba). *Add hellebores, and forced hyacinths and narcissi to give you scent as well as colour.*

WEEK 1

MONDAY	FRIDAY
29	2
	Holiday, Scotland and New Zealand

TUESDAY	SATURDAY
30	3

First Quarter

WEDNESDAY	SUNDAY
31	4

New Year's Eve

THURSDAY	NOTES
1	

New Year's Day
Holiday, UK, Republic of Ireland, Canada, USA,
Australia and New Zealand

december • january

A winter wreath made from weeping and pussy willow (Salix babylonica and S. daphnoides), old man's beard (Clematis vitalba) and hazel (Corylus avellana). Insert the hellebore stems into florist's water vials (the vials hold enough water to keep the flowers alive for several days), poke the vials into the twigs and hide them with the fluff of old man's beard. The wreath will last on the wall for several weeks if you replenish the flowers.